2025 年注册会计师全国统一考试辅导教材

税　　法

中国注册会计师协会　组织编写

中国财经出版传媒集团
中国财政经济出版社
·北京·

图书在版编目（CIP）数据

税法/中国注册会计师协会组织编写．--北京：中国财政经济出版社，2025.2.（2025.4重印）--（2025年注册会计师全国统一考试辅导教材）．-- ISBN 978-7-5223-3747-0

Ⅰ.D922.290.4

中国国家版本馆CIP数据核字第20258VM892号

责任编辑：庞丽佳 汪娟娟
封面设计：陈宇琰
责任校对：徐艳丽
责任印制：党 辉

税法
SHUIFA

中国财政经济出版社 出版

URL：http://www.cfeph.cn
E-mail：cfeph@cfeph.cn

（版权所有 翻印必究）

社址：北京市海淀区阜成路甲28号 邮政编码：100142
营销中心电话：010-88191522
天猫网店：中国财政经济出版社旗舰店
网址：https://zgczjjcbs.tmall.com
河北眺山实业有限责任公司印刷 各地新华书店经销
成品尺寸：185mm×260mm 16开 42印张 957 000字
2025年2月第1版 2025年4月河北第2次印刷
印数：50 001—55 000 定价：86.00元
ISBN 978-7-5223-3747-0
（图书出现印装问题，本社负责调换，电话：010-88190548）
本社图书质量投诉电话：010-88190744
打击盗版举报热线：010-88191661 QQ：2242791300

前　　言

注册会计师行业是社会主义市场经济体系的重要制度安排，是财会监督的重要专业力量，注册会计师审计承担着执业监督的重要使命。

《中华人民共和国注册会计师法》规定，国家实行注册会计师全国统一考试制度。作为注册会计师行业资格准入的基础环节，注册会计师全国统一考试在选拔高素质会计审计专业人才、评价专业人才资质能力、引导专业人才健康成长等方面发挥了不可替代的作用。

注册会计师全国统一考试分为专业阶段和综合阶段两个阶段。专业阶段考试设会计、审计、财务成本管理、公司战略与风险管理、经济法和税法6个科目，主要测试考生是否具备注册会计师执业所需要的职业道德和专业知识，是否掌握基本的职业技能。综合阶段考试设职业能力综合测试科目，分设试卷一和试卷二，主要测试考生是否具备执业所需综合运用专业知识的能力，是否能够坚持正确的职业价值观、遵从职业道德规范、保持正确的职业态度，是否能够有效解决实务问题。

为贯彻国家人才战略和行业人才全生命周期管理理论，落实注册会计师考试质量保证体系改革精神，体现理论性、科学性、全面性、系统性、实践性和可读性等质量要求，有效帮助考生复习备考，我会组织专家以注册会计师全国统一考试大纲为基准，编写了专业阶段考试6个科目的辅导教材，选编了《经济法规汇编》。如有疏漏，欢迎指正。

特别说明的是，本套辅导教材以及相关用书，不是注册会计师全国统一考试的指定用书。

中国注册会计师协会

2025年2月

目　　录

第一章　税法总论 …………………………………………………………………（ 1 ）
　第一节　税法概念 ………………………………………………………………（ 1 ）
　第二节　税法原则 ………………………………………………………………（ 6 ）
　第三节　税法（种）要素 ………………………………………………………（ 8 ）
　第四节　税收立法与我国税法体系 ……………………………………………（ 13 ）
　第五节　税收执法 ………………………………………………………………（ 21 ）
　第六节　税务权利与义务 ………………………………………………………（ 25 ）
　第七节　国际税收关系 …………………………………………………………（ 28 ）

第二章　增值税法 …………………………………………………………………（ 35 ）
　第一节　征税范围与纳税义务人 ………………………………………………（ 36 ）
　第二节　税率与征收率 …………………………………………………………（ 47 ）
　第三节　一般计税方法应纳税额的计算 ………………………………………（ 52 ）
　第四节　简易计税方法 …………………………………………………………（ 73 ）
　第五节　进口环节增值税的征收 ………………………………………………（ 77 ）
　第六节　出口和跨境业务增值税的退（免）税和征税 ………………………（ 80 ）
　第七节　特定应税行为的增值税计征方法 ……………………………………（100）
　第八节　税收优惠 ………………………………………………………………（108）
　第九节　征收管理 ………………………………………………………………（124）
　第十节　增值税发票的使用及管理 ……………………………………………（136）

第三章　消费税法 …………………………………………………………………（141）
　第一节　纳税义务人与税目、税率 ……………………………………………（141）
　第二节　计税依据 ………………………………………………………………（148）
　第三节　应纳税额的计算 ………………………………………………………（152）
　第四节　征收管理 ………………………………………………………………（162）

第四章　企业所得税法 ……………………………………………………………（166）
　第一节　纳税义务人、征税对象与税率 ………………………………………（166）
　第二节　应纳税所得额 …………………………………………………………（168）
　第三节　资产的税务处理 ………………………………………………………（195）
　第四节　资产损失的所得税处理 ………………………………………………（201）

第五节　企业重组的所得税处理 ·· （204）
　　第六节　税收优惠 ·· （208）
　　第七节　应纳税额的计算 ·· （233）
　　第八节　征收管理 ·· （240）
第五章　个人所得税法 ·· （250）
　　第一节　纳税义务人与征税范围 ·· （250）
　　第二节　税率、应纳税所得额的确定与应纳税额的计算 ················· （257）
　　第三节　税收优惠 ·· （284）
　　第四节　境外所得的税额扣除 ·· （289）
　　第五节　应纳税额计算中的特殊问题处理 ······································· （293）
　　第六节　征收管理 ·· （333）
第六章　城市维护建设税法和烟叶税法 ··· （347）
　　第一节　城市维护建设税法 ·· （347）
　　第二节　烟叶税法 ·· （352）
　　第三节　教育费附加和地方教育附加 ·· （354）
第七章　关税法和船舶吨税法 ·· （357）
　　第一节　征税对象与纳税人 ·· （357）
　　第二节　进出口税则 ·· （358）
　　第三节　关税计税价格与应纳税额的计算 ······································· （362）
　　第四节　减免规定 ·· （370）
　　第五节　征收管理 ·· （374）
　　第六节　船舶吨税法 ·· （378）
第八章　资源税法和环境保护税法 ··· （383）
　　第一节　资源税法 ·· （383）
　　第二节　环境保护税法 ·· （397）
第九章　城镇土地使用税法和耕地占用税法 ··· （411）
　　第一节　城镇土地使用税法 ·· （411）
　　第二节　耕地占用税法 ·· （417）
第十章　房产税法、契税法和土地增值税法 ··· （424）
　　第一节　房产税法 ·· （424）
　　第二节　契税法 ·· （430）
　　第三节　土地增值税法 ·· （438）
第十一章　车辆购置税法、车船税法和印花税法 ································· （454）
　　第一节　车辆购置税法 ·· （454）
　　第二节　车船税法 ·· （462）
　　第三节　印花税法 ·· （467）
第十二章　国际税收税务管理实务 ··· （476）
　　第一节　国际税收协定 ·· （476）

第二节　非居民企业税收管理 …………………………………………（491）
　第三节　境外所得税收管理 ……………………………………………（498）
　第四节　国际反避税 ……………………………………………………（507）
　第五节　转让定价税务管理 ……………………………………………（528）
　第六节　国际税收征管合作 ……………………………………………（549）

第十三章　税收征收管理法 ………………………………………………（558）
　第一节　概述 ……………………………………………………………（558）
　第二节　税务管理 ………………………………………………………（560）
　第三节　税款征收 ………………………………………………………（576）
　第四节　税务检查 ………………………………………………………（589）
　第五节　法律责任 ………………………………………………………（592）
　第六节　纳税担保和抵押 ………………………………………………（605）
　第七节　纳税信用管理和重大税收违法失信主体信息公布管理 ……（610）
　第八节　税收违法行为检举管理办法 …………………………………（620）
　第九节　涉税专业服务监管办法与基本准则 …………………………（624）
　第十节　税务文书电子送达规定 ………………………………………（633）

第十四章　税务行政法制 …………………………………………………（635）
　第一节　税务行政处罚 …………………………………………………（635）
　第二节　税务行政复议 …………………………………………………（644）
　第三节　税务行政诉讼 …………………………………………………（658）

第一章 税法总论

第一节 税法概念

一、税收与税法的概念

(一) 税收的概念

税收是政府为了满足社会公共需要，凭借政治权力，按照法律的规定，强制、无偿地取得财政收入的一种形式。税法是国家立法机关制定的用以调整国家与纳税人之间在征纳税方面的权利及义务关系的法律规范的总称。把握税法的概念必须以深入理解税收内涵为基础。理解税收的内涵需要从税收的分配关系本质、国家税权、税收目的三个方面来把握。

1. 税收是国家取得财政收入的一种重要工具，其本质是一种分配关系。

国家要行使职能必须有一定的财政收入作为保障。取得财政收入的手段多种多样，如征税、发行货币、发行国债、收费、罚没等，其中税收是大部分国家取得财政收入的主要形式。在社会再生产过程中，分配是连接生产与消费的必要环节，在市场经济条件下，分配主要是对社会产品价值的分割。税收解决的是分配问题，是国家参与社会产品价值分配的法定形式，处于社会再生产的分配环节，因而从本质上它体现的是一种分配关系。

2. 国家征税的依据是政治权力，它有别于按生产要素进行的分配。

国家通过征税，将一部分社会产品由纳税人所有转变为国家所有，因此征税的过程实际上是国家参与社会产品价值的分配过程。国家与纳税人之间形成的这种分配关系与社会再生产中的一般分配关系不同。分配问题涉及两个基本问题：一是分配的主体；二是分配的依据。税收分配是以国家为主体进行的分配，而一般分配则是以各生产要素的所有者为主体进行的分配；税收分配是国家凭借政治权力，以法律的形式进行的分配，而一般分配则是基于生产要素进行的分配。

税收是凭借政治权力进行的分配，这是马克思主义经典作家的基本观点，也是我国税收理论界长期以来的主流认识。正如马克思指出的："赋税是政府机器的经济基础，而不是其他任何东西。"恩格斯在《家庭、私有制和国家起源》中也指出："为了维持这种公共权力，就需要公民缴纳费用——捐税。"关于国家征税的依据即国家为什么可以对公民征税这个问题，从税收思想史来看有多种观点，如公需说、保险说、交换说、社会政策说等。随着市场经济的发展，我国税收理论界也有一些学者认为用交换说更能说明政府和纳税人之间的关系，即国家依据符合宪法的税收法律对公民和法人行使一种请求权，体现的关系即为类似公法上的债权债务关系，即政府依据税法拥有公民和法人某些财产或收入的债权，公民或法人则对政府承担了债务，这种债务即是税收。公民或法人缴纳税收即偿还了债务以后便拥有了享受政府提供的公共产品的权利，此时税收相当于一种价格，公民和法人与政府应该具有某种等价交换的关系，国家行使请求权的同时，负有向纳税人提供高质有效的公共产品的义务；从纳税人这方面来讲，在享受政府提供的公共产品的同时，也依法负有纳税的义务。在这种等价交换中，税收体现了一种平等性，即国家和纳税人之间的对等关系。

3. 国家征税的目的是满足社会公共需要。

国家在履行其公共职能的过程中必然要有一定的公共支出。公共产品提供的特殊性决定了公共支出一般情况下不可能由公民个人、企业采取自愿出价的方式，而只能采用由国家（政府）强制征税的方式，由经济组织、单位和个人来负担。国家征税的目的是满足提供社会公共产品的需要，以及弥补市场失灵、促进公平分配等的需要。同时，国家征税也要受到所提供公共产品规模和质量的制约。此外，财政是国家治理的基础和重要支柱，优化与国家治理体系相适应的税收制度和税法体系是建设中国特色社会主义财政制度的重要内容，为此既需要循序渐进地落实税收法定原则，使征税有法可依、有法必依；还需要保持合理的宏观税负水平，激发社会活力；更需要构建有利于促进公平竞争、创新驱动和人力资本积累的税收制度，发挥先进税收制度对经济社会高质量发展的促进作用。

（二）税法的概念

税法是指用以调整国家与纳税人之间在征纳税方面的权利及义务关系的法律规范的总称，它构建了国家及纳税人依法征税、依法纳税的行为准则体系，其目的是保障国家利益和纳税人的合法权益，维护正常的税收秩序，保证国家的财政收入。税法体现为法律这一规范形式，是税收制度的核心内容。税收制度是在税收分配活动中税收征纳双方所应遵守的行为规范的总和。其内容主要包括各税种的法律法规以及为了保证这些税法得以实施的税收征管制度和税收管理体制。

税法具有义务性法规和综合性法规的特点：

1. 从法律性质上看，税法属于义务性法规，以规定纳税人的义务为主。税法属于义务性法规，并不是指税法没有规定纳税人的权利，而是指纳税人的权利是建立在其纳税义务的基础之上，处于从属地位。税法属于义务性法规的这一特点是由税收的无偿性和强制性特点所决定的。税法的义务性、无偿性、强制性，不仅有国家权力作为后盾，而且有一系列的制度措施作为保障；税法作为强制性规范，即对于一切满足税收要素的纳税人，均应根据税法缴纳税款。

2. 税法的另一特点是具有综合性，它是由一系列单行税收法律法规及行政规章制度组成的体系，其内容涉及课税的基本内容、征纳双方的权利和义务、税收管理规则、法律责任、解决税务争议的法律规范等。税法的综合性特点是由税收制度所调整的税收分配关系和税收法律关系的复杂性所决定的。

税法的本质是正确处理国家与纳税人之间因税收而产生的税收法律关系和社会关系，既要保证国家税收收入，也要保护纳税人的权利，两者缺一不可。片面强调国家税收收入或纳税人权利都不利于社会的和谐发展。如果国家征收不到充足的税款，就无法履行其公共服务的职能，无法提供公共产品，最终也不利于保障纳税人的利益。从这个意义上讲，税法的核心在于兼顾平衡国家税收收入和纳税人权利，在保障国家税收收入稳步增长的同时，也保证对纳税人权利的有效保护，这是税法的核心要义。

（三）税收与税法的关系

税收与税法之间既存在区别又有联系。税收是经济学概念，其调整的对象是征税形成的分配关系；税法是法学概念，其调整的对象是税收法律关系主体的权利与义务关系。税收的无偿性、强制性、固定性决定了税收分配关系属于基本经济制度，应该以法律的形式来实现，因而税收是税法的主体内容，税法是税收的存在形式。

二、税收法律关系

税收法律关系是税法所确认和调整的国家与纳税人之间、国家与国家之间以及各级政府之间在税收分配过程中形成的权利与义务关系。国家征税与纳税人纳税，从形式上表现为利益分配的关系，但经过法律明确其双方的权利与义务后，这种关系实质上已上升为一种特定的法律关系。了解税收法律关系，对于正确理解国家税法的本质，严格依法纳税、依法征税都具有重要的意义。

（一）税收法律关系的构成

税收法律关系在总体上与其他法律关系一样，都是由法律关系的主体、客体和内容三方面构成的，但在三方面的内涵上，税收法律关系又具有一定的特殊性。

1. 税收法律关系的主体。

法律关系的主体是指法律关系的参加者。税收法律关系的主体即税收法律关系中享有权利和承担义务的当事人。在我国，税收法律关系的主体包括征纳双方：一方是代表国家行使征税职责的国家行政机关，包括国家各级税务机关和海关；另一方是履行纳税义务的人，包括法人、自然人和其他组织，在华的外国企业、组织、外籍人、无国籍人，以及在华虽然没有机构、场所但有来源于中国境内所得的外国企业或组织。这种对税收法律关系中权利主体另一方的确定，在我国采取的是属地兼属人的原则。

2. 税收法律关系的客体。

税收法律关系的客体即税收法律关系主体的权利、义务所共同指向的对象，也就是征税对象。例如，所得税法律关系的客体就是生产经营所得和其他所得，财产税法律关系的客体即是财产，流转税法律关系的客体就是货物或劳务收入。税收法律关系客体也是国家利用税收调整和控制的目标，国家在一定时期根据客观经济形势发展的需要，通过扩大或缩小征税范围调整征税对象，以达到限制或鼓励国民经济中某些产业、行业发展的目的。

3. 税收法律关系的内容。

税收法律关系的内容就是主体所享有的权利和所应承担的义务，这是税收法律关系中最实质的东西，也是税法的灵魂。它规定权利主体可以有什么行为，不可以有什么行为，若违反了这些规定，须承担相应的法律责任。

税务机关的权利主要表现在依法进行征税、税务检查以及对违章者进行处罚；其义务主要是向纳税人宣传、咨询、辅导、解读税法，及时把征收的税款解缴国库，依法受理纳税人对税收争议的申诉等。

纳税义务人的权利主要有多缴税款申请退还权、延期纳税权、依法申请减免税权、申请复议和提起诉讼权等，其义务主要是按税法规定办理税务登记、进行纳税申报、接受税务检查、依法缴纳税款等。

（二）税收法律关系的产生、变更与消灭

税法是引起税收法律关系的前提条件，但税法本身并不能产生具体的税收法律关系。税收法律关系的产生、变更与消灭必须有能够引起税收法律关系产生、变更或消灭的客观情况，也就是由税收法律事实来决定。税收法律事实可以分为税收法律事件和税收法律行为。税收法律事件是指不以税收法律关系权力主体的意志为转移的客观事件。例如，自然灾害可以导致税收减免，从而改变税收法律关系内容。税收法律行为是指税收法律关系主体在正常意志支配下作出的活动。例如，纳税人开业经营即产生税收法律关系，纳税人转业或停业就会造成税收法律关系的变更或消灭。

（三）税收法律关系的保护

税收法律关系是同国家利益及企业和个人的权益相联系的。保护税收法律关系，实质上就是保护国家正常的经济秩序、保障国家财政收入和维护纳税人的合法权益。税收法律关系的保护形式和方法是很多的，例如，税法中关于限期纳税、征收滞纳金和罚款的规定，《中华人民共和国刑法》（以下简称《刑法》）对构成逃避缴纳税款、抗税罪给予刑罚的规定，以及税法中对纳税人不服税务机关征税处理决定，可以申请复议或提出诉讼的规定等都是对税收法律关系的直接保护。税收法律关系的保护对权利主体双方是平等的，不能只对一方保护，而对另一方不予保护。同时对其享有权利的保护，就是对其承担义务的制约。

三、税法与其他法律的关系

法的调整对象是具有某一性质的社会关系，它是划分各法律部门的基本因素，也是一个法律部门区别于其他法律部门的基本标志和依据。税法以税收关系为自己的调整对象，正是这一社会关系的特定性把税法同其他法律部门划分开来。因此，税法主要以维护公共利益而非个人利益为目的，在性质上属于公法。不过与宪法、行政法、刑法等典型公法相比，税法仍具有一些私法的属性，如征税依据私法化、税收法律关系私法化、税法概念范畴私法化等。

涉及税收征纳关系的法律规范，除税法本身直接在税收实体法、税收程序法、税收争讼法、税收处罚法中规定外，在某种情况下也援引一些其他法律。深入辨析税法与其他法律间的关系属性，是解决税法适用范围的基础，同时对于增强税法与整个法制体系

的协调性也是十分必要的。

(一) 税法与宪法的关系

《中华人民共和国宪法》(以下简称《宪法》)作为国家的根本大法,是制定所有法律、法规的依据和章程。《宪法》在现代法治社会中具有最高的法律效力,是立法的基础。税法是国家法律的组成部分,当然也是依据《宪法》的原则制定的。

《宪法》第五十六条规定:"中华人民共和国公民有依照法律纳税的义务。"这里一是明确了国家可以向公民征税;二是明确了向公民征税要有法律依据。因此,《宪法》的这一条规定是立法机关制定税法并据以向公民征税以及公民必须依照税法纳税的最直接的法律依据。

《宪法》还对国家要保护公民的合法收入、财产所有权和公民的人身自由不受侵犯作出了规定。因此,在制定税法时,就要规定公民应享有的各项权利以及国家税务机关行使征税权的约束条件,同时要求税务机关在行使征税权时,不能侵犯公民的合法权益。

《宪法》第三十三条规定:"中华人民共和国公民在法律面前一律平等",即凡是中国公民都应在法律面前处于平等的地位。在制定税法时也应遵循这个原则,对所有的纳税人平等对待,不能因为纳税人的种族、性别、出身、年龄等不同而在税收上给予不平等的待遇。

(二) 税法与民法的关系

税法与民法间既有明显的区别,又有内在的联系。民法是调整平等主体之间,也就是公民之间、法人之间、公民与法人之间财产关系和人身关系的法律规范,故民法调整方法的主要特点是平等、等价和有偿。而税法的本质是国家依据政治权力向公民课税,是调整国家与纳税人关系的法律规范,这种税收征纳关系不是商品的关系,明显带有国家意志和强制的特点,其调整方法要采用命令和服从的方法,这是由税法与民法的本质区别所决定的。

当税法的某些规范同民法的规范基本相同时,税法一般援引民法条款。在征税过程中,经常涉及大量的民事权利和义务问题。例如,印花税中有关经济合同关系的成立,房产税中有关房屋的产权认定等,而这些在民法中已予以规定,所以,税法就不再另行规定。

当涉及税收征纳关系的问题时,一般应以税法的规范为准则。例如,两个关联企业之间,一方以高进低出的价格与对方进行商业交易,然后再以其他方式从对方取得利益补偿,以达到避税的目的。虽然上述交易符合民法中规定的"民事活动应遵循自愿、公平、等价有偿、诚实信用"的原则,但是违反了税法规定,在确定纳税义务时应该按照税法的规定对此种交易的法律属性作相应调整。

(三) 税法与刑法的关系

刑法是关于犯罪、刑事责任与刑罚的法律规范的总和。税法则是调整税收征纳关系的法律规范,其调整的范围不同。两者也有着密切的联系,因为税法和刑法对于违反税法都规定了处罚条款。但应该指出,违反了税法,并不一定就是刑事犯罪。区别就在于情节是否严重,轻者给予行政处罚,重者则要承担刑事责任,给予刑事处罚。从2009年2月28日起,"偷税"将不再作为一个刑法概念存在。第十一届全国人民代表大会常务委员会(以下简称全国人大常委会)第七次会议表决通过了《刑法修正案(七)》,修订后的《刑法》对第二百零一条关于不履行纳税义务的定罪量刑标准和法律规定中的相关表述方式进行了修改。用"逃避缴纳税款"取代了"偷税"。但目前我国的《中华人民共和国税收征收管理法》(以下简称《税收征收管理法》)中还没有作出相应修改。

(四)税法与行政法的关系

税法与行政法有十分密切的联系,主要表现在税法具有行政法的一般特性。税收实体法和税收程序法中都有大量内容是对国家机关之间、国家机关与法人或自然人之间的法律关系的调整。而且税收法律关系中居于主导地位的一方总是国家,体现国家单方面意志,不需要征纳双方意思表示完全一致。另外税收法律关系中争议的解决一般按照行政复议程序和行政诉讼程序进行。

税法与行政法也有一定区别。与一般行政法所不同的是,税法具有经济分配的性质,并且经济利益由纳税人向国家无偿单方面转移,这是一般行政法所不具备的。几乎社会再生产的每一个环节都有税法的参与和调节,在广度和深度上是一般行政法所不能比的。另外,行政法大多为授权性法规,所含的少数义务性规定也不像税法一样涉及货币收益的转移,而税法则是一种义务性法规。

第二节 税法原则

税法的原则反映税收活动的根本属性,是税收法律制度建立的基础。税法原则包括税法基本原则和税法适用原则。

一、税法基本原则

税法基本原则是统领所有税收规范的根本准则,为包括税收立法、执法、司法、守法在内的一切税收活动所必须遵守的。

(一)税收法定原则

党的十八届三中全会审议通过的《中共中央关于全面深化改革若干重大问题的决定》中提出了"落实税收法定原则"。这是我国在党的文件中首次明确提出税法原则中这一最根本的原则。

税收法定原则是税法基本原则中的核心。税收法定原则又称为税收法定主义,是指税法主体的权利义务必须由法律加以规定,税法的各类构成要素皆必须且只能由法律予以明确。税收法定主义贯穿税收立法和执法的全部领域,其内容包括税收要件法定原则和税务合法性原则。

1. 税收要件法定原则是指有关纳税人、课税对象、课税标准等税收要件必须以法律形式作出规定,且有关课税要素的规定必须尽量明确。具体来说,它要求:

(1)国家开征的任何税种都必须由法律对其进行专门确定才能实施。

(2)国家对任何税种征税要素的变动都应当按相关法律的规定进行。

（3）征税的各个要素不仅应当由法律作出专门的规定，这种规定还应当尽量明确，否则容易产生漏洞或者歧义；在税收的立法过程中对税收的各要素加以规定时还应当采用恰当准确的用语，使之明确化，尽量避免使用模糊性的文字。

2. 税务合法性原则是指税务机关按法定程序依法征税，不得随意减征、停征或免征，无法律依据不征税。

（1）立法者在立法的过程中要对各个税种征收的法定程序加以明确规定，既可以使纳税得以程序化，提高工作效率，节约社会成本，又尊重并保护了税收债务人的程序性权利，促使其提高纳税的意识。

（2）征税机关及其工作人员在征税过程中，必须按照税收程序法和税收实体法①的规定来行使自己的职权，履行自己的职责，充分尊重纳税人的各项权利。

（二）税收公平原则

税收公平原则包括税收横向公平和纵向公平，即税收负担必须根据纳税人的负担能力分配，负担能力相等，税负相同；负担能力不等，税负不同。税收公平原则源于法律上的平等性原则，所以许多国家的税法在贯彻税收公平原则时，都特别强调"禁止不平等对待"的法理，禁止对特定纳税人给予歧视性对待，也禁止在没有正当理由的情况下对特定纳税人给予特别优惠。

（三）税收效率原则

税收效率原则包含两方面：一是经济效率；二是行政效率。前者要求税法的制定要有利于资源的有效配置和经济体制的有效运行，后者要求提高税收行政效率，节约税收征管成本。

（四）实质课税原则

实质课税原则是指应根据客观事实确定是否符合课税要件，并根据纳税人的真实负担能力决定纳税人的税负，而不能仅考虑相关外观和形式。

二、税法适用原则

税法适用原则是指税务行政机关和司法机关运用税收法律规范解决具体问题所必须遵循的准则。税法适用原则并不违背税法基本原则，而且在一定程度上体现着税法基本原则。但是与税法基本原则相比，税法适用原则含有更多的法律技术性准则，更为具体化。

（一）法律优位原则

法律优位原则的基本含义为法律的效力高于行政立法的效力，其作用主要体现在处理不同等级税法的关系上。法律优位原则明确了税收法律的效力高于税收行政法规的效力，对此还可以进一步推论为税收行政法规的效力优于税收行政规章的效力。即效力低的税法与效力高的税法发生冲突，效力低的税法是无效的。

（二）法律不溯及既往原则

法律不溯及既往原则是绝大多数国家所遵循的法律程序技术原则。其基本含义为：一部新法实施后，对新法实施之前人们的行为不得适用新法，而只能沿用旧法。在税法

---

① 该部分内容详见本章第四节。

领域内坚持这一原则,目的在于维护税法的稳定性和可预测性,使纳税人能在知道纳税结果的前提下作出相应的经济决策,税收的调节作用才会较为有效。

(三) 新法优于旧法原则

新法优于旧法原则也称后法优于先法原则,其含义为:新法、旧法对同一事项有不同规定时,新法的效力优于旧法。其作用在于避免因法律修订带来新法、旧法对同一事项有不同的规定而引起法律适用的混乱,为法律的更新与完善提供适用上的保障。新法优于旧法原则在税法中普遍适用,但是当新税法与旧税法处于普通法与特别法的关系时,以及某些程序性税法引用"实体从旧、程序从新"原则时,可以例外。

(四) 特别法优于普通法原则

特别法优于普通法原则的含义为对同一事项两部法律分别订有一般和特别规定时,特别规定的效力高于一般规定的效力。特别法优于普通法原则打破了税法效力等级的限制,即居于特别法地位的级别较低的税法,其效力可以高于作为普通法的级别较高的税法。

(五) 实体从旧、程序从新原则

实体从旧、程序从新原则的含义包括两个方面:一是实体税法不具备溯及力。即在纳税义务的确定上,以纳税义务发生时的税法规定为准,实体性的税法规则不具有向前的溯及力。二是程序性税法在特定条件下具备一定的溯及力。即对于新税法公布实施之前发生,却在新税法公布实施之后进入税款征收程序的纳税义务,原则上新税法具有约束力。

(六) 程序优于实体原则

程序优于实体原则是关于税收争讼法的原则,其基本含义为:在诉讼发生时税收程序法优于税收实体法。适用这一原则,是为了确保国家课税权的实现,不因争议的发生而影响税款的及时、足额入库。

第三节 税法(种)要素

税法要素是指各种单行税法具有的共同的基本要素的总称,由于税法是税收存在的重要形式,税法要素通常包括税种要素。首先,税法要素既包括实体性的,也包括程序性的;其次,税法要素是所有完善的单行税法都共同具备的,仅为某一税法所单独具有而非普遍性的内容不构成税法要素,例如,扣缴义务人。税法要素一般包括总则、纳税义务人、征税对象、税目、税率、纳税环节、纳税期限、纳税地点、税收优惠、罚则、附则等项目。税种要素则通常包含纳税义务人、征税对象、税目、税率、纳税环节、纳税期限、纳税地点、税收优惠,等等。

一、总则

总则主要包括立法依据、立法目的、适用原则等。例如,《耕地占用税法》规定:"为了合理利用土地资源,加强土地管理,保护耕地,制定本法。"此条突出了该法制定的目的，即"立法目的"。

二、纳税义务人

纳税义务人或纳税人又称为纳税主体，是税法规定的直接负有纳税义务的单位和个人。任何一个税种首先要解决的就是国家对谁征税的问题，例如，我国个人所得税、增值税、消费税以及印花税等税种暂行条例的第一条规定的都是该税种的纳税义务人。

纳税人有两种基本形式：自然人和法人。自然人和法人是两个相对称的法律概念。自然人是基于自然规律而出生的，有民事权利和义务的主体，包括本国公民，也包括外国人和无国籍人。法人是自然人的对称，根据《中华人民共和国民法典》第五十七条规定，法人是具有民事权利能力和民事行为能力，依法独立享有民事权利和承担民事义务的组织。我国的法人分为营利法人、非营利法人和特别法人。

税法中规定的纳税人有自然人和法人两种最基本的形式，按照不同的目的和标准，还可以对自然人和法人进行多种详细的分类，这些分类对国家制定区别对待的税收政策，发挥税收的经济调节作用，具有重要的意义。例如，自然人可划分为居民个人和非居民个人，个体经营者和其他个人等；法人可划分为居民企业和非居民企业，还可按企业的不同所有制性质来进行分类等。

与纳税人紧密联系的两个概念是代扣代缴义务人和代收代缴义务人。前者是指虽不承担纳税义务，但依照有关规定，在向纳税人支付收入、结算货款、收取费用时有义务代扣代缴其应纳税款的单位和个人，例如，出版社代扣代缴作者稿酬所得的个人所得税等。如果代扣代缴义务人按规定履行了代扣代缴义务，税务机关将支付一定的手续费。反之，未按规定代扣代缴税款，造成应纳税款流失或将已扣缴的税款私自截留挪用、不按时缴入国库，一经税务机关发现，将要承担相应的法律责任。代收代缴义务人是指虽不承担纳税义务，但依照有关规定，在向纳税人收取商品或劳务收入时，有义务代收代缴其应纳税款的单位和个人。例如，《中华人民共和国消费税暂行条例》（以下简称《消费税暂行条例》）规定，委托加工的应税消费品，由受托方在向委托方交货时代收代缴委托方应该缴纳的消费税。

三、征税对象

征税对象又称为课税对象、征税客体，是指税法规定的对什么征税，也是征纳税双方权利义务共同指向的客体或标的物，是区别一种税与另一种税的重要标志。例如，消费税的征税对象是《消费税暂行条例》所列举的应税消费品，房产税的征税对象是房屋等。征税对象是税法最基本的要素，因为它体现着征税的最基本界限，决定着某一种税的基本征税范围，同时，征税对象也决定了各个不同税种的名称。例如，消费税、土地增值税、个人所得税等，这些税种因征税对象不同、性质不同，税名也就不同。征税对象按其性质的不同，通常可划分为流转额、所得额、财产、资源、特定行为五大类，通常也因此将税收分为相应的五大类，即流转税或称商品和劳务税（货物和劳务税）、所得税、财产税、资源税和特定行为税。

与课税对象相关的两个基本概念是税目和税基。税目本身也是一个重要的税法要素，下面将单独讨论。而税基又称为计税依据，是据以计算征税对象应纳税款的直接数量依据，它解决对征税对象课税的计算问题，是对课税对象的量的规定。例如，企业所得税应纳税额的基本计算方法是应纳税所得额乘以适用税率，其中，应纳税所得额是据以计算所得税应纳税额的数量基础，为所得税的税基。计税依据按照计量单位的性质划分，有两种基本形态：价值形态和物理形态。价值形态包括应纳税所得额、销售收入、营业收入等；物理形态包括面积、体积、容积、重量等。一种是以价值形态作为税基，又称为从价计征，即按征税对象的货币价值计算，例如，生产销售化妆品应纳消费税税额是由化妆品的销售收入乘以适用税率计算产生，其税基为销售收入，属于从价计征的方法。另一种是从量计征，即直接按征税对象物理形态的自然单位计算，例如，城镇土地使用税应纳税额是由占用土地面积乘以每单位面积应纳税额计算产生，其税基为占用土地的面积，属于从量计征的方法。

四、税目

税目是在税法中对征税对象分类规定的具体的征税项目，反映具体的征税范围，是对课税对象质的界定。设置税目的目的首先是明确具体的征税范围，凡列入税目的即为应税项目，未列入税目的，则不属于应税项目。其次，划分税目也是贯彻国家税收调节政策的需要，国家可根据不同项目的利润水平以及国家经济政策等为依据制定高低不同的税率，以体现不同的税收政策。

并非所有税种都需要规定税目，有些税种不区分课税对象的具体项目，一律按照课税对象的应税数额采用同一税率计征税款，因此一般无须设置税目，例如，企业所得税。有些税种具体课税对象比较复杂，需要规定税目，例如，消费税，一般都规定有不同的税目。

五、税率

税率是对征税对象的征收比例或征收程度。税率是计算税额的尺度，也是衡量税负轻重与否的重要标志。我国现行的税率主要有：

（一）比例税率

比例税率是对同一征税对象，不分数额大小，规定相同的征收比例。例如，我国的增值税、城市维护建设税、企业所得税等采用的是比例税率。比例税率在适用中又可分为三种具体形式：

1. 单一比例税率，是指对同一征税对象的所有纳税人都适用同一比例税率。
2. 差别比例税率，是指对同一征税对象的不同纳税人适用不同的比例征税。我国现行税法又分别按产品、行业和地区的不同将差别比例税率划分为以下三种类型：一是产品差别比例税率，即对不同产品分别适用不同的比例税率，同一产品采用同一比例税率，例如，消费税、关税等；二是行业差别比例税率，即对不同行业分别适用不同的比例税率，同一行业采用同一比例税率，例如，增值税等；三是地区差别比例税率，即区分不同的地区分别适用不同的比例税率，同一地区采用同一比例税率，例如，城市维护建设税等。

3. 幅度比例税率，是指对同一征税对象，税法只规定最低税率和最高税率，各地区在该幅度内确定具体的适用税率。

比例税率具有计算简单、税负透明度高、有利于保证财政收入、有利于纳税人公平竞争、不妨碍商品流转额或非商品营业额扩大等优点，符合税收效率原则。但比例税率不能针对不同的收入水平的纳税人实施不同的税收负担，在调节纳税人的收入水平方面难以体现税收的公平原则。

（二）超额累进税率

为解释超额累进税率，在此先说明累进税率和全额累进税率。累进税率是指随着征税对象数量增大而随之提高的税率，即按征税对象数额的大小划分为若干等级，不同等级的课税数额分别适用不同的税率，课税数额越大，适用税率越高。累进税率一般在所得课税中使用，可以充分体现对纳税人收入多的多征、收入少的少征、无收入的不征的税收原则，从而有效地调节纳税人的收入，正确处理税收负担的纵向公平问题。全额累进税率，是把征税对象的应税数额划分为若干等级，对每个等级分别规定相应税率，当税基超过某个级距时，课税对象的全部数额都按提高后级距的相应税率征税，见表1－1。

表1－1　　　　　　　　　某三级全额累进税率表

级数	全月应纳税所得额（元）	税率（%）
1	5 000（含）以下	10
2	5 000~20 000（含）	20
3	20 000以上	30

运用全额累进税率的关键是查找每一位纳税人应税收入在税率表中所属的级次，找到收入级次，与其对应的税率便是该纳税人所适用的税率，全部税基乘以适用税率即可计算出应缴税额。例如，某纳税人某月应纳税所得额为6 000元，按表1－1所列税率，适用第2级次，应纳税额 = 6 000 × 20% = 1 200（元）。

全额累进税率计算方法简便，但税收负担不合理，特别是在划分级距的临界点附近，税负呈跳跃式递增，甚至会出现税额增加超过课税对象数额增加的不合理现象，不利于鼓励纳税人增加收入。

超额累进税率是把征税对象按数额的大小分成若干等级，每一等级规定一个税率，税率依次提高，但每一位纳税人的征税对象则依所属等级同时适用几个税率分别计算，将计算结果相加后得出应纳税款。表1－2为假定某个人所得税所适用的三级超额累进税率表。

表1－2　　　　　　　某个人所得税三级超额累进税率表

级数	全月应纳税所得额（元）	税率（%）	速算扣除数
1	5 000（含）以下	10	0
2	5 000~20 000（含）	20	500
3	20 000以上	30	2 500

▶【例1－1】某人某月应纳税所得额为6 000元，按表1－2所列税率，其应纳税额可以

分步计算：

第 1 级次的 5 000 元适用 10% 的税率，应纳税额 = 5 000 × 10% = 500（元）。

第 2 级次的 1 000 元（6 000 - 5 000）适用 20% 的税率，应纳税额 = 1 000 × 20% = 200（元）。

该月应纳税额 = 5 000 × 10% + 1 000 × 20% = 700（元）

目前我国采用超额累进税率的税种是个人所得税。

在级数较多的情况下，分级计算然后相加的方法比较烦琐。为了简化计算，也可采用速算法。速算法的原理是：基于全额累进计算的方法比较简单，可将超额累进计算的方法转化为全额累进计算的方法。对于同样的课税对象数量，按全额累进方法计算出的税额比按超额累进方法计算出的税额多，即有重复计算的部分，这个多征的常数叫速算扣除数。用公式表示为：

速算扣除数 = 按全额累进方法计算的税额 - 按超额累进方法计算的税额

公式移项得：

按超额累进方法计算的税额 = 按全额累进方法计算的税额 - 速算扣除数

▶ 【例 1-2】承【例 1-1】，某人某月应纳税所得额为 6 000 元，如果直接用 6 000 元乘以所对应级次的税率 20%，则对于第 1 级次的 5 000 元应纳税所得额就出现了 5 000 ×（20% - 10%）的重复计算的部分。因为这 5 000 元仅适用 10% 的税率，而现在全部用了 20% 的税率来计算，故多算了 10%，这就是应该扣除的所谓速算扣除数。如果用简化的方法计算，则当月应纳税额 = 6 000 × 20% - 500 = 700（元）。

（三）定额税率

定额税率即按征税对象确定的计算单位，直接规定一个固定的税额。目前采用定额税率的有城镇土地使用税和车船税等。

（四）超率累进税率

超率累进税率即以征税对象数额的相对率划分为若干级距，分别规定相应的差别税率，相对率每超过一个级距的，对超过的部分就按高一级的税率计算征税。目前我国税收体系中采用这种税率的是土地增值税。

六、纳税环节

纳税环节主要指税法规定的征税对象在从生产到消费的流转过程中应当缴纳税款的环节。例如，流转税在生产和流通环节纳税、所得税在分配环节纳税等。纳税环节有广义和狭义之分。广义的纳税环节指全部课税对象在再生产中的分布情况。例如，资源税分布在资源生产环节，商品和劳务税分布在生产或流通环节，所得税分布在分配环节等。狭义的纳税环节特指应税商品在流转过程中应纳税的环节。商品从生产到消费要经历诸多流转环节，各环节都存在销售额，都可能成为纳税环节。但考虑到税收对经济的影响、财政收入的需要以及税收征管的能力等因素，国家常常对在商品流转过程中所征税种规定不同的征（纳）税环节。按照某税种征（纳）税环节的多少，可以将税种划分为一次课征制或多次课征制。

合理选择纳税环节，对加强税收征管、有效控制税源、保证国家财政收入的及时、稳定、可靠，方便纳税人生产经营活动和财务核算，灵活机动地发挥税收调节经济的作用，具有十分重要的理论和实践意义。

七、纳税期限

纳税期限是指税法规定的关于税款缴纳时间即纳税时间方面的限定。税法关于纳税时间的规定，有以下三个相关概念：

一是纳税义务发生时间，是指应税行为发生的时间。例如，《中华人民共和国增值税暂行条例》（以下简称《增值税暂行条例》）规定采取预收货款方式销售货物的，其纳税义务发生时间为货物发出的当天。

二是纳税期限，纳税人每次发生纳税义务后，不可能马上去缴纳税款。税法规定了每种税的纳税期限，即每隔固定时间汇总一次纳税义务的时间。例如，《增值税暂行条例》规定，增值税的具体纳税期限分别为1日、3日、5日、10日、15日、1个月或者1个季度。纳税人的具体纳税期限，由主管税务机关根据纳税人应纳税额的大小分别核定；不能按照固定期限纳税的，可以按次纳税。

三是缴库期限，即税法规定的纳税期满后，纳税人将应纳税款缴入国库的期限。例如，《增值税暂行条例》规定，纳税人以1个月或者1个季度为1个纳税期的，自期满之日起15日内申报纳税；以1日、3日、5日、10日或者15日为1个纳税期的，自期满之日起5日内预缴税款，于次月1日起15日内申报纳税并结清上月应纳税款。

八、纳税地点

纳税地点主要是指根据各个税种纳税对象的纳税环节和有利于对税款的源泉控制而规定的纳税人（包括代征、代扣、代缴义务人）的具体申报缴纳税收的地点。

九、减税免税

减税免税主要是对某些纳税人和征税对象采取减少征税或者免予征税的特殊规定。

十、罚则

罚则主要是指对纳税人违反税法的行为采取的处罚措施。

十一、附则

附则一般都规定了与该法紧密相关的内容，例如，税法的解释权、生效时间等。

第四节 税收立法与我国税法体系

一、税收立法原则

税收立法是指有权的机关依据一定的程序，遵循一定的原则，运用一定的技术，制定、公布、修改、补充和废止有关税收法律、法规、规章的活动。税收立法是税法实施的前提，有法可依，有法必依，执法必严，违法必究，是税收立法与税法实施过程中必须遵循的基本原则。

税收立法原则是指在税收立法活动中必须遵循的准则。我国的税收立法原则是根据我国的社会性质和具体国情确定的，是立法机关根据社会经济活动、经济关系，特别是税收征纳双方的特点确定的，也是贯穿于税收立法工作始终的指导方针。税收立法主要应遵循以下几个原则：

（一）从实际出发的原则

从实际出发，这是唯物主义的思想路线在税收立法实践中的运用和体现。贯彻这个原则，首先，要求税收立法必须根据经济、政治发展的客观需要，反映客观规律，也就是从中国国情出发，充分尊重经济社会发展规律和税收分配理论。其次，要客观反映一定时期国家、社会、政治、经济等各方面的实际情况，既不能被某些条条框框所束缚，也不能盲目抄袭别国的立法模式。在此基础上，充分运用科学知识和技术手段，不断丰富税收立法理论，完善税法体系，以适应社会主义市场经济发展的客观需要。

（二）公平原则

在税收立法中一定要体现公平原则。所谓公平，就是要体现合理负担原则。在市场经济体制下，参加市场竞争的各个主体需要有一个平等竞争的环境，而税收的公平是实现平等竞争的重要条件。公平主要体现在三个方面：一是从税收负担能力来看，负担能力大的应多纳税，负担能力小的应少纳税，没有负担能力的不纳税。二是从纳税人所处的生产和经营环境来看，由于客观环境优越而取得超额收入或级差收益者应多纳税，反之应少纳税。三是从税负平衡看，不同地区、不同行业间及多种经济成分之间的实际税负必须尽可能公平。

（三）民主决策的原则

民主决策的原则主要指在税收立法过程中必须充分倾听群众的意见，严格按照法定程序进行，确保税收法律能体现广大群众的根本利益。坚持这个原则，要求税收立法的主体应以全国人民代表大会及其常务委员会为主，按照法定程序进行；对税收法案的审议，要进行充分的辩论，倾听各方面意见；税收立法过程要公开化，让广大公众及时了解税收立法的全过程，以及立法过程中各个环节的争论和如何达成共识的情况。

（四）原则性与灵活性相结合的原则

在制定税法时，要求明确、具体、严谨、周密。但是，为了保证税法制定后在全国范围内、在各个地区都能贯彻执行，避免与现实脱节，因此在制定税法时，不能规定得过细过死，这就要求必须坚持原则性与灵活性相结合的原则。具体来说，就是必须贯彻法制的统一性与因时、因地制宜相结合。法制的统一性，表现在税收立法上，就是税收立法权只能由国家最高权力机关来行使，各地区、各部门不能擅自制定违背国家法律的"土政策""土规定"。但是，我国又是一个幅员辽阔、人口众多、多民族的国家，各地区的经济文化发展水平不平衡，因而对不同地区不能强求一致。因此，为了照顾不同地区特别是少数民族地区不同的情况和特点，为了充分发挥地方的积极性，在某些情况下，允许地方在遵守国家法律、法规的前提下，制定适合当地的实施办法等。因此，只有贯彻这个原则，才能制定出既符合全国统一性要求又能适应各地区实际情况的税法。

（五）法律的稳定性、连续性与废、改、立相结合的原则

制定税法，是与一定经济基础相适应的，税法一旦制定，在一定阶段内就要保持其稳定性，不能朝令夕改，变化不定。如果税法经常变动，不仅会破坏税法的权威性和严肃性，而且会给国民经济生活造成非常不利的影响。但是，这种稳定性不是绝对的，因为社会政治、经济状况是不断变化的，税法也要进行相应的发展变化。这种发展变化具体表现在：有的税法，已经过时，需要废除；有的税法，部分失去效力，需要修改、补充；当出现新的情况，需要制定新的税法。此外，还必须注意保持税法的连续性，即税法不能中断，在新的税法未制定前，原有的税法不应随便中止、失效；在修改、补充或制定新的税法时，应保持与原有税法的承续关系，应在原有税法的基础上，结合新的实践经验，修改、补充原有的税法和制定新的税法。只有遵循这个原则，才能制定出符合社会政治、经济发展规律的税法。

二、税收立法权及其划分

税收立法权是制定、修改、解释或废止税收法律、法规、规章和规范性文件的权力。它包括两方面的内容：一是什么机关有税收立法权；二是各级机关的税收立法权是如何划分的。

（一）税收立法权划分的方式

税收立法权的明确有利于保证税法的统一制定和贯彻执行，充分、准确地发挥各级有权机关管理税收的职能作用，防止各种越权自定章法、随意减免税收现象的发生。

税收立法权的划分可按以下不同的方式进行：

1. 按照税种类型的不同来划分。例如，按商品和劳务税类、所得税类、地方税类来划分。有关特定税收领域的税收立法权通常全部给予特定一级的政府。

2. 根据任何税种的基本要素来划分。任何税种的结构都由以下几个要素构成：纳税人、征税对象、税基、税率、税目、纳税环节等。理论上，可以将税种的某一要素如税基和税率的立法权授予某级政府。但在实践中，这种做法并不多见。

3. 根据税收执法的级次来划分。立法权可以授予某级政府，行政上的执行权给予另一级，这是一种传统的划分方法，能适用于任何类型的立法权。根据这种模式，有关纳税主体、税基和税率的基本法规的立法权放在中央政府，更具体的税收实施规定的立法权给予较低级次政府或政府机构。因此，需要指定某级政府或政府机构制定不同级次的法规。我国税收立法权的划分就属于此种类型。

（二）我国税收立法权划分的现状

1. 中央税、中央与地方共享税以及全国统一实行的地方税的立法权集中在中央，以保证中央政令统一，维护全国统一市场和企业平等竞争。其中，中央税是指维护国家权益、实施宏观调控所必需的税种，具体包括消费税、关税、车辆购置税等。中央和地方共享税是指同经济发展直接相关的主要税种，具体包括增值税、企业所得税、个人所得税。地方税具体包括资源税、土地增值税、印花税、城市维护建设税、城镇土地使用税、房产税、车船税等。

2. 我国税收立法权划分的具体层次。

（1）全国性税种的立法权，即包括全部中央税、中央与地方共享税和在全国范围内征收的地方税税法的制定、公布和税种的开征、停征权，税收征收管理制度等税收基本制度的设立权属于全国人民代表大会（以下简称全国人大）及其常务委员会（以下简称常委会）。

（2）经全国人大及其常委会授权，全国性税种可先由国务院以"条例"或"暂行条例"的形式发布施行。经一段时期后，再行修订并通过立法程序，由全国人大及其常委会正式立法。

（3）经全国人大及其常委会授权或为执行法律的规定，国务院有制定税法实施细则、对尚未制定税收法律的税种增减税目和调整税率的权力。

（4）经全国人大及其常委会的授权，国务院有税法如何具体应用的问题的解释权；对尚未制定税收法律的税种经国务院授权，国家税务主管部门（财政部、国家税务总局及海关总署）有税收条例的解释权和制定税收条例实施细则的权力。

（5）对于尚未制定税收法律的地方税种，经国务院授权，省级人民政府有制定实施细则的权力，也可在上述规定的前提下，制定一些税收征收办法，还可以在全国性地方税条例规定的幅度内，确定本地区适用的税率或税额。

三、税收立法机关

根据我国《宪法》《中华人民共和国全国人民代表大会组织法》《中华人民共和国国务院组织法》《中华人民共和国立法法》《中华人民共和国地方各级人民代表大会和地方各级人民政府组织法》的规定，我国的立法体制是：全国人大及其常委会行使立法权，制定法律；国务院有权根据宪法和法律制定行政法规；国务院各部委有权制定规章；地方人民代表大会及其常委会，在不与宪法、法律、行政法规抵触的前提下，有权制定地方性法规，但要报全国人大常委会和国务院备案；民族自治地方的人民代表大会有权依照当地民族政治、经济和文化的特点，制定自治条例和单行条例。

各有权机关根据国家立法体制规定所制定的一系列税收法律、法规、规章和规范性文件，构成了我国的税收法律体系。需要说明的是，我们平时所说的税法，有广义和狭义之分。广义概念上的税法包括所有调整税收关系的法律、法规、规章和规范性文件，是税法体系的总称；而狭义概念上的税法，特指由全国人大及其常委会制定和颁布的税收法律。由于制定税收法律、法规和规章的机关不同，其法律级次不同，因此其法律效力也不同。

（一）全国人大和全国人大常委会制定税收法律

《宪法》第五十八条规定："全国人民代表大会和全国人民代表大会常务委员会行使国家立法权。"上述规定确定了我国税收法律的立法权由全国人大及其常委会行使，其他任何机关都没有制定税收法律的权力。在国家税收中，凡是基本的、全局性的问题，例如，国家税收的性质，税收法律关系中征纳双方权利与义务的确定，税种的设置，税目、税率的确定等，都需要由全国人大及其常委会以税收法律的形式制定实施，并且在全国范围内，无论对居民纳税人，还是非居民纳税人都普遍适用。在现行税法中，例如，《中华人民共和国企业所得税法》《中华人民共和国个人所得税法》《税收征收管理法》都是税收法律。除《宪法》外，在税法体系中，税收法律具有最高的法律效力，其他各级有权机关制定的税收法规、规章，都不得与《宪法》和税收法律相抵触。

（二）全国人大或全国人大常委会授权立法

授权立法是指全国人大及其常委会根据需要授权国务院制定某些具有法律效力的暂行规定或者条例。授权立法与制定行政法规不同。国务院经授权立法所制定的规定或条例等，具有国家法律的性质和地位，它的法律效力高于行政法规，在立法程序上还需报全国人大常委会备案。1984年9月1日，全国人大常委会授权国务院改革工商税制和发布有关税收条例。1985年，全国人大授权国务院在经济体制改革和对外开放方面可以制定暂行的规定或者条例，都是授权国务院立法的依据。按照这两次授权立法，国务院在1994年1月1日起实施的工商税制改革中，制定实施了增值税、营业税、消费税、资源税、土地增值税、企业所得税6个税种的暂行条例。授权立法，在一定程度上解决了我国经济体制改革和对外开放工作急需法律保障的当务之急。税收暂行条例的制定和公布施行，为全国人大及其常委会的立法工作提供了有益的经验和条件，也为将这些条例在条件成熟时上升为法律做好了准备。

（三）国务院制定税收行政法规

国务院作为最高国家权力机关的执行机关，是最高的国家行政机关，拥有广泛的行政立法权。我国《宪法》规定，国务院可"根据宪法和法律，规定行政措施，制定行政法规，发布决定和命令"。行政法规作为一种法律形式，在中国法律形式中处于低于宪法、法律和高于地方法规、部门规章、地方规章的地位，也是在全国范围内普遍适用的。行政法规的立法目的在于保证宪法和法律的实施，行政法规不得与宪法、法律相抵触，否则无效。国务院发布的《中华人民共和国企业所得税法实施条例》《中华人民共和国税收征收管理法实施细则》等，都是税收行政法规。

（四）地方人民代表大会及其常委会制定税收地方性法规

根据《中华人民共和国地方各级人民代表大会和地方各级人民政府组织法》的规定，省、自治区、直辖市的人民代表大会和设区市的人民代表大会有制定地方性法规的权力。由于我国在税收立法上坚持"统一税法"的原则，因此地方权力机关制定税收地方法规不是无限制的，而是要严格按照税收法律的授权行事。目前，除了海南省、民族自治地区按照全国人大授权立法规定，在遵循宪法、法律和行政法规的原则基础上，可以制定有关税收的地方性法规外，其他省、市一般都无权自定税收地方性法规。

（五）国务院税务主管部门制定税收部门规章

《宪法》第九十条规定，国务院"各部、各委员会根据法律和国务院的行政法规、决定、命令，在本部门的权限内，发布命令、指示和规章"。有权制定税收部门规章的税务主管机关是财政部、国家税务总局及海关总署。其制定规章的范围包括对有关税收法律、法规的具体解释、税收征收管理的具体规定、办法等，税收部门规章在全国范围内具有普遍适用效力，但不得与税收法律、行政法规相抵触。例如，财政部、国家税务总局颁布的《中华人民共和国增值税暂行条例实施细则》、国家税务总局颁布的《税务代理试行办法》等都属于税收部门规章。

(六) 地方政府制定税收地方规章

《中华人民共和国地方各级人民代表大会和地方各级人民政府组织法》规定："省、自治区、直辖市的人民政府可以根据法律、行政法规和本省、自治区、直辖市的地方性法规，制定规章，报国务院和本级人民代表大会常务委员会备案。设区的市的人民政府可以根据法律、行政法规和本省、自治区的地方性法规，制定规章，报国务院和省、自治区的人民代表大会常务委员会、人民政府以及本级人民代表大会常务委员会备案。"按照"统一税法"的原则，上述地方政府制定税收规章，都必须在税收法律、法规明确授权的前提下进行，并且不得与税收法律、行政法规相抵触。没有税收法律、法规的授权，地方政府是无权自定税收规章的，凡是越权自定的税收规章没有法律效力。例如，国务院发布实施的城市维护建设税、房产税等地方性税种暂行条例，都规定了省、自治区、直辖市人民政府可根据条例制定实施细则。

四、税收立法程序

税收立法程序是指有权的机关，在制定、认可、修改、补充、废止等税收立法活动中，必须遵循的法定步骤和方法。

目前我国税收立法程序主要包括以下几个阶段：

1. 提议阶段。

无论是税法的制定，还是税法的修改、补充和废止，一般由国务院授权其税务主管部门（财政部、国家税务总局及海关总署）负责立法的调查研究等准备工作，并提出立法方案或税法草案，上报国务院。

2. 审议阶段。

税收法规由国务院负责审议。税收法律在经国务院审议通过后，以议案的形式提交全国人大常委会的有关工作部门，在广泛征求意见并作修改后，提交全国人大或其常务委员会审议通过。

3. 通过和公布阶段。

税收行政法规，由国务院审议通过后，以国务院总理名义发布实施。税收法律，在全国人大或其常委会开会期间，先听取国务院关于制定税法议案的说明，然后经过讨论，以简单多数的方式通过后，以国家主席名义发布实施。

五、我国现行税法体系

税法内容十分丰富，涉及范围也极为广泛，各单行税收法律法规结合起来，形成了完整配套的税法体系，共同规范和制约税收分配的全过程，是实现依法治税的前提和保证。从法律角度来讲，一个国家在一定时期内、一定体制下以法定形式规定的各种税收法律、法规的总和，被称为税法体系。但从税收工作的角度来讲，所谓税法体系往往被称为税收制度。一个国家的税收制度是指在既定的管理体制下设置的税种以及与这些税种的征收、管理有关的，具有法律效力的各级成文法律、行政法规、部门规章等的总和。换句话说，税法体系就是通常所说的税收制度（以下简称税制）。

一个国家的税制，可按照构成方法和形式分为简单型税制及复合型税制。简单型税制主要是指税种单一、结构简单的税制；复合型税制主要是指由多个税种构成的税制。在现代社会中，世界各国一般都采用多种税并存的复合型税制。一个国家为了有效取得财政收入或调节社会经济活动，必须设置一定数量的税种，并规定每种税的征收和缴纳办法，包括对什么征税、向谁征税、征多少税以及何时纳税、何地纳税、按什么手续纳税和不纳税如何处理等。

因此，税制的内容主要有三个层次：一是不同的要素构成税种。构成税种的要素主要包括纳税人、征税对象、税目、税率、纳税环节、纳税期限、减税免税等。二是不同的税种构成税制。构成税制的具体税种，国与国之间差异较大，但一般都包括所得税（直接税），如企业（法人）所得税、个人所得税等，也包括商品课税（间接税），如增值税、消费税及其他一些税种等。三是规范税款征收程序的法律法规，例如，《税收征收管理法》等。

税种的设置及每种税的征税办法，一般是以法律形式确定的，这些法律就是税法。一个国家的税法一般包括税法通则、各税税法（条例）、实施细则、具体规定4个层次。其中，"税法通则"规定一个国家的税种设置和每个税种的立法精神；"各税税法（条例）"分别规定每种税的征税办法；"实施细则"是对各税税法（条例）的详细说明和解释；"具体规定"则是根据不同地区、不同时期的具体情况制定的补充性法规。目前，世界上只有少数国家单独制定税法通则，大多数国家都把税法通则的有关内容包含在宪法和各税税法（条例）之中，我国的税法就属于这种情况。

税法体系中各税法按基本内容和效力、职能作用、权限范围的不同，可分为不同类型。

（一）按照税法的基本内容和效力的不同，可分为税收基本法和税收普通法

税收基本法也称税收通则，是税法体系的主体和核心，在税法体系中起着税收母法的作用。其基本内容一般包括税收制度的性质、税务管理机构、税收立法与管理权限、纳税人的基本权利与义务、征税机关的权利和义务、税种设置等。我国目前还没有制定统一的税收基本法，随着我国税收法制建设的发展和完善，将研究制定税收基本法。税收普通法是根据税收基本法的原则，对税收基本法规定的事项分别立法实施的法律。例如，《中华人民共和国个人所得税法》《税收征收管理法》等。

（二）按照税法的职能作用的不同，可分为税收实体法和税收程序法

税收实体法主要是指确定税种立法，具体规定各税种的征收对象、征收范围、税目、税率、纳税地点等，一般有多少个税种，就有多少部税收实体法。例如，《中华人民共和国企业所得税法》《中华人民共和国个人所得税法》就属于税收实体法。税收程序法是指税务管理方面的法律，主要包括税收管理法、纳税程序法、发票管理法、税务机关组织法、税务争议处理法等。《税收征收管理法》就属于税收程序法。

1. 税收实体法体系。

我国的现行税制就其实体法而言，是中华人民共和国成立后经过几次较大的改革逐步演变而来的，主要是经1994年税制改革后形成的，现行一共有18个税种，即我国现行一共有18部税收实体法。按照不同的标准，这些税种或实体法大致可进行下列分类：

（1）按征税对象不同，大致分为以下五类。

①商品（货物）和劳务税类，包括增值税、消费税和关税，主要在生产、流通或者服务业中发挥调节作用。

②所得税类，包括企业所得税、个人所得税、土地增值税，主要是在国民收入形成后，对生产经营者的利润和个人的纯收入发挥调节作用。

③财产和行为税类，包括房产税、车船税、印花税、契税，主要是对某些财产和行为发挥调节作用。

④资源税和环境保护税类，包括资源税、环境保护税和城镇土地使用税，主要是对因开发和利用自然资源差异而形成的级差收入发挥调节作用。

⑤特定目的税类，包括城市维护建设税、车辆购置税、耕地占用税、船舶吨税和烟叶税，主要是为了达到特定目的，对特定对象和特定行为发挥调节作用。

上述税种中，进口环节的增值税和消费税、关税和船舶吨税由海关负责征收管理，其他税种由税务机关负责征收管理。

（2）按照税法是否容易转嫁，可分为直接税和间接税。

①直接税是指税负不易转嫁，只能由纳税人直接负担的税种，其纳税人往往与负税人为同一人，如企业所得税、个人所得税、契税等。

②间接税是指纳税人可通过一定的途径或方式将税负全部或部分转嫁给他人负担的税种，其纳税人与负税人往往不是完全的同一个人。在现代市场经济环境中，将税负包含在销售价格或原材料购进价格中，通过提高售价或压低进价即可实现税负的全部或部分转嫁，因此处于生产流通环节的税种一般属于间接税，如消费税、关税，等等。

（3）按照计税价格（收入）中是否包含税款，可分为价内税和价外税。

①价内税是指计税价格（收入）中包含税款的税种，如消费税、关税等税种。消费税或关税的计税价格（收入）为不含增值税但包含消费税（关税）的销售价格（收入）。

②价外税是指计税价格（收入）中不包含税款的税种，如增值税，其计税价格（收入）为不含增值税的销售价格（收入）。

现行税种中，以国家法律的形式发布实施的有：企业所得税、个人所得税、车船税、环境保护税、烟叶税、船舶吨税、车辆购置税、耕地占用税、资源税、契税、城市维护建设税、印花税、关税和增值税；除此之外其他各税种都是经全国人大授权，由国务院以暂行条例的形式发布实施的。这些法律法规共同组成了我国的税收实体法体系。

2. 税收程序法体系。

除税收实体法外，我国对税收征收管理适用的法律制度，是按照税收管理机关的不同而分别规定的。

（1）由税务机关负责征收的税种的征收管理，按照全国人大常委会发布实施的《税收征收管理法》及各实体税法中的征管规定执行。

（2）由海关负责征收的税种的征收管理，按照《中华人民共和国海关法》《中华人民共和国关税法》等有关规定执行。

上述税收实体法和税收程序法共同构成了我国现行税法体系。

（三）按照主权国家行使税收管辖权的不同，可分为国内税法和国际税法

国内税法一般是按照属人或属地原则，规定一个国家的内部税收制度。国际税法是指国家间形成的税收制度，主要包括双边或多边国家间的税收协定、条约和国际惯例等，一般而言，其效力高于国内税法。

以上对于税法或税种的分类不具有法定性，但将各具体税种按一定方法分类，在税收理论研究和税制建设方面用途相当广泛，作用非常之大。

国家税收制度的确立，要依据本国的具体政治经济条件。就一个国家而言，在不同的时期，由于政治经济条件和政治经济目标不同，税收制度也有着或大或小的差异。

第五节 税收执法

税法的实施即税法的执行。它包括税收执法及守法两个方面：一方面要求税务机关及税务人员正确运用税收法律，对违法者实施制裁；另一方面要求税务机关、税务人员、公民、法人、社会团体及其他组织严格遵守税收法律。

由于税法具有多层次的特点，因此，在税收执法过程中，对其适用性或法律效力的判断，一般按以下原则掌握：一是层次高的法律优于层次低的法律；二是同一层次的法律中，特别法优于普通法；三是国际法优于国内法；四是实体法从旧，程序法从新。所谓遵守税法是指税务机关、税务人员都必须遵守税法的规定，严格依法办事。遵守税法是保证税法得以顺利实施的重要条件。

税收执法权和行政管理权是国家赋予税务机关的基本权力，是税务机关实施税收管理和系统内部行政管理的法律手段。其中税收执法权是指税务机关依法征收税款，依法进行税收管理活动的权力。具体包括税款征收管理权、税务检查权、税务稽查权、税务行政复议裁决权及其他税务管理权。

一、税务机构设置与职能

2018年，根据我国经济和社会发展及推进国家治理体系和治理能力现代化的需要，我国对国税地税征管体制进行了改革。现行税务机构设置是中央政府设立国家税务总局（正部级），原有的省及省以下国税地税机构两个系统通过合并整合，统一设置为省、市、县三级税务局，实行以国家税务总局为主与省（自治区、直辖市）人民政府双重领导管理体制。此外，另由海关总署及下属机构负责关税征收管理和受托征收进口增值税、消费税等税收。国家税务总局的主要职能如下：

1. 具体起草税收法律法规草案及实施细则并提出税收政策建议，与财政部共同上报和下发，制定贯彻落实的措施。负责对税收法律法规执行过程中的征管和一般性税政问题进行解释，事后向财政部备案。

2. 承担组织实施税收及社会保险费、有关非税收入的征收管理责任，力争税款应收尽收。

3. 参与研究宏观经济政策、中央与地方的税权划分并提出完善分税制的建议，研究税负总水平并提出运用税收手段进行宏观调控的建议。

4. 负责组织实施税收征收管理体制改革，起草税收征收管理法律法规草案并制定实施细则，制定和监督执行税收业务、征收管理的规章制度，监督检查税收法律法规、政策的贯彻执行。

5. 负责规划和组织实施纳税服务体系建设，制定纳税服务管理制度，规范纳税服务行为，制定和监督执行纳税人权益保障制度，保护纳税人合法权益，履行提供便捷、优质、高效纳税服务的义务，组织实施税收宣传，拟订税务师管理政策并监督实施。

6. 组织实施对纳税人进行分类管理和专业化服务，组织实施对大型企业的纳税服务和税源管理。

7. 负责编报税收收入中长期规划和年度计划，开展税源调查，加强税收收入的分析预测，组织办理税收减免等具体事项。

8. 负责制定税收管理信息化制度，拟订税收管理信息化建设中长期规划，组织实施金税工程建设。

9. 开展税收领域的国际交流与合作，参加国家（地区）间税收关系谈判，草签和执行有关的协议、协定。

10. 办理进出口商品的税收及出口退税业务。

11. 以国家税务总局为主、与省区市党委和政府对全国税务系统实行双重领导。

12. 承办党中央、国务院交办的其他事项。

二、税收征收管理范围划分

目前，我国的税收分别由税务、海关两个系统负责征收管理。

1. 税务系统即国家税务总局系统负责征收和管理的税种有：增值税、消费税、车辆购置税、企业所得税、个人所得税、资源税、城镇土地使用税、耕地占用税、土地增值税、房产税、车船税、印花税、契税、城市维护建设税、环境保护税和烟叶税，共16个税种。

2. 海关系统负责征收和管理的税种有：关税、船舶吨税。同时，海关负责代征进口环节的增值税和消费税。

三、税收收入划分

根据国务院关于实行分税制财政管理体制的规定，我国的税收收入分为中央政府固定收入、地方政府固定收入和中央政府与地方政府共享收入。

1. 中央政府固定收入包括消费税（含进口环节由海关代征的部分）、车辆购置税、关税、船舶吨税和由海关代征的进口环节增值税等。

2. 地方政府固定收入包括城镇土地使用税、耕地占用税、土地增值税、房产税、车船税、契税、环境保护税和烟叶税等。

3. 中央政府与地方政府共享收入主要包括下列几项：

（1）增值税：国内增值税中央政府分享50%，地方政府分享50%。进口环节由海关代征的增值税和铁路建设基金营业税改征增值税为中央收入。

（2）企业所得税：中国国家铁路集团（原铁道部）、各银行总行及海洋石油企业缴纳的部分归中央政府，其余部分中央与地方政府按60%与40%的比例分享。

（3）个人所得税：分享比例与企业所得税相同。

（4）资源税：海洋石油企业缴纳的部分归中央政府，其余部分归地方政府。

（5）城市维护建设税：中国国家铁路集团、各银行总行、各保险总公司集中缴纳的部分归中央政府，其余部分归地方政府。

（6）印花税：证券交易印花税全部为中央收入。2016年1月1日前，证券交易印花税收入的97%归中央政府，其余3%和其他印花税收入归地方政府。

2018年7月，中共中央办公厅、国务院办公厅印发了《国税地税征管体制改革方案》（以下简称《方案》），强调全面贯彻党的十九大和十九届二中、三中全会精神，以习近平新时代中国特色社会主义思想为指导，以加强党的全面领导为统领，改革国税地税征管体制，合并省级和省级以下国税地税机构，划转社会保险费和非税收入征管职责，构建优化高效统一的税收征管体系，为高质量推进新时代税收现代化提供有力制度保证，更好地发挥税收在国家治理中的基础性、支柱性、保障性作用，更好地服务决胜全面建成小康社会、开启全面建设社会主义现代化国家新征程、实现中华民族伟大复兴的中国梦。

《方案》提出国税地税征管体制改革的4条原则，即：坚持党的全面领导；坚持为民便民利民；坚持优化高效统一；坚持依法协同稳妥。强调通过改革，逐步构建起优化高效统一的税收征管体系，为纳税人和缴费人提供更加优质高效的便利服务，提高税法遵从度和社会满意度，提高征管效率，降低征纳成本，增强税费治理能力，确保税收职能作用充分发挥，夯实国家治理的重要基础。《方案》明确了国税地税机构合并后实行以国家税务总局为主、与省区市党委和政府双重领导的管理体制，明晰了国家税务总局及各级税务部门与地方党委和政府在税收工作中的职责分工，有利于进一步加强对税收工作的统一管理，理顺统一税制和分级财政的关系，充分调动中央和地方两个积极性。

从2019年1月1日起，基本养老保险费、基本医疗保险费、失业保险费、工伤保险费、生育保险费等各项社会保险费由税务部门统一征收。要求整合纳税服务和税收征管等方面业务，优化完善税收和缴费管理信息系统，更好地便利纳税人和缴费人。

四、税务检查权

税务检查是税务机关依据国家的税收法律、法规对纳税人等管理相对人履行法定义务的情况进行审查、监督的执法活动。有效的税务检查可以抑制不法纳税人的侥幸心理，提高税法的威慑力，减少税收违法犯罪行为，保障国家税收收入，维护税收公平与合法纳税人的合法利益。税务检查包括以下两类：

1. 税务机关为取得确定税额所需资料，证实纳税人纳税申报的真实性与准确性而进行的经常性检查,其依据是税法赋予税务机关的强制行政检查权。

2. 为打击税收违法犯罪而进行的特别调查,它可以分为行政性调查和刑事调查两个阶段。行政性调查属于税务检查权范围之内,从原则上讲,纳税人如有违反税法的刑事犯罪嫌疑的情况,即调查的刑事性质确定后,案件应开始适用刑事调查程序。

五、税务稽查权

税务稽查是税务机关依法对纳税人、扣缴义务人履行纳税义务、扣缴义务情况所进行的税务检查和处理工作的总称。税务稽查权是税收执法权的一个重要组成部分,也是整个国家行政监督体系中的一种特殊的监督权行使形式。

根据相关法律规定,税务稽查的基本任务是:依照国家税收法律、法规,查处税收违法行为、保障税收收入、维护税收秩序、促进依法纳税、保证税法的实施。税务稽查必须以事实为根据,以税收法律、法规、规章为准绳,依靠人民群众,加强与司法机关及其他有关部门的联系和配合。各级税务机关设立的税务稽查机构应按照各自的税收管辖范围行使税务稽查职能。

六、税务行政复议裁决权

税务行政复议裁决权的行使是税收执法权的有机组成部分,该权力的实现对保障和监督税务机关依法行使税收执法权,防止和纠正违法或者不当的具体税务行政行为,保护纳税人和其他有关当事人的合法权益发挥着积极作用。根据《中华人民共和国行政复议法》《税收征收管理法》和其他有关规定,为了进一步发挥行政复议解决税务行政争议的作用,保护公民、法人和其他组织的合法权益,监督和保障税务机关依法行使职权,公民、法人和其他组织(以下简称申请人)认为税务机关的具体行政行为侵犯其合法权益,可以向税务行政复议机关申请行政复议,税务行政复议机关办理行政复议事项。税务行政复议机关,是指依法受理行政复议申请,对具体行政行为进行审查并作出行政复议决定的税务机关。

税务行政复议裁决权的行使过程中,由各级行政复议机关负责法制工作的机构依法办理行政复议事项,履行下列职责:

1. 受理行政复议申请。
2. 向有关组织和人员调查取证,查阅文件和资料。
3. 审查申请行政复议的具体行政行为是否合法与适当,起草行政复议决定。
4. 处理或者转送对《税务行政复议规则》第十五条所列有关规定的审查申请。
5. 对被申请人违反行政复议法及其实施条例和《税务行政复议规则》规定的行为,依照规定的权限和程序向相关部门提出处理建议。
6. 研究行政复议工作中发现的问题,及时向有关机关或部门提出改进建议,重大问题及时向行政复议机关报告。
7. 指导和监督下级税务机关的行政复议工作。
8. 办理或者组织办理行政诉讼案件应诉事项。

9. 办理行政复议案件的赔偿事项。

10. 办理行政复议、诉讼、赔偿等案件的统计、报告、归档工作和重大行政复议决定备案的事项。

11. 其他和行政复议工作有关的事项。

行政复议活动应当遵循合法、公正、公开、及时、便民的原则。申请人对行政复议决定不服的，可以依法向人民法院提起行政诉讼。

七、其他税收执法权

除上述税收执法权的几个方面之外，根据法律规定，税务机关还享有其他相关税收执法权，其中主要有税务行政处罚权等。

税务行政处罚权是指税务机关依法对纳税主体违反税法尚未构成犯罪，但应承担相应法律责任的行为实施制裁措施的权力。税务行政处罚是行政处罚的基本组成部分，税务行政处罚权的行使对于保证国家税收利益，督促纳税人依法纳税具有重要作用。税务行政处罚权的法律依据是《中华人民共和国行政处罚法》和《税收征收管理法》等法律法规。根据《税收征收管理法》的相关规定，税务行政处罚的种类应当有警告（责令限期改正）、罚款、停止出口退税权、没收违法所得、收缴发票或者停止发售发票、提请吊销营业执照、通知出境管理机关阻止出境等。

第六节 税务权利与义务

一、税务行政主体的权利与义务

目前由税务机关征收的税种适用《税收征收管理法》，其主要规定了在税收征收管理中，税务机关和纳税人的权利与义务。《税收征收管理法》第一条规定："为了加强税收征收管理，规范税收征收和缴纳行为，保障国家税收收入，保护纳税人的合法权益，促进经济和社会发展，制定本法。"这对《税收征收管理法》的立法目的作出了高度概括。

《税收征收管理法》第二条规定："凡依法由税务机关征收的各种税收的征收管理，均适用本法。"这就明确界定了《税收征收管理法》的适用范围。

《税收征收管理法》明确了税务行政主体是税务机关。《税收征收管理法》第五条规定："国务院税务主管部门主管全国税收征收管理工作。各地国家税务局和地方税务局应当按照国务院规定的税收征收管理范围分别进行征收管理。"

税务机关和税务人员的权利与义务具体如下：

（一）税务机关和税务人员的权利

1. 负责税收征收管理工作。
2. 税务机关依法执行职务，任何单位和个人不得阻挠。

（二）税务机关和税务人员的义务

1. 税务机关应当广泛宣传税收法律、行政法规，普及纳税知识，无偿地为纳税人提供纳税咨询服务。
2. 税务机关应当加强队伍建设，提高税务人员的政治业务素质。
3. 税务机关、税务人员必须秉公执法、忠于职守、清正廉洁、礼貌待人、文明服务，尊重和保护纳税人、扣缴义务人的权利，依法接受监督。
4. 税务人员不得索贿受贿、徇私舞弊、玩忽职守，不征或者少征应征税款；不得滥用职权多征税款或者故意刁难纳税人和扣缴义务人。
5. 各级税务机关应当建立健全内部制约和监督管理制度。
6. 上级税务机关应当对下级税务机关的执法活动依法进行监督。
7. 各级税务机关应当对其工作人员执行法律、行政法规和廉洁自律准则的情况进行监督检查。
8. 税务机关负责征收、管理、稽查，行政复议人员的职责应当明确，并相互分离、相互制约。
9. 税务机关应为检举人保密，并按照规定给予奖励。
10. 税务人员在核定应纳税额、调整税收定额、进行税务检查、实施税务行政处罚、办理税务行政复议时，与纳税人、扣缴义务人或者其法定代表人、直接责任人有下列关系之一的，应当回避：（1）夫妻关系；（2）直系血亲关系；（3）三代以内旁系血亲关系；（4）近姻亲关系；（5）可能影响公正执法的其他利益关系。

二、纳税人、扣缴义务人的权利与义务

（一）纳税人、扣缴义务人的权利

1. 纳税人、扣缴义务人有权向税务机关了解国家税收法律、行政法规的规定以及与纳税程序有关的情况。
2. 纳税人、扣缴义务人有权要求税务机关为纳税人、扣缴义务人的情况保密。税务机关应当为纳税人、扣缴义务人的情况保密。

保密的内容是指纳税人、扣缴义务人的商业秘密及个人隐私。纳税人、扣缴义务人的税收违法行为不属于保密范围。

3. 纳税人依法享有申请减税、免税、退税的权利。
4. 纳税人、扣缴义务人对税务机关所作出的决定，享有陈述权、申辩权，依法享有申请行政复议、提起行政诉讼、请求国家赔偿等权利。
5. 纳税人、扣缴义务人有权控告和检举税务机关、税务人员的违法违纪行为。

（二）纳税人、扣缴义务人的义务

1. 纳税人、扣缴义务人必须依照法律、行政法规的规定缴纳税款，代扣代缴、代收代缴税款。
2. 纳税人、扣缴义务人和其他有关单位应当按照国家有关规定如实向税务机关提供与纳税和代扣代缴、代收代缴税款有关的信息。

3. 纳税人、扣缴义务人必须接受税务机关依法进行的税务检查。

三、地方各级人民政府、有关部门和单位的权利与义务

（一）地方各级人民政府、有关部门和单位的权利

1. 地方各级人民政府应当依法加强对本行政区域内税收征收管理工作的领导或者协调，支持税务机关依法执行职务，依照法定税率计算税额，依法征收税款。
2. 各有关部门和单位应当支持、协助税务机关依法执行职务。
3. 任何单位和个人都有权检举违反税收法律、行政法规的行为。

（二）地方各级人民政府、有关部门和单位的义务

1. 任何机关、单位和个人不得违反法律、行政法规的规定，擅自作出税收开征、停征以及减税、免税、退税、补税和其他与税收法律、行政法规相抵触的决定。
2. 收到违反税收法律、行政法规行为检举的机关和负责查处的机关应当为检举人保密。

税务机关依法征税，纳税人依法履行纳税义务，全面落实纳税人权利，既是《税收征收管理法》的核心问题，也是真正贯彻实施《税收征收管理法》的立法意图，落实税收法定原则的重要途径。

四、发展涉税专业服务、促进税法遵从

涉税专业服务是指涉税专业服务机构接受委托，利用专业知识和技能，就涉税事项向委托人提供的税务代理等服务。涉税专业服务机构是指税务师事务所和从事涉税专业服务的会计师事务所、律师事务所、代理记账机构、税务代理公司、财税类咨询公司等机构。

（一）涉税专业服务机构涉税业务内容

1. 纳税申报代理，是指对纳税人、扣缴义务人提供的资料进行归集和专业判断，代理纳税人、扣缴义务人进行纳税申报准备和签署纳税申报表、扣缴税款报告表以及相关文件。
2. 一般税务咨询，是指对纳税人、扣缴义务人的日常办税事项提供税务咨询服务。
3. 专业税务顾问，是指对纳税人、扣缴义务人的涉税事项提供长期的专业税务顾问服务。
4. 税收策划，是指对纳税人、扣缴义务人的经营和投资活动提供符合税收法律法规及相关规定的纳税计划、纳税方案。
5. 涉税鉴证，是指按照法律、法规以及依据法律、法规制定的相关规定要求，对涉税事项真实性和合法性出具鉴定和证明。
6. 纳税情况审查，是指接受行政机关、司法机关委托，依法对企业纳税情况进行审查，作出专业结论。
7. 其他税务事项代理，是指接受纳税人、扣缴义务人的委托，代理建账记账、发票领用、减免退税申请等税务事项。

8. 其他涉税服务。

（二）税务机关对涉税专业服务机构实施监管的内容

1. 税务机关应当对税务师事务所实施行政登记管理。
2. 税务机关对涉税专业服务机构及其从事涉税服务人员进行实名制管理。
3. 税务机关应当建立业务信息采集制度，利用现有的信息化平台分类采集业务信息，加强内部信息共享，提高分析利用水平。
4. 税务机关对涉税专业服务机构从事涉税专业服务的执业情况进行检查，根据举报、投诉情况进行调查。
5. 税务机关应当建立信用评价管理制度，对涉税专业服务机构从事涉税专业服务情况进行信用评价，对其从事涉税服务人员进行信用记录。
6. 税务机关应当加强对税务师行业协会的监督指导，与其他相关行业协会建立工作联系制度。
7. 税务机关应当在门户网站、电子税务局和办税服务场所公告纳入监管的涉税专业服务机构名单及其信用情况，同时公告未经行政登记的税务师事务所名单。
8. 税务机关应当为涉税专业服务机构提供便捷的服务，依托信息化平台为信用等级高的涉税专业服务机构开展批量纳税申报、信息报送等业务提供便利化服务。

第七节 国际税收关系

一、国际重复征税与国际税收协定

随着国际交往的日益频繁和深入发展，国际税收问题也随之增多。为了消除国际重复征税，加强国家之间的税收征管合作以及协调各国间的税收分配关系，缔结国际税收协定十分必要。

（一）税收管辖权

国际税收是指两个或两个以上的主权国家或地区，各自基于其课税主权，在对跨国纳税人进行分别征税而形成的征纳关系中，所发生的国家或地区之间的税收分配关系。

国际税收分配关系中的一系列矛盾的产生都与税收管辖权有关。税收管辖权属于国家主权在税收领域中的体现，是一个主权国家在征税方面的主权范围。通常按照国际公认的顺序，税收管辖权划分原则有属地原则和属人原则两种。其中，属地原则是以纳税人的收入来源地或经济活动所在地为标准，确定国家行使税收管辖权范围的一种原则，也称为属地主义或属地主义原则。属人原则是以纳税人的国籍和住所为标准，确定国家行使税收管辖权范围的一种原则，也称属人主义或属人主义原则。

由于在国际税收领域，各国行使征税权力所采取的原则不尽相同，因此各自所确立的税收管辖权范围和内容也有所不同。目前世界上的税收管辖权大致可以分为三类：居民管辖权、地域管辖权和公民管辖权。

1. 居民管辖权是指一个国家对凡是属于本国的居民取得的来自世界范围的全部所得行使的征税权力。这种管辖权是按照属人原则确立的。各国税法对居民身份确认方法不尽相同，有的是按居住期限确定，有的是依据是否有永久性住所确定等。

2. 地域管辖权又称收入来源地管辖权，它是指一个国家对发生于其领土范围内的一切应税活动和来源于或被认为是来源于其境内的全部所得行使的征税权力。这种管辖权是按照属地原则确立的。在地域管辖权下，通过确认所得的地域标志来确定该笔所得的来源地，一笔所得被地域化，从而纳入所在地域的国家税收管辖范围。这种按地域范围确定的管辖权体现了有关国家维护本国经济利益的合理性，又符合国际经济交往的要求和国际惯例，被各国公认为是一种较为合适的税收管辖权，并为绝大多数国家所接受。

3. 公民管辖权是指一个国家依据纳税人的国籍行使税收管辖权，对凡是属于本国的公民取得的来自世界范围内的全部所得行使的征税权力。这种管辖权也是按照属人原则确立的。公民是指取得一国法律资格，具有一国国籍的人。需要指出的是，国际税收中所使用的公民概念不仅包括个人，也包括团体、企业或公司，它是一个广义的公民概念。公民有时也称国民，世界上多数国家使用的是公民概念，但是日本等少数国家也使用国民的概念。

属地原则和属人原则之间的矛盾必然导致税收管辖权之间的矛盾，三种税收管辖权之间必然会发生不同程度的重叠和交叉。围绕着纳税人的同一笔所得被重复征税的问题，引申出了一系列的国际税收活动。

（二）国际重复征税

国际重复征税是指两个或两个以上国家对同一跨国纳税人的同一征税对象分别进行征税所形成的交叉重叠征税，又称为国际双重征税。

国际重复征税有狭义和广义之分。狭义的国际重复征税是指两个或两个以上国家对同一跨国纳税人的同一征税对象所进行的重复征税，它强调纳税主体与课税客体都具有同一性。广义的国际重复征税是指两个或两个以上国家对同一或不同跨国纳税人的同一征税对象或税源所进行的交叉重叠征税，它强调国际重复征税不仅要包括因纳税主体与课税客体的同一性所产生的重复征税（即狭义的国际重复征税），而且还要包括由于纳税主体与课税客体的非同一性所发生的国际重复征税，以及因对同一笔所得或收入的确定标准和计算方法的不同所引起的国际重复征税。

1. 国际重复征税的类型。

国际重复征税一般包括法律性国际重复征税、经济性国际重复征税和税制性国际重复征税三种类型。

（1）法律性国际重复征税是指不同的征税主体（即不同国家）对同一纳税人的同一税源进行的重复征税，它是由于不同国家在法律上对同一纳税人采取不同征税原则，因而产生了税收管辖权的重叠，从而造成了重复征税。

（2）经济性国际重复征税是指不同的征税主体（即不同国家）对不同纳税人的同一税源进行的重复征税。经济性国际重复征税一般是由于股份公司经济组织形式所引起的。股份公司的公司利润和股息红利所得属于同源所得，在对两者同时征税的情况下，必然会带来重复征税的问题。当这种情况中的征税主体是两个或两个以上的国家时，重复征税即成为经济性国际重复征税。

（3）税制性国际重复征税是由于各国在税制上普遍实行复合税制度所导致的。在复合税制度下，一国对同一征税对象可能征收几种税。在国际重复征税中，复合税制度导致了不同国家对同一税源课征多次相同或类似的税种，从而造成了税制性重复征税。国际税收中所指的国际重复征税一般属于法律性国际重复征税。

纳税人所得或收益的国际化和各国所得税制的普遍化是产生国际重复征税的前提条件。各国行使的税收管辖权的重叠是国际重复征税的根本原因。

2. 产生国际重复征税的原因。

依据税收管辖权相互重叠的形式，国际重复征税的产生主要有下述几种情形：

（1）居民（公民）管辖权同地域管辖权的重叠。

（2）居民（公民）管辖权与居民（公民）管辖权的重叠。

（3）地域管辖权与地域管辖权的重叠。

从现实情况来看，作为国际重复征税的根本原因，各国行使的税收管辖权的重叠的各种情况中，最主要的是有关国家对同一跨国纳税人的同一项所得同时行使收入来源地管辖权和居民管辖权造成的税收管辖权的重叠。由于跨国取得所得的情况不可避免，而国际上各种税收管辖权又将长期存在，当今世界各国普遍同时实行收入来源地管辖权和居民管辖权，所以国际重复征税的问题将长期地普遍存在于国际税收活动中。

（三）国际税收协定

国际税收协定是指两个或两个以上的主权国家为了协调相互间在处理跨国纳税人征税事务和其他有关方面的税收关系，本着对等原则，经由政府谈判所签订的一种书面协议或条约，也称为国际税收条约。

国际税收协定就处理的税种不同来划分，可分为所得税的国际税收协定、遗产税和赠与税的国际税收协定；就所涉及的缔约国数量来划分，可分为双边国际税收协定、多边税收协定；就处理问题的广度为标准，可分为综合性的国际税收协定和单项的国际税收协定。

国际税收协定是以国内税法为基础的。在国际税收协定与其他国内税法的地位关系上，第一种模式是国际税收协定优于国内税法，第二种模式是国际税收协定与国内税法具有同等的法律效力，当出现冲突时按照"新法优于旧法"和"特别法优于普通法"等处理法律冲突的一般性原则来协调。

国际税收协定的目标是：首先，要妥善处理国家之间的双重征税问题，这也是国际税收协定的基本任务，各类协定的主要条款内容，都是围绕解决这一问题而订立的，即通过采取一定的措施（如免税法、抵免法等）来有效地处理对跨国所得和一般财产价值的双重征税问题；其次，要实行平等负担的原则，取消税收差别待遇；最后，要互相交换税收情报，防止或减少国际避税和国际偷逃税。

国际税收协定的主要内容如下：

1. 国际税收协定的适用范围。

国际税收协定必须首先明确其适用范围，包括缔约国双方或各方的人和税种的范围。这是税收协定执行的前提条件。

鉴于世界上绝大多数国家按照属人主义所确立的税收管辖权都是采取户籍标准，因此，国际税收协定都把适用的纳税人限制在缔约国一方或同时为双方居民这个范围以内。但对于少数采取法律标准的国家，一般可在协定所附的议定书中申明，保留对其公民征税的权利。对于适用税种的范围，税收协定通常都限于能够足以引起缔约国各方税收管辖权交叉的，属于所得税或一般财产税类的税种。只要属于这两类税种，不论课税主权是缔约国各方的中央政府还是地方政府，也不论其征收方式是源泉课征还是综合课征，都可按照税收协定的有关条款执行。但为明确起见，对税种的适用范围，税收协定除上述的原则性条款外，还要列出缔约国各方国内税法规定并现行征收的有关所得税和一般财产税的各税种。

2. 基本用语的定义。

对于在国际税收协定各条款中经常出现的基本用语的定义，必须经过缔约国各方协议，在国际税收协定内容中引入专门条款加以明确，以保证对其的正确理解和执行。这些基本用语主要有"人""公司""缔约国一方企业""缔约国另一方企业""国际运输""主管当局""居民""常设机构"等，对未下定义的用语，则按各国税法的规定解释。

3. 对所得和财产的课税。

根据各类所得和一般财产价值的不同性质，对缔约国各方行使居民管辖权和来源地管辖权的范围分别作出对等的约束性规定，是国际税收协定的主要内容之一。

通常只有对所得和一般财产价值的征税才会引起国际重复征税。但是，由于所得和一般财产价值的种类繁杂，特别是各国对所得的理解不同，对每一种所得征税的办法也不尽相同。所以，各缔约国在税收协定中必须明确各方都认可的所得的概念以及各类所得的内容和范围，避免在执行税收协定时发生争议。在国际税收协定中，国际认可的所得主要有经营所得、劳务所得、投资所得和财产所得四大类，其中经营所得（营业利润）是税收协定处理重复征税问题的重点项目，所以，一般在税收协定中单独规定对常设机构营业利润的归属问题的解决，确定哪些营业利润可以归属常设机构，哪些营业利润应归属于总机构。

由于双重征税主要是由各国政府同时行使居民（公司）和来源地税收管辖权引起的，所以，为避免国际双重征税，必须在税收协定中明确各缔约国行使税收管辖权的范围，以协调缔约国之间的税收管辖权。首先，要从地理和人员概念上明确各缔约国行使税收管辖权的领域范围，一般明确为缔约国各方有效行使其税收法令的所有领域；其次，税收协定中也要确认在上述范围内，对哪些所得允许优先行使来源地管辖权，对哪些所得限制行使来源地管辖权等问题。

4. 避免双重征税的办法。

国际双重征税的免除，是签订国际税收协定的重要内容，也是国际税收协定的首要任务。缔约国各方对避免或免除国际双重征税所采取的方法和条件，以及同意给予饶让抵免的范围和程度，不论缔约国各方在其国内税法中有无免除重复征税方法的规定，都必须要在税收协定中明确规定。一般的方法有免税法、抵免法等，使用哪种方法要在税收协定中明确，并保持双方协调一致。

5. 税收无差别待遇。

税收无差别待遇是税收协定内容中特别规定的一项。根据平等互利原则，在缔约国的国内税收上，一方应保障另一方国民享受到与本国国民相同的待遇，包括国籍无差别、常设机构无差别、支付无差别、资本无差别等待遇。税收无差别待遇反对任何形式的税收歧视，它是谈签税收协定所要达到的目标之一，也是处理国际税务关系的一项重要原则。

6. 防止国际偷税、漏税和国际避税。

避免或防止国际偷税、漏税和避税，是国际税收协定的主要内容之一。其采取的措施主要有情报交换和转让定价。

相互交换税收情报，包括交换为实施协定所需的情报，与协定有关税种的国内法律资料，防止税收欺诈、偷税、漏税以及反国际避税的情报等，这是绝大多数国家之间签订的税收协定中的一项特别规定条款，对于防止国际避税和逃税具有十分重要的意义，许多国家的税务当局把它看作是"协定中的协定"。就情报交换方式而言，情报交换分为日常情报交换与专门情报交换两种。日常情报交换是缔约国各方定期交换从事国际经济活动的纳税人的收入和经济往来资料。通过这种情报交换，缔约国各方可以了解跨国纳税人在收入和经济往来方面的变化，以正确核定应税所得。专门情报交换是由缔约国一方提出需要调查核实的内容，由另一方帮助调查核实。

为了防止和限制国际逃避税收，缔约国各方必须密切配合、协调一致，并在税收协定中确定各方都同意的转让定价方法，一般都规定关联企业之间的转让定价以当地市场价格为标准，以避免跨国纳税人转移利润、逃避税收。

此外，在税收协定内容中，还有相互协商以解决税收协定实施中的异议，相互给予对方外交官应有的财政特权，以及税收协定生效和终止日期等特别规定和最后规定。

二、国际避税、反避税与国际税收合作

国际重复征税加重了跨国纳税人承担的税负，损害了跨国纳税人的切身经济利益，从而不利于国际经济活动的开展。而国际避税则使跨国纳税人减轻了其应该承担的税负，减少了有关国家的预期税收收入。国际避税不仅是简单地完善税法和税收协定、保证有关国家税收收入等财税问题，而且涉及国际和国家经济效率和社会公平问题，影响到相关国家的税收利益，扭曲国与国之间的税收分配关系。所以，各国政府以及国际社会不仅要采取措施避免所得的国际重复征税，而且也要采取措施防范跨国纳税人的国际避税。

（一）国际避税

避税是指纳税人通过个人或企业事务的人为安排，利用税法的漏洞、特例和缺陷，规避、减轻或延迟其纳税义务的行为。其中，税法漏洞指由于各种原因税法遗漏的规定或规定的不完善之处；税法特例指规范的税法里因政策等需要针对某种特殊情况才作出的某种特殊规定；税法缺陷指税法规定的错误之处。在国外，"避税"与"税务筹划"或"合法节税"基本上是一个概念，它们都是指纳税人利用税法的漏洞或不明之处，规避或减少纳税义务的一种不违法的行为。

国际避税是指纳税人利用两个或两个以上国家的税法和国家间的税收协定的漏洞、

特例和缺陷，规避或减轻其全球总纳税义务的行为。这里的税法漏洞指大多数国家税法或大多数双边税收协定应有或一般都有而某国税法或某个双边税收协定里遗漏或不完善的规定；这里的税法特例指某国规范的税法或某个规范的双边税收协定里针对某种极为特殊的情况才作出的不规范规定；这里的税法缺陷指某国税法或某个双边税收协定里规定的错误之处。

在国际经济活动中，国际避税的表现形式多种多样，跨国纳税人利用各国税收的差异进行避税的手法更是形形色色、变化多异。它们可以通过迁出或虚假迁出或不迁出高税国，进行人员流动，以避免税收管辖，实现国际避税；通过把资金、货物或劳务转移或不转移出高税国，进行课税客体的流动，以实现国际避税；利用有关国家或国际税收协定关于避免国际重复征税的方法进行避税；利用国际避税地进行避税等。

（二）国际反避税与国际税收合作

尽管国际避税是一种不违法的行为，但该行为给政府税收收入造成的有害后果与非法的偷税行为是一样的。对此，世界各国都提出了反国际避税的要求。在几十年的国际税收实践中，许多国家已经形成了一套较为有效的反国际避税的方法与措施，其重点是运用法律，加强立法和执法的力度，尤其是针对某些特殊的避税行为采取强硬措施。与此同时，随着国际税务关系的发展，各国都努力并加强国际合作和配合，从而使国际反避税工作收到良好的效果。

在经济全球化的背景下，税基侵蚀和利润转移愈演愈烈，引起了全球政治领袖、媒体和社会公众的高度关注。税基侵蚀和利润转移（以下简称 BEPS）是指跨国企业利用国际税收规则存在的不足，以及各国税制差异和征管漏洞，最大限度地减少其全球总体税负，甚至达到双重不征税的效果，造成对各国税基的侵蚀。为此，2012 年 6 月，二十国集团（以下简称 G20）财长和央行行长会议同意通过国际合作应对 BEPS 问题，并委托经济合作与发展组织（以下简称 OECD）开展研究，自此 BEPS 项目开始启动。

BEPS 项目是由 G20 领导人背书，并委托 OECD 推进的国际税改项目，是 G20 框架下各国携手打击国际逃避税，共同建立有利于全球经济增长的国际税收规则体系和行政合作机制的重要举措。我国由财政部和国家税务总局以 OECD 合作伙伴身份参与 BEPS 行动计划，与 OECD 成员享有同等权利和义务。

近些年来，我国在国际税收征管合作方面取得快速进展，已签署了 3 项国际多边合作协定。

1. 2013 年 8 月 27 日，我国签署《多边税收征管互助公约》（以下简称《公约》），成为该《公约》的第 56 个签约方，G20 成员至此已全部加入这一《公约》。

《公约》是一项旨在通过国际税收征管互助应对和防范跨境逃避税、维护公平税收秩序的多边条约，由 OECD 和欧洲委员会于 1988 年发起，2010 年经修订后向全球所有国家开放。自 2009 年 G20 伦敦峰会以来，为应对日趋严重的跨境逃避税问题，国际社会高度重视国际税收征管协作，《公约》影响快速上升，正日益成为开展国际税收征管协作的新标准。我国作为经济大国，在外资不断进入的同时，近年来对外投资发展迅速，签署和执行《公约》将进一步推动我国利用国际税收征管协作提高对跨境纳税人的税收服务和征管水平，有助于营造公平透明的税收环境。

2. 2015年12月16日，我国签署《金融账户涉税信息自动交换多边主管当局间协议》（以下简称《协议》），该协议依据OECD于2014年发布，并经当年G20布里斯班峰会核准的《金融账户涉税信息自动交换标准》（以下简称《标准》）中的主管当局间协议范本而产生。通过《协议》的签署和统一报告标准的实施运用，以互惠型模式为基础，我国与国际社会主要成员之间的国际税收信息交换得到加强，国家税收权益得到更好地维护。在G20的大力推动下，截至2017年6月30日，已有101个国家（地区）承诺实施《标准》，96个国家（地区）签署实施《标准》的多边主管当局协议或者双边主管当局协议。

3. 2017年6月7日，我国与德国、英国、法国、印度、俄罗斯等全球66个国家（地区）共同签署了《实施税收协定相关措施以防止税基侵蚀和利润转移（BEPS）的多边公约》（以下简称《BEPS公约》）。《BEPS公约》是全球首个对所得税税收协定进行多边协调的法律文件，为在经济全球化进一步深入的世界大环境下，以多边税收合作法律框架的形式增强国际社会相互合作，携手打击和防范跨境逃避税提供了基础设施条件。《BEPS公约》的签署和深入发展，必将为构建公平、现代化的国际税收体系夯实基础，有力促进世界经济包容性增长。2022年5月25日，我国向《BEPS公约》保存人经济合作与发展组织秘书长交存了核准书。根据相关条款规定，《BEPS公约》于2022年9月1日对我国生效。截至2023年5月31日，根据税收协定缔约对方完成生效程序的情况，《BEPS公约》适用于我国与阿尔巴尼亚、澳大利亚、奥地利、巴林、巴巴多斯、比利时、波黑、加拿大、克罗地亚、塞浦路斯、捷克、丹麦、埃及、芬兰、法国、格鲁吉亚、希腊、匈牙利、冰岛、爱尔兰、以色列、日本、哈萨克斯坦、韩国、拉脱维亚、立陶宛、卢森堡、马来西亚、马耳他、毛里求斯、荷兰、挪威、阿曼、巴基斯坦、波兰、葡萄牙、卡塔尔、沙特阿拉伯、塞尔维亚、塞舌尔、新加坡、斯洛伐克、斯洛文尼亚、泰国、乌克兰、阿联酋、英国、保加利亚、印度尼西亚、墨西哥、罗马尼亚、俄罗斯、南非等国家（地区）已签署的53个双边税收协定。

第二章　增值税法

增值税是以商品和服务在流转过程中产生的增值额作为征税对象而征收的一种流转税。根据我国现行增值税制度的规定，增值税是对在我国境内销售货物或者加工、修理修配劳务，销售服务、无形资产、不动产以及进口货物的单位和个人，就其销售货物、劳务、服务、无形资产、不动产（以下统称应税销售行为）的增值额和货物进口金额为计税依据而课征的一种流转税。

增值税之所以能够在世界上众多国家推广，是因为其可以有效地防止商品在流转过程中的重复征税问题，并使其具备保持税收中性、普遍征收、税收负担由最终消费者承担、实行税款抵扣制度、实行比例税率、实行价外税制度等特点。

我国从1979年开始在部分城市试行生产型增值税，1994年在生产和流通领域全面实施生产型增值税，2008年实施增值税转型改革，将生产型增值税转变为消费型增值税。经国务院批准，自2012年1月1日起，上海市率先开展交通运输业和部分现代服务业营业税改征增值税试点（以下简称"营改增"）工作，并逐步将试点地区扩展到全国。自2016年5月1日起，在全国范围内全面推开"营改增"试点，将建筑业、房地产业、金融业、生活服务业等全部营业税纳税人纳入试点范围，由缴纳营业税改为缴纳增值税。2017年11月19日国务院发布了《关于废止〈中华人民共和国营业税暂行条例〉和修改〈中华人民共和国增值税暂行条例〉的决定》（国务院令第691号），正式结束了营业税的历史使命。之后又逐步发布了一系列"营改增"的具体实施办法和措施。

我国现行增值税的基本法律规范是国务院于2017年11月19日公布的《中华人民共和国增值税暂行条例》（国务院令第691号，以下简称《增值税暂行条例》）、2016年3月财政部和国家税务总局发布的《关于全面推开营业税改征增值税试点的通知》（财税〔2016〕36号，以下简称《营改增通知》）以及2008年12月财政部和国家税务总局发布的《中华人民共和国增值税暂行条例实施细则》（财政部 国家税务总局令第50号，以下简称《增值税暂行条例实施细则》）。

2024年12月25日，《中华人民共和国增值税法》由中华人民共和国第十四届全国人民代表大会常务委员会第十三次会议表决通过，并将自2026年1月1日起施行。本章内容依据《增值税暂行条例》等现行增值税规定编写。

第一节 征税范围与纳税义务人

在中华人民共和国境内销售货物或者加工、修理修配劳务（以下简称劳务），销售服务、无形资产、不动产以及进口货物的单位和个人，为增值税的纳税人。纳税人应当依照《增值税暂行条例》《增值税暂行条例实施细则》《营改增通知》等规定缴纳增值税。

一、征税范围

增值税的征税范围包括在境内发生应税销售行为以及进口货物等。根据《增值税暂行条例》《增值税暂行条例实施细则》《营改增通知》等规定，增值税的征税范围可分为一般规定和特殊规定。

（一）征税范围的一般规定

现行增值税征税范围的一般规定包括应税销售行为和进口的货物。具体规定如下：

1. 销售或者进口的货物。

货物是指有形动产，包括电力、热力、气体在内。销售货物是指有偿转让货物的所有权。

2. 销售劳务。

劳务是指纳税人提供的加工、修理修配劳务。加工是指受托加工货物，即委托方提供原料及主要材料，受托方按照委托方的要求制造货物并收取加工费的业务；修理修配是指受托对损伤和丧失功能的货物进行修复，使其恢复原状和功能的业务。

销售劳务也称为提供劳务，是指有偿提供劳务。单位或者个体工商户聘用的员工为本单位或者雇主提供劳务不包括在内。

3. 销售服务。

服务包括交通运输服务、邮政服务、电信服务、建筑服务、金融服务、现代服务、生活服务。具体征税范围如下：

（1）交通运输服务，包括陆路运输服务、水路运输服务、航空运输服务和管道运输服务。

纳税人发生下列服务时的征税范围界定：

①陆路运输服务，包括铁路运输服务和其他陆路运输服务。其他陆路运输服务包括公路运输、缆车运输、索道运输、地铁运输、城市轻轨运输等。

②出租车公司向使用本公司自有出租车的出租车司机收取的管理费用，按照"陆路运输服务"缴纳增值税。

③水路运输的程租、期租业务，属于水路运输服务。

程租业务是指运输企业为租船人完成某一特定航次的运输任务并收取租赁费的业务。

期租业务是指运输企业将配备有操作人员的船舶承租给他人使用一定期限，承租期内听候承租方调遣，不论是否经营，均按天向承租方收取租赁费，发生的固定费用均由船东负担的业务。

④航空运输的湿租业务属于航空运输服务。湿租业务是指航空运输企业将配备有机组人员的飞机承租给他人使用一定期限，承租期内听候承租方调遣，不论是否经营，均按一定标准向承租方收取租赁费，发生的固定费用均由承租方承担的业务。

⑤航天运输服务按照"航空运输服务"缴纳增值税。

⑥纳税人已售票但客户逾期未消费取得的运输逾期票证收入，按照"交通运输服务"缴纳增值税。

⑦在运输工具舱位承包业务中，发包方以其向承包方收取的全部价款和价外费用为销售额，按照"交通运输服务"缴纳增值税。承包方以其向托运人收取的全部价款和价外费用为销售额，按照"交通运输服务"缴纳增值税。

运输工具舱位承包业务是指承包方以承运人身份与托运人签订运输服务合同，收取运费并承担承运人责任，然后以承包他人运输工具舱位的方式，委托发包方实际完成相关运输服务的经营活动。

⑧在运输工具舱位互换业务中，互换运输工具舱位的双方均以各自换出运输工具舱位确认的全部价款和价外费用为销售额，按照"交通运输服务"缴纳增值税。

运输工具舱位互换业务是指纳税人之间签订运输协议，在各自以承运人身份承揽的运输业务中，互相利用对方交通运输工具的舱位完成相关运输服务的经营活动。

⑨无运输工具承运业务按照"交通运输服务"缴纳增值税。无运输工具承运业务是指经营者以承运人身份与托运人签订运输服务合同，收取运费并承担承运人责任，然后委托实际承运人完成运输服务的经营活动。

（2）邮政服务，包括邮政普遍服务、邮政特殊服务和其他邮政服务。

①邮政普遍服务是指函件、包裹等邮件寄递，以及邮票发行、报刊发行和邮政汇兑等业务活动。

②邮政特殊服务是指义务兵平常信函、机要通信、盲人读物和革命烈士遗物的寄递等业务活动。

③其他邮政服务是指邮册等邮品销售、邮政代理等业务活动。

（3）电信服务，包括基础电信服务和增值电信服务。

①基础电信服务是指利用固网、移动网、卫星、互联网提供语音通话服务的业务活动，以及出租或者出售带宽、波长等网络元素的业务活动。

②增值电信服务是指利用固网、移动网、卫星、互联网、有线电视网络，提供短信和彩信服务、电子数据和信息的传输及应用服务、互联网接入服务等业务活动。

卫星电视信号落地转接服务，按照"增值电信服务"缴纳增值税。

（4）建筑服务，包括工程服务、安装服务、修缮服务、装饰服务和其他建筑服务。

纳税人发生下列服务时的征税范围界定：

①工程服务包括与建筑物相连的各种设备或者支柱、操作平台的安装或者装设工程作业，以及各种窑炉和金属结构工程作业。

②安装服务包括与被安装设备相连的工作台、梯子、栏杆的装设工程作业，以及被安装设备的绝缘、防腐、保温、油漆等工程作业。

③固定电话、有线电视、宽带、水、电、燃气、暖气等经营者向用户收取的安装费、初装费、开户费、扩容费以及类似收费,按照"安装服务"缴纳增值税。

④物业服务企业为业主提供的装修服务,按照"建筑服务"缴纳增值税。

⑤其他建筑服务是指上述工程作业之外的各种工程作业服务,如钻井(打井)、拆除建筑物或者构筑物、平整土地、园林绿化、疏浚(不包括航道疏浚)、建筑物平移、搭脚手架、爆破、矿山穿孔、表面附着物(包括岩层、土层、沙层等)剥离和清理等工程作业。

⑥纳税人将建筑施工设备出租给他人使用并配备操作人员的,按照"建筑服务"缴纳增值税。

(5) 金融服务,包括贷款服务、直接收费金融服务、保险服务和金融商品转让。

纳税人发生下列服务时的征税范围界定:

①各种占用、拆借资金取得的收入,包括金融商品持有期间(含到期)利息(保本收益、报酬、资金占用费、补偿金等)收入、信用卡透支利息收入、买入返售金融商品利息收入、融资融券收取的利息收入,以及融资性售后回租、押汇、罚息、票据贴现、转贷等业务取得的利息及利息性质的收入,按照"贷款服务"缴纳增值税。

保本收益、报酬、资金占用费、补偿金是指合同中明确承诺到期本金可全部收回的投资收益。金融商品持有期间(含到期)取得的非保本的上述收益,不属于利息或利息性质的收入,不征收增值税。

融资性售后回租是指承租方以融资为目的,将资产出售给从事融资性售后回租业务的企业后,从事融资性售后回租业务的企业将该资产出租给承租方的业务活动。

②以货币资金投资收取的固定利润或者保底利润,按照"贷款服务"缴纳增值税。

③直接收费金融服务,包括提供货币兑换、账户管理、电子银行、信用卡、信用证、财务担保、资产管理、信托管理、基金管理、金融交易场所(平台)管理、资金结算、资金清算、金融支付等服务。

④保险服务包括人身保险服务和财产保险服务。

⑤金融商品转让是指转让外汇、有价证券、非货物期货和其他金融商品所有权的业务活动。其他金融商品转让包括基金、信托、理财产品等各类资产管理产品和各种金融衍生品的转让。纳税人购入基金、信托、理财产品等各类资产管理产品持有至到期,不属于金融商品转让。

⑥纳税人转让因同时实施股权分置改革和重大资产重组而首次公开发行股票并上市形成的限售股,以及上市首日至解禁日期间由上述股份孳生的送、转股,以该上市公司股票上市首日开盘价为买入价,按照"金融商品转让"缴纳增值税。

(6) 现代服务,包括研发和技术服务、信息技术服务、文化创意服务、物流辅助服务、租赁服务、鉴证咨询服务、广播影视服务、商务辅助服务和其他现代服务。

纳税人发生下列服务时的征税范围界定:

①研发和技术服务包括研发服务、合同能源管理服务、工程勘察勘探服务、专业技术服务。

②信息技术服务包括软件服务、电路设计及测试服务、信息系统服务、业务流程管

理服务和信息系统增值服务。

③文化创意服务包括设计服务、知识产权服务、广告服务和会议展览服务。

宾馆、旅馆、旅社、度假村和其他经营性住宿场所提供会议场地及配套服务的活动，按照"会议展览服务"缴纳增值税。

④物流辅助服务包括航空服务、港口码头服务、货运客运场站服务、打捞救助服务、装卸搬运服务、仓储服务和收派服务。

⑤租赁服务包括融资租赁服务和经营租赁服务。

融资租赁服务是指具有融资性质和所有权转移特点的租赁活动，即出租人根据承租人所要求的规格、型号、性能等条件购入有形动产或者不动产租赁给承租人，合同期内租赁物所有权属于出租人，承租人只拥有使用权，合同期满付清租金后，承租人有权按照残值购入租赁物，以拥有其所有权。不论出租人是否将租赁物销售给承租人，均属于融资租赁。按照标的物的不同，融资租赁服务可分为有形动产融资租赁服务和不动产融资租赁服务。

经营租赁服务是指在约定时间内将有形动产或者不动产转让他人使用且租赁物所有权不变更的业务活动。按照标的物的不同，可分为有形动产经营租赁服务和不动产经营租赁服务。

纳税人发生下列服务时的征税范围界定：

a. 融资性售后回租不按照"租赁服务"缴纳增值税。

b. 将建筑物、构筑物等不动产或者飞机、车辆等有形动产的广告位出租给其他单位或者个人用于发布广告，按照"经营租赁服务"缴纳增值税。

c. 车辆停放服务、道路通行服务（包括过路费、过桥费、过闸费等）等按照"不动产经营租赁服务"缴纳增值税。

d. 水路运输的光租业务、航空运输的干租业务，属于经营租赁。

光租业务是指运输企业将船舶在约定的时间内出租给他人使用，不配备操作人员，不承担运输过程中发生的各项费用，只收取固定租赁费的业务活动。

干租业务是指航空运输企业将飞机在约定的时间内出租给他人使用，不配备机组人员，不承担运输过程中发生的各项费用，只收取固定租赁费的业务活动。

⑥鉴证咨询服务包括认证服务、鉴证服务和咨询服务。

翻译服务和市场调查服务按照"咨询服务"缴纳增值税。

⑦广播影视服务包括广播影视节目（作品）的制作服务、发行服务和播映（含放映，下同）服务。

⑧商务辅助服务包括企业管理服务、经纪代理服务、人力资源服务、安全保护服务。

纳税人发生下列服务时的征税范围界定：

a. 拍卖行受托拍卖取得的手续费或佣金收入，按照"经纪代理服务"缴纳增值税。

b. 纳税人提供的安全保护服务，属于人力资源服务，比照劳务派遣服务政策执行。

c. 纳税人提供武装守护押运服务，按照"安全保护服务"缴纳增值税。

⑨其他现代服务是指除研发和技术服务、信息技术服务、文化创意服务、物流辅助服务、租赁服务、鉴证咨询服务、广播影视服务和商务辅助服务以外的现代服务。

纳税人发生下列服务时的征税范围界定：

a. 纳税人为客户办理退票而向客户收取的退票费、手续费等收入，按照"其他现代服务"缴纳增值税。

b. 纳税人对安装运行后的机器设备提供的维护保养服务，按照"其他现代服务"缴纳增值税。

（7）生活服务，包括文化体育服务、教育医疗服务、旅游娱乐服务、餐饮住宿服务、居民日常服务和其他生活服务。

纳税人发生下列服务时的征税范围界定：

①提供餐饮服务的纳税人销售的外卖食品，按照"餐饮服务"缴纳增值税。

②纳税人在游览场所经营索道、摆渡车、电瓶车、游船等取得的收入，按照"文化体育服务"缴纳增值税。

③纳税人现场制作食品并直接销售给消费者，按照"餐饮服务"缴纳增值税。

④纳税人提供植物养护服务，按照"其他生活服务"缴纳增值税。

4. 销售无形资产。

销售无形资产是指转让无形资产所有权或者使用权的业务活动。

无形资产包括技术、商标、著作权、商誉、自然资源使用权和其他权益性无形资产。

其他权益性无形资产包括基础设施资产经营权、公共事业特许权、配额、经营权（包括特许经营权、连锁经营权、其他经营权）、经销权、分销权、代理权、会员权、席位权、网络游戏虚拟道具、域名、名称权、肖像权、冠名权、转会费等。

5. 销售不动产。

销售不动产是指转让不动产所有权的业务活动。

不动产包括建筑物、构筑物等。

转让建筑物有限产权或者永久使用权的，转让在建的建筑物或者构筑物所有权的，以及在转让建筑物或者构筑物时一并转让其所占土地的使用权的，按照"销售不动产"缴纳增值税。

6. 缴纳增值税的经济行为需具备的条件。

（1）根据《营改增通知》，除另有规定外，一般应同时具备四个条件：①应税行为发生在中华人民共和国境内；②应税行为是属于《销售服务、无形资产、不动产注释》范围内的业务活动；③应税服务是为他人提供的；④应税行为是有偿的。

上述条件中的"有偿"是指从购买方取得货币、货物或者其他经济利益。其他经济利益是指非货币、货物形式的收益，包括固定资产（不含货物）、生物资产（不含货物）、无形资产（包括特许权）、股权投资、存货、不准备持有至到期的债券投资、服务以及有关权益等。

（2）有偿的两类例外情形：

第一类情形是满足上述四个增值税征税条件但不需要缴纳增值税的情形，主要包括：①行政单位收取的、同时满足条件的政府性基金或者行政事业性收费；②存款利息；③被保险人获得的保险赔付；④房地产主管部门或者其指定机构、公积金管理中心、开发企业以及物业管理单位代收的住宅专项维修资金；⑤在资产重组过程中，通过合并、分立、出售、置换等方式,将全部或者部分实物资产以及与其相关联的债权、负债和劳动力一并转让给其他单位和个人,其中涉及的不动产、土地使用权转让行为。

第二类情形是不同时满足上述四个增值税征税条件但需要缴纳增值税的情形,主要包括:某些无偿的应税行为需要缴纳增值税。即《营改增通知》规定的三种视同销售服务、无形资产或者不动产情形:①单位或者个体工商户向其他单位或者个人无偿提供服务,但用于公益事业或者以社会公众为对象的除外;②单位或者个人向其他单位或者个人无偿转让无形资产或者不动产,但用于公益事业或者以社会公众为对象的除外;③财政部和国家税务总局规定的其他情形。按照此项规定,向其他单位或者个人无偿提供服务、无偿转让无形资产或者不动产,除用于公益事业或者以社会公众为对象外,应视同发生应税行为,照章缴纳增值税。

7. 非经营活动的确认。

销售服务、无形资产或者不动产,是指有偿提供服务、有偿转让无形资产或者不动产,但属于下列非经营活动情形的除外:

(1) 行政单位收取的同时满足以下条件的政府性基金或者行政事业性收费。

①由国务院或者财政部批准设立的政府性基金,由国务院或者省级人民政府及其财政、价格主管部门批准设立的行政事业性收费。

②收取时开具省级以上(含省级)财政部门监(印)制的财政票据。

③所收款项全额上缴财政。

(2) 单位或者个体工商户聘用的员工为本单位或者雇主提供取得工资的服务。

(3) 单位或者个体工商户为聘用的员工提供服务。

(4) 财政部和国家税务总局规定的其他情形。

8. 境内销售服务、无形资产或者不动产的界定。

在境内销售服务、无形资产或者不动产,是指:

(1) 服务(租赁不动产除外)或者无形资产(自然资源使用权除外)的销售方或者购买方在境内。

(2) 所销售或者租赁的不动产在境内。

(3) 所销售自然资源使用权的自然资源在境内。

(4) 财政部和国家税务总局规定的其他情形。

下列情形不属于在境内销售服务或者无形资产:

(1) 境外单位或者个人向境内单位或者个人销售完全在境外发生的服务。

(2) 境外单位或者个人向境内单位或者个人销售完全在境外使用的无形资产。

(3) 境外单位或者个人向境内单位或者个人出租完全在境外使用的有形动产。

(4) 财政部和国家税务总局规定的其他情形,包括境外单位或者个人发生的下列行为:

①为出境的函件、包裹在境外提供的邮政服务、收派服务。

②向境内单位或者个人提供的工程施工地点在境外的建筑服务、工程监理服务。

③向境内单位或者个人提供的工程、矿产资源在境外的工程勘察勘探服务。

④向境内单位或者个人提供的会议展览地点在境外的会议展览服务。

境外单位或者个人销售的服务（不含租赁不动产）在以下两种情况下属于在我国境内销售服务，应照章缴纳增值税：

（1）境外单位或者个人向境内单位或者个人销售的完全在境内发生的服务，属于在境内销售服务。例如，境外 A 工程公司到境内给境内 B 单位提供工程勘察勘探服务。

（2）境外单位或者个人向境内单位或者个人销售的未完全在境外发生的服务，属于在境内销售服务。例如，境外 C 咨询公司与境内 D 公司签订咨询合同，就境内 D 公司开拓境内、境外市场进行实地调研并提出合理化管理建议，境外 C 咨询公司提供的咨询服务同时在境内和境外发生，属于在境内销售服务。

境外单位或者个人销售的无形资产在以下两种情况下属于在我国境内销售无形资产，应该照章缴纳增值税：

（1）境外单位或者个人向境内单位或者个人销售的完全在境内使用的无形资产，属于在境内销售无形资产。例如，境外 A 公司向境内 B 公司转让 A 公司在境内的连锁经营权。

（2）境外单位或者个人向境内单位或者个人销售的未完全在境外使用的无形资产，属于在境内销售无形资产。例如，境外 C 公司向境内 D 公司转让一项专利技术，该技术同时用于 D 公司在境内和境外的生产线。

▶【例 2—1】（多选题）下列行为中，属于增值税征收范围的有（　　）。

A. 甲公司将房屋与乙公司土地交换
B. 丙银行将房屋出租给丁饭店，而丁饭店长期不付租金，后经双方协商，由丙银行在饭店就餐抵账
C. 戊房地产开发企业委托己建筑工程公司建造房屋，双方在结算价款时，房地产企业将若干套房屋转让给建筑公司冲抵工程款
D. 庚运输公司与辛汽车修理公司商定，庚运输公司为辛汽车修理公司免费提供运输服务，辛汽车修理公司为其免费提供汽车维修作为回报

【答案】ABCD

【解析】在选项 A 中，甲公司用不动产换取了乙公司的土地使用权，此时虽没有取得货币，但甲公司取得了乙公司的土地使用权；同样，乙公司以土地为代价换取了甲公司房屋所有权，这里的土地使用权和房屋所有权就是我们所说的其他经济利益。

在选项 B 中，丙银行将房屋出租给丁饭店，而丁饭店长期不付租金，后经双方协商，由丙银行在饭店就餐抵账，对丙银行而言，出租房屋取得的是接受免费餐饮服务；对丁饭店而言，提供餐饮服务取得的是免费使用房屋。这两者都涉及了饮食服务和房屋出租，都属于取得其他经济利益，因此都应征收增值税。

在选项 C 中，戊房地产开发企业委托己建筑工程公司建造房屋，双方在结算价款时，戊房地产企业将若干套房屋转让给己建筑公司冲抵工程款，看上去没有资金往来，但实际上戊房地产开发企业取得的好处是接受了己建筑工程公司的建筑劳务，同样己建筑工程公司获得了房屋所有权，双方都取得了经济利益，因此都应当缴纳增值税。

在选项 D 中，庚运输公司与辛汽车修理公司商定，庚运输公司为辛汽车修理公司免费提供运输服务，辛汽车修理公司为其免费提供汽车维修作为回报。这里运输服务和汽

车维修都属于取得了其他经济利益，因此对双方都应征收增值税。

（二）征税范围的特殊规定

增值税的征税范围除了上述的一般规定以外，还对经济实务中某些特殊项目或行为是否属于增值税的征税范围，作出了具体界定。

1. 增值税征税范围的特殊项目界定。

（1）罚没物品征与不征增值税的处理。

①执罚部门和单位查处的属于一般商业部门经营的商品，具备拍卖条件的，由执罚部门或单位商同级财政部门同意后，公开拍卖。其拍卖收入作为罚没收入由执罚部门和单位如数上缴财政，不予征收增值税。对经营单位购入拍卖物品再销售的应照章征收增值税。

②执罚部门和单位查处的属于一般商业部门经营的商品，不具备拍卖条件的，由执罚部门、财政部门、国家指定销售单位会同有关部门按质论价，交由国家指定销售单位纳入正常销售渠道变价处理。执罚部门按商定价格所取得的变价收入作为罚没收入如数上缴财政，不予征收增值税。国家指定销售单位将罚没物品纳入正常销售渠道销售的，应照章征收增值税。

③执罚部门和单位查处的属于专管机关管理或专管企业经营的财物，如金银（不包括金银首饰）、外币、有价证券、非禁止出口文物，应交由专管机关或专营企业收兑或收购。执罚部门和单位按收兑或收购价所取得的收入作为罚没收入如数上缴财政，不予征收增值税。专管机关或专营企业经营上述物品中属于应征增值税的货物，应照章征收增值税。

（2）纳税人取得的财政补贴收入，与其销售货物、劳务、服务、无形资产、不动产的收入或者数量直接挂钩的，应按规定计算缴纳增值税。纳税人取得的其他情形的财政补贴收入，不属于增值税应税收入，不征收增值税。

（3）融资性售后回租业务中，承租方出售资产的行为不属于增值税的征税范围，不征收增值税。

（4）药品生产企业销售自产创新药的销售额，为向购买方收取的全部价款和价外费用，其提供给患者后续免费使用的相同创新药，不属于增值税视同销售范围。创新药是指经国家食品药品监督管理部门批准注册、获批前未曾在中国境内外上市销售，通过合成或者半合成方法制得的原料药及其制剂。

（5）根据国家指令无偿提供的铁路运输服务、航空运输服务，属于用于公益事业的服务，不征收增值税。

（6）存款利息不征收增值税。

（7）被保险人获得的保险赔付不征收增值税。

（8）房地产主管部门或者其指定机构、公积金管理中心、开发企业以及物业管理单位代收的住宅专项维修资金，不征收增值税。

（9）纳税人在资产重组过程中，通过合并、分立、出售、置换等方式，将全部或者部分实物资产以及与其相关联的债权、负债和劳动力一并转让给其他单位和个人，不属于增值税的征税范围，其中涉及的货物转让，不征收增值税。

纳税人在资产重组过程中,通过合并、分立、出售、置换等方式,将全部或者部分实物资产以及与其相关联的债权、负债经多次转让后,最终的受让方与劳动力接收方为同一单位和个人的,仍适用前述规定,对其中涉及的货物多次转让行为均不征收增值税。

自2016年5月1日起,在资产重组过程中,通过合并、分立、出售、置换等方式,将全部或者部分实物资产以及与其相关联的债权、负债和劳动力一并转让给其他单位和个人,其中涉及的不动产、土地使用权转让行为不征收增值税。

(10) 单用途商业预付卡(以下简称单用途卡)业务按照以下规定执行:

①单用途卡发卡企业或者售卡企业(以下统称售卡方)销售单用途卡,或者接受单用途卡持卡人充值取得的预收资金,不缴纳增值税。售卡方可按照规定,向购卡人、充值人开具增值税普通发票,不得开具增值税专用发票。

②售卡方因发行或者销售单用途卡并办理相关资金收付结算业务取得的手续费、结算费、服务费、管理费等收入,应按照现行规定缴纳增值税。

③持卡人使用单用途卡购买货物或服务时,货物或者服务的销售方应按照现行规定缴纳增值税,且不得向持卡人开具增值税发票。

④销售方与售卡方不是同一个纳税人的,销售方在收到售卡方结算的销售款时,应向售卡方开具增值税普通发票,并在备注栏注明"收到预付卡结算款",不得开具增值税专用发票。售卡方从销售方取得的增值税普通发票,作为其销售单用途卡或接受单用途卡充值取得预收资金不缴纳增值税的凭证,留存备查。

(11) 支付机构预付卡(以下称多用途卡)业务按照以下规定执行:

①支付机构销售多用途卡取得的等值人民币资金,或者接受多用途卡持卡人充值取得的充值资金,不缴纳增值税。支付机构可按照上述第(10)项的规定,向购卡人、充值人开具增值税普通发票,不得开具增值税专用发票。

②支付机构因发行或者受理多用途卡并办理相关资金收付结算业务取得的手续费、结算费、服务费、管理费等收入,应按照现行规定缴纳增值税。

③持卡人使用多用途卡,向与支付机构签署合作协议的特约商户购买货物或服务,特约商户应按照现行规定缴纳增值税,且不得向持卡人开具增值税发票。

④特约商户收到支付机构结算的销售款时,应向支付机构开具增值税普通发票,并在备注栏注明"收到预付卡结算款",不得开具增值税专用发票。支付机构从特约商户取得的增值税普通发票,作为其销售多用途卡或接受多用途卡充值取得预收资金不缴纳增值税的凭证,留存备查。

2. 增值税征税范围的特殊行为界定。

(1) 视同发生应税销售行为。

单位或者个体工商户的下列行为,视同发生应税销售行为:

①将货物交付其他单位或者个人代销。

②销售代销货物。

③设有两个以上机构并实行统一核算的纳税人,将货物从一个机构移送至其他机构用于销售,但相关机构设在同一县(市)的除外。

"用于销售"是指受货机构发生两项情形之一的经营行为:一是向购货方开具发票;

二是向购货方收取货款。

受货机构的货物移送行为有上述两项情形之一的,应当向所在地税务机关缴纳增值税;未发生上述两项情形的,则应由总机构统一缴纳增值税。

如果受货机构只就部分货物向购买方开具发票或收取货款,则应当区分不同情况计算并分别向总机构所在地或分支机构所在地缴纳税款。

④将自产、委托加工的货物用于集体福利或者个人消费。

⑤将自产、委托加工或者购进的货物作为投资,提供给其他单位或者个体工商户。

⑥将自产、委托加工或者购进的货物分配给股东或者投资者。

⑦将自产、委托加工或者购进的货物无偿赠送给其他单位或者个人。

⑧单位或者个体工商户向其他单位或者个人无偿提供服务,但用于公益事业或者以社会公众为对象的除外。

⑨单位或者个人向其他单位或者个人无偿转让无形资产或者不动产,但用于公益事业或者以社会公众为对象的除外。

⑩财政部和国家税务总局规定的其他情形。

上述情况应该确定为视同发生应税销售行为,均要征收增值税。其确定的目的主要有三个:一是保证增值税税款抵扣制度的实施,不致因发生上述行为而造成各相关环节税款抵扣链条的中断,如前两种情况就是这种原因。如果不将之视同发生应税销售行为从而出现销售代销货物方仅有销项税额而无进项税额,而将货物交付其他单位或者个人代销方仅有进项税额而无销项税额的情况,导致增值税抵扣链条不完整。二是避免因发生上述行为而造成应税销售行为之间税收负担不平衡的矛盾,防止以上述行为逃避纳税的现象。三是体现增值税计算的配比原则,即购进货物、劳务、服务、无形资产、不动产已经在购进环节实施了进项税额抵扣,这些购进货物、劳务、服务、无形资产、不动产应该产生相应的销售额,同时就应该产生相应的销项税额,否则就会产生不配比情况。

(2) 混合销售。

一项销售行为如果既涉及货物又涉及服务,称为混合销售。从事货物的生产、批发或者零售的单位和个体工商户的混合销售,按照销售货物缴纳增值税;其他单位和个体工商户的混合销售,按照销售服务缴纳增值税。

上述从事货物的生产、批发或者零售的单位和个体工商户,包括以从事货物的生产、批发或者零售为主,并兼营销售服务的单位和个体工商户在内。

混合销售行为成立的行为标准有两点:一是其销售行为必须是一项;二是该项行为必须既涉及货物销售又涉及应税行为。

在确定混合销售是否成立时,其行为标准中的上述两点必须是同时存在的,如果一项销售行为只涉及销售服务,不涉及货物,这种行为就不是混合销售行为;反之,如果涉及销售服务和涉及货物的行为,不是存在于一项销售行为之中,这种行为也不是混合销售行为。

纳税人销售活动板房、机器设备、钢结构件等自产货物的同时提供建筑、安装服务,不属于《营改增通知》规定的混合销售,应分别核算货物和建筑服务的销售额,分别适用不同的税率或征收率。一般纳税人销售外购机器设备的同时提供安装服务,如果已经按照兼营的有关规定,分别核算机器设备和安装服务的销售额,安装服务可以按照甲供工程选择适用简易计税方法计税。

二、纳税义务人和扣缴义务人

(一) 纳税义务人和扣缴义务人的基本规定

1. 纳税义务人

在中华人民共和国境内(以下简称境内)销售货物、劳务、服务、无形资产、不动产以及进口货物的单位和个人,为增值税纳税人。

单位是指企业、行政单位、事业单位、军事单位、社会团体及其他单位。

个人是指个体工商户和其他个人。

单位以承包、承租、挂靠方式经营的,承包人、承租人、挂靠人(以下统称承包人)以发包人、出租人、被挂靠人(以下统称发包人)名义对外经营并由发包人承担相关法律责任的,以该发包人为纳税人。否则,以承包人为纳税人。

采用承包、承租、挂靠经营方式的,区分以下两种情况界定纳税人:

(1) 同时满足以下两个条件的,以发包人为纳税人:①以发包人名义对外经营;②由发包人承担相关法律责任。

(2) 不同时满足上述两个条件的,以承包人为纳税人。

纳税人应当按照国家统一的会计制度进行增值税会计核算。

资管产品运营过程中发生的增值税应税销售行为,以资管产品管理人为增值税纳税人。

2. 扣缴义务人

(1) 境外单位或个人在境内销售应税劳务而在境内未设有经营机构的,其应纳税款以代理人为扣缴义务人;没有代理人的,以购买者为扣缴义务人。

(2) 境外单位或者个人在境内发生应税行为,在境内未设有经营机构的,以购买方为增值税扣缴义务人。财政部和国家税务总局另有规定的除外。

扣缴义务人按照下列公式计算应扣缴税额:

应扣缴税额 = 接受方支付的价款 ÷ (1 + 税率) × 税率

(二) 一般纳税人的登记

增值税实行凭增值税专用发票(含其他符合规定的发票)抵扣税款的制度,客观上要求纳税人具备健全的会计核算制度和能力。在实际经济生活中我国增值税纳税人众多,会计核算水平参差不齐,大量的小企业和个人还不具备使用专用发票抵扣税款的条件,为了既简化增值税的计算和征收,也有利于减少税收征管漏洞,税法将增值税纳税人按会计核算水平和经营规模分为一般纳税人和小规模纳税人,分别采取不同的登记管理办法。登记后的一般纳税人适用一般计税方法(另有规定除外),小规模纳税人适用简易计税方法。

1. 一般纳税人的登记条件。

根据《增值税一般纳税人登记管理办法》的规定,增值税纳税人(以下简称纳税人),年应税销售额超过财政部、国家税务总局规定的小规模纳税人标准(以下简称规定标准）的，除按规定选择按照小规模纳税人纳税以及其他个人以外，应当向主管税务机关办理一般纳税人登记。

年应税销售额是指纳税人在连续不超过 12 个月或 4 个季度的经营期内累计应征增值税销售额，包括纳税申报销售额、稽查查补销售额、纳税评估调整销售额。

销售服务、无形资产或者不动产（以下简称应税行为）有扣除项目的纳税人，其应税行为年应税销售额按未扣除之前的销售额计算。纳税人偶然发生的销售无形资产、转让不动产的销售额，不计入应税行为年应税销售额。

年应税销售额未超过规定标准的纳税人，会计核算健全，能够提供准确税务资料的，可以向主管税务机关办理一般纳税人登记。

会计核算健全是指能够按照国家统一的会计制度规定设置账簿，根据合法、有效凭证进行核算。

纳税人应当向其机构所在地主管税务机关办理一般纳税人登记手续。

纳税人登记为一般纳税人后，不得转为小规模纳税人，国家税务总局另有规定的除外。

2. 不得办理一般纳税人登记的情形。
（1）根据政策规定，选择按照小规模纳税人纳税的。
（2）年应税销售额超过规定标准的其他个人。

3. 登记的时限。

纳税人应在年应税销售额超过规定标准的月份（或季度）的所属申报期结束后 15 日内按照规定办理相关手续；未按规定时限办理的，主管税务机关应当在规定时限结束后 5 日内制作《税务事项通知书》，告知纳税人应当在 5 日内向主管税务机关办理相关手续；逾期仍不办理的，次月起按销售额依照增值税税率计算应纳税额，不得抵扣进项税额，直至纳税人办理相关手续为止。

纳税人自一般纳税人生效之日起，按照增值税一般计税方法计算应纳税额，并可以按照规定领用增值税专用发票，财政部、国家税务总局另有规定的除外。

生效之日是指纳税人办理登记的当月 1 日或者次月 1 日，由纳税人在办理登记手续时自行选择。

第二节 税率与征收率

增值税税率适用于一般计税方法，征收率适用于简易计税方法。

一、增值税税率及适用范围

增值税的税率分别为 13%、9%、6% 和零税率。

（一）13% 税率适用范围

纳税人销售货物、劳务、有形动产租赁服务或者进口货物，除按规定适用 9% 税率的货物以外，适用13%的基本税率。

采取填埋、焚烧等方式进行专业化处理后产生货物，且货物归属委托方的，受托方属于提供"加工劳务"，其收取的处理费用适用13%的税率。

（二）9%税率适用范围

纳税人销售交通运输、邮政、基础电信、建筑、不动产租赁服务，销售不动产，转让土地使用权，销售或者进口下列货物，税率为9%：

1. 粮食等农产品、食用植物油、食用盐。

（1）农产品。

农产品是指种植业、养殖业、林业、牧业、水产业生产的各种植物、动物的初级产品。具体征税范围暂继续按照《农业产品征税范围注释》及现行相关规定执行，包括挂面、干姜、姜黄、玉米胚芽、动物骨粒等。

麦芽、复合胶、人发不属于《农业产品征税范围注释》中规定的农业产品范围，适用13%的增值税税率。

按照《食品安全国家标准——巴氏杀菌乳》生产的巴氏杀菌乳和按照《食品安全国家标准——灭菌乳》生产的灭菌乳，均属于初级农业产品，可依照《农业产品征收范围注释》中的鲜奶按9%的税率征收增值税；按照《食品安全国家标准——调制乳》生产的调制乳，不属于初级农业产品，应按照13%的税率征收增值税。

淀粉不属于农业产品的范围，应按照13%的税率征收增值税。

（2）食用植物油。

花椒油、橄榄油、核桃油、杏仁油、葡萄籽油和牡丹籽油按照食用植物油适用9%的税率征收增值税。环氧大豆油、氢化植物油不属于食用植物油征收范围，适用13%的增值税税率。

肉桂油、桉油、香茅油不属于《农业产品征税范围注释》中规定的农业产品，适用13%的增值税税率。

2. 自来水、暖气、冷气、热水、煤气、石油液化气、天然气、二甲醚、沼气、居民用煤炭制品。

3. 图书、报纸、杂志、音像制品、电子出版物。

国内印刷企业承印的经新闻出版主管部门批准印刷且采用国际标准书号编序的境外图书，属于《增值税暂行条例》第二条规定的"图书"，适用9%的增值税税率。

4. 饲料、化肥、农药、农机、农膜。

饲料是指用于动物饲养的产品或其加工品，包括豆粕、宠物饲料、饲用鱼油、矿物质微量元素舔砖、饲料级磷酸二氢钙产品等。

农机是指用于农业生产（包括林业、牧业、副业、渔业）的各种机器和机械化与半机械化农具，以及小农具，包括农用水泵、农用柴油机、不带动力的手扶拖拉机、三轮农用运输车、密集型烤房设备、频振式杀虫灯、自动虫情测报灯、黏虫板、卷帘机、农用挖掘机、养鸡设备系列、养猪设备系列产品、动物尸体降解处理机、蔬菜清洗机等。农机零部件不属于本货物的征收范围。

5. 国务院规定的其他货物。

上述适用9%税率的货物按《农业产品征税范围注释》（财税字〔1995〕52号）、《增值税部分货物征税范围注释》（国税发〔1993〕151号）及其他相关规定执行。

（三）6%税率适用范围

纳税人销售增值电信服务、金融服务、现代服务（不动产租赁除外）、生活服务以及销售无形资产（转让土地使用权除外），税率为6%。下列情形也按6%的税率征收增值税：

1. 纳税人通过省级土地行政主管部门设立的交易平台转让补充耕地指标，按照"销售无形资产"缴纳增值税，税率为6%。

2. 纳税人受托对垃圾、污泥、污水、废气等废弃物进行专业化处理，采取填埋、焚烧等方式进行专业化处理后未产生货物的，受托方属于提供"现代服务"中的"专业技术服务"，其收取的处理费用适用6%的增值税税率。

3. 纳税人受托对垃圾、污泥、污水、废气等废弃物进行专业化处理，采取填埋、焚烧等方式进行专业化处理后产生货物，且货物归属受托方的，受托方属于提供"专业技术服务"，其收取的处理费用适用6%的增值税税率。受托方将产生的货物用于销售时，适用货物的增值税税率。

（四）零税率适用范围

纳税人出口货物，税率为零，国务院另有规定的除外。

境内单位和个人跨境销售国务院规定范围内的服务、无形资产，税率为零。

根据《营改增通知》的相关规定，销售服务、无形资产适用的零税率政策如下：

1. 中华人民共和国境内（以下简称境内）的单位和个人销售的下列服务和无形资产，适用增值税零税率。

（1）国际运输服务。国际运输服务是指：①在境内载运旅客或者货物出境。②在境外载运旅客或者货物入境。③在境外载运旅客或者货物。

发生国际运输服务适用零税率具体政策如下：

①按照国家有关规定应取得相关资质的国际运输服务项目，纳税人取得相关资质的，适用增值税零税率政策，未取得的，适用增值税免税政策。

②境内的单位或个人提供程租服务，如果租赁的交通工具用于国际运输服务和港澳台运输服务，由出租方按规定申请适用增值税零税率。

③境内的单位和个人向境内单位或个人提供期租、湿租服务，如果承租方利用租赁的交通工具向其他单位或个人提供国际运输服务和港澳台运输服务，由承租方适用增值税零税率。境内的单位或个人向境外单位或个人提供期租、湿租服务，由出租方适用增值税零税率。

④境内单位和个人以无运输工具承运方式提供的国际运输服务，由境内实际承运人适用增值税零税率；无运输工具承运业务的经营者适用增值税免税政策。

（2）航天运输服务。

（3）向境外单位提供的完全在境外消费的下列服务：①研发服务。②合同能源管理服务。③设计服务。④广播影视节目（作品）的制作和发行服务。⑤软件服务。⑥电路设计及测试服务。⑦信息系统服务。⑧业务流程管理服务。⑨离岸服务外包业务。离岸服务外包业务，包括信息技术外包服务（ITO）、技术性业务流程外包服务（BPO）、技术性知识流程外包服务（KPO），其所涉及的具体业务活动，按照《销售服务、无形资产、不动产注释》相对应的业务活动执行。⑩转让技术。

（4）财政部和国家税务总局规定的其他服务。

2. 境内单位和个人发生的与香港、澳门、台湾有关的应税行为，除另有规定外，参照上述规定执行。

境内单位和个人向国内海关特殊监管区域及场所内的单位或个人提供的应税服务，不属于增值税零税率应税服务适用范围。

二、增值税征收率的一般规定和特殊规定

增值税征收率是指特定纳税人发生应税销售行为在某一生产流通环节应纳税额与销售额的比率。增值税征收率适用于两种情况：一是小规模纳税人；二是一般纳税人发生应税销售行为按规定可以选择简易计税方法计税的。

（一）征收率的一般规定

1. 纳税人发生按简易计税方法计税的情形，除按规定适用5%征收率的以外，其应税销售行为均适用3%的征收率。为支持小微企业和个体工商户发展，2027年12月31日前，对月销售额10万元以下（含本数）的增值税小规模纳税人，免征增值税；小规模纳税人适用3%征收率的应税销售收入，减按1%征收率征收增值税；适用3%预征率的预缴增值税项目，减按1%预征率预缴增值税。

2. 下列情况适用5%征收率：

（1）小规模纳税人销售自建或者取得的不动产。

（2）一般纳税人选择简易计税方法计税的不动产销售。

（3）房地产开发企业中的小规模纳税人，销售自行开发的房地产项目。

（4）其他个人销售其取得（不含自建）的不动产（不含其购买的住房）。

（5）一般纳税人选择简易计税方法计税的不动产经营租赁。

（6）小规模纳税人出租（经营租赁）其取得的不动产（不含个人出租住房）。

（7）其他个人出租（经营租赁）其取得的不动产（不含住房）。

（8）个人出租住房，应按照5%的征收率减按1.5%计算应纳税额。

（9）一般纳税人和小规模纳税人提供劳务派遣服务选择差额纳税的。

（10）一般纳税人2016年4月30日前签订的不动产融资租赁合同，或以2016年4月30日前取得的不动产提供的融资租赁服务，选择适用简易计税方法的。

（11）一般纳税人收取试点前开工的一级公路、二级公路、桥、闸通行费，选择适用简易计税方法的。

（12）一般纳税人提供人力资源外包服务，选择适用简易计税方法的。

（13）纳税人转让2016年4月30日前取得的土地使用权，选择适用简易计税方法的。

（14）房地产开发企业中的一般纳税人购入未完工的房地产老项目（2016年4月30日之前的建筑工程项目）继续开发后，以自己名义立项销售的不动产，属于房地产老项

目，可以选择适用简易计税方法按照5%的征收率计算缴纳增值税。

（二）征收率的特殊规定

1. 适用3%征收率减按2%计征增值税。

在特定情形下，适用3%征收率的一般纳税人和小规模纳税人可以减按2%计征增值税。

（1）一般纳税人销售自己使用过的属于《增值税暂行条例》第十条规定不得抵扣且未抵扣进项税额的固定资产，按照简易办法依照3%征收率减按2%征收增值税。

纳税人销售自己使用过的固定资产，适用简易办法依照3%征收率减按2%征收增值税政策的，可以放弃减税，按照简易办法依照3%征收率缴纳增值税，并可以开具增值税专用发票。

所称自己使用过的固定资产是指纳税人根据财务会计制度已经计提折旧的固定资产。

（2）小规模纳税人（除其他个人外，下同）销售自己使用过的固定资产，减按2%的征收率征收增值税。

（3）纳税人销售旧货（不含从事二手车经销业务的纳税人销售其收购的二手车），按照简易办法依照3%征收率减按2%征收增值税。

旧货是指进入二次流通的具有部分使用价值的货物（含旧汽车、旧摩托车和旧游艇），但不包括自己使用过的物品。

上述纳税人销售自己使用过的固定资产和旧货（不含从事二手车经销业务的纳税人销售其收购的二手车）依照3%征收率减按2%征收增值税的，按下列公式确定销售额和应纳税额：

销售额＝含税销售额÷(1＋3%)

应纳税额＝销售额×2%

2. 二手车经销业务减按0.5%计征增值税。

对从事二手车经销业务的纳税人销售其收购的二手车，自2020年5月1日至2027年12月31日减按0.5%的征收率征收增值税，其销售额的计算公式为：

销售额＝含税销售额÷(1＋0.5%)

二手车是指从办理完注册登记手续至达到国家强制报废标准之前进行交易并转移所有权的车辆，具体范围按照国务院商务主管部门出台的二手车流通管理办法执行。

纳税人应当开具二手车销售统一发票。购买方索取增值税专用发票的，应当再开具征收率为0.5%的增值税专用发票。

三、兼营行为的税率适用

试点纳税人发生应税销售行为适用不同税率或者征收率的，应当分别核算适用不同税率或者征收率的销售额，未分别核算销售额的，按照以下方法适用税率或者征收率：

1. 兼有不同税率的应税销售行为，从高适用税率。
2. 兼有不同征收率的应税销售行为，从高适用征收率。
3. 兼有不同税率和征收率的应税销售行为，从高适用税率。

第三节 一般计税方法应纳税额的计算

我国增值税采用的一般计税方法是间接计算法,即先按当期销售额和适用税率计算出销项税额,然后将当期准予抵扣的进项税额进行抵扣,从而间接计算出当期增值额部分的应纳税额。

增值税一般纳税人发生应税销售行为的应纳税额,除适用简易计税方法外的,均应该采用以当期销项税额减去当期进项税额计算应纳税额的一般计税方法。其计算公式为:

当期应纳税额 = 当期销项税额 - 当期进项税额

增值税一般纳税人当期应纳税额的多少,主要取决于当期销项税额和当期进项税额这两个因素。

一、销项税额的计算

销项税额是指纳税人发生应税销售行为时,按照销售额与规定税率计算并向购买方收取的增值税税额。销项税额的计算公式为:

销项税额 = 销售额 × 适用税率

从销项税额的定义和公式中我们可以知道,它是由购买方在购买货物、劳务、服务、无形资产、不动产时,一并向销售方支付的税额。对于属于一般纳税人的销售方来说,在没有抵扣其进项税额前,销售方收取的销项税额还不是其应纳增值税税额。

销项税额的计算取决于销售额和适用税率两个因素。在适用税率既定的前提下,销项税额的大小主要取决于销售额的大小。

(一) 一般销售方式下的销售额确认

销售额是指纳税人发生应税销售行为时收取的全部价款和价外费用。特别需要强调的是,尽管销项税额也是销售方向购买方收取的,但是由于增值税采用价外计税方式,用不含增值税(以下简称不含税)价作为计税依据,因而销售额中不包括向购买方收取的销项税额。

价外费用是指价外收取的各种性质的收费,但下列项目不包括在内:

1. 受托加工应征消费税的消费品所代收代缴的消费税。
2. 同时符合以下条件的代垫运输费用:
(1) 承运部门的运输费用发票开具给购买方的。
(2) 纳税人将该项发票转交给购买方的。
3. 同时符合以下条件代为收取的政府性基金或者行政事业性收费:
(1) 由国务院或者财政部批准设立的政府性基金,由国务院或者省级人民政府及其财政、价格主管部门批准设立的行政事业性收费。
(2) 收取时开具省级以上(含省级)财政部门监(印)制的财政票据。

(3) 所收款项全额上缴财政。

4. 以委托方名义开具发票代委托方收取的款项。

5. 销售货物的同时代办保险等而向购买方收取的保险费，以及向购买方收取的代购买方缴纳的车辆购置税、车辆牌照费。

凡随同应税销售行为向购买方收取的价外费用，无论其会计制度如何核算，均应并入销售额计算应纳税额。应当注意，根据国家税务总局的规定：对增值税一般纳税人（包括纳税人自己或代其他部门）向购买方收取的价外费用和逾期包装物押金，应视为含增值税（以下简称含税）收入，在征税时应换算成不含税收入再并入销售额。

按照会计准则的规定，由于对价外收费一般都不在营业收入科目中核算，而在"其他应付款""营业外收入"等科目中核算。这样，企业在会计实务中时常出现对价外收费虽在相应科目中作会计核算，但却未核算其销项税额。有的企业则既不按会计核算要求进行收入核算，又不按规定核算销项税额，而是将发生的价外收费直接冲减有关费用科目。因此，应严格核查各项价外收费，进行正确的会计核算和税额核算。

对于一般纳税人发生的应税销售行为，采用销售额和销项税额合并定价（含增值税价格）方法的，按下列公式计算销售额：

销售额 = 含税销售额 ÷ (1 + 税率)

公式中的税率为发生应税销售行为时按增值税法律法规所规定的适用税率。

销售额应以人民币计算。纳税人以人民币以外的货币结算销售额的，应当折合成人民币计算。折合率可以选择销售额发生的当天或者当月1日的人民币汇率中间价。纳税人应当事先确定采用何种折合率，确定后1年内不得变更。

（二）特殊销售方式下的销售额确认

1. 采取折扣方式销售。

折扣销售是指销货方在发生应税销售行为时，因购货方购货数量较大等原因而给予购货方的价格优惠，例如，购买5件商品，销售价格折扣10%；购买10件商品，折扣20%等。纳税人发生应税销售行为，如将价款和折扣额在同一张发票上的"金额"栏分别注明的，可按折扣后的销售额征收增值税。未在同一张发票"金额"栏注明折扣额，而仅在发票的"备注"栏注明折扣额的，折扣额不得从销售额中减除；未在同一张发票上分别注明的，以价款为销售额，不得扣减折扣额。

应注意区分折扣销售与销售折扣、销售折让的不同。

（1）销售折扣。销售折扣是指销货方在发生应税销售行为后，为了鼓励购货方及早支付货款而协议许诺给予购货方的一种折扣优待，例如，10天内付款，货款折扣2%；20天内付款，折扣1%；30天内全价付款。由于销售折扣发生在应税销售行为之后，是一种融资性质的理财费用，因此，销售折扣不得从销售额中减除。企业在确定销售额时应把折扣销售与销售折扣严格区分开。

（2）销售折让。销售折让是指企业因售出商品的质量不合格等原因而在售价上给予的减让。对增值税而言，销售折让其实是指纳税人发生应税销售行为后因为劳动成果质量不合格等原因在售价上给予的减让。销售折让与销售折扣相比较，虽然都是在应税销售行为销售后发生的,但因为销售折让是由于应税销售行为的品种和质量引起的销售额减少,因此,销售折让应该以折让后的货款为销售额。

纳税人发生应税销售行为因销售折让、中止或者退回的,应扣减当期的销项税额(一般计税方法)或销售额(简易计税方法)。

2. 采取以旧换新方式销售。

以旧换新是指纳税人在销售自己的货物时,有偿收回旧货物的行为。采取以旧换新方式销售货物(金银首饰除外),应按新货物的同期销售价格确定销售额,不得扣减旧货物的收购价格。对于金银首饰以旧换新业务,可以按销售方实际收取的不含增值税的价款征收增值税。

3. 采取还本销售方式销售。

还本销售是指纳税人在销售货物后,到一定期限由销售方一次或分次退还给购货方全部或部分价款。该方式实际上是一种筹资行为,是以货物换取资金的使用价值,到期还本不付息的方法。采取还本销售方式销售货物,其销售额是货物的销售价格,不得从销售额中减除还本支出。

4. 采取以物易物方式销售。

以物易物是一种较为特殊的购销活动,是指购销双方不是以货币结算,而是以同等价款的应税销售行为相互结算,实现应税销售行为购销的一种方式。在实务中,有的纳税人以为以物易物不是购销行为,销货方收到购货方抵顶货款的货物、劳务、服务、无形资产、不动产,认为自己不是购货;购货方发出抵顶货款的应税销售行为,认为自己不是销货。这两种认识都是错误的。正确的方法应当是,以物易物双方都应作购销处理,以各自发出的应税销售行为核算销售额并计算销项税额,以各自收到的货物、劳务、服务、无形资产、不动产按规定核算购进金额并计算进项税额。应注意,在以物易物活动中,应分别开具合法的票据,如收到的货物、劳务、服务、无形资产、不动产不能取得相应的增值税专用发票或其他合法票据的,不能抵扣进项税额。

5. 包装物押金的税务处理。

包装物是指纳税人包装本单位货物的各种物品。纳税人销售货物时另收取包装物押金,目的是促使购货方及早退回包装物以便周转使用。

纳税人为销售货物而出租出借包装物收取的押金,单独记账核算的,时间在1年以内,又未过期的,不并入销售额征税,但对因逾期未收回包装物不再退还的押金,应按所包装货物的适用税率计算销项税额。

"逾期"是指按合同约定实际逾期或以1年为期限,对收取1年以上的押金,无论是否退还均并入销售额征税。当然,在将包装物押金并入销售额征税时,需要先将该押金换算为不含税价,再并入销售额征税。纳税人为销售货物出租出借包装物而收取的押金,无论包装物周转使用期限长短,超过1年(含1年)以上仍不退还的均并入销售额征税。

但是,对销售除啤酒、黄酒外的其他酒类产品而收取的包装物押金,无论是否返还以及会计上如何核算,均应并入当期销售额征税。对销售啤酒、黄酒所收取的押金,按上述一般押金的规定处理。

另外，包装物押金不应混同于包装物租金，纳税人在销售货物同时收取包装物租金的，在包装物租金收取时就应该考虑销项税额的征纳问题。

6. 直销企业的税务处理。

直销企业先将货物销售给直销员，直销员再将货物销售给消费者的，直销企业的销售额为其向直销员收取的全部价款和价外费用。直销员将货物销售给消费者时，应按照现行规定缴纳增值税。

直销企业通过直销员向消费者销售货物，直接向消费者收取货款，直销企业的销售额为其向消费者收取的全部价款和价外费用。

7. 贷款服务的销售额。

贷款服务，以提供贷款服务取得的全部利息及利息性质的收入为销售额。

银行提供贷款服务按期计收利息的，结息日当日计收的全部利息收入，均应计入结息日所属期的销售额，按照现行规定计算缴纳增值税。

证券公司、保险公司、金融租赁公司、证券基金管理公司、证券投资基金以及其他经人民银行、银保监会（现国家金融监督管理总局）、证监会批准成立且经营金融保险业务的机构发放贷款后，自结息日起90天内发生的应收未收利息按现行规定缴纳增值税，自结息日起90天后发生的应收未收利息暂不缴纳增值税，待实际收到利息时按规定缴纳增值税。

8. 直接收费金融服务的销售额。

直接收费金融服务以提供直接收费金融服务收取的手续费、佣金、酬金、管理费、服务费、经手费、开户费、过户费、结算费、转托管费等各类费用为销售额。

9. 发卡机构、清算机构和收单机构提供银行卡跨机构资金清算服务，按照以下规定执行：

（1）发卡机构以其向收单机构收取的发卡行服务费为销售额，并按照此销售额向清算机构开具增值税发票。

（2）清算机构以其向发卡机构、收单机构收取的网络服务费为销售额，并按照发卡机构支付的网络服务费向发卡机构开具增值税发票，按照收单机构支付的网络服务费向收单机构开具增值税发票。

清算机构从发卡机构取得的增值税发票上记载的发卡行服务费，一并计入清算机构的销售额，并由清算机构按照此销售额向收单机构开具增值税发票。

（3）收单机构以其向商户收取的收单服务费为销售额，并按照此销售额向商户开具增值税发票。

10. 拍卖行受托拍卖文物艺术品，委托方按规定享受免征增值税政策的，拍卖行可以自己名义就代为收取的货物价款向购买方开具增值税普通发票，对应的货物价款不计入拍卖行的增值税应税收入。

（三）"营改增"后按差额确定销售额的情形

虽然原营业税的征税范围全行业均纳入了增值税的征收范围，但是目前仍然有无法通过抵扣机制避免重复征税的情况存在，因此引入了差额征税的办法，以解决纳税人税收负担增加问题。

1. 金融商品转让的销售额。

金融商品转让，按照卖出价扣除买入价后的余额为销售额。

转让金融商品出现的正负差，按盈亏相抵后的余额为销售额。若相抵后出现负差，可结转下一纳税期与下期转让金融商品销售额相抵，但年末时仍出现负差的，不得转入下一个会计年度。

金融商品的买入价，可以选择按照加权平均法或者移动加权平均法进行核算，选择后36个月内不得变更。

金融商品转让不得开具增值税专用发票。

▶【例2-2】假设某经营金融业务的公司（一般纳税人）2021年第四季度转让债券卖出价为100 000元（含增值税价格，下同），该债券是2020年9月购入的，买入价为60 000元。该公司2021年第四季度之前转让金融商品亏损15 000元，则转让债券的销售额和销项税额分别是：

（1）销售额 = 100 000 - 60 000 - 15 000 = 25 000（元）

（2）销项税额 = 25 000 ÷ (1 + 6%) × 6% = 1 415.09（元）

单位将其持有的限售股在解禁流通后对外转让的，按照以下规定确定买入价：

（1）上市公司实施股权分置改革时，在股票复牌之前形成的原非流通股股份，以及股票复牌首日至解禁日期间由上述股份孳生的送、转股，以该上市公司完成股权分置改革后股票复牌首日的开盘价为买入价。

（2）公司首次公开发行股票并上市形成的限售股，以及上市首日至解禁日期间由上述股份孳生的送、转股，以该上市公司股票首次公开发行（IPO）的发行价为买入价。

（3）因上市公司实施重大资产重组形成的限售股，以及股票复牌首日至解禁日期间由上述股份孳生的送、转股，以该上市公司因重大资产重组股票停牌前一交易日的收盘价为买入价。

（4）单位将其持有的限售股在解禁流通后对外转让，按照规定确定的买入价低于该单位取得限售股的实际成本价的，以实际成本价为买入价计算缴纳增值税。

（5）纳税人无偿转让股票时，转出方以该股票的买入价为卖出价，按照"金融商品转让"计算缴纳增值税；在转入方将上述股票再转让时，以原转出方的卖出价为买入价，按照"金融商品转让"计算缴纳增值税。

自2018年1月1日起，资管产品管理人运营资管产品发生的部分金融商品转让业务，转让2017年12月31日前取得的股票（不包括限售股）、债券、基金、非货物期货，可以选择按照实际买入价计算销售额，或者以2017年最后一个交易日的股票收盘价（2017年最后一个交易日处于停牌期间的股票，为停牌前最后一个交易日收盘价）、债券估值（中债金融估值中心有限公司或中证指数有限公司提供的债券估值）、基金份额净值、非货物期货结算价格作为买入价计算销售额。

2. 经纪代理服务的销售额。

经纪代理服务以取得的全部价款和价外费用，扣除向委托方收取并代为支付的政府性基金或者行政事业性收费后的余额为销售额。向委托方收取的政府性基金或者行政事业性收费，不得开具增值税专用发票。

3. 融资租赁和融资性售后回租业务的销售额。

（1）经人民银行、银监会（现国家金融监督管理总局，下同）或者商务部批准从事融资租赁业务的试点纳税人（包括经上述部门备案从事融资租赁业务的试点纳税人），提供融资租赁服务，以取得的全部价款和价外费用，扣除支付的借款利息（包括外汇借款和人民币借款利息）、发行债券利息和车辆购置税后的余额为销售额。

（2）经人民银行、银监会或者商务部批准从事融资租赁业务的试点纳税人，提供融资性售后回租服务，以取得的全部价款和价外费用（不含本金），扣除对外支付的借款利息（包括外汇借款和人民币借款利息）、发行债券利息后的余额作为销售额。

（3）经人民银行、银监会或者商务部批准从事融资租赁业务的，纳税人根据2016年4月30日前签订的有形动产融资性售后回租合同，在合同到期前提供的有形动产融资性售后回租服务，可继续按照有形动产融资租赁服务缴纳增值税，并选择以下方法之一计算销售额：

①以向承租方收取的全部价款和价外费用，扣除向承租方收取的价款本金，以及对外支付的借款利息（包括外汇借款和人民币借款利息）、发行债券利息后的余额为销售额。

纳税人提供有形动产融资性售后回租服务，计算当期销售额时可以扣除的价款本金，为书面合同约定的当期应当收取的本金。无书面合同或者书面合同没有约定的，为当期实际收取的本金。

纳税人提供有形动产融资性售后回租服务，向承租方收取的有形动产价款本金，不得开具增值税专用发票，可以开具普通发票。

②以向承租方收取的全部价款和价外费用，扣除支付的借款利息（包括外汇借款和人民币借款利息）、发行债券利息后的余额为销售额。

4. 航空运输企业的销售额，不包括代收的机场建设费和代售其他航空运输企业客票而代收转付的价款。

航空运输销售代理企业提供境外航段机票代理服务，以取得的全部价款和价外费用，扣除向客户收取并支付给其他单位或者个人的境外航段机票结算款和相关费用后的余额为销售额。其中，支付给境内单位或者个人的款项，以发票或行程单为合法有效凭证；支付给境外单位或者个人的款项，以签收单据为合法有效凭证，税务机关对签收单据有疑义的，可以要求其提供境外公证机构的确认证明。

航空运输销售代理企业提供境内机票代理服务，以取得的全部价款和价外费用，扣除向客户收取并支付给航空运输企业或其他航空运输销售代理企业的境内机票净结算款和相关费用后的余额为销售额。其中，支付给航空运输企业的款项，以国际航空运输协会（IATA）开账与结算计划（BSP）对账单或航空运输企业的签收单据为合法有效凭证；支付给其他航空运输销售代理企业的款项，以代理企业间的签收单据为合法有效凭证。航空运输销售代理企业就取得的全部价款和价外费用，向购买方开具行程单，或开具增值税普通发票。

5. 一般纳税人提供客运场站服务，以其取得的全部价款和价外费用，扣除支付给承运方运费后的余额为销售额。

6. 纳税人提供旅游服务，可以选择以取得的全部价款和价外费用，扣除向旅游服务购买方收取并支付给其他单位或者个人的住宿费、餐饮费、交通费、签证费、门票费和支付给其他接团旅游企业的旅游费用后的余额为销售额。

选择上述办法计算销售额的纳税人，向旅游服务购买方收取并支付的上述费用，不得开具增值税专用发票，可以开具普通发票。

7. 房地产开发企业中的一般纳税人销售其开发的房地产项目（选择简易计税方法的房地产老项目除外），以取得的全部价款和价外费用，扣除受让土地时向政府部门支付的土地价款后的余额为销售额。"向政府部门支付的土地价款"包括土地受让人向政府部门支付的征地和拆迁补偿费用、土地前期开发费用和土地出让收益等。

房地产开发企业（包括多个房地产开发企业组成的联合体）受让土地向政府部门支付土地价款后，设立项目公司对该受让土地进行开发，同时符合下列条件的，可由项目公司按规定扣除房地产开发企业向政府部门支付的土地价款。

（1）房地产开发企业、项目公司、政府部门三方签订变更协议或补充合同，将土地受让人变更为项目公司。

（2）政府部门出让土地的用途、规划等条件不变的情况下，签署变更协议或补充合同时，土地价款总额不变。

（3）项目公司的全部股权由受让土地的房地产开发企业持有。

房地产开发企业中的一般纳税人销售其开发的房地产项目（选择简易计税方法的房地产老项目除外），在取得土地时向其他单位或个人支付的拆迁补偿费用也允许在计算销售额时扣除。纳税人按上述规定扣除拆迁补偿费用时，应提供拆迁协议、拆迁双方支付和取得拆迁补偿费用凭证等能够证明拆迁补偿费用真实性的材料。

8. 银行业金融机构、金融资产管理公司中的一般纳税人处置抵债不动产，可选择以取得的全部价款和价外费用扣除取得该抵债不动产时的作价为销售额，适用9%税率计算缴纳增值税。

按照该规定从全部价款和价外费用中扣除抵债不动产的作价，应当取得人民法院、仲裁机构生效的法律文书。

选择该办法计算销售额的银行业金融机构、金融资产管理公司处置抵债不动产时，抵债不动产作价的部分不得向购买方开具增值税专用发票。

抵债不动产是指经人民法院判决裁定或仲裁机构仲裁的抵债不动产。其中，金融资产管理公司的抵债不动产，限于其承接银行业金融机构不良债权涉及的抵债不动产。银行业金融机构是指在中华人民共和国境内设立的商业银行、农村合作银行、农村信用社、村镇银行、农村资金互助社以及政策性银行。

9. 纳税人按照上述第2~8项的规定从全部价款和价外费用中扣除的价款，应当取得符合法律、行政法规和国家税务总局规定的有效凭证。否则，不得扣除。"有效凭证"是指：

（1）支付给境内单位或者个人的款项，以发票为合法有效凭证。

（2）支付给境外单位或者个人的款项，以该单位或者个人的签收单据为合法有效凭证，税务机关对签收单据有疑义的，可以要求其提供境外公证机构的确认证明。

(3)缴纳的税款，以完税凭证为合法有效凭证。
(4)扣除的政府性基金、行政事业性收费或者向政府支付的土地价款，以省级以上（含省级）财政部门监（印）制的财政票据为合法有效凭证。
(5)国家税务总局规定的其他凭证。

纳税人取得的上述凭证属于增值税扣税凭证的，其进项税额不得从销项税额中抵扣。

（四）视同发生应税销售行为的销售额确定

纳税人发生应税销售行为的情形，价格明显偏低并无正当理由的，或者视同发生应税销售行为而无销售额的，由主管税务机关按照下列顺序核定销售额：

1. 按照纳税人最近时期发生同类应税销售行为的平均价格确定。
2. 按照其他纳税人最近时期发生同类应税销售行为的平均价格确定。
3. 按照组成计税价格确定。组成计税价格的公式为：

组成计税价格 = 成本 × (1 + 成本利润率)

成本利润率由国家税务总局确定。

二、进项税额的确认和计算

进项税额是指纳税人购进货物、劳务、服务、无形资产、不动产所支付或者负担的增值税税额。进项税额是与销项税额相对应的另一个概念。在开具增值税专用发票的情况下，它们之间的对应关系是，销售方收取的销项税额，就是购买方支付的进项税额。增值税的核心就是用纳税人收取的销项税额抵扣其支付的进项税额，其余额为纳税人实际应缴纳的增值税税额。这样，进项税额作为可抵扣的部分，对于纳税人实际纳税多少就产生了举足轻重的作用。

然而，并不是纳税人支付的所有进项税额都可以从销项税额中抵扣。为体现增值税的配比原则，即购进项目金额与发生应税销售行为的销售额之间应有配比性，当纳税人购进的货物、劳务、服务、无形资产、不动产行为不是用于增值税应税项目，而是用于简易计税方法计税项目、免税项目或用于集体福利、个人消费等情况时，其支付的进项税额就不能从销项税额中抵扣。增值税法律法规对不能抵扣进项税额的项目作了严格的规定，如果违反规定，随意抵扣进项税额就将以逃避缴纳税款论处。因此，严格把握哪些进项税额可以抵扣、哪些进项税额不能抵扣是非常重要的，这些方面也是纳税人在缴纳增值税实务中差错出现最多的地方。

（一）准予从销项税额中抵扣的进项税额

准予从销项税额中抵扣的进项税额，限于下列增值税扣税凭证上注明的增值税税额和按规定的扣除率计算的进项税额。

1. 从销售方取得的增值税专用发票（含《机动车销售统一发票》，下同）上注明的增值税税额。
2. 从海关取得的海关进口增值税专用缴款书上注明的增值税税额。

对海关代征进口环节增值税开具的增值税专用缴款书上标明有两个单位名称，即既有代理进口单位名称，又有委托进口单位名称的，只准予其中取得专用缴款书原件的一个单位抵扣税款。申报抵扣税款的委托进口单位，必须提供相应的海关代征增值税专用缴款书原件、委托代理合同及付款凭证，否则，不予抵扣进项税款。

3. 自境外单位或者个人购进劳务、服务、无形资产或者境内的不动产，从税务机关或者扣缴义务人处取得的代扣代缴税款的完税凭证上注明的增值税税额。

4. 纳税人购进农产品，按下列规定抵扣进项税额：

（1）纳税人购进农产品，取得一般纳税人开具的增值税专用发票或海关进口增值税专用缴款书的，以增值税专用发票或海关进口增值税专用缴款书上注明的增值税税额为进项税额。

（2）从按照简易计税方法依照3%的征收率计算缴纳增值税的小规模纳税人处取得增值税专用发票的，以增值税专用发票上注明的金额和9%的扣除率计算进项税额。

（3）取得（开具）农产品销售发票或收购发票的，以农产品销售发票或收购发票上注明的农产品买价和9%的扣除率计算进项税额。

（4）购进农产品进项税额的计算公式为：

进项税额＝买价×扣除率

（5）对烟叶税纳税人按规定缴纳的烟叶税，准予并入烟叶产品的买价计算增值税的进项税额，并在计算缴纳增值税时予以抵扣。购进烟叶准予抵扣的增值税进项税额，按照收购烟叶实际支付的价款总额和烟叶税及法定扣除率计算。计算公式为：

烟叶税应纳税额＝收购烟叶实际支付的价款总额×税率（20%）

准予抵扣的进项税额＝（收购烟叶实际支付的价款总额＋烟叶税应纳税额）×扣除率

（6）纳税人从批发、零售环节购进适用免征增值税政策的蔬菜、部分鲜活肉蛋而取得的普通发票，不得作为计算抵扣进项税额的凭证。

（7）纳税人购进用于生产销售或委托加工13%税率货物的农产品，允许加计扣除，按照10%的扣除率计算进项税额。具体操作方法可分为以下两个环节：

一是在购进农产品当期，所有纳税人按照购进农产品抵扣进项税额的一般规定，凭票据实抵扣或者凭票计算抵扣。

二是将购进农产品用于生产销售或委托加工13%税率货物的纳税人，在生产领用农产品当期，根据领用的农产品加计1%抵扣进项税额。

纳税人购进农产品既用于生产销售或委托受托加工13%税率货物又用于生产销售其他货物服务的，应当分别核算用于生产销售或委托受托加工13%税率货物和其他货物服务的农产品进项税额。未分别核算的，统一以增值税专用发票或海关进口增值税专用缴款书上注明的增值税额为进项税额，或以农产品收购发票或销售发票上注明的农产品买价和9%的扣除率计算进项税额。

上述购进农产品抵扣进项税额的办法，不适用于《农产品增值税进项税额核定扣除试点实施办法》中购进的农产品。

5. 根据《农产品增值税进项税额核定扣除试点实施办法》的规定，自2012年7月1日起，以购进农产品为原料生产销售液体乳及乳制品、酒及酒精、植物油的增值税一般纳税人，纳入农产品增值税进项税额核定扣除试点范围，其购进农产品无论是否用于生产上述产品，增值税进项税额均按照《农产品增值税进项税额核定扣除试点实施办法》的规定抵扣。其农产品增值税进项税额核定方法包括投入产出法、成本法和参照法。

当试点纳税人购进农产品直接销售时,农产品增值税进项税额按照以下方法核定扣除:

$$\genfrac{}{}{0pt}{}{\text{当期允许抵扣农产品}}{\text{增值税进项税额}} = \genfrac{}{}{0pt}{}{\text{当期销售}}{\text{农产品数量}} \div (1-\text{损耗率}) \times \genfrac{}{}{0pt}{}{\text{农产品平均}}{\text{购买单价}} \times 9\% \div (1+9\%)$$

$$\text{损耗率} = \text{损耗数量} \div \text{购进数量} \times 100\%$$

当试点纳税人购进农产品用于生产经营且不构成货物实体时(包括包装物、辅助材料、燃料、低值易耗品等),增值税进项税额按照以下方法核定扣除:

$$\genfrac{}{}{0pt}{}{\text{当期允许抵扣农产品}}{\text{增值税进项税额}} = \genfrac{}{}{0pt}{}{\text{当期耗用}}{\text{农产品数量}} \times \genfrac{}{}{0pt}{}{\text{农产品平均}}{\text{购买单价}} \times \text{扣除率} \div (1+\text{扣除率})$$

6. 增值税一般纳税人在资产重组过程中,将全部资产、负债和劳动力一并转让给其他增值税一般纳税人,并按程序办理注销税务登记的,其在办理注销登记前尚未抵扣的进项税额可结转至新纳税人处继续抵扣。

7. 收费公路通行费增值税抵扣规定。

纳税人支付的道路、桥、闸通行费,按照以下规定抵扣进项税额:

(1)纳税人支付的道路通行费,按照收费公路通行费增值税电子普通发票上注明的增值税税额抵扣进项税额。

(2)纳税人支付的桥、闸通行费,暂凭取得的通行费发票上注明的收费金额按照下列公式计算可抵扣的进项税额:

$$\text{桥、闸通行费可抵扣进项税额} = \text{桥、闸通行费发票上注明的金额} \div (1+5\%) \times 5\%$$

8. 按照规定不得抵扣且未抵扣进项税额的固定资产、无形资产、不动产,发生用途改变,用于允许抵扣进项税额的应税项目,可在用途改变的次月按照下列公式计算可以抵扣的进项税额:

$$\genfrac{}{}{0pt}{}{\text{可以抵扣的}}{\text{进项税额}} = \genfrac{}{}{0pt}{}{\text{固定资产、无形资产、}}{\text{不动产净值}} \div (1+\text{适用税率}) \times \text{适用税率}$$

上述可以抵扣的进项税额应取得合法有效的增值税扣税凭证。

9. 纳税人租入固定资产、不动产,既用于一般计税方法计税项目,又用于简易计税方法计税项目、免征增值税项目、集体福利或者个人消费的,其进项税额准予从销项税额中全额抵扣。

10. 提供保险服务的纳税人以实物赔付方式承担机动车辆保险责任的,自行向车辆修理劳务提供方购进的车辆修理劳务,其进项税额可以按规定从保险公司销项税额中抵扣。

纳税人提供的其他财产保险服务,比照上述规定执行。

11. 购入国内旅客运输服务进项税额的抵扣规定。

"国内旅客运输服务",限于与本单位签订了劳动合同的员工,以及本单位作为用工单位接受的劳务派遣员工发生的国内旅客运输服务。

(1)自2024年12月1日起,航空运输企业和航空运输销售代理企业提供境内旅客运输服务,可开具电子发票(航空运输电子客票行程单,以下简称电子行程单)。一般纳税人购进境内民航旅客运输服务按照电子行程单或增值税专用发票上注明的增值税税额确定进项税额。

电子行程单属于全面数字化的电子发票，基本内容包括：发票号码、开票状态、国内国际标识、旅客身份证件信息、行程信息、填开日期、填开单位、购买方信息、票价、燃油附加费、增值税税额、增值税税率、民航发展基金、二维码等。

乘机日期在 2025 年 9 月 30 日前的纸质行程单，按照下列公式计算进项税额：

航空旅客运输进项税额 =（票价 + 燃油附加费）÷（1 + 9%）× 9%

（2）取得注明旅客身份信息的铁路车票的，按照下列公式计算进项税额：

铁路旅客运输进项税额 = 票面金额 ÷（1 + 9%）× 9%

自 2024 年 11 月 1 日起，铁路运输企业通过铁路客票发售和预定系统办理境内旅客运输售票、退票、改签业务时，可开具电子发票（铁路电子客票）。一般纳税人购进境内铁路旅客运输服务，以电子发票（铁路电子客票）作为增值税扣税凭证，并按现行规定确定进项税额。一般纳税人可通过税务数字账户对符合规定的电子发票（铁路电子客票）进行用途确认，按规定办理增值税进项税额抵扣。

电子发票（铁路电子客票）属于全面数字化的电子发票，基本内容包括：发票号码、开票日期、购买方信息、旅客身份证件信息、行程信息、票价、二维码等。

（3）取得注明旅客身份信息的公路、水路等其他客票的，按照下列公式计算进项税额：

公路、水路等其他旅客运输进项税额 = 票面金额 ÷（1 + 3%）× 3%

12. 资源回收企业可以按规定抵扣反向开具的增值税专用发票上注明的税款。

自 2024 年 4 月 29 日起，自然人报废产品出售者（以下简称出售者）向资源回收企业销售报废产品，符合条件的资源回收企业可以向出售者开具发票（以下简称"反向开票"）。

报废产品，是指在社会生产和生活消费过程中产生的，已经失去原有全部或部分使用价值的产品。

出售者，是指销售自己使用过的报废产品或销售收购的报废产品、连续不超过 12 个月（指自然月，下同）"反向开票"累计销售额不超过 500 万元（不含增值税，下同）的自然人。

实行"反向开票"的资源回收企业（包括单位和个体工商户，下同），应当符合以下三项条件之一，且实际从事资源回收业务：（1）从事危险废物收集的，应当符合国家危险废物经营许可证管理办法的要求，取得危险废物经营许可证；（2）从事报废机动车回收的，应当符合国家商务主管部门出台的报废机动车回收管理办法要求，取得报废机动车回收拆解企业资质认定证书；（3）除危险废物、报废机动车外，其他资源回收企业应当符合国家商务主管部门出台的再生资源回收管理办法要求，进行经营主体登记，并在商务部门完成再生资源回收经营者备案。

资源回收企业销售报废产品适用增值税简易计税方法的，可以反向开具普通发票，不得反向开具增值税专用发票；适用增值税一般计税方法的，可以反向开具增值税专用发票和普通发票。资源回收企业可以按规定抵扣反向开具的增值税专用发票上注明的税款。

资源回收企业中的增值税一般纳税人销售报废产品，已按有关规定选择适用增值税简易计税方法的,可以在 2024 年 7 月 31 日前改为选择适用增值税一般计税方法。除上述情形外,资源回收企业选择增值税简易计税方法计算缴纳增值税后,36 个月内不得变更;变更为增值税一般计税方法后,36 个月内不得再选择增值税简易计税方法。

(二)不得从销项税额中抵扣的进项税额

纳税人购进货物、劳务、服务、无形资产、不动产,取得的增值税扣税凭证不符合法律、行政法规或者国务院税务主管部门有关规定的,其进项税额不得从销项税额中抵扣。增值税扣税凭证是指增值税专用发票、海关进口增值税专用缴款书、农产品收购发票和农产品销售发票、从税务机关或者境内代理人取得的解缴税款的税收缴款凭证及增值税法律法规允许抵扣的其他扣税凭证。

下列项目的进项税额不得从销项税额中抵扣:

1. 用于简易计税方法计税项目、免征增值税项目、集体福利或者个人消费的购进货物、劳务、服务、无形资产和不动产。

其中涉及的固定资产、无形资产、不动产,仅指专用于上述项目的固定资产、无形资产(不包括其他权益性无形资产)、不动产。但是发生兼用于上述不允许抵扣项目情况的,该进项税额准予全部抵扣。

另外纳税人购进其他权益性无形资产无论是专用于简易计税方法计税项目、免征增值税项目、集体福利或者个人消费,还是兼用于上述不允许抵扣项目,均可以抵扣进项税额。

纳税人的交际应酬消费属于个人消费,即交际应酬消费不属于生产经营中的生产投入和支出。

2. 非正常损失的购进货物,以及相关劳务和交通运输服务。

3. 非正常损失的在产品、产成品所耗用的购进货物(不包括固定资产)、劳务和交通运输服务。

4. 非正常损失的不动产,以及该不动产所耗用的购进货物、设计服务和建筑服务。

5. 非正常损失的不动产在建工程所耗用的购进货物、设计服务和建筑服务。纳税人新建、改建、扩建、修缮、装饰不动产,均属于不动产在建工程。

上述第 2、3、4、5 项所说的非正常损失,是指因管理不善造成货物被盗、丢失、霉烂变质,以及因违反法律法规造成货物或者不动产被依法没收、销毁、拆除的情形。这些非正常损失是由纳税人自身原因造成导致征税对象实体的灭失,为保证税负公平,其损失不应由国家承担,因而纳税人无权要求抵扣进项税额。

上述第 4、5 项所称货物,是指构成不动产实体的材料和设备,包括建筑装饰材料和给排水、采暖、卫生、通风、照明、通信、煤气、消防、中央空调、电梯、电气、智能化楼宇设备及配套设施。

6. 购进的贷款服务、餐饮服务、居民日常服务和娱乐服务。

7. 纳税人接受贷款服务向贷款方支付的与该笔贷款直接相关的投融资顾问费、手续费、咨询费等费用,其进项税额不得从销项税额中抵扣。

8. 提供保险服务的纳税人以现金赔付方式承担机动车辆保险责任的,将应付给被保险人的赔偿金直接支付给车辆修理劳务提供方，不属于保险公司购进车辆修理劳务，其进项税额不得从保险公司销项税额中抵扣。

纳税人提供的其他财产保险服务，比照上述规定执行。

9. 有下列情形之一的，应当按照销售额和增值税税率计算应纳税额，不得抵扣进项税额，也不得使用增值税专用发票：

（1）一般纳税人会计核算不健全，或者不能够提供准确税务资料的。

（2）应当办理一般纳税人资格登记而未办理的。

10. 财政部和国家税务总局规定的其他情形。

（三）扣减发生期进项税额的规定

当期购进的货物、劳务、服务、无形资产、不动产如果事先并未确定将用于不得抵扣进项税额项目，其进项税额会在当期销项税额中予以抵扣。但已抵扣进项税额的购进货物、劳务、服务、无形资产、不动产如果事后改变用途，用于不得抵扣进项税额项目，根据《增值税暂行条例》《增值税暂行条例实施细则》《营改增通知》的规定，应当将该项购进货物、劳务、服务、无形资产、不动产的进项税额从当期的进项税额中扣减；无法确定该项进项税额的，应按规定方法计算应扣减的进项税额。

这里需要注意的是，"从当期发生的进项税额中扣减"所称的"当期"，是指已抵扣进项税额的购进货物、劳务、服务、无形资产、不动产发生上述不得抵扣情形的纳税期，因此，纳税人扣减进项税额无须追溯到这些购进货物、劳务、服务、无形资产、不动产抵扣进项税额的原纳税期。

1. 适用一般计税方法的纳税人，兼营简易计税方法计税项目、免征增值税项目而无法划分不得抵扣的进项税额，按照下列公式计算不得抵扣的进项税额：

$$\text{不得抵扣的进项税额} = \text{当期无法划分的全部进项税额} \times (\text{当期简易计税方法计税项目销售额} + \text{免征增值税项目销售额}) \div \text{当期全部销售额}$$

主管税务机关可以按照上述公式依据年度数据对不得抵扣的进项税额进行清算。这是因为对于纳税人而言，进项税额转出是按月进行的，但由于年度内取得进项税额的不均衡性，有可能会造成按月计算的进项税转出与按年度计算的进项税转出产生差异，主管税务机关可在年度终了对纳税人进项税转出计算公式进行清算，可对相关差异进行调整。

2. 一般纳税人已抵扣进项税额的不动产，发生非正常损失，或者改变用途，专用于简易计税方法、免征增值税项目、集体福利或者个人消费的，按照下列公式计算不得抵扣的进项税额：

$$\text{不得抵扣的进项税额} = \text{已抵扣的进项税额} \times \text{不动产净值率}$$

$$\text{不动产净值率} = (\text{不动产净值} \div \text{不动产原值}) \times 100\%$$

3. 除前述 1、2 以外的其他情形，按当期实际成本计算应扣减的进项税额。实际成本的计算公式为：

$$\text{实际成本} = \text{进价} + \text{运费} + \text{保险费} + \text{其他有关费用}$$

上述实际成本的计算公式，如果属于进口货物是完全适用的；如果是国内购进的货物,主要包括进价和运费两大部分。

4. 对商业企业向供货方收取的与商品销售量、销售额挂钩（如以一定比例、金额、数量计算）的各种返还收入,均应按照平销返利行为的有关规定冲减当期增值税进项税金。应冲减进项税金的计算公式调整为:

$$当期应冲减进项税金 = 当期取得的返还资金 \div (1 + 所购货物适用增值税税率) \times 所购货物适用增值税税率$$

商业企业向供货方收取的各种返还收入,一律不得开具增值税专用发票。

（四）异常增值税扣税凭证的管理

1. 符合下列情形之一的增值税专用发票,列入异常凭证范围:

（1）纳税人丢失、被盗税控专用设备中未开具或已开具未上传的增值税专用发票。

（2）非正常户纳税人未向税务机关申报或未按规定缴纳税款的增值税专用发票。

（3）增值税发票管理系统稽核比对发现"比对不符""缺联""作废"的增值税专用发票。

（4）经国家税务总局、省税务局大数据分析发现,纳税人开具的增值税专用发票存在涉嫌虚开、未按规定缴纳消费税等情形的。

（5）属于《国家税务总局关于走逃（失联）企业开具增值税专用发票认定处理有关问题的公告》（国家税务总局公告2016年第76号）第二条第（一）项规定情形的增值税专用发票。即商贸企业购进、销售货物名称严重背离的;生产企业无实际生产加工能力且无委托加工,或生产能耗与销售情况严重不符,或购进货物并不能直接生产其销售的货物且无委托加工的;以及直接走逃失踪不纳税申报,或虽然申报但通过填列增值税纳税申报表相关栏次,规避税务机关审核比对,进行虚假申报的。

2. 增值税一般纳税人申报抵扣异常凭证,同时符合下列情形的,其对应开具的增值税专用发票列入异常凭证范围:

（1）异常凭证进项税额累计占同期全部增值税专用发票进项税额70%（含）以上的。

（2）异常凭证进项税额累计超过5万元的。

纳税人尚未申报抵扣、尚未申报出口退税或已作进项税额转出的异常凭证,其涉及的进项税额不计入异常凭证进项税额的计算。

3. 增值税一般纳税人取得的增值税专用发票列入异常凭证范围的,应按照以下规定处理:

（1）尚未申报抵扣增值税进项税额的,暂不允许抵扣。已经申报抵扣增值税进项税额的,除另有规定外,一律作进项税额转出处理。

（2）尚未申报出口退税或者已申报但尚未办理出口退税的,除另有规定外,暂不允许办理出口退税。适用增值税免抵退税办法的纳税人已经办理出口退税的,应根据列入异常凭证范围的增值税专用发票上注明的增值税额作进项税额转出处理;适用增值税免退税办法的纳税人已经办理出口退税的,税务机关应按照现行规定将列入异常凭证范围的增值税专用发票对应的已退税款追回。

纳税人因骗取出口退税停止出口退（免）税期间取得的增值税专用发票列入异常凭

证范围的，按照上述第（1）项规定执行。

（3）消费税纳税人以外购或委托加工收回的已税消费品为原料连续生产应税消费品，尚未申报扣除原料已纳消费税税款的，暂不允许抵扣；已经申报抵扣的，冲减当期允许抵扣的消费税税款，当期不足冲减的应当补缴税款。

（4）纳税信用 A 级纳税人取得异常凭证且已经申报抵扣增值税、办理出口退税或抵扣消费税的，可以自接到税务机关通知之日起 10 个工作日内，向主管税务机关提出核实申请。经税务机关核实，符合现行增值税进项税额抵扣、出口退税或消费税抵扣相关规定的，可不作进项税额转出、追回已退税款、冲减当期允许抵扣的消费税税款等处理。纳税人逾期未提出核实申请的，应于期满后按照上述第（1）、（2）、（3）项规定作相关处理。

（5）纳税人对税务机关认定的异常凭证存有异议，可以向主管税务机关提出核实申请。经税务机关核实，符合现行增值税进项税额抵扣或出口退税相关规定的，纳税人可继续申报抵扣或者重新申报出口退税；符合消费税抵扣规定且已缴纳消费税税款的，纳税人可继续申报抵扣消费税税款。

4. 经国家税务总局、省税务局大数据分析发现存在涉税风险的纳税人，不得离线开具发票，其开票人员在使用开票软件时，应当按照税务机关指定的方式进行人员身份信息实名验证。

5. 新办理增值税一般纳税人登记的纳税人，自首次开票之日起 3 个月内不得离线开具发票，按照有关规定不使用网络办税或不具备风险条件的特定纳税人除外。

三、应纳税额的计算

一般纳税人在计算出销项税额和进项税额后就可以得出实际应纳税额。为了正确计算增值税的应纳税额，在实际操作中还需要掌握以下几个重要规定。

（一）计算应纳税额中"当期"的规定

纳税人必须严格把握当期进项税额从当期销项税额中抵扣这个要点。"当期"是指税务机关依照税法规定对纳税人确定的纳税期限。只有在纳税期限内实际发生的销项税额、进项税额，才是法定的当期销项税额或当期进项税额。

（二）先进制造业企业加计抵减政策

根据《财政部 税务总局关于先进制造业企业增值税加计抵减政策的公告》（财政部、税务总局公告 2023 年第 43 号），自 2023 年 1 月 1 日至 2027 年 12 月 31 日，允许先进制造业企业按照当期可抵扣进项税额加计 5% 抵减应纳增值税税额（以下称加计抵减政策）。

1. 先进制造业企业[①]按照当期可抵扣进项税额的 5% 计提当期加计抵减额。按照现行规定不得从销项税额中抵扣的进项税额，不得计提加计抵减额；已计提加计抵减额的进项税额，按规定作进项税额转出的，应在进项税额转出当期，相应调减加计抵减额。

2. 先进制造业企业按照现行规定计算一般计税方法下的应纳税额（以下称抵减前的

[①] 先进制造业企业是指高新技术企业（含所属的非法人分支机构）中的制造业一般纳税人，高新技术企业是指按照《科技部 财政部 国家税务总局关于修订印发〈高新技术企业认定管理办法〉的通知》（国科发火〔2016〕32 号）规定认定的高新技术企业。先进制造业企业具体名单，由各省、自治区、直辖市、计划单列市工业和信息化部门会同同级科技、财政、税务部门确定。

应纳税额）后，区分以下情形加计抵减：

（1）抵减前的应纳税额等于零的，当期可抵减加计抵减额全部结转下期抵减；

（2）抵减前的应纳税额大于零，且大于当期可抵减加计抵减额的，当期可抵减加计抵减额全额从抵减前的应纳税额中抵减；

（3）抵减前的应纳税额大于零，且小于或等于当期可抵减加计抵减额的，以当期可抵减加计抵减额抵减应纳税额至零；未抵减完的当期可抵减加计抵减额，结转下期继续抵减。

3. 先进制造业企业可计提但未计提的加计抵减额，可在确定适用加计抵减政策当期一并计提。

4. 先进制造业企业出口货物劳务、发生跨境应税行为不适用加计抵减政策，其对应的进项税额不得计提加计抵减额。

先进制造业企业兼营出口货物劳务、发生跨境应税行为且无法划分不得计提加计抵减额的进项税额，按照以下公式计算：

$$\text{不得计提加计抵减额的进项税额} = \text{当期无法划分的全部进项税额} \times \text{当期出口货物劳务和发生跨境应税行为的销售额} \div \text{当期全部销售额}$$

5. 先进制造业企业应单独核算加计抵减额的计提、抵减、调减、结余等变动情况。骗取适用加计抵减政策或虚增加计抵减额的，按照《税收征收管理法》等有关规定处理。

6. 先进制造业企业同时符合多项增值税加计抵减政策的，可以择优选择适用，但在同一期间不得叠加适用。

（三）计算应纳税额时销项税额不足抵扣进项税额的处理

计算应纳税额时进项税额不足抵扣，有两种处理方式：

1. 结转抵扣。

由于增值税实行购进扣税法，有时企业当期购进的货物、劳务、服务、无形资产、不动产很多，在计算应纳税额时会出现当期销项税额小于当期进项税额而不足抵扣的情况。根据税法规定，当期销项税额不足抵扣进项税额的部分可以结转下期继续抵扣。

2. 退还留抵税额。

我国过去长期实行留抵税额结转下期继续抵扣的制度，随着增值税深化改革、减税降费以及改善营商环境的持续推进，2018 年在部分行业实施了一次性的留抵退税，自 2019 年 4 月 1 日起，开始面向所有行业试点增值税留抵退税制度。近年来，留抵退税的实施力度不断加大。目前，我国增值税留抵退税政策主要包括两部分：一是自 2022 年 4 月 1 日起逐步推开的存量与增量留抵税额全额退税政策，主要覆盖制造业、批发零售业等特定行业企业；二是前述企业之外的其他纳税人继续适用的，自 2019 年 4 月 1 日起试行的对增量留抵税额按一定比例退税的政策。

留抵退税实施的主要依据包括《关于进一步加大增值税期末留抵退税政策实施力度的公告》（财政部 税务总局公告 2022 年第 14 号，以下简称 2022 年第 14 号公告）、《财政部 税务总局关于扩大全额退还增值税留抵税额政策行业范围的公告》（财政部 税务总局公告 2022 年第 21 号，以下简称 2022 年第 21 号公告）、《财政部 税务总局 海关总署关于深化增值税改革有关政策的公告》（财政部 税务总局 海关总署公告2019年第39号，以下简称2019年第39号公告）。

（1）2022年第14号公告主要内容。

为支持小微企业和制造业等行业发展，提振市场主体信心、激发市场主体活力，自2022年4月1日，增值税期末留抵退税实施力度进一步加大，主要内容如下：

①加大小微企业增值税期末留抵退税政策力度，将先进制造业按月全额退还增值税增量留抵税额政策范围扩大至符合条件的小微企业（含个体工商户，下同），并一次性退还小微企业存量留抵税额。

②加大"制造业""科学研究和技术服务业""电力、热力、燃气及水生产和供应业""软件和信息技术服务业""生态保护和环境治理业"和"交通运输、仓储和邮政业"（以下简称制造业等行业）增值税期末留抵退税政策力度，将先进制造业按月全额退还增值税增量留抵税额政策范围扩大至符合条件的制造业等行业企业（含个体工商户，下同），并一次性退还制造业等行业企业存量留抵税额。

前述所称制造业等行业企业，是指从事《国民经济行业分类》中"制造业""科学研究和技术服务业""电力、热力、燃气及水生产和供应业""软件和信息技术服务业""生态保护和环境治理业"和"交通运输、仓储和邮政业"业务相应发生的增值税销售额占全部增值税销售额的比重超过50%的纳税人。

上述销售额比重根据纳税人申请退税前连续12个月的销售额计算确定；申请退税前经营期不满12个月但满3个月的，按照实际经营期的销售额计算确定。

举例说明：某纳税人2021年5月至2022年4月共取得增值税销售额1 000万元，其中：生产销售设备销售额300万元，提供交通运输服务销售额300万元，提供建筑服务销售额400万元。该纳税人2021年5月至2022年4月发生的制造业等行业销售额占比为60%［（300+300)/1 000］。因此，该纳税人当期属于制造业等行业纳税人。

前述所称中型企业、小型企业和微型企业，按照《中小企业划型标准规定》（工信部联企业〔2011〕300号）和《金融业企业划型标准规定》（银发〔2015〕309号）中的营业收入指标、资产总额指标确定。

③适用政策的纳税人需同时符合以下条件：

第一，纳税信用等级为A级或者B级；

第二，申请退税前36个月未发生骗取留抵退税、骗取出口退税或虚开增值税专用发票情形；

第三，申请退税前36个月未因偷税被税务机关处罚两次及以上；

第四，2019年4月1日起未享受即征即退、先征后返（退）政策。

④增量留抵税额，区分以下情形确定：

纳税人获得一次性存量留抵退税前，增量留抵税额为当期期末留抵税额与2019年3月31日相比新增加的留抵税额。

纳税人获得一次性存量留抵退税后，增量留抵税额为当期期末留抵税额。

举例说明：某纳税人2019年3月31日的期末留抵税额为100万元，2022年7月31日的期末留抵税额为120万元，在8月纳税申报期申请增量留抵退税时，如果此前未获得一次性存量留抵退税，该纳税人的增量留抵税额为20万元（120－100）；如果此前已获得一次性存量留抵退税，该纳税人的增量留抵税额为120万元。

⑤存量留抵税额，区分以下情形确定：

纳税人获得一次性存量留抵退税前，当期期末留抵税额大于或等于2019年3月31日期末留抵税额的，存量留抵税额为2019年3月31日期末留抵税额；当期期末留抵税额小于2019年3月31日期末留抵税额的，存量留抵税额为当期期末留抵税额。

纳税人获得一次性存量留抵退税后，存量留抵税额为零。

举例说明：某微型企业2019年3月31日的期末留抵税额为100万元，2022年4月申请一次性存量留抵退税时，如果当期期末留抵税额为130万元，该纳税人的存量留抵税额为100万元；如果当期期末留抵税额为90万元，该纳税人的存量留抵税额为90万元。该纳税人在4月获得存量留抵退税后，将再无存量留抵税额。

⑥适用本公告政策的纳税人，按照以下公式计算允许退还的留抵税额：

允许退还的增量留抵税额＝增量留抵税额×进项构成比例×100%

允许退还的存量留抵税额＝存量留抵税额×进项构成比例×100%

进项构成比例，为2019年4月至申请退税前一税款所属期已抵扣的增值税专用发票（含带有"增值税专用发票"字样全面数字化的电子发票、税控机动车销售统一发票）、收费公路通行费增值税电子普通发票、海关进口增值税专用缴款书、解缴税款完税凭证注明的增值税额占同期全部已抵扣进项税额的比重。

⑦为减轻纳税人退税核算负担，在计算进项构成比例时，纳税人在2019年4月至申请退税前一税款所属期内发生的进项税额转出部分无须扣减。

为方便纳税人办理增值税期末留抵税额退税，在计算允许退还的留抵税额的进项构成比例时，纳税人在2019年4月至申请退税前一税款所属期内按规定转出的进项税额，无须从已抵扣的增值税专用发票（含带有"增值税专用发票"字样全面数字化的电子发票、税控机动车销售统一发票）、收费公路通行费增值税电子普通发票、海关进口增值税专用缴款书、解缴税款完税凭证注明的增值税额中扣减。

举例说明：某制造业纳税人2019年4月至2022年3月取得的进项税额中，增值税专用发票500万元，道路通行费电子普通发票100万元，海关进口增值税专用缴款书200万元，农产品收购发票抵扣进项税额200万元。2021年12月，该纳税人因发生非正常损失，此前已抵扣的增值税专用发票中，有50万元进项税额按规定作进项税转出。该纳税人2022年4月按照14号公告的规定申请留抵退税时，进项构成比例的计算方法为：进项构成比例＝（500＋100＋200）÷（500＋100＋200＋200）×100%＝80%。进项转出的50万元，在上述计算公式的分子、分母中均无须扣减。

⑧纳税人出口货物劳务、发生跨境应税行为，适用免抵退税办法的，应先办理免抵退税。免抵退税办理完毕后，仍符合规定条件的，可以申请退还留抵税额；适用免退税办法的，相关进项税额不得用于退还留抵税额。

⑨纳税人自2019年4月1日起已取得留抵退税款的，不得再申请享受增值税即征即退、先征后返（退）政策。纳税人可以在2022年10月31日前一次性将已取得的留抵退税款全部缴回后，按规定申请享受增值税即征即退、先征后返（退）政策。

纳税人自2019年4月1日起已享受增值税即征即退、先征后返（退）政策的，可以在2022年10月31日前一次性将已退还的增值税即征即退、先征后返（退）税款全部缴回后，按规定申请退还留抵税额。

⑩纳税人可以选择向主管税务机关申请留抵退税，也可以选择结转下期继续抵扣。纳税人应在纳税申报期内，完成当期增值税纳税申报后申请留抵退税。

纳税人可以在规定期限内同时申请增量留抵退税和存量留抵退税。同时符合前述①和②项相关留抵退税政策的纳税人，可任意选择申请适用上述留抵退税政策。

（2）2022年第21号公告主要内容。

为进一步加大增值税留抵退税政策实施力度，着力稳市场主体稳就业，2022年第21号公告进一步扩大了全额退还增值税留抵税额政策行业的范围。

①扩大全额退还增值税留抵税额政策行业范围：自2022年7月1日起，将2022年第14号公告规定的制造业等行业按月全额退还增值税增量留抵税额、一次性退还存量留抵税额的政策范围，扩大至"批发和零售业""农、林、牧、渔业""住宿和餐饮业""居民服务、修理和其他服务业""教育""卫生和社会工作"和"文化、体育和娱乐业"（以下简称批发零售业等行业）企业（含个体工商户，下同）。

②2022年第14号公告和2022年第21号公告所称制造业、批发零售业等行业企业，是指从事《国民经济行业分类》中"批发和零售业""农、林、牧、渔业""住宿和餐饮业""居民服务、修理和其他服务业""教育""卫生和社会工作""文化、体育和娱乐业""制造业""科学研究和技术服务业""电力、热力、燃气及水生产和供应业""软件和信息技术服务业""生态保护和环境治理业"和"交通运输、仓储和邮政业"业务相应发生的增值税销售额占全部增值税销售额的比重超过50%的纳税人。上述销售额比重根据纳税人申请退税前连续12个月的销售额计算确定；申请退税前经营期不满12个月但满3个月的，按照实际经营期的销售额计算确定。

按照2022年第14号公告第六条规定适用《中小企业划型标准规定》（工信部联企业〔2011〕300号）和《金融业企业划型标准规定》（银发〔2015〕309号）时，纳税人的行业归属，根据《国民经济行业分类》关于以主要经济活动确定行业归属的原则，以上一会计年度从事《国民经济行业分类》对应业务增值税销售额占全部增值税销售额比重最高的行业确定。

制造业、批发零售业等行业企业申请留抵退税的其他规定，继续按照2022年第14号公告等有关规定执行。

（3）2019年第39号公告主要内容。

除前述小微企业和制造业、批发零售业等特定行业企业以外的其他纳税人，仍按2019年第39号公告的留抵退税规定执行。其中，第八条第三款关于"进项构成比例"的相关规定，按照2022年第14号公告第八条规定执行。

①对于同时符合下列条件（以下简称符合留抵退税条件）的纳税人，可以向主管税务机关申请退还增量留抵税额增量留抵税额，是指与2019年3月底相比新增加的期末留

抵税额。

第一，自2019年4月税款所属期起，连续6个月（按季纳税的，连续2个季度）增量留抵税额均大于零，且第6个月增量留抵税额不低于50万元。

第二，纳税信用等级为A级或者B级。

第三，申请退税前36个月未发生骗取留抵退税、出口退税或虚开增值税专用发票情形的。

第四，申请退税前36个月未因偷税被税务机关处罚两次及以上的。

第五，自2019年4月1日起未享受即征即退、先征后返（退）政策的。

②纳税人当期允许退还的增量留抵税额，按照下列公式计算：

允许退还的增量留抵税额＝增量留抵税额×进项构成比例×60%

③纳税人应在增值税纳税申报期内，向主管税务机关申请退还留抵税额。

④纳税人出口货物劳务、发生跨境应税行为，适用免抵退税办法的，办理免抵退税后，仍符合规定条件的，可以申请退还留抵税额；适用免退税办法的，相关进项税额不得用于退还留抵税额。

⑤纳税人取得退还的留抵税额后，应相应调减当期留抵税额。按规定再次满足退税条件的，可以继续向主管税务机关申请退还留抵税额。

⑥以虚增进项、虚假申报或其他欺骗手段，骗取留抵退税款的，由税务机关追缴其骗取的退税款，并按照《税收征收管理法》等有关规定处理。

（四）销售折让、中止或者退回涉及销项税额和进项税额的税务处理

纳税人适用一般计税方法计税的，因销售折让、中止或者退回而退还给购买方的增值税额，应当从当期的销项税额中扣减；因销售折让、中止或者退回而收回的增值税额，应当从当期的进项税额中扣减。

一般纳税人发生应税销售行为，开具增值税专用发票后，应税销售行为发生退回或者折让、开票有误等情形，应按国家税务总局的规定开具红字增值税专用发票。未按规定开具红字增值税专用发票的不得扣减销项税额或者销售额。

增值税一般纳税人因发生应税销售行为退回或者折让而退还给购买方的增值税额，应从发生应税销售行为中退回或者折让当期的销项税额中扣减；因购进货物、劳务、服务、无形资产、不动产退回或者折让而收回的增值税额，应从发生应税销售行为退回或者折让当期的进项税额中扣减。

对于一些企业在发生购进货物、劳务、服务、无形资产、不动产退回或折让并收回价款和增值税额时，没有相应减少当期进项税额，造成进项税额虚增，减少纳税的现象，这是税法所不能允许的，都将被认定为是逃避缴纳税款行为，并按逃避缴纳税款予以处罚。

（五）一般纳税人注销时进项税额的处理

一般纳税人注销或被取消辅导期一般纳税人资格，转为小规模纳税人时，其存货不作进项税额转出处理，其留抵税额也不予以退税。

（六）一般纳税人应纳税额计算实例

【例 2-3】 某生产企业为增值税一般纳税人，其生产的货物适用 13% 增值税税率，2021 年 8 月该企业的有关生产经营业务如下：

（1）销售甲产品给某大商场，开具了增值税专用发票，取得不含税销售额为 80 万元；同时取得销售甲产品的送货运输费收入为 5.65 万元（含增值税价格，与销售货物不能分别核算）。

（2）销售乙产品，开具了增值税普通发票，取得含税销售额为 22.6 万元。

（3）将自产的一批应税新产品用于本企业集体福利项目，成本价为 20 万元，该新产品无同类产品市场销售价格，国家税务总局确定该产品的成本利润率为 10%。

（4）销售 2018 年 10 月购进作为固定资产使用过的进口摩托车 5 辆，开具增值税专用发票，上面注明每辆摩托车不含税销售额为 1 万元。

（5）购进货物取得增值税专用发票，上面注明的货款金额为 60 万元、税额为 7.8 万元；另外支付购货的运输费用为 6 万元，取得运输公司开具的增值税专用发票，上面注明的税额为 0.54 万元。

（6）从农产品经营者（小规模纳税人）购进农产品一批（不适用进项税额核定扣除办法）作为生产货物的原材料，取得的增值税专用发票上注明的不含税金额为 30 万元，税额为 0.9 万元，同时支付给运输单位的运费为 5 万元（不含增值税），取得运输部门开具的增值税专用发票，上面注明的税额为 0.45 万元。本月下旬将购进的农产品的 20% 用于本企业职工福利。

（7）当月租入商用楼房一层，取得对方开具的增值税专用发票上注明的税额为 5.22 万元。该楼房的 1/3 用于工会的集体福利项目，其余为企业管理部门使用。

以上相关票据均符合税法的规定。请按下列顺序计算该企业 8 月应缴纳的增值税税额。

（1）计算销售甲产品的销项税额。
（2）计算销售乙产品的销项税额。
（3）计算自产自用新产品的销项税额。
（4）计算销售使用过的摩托车应纳税额。
（5）计算当月允许抵扣进项税额的合计数。
（6）计算该企业 8 月合计应缴纳的增值税税额。

【答案】
（1）销售甲产品的销项税额 = 80 × 13% + 5.65 ÷ (1 + 13%) × 13% = 11.05（万元）
（2）销售乙产品的销项税额 = 22.6 ÷ (1 + 13%) × 13% = 2.60（万元）
（3）自产自用新产品的销项税额 = 20 × (1 + 10%) × 13% = 2.86（万元）
（4）销售使用过的摩托车销项税额 = 1 × 13% × 5 = 0.65（万元）
（5）合计允许抵扣的进项税额 = 7.8 + 0.54 + (30 × 10% + 0.45) × (1 − 20%) + 5.22
　　　　= 16.32（万元）
（6）该企业 8 月应缴纳的增值税税额 = 11.05 + 2.60 + 2.86 + 0.65 − 16.32 = 0.84（万元）

第四节 简易计税方法

一、应纳税额的计算

小规模纳税人采用简易计税方法计税，一般纳税人在税法规定的特殊情形下可以选择适用简易计税方法计税。

纳税人发生应税销售行为适用简易计税方法的，应该按照销售额和征收率计算应纳增值税税额，并且不得抵扣进项税额。其应纳税额的计算公式为：

应纳税额 = 销售额（不含增值税）× 征收率

按简易计税方法计税的销售额不包括其应纳的增值税税额，纳税人采用销售额和应纳增值税税额合并定价方法的，按照下列公式计算销售额：

销售额 = 含税销售额 ÷（1 + 征收率）

▶【例2-4】某餐馆为增值税小规模纳税人，2021年3月取得含增值税的餐饮收入总额为12.36万元。计算该餐馆3月应缴纳的增值税税额。

(1) 3月取得的不含税销售额 = 12.36 ÷（1 + 3%）= 12（万元）

(2) 3月应缴纳增值税税额 = 12 × 3% = 0.36（万元）

纳税人适用简易计税方法计税的，因销售折让、中止或者退回而退还给购买方的销售额，应当从当期销售额中扣减。扣减当期销售额后仍有余额造成多缴的税款，可以从以后的应纳税额中扣减。

对小规模纳税人发生上述情况而退还销售额给购买方，依照规定将所退的款项扣减当期销售额的，如果小规模纳税人已就该项业务委托税务机关为其代开了增值税专用发票的，应按规定申请开具红字专用发票。

▶【例2-5】某小规模纳税人经营某项应税服务，适用3%的征收率。2018年5月发生一笔销售额为120 000元的业务并就此缴纳了增值税。6月该业务由于合理原因发生退款。（销售额均不含税）

(1) 假设6月该企业应税服务的销售额为150 000元，则：

6月最终的计税销售额 = 150 000 - 120 000 = 30 000（元）

6月缴纳的增值税 = 30 000 × 3% = 900（元）

(2) 假设6月该企业应税服务销售额为110 000元，7月该企业应税服务销售额为150 000元，则：

6月最终的计税销售额 = 110 000 - 110 000 = 0

6月应纳增值税税额 = 0 × 3% = 0

6月销售额不足扣减的部分（110 000 - 120 000）而多缴的税款为300元（10 000 × 3%），可以从以后纳税期的应纳税额中扣减。

7月企业实际缴纳的税额 = 150 000 × 3% - 300 = 4 200（元）

或：7月企业实际缴纳的税额 =（150 000 - 10 000）× 3% = 4 200（元）

二、资管产品运营业务的增值税处理

自 2018 年 1 月 1 日起,资管产品管理人(以下简称管理人)运营资管产品过程中发生的增值税应税行为(以下简称资管产品运营业务),暂适用简易计税方法,按照 3% 的征收率缴纳增值税。管理人接受投资者委托或信托对受托资产提供的管理服务以及管理人发生的除资管产品运营业务以外的其他增值税应税行为(以下简称其他业务),按照现行规定缴纳增值税。

(一)管理人和资管产品的范围

管理人包括银行、信托公司、公募基金管理公司及其子公司、证券公司及其子公司、期货公司及其子公司、私募基金管理人、保险资产管理公司、专业保险资产管理机构、养老保险公司。

资管产品,包括银行理财产品、资金信托(包括集合资金信托、单一资金信托)、财产权信托、公开募集证券投资基金、特定客户资产管理计划、集合资产管理计划、定向资产管理计划、私募投资基金、债权投资计划、股权投资计划、股债结合型投资计划、资产支持计划、组合类保险资产管理产品、养老保障管理产品。

财政部和税务总局规定的其他管理人及资管产品。

(二)相关核算及申报规定

管理人应分别核算资管产品运营业务和其他业务的销售额和增值税应纳税额。未分别核算的,资管产品运营业务不得适用简易计税方法的规定。

管理人可选择分别或汇总核算资管产品运营业务销售额和增值税应纳税额。

管理人应按照规定的纳税期限,汇总申报缴纳资管产品运营业务和其他业务增值税。

对资管产品在 2018 年 1 月 1 日前运营过程中发生的增值税应税行为,未缴纳增值税的,不再缴纳;已缴纳增值税的,已纳税额从管理人以后月份的增值税应纳税额中抵减。

三、一般纳税人可以选择适用简易计税方法的情形

一般纳税人发生财政部和国家税务总局规定的特定应税销售行为,也可以选择适用简易计税方法计税,但是不得抵扣进项税额。主要包括以下情况:

1. 县级及县级以下小型水力发电单位生产的自产电力。小型水力发电单位,是指各类投资主体建设的装机容量为 5 万千瓦以下(含 5 万千瓦)的小型水力发电单位。

2. 自产建筑用和生产建筑材料所用的砂、土、石料。

3. 以自己采掘的砂、土、石料或其他矿物连续生产的砖、瓦、石灰(不含黏土实心砖、瓦)。

4. 自己用微生物、微生物代谢产物、动物毒素、人或动物的血液或组织制成的生物制品。

5. 自产的自来水。

6. 自来水公司销售自来水。

7. 自产的商品混凝土(仅限于以水泥为原料生产的水泥混凝土)。

8. 单采血浆站销售非临床用人体血液。

9. 寄售商店代销寄售物品（包括居民个人寄售的物品在内）。

10. 典当业销售死当物品。

11. 药品经营企业销售生物制品。

12. 公共交通运输服务，包括轮客渡、公交客运、地铁、城市轻轨、出租车、长途客运、班车。

班车是指按固定路线、固定时间运营并在固定站点停靠的运送旅客的陆路运输服务。

13. 经认定的动漫企业为开发动漫产品提供的动漫脚本编撰、形象设计、背景设计、动画设计、分镜、动画制作、摄制、描线、上色、画面合成、配音、配乐、音效合成、剪辑、字幕制作、压缩转码（面向网络动漫、手机动漫格式适配）服务，以及在境内转让动漫版权（包括动漫品牌、形象或者内容的授权及再授权）。

14. 电影放映服务、仓储服务、装卸搬运服务、收派服务和文化体育服务。

15. 以纳入"营改增"试点之日前取得的有形动产为标的物提供的经营租赁服务。

16. 在纳入"营改增"试点之日前签订的尚未执行完毕的有形动产租赁合同。

17. 以清包工方式提供的建筑服务。以清包工方式提供建筑服务，是指施工方不采购建筑工程所需的材料或只采购辅助材料，并收取人工费、管理费或者其他费用的建筑服务。

18. 为甲供工程提供的建筑服务。甲供工程是指全部或部分设备、材料、动力由工程发包方自行采购的建筑工程。

19. 销售 2016 年 4 月 30 日前取得的不动产。

20. 房地产开发企业销售自行开发的房地产老项目。房地产老项目是指：

（1）《建筑工程施工许可证》注明的合同开工日期在 2016 年 4 月 30 日前的建筑工程项目。

（2）未取得《建筑工程施工许可证》的，建筑工程承包合同注明的开工日期在 2016 年 4 月 30 日前的建筑工程项目。

21. 出租 2016 年 4 月 30 日前取得的不动产。

22. 提供非学历教育服务。

23. 一般纳税人收取试点前开工的一级公路、二级公路、桥、闸通行费。

24. 一般纳税人提供人力资源外包服务。

25. 一般纳税人 2016 年 4 月 30 日前签订的不动产融资租赁合同，或以 2016 年 4 月 30 日前取得的不动产提供的融资租赁服务。

26. 纳税人转让 2016 年 4 月 30 日前取得的土地使用权。

27. 一般纳税人销售自产机器设备的同时提供安装服务，应分别核算机器设备和安装服务的销售额，安装服务可以按照甲供工程选择适用简易计税方法计税。

一般纳税人销售外购机器设备的同时提供安装服务，如果已经按照兼营的有关规定，分别核算机器设备和安装服务的销售额，安装服务可以按照甲供工程选择适用简易计税方法计税。

28. 房地产开发企业中的一般纳税人以围填海方式取得土地并开发的房地产项目，围填海工程《建筑工程施工许可证》或建筑工程承包合同注明的围填海开工日期在 2016 年 4 月 30 日前的，属于房地产老项目，可以选择适用简易计税方法按照 5% 的征收率计算缴纳增值税。

29. 非企业性单位中的一般纳税人提供的研发和技术服务、信息技术服务、鉴证咨询服务，以及销售技术、著作权等无形资产，可以选择简易计税方法按照3%的征收率计算缴纳增值税。

非企业性单位中的一般纳税人提供"技术转让、技术开发和与之相关的技术咨询、技术服务"，可以参照上述规定，选择简易计税方法按照3%的征收率计算缴纳增值税。

30. 一般纳税人提供教育辅助服务，可以选择简易计税方法按照3%的征收率计算缴纳增值税。

31. 一般纳税人生产销售和批发、零售抗癌药品，可选择按照简易办法依照3%的征收率计算缴纳增值税。抗癌药品是指经国家药品监督管理部门批准注册的抗癌制剂及原料药。抗癌药品范围实行动态调整。

32. 一般纳税人生产销售和批发、零售罕见病药品，可选择按照简易办法依照3%的征收率计算缴纳增值税。纳税人应单独核算罕见病药品的销售额。未单独核算的，不得适用上述规定的简易征收政策。

罕见病药品是指经国家药品监督管理部门批准注册的罕见病药品制剂及原料药。罕见病药品范围实行动态调整。

33. 从事再生资源回收的一般纳税人销售其收购的再生资源，可以选择适用简易计税方法依照3%征收率计算缴纳增值税。再生资源是指在社会生产和生活消费过程中产生的，已经失去原有全部或部分使用价值，经过回收、加工处理，能够使其重新获得使用价值的各种废弃物。其中，加工处理仅限于清洗、挑选、破碎、切割、拆解、打包等改变再生资源密度、湿度、长度、粗细、软硬等物理性状的简单加工。纳税人选择适用简易计税方法，应符合下列条件之一：（1）从事危险废物收集的纳税人，应符合国家危险废物经营许可证管理办法的要求，取得危险废物经营许可证。（2）从事报废机动车回收的纳税人，应符合国家商务主管部门出台的报废机动车回收管理办法要求，取得报废机动车回收拆解企业资质认定证书。（3）除危险废物、报废机动车外，其他再生资源回收纳税人应符合国家商务主管部门出台的再生资源回收管理办法要求，进行市场主体登记，并在商务部门完成再生资源回收经营者备案。

四、简易计税方式中可按销售差额计税的情形

1. 纳税人提供建筑服务适用简易计税方法的，以取得的全部价款和价外费用扣除支付的分包款后的余额为销售额。分包款是指支付给分包方的全部价款和价外费用。

2. 物业管理服务的纳税人，向服务接受方收取的自来水水费，以扣除其对外支付的自来水水费后的余额为销售额，按照简易计税方法依照3%的征收率计算缴纳增值税。

3. 小规模纳税人提供劳务派遣服务，可以以取得的全部价款和价外费用为销售额，按照简易计税方法依照3%的征收率计算缴纳增值税；也可以选择差额纳税，以取得的全部价款和价外费用，扣除代用工单位支付给劳务派遣员工的工资、福利和为其办理社会保险及住房公积金后的余额为销售额，按照简易计税方法依照5%的征收率计算缴纳增

值税。

选择差额纳税的纳税人，向用工单位收取用于支付给劳务派遣员工工资、福利和为其办理社会保险及住房公积金的费用，不得开具增值税专用发票，可以开具普通发票。

4. 一般纳税人提供劳务派遣服务，可以选择差额纳税，以取得的全部价款和价外费用，扣除代用工单位支付劳务派遣员工的工资、福利和为其办理社会保险及住房公积金后的余额为销售额，按照简易计税方法依照5%的征收率计算缴纳增值税。

第五节 进口环节增值税的征收

一、进口环节增值税的征收范围及纳税人

（一）进口环节增值税征税范围

1. 申报进入中华人民共和国海关境内的货物，均应缴纳增值税。

确定一项货物是否属于进口，必须首先看其是否有报关进口手续。只要是报关进口的应税货物，不论其是国外产制还是我国已出口而转销国内的货物，是进口者自行采购还是国外捐赠的货物，是进口者自用还是作为贸易或其他用途等，除另有规定外，均应按照规定缴纳进口环节的增值税。

自2018年6月1日起，对申报进口监管方式为1500（租赁不满一年）、1523（租赁贸易）、9800（租赁征税）的租赁飞机（税则品目：8802），海关停止代征进口环节增值税。进口租赁飞机增值税的征收管理，由税务机关按照现行增值税政策组织实施。

对出口加工区运往区外的货物，海关按照对进口货物的有关规定办理进口报关手续，并对报关的货物征收增值税、消费税；对出口加工区外企业（以下简称区外企业）运入出口加工区的货物视同出口，由海关办理出口报关手续，签发出口货物报关单（出口退税专用）。出口加工区是指经国务院批准、由海关监管的特殊封闭区域。"区外企业"是指具有进出口经营权的企业，包括外贸（工贸）公司、外商投资企业和具有进出口经营权的内资生产企业。

2. 从其他国家或地区进口《跨境电子商务零售进口商品清单》范围内的以下商品适用于跨境电子商务零售进口增值税税收政策：

（1）所有通过与海关联网的电子商务交易平台交易，能够实现交易、支付、物流电子信息"三单"比对的跨境电子商务零售进口商品。

（2）未通过与海关联网的电子商务交易平台交易，但快递、邮政企业能够统一提供交易、支付、物流等电子信息，并承诺承担相应法律责任进境的跨境电子商务零售进口商品。

不属于跨境电子商务零售进口的个人物品以及无法提供交易、支付、物流等电子信息的跨境电子商务零售进口商品，按现行规定执行。

（二）进口环节增值税的纳税人

进口货物的收货人（承受人）或办理报关手续的单位和个人，为进口货物增值税的

纳税义务人。也就是说，进口货物增值税纳税人的范围较宽，包括了国内一切从事进口业务的企业事业单位、机关团体和个人。

对于企业、单位和个人委托代理进口应征增值税的货物，鉴于代理进口货物的海关完税凭证，有的开具给委托方，有的开具给受托方的特殊性，对代理进口货物以海关开具的完税凭证上的纳税人为增值税纳税人。在实际工作中一般由进口代理者代缴进口环节增值税。纳税后，由代理者将已纳税款和进口货物价款费用等与委托方结算，由委托者承担已纳税款。

跨境电子商务零售进口商品按照货物征收关税和进口环节增值税、消费税，购买跨境电子商务零售进口商品的个人作为纳税义务人。电子商务企业、电子商务交易平台企业或物流企业可作为代收代缴义务人。

二、进口环节增值税适用税率

进口环节的增值税税率与本章第二节的内容相同。

但是对进口抗癌药品，自 2018 年 5 月 1 日起，减按 3% 征收进口环节增值税。对进口罕见病药品，自 2019 年 3 月 1 日起，减按 3% 征收进口环节增值税。

对跨境电子商务零售进口商品的单次交易限值为人民币 5 000 元，个人年度交易限值为人民币 26 000 元以内进口的跨境电子商务零售进口商品，关税税率暂设为 0。

三、进口环节增值税应纳税额的计算

纳税人进口货物，按照组成计税价格和规定的税率计算应纳税额。我们在计算增值税销项税额时直接用销售额作为计税依据或计税价格就可以了，但在进口产品计算增值税时我们不能直接得到类似销售额这么一个计税依据，而需要通过计算获得，即要计算组成计税价格。组成计税价格是指在没有实际销售价格时，按照税法规定计算出作为计税依据的价格。进口货物计算增值税的组成计税价格和应纳税额的计算公式为：

组成计税价格 = 关税计税价格 + 关税 + 消费税

应纳税额 = 组成计税价格 × 税率

纳税人在计算进口货物的增值税时应该注意以下问题：

1. 进口货物增值税的组成计税价格中包括已纳关税税额，如果进口货物属于消费税应税消费品，其组成计税价格中还要包括进口环节已纳消费税税额。

2. 在计算进口环节的应纳增值税税额时不得抵扣任何税额，即在计算进口环节的应纳增值税税额时，不得抵扣发生在我国境外的各种税金。

以上两点实际上是贯彻了出口货物的目的地原则或称消费地原则。即对出口货物原则上在实际消费地征收商品或货物税。对进口货物而言，出口这些货物的出口国在出口时并没有征收出口关税、增值税和消费税，到我国口岸时货物的价格基本就是到岸价格，即所谓的关税计税价格。如果此时不征关税和其他税收则与国内同等商品的税负差异就会很大。因此，在进口时首先要对其征收进口关税。如果是应征消费税的商品则要征收消费税。在此基础上才形成了增值税的计税依据即组成计税价格。这与国内同类商品的税基是一致的。

3. 纳税人进口货物取得的海关进口增值税专用缴款书，是计算增值税进项税额的唯

一依据,其价格差额部分以及从境外供应商取得的退还或返还的资金,不作进项税额转出处理。

4. 跨境电子商务零售进口商品按照货物征收关税和进口环节增值税、消费税,以实际交易价格(包括货物零售价格、运费和保险费)作为完税价格。

5. 跨境电子商务零售进口商品的进口环节增值税、消费税取消免征税额,暂按法定应纳税额的70%征收。完税价格超过5 000元单次交易限值但低于26 000元年度交易限值,且订单下仅一件商品时,可以自跨境电商零售渠道进口,按照货物税率全额征收关税和进口环节增值税、消费税,交易额计入年度交易总额,但年度交易总额超过年度交易限值的,应按一般贸易管理。

国家在规定对进口货物征税的同时,对某些进口货物制定了减免税的特殊规定,如属于"来料加工、进料加工"贸易方式进口国外的原材料、零部件等在国内加工后复出口的,对进口的料、件按规定给予免税或减税,但这些进口免、减税的料件若不能加工复出口,而是销往国内的,就要予以补税。对进口货物是否减免税由国务院统一规定,任何地方、部门都无权规定减免税项目。

四、进口环节增值税征收管理

进口货物的增值税除另有规定外由海关代征。个人携带或者邮寄进境自用物品的增值税,连同关税一并计征。具体办法由国务院关税税则委员会会同有关部门制定。

进口货物增值税纳税义务发生时间为报关进口的当天,其纳税地点应当由进口人或其代理人向报关地海关申报纳税,其纳税期限应当自海关填发海关进口增值税专用缴款书之日起15日内缴纳税款。

跨境电子商务零售进口商品自海关放行之日起30日内退货的,可申请退税,并相应调整个人年度交易总额。

跨境电子商务零售进口商品购买人(订购人)的身份信息应进行认证;未进行认证的,购买人(订购人)身份信息应与付款人一致。

进口货物增值税的征收管理,依据《税收征收管理法》《海关法》《进出口关税条例》《进出口税则》的有关规定执行。

▶【例2-6】某商贸公司(有进出口经营权)10月进口货物一批。该批货物在国外的买价为40万元,另该批货物运抵我国海关前发生的包装费、运输费、保险费等共计20万元。货物报关后,公司按规定缴纳了进口环节的增值税并取得了海关开具的海关进口增值税专用缴款书。假定该批进口货物在国内全部销售,取得不含税销售额80万元。

相关资料:货物进口关税税率为15%,增值税税率为13%。

要求:请按下列顺序回答问题。

(1)计算关税计税价格。

(2)计算进口环节应纳的进口关税。

(3)计算进口环节应纳增值税的组成计税价格。

(4)计算进口环节应缴纳增值税税额。

(5) 计算国内销售环节的销项税额。
(6) 计算国内销售环节应缴纳增值税税额。

【答案】
(1) 关税计税价格 = 40 + 20 = 60（万元）
(2) 应缴纳进口关税 = 60 × 15% = 9（万元）
(3) 进口环节应纳增值税的组成计税价格 = 60 + 9 = 69（万元）
(4) 进口环节应缴纳增值税税额 = 69 × 13% = 8.97（万元）
(5) 国内销售环节的销项税额 = 80 × 13% = 10.4（万元）
(6) 国内销售环节应缴纳增值税税额 = 10.4 − 8.97 = 1.43（万元）

第六节 出口和跨境业务增值税的退（免）税和征税

一国对出口货物、劳务和跨境应税行为实行退（免）税是国际贸易中通常采用并为世界各国普遍接受的，目的在于鼓励各国出口货物公平竞争的一种退还或免征间接税（目前我国主要包括增值税、消费税）的税收措施，即对出口货物、劳务和跨境应税行为已承担或应承担的增值税和消费税等间接税实行退还或者免征。

我国对出口货物、劳务和跨境应税行为实行退（免）增值税是指在国际贸易业务中，对我国报关出口的货物、劳务和跨境应税行为退还或免征其在国内各生产和流转环节按制度规定缴纳的增值税，即对应征收增值税的出口货物、劳务和跨境应税行为实行零税率（国务院另有规定除外）。

对增值税出口货物、劳务和跨境应税行为实行零税率，从制度上理解有两层含义：一是对本道环节生产或销售货物、劳务和跨境应税行为的增值部分免征增值税；二是对出口货物、劳务和跨境应税行为前道环节所含的进项税额进行退付。当然，由于各种货物、劳务和跨境应税行为出口政策不同，出口前涉及征免增值税的情况也有所不同，且由于出口政策是国家调控经济的手段，因此，针对货物、劳务和跨境应税行为出口的不同情况，国家在遵循"征多少、退多少""未征不退和彻底退税"基本原则的基础上，制定了不同的增值税退（免）税处理办法。本节只介绍该方面的主要内容。

一、出口货物、劳务和跨境应税行为退（免）增值税基本政策

为保持增值税制度在国际贸易中的中性，将增值税征税权赋予最终消费国是国际公认的解决征税权归属的基本原则。出口退税、进口征税都是贯彻这一目的地（或消费地）原则的基本措施。世界各国为了鼓励本国货物出口，避免国际重复征税，在遵循世界贸易组织（WTO）基本规则的前提下，一般都采取优惠的税收政策。有的国家采取对该货物出口前所包含的税金在出口后予以退还的政策（即出口退税）；有的国家采取对出口的货物在出口前即予以免税的政策。我国则根据国情，采取了出口退税与免税相结合

的政策。目前，我国的出口货物、劳务和跨境应税行为的增值税税收政策分为以下三种形式：

1. 出口免税并退税。出口免税是指对货物、劳务和跨境应税行为在出口销售环节免征增值税，这是把货物、劳务和跨境应税行为出口环节与出口前的销售环节都同样视为一个征税环节；出口退税是指对货物、劳务和跨境应税行为在出口前实际承担的税收负担，按规定的退税率计算后予以退还。

2. 出口免税不退税。出口不退税是指适用政策的出口货物、劳务和跨境应税行为因在前一道生产、销售环节或进口环节是免税的，因此，出口时该货物、劳务和跨境应税行为的价格中本身就不含税，也无须退税。

3. 出口不免税也不退税。出口不免税是指对国家限制或禁止出口的某些货物、劳务和跨境应税行为的出口环节视同内销环节，照常征税；出口不退税是指对这些货物、劳务和跨境应税行为出口不退还出口前其所负担的税款。

二、出口货物、劳务和跨境应税行为增值税退（免）税政策

（一）适用增值税退（免）税政策的范围

对下列出口货物、劳务和跨境应税行为，除适用《关于出口货物劳务增值税和消费税政策的通知》（财税〔2012〕39号）第六条（适用增值税免税政策的出口货物和劳务）和第七条（适用增值税征税政策的出口货物和劳务）规定的外，实行免征和退还增值税［以下简称增值税退（免）税］政策：

1. 出口企业出口货物。

出口企业，是指依法办理工商登记、税务登记、对外贸易经营者备案登记，自营或委托出口货物的单位或个体工商户，以及依法办理工商登记、税务登记但未办理对外贸易经营者备案登记，委托出口货物的生产企业。

生产企业，是指具有生产能力（包括加工、修理、修配能力）的单位或个体工商户。

出口货物，是指向海关报关后实际离境并销售给境外单位或个人的货物，分为自营出口货物和委托出口货物两类。

对于企业出口给外商的新造集装箱，交付到境内指定堆场，并取得出口货物报关单（出口退税专用），同时符合其他出口退（免）税规定的，准予按照现行规定办理出口退（免）税。

自2017年1月1日起，生产企业销售自产的海洋工程结构物，或者融资租赁企业及其设立的项目子公司、金融租赁公司及其设立的项目子公司购买并以融资租赁方式出租的国内生产企业生产的海洋工程结构物，应按规定缴纳增值税，不再适用增值税出口退税政策，但购买方或者承租方为按实物征收增值税的中外合作油（气）田开采企业的除外。

2. 出口企业或其他单位视同出口的货物。

出口企业或其他单位视同出口的货物具体是指：

（1）出口企业对外援助、对外承包、境外投资的出口货物。

（2）出口企业经海关报关进入国家批准的出口加工区、保税物流园区、保税港区、综合保税区、珠澳跨境工业区（珠海园区）、中哈霍尔果斯国际边境合作中心（中方配套区域）、保税物流中心（B 型）（以下统称特殊区域）并销售给特殊区域内单位或境外单位、个人的货物。

（3）免税品经营企业销售的货物（国家规定不允许经营和限制出口的货物、卷烟和超出免税品经营企业的《企业法人营业执照》中规定经营范围的货物除外）。具体是指：

①中国免税品（集团）有限责任公司向海关报关运入海关监管仓库，专供其经国家批准设立的统一经营、统一组织进货、统一制定零售价格、统一管理的免税店销售的货物。

②国家批准的除中国免税品（集团）有限责任公司外的免税品经营企业，向海关报关运入海关监管仓库，专供其所属的首都机场口岸海关隔离区内的免税店销售的货物。

③国家批准的除中国免税品（集团）有限责任公司外的免税品经营企业所属的上海虹桥、浦东机场海关隔离区内的免税店销售的货物。

（4）出口企业或其他单位销售给用于国际金融组织或外国政府贷款国际招标建设项目的中标机电产品（以下简称中标机电产品）。上述中标机电产品，包括外国企业中标再分包给出口企业或其他单位的机电产品。

（5）出口企业或其他单位销售给国际运输企业用于国际运输工具上的货物。上述规定暂仅适用于外轮供应公司，远洋运输供应公司销售给外轮、远洋国轮的货物，国内航空供应公司生产销售给国内和国外航空公司国际航班的航空食品。

（6）出口企业或其他单位销售给特殊区域内生产企业生产耗用且不向海关报关而输入特殊区域的水（包括蒸汽）、电力、燃气（以下简称输入特殊区域的水电气）。

3. 生产企业出口视同自产货物。

生产企业出口视同自产货物，免征增值税，相应的进项税额抵减应纳增值税额（不包括适用增值税即征即退、先征后退政策的应纳增值税额），未抵减完的部分予以退还。视同自产货物的具体范围包括：

（1）持续经营以来从未发生骗取出口退税、虚开增值税专用发票或农产品收购发票、接受虚开增值税专用发票（善意取得虚开增值税专用发票除外）行为且同时符合下列条件的生产企业出口的外购货物，可视同自产货物适用增值税退（免）税政策：

①已取得增值税一般纳税人资格。
②已持续经营 2 年及 2 年以上。
③纳税信用等级 A 级。
④上一年度销售额 5 亿元以上。
⑤外购出口的货物与本企业自产货物同类型或具有相关性。

（2）持续经营以来从未发生骗取出口退税、虚开增值税专用发票或农产品收购发票、接受虚开增值税专用发票（善意取得虚开增值税专用发票除外）行为但不能同时符合上述规定条件的生产企业，出口的外购货物符合下列条件之一的，可视同自产货物申报适用增值税退（免）税政策：

①同时符合下列条件的外购货物：与本企业生产的货物名称、性能相同；使用本企业注册商标或境外单位或个人提供给本企业使用的商标；出口给进口本企业自产货物的

境外单位或个人。

②与本企业所生产的货物属于配套出口,且出口给进口本企业自产货物的境外单位或个人的外购货物,符合下列条件之一的:用于维修本企业出口的自产货物的工具、零部件、配件,或者不经过本企业加工或组装,出口后能直接与本企业自产货物组合成成套设备的货物。

③经集团公司总部所在地的地级以上国家税务局认定的集团公司,其控股的生产企业之间收购的自产货物以及集团公司与其控股的生产企业之间收购的自产货物。

④同时符合下列条件的委托加工货物:与本企业生产的货物名称、性能相同,或者是用本企业生产的货物再委托深加工的货物;出口给进口本企业自产货物的境外单位或个人;委托方与受托方必须签订委托加工协议,且主要原材料必须由委托方提供,受托方不垫付资金,只收取加工费,开具加工费(含代垫的辅助材料)的增值税专用发票。

⑤用于本企业中标项目下的机电产品。

⑥用于对外承包工程项目下的货物。

⑦用于境外投资的货物。

⑧用于对外援助的货物。

⑨生产自产货物的外购设备和原材料(农产品除外)。

4. 出口企业对外提供加工修理修配劳务。

对外提供加工修理修配劳务,是指对进境复出口货物或从事国际运输的运输工具进行的加工修理修配。

5. 融资租赁货物出口退税。

对融资租赁企业、金融租赁公司及其设立的项目子公司(以下统称融资租赁出租方),以融资租赁方式租赁给境外承租人且租赁期限在5年(含)以上,并向海关报关后实际离境的货物,试行增值税、消费税出口退税政策。

融资租赁出口货物的范围,包括飞机、飞机发动机、铁道机车、铁道客车车厢、船舶及其他货物,具体应符合《增值税暂行条例实施细则》第二十一条"固定资产"的相关规定。

上述融资租赁企业,仅包括金融租赁公司、经商务部批准设立的外商投资融资租赁公司、经商务部和国家税务总局共同批准开展融资业务试点的内资融资租赁企业、经商务部授权的省级商务主管部门和国家经济技术开发区批准的融资租赁公司。

上述金融租赁公司,仅包括经中国银行保险监督管理委员会批准设立的金融租赁公司。

6. 应税服务提供者提供适用增值税零税率的应税服务。

增值税一般纳税人提供适用增值税零税率的应税服务,实行增值税退(免)税办法。增值税零税率应税服务提供者是指,提供适用增值税零税率应税服务,且认定为增值税一般纳税人,实行增值税一般计税方法的境内单位和个人。属于汇总缴纳增值税的,为经财政部和国家税务总局批准的汇总缴纳增值税的总机构。

(二)增值税退(免)税基本方法

适用增值税退(免)税政策的出口货物、劳务和应税行为,按照下列规定实行增值税"免、抵、退"税或"免、退"税办法。

1. "免、抵、退"税办法。适用增值税一般计税方法的生产企业出口自产货物与视同自产货物、对外提供加工修理修配劳务,以及列名的 74 家生产企业出口非自产货物,免征增值税,相应的进项税额抵减应纳增值税税额(不包括适用增值税即征即退、先征后退政策的应纳增值税税额),未抵减完的部分予以退还。

跨境应税行为适用增值税零税率政策的服务和无形资产情况见本章第二节的相关内容。

境内的单位和个人提供适用增值税零税率的服务或者无形资产,如果属于适用增值税一般计税方法的,生产企业实行"免、抵、退"税办法,外贸企业直接将服务或自行研发的无形资产出口,视同生产企业连同其出口货物统一实行"免、抵、退"税办法。

实行退(免)税办法的研发服务和设计服务,如果主管税务机关认定出口价格偏高的,有权按照核定的出口价格计算退(免)税,核定的出口价格低于外贸企业购进价格的,低于部分对应的进项税额不予退税,转入成本。

境内的单位和个人提供适用增值税零税率应税服务的,可以放弃适用增值税零税率,选择免税或按规定缴纳增值税。放弃适用增值税零税率后,36 个月内不得再申请适用增值税零税率。

2. "免、退"税办法。不具有生产能力的出口企业(以下简称外贸企业)或其他单位出口货物、劳务,免征增值税,相应的进项税额予以退还。

适用增值税一般计税方法的外贸企业外购服务或者无形资产出口实行"免、退"税办法。

外贸企业外购研发服务和设计服务免征增值税,其对应的外购应税服务的进项税额予以退还。

(三)增值税出口退税率

1. 除财政部和国家税务总局根据国务院决定而明确的增值税出口退税率(以下简称退税率)外,出口货物、服务和无形资产的退税率为其适用税率。目前我国退税率分为四档,即 13%、9%、6% 和零税率。

2. 退税率的特殊规定:

(1)外贸企业购进按简易办法征税的出口货物、从小规模纳税人购进的出口货物,其退税率分别为简易办法实际执行的征收率、小规模纳税人征收率。上述出口货物取得增值税专用发票的,退税率按照增值税专用发票上的税率和出口货物退税率孰低的原则确定。

(2)出口企业委托加工修理修配货物,其加工修理修配费用的退税率,为出口货物的退税率。

(3)中标机电产品、出口企业向海关报关进入特殊区域销售给特殊区域内生产企业生产耗用的列名原材料、输入特殊区域的水电气,其退税率为适用税率。如果国家调整列名原材料的退税率,列名原材料应当自调整之日起按调整后的退税率执行。

3. 适用不同退税率的货物、劳务及跨境应税行为,应分开报关、核算并申报退(免)税,未分开报关、核算或划分不清的,从低适用退税率。

(四) 增值税退（免）税的计税依据

出口货物、劳务的增值税退（免）税的计税依据，按出口货物、劳务的出口发票（外销发票）、其他普通发票或购进出口货物、劳务的增值税专用发票、海关进口增值税专用缴款书确定。

跨境应税行为的计税依据按照《适用增值税零税率应税服务退（免）税管理办法》（国家税务总局公告 2014 年第 11 号）执行。具体规定如下：

1. 生产企业出口货物、劳务（进料加工复出口货物除外）增值税退（免）税的计税依据，为出口货物、劳务的实际离岸价（FOB）。实际离岸价应以出口发票上的离岸价为准，但如果出口发票不能反映实际离岸价，主管税务机关有权予以核定。

2. 对进料加工出口货物，企业应以出口货物人民币离岸价扣除出口货物耗用的保税进口料件金额的余额为增值税退（免）税的计税依据。

3. 生产企业国内购进无进项税额且不计提进项税额的免税原材料加工后出口的货物的计税依据，按出口货物的离岸价（FOB）扣除出口货物所含的国内购进免税原材料的金额后确定。

4. 外贸企业出口货物（委托加工修理修配货物除外）增值税退（免）税的计税依据，为购进出口货物的增值税专用发票注明的金额或海关进口增值税专用缴款书注明的完税价格。

5. 外贸企业出口委托加工修理修配货物增值税退（免）税的计税依据，为加工修理修配费用增值税专用发票注明的金额。

6. 出口进项税额未计算抵扣的已使用过的设备增值税退（免）税的计税依据，按下列公式确定：

$$\text{退（免）税计税依据} = \text{增值税专用发票上的金额或海关进口增值税专用缴款书注明的完税价格} \times \text{已使用过的设备固定资产净值} \div \text{已使用过的设备原值}$$

$$\text{已使用过的设备固定资产净值} = \text{已使用过的设备原值} - \text{已使用过的设备已提累计折旧}$$

7. 免税品经营企业销售的货物增值税退（免）税的计税依据，为购进货物的增值税专用发票注明的金额或海关进口增值税专用缴款书注明的完税价格。

8. 中标机电产品增值税退（免）税的计税依据分为两种情况：一是生产企业为销售机电产品的普通发票注明的金额；二是外贸企业为购进货物的增值税专用发票注明的金额或海关进口增值税专用缴款书注明的完税价格。

9. 输入特殊区域的水电气增值税退（免）税的计税依据，为作为购买方的特殊区域内生产企业购进水（包括蒸汽）、电力、燃气的增值税专用发票注明的金额。

10. 跨境应税行为的退（免）税计税依据按下列规定执行：

（1）实行"免、抵、退"税办法的退（免）税计税依据：

①以铁路运输方式载运旅客的，为按照铁路合作组织清算规则清算后的实际运输收入。

②以铁路运输方式载运货物的，为按照铁路运输进款清算办法，对"发站"或"到站（局）"名称包含"境"字的货票上注明的运输费用以及直接相关的国际联运杂费清

算后的实际运输收入。

③以航空运输方式载运货物或旅客的,如果国际运输或港澳台地区运输各航段由多个承运人承运的,为中国航空结算有限责任公司清算后的实际收入;如果国际运输或港澳台地区运输各航段由一个承运人承运的,为提供航空运输服务取得的收入。

④其他实行"免、抵、退"税办法的增值税零税率应税行为,为提供增值税零税率应税行为取得的收入。

(2) 实行"免、退"税办法的退(免)税计税依据为购进应税服务的增值税专用发票或解缴税款的中华人民共和国税收缴款凭证上注明的金额。

实行退(免)税办法的服务和无形资产,如果主管税务机关认定出口价格偏高的,有权按照核定的出口价格计算退(免)税,核定的出口价格低于外贸企业购进价格的,低于部分对应的进项税额不予退税,转入成本。

(五) 增值税"免、抵、退"税和"免、退"税的计算

1. 生产企业出口货物、劳务、服务和无形资产的增值税"免、抵、退"税,按下列公式计算。

(1) 当期应纳税额的计算:

当期应纳税额 = 当期销项税额 −(当期进项税额 − 当期不得免征和抵扣税额)

当期不得免征和抵扣税额 = 当期出口货物离岸价 × 外汇人民币折合率 ×(出口货物适用税率 − 出口货物退税率)− 当期不得免征和抵扣税额抵减额

当期不得免征和抵扣税额抵减额 = 当期免税购进原材料价格 ×(出口货物适用税率 − 出口货物退税率)

出口货物离岸价(FOB)以出口发票计算的离岸价为准。实际离岸价应以出口发票上的离岸价为准,但如果出口发票不能反映实际离岸价,主管税务机关有权予以核定。

(2) 当期"免、抵、退"税额的计算:

当期"免、抵、退"税额 = 当期出口货物离岸价 × 外汇人民币折合率 × 出口货物退税率 − 当期"免、抵、退"税额抵减额

当期"免、抵、退"税额抵减额 = 当期免税购进原材料价格 × 出口货物退税率

(3) 当期应退税额和免抵税额的计算:

①当期期末留抵税额 ≤ 当期"免、抵、退"税额,则:

当期应退税额 = 当期期末留抵税额

当期免抵税额 = 当期"免、抵、退"税额 − 当期应退税额

②当期期末留抵税额 > 当期"免、抵、退"税额,则:

当期应退税额 = 当期"免、抵、退"税额

当期免抵税额 = 0

当期期末留抵税额为当期增值税纳税申报表中"期末留抵税额"。

(4) 当期免税购进原材料价格包括当期国内购进的无进项税额且不计提进项税额的免税原材料的价格和当期进料加工保税进口料件的价格,其中当期进料加工保税进口料件的价格为进料加工出口货物耗用的保税进口料件金额,其计算公式为:

$$\text{进料加工出口货物耗用的保税进口料件金额} = \text{进料加工出口货物人民币离岸价} \times \text{进料加工计划分配率}$$

计划分配率 = 计划进口总值÷计划出口总值×100%

计算不得免征和抵扣税额时,应按当期全部出口货物的销售额扣除当期全部进料加工出口货物耗用的保税进口料件金额后的余额乘以征退税率之差计算。

进料加工出口货物收齐有关凭证申报"免、抵、退"税时,以收齐凭证的进料加工出口货物人民币离岸价扣除其耗用的保税进口料件金额后的余额计算免抵退税额。

(5) 生产企业"免、抵、退"税计算实例。

▶【例2-7】某自营出口的生产企业为增值税一般纳税人,出口货物的征税税率为13%,退税税率为10%,2021年5月的有关经营业务为:购进原材料一批,取得的增值税专用发票注明的价款200万元,外购货物准予抵扣的进项税额26万元。上月月末留抵税款3万元,本月内销货物不含税销售额100万元,收款113万元存入银行,本月出口货物的销售额折合人民币200万元。试计算该企业当期的"免、抵、退"税额。

①当期"免、抵、退"税不得免征和抵扣税额 = 200×(13% - 10%) = 6(万元)

②当期应纳税额 = 100×13% - (26 - 6) - 3 = 13 - 20 - 3 = -10(万元)

③出口货物"免、抵、退"税额 = 200×10% = 20(万元)

④按规定,如当期期末留抵税额≤当期"免、抵、退"税额时:

当期应退税额 = 当期期末留抵税额

即:该企业当期应退税额 = 10万元

⑤当期免抵税额 = 当期"免、抵、退"税额 - 当期应退税额

当期免抵税额 = 20 - 10 = 10(万元)

▶【例2-8】某自营出口的生产企业为增值税一般纳税人,出口货物的征税税率为13%,退税税率为10%。2021年7月有关经营业务为:购原材料一批,取得的增值税专用发票注明的价款400万元,外购货物准予抵扣的进项税额52万元。上期期末留抵税款5万元。本月内销货物不含税销售额100万元,收款113万元存入银行。本月出口货物的销售额折合人民币200万元。试计算该企业当期的"免、抵、退"税额。

①当期"免、抵、退"税不得免征和抵扣税额 = 200×(13% - 10%) = 6(万元)

②当期应纳税额 = 100×13% - (52 - 6) - 5 = 13 - 46 - 5 = -38(万元)

③出口货物"免、抵、退"税额 = 200×10% = 20(万元)

④按规定,如当期期末留抵税额>当期"免、抵、退"税额时:

当期应退税额 = 当期"免、抵、退"税额

即:该企业当期应退税额 = 20万元

⑤当期免抵税额 = 当期"免、抵、退"税额 - 当期应退税额

该企业当期免抵税额 = 20 - 20 = 0

⑥7月期末留抵结转下期继续抵扣税额为18万元(38 - 20)。

▶【例2-9】某自营出口生产企业是增值税一般纳税人,出口货物的征税税率为13%,退税税率为10%。2021年9月有关经营业务为:购原材料一批,取得的增值税专用发票注明的价款200万元,外购货物准予抵扣进项税额26万元。当月进料加工出口货物耗用

的保税进口料件金额100万元。上期期末留抵税款6万元。本月内销货物不含税销售额100万元。收款113万元存入银行。本月出口货物销售额折合人民币200万元。试计算该企业当期的"免、抵、退"税额。

① "免、抵、退"税不得免征和抵扣税额抵减额=进料加工出口货物耗用的保税进口料件金额×(出口货物征税税率-出口货物退税税率)=100×(13%-10%)=3(万元)

② "免、抵、退"税不得免征和抵扣税额=当期出口货物离岸价×外汇人民币牌价×(出口货物征税税率-出口货物退税税率)-"免、抵、退"税不得免征和抵扣税额抵减额=200×(13%-10%)-3=6-3=3(万元)

③ 当期应纳税额=100×13%-(26-3)-6=13-23-6=-16(万元)

④ "免、抵、退"税额抵减额=免税购进原材料×材料出口货物退税税率=100×10%=10(万元)

⑤ 出口货物"免、抵、退"税额=200×10%-10=10(万元)

⑥ 按规定,如当期期末留抵税额>当期"免、抵、退"税额时:

当期应退税额=当期"免、抵、退"税额

即:该企业应退税额=10万元

⑦ 当期免抵税额=当期"免、抵、退"税额-当期应退税额

当期该企业免抵税额=10-10=0

⑧ 8月期末留抵结转下期继续抵扣税额为6万元(16-10)。

2. 外贸企业出口货物、劳务和应税行为增值税免退税,按下列公式计算:

(1) 外贸企业出口委托加工修理修配货物以外的货物:

增值税应退税额=增值税退(免)税计税依据×出口货物退税率

▶【例2-10】某进出口公司2021年6月出口美国平纹布2 000米,进货增值税专用发票列明单价20元/平方米,计税金额40 000元,增值税出口退税率为13%。要求:计算当期应退增值税税额。

应退增值税税额=2 000×20×13%=5 200(元)

(2) 外贸企业出口委托加工修理修配货物:

出口委托加工修理修配货物的增值税应退税额 = 委托加工修理修配的增值税退(免)税计税依据 × 出口货物退税率

▶【例2-11】某进出口公司2021年6月购进牛仔布委托加工成服装出口,取得牛仔布增值税发票一张,注明计税金额10 000元;取得服装加工费计税金额2 000元,受托方将原材料成本并入加工修理修配费用并开具了增值税专用发票。假设增值税出口退税率为13%。要求:计算当期应退增值税税额。

应退增值税税额=(10 000+2 000)×13%=1 560(元)

3. 融资租赁出口货物退税的计算。

融资租赁出租方将融资租赁出口货物租赁给境外承租方、将融资租赁海洋工程结构物租赁给海上石油天然气开采企业,向融资租赁出租方退还其购进租赁货物所含增值税。其计算公式为:

$$增值税应退税额 = \frac{购进融资租赁货物的增值税专用发票注明的金额或海关（进口增值税）专用缴款书注明的完税价格} \times 融资租赁货物适用的增值税退税率$$

▶【例2-12】2021年8月某融资租赁公司根据合同规定将一设备以融资租赁方式出租给境外的甲企业使用。融资租赁公司购进该设备的增值税专用发票上注明的金额为100万元人民币。假设增值税出口退税率为13%。要求：计算该企业当期应退的增值税税额。

应退增值税税额 = 100 × 13% = 13（万元）

融资租赁出口货物适用的增值税退税率，按照统一的出口货物适用退税率执行。从增值税一般纳税人购进的按简易办法征税的融资租赁货物和从小规模纳税人购进的融资租赁货物，其适用的增值税退税率，按照购进货物适用的征收率和退税率孰低的原则确定。

4. 退税率低于适用税率的，相应计算出的差额部分的税款计入出口货物劳务成本。

5. 出口企业既有适用增值税"免、抵、退"项目，也有增值税即征即退、先征后退项目的，增值税即征即退和先征后退项目不参与出口项目"免、抵、退"税计算。出口企业应分别核算增值税免抵退项目和增值税即征即退、先征后退项目，并分别申请享受增值税即征即退、先征后退和"免、抵、退"税政策。

用于增值税即征即退或者先征后退项目的进项税额无法划分的，按照下列公式计算：

$$\begin{matrix} 无法划分进项税额中\\ 用于增值税即征即退或者\\ 先征后退项目的部分 \end{matrix} = \begin{matrix} 当月无法\\ 划分的全部\\ 进项税额 \end{matrix} \times \frac{当月增值税即征即退或者先征后退项目销售额}{当月全部销售额、营业额合计}$$

6. 实行"免、抵、退"税办法的零税率应税行为提供者如同时有货物、劳务（劳务指对外加工修理修配劳务，下同）出口且未分别计算的，可一并计算"免、抵、退"税额。税务机关在审批时，按照出口货物、劳务、零税率应税行为"免、抵、退"税额比例划分出口货物劳务、零税率应税行为的退税额和免抵税额。

三、出口货物、劳务和跨境应税行为增值税免税政策

对符合下列条件的出口货物、劳务和跨境应税行为，除适用《关于出口货物劳务增值税和消费税政策的通知》第七条（适用增值税征税政策的出口货物和劳务）规定外，按下列规定实行免征增值税（以下简称增值税免税）政策。

（一）适用增值税免税政策的范围

适用增值税免税政策的出口货物、劳务和应税行为是指：

1. 出口企业或其他单位出口规定的货物，具体是指：
（1）增值税小规模纳税人出口的货物。
（2）避孕药品和用具，古旧图书。
（3）软件产品。其具体范围是指海关税则号前四位为"9803"的货物。动漫软件出口免征增值税。
（4）含黄金、铂金成分的货物，钻石及其饰品。
（5）国家计划内出口的卷烟。

(6) 非出口企业委托出口的货物。

(7) 非列名生产企业出口的非视同自产货物。

(8) 农业生产者自产农产品［农产品的具体范围按照《农业产品征税范围注释》（财税〔1995〕52号）的规定执行］。

(9) 油画、花生果仁、黑大豆等财政部和国家税务总局规定的出口免税的货物。

(10) 外贸企业取得普通发票、废旧物资收购凭证、农产品收购发票、政府非税收入票据的货物。

(11) 来料加工复出口的货物。

(12) 特殊区域内的企业出口的特殊区域内的货物。

(13) 以人民币现金作为结算方式的边境地区出口企业从所在省（自治区）的边境口岸出口到接壤国家的一般贸易和边境小额贸易出口货物。

(14) 以旅游购物贸易方式报关出口的货物。

2. 出口企业或其他单位视同出口的下列货物和劳务：

(1) 国家批准设立的免税店销售的免税货物［包括进口免税货物和已实现退（免）税的货物］。

(2) 特殊区域内的企业为境外的单位或个人提供加工修理修配劳务。

(3) 同一特殊区域、不同特殊区域内的企业之间销售特殊区域内的货物。

3. 出口企业或其他单位未按规定申报或未补齐增值税退（免）税凭证的出口货物和劳务。具体是指：

(1) 未在国家税务总局规定的期限内申报增值税退（免）税的出口货物和劳务。

(2) 未在规定期限内申报开具《代理出口货物证明》的出口货物和劳务。

(3) 已申报增值税退（免）税，却未在国家税务总局规定的期限内向税务机关补齐增值税退（免）税凭证的出口货物和劳务。

对于适用增值税免税政策的出口货物和劳务，出口企业或其他单位可以依照现行增值税有关规定放弃免税，并依照《关于出口货物劳务增值税和消费税政策的通知》第七条（适用增值税征税政策的出口货物和劳务）的规定缴纳增值税。

4. 境内的单位和个人销售的下列跨境应税行为免征增值税，但财政部和国家税务总局规定适用增值税零税率的除外：

(1) 工程项目在境外的建筑服务。工程总承包方和工程分包方为施工地点在境外的工程项目提供的建筑服务，均属于工程项目在境外的建筑服务。

(2) 工程项目在境外的工程监理服务。

(3) 工程、矿产资源在境外的工程勘察勘探服务。

(4) 会议展览地点在境外的会议展览服务。

(5) 存储地点在境外的仓储服务。

(6) 标的物在境外使用的有形动产租赁服务。

(7) 在境外提供的广播影视节目（作品）的播映服务。在境外提供的广播影视节目（作品）播映服务，是指在境外的影院、剧院、录像厅及其他场所播映广播影视节目（作品）。通过境内的电台、电视台、卫星通信、互联网、有线电视等无线或者有线装置向境外播映广播影视节目（作品），不属于在境外提供的广播影视节目（作品）播映服务。

（8）在境外提供的文化体育服务、教育医疗服务、旅游服务。在境外提供的文化体育服务和教育医疗服务，是指纳税人在境外现场提供的文化体育服务和教育医疗服务。为参加在境外举办的科技活动、文化活动、文化演出、文化比赛、体育比赛、体育表演、体育活动而提供的组织安排服务，属于在境外提供的文化体育服务。通过境内的电台、电视台、卫星通信、互联网、有线电视等媒体向境外单位或个人提供的文化体育服务或教育医疗服务，不属于在境外提供的文化体育服务、教育医疗服务。

（9）为出口货物提供的邮政服务、收派服务、保险服务。

（10）向境外单位提供的完全在境外消费的电信服务。

纳税人向境外单位或者个人提供的电信服务，通过境外电信单位结算费用的，服务接受方为境外电信单位，属于完全在境外消费的电信服务。

（11）向境外单位销售的完全在境外消费的知识产权服务。服务实际接受方为境内单位或者个人的知识产权服务，不属于完全在境外消费的知识产权服务。

（12）向境外单位销售的完全在境外消费的物流辅助服务（仓储服务、收派服务除外）。

境外单位从事国际运输和港澳台运输业务经停我国机场、码头、车站、领空、内河、海域时，纳税人向其提供的航空地面服务、港口码头服务、货运客运站场服务、打捞救助服务、装卸搬运服务，属于完全在境外消费的物流辅助服务。

（13）向境外单位销售的完全在境外消费的鉴证咨询服务。

下列情形不属于完全在境外消费的鉴证咨询服务：

①服务的实际接受方为境内单位或者个人。

②对境内的货物或不动产进行的认证服务、鉴证服务和咨询服务。

（14）向境外单位销售的完全在境外消费的专业技术服务。

下列情形不属于完全在境外消费的专业技术服务：

①服务的实际接受方为境内单位或者个人。

②对境内的天气情况、地震情况、海洋情况、环境和生态情况进行的气象服务、地震服务、海洋服务、环境和生态监测服务。

③为境内的地形地貌、地质构造、水文、矿藏等进行的测绘服务。

④为境内的城、乡、镇提供的城市规划服务。

（15）向境外单位销售的完全在境外消费的商务辅助服务。

①纳税人向境外单位提供的代理报关服务和货物运输代理服务，属于完全在境外消费的代理报关服务和货物运输代理服务。

②纳税人向境外单位提供的外派海员服务，属于完全在境外消费的人力资源服务。外派海员服务，是指境内单位派出属于本单位员工的海员，为境外单位在境外提供的船舶驾驶和船舶管理等服务。

③纳税人以对外劳务合作方式，向境外单位提供的完全在境外发生的人力资源服务，属于完全在境外消费的人力资源服务。对外劳务合作，是指境内单位与境外单位签订劳务合作合同，按照合同约定组织和协助中国公民赴境外工作的活动。

④不属于完全在境外消费的商务辅助服务包括：服务的实际接受方为境内单位或者

个人，对境内不动产的投资与资产管理服务、物业管理服务、房地产中介服务，拍卖境内货物或不动产过程中提供的经纪代理服务，为境内货物或不动产的物权纠纷提供的法律代理服务，为境内货物或不动产提供的安全保护服务。

（16）向境外单位销售的广告投放地在境外的广告服务。广告投放地在境外的广告服务，是指为在境外发布的广告提供的广告服务。

（17）向境外单位销售的完全在境外消费的无形资产（技术除外）。

下列情形不属于向境外单位销售的完全在境外消费的无形资产：

①无形资产未完全在境外使用。

②所转让的自然资源使用权与境内自然资源相关。

③所转让的基础设施资产经营权、公共事业特许权与境内货物或不动产相关。

④向境外单位转让在境内销售货物、应税劳务、服务、无形资产或不动产的配额、经营权、经销权、分销权、代理权。

（18）为境外单位之间的货币资金融通及其他金融业务提供的直接收费金融服务，且该服务与境内的货物、无形资产和不动产无关。

为境外单位之间、境外单位和个人之间的外币、人民币资金往来提供的资金清算、资金结算、金融支付、账户管理服务，属于为境外单位之间的货币资金融通及其他金融业务提供的直接收费金融服务。

（19）属于以下情形的国际运输服务：

①以无运输工具承运方式提供的国际运输服务。

②以水路运输方式提供国际运输服务但未取得《国际船舶运输经营许可证》的。

③以公路运输方式提供国际运输服务但未取得《道路运输经营许可证》或者《国际汽车运输行车许可证》，或者《道路运输经营许可证》的经营范围未包括"国际运输"的。

④以航空运输方式提供国际运输服务但未取得《公共航空运输企业经营许可证》，或者其经营范围未包括"国际航空客货邮运输业务"的。

⑤以航空运输方式提供国际运输服务但未持有《通用航空经营许可证》，或者其经营范围未包括"公务飞行"的。

（20）符合零税率政策但适用简易计税方法或声明放弃适用零税率选择免税的下列应税行为：

①国际运输服务。

②航天运输服务。

③向境外单位提供的完全在境外消费的下列服务：研发服务；合同能源管理服务；设计服务；广播影视节目（作品）的制作和发行服务；软件服务；电路设计及测试服务；信息系统服务；业务流程管理服务；离岸服务外包业务。

④向境外单位转让完全在境外消费的技术。

完全在境外消费是指：

a. 服务的实际接受方在境外，且与境内的货物和不动产无关。

b. 无形资产完全在境外使用，且与境内的货物和不动产无关。

c. 财政部和国家税务总局规定的其他情形。

纳税人向国内海关特殊监管区域内的单位或者个人销售服务、无形资产，不属于跨境应税行为，应照章征收增值税。

纳税人发生上述跨境应税行为，除第（9）、（20）项外，必须签订跨境销售服务或无形资产书面合同。否则，不予免征增值税。

纳税人向境外单位销售服务或无形资产，按上述规定免征增值税的，该项销售服务或无形资产的全部收入应从境外取得，否则，不予免征增值税。下列情形视同从境外取得收入：

①纳税人向外国航空运输企业提供物流辅助服务，从中国民用航空局清算中心、中国航空结算有限责任公司或者经中国民用航空局批准设立的外国航空运输企业常驻代表机构取得的收入。

②纳税人与境外关联单位发生跨境应税行为，从境内第三方结算公司取得的收入。上述所称第三方结算公司，是指承担跨国企业集团内部成员单位资金集中运营管理职能的资金结算公司，包括财务公司、资金池、资金结算中心等。

③纳税人向外国船舶运输企业提供物流辅助服务，通过外国船舶运输企业指定的境内代理公司结算取得的收入。

④国家税务总局规定的其他情形。

纳税人发生跨境应税行为免征增值税的，应单独核算跨境应税行为的销售额，准确计算不得抵扣的进项税额，其免税收入不得开具增值税专用发票。

纳税人为出口货物提供收派服务，按照下列公式计算不得抵扣的进项税额：

不得抵扣的进项税额 = 当期无法划分的全部进项税额 ×（当期简易计税方法计税项目销售额 + 免征增值税项目销售额 − 为出口货物提供收派服务支付给境外合作方的费用）÷ 当期全部销售额

5. 对跨境电子商务综合试验区（以下简称综试区）电子商务出口企业出口未取得有效进货凭证的货物，同时符合下列条件的，试行增值税、消费税免税政策：

（1）电子商务出口企业在综试区注册，并在注册地跨境电子商务线上综合服务平台登记出口日期、货物名称、计量单位、数量、单价、金额。

（2）出口货物通过综试区所在地海关办理电子商务出口申报手续。

（3）出口货物不属于财政部和国家税务总局根据国务院决定明确取消出口退（免）税的货物。

6. 市场经营户自营或委托市场采购贸易经营者以市场采购贸易方式出口的货物免征增值税。

（二）进项税额的处理和计算

1. 适用增值税免税政策的出口货物和劳务，其进项税额不得抵扣和退税，应当转入成本。

2. 出口卷烟不得抵扣的进项税额，按下列公式计算：

不得抵扣的进项税额 = 出口卷烟含消费税金额 ÷（出口卷烟含消费税金额 + 内销卷烟销售额）× 当期全部进项税额

（1）当生产企业销售的出口卷烟在国内有同类产品销售价格时：

出口卷烟含消费税金额 = 出口销售数量 × 销售价格

"销售价格"为同类产品生产企业国内实际调拨价格。如实际调拨价格低于税务机关公示的计税价格的，"销售价格"为税务机关公示的计税价格；高于公示计税价格的，销售价格为实际调拨价格。

（2）当生产企业销售的出口卷烟在国内没有同类产品销售价格时：

$$出口卷烟含税金额 = \frac{出口销售额 + 出口销售数量 \times 消费税定额税率}{1 - 消费税比例税率}$$

"出口销售额"以出口发票上的离岸价为准。若出口发票不能如实反映离岸价，生产企业应按实际离岸价计算，否则，税务机关有权按照有关规定予以核定调整。

3. 除出口卷烟外，适用增值税免税政策的其他出口货物、劳务和应税行为的计算，按照增值税免税政策的统一规定执行。其中，如果涉及销售额，除来料加工复出口货物为其加工费收入外，其他均为出口离岸价或销售额。

4. 纳税人发生跨境应税行为时，纳税人以承运人身份与托运人签订运输服务合同，收取运费并承担承运人责任，然后委托实际承运人完成全部或部分运输服务时，自行采购并交给实际承运人使用的成品油和支付的道路、桥、闸通行费，同时符合下列条件的，其进项税额准予从销项税额中抵扣：

（1）成品油和道路、桥、闸通行费，应用于纳税人委托实际承运人完成的运输服务。

（2）取得的增值税扣税凭证符合现行规定。

四、出口货物、劳务和跨境应税行为增值税征税政策

下列出口货物和劳务，不适用增值税退（免）税和免税政策，按下列规定及视同内销货物征税的其他规定征收增值税（以下称增值税征税）。

（一）适用增值税征税政策的范围

适用增值税征税政策的出口货物、劳务和跨境应税行为，是指：

1. 出口企业出口或视同出口财政部和国家税务总局根据国务院决定明确取消出口退（免）税的货物（不包括来料加工复出口货物、中标机电产品、列名原材料、输入特殊区域的水电气、海洋工程结构物）。

2. 出口企业或其他单位销售给特殊区域内的生活消费用品和交通运输工具。

3. 出口企业或其他单位因骗取出口退税被税务机关停止办理增值税退（免）税期间出口的货物。

4. 出口企业或其他单位提供虚假备案单证的货物。

5. 出口企业或其他单位增值税退（免）税凭证有伪造或内容不实的货物。

6. 出口企业或其他单位未在国家税务总局规定期限内申报免税核销以及经主管税务机关审核不予免税核销的出口卷烟。

7. 出口企业或其他单位具有以下情形之一的出口货物和劳务：

（1）将空白的出口货物报关单、出口收汇核销单等退（免）税凭证交由除签有委托合同的货代公司、报关行，或由境外进口方指定的货代公司（提供合同约定或者其他相

关证明）以外的其他单位或个人使用的。

（2）以自营名义出口，其出口业务实质上是由本企业及其投资的企业以外的单位或个人借该出口企业名义操作完成的。

（3）以自营名义出口，其出口的同一批货物既签订购货合同，又签订代理出口合同（或协议）的。

（4）出口货物在海关验放后，自己或委托货代承运人对该笔货物的海运提单或其他运输单据等上的品名、规格等进行修改，造成出口货物报关单与海运提单或其他运输单据有关内容不符的。

（5）以自营名义出口，但不承担出口货物的质量、收款或退税风险之一的，即出口货物发生质量问题不承担购买方的索赔责任（合同中有约定质量责任承担者除外）；不承担未按期收款导致不能核销的责任（合同中有约定收款责任承担者除外）；不承担因申报出口退（免）税的资料、单证等出现问题造成不退税责任的。

（6）未实质参与出口经营活动、接受并从事由中间人介绍的其他出口业务，但仍以自营名义出口的。

8. 不适应跨境应税行为适用增值税零税率和免税政策规定的出口服务和无形资产。

（二）应纳增值税的计算

适用增值税征税政策的出口货物、劳务和跨境应税行为，其应纳增值税按下列办法计算：

1. 一般纳税人出口货物、劳务和跨境应税行为。

$$销项税额 = (出口货物、劳务和跨境应税行为离岸价 - 出口货物耗用的进料加工保税进口料件金额) \div (1 + 适用税率) \times 适用税率$$

（1）出口货物、劳务和跨境应税行为若已按征退税率之差计算不得免征和抵扣税额并已经转入成本的，相应的税额应转回进项税额。

$$出口货物耗用的进料加工保税进口料件金额 = 主营业务成本 \times \frac{投入的保税进口料件金额}{生产成本}$$

主营业务成本、生产成本均为不予退（免）税的进料加工出口货物的主营业务成本、生产成本。当耗用的保税进口料件金额大于不予退（免）税的进料加工出口货物金额时，耗用的保税进口料件金额为不予退（免）税的进料加工出口货物金额。

（2）出口企业应分别核算内销货物、劳务、跨境应税行为和增值税征税的出口货物的生产成本、主营业务成本。未分别核算的，其相应的生产成本、主营业务成本由主管税务机关核定。

进料加工手册海关核销后，出口企业应对出口货物耗用的保税进口料件金额进行清算。清算公式为：

$$清算耗用的保税进口料件总额 = 实际保税进口料件总额 - 退（免）税出口货物耗用的保税进口料件总额 - 进料加工副产品耗用的保税进口料件总额$$

若耗用的保税进口料件总额与各纳税期扣减的保税进口料件金额之和存在差额时，应在清算的当期相应调整销项税额。当耗用的保税进口料件总额大于出口货物离岸金额时，其差额部分不得扣减其他出口货物金额。

2. 小规模纳税人出口货物、劳务和跨境应税行为。

应纳税额 = 出口货物、劳务和跨境应税行为离岸价 ÷ (1 + 征收率) × 征收率

五、外国驻华使（领）馆及其馆员在华购买货物和服务的增值税退税管理

（一）适用范围

外国驻华使（领）馆及其馆员（以下称享受退税的单位和人员）在中华人民共和国境内购买货物和服务属于增值税退税适用范围。

享受退税的单位和人员，包括外国驻华使（领）馆的外交代表（领事官员）及行政技术人员，中国公民或者在中国永久居留的人员除外。

实行增值税退税政策的货物与服务范围，包括按规定征收增值税、属于合理自用范围内的生活办公类货物和服务（含修理修配劳务，下同）。生活办公类货物和服务，是指为满足日常生活、办公需求购买的货物和服务。工业用机器设备、金融服务以及财政部和国家税务总局规定的其他货物和服务，不属于生活办公类货物和服务。

（二）下列情形不适用增值税退税政策

1. 购买非合理自用范围内的生活办公类货物和服务。
2. 购买货物单张发票销售金额（含税价格）不足800元人民币（自来水、电、燃气、暖气、汽油、柴油除外），购买服务单张发票销售金额（含税价格）不足300元人民币。
3. 使（领）馆馆员个人购买货物和服务，除车辆和房租外，每人每年申报退税销售金额（含税价格）超过18万元人民币的部分，不适用增值税退税政策。
4. 增值税免税货物和服务。

（三）退税的计算

申报退税的应退税额，为增值税发票上注明的税额。使（领）馆及其馆员购买电力、燃气、汽油、柴油，发票上未注明税额的，增值税应退税额按不含税销售额和相关产品增值税适用税率计算，计算公式为：

增值税应退税额 = 发票金额（含增值税）÷ (1 + 增值税适用税率) × 增值税适用税率

（四）退税管理

1. 申报退税期限。

享受退税的单位和人员，应按季度向外交部礼宾司报送退税凭证和资料申报退税，报送时间为每年的1月、4月、7月、10月；本年度购买的货物和服务（以发票开具日期为准），最迟申报不得迟于次年1月。逾期报送的，外交部礼宾司不予受理。

外交部礼宾司受理使（领）馆退税申报后，10个工作日内，对享受退税的单位和人员的范围进行确认，对申报时限及其他内容进行审核、签章，将各使（领）馆申报资料一并转送北京市税务局办理退税，并履行交接手续。

2. 对享受退税的单位和人员申报的货物与服务是否属合理自用范围或者申报凭证真实性有疑问的，税务机关应暂缓办理退税，并通过外交部礼宾司对其进行问询。

3. 税务机关如发现享受退税的单位和人员申报的退税凭证虚假或所列内容与实际交易不符的，不予退税，并通过外交部礼宾司向其通报；情况严重的，外交部礼宾司将不再受理其申报。

4. 享受退税的单位和人员购买货物和服务办理退税后，如发生退货或转让所有权、使用权等情形，须经外交部礼宾司向北京市税务局办理补税手续。如转让需外交部礼宾司核准的货物，外交部礼宾司应在确认转让货物未办理退税或已办理补税手续后，办理核准转让手续。

六、境外旅客购物离境退税政策

离境退税政策是指外旅客在离境口岸离境时，对其在退税商店购买的退税物品退还增值税的政策。境外旅客是指在我国境内连续居住不超过183天的外国人和港澳台同胞。离境口岸是指实施离境退税政策的地区正式对外开放并设有退税代理机构的口岸，包括航空口岸、水运口岸和陆地口岸。该政策的主要内容如下：

（一）退税物品

退税物品是指由境外旅客本人在退税商店购买且符合退税条件的个人物品，但不包括下列物品：

1. 《中华人民共和国禁止、限制进出境物品表》所列的禁止、限制出境物品。
2. 退税商店销售的适用增值税免税政策的物品。
3. 财政部、海关总署、国家税务总局规定的其他物品。

（二）境外旅客申请退税应当同时符合的条件

1. 同一境外旅客同一日在同一退税商店购买的退税物品金额达到500元人民币。
2. 退税物品尚未启用或消费。
3. 离境日距退税物品购买日不超过90天。
4. 所购退税物品由境外旅客本人随身携带或随行托运出境。

（三）退税物品的退税率

适用13%税率的境外旅客购物离境退税物品，退税率为11%；适用9%税率的境外旅客购物离境退税物品，退税率为8%。

退税率的执行时间，以退税物品增值税普通发票的开具日期为准。

（四）应退增值税额的计算公式

应退增值税额 = 退税物品销售发票金额（含增值税）× 退税率

（五）退税币种和方式

退税币种为人民币。退税方式包括现金退税和银行转账退税两种方式。

退税额未超过10 000元的，可自行选择退税方式。退税额超过10 000元的，以银行转账方式退税。

七、出口货物、劳务和跨境应税行为退（免）税管理

出口货物、劳务和应税行为退（免）税管理的主要内容如下。

（一）出口退（免）税企业分类管理

出口企业管理类别分为一类、二类、三类、四类。

1. 同时符合下列条件的出口生产企业，管理类别可评定为一类：

（1）企业的生产能力与上一年度申报出口退（免）税规模相匹配。

（2）近3年（含评定当年，下同）未发生过虚开增值税专用发票或者其他增值税扣税凭证、骗取出口退税行为。

（3）上一年度的年末净资产大于上一年度该企业已办理的出口退税额（不含免抵税额）的60%。

（4）评定时纳税信用级别为A级或B级。

（5）企业内部建立了较为完善的出口退（免）税风险控制体系。

2. 同时符合下列条件的外贸企业，管理类别可评定为一类：

（1）近3年未发生过虚开增值税专用发票或者其他增值税扣税凭证、骗取出口退税行为。

（2）上一年度的年末净资产大于上一年度该企业已办理出口退税额的60%。

（3）持续经营5年以上（因合并、分立、改制重组等原因新设立企业的情况除外）。

（4）评定时纳税信用级别为A级或B级。

（5）评定时海关企业信用管理类别为高级认证企业或一般认证企业。

（6）评定时外汇管理的分类管理等级为A级。

（7）企业内部建立了较为完善的出口退（免）税风险控制体系。

3. 同时符合下列条件的外贸综合服务企业，管理类别可评定为一类：

（1）近3年未发生过虚开增值税专用发票或者其他增值税扣税凭证、骗取出口退税行为。

（2）上一年度的年末净资产大于上一年度该企业已办理出口退税额的30%。

（3）上一年度申报从事外贸综合服务业务的出口退税额，大于该企业全部出口退税额的80%。

（4）评定时纳税信用级别为A级或B级。

（5）评定时海关企业信用管理类别为高级认证企业或一般认证企业。

（6）评定时外汇管理的分类管理等级为A级。

（7）企业内部建立了较为完善的出口退（免）税风险控制体系。

4. 符合下列条件之一的出口企业，管理类别应评定为三类：

（1）自首笔申报出口退（免）税之日起至评定时未满12个月。

（2）评定时纳税信用级别为C级，或尚未评价纳税信用级别。

（3）上一年度发生过违反出口退（免）税有关规定的情形，但尚未达到税务机关行政处罚标准或司法机关处理标准的。

（4）存在省税务局规定的其他失信或风险情形。

5. 符合下列条件之一的出口企业，管理类别应评定为四类：

（1）评定时纳税信用级别为D级。

（2）上一年度发生过拒绝向税务机关提供有关出口退（免）税账簿、原始凭证、申报资料、备案单证等情形。

（3）上一年度因违反出口退（免）税有关规定，被税务机关行政处罚或被司法机关处理过的。

（4）评定时企业因骗取出口退税被停止出口退税权，或者停止出口退税权届满后未满2年。

（5）四类出口企业的法定代表人新成立的出口企业。
（6）列入国家联合惩戒对象的失信企业。
（7）海关企业信用管理类别认定为失信企业。
（8）外汇管理的分类管理等级为 C 级。
（9）存在省税务局规定的其他严重失信或风险情形。
一类、三类、四类出口企业以外的出口企业，其出口企业管理类别应评定为二类。

（二）申报

纳税人出口货物适用退（免）税规定的，应当向海关办理出口手续，凭出口报关单等有关凭证，在规定的出口退（免）税申报期内按月向主管税务机关申报办理该项出口货物的退（免）税；境内单位和个人跨境销售服务和无形资产适用退（免）税规定的，应当按期向主管税务机关申报办理退（免）税。

纳税人出口货物劳务、发生跨境应税行为，未在规定期限内申报出口退（免）税或者开具《代理出口货物证明》的，在收齐退（免）税凭证及相关电子信息后，即可申报办理出口退（免）税；未在规定期限内收汇或者办理不能收汇手续的，在收汇或者办理不能收汇手续后，即可申报办理退（免）税。

（三）征、退（免）税规定

1. 出口企业或其他单位退（免）税备案之前的出口货物劳务，在办理退（免）税认定后，可按规定适用增值税退（免）税或免税政策。

2. 出口企业或其他单位出口货物劳务适用免税政策的，除特殊区域内企业出口的特殊区域内货物、出口企业或其他单位视同出口的免征增值税的货物劳务外，如果未按规定申报免税，应视同内销货物和加工修理修配劳务征收增值税。

3. 开展进料加工业务的出口企业若发生未经海关批准将海关保税进口料件作价销售给其他企业加工的，应按规定征收增值税。

4. 卷烟出口企业经主管税务机关批准按国家批准的免税出口卷烟计划购进的卷烟免征增值税。

5. 发生增值税不应退税或免税但已实际退税或免税的，出口企业和其他单位应当补缴已退或已免税款。

6. 国家批准的免税品经营企业销售给免税店的进口免税货物免征增值税。

7. 融资租赁出租方应当按照主管税务机关的要求办理退税认定和申报增值税退税。用于融资租赁货物退税的增值税专用发票或海关进口增值税专用缴款书，不得用于抵扣内销货物应纳税额。对承租期未满而发生退租的融资租赁货物，融资租赁出租方应及时主动向税务机关报告，并按照规定补缴已退税款，对融资租赁出口货物，再复进口时融资租赁出租方应按照规定向海关办理复运进境手续并提供主管税务机关出具的货物已补税或未退税证明，海关不征收进口关税和进口环节税。

8. 符合条件的生产企业已签订出口合同的交通运输工具和机器设备的退税。

符合条件的生产企业已签订出口合同的交通运输工具和机器设备，在其退税凭证尚未收集齐全的情况下，可凭出口合同、销售明细账等，向主管税务机关申报免抵退税。在货物向海关报关出口后，应按规定申报退（免）税，并办理已退（免）税的核销手续。多退（免）的税款，应予追回。

生产企业申请时应同时满足以下条件:
(1) 已取得增值税一般纳税人资格。
(2) 已持续经营2年及2年以上。
(3) 生产的交通运输工具和机器设备生产周期在1年及1年以上。
(4) 上一年度净资产大于同期出口货物增值税、消费税退税额之和的3倍。
(5) 持续经营以来从未发生逃税、骗取出口退税、虚开增值税专用发票或农产品收购发票、接受虚开增值税专用发票（善意取得虚开增值税专用发票除外）行为。

第七节 特定应税行为的增值税计征方法

一、纳税人转让不动产（不含房地产开发企业销售自行开发房地产项目）增值税计征方法

（一）适用范围

纳税人转让其取得的不动产，包括以直接购买、接受捐赠、接受投资入股、自建以及抵债等各种形式取得的不动产，按照下列规定进行增值税处理，但是房地产开发企业销售自行开发的房地产项目不适用该规定。

（二）具体办法

1. 一般纳税人转让其取得的不动产，按照以下规定缴纳增值税：

（1）一般纳税人转让其2016年4月30日前取得（不含自建）的不动产，可以选择适用简易计税方法计税，以取得的全部价款和价外费用扣除不动产购置原价或者取得不动产时的作价后的余额为销售额，按照5%的征收率计算应纳税额。纳税人应按照上述计税方法向不动产所在地主管税务机关预缴税款，向机构所在地主管税务机关申报纳税。

（2）一般纳税人转让其2016年4月30日前自建的不动产，可以选择适用简易计税方法计税，以取得的全部价款和价外费用为销售额，按照5%的征收率计算应纳税额。纳税人应按照上述计税方法向不动产所在地主管税务机关预缴税款，向机构所在地主管税务机关申报纳税。

（3）一般纳税人转让其2016年4月30日前取得（不含自建）的不动产，选择适用一般计税方法计税的，以取得的全部价款和价外费用为销售额计算应纳税额。纳税人应以取得的全部价款和价外费用扣除不动产购置原价或者取得不动产时的作价后的余额，按照5%的预征率向不动产所在地主管税务机关预缴税款，向机构所在地主管税务机关申报纳税。

（4）一般纳税人转让其2016年4月30日前自建的不动产，选择适用一般计税方法计税的，以取得的全部价款和价外费用为销售额计算应纳税额。纳税人应以取得的全部价款和价外费用，按照5%的预征率向不动产所在地主管税务机关预缴税款，向机构所在地主管税务机关申报纳税。

（5）一般纳税人转让其2016年5月1日后取得（不含自建）的不动产，适用一般计税方法，以取得的全部价款和价外费用为销售额计算应纳税额。纳税人应以取得的全部价款和价外费用扣除不动产购置原价或者取得不动产时的作价后的余额，按照5%的预征率向不动产所在地主管税务机关预缴税款，向机构所在地主管税务机关申报纳税。

（6）一般纳税人转让其2016年5月1日后自建的不动产，适用一般计税方法，以取得的全部价款和价外费用为销售额计算应纳税额。纳税人应以取得的全部价款和价外费用，按照5%的预征率向不动产所在地主管税务机关预缴税款，向机构所在地主管税务机关申报纳税。

2. 小规模纳税人转让其取得的不动产，除个人转让其购买的住房外，按照以下规定缴纳增值税：

（1）小规模纳税人转让其取得（不含自建）的不动产，以取得的全部价款和价外费用扣除不动产购置原价或者取得不动产时的作价后的余额为销售额，按照5%的征收率计算应纳税额。

（2）小规模纳税人转让其自建的不动产，以取得的全部价款和价外费用为销售额，按照5%的征收率计算应纳税额。

除其他个人之外的小规模纳税人，应按照本规定的计税方法向不动产所在地主管税务机关预缴税款，向机构所在地主管税务机关申报纳税；其他个人按照本规定的计税方法向不动产所在地主管税务机关申报纳税。

3. 个人转让其购买的住房，按照以下规定缴纳增值税：

（1）个人转让其购买的住房，按照有关规定全额缴纳增值税的（见本章第八节的有关规定），以取得的全部价款和价外费用为销售额，按照5%的征收率计算应纳税额。

（2）个人转让其购买的住房，按照有关规定差额缴纳增值税的（见本章第八节的有关规定），以取得的全部价款和价外费用扣除购买住房价款后的余额为销售额，按照5%的征收率计算应纳税额。

个体工商户应按照本规定的计税方法向住房所在地主管税务机关预缴税款，向机构所在地主管税务机关申报纳税；其他个人应按照本规定的计税方法向住房所在地主管税务机关申报纳税。

4. 其他个人以外的纳税人转让其取得的不动产，区分以下情形计算应向不动产所在地主管税务机关预缴的税款：

（1）以转让不动产取得的全部价款和价外费用作为预缴税款计算依据的，计算公式为：

应预缴税款 = 全部价款和价外费用 ÷ （1 + 5%） × 5%

（2）以转让不动产取得的全部价款和价外费用扣除不动产购置原价或者取得不动产时的作价后的余额作为预缴税款计算依据的，计算公式为：

应预缴税款 = （全部价款和价外费用 − 不动产购置原价或者取得不动产时的作价） ÷ （1 + 5%） × 5%

5. 其他个人转让其取得的不动产，按照上述第4项规定的计算方法计算应纳税额并向不动产所在地主管税务机关申报纳税。

6. 纳税人按规定从取得的全部价款和价外费用中扣除不动产购置原价或者取得不动产时的作价的，应当取得符合法律、行政法规和国家税务总局规定的合法有效凭证。否则，不得扣除。上述凭证是指：

（1）税务部门监制的发票。
（2）法院判决书、裁定书、调解书，以及仲裁裁决书、公证债权文书。
（3）国家税务总局规定的其他凭证。

7. 纳税人转让其取得的不动产，向不动产所在地主管税务机关预缴的增值税税款，可以在当期增值税应纳税额中抵减，抵减不完的，结转下期继续抵减。

纳税人以预缴税款抵减应纳税额，应以完税凭证作为合法有效凭证。

8. 小规模纳税人转让其取得的不动产，不能自行开具增值税发票的，可向不动产所在地主管税务机关申请代开。

纳税人向其他个人转让其取得的不动产，不得开具或申请代开增值税专用发票。

9. 纳税人转让不动产缴纳增值税差额扣除的有关规定。

（1）纳税人转让不动产，按照有关规定差额缴纳增值税的，如因丢失等原因无法提供取得不动产时的发票，可向税务机关提供其他能证明契税计税金额的完税凭证等资料，进行差额扣除。

（2）纳税人以契税计税金额进行差额扣除的，按照下列公式计算增值税应纳税额：

①2016 年 4 月 30 日及以前缴纳契税的：

$$增值税应纳税额 = \left[\begin{pmatrix}全部交易价格\\（含增值税）\end{pmatrix} - \begin{pmatrix}契税计税金额\\（含营业税）\end{pmatrix}\right] \div (1+5\%) \times 5\%$$

②2016 年 5 月 1 日及以后缴纳契税的：

$$增值税应纳税额 = \left[\begin{pmatrix}全部交易价格\\（含增值税）\end{pmatrix} \div (1+5\%) - \begin{pmatrix}契税计税金额\\（不含增值税）\end{pmatrix}\right] \times 5\%$$

（3）纳税人同时保留取得不动产时的发票和其他能证明契税计税金额的完税凭证等资料的，应当凭发票进行差额扣除。

二、纳税人跨县（市、区）提供建筑服务增值税计征方法

（一）适用范围

纳税人跨县（市、区）提供建筑服务，应按照规定的纳税义务发生时间和计税方法，向建筑服务发生地主管税务机关预缴税款，向机构所在地主管税务机关申报纳税。

《建筑工程施工许可证》未注明合同开工日期，但建筑工程承包合同注明的开工日期在 2016 年 4 月 30 日前的建筑工程项目，属于增值税法规定的可以选择简易计税方法计税的建筑工程老项目。

跨县（市、区）提供建筑服务，是指单位和个体工商户（以下简称纳税人）在其机构所在地以外的县（市、区）提供建筑服务。

纳税人在同一地级行政区范围内跨县（市、区）提供建筑服务，不适用该办法。对于纳税人在同一直辖市、计划单列市范围内跨县（市、区）提供建筑服务的，由直辖市、计划单列市税务局决定是否适用该办法。其他个人跨县（市、区）提供建筑服务的不适用该办法。

（二）具体办法

1. 纳税人跨县（市、区）提供建筑服务，按照以下规定预缴税款：

（1）一般纳税人跨县（市、区）提供建筑服务，适用一般计税方法计税的，以取

得的全部价款和价外费用扣除支付的分包款后的余额，按照2%的预征率计算应预缴税款。

（2）一般纳税人跨县（市、区）提供建筑服务，选择适用简易计税方法计税的，以取得的全部价款和价外费用扣除支付的分包款后的余额，按照3%的征收率计算应预缴税款。

（3）小规模纳税人跨县（市、区）提供建筑服务，以取得的全部价款和价外费用扣除支付的分包款后的余额，按照3%的征收率计算应预缴税款（月销售额未超过10万元的，当期无须预缴税款）。

2. 纳税人跨县（市、区）提供建筑服务，按照以下公式计算应预缴税款：

（1）适用一般计税方法计税的：

应预缴税款 =（全部价款和价外费用 - 支付的分包款）÷（1 + 9%）×2%

（2）适用简易计税方法计税的：

应预缴税款 =（全部价款和价外费用 - 支付的分包款）÷（1 + 3%）×3%

纳税人取得的全部价款和价外费用扣除支付的分包款后的余额为负数的，可在结转下次预缴税款时继续扣除。

纳税人应按照工程项目分别计算应预缴税款，分别预缴。

3. 征收管理。

（1）纳税人按照上述规定从取得的全部价款和价外费用中扣除支付的分包款，应当取得符合法律、行政法规和国家税务总局规定的合法有效凭证，否则不得扣除。上述凭证是指：

①从分包方取得的2016年4月30日前开具的建筑业营业税发票。该发票在2016年6月30日前可作为预缴税款的扣除凭证。

②从分包方取得的2016年5月1日后开具的，备注栏注明建筑服务发生地所在县（市、区）项目名称的增值税发票。

③国家税务总局规定的其他凭证。

（2）纳税人跨县（市、区）提供建筑服务，在向建筑服务发生地主管税务机关预缴税款时，需填报《增值税预缴税款表》，并出示以下资料：

①与发包方签订的建筑合同复印件（加盖纳税人公章）。

②与分包方签订的分包合同复印件（加盖纳税人公章）。

③从分包方取得的发票复印件（加盖纳税人公章）。

（3）纳税人跨县（市、区）提供建筑服务，向建筑服务发生地主管税务机关预缴的增值税税款，可以在当期增值税应纳税额中抵减，抵减不完的，结转下期继续抵减。

纳税人以预缴税款抵减应纳税额，应以完税凭证作为合法有效凭证。

（4）小规模纳税人跨县（市、区）提供建筑服务，不能自行开具增值税发票的，可向建筑服务发生地主管税务机关按照其取得的全部价款和价外费用申请代开增值税发票。

（5）纳税人跨县（市、区）提供建筑服务预缴税款时间，按照规定的纳税义务发生时间和纳税期限执行。

（6）纳税人跨县（市、区）提供建筑服务，按照本规定应向建筑服务发生地主管税务机关预缴税款而自应当预缴之月起超过6个月没有预缴税款的，由机构所在地主管税务机关按照《税收征收管理法》及相关规定进行处理。

（7）提供建筑服务的一般纳税人按规定适用或选择适用简易计税方法计税的，不再实行备案制。以下证明材料无须向税务机关报送，改为自行留存备查：

①为建筑工程老项目提供的建筑服务，留存《建筑工程施工许可证》或建筑工程承包合同。

②为甲供工程提供的建筑服务、以清包工方式提供的建筑服务，留存建筑工程承包合同。

（8）建筑企业与发包方签订建筑合同后，以内部授权或者三方协议等方式，授权集团内其他纳税人（以下简称第三方）为发包方提供建筑服务，并由第三方直接与发包方结算工程款的，由第三方缴纳增值税并向发包方开具增值税发票，与发包方签订建筑合同的建筑企业不缴纳增值税。发包方可凭实际提供建筑服务的纳税人开具的增值税专用发票抵扣进项税额。

三、纳税人提供不动产经营租赁服务增值税计征方法

（一）适用范围

纳税人以经营租赁方式出租其取得的不动产（以下简称出租不动产），适用以下规定，但是纳税人提供道路通行服务不适用本规定。

取得的不动产包括以直接购买、接受捐赠、接受投资入股、自建以及抵债等各种形式取得的不动产。

（二）具体办法

1. 一般纳税人出租不动产，按照以下规定缴纳增值税：

（1）一般纳税人出租其2016年4月30日前取得的不动产，可以选择适用简易计税方法，按照5%的征收率计算应纳税额。

不动产所在地与机构所在地不在同一县（市、区）的，纳税人应按照上述计税方法向不动产所在地主管税务机关预缴税款，向机构所在地主管税务机关申报纳税。

不动产所在地与机构所在地在同一县（市、区）的，纳税人向机构所在地主管税务机关申报纳税。

（2）一般纳税人出租其2016年5月1日后取得的不动产，适用一般计税方法计税。

不动产所在地与机构所在地不在同一县（市、区）的，纳税人应按照3%的预征率向不动产所在地主管税务机关预缴税款，向机构所在地主管税务机关申报纳税。

不动产所在地与机构所在地在同一县（市、区）的，纳税人应向机构所在地主管税务机关申报纳税。

一般纳税人出租其2016年4月30日前取得的不动产适用一般计税方法计税的，按照上述规定执行。

2. 小规模纳税人出租不动产，按照以下规定缴纳增值税：

（1）单位和个体工商户出租不动产（不含个体工商户出租住房），按照5%的征收率计算应纳税额。个体工商户出租住房，按照5%的征收率减按1.5%计算应纳税额。

不动产所在地与机构所在地不在同一县（市、区）的，纳税人应按照上述计税方法向不动产所在地主管税务机关预缴税款，向机构所在地主管税务机关申报纳税。

不动产所在地与机构所在地在同一县（市、区）的，纳税人应向机构所在地主管税务机关申报纳税。

（2）其他个人出租不动产（不含住房），按照5%的征收率计算应纳税额，向不动产所在地主管税务机关申报纳税。其他个人出租住房，按照5%的征收率减按1.5%计算应纳税额，向不动产所在地主管税务机关申报纳税。

3. 预缴税款的计算（小规模纳税人月销售额未超过10万元的，当期无须预缴税款）。

（1）纳税人出租不动产适用一般计税方法计税的，按照以下公式计算应预缴税款：

应预缴税款＝含税销售额÷（1＋9%）×3%

（2）纳税人出租不动产适用简易计税方法计税的，除个人出租住房外，按照以下公式计算应预缴税款：

应预缴税款＝含税销售额÷（1＋5%）×5%

（3）个体工商户出租住房，按照以下公式计算应预缴税款：

应预缴税款＝含税销售额÷（1＋5%）×1.5%

（4）其他个人出租不动产，按照以下公式计算应纳税款：

①出租住房：

应纳税款＝含税销售额÷（1＋5%）×1.5%

②出租非住房：

应纳税款＝含税销售额÷（1＋5%）×5%

4. 征收管理。

（1）单位和个体工商户出租不动产，按照本办法规定向不动产所在地主管税务机关预缴税款时，应填写《增值税预缴税款表》。

（2）单位和个体工商户出租不动产，向不动产所在地主管税务机关预缴的增值税款，可以在当期增值税应纳税额中抵减，抵减不完的，结转下期继续抵减。

纳税人以预缴税款抵减应纳税额，应以完税凭证作为合法有效凭证。

（3）小规模纳税人中的单位和个体工商户出租不动产，不能自行开具增值税发票的，可向不动产所在地主管税务机关申请代开增值税发票。

其他个人出租不动产，可向不动产所在地主管税务机关申请代开增值税发票。

纳税人向其他个人出租不动产，不得开具或申请代开增值税专用发票。

（4）纳税人出租不动产，按照该办法规定应向不动产所在地主管税务机关预缴税款，而自应当预缴之月起超过6个月没有预缴税款的，由机构所在地主管税务机关按照《税收征收管理法》及相关规定进行处理。

四、房地产开发企业（一般纳税人）销售自行开发房地产项目增值税计征方法

（一）适用范围

自行开发房地产项目是指在依法取得土地使用权的土地上进行基础设施和房屋建设。

房地产开发企业以接盘等形式购入未完工的房地产项目继续开发后，以自己的名义立项销售的，属于销售自行开发的房地产项目。

（二）具体办法

1. 销售额的确定。

房地产开发企业中的一般纳税人（以下简称一般纳税人）销售自行开发的房地产项目，适用一般计税方法计税，按照取得的全部价款和价外费用，扣除当期销售房地产项目对应的土地价款后的余额计算销售额。销售额的计算公式为：

销售额 =（全部价款和价外费用 − 当期允许扣除的土地价款）÷（1 + 9%）

当期允许扣除的土地价款按照以下公式计算：

当期允许扣除的土地价款 =（当期销售房地产项目建筑面积 ÷ 房地产项目可供销售建筑面积）× 支付的土地价款

当期销售房地产项目建筑面积，是指当期进行纳税申报的增值税销售额对应的建筑面积。

房地产项目可供销售建筑面积，是指房地产项目可以出售的总建筑面积，不包括销售房地产项目时未单独作价结算的配套公共设施的建筑面积。

支付的土地价款，是指向政府、土地管理部门或受政府委托收取土地价款的单位直接支付的土地价款。

在计算销售额时从全部价款和价外费用中扣除土地价款，应当取得省级以上（含省级）财政部门监（印）制的财政票据。

一般纳税人应建立台账登记土地价款的扣除情况，扣除的土地价款不得超过纳税人实际支付的土地价款。

房地产开发企业的一般纳税人销售自行开发的房地产老项目，可以选择适用简易计税方法按照5%的征收率计税。一经选择简易计税方法计税的，36个月内不得变更为一般计税方法计税。

房地产开发企业的一般纳税人销售自行开发的房地产老项目适用简易计税方法计税的，以取得的全部价款和价外费用为销售额，不得扣除对应的土地价款。

2. 预缴税款。

房地产开发企业的一般纳税人采取预收款方式销售自行开发的房地产项目，应在收到预收款时按照3%的预征率预缴增值税。

应预缴税款按照以下公式计算：

应预缴税款 = 预收款 ÷（1 + 适用税率或征收率）× 3%

适用一般计税方法计税的，按照9%的适用税率计算；适用简易计税方法计税的，按照5%的征收率计算。

房地产开发企业的一般纳税人应在取得预收款的次月纳税申报期向主管税务机关预缴税款。

3. 进项税额。

房地产开发企业的一般纳税人销售自行开发的房地产项目，兼有一般计税方法计税、简易计税方法计税、免征增值税的房地产项目而无法划分不得抵扣的进项税额的，应以《建筑工程施工许可证》注明的"建设规模"为依据进行划分。

$$\text{不得抵扣的进项税额} = \text{当期无法划分的全部进项税额} \times \left(\text{简易计税、免税房地产项目建设规模} \div \text{房地产项目总建设规模}\right)$$

4. 纳税申报。

房地产开发企业的一般纳税人销售自行开发的房地产项目适用一般计税方法计税的，应按照规定的纳税义务发生时间，以当期销售额和9%的适用税率计算当期应纳税额，抵减已预缴税款后，向主管税务机关申报纳税。未抵减完的预缴税款可以结转下期继续抵减。

房地产开发企业的一般纳税人销售自行开发的房地产项目适用简易计税方法计税的，应按照《营改增通知》规定的纳税义务发生时间，以当期销售额和5%的征收率计算当期应纳税额，抵减已预缴税款后，向主管税务机关申报纳税。未抵减完的预缴税款可以结转下期继续抵减。

5. 发票开具。

房地产开发企业的一般纳税人销售自行开发的房地产项目，自行开具增值税发票。

房地产开发企业的一般纳税人销售自行开发的房地产项目，其2016年4月30日前收取并已向主管税务机关申报缴纳营业税的预收款，未开具营业税发票的，可以开具增值税普通发票，不得开具增值税专用发票。

房地产开发企业的一般纳税人向其他个人销售自行开发的房地产项目，不得开具增值税专用发票。

五、金融机构开展个人实物黄金交易业务增值税计征方法

金融机构经中国人民银行、中国银行保险监督管理委员会批准，在所属分理处、储蓄所等营业场所内开展个人实物黄金交易业务，应当照章征收增值税。

1. 对于金融机构从事的实物黄金交易业务，实行金融机构各省级分行和直属一级分行所属地市级分行、支行按照规定的预征率预缴增值税，由省级分行和直属一级分行统一清算缴纳。

（1）发生实物黄金交易行为的分理处、储蓄所等应按月计算实物黄金的销售数量、金额，上报其上级支行。

（2）各支行、分理处、储蓄所应依法向机构所在地主管税务局申请办理税务登记。各支行应按月汇总所属分理处、储蓄所上报的实物黄金销售额和本支行的实物黄金销售额，按照规定的预征率计算增值税预征税额，向主管税务机关申报缴纳增值税。

预征税额 = 销售额 × 预征率

（3）各省级分行和直属一级分行应向机构所在地主管税务局申请办理税务登记，申请认定增值税一般纳税人资格。按月汇总所属地市分行或支行上报的实物黄金销售额和进项税额，按照一般纳税人方法计算增值税应纳税额，根据已预征税额计算应补税额，向主管税务机关申报缴纳。

应纳税额 = 销项税额 - 进项税额

应补税额 = 应纳税额 - 预征税额

当期进项税额大于销项税额的，其留抵税额结转下期抵扣，预征税额大于应纳税额的，在下期增值税应纳税额中抵减。

（4）从事实物黄金交易业务的各级金融机构取得的进项税额，应当按照现行规定划

分不可抵扣的进项税额,作进项税额转出处理。

(5)预征率由各省级分行和直属一级分行所在地省级税务局确定。

2. 金融机构所属分行、支行、分理处、储蓄所等销售实物黄金时,应当向购买方开具国家税务总局统一监制的普通发票,不得开具银行自制的金融专业发票,普通发票领购事宜由各分行、支行办理。

3. 金融机构从事经其行业主管部门允许的贵金属交易业务,可比照销售个人实物黄金,实行统一清算缴纳的办法;已认定为增值税一般纳税人的金融机构,可根据《增值税专用发票使用规定》及相关规定领购、使用增值税专用发票。

第八节 税 收 优 惠

一、销售货物涉及的免税规定

1. 农业生产者销售的自产农产品。

农业生产者,包括从事农业生产的单位和个人。农产品是指种植业、养殖业、林业、牧业、水产业生产的各类植物、动物的初级产品。对上述单位和个人销售的外购农产品,以及单位和个人外购农产品生产、加工后销售的仍然属于规定范围的农产品,不属于免税的范围,应当按照规定的税率征收增值税。

纳税人采取"公司+农户"经营模式从事畜禽饲养,纳税人回收再销售畜禽,属于农业生产者销售自产农产品,应根据《增值税暂行条例》的有关规定免征增值税。

人工合成牛胚胎的生产过程属于农业生产,纳税人销售自产人工合成牛胚胎应免征增值税。

2. 避孕药品和用具。

3. 古旧图书,是指向社会收购的古书和旧书。

4. 直接用于科学研究、科学试验和教学的进口仪器、设备。

5. 外国政府、国际组织无偿援助的进口物资和设备。

6. 由残疾人的组织直接进口供残疾人专用的物品。

7. 销售的自己使用过的物品。自己使用过的物品,是指其他个人自己使用过的物品。

8. 免征蔬菜、部分鲜活肉蛋产品流通环节增值税。

(1)对从事蔬菜批发、零售的纳税人销售的蔬菜免征增值税。

经挑选、清洗、切分、晾晒、包装、脱水、冷藏、冷冻等工序加工的蔬菜,属于蔬菜的范围。

各种蔬菜罐头不属于蔬菜的范围。

(2)对从事农产品批发、零售的纳税人销售的部分鲜活肉蛋产品免征增值税。

免征增值税的鲜活肉产品,是指猪、牛、羊、鸡、鸭、鹅及其整块或者分割的鲜肉、冷藏或者冷冻肉，内脏、头、尾、骨、蹄、翅、爪等组织。

免征增值税的鲜活蛋产品，是指鸡蛋、鸭蛋、鹅蛋，包括鲜蛋、冷藏蛋以及对其进行破壳分离的蛋液、蛋黄和蛋壳。

上述产品中不包括《中华人民共和国野生动物保护法》所规定的国家珍贵、濒危野生动物及其鲜活肉类、蛋类产品。

（3）纳税人既销售上述规定的免税蔬菜或部分鲜活肉蛋产品，又销售其他增值税应税货物的，应分别核算免税蔬菜或部分鲜活肉蛋产品和其他增值税应税货物的销售额；未分别核算的，不得享受增值税免税政策。

9. 除豆粕以外的其他粕类饲料产品，均免征增值税。

10. 制种企业免征增值税。

制种企业在下列生产经营模式下生产销售种子，属于农业生产者销售自产农业产品，按规定免征增值税。

（1）制种企业利用自有土地或承租土地，雇用农户或雇工进行种子繁育，再经烘干、脱粒、风筛等深加工后销售种子。

（2）制种企业提供亲本种子委托农户繁育并从农户手中收回，再经烘干、脱粒、风筛等深加工后销售种子。

11. 纳税人生产销售和批发、零售符合标准的有机肥产品免征增值税。

12. 自2019年1月1日至2025年12月31日，对单位或者个体工商户将自产、委托加工或购买的货物通过公益性社会组织、县级及以上人民政府及其组成部门和直属机构，或直接无偿捐赠给目标脱贫地区的单位和个人，免征增值税。在政策执行期限内，目标脱贫地区实现脱贫的，可继续适用上述政策。

13. 海南离岛免税店销售离岛免税商品免征增值税和消费税的处理。

（1）离岛免税店销售离岛免税商品，按规定免征增值税和消费税。

（2）离岛免税店应按月进行增值税、消费税纳税申报。

（3）离岛免税店销售非离岛免税商品，按现行规定向主管税务机关申报缴纳增值税和消费税。

（4）离岛免税店兼营应征增值税、消费税项目的，应分别核算离岛免税商品和应税项目的销售额；未分别核算的，不得免税。

（5）离岛免税店销售离岛免税商品应开具增值税普通发票，不得开具增值税专用发票。

14. 为支持国家综合性消防救援队伍建设，自2023年1月1日至2025年12月31日，对国家综合性消防救援队伍进口国内不能生产或性能不能满足需求的消防救援装备，免征关税和进口环节增值税、消费税。

享受免税政策的装备列入《消防救援装备进口免税目录》，该目录由财政部会同海关总署、税务总局、国家消防救援局、工业和信息化部根据消防救援任务需求和国内产业发展情况适时调整。

15. 边销茶生产企业销售自产的边销茶及经销企业销售的边销茶免征增值税。

边销茶，是指以黑毛茶、老青茶、红茶末、绿茶为主要原料，经过发酵、蒸制、加压或者压碎、炒制，专门销往边疆少数民族地区的紧压茶。

16. 为支持跨境电子商务新业态加快发展，对2023年1月30日至2025年12月31日期间在跨境电子商务海关监管代码（1210、9610、9710、9810）项下申报出口，因滞销、退货原因，自出口之日起6个月内原状退运进境的商品（不含食品），免征进口关税和进口环节增值税、消费税；出口时已征收的出口关税准予退还，出口时已征收的增值税、消费税参照内销货物发生退货有关税收规定执行。

17. 为进一步支持深化文化体制改革，2027年12月31日以前，党报、党刊将其发行、印刷业务及相应的经营性资产剥离组建的文化企业，自注册之日起所取得的党报、党刊发行收入和印刷收入免征增值税。

18. 2027年12月31日以前，继续对国产抗艾滋病病毒药品免征生产环节和流通环节增值税。

享受上述免征增值税政策的国产抗艾滋病病毒药品，须为各省（自治区、直辖市）艾滋病药品管理部门按照政府采购有关规定采购的，并向艾滋病病毒感染者和病人免费提供的抗艾滋病病毒药品。药品生产企业和流通企业应将药品供货合同留存，以备税务机关查验。

抗艾滋病病毒药品的生产企业和流通企业应分别核算免税药品和其他货物的销售额；未分别核算的，不得享受增值税免税政策。

19. 2027年12月31日以前，免征图书批发、零售环节增值税。

20. 对饮水工程运营管理单位向农村居民提供生活用水取得的自来水销售收入，免征增值税。

对于既向城镇居民供水，又向农村居民供水的饮水工程运营管理单位，依据向农村居民供水收入占总供水收入的比例免征增值税；依据向农村居民供水量占总供水量的比例免征契税、印花税、房产税和城镇土地使用税。无法提供具体比例或所提供数据不实的，不得享受上述税收优惠政策。

21. 至2027年供暖期结束，对供热企业向居民个人（以下称居民）供热取得的采暖费收入免征增值税。

向居民供热取得的采暖费收入，包括供热企业直接向居民收取的、通过其他单位向居民收取的和由单位代居民缴纳的采暖费。

免征增值税的采暖费收入应当单独核算。通过热力产品经营企业向居民供热的热力产品生产企业，应当根据热力产品经营企业实际从居民取得的采暖费收入占该经营企业采暖费总收入的比例，计算免征的增值税。

供热企业，是指热力产品生产企业和热力产品经营企业。热力产品生产企业包括专业供热企业、兼营供热企业和自供热单位。

22. 2027年12月31日以前，对经国务院批准对外开放的货物期货品种保税交割业务，暂免征收增值税。上述期货交易中实际交割的货物，如果发生进口或者出口的，统一按照现行货物进出口税收政策执行。非保税货物发生的期货实物交割仍按《国家税务总局关于下发〈货物期货征收增值税具体办法〉的通知》(国税发〔1994〕244号)的规定执行。

二、"营改增"项目涉及的免税规定

1. 托儿所、幼儿园提供的保育和教育服务。

公办托儿所、幼儿园免征增值税的收入是指在省级财政部门和价格主管部门审核报省级人民政府批准的收费标准以内收取的教育费、保育费。

民办托儿所、幼儿园免征增值税的收入是指在报经当地有关部门备案并公示的收费标准范围内收取的教育费、保育费。

超过规定收费标准的收费，以开办实验班、特色班和兴趣班等为由另外收取的费用以及与幼儿入园挂钩的赞助费、支教费等超过规定范围的收入，不属于免征增值税的收入。

2. 养老机构提供的养老服务。
3. 残疾人福利机构提供的育养服务。
4. 婚姻介绍服务。
5. 殡葬服务。
6. 残疾人员本人为社会提供的服务。
7. 医疗机构提供的医疗服务。

2027年12月31日以前，医疗机构接受其他医疗机构委托，按照不高于地(市)级以上价格主管部门会同同级卫生主管部门及其他相关部门制定的医疗服务指导价格(包括政府指导价和按照规定由供需双方协商确定的价格等)，提供《全国医疗服务价格项目规范》所列的各项服务，可适用该项免税规定。

8. 从事学历教育的学校提供的教育服务。

学历教育，是指受教育者经过国家教育考试或者国家规定的其他入学方式，进入国家有关部门批准的学校或者其他教育机构学习，获得国家承认的学历证书的教育形式。不包括职业培训机构等国家不承认学历的教育机构。

提供教育服务免征增值税的收入是指对列入规定招生计划的在籍学生提供学历教育服务取得的收入，但是学校以各种名义收取的赞助费、择校费等，不属于免征增值税的范围。

9. 学生勤工俭学提供的服务。
10. 农业机耕、排灌、病虫害防治、植物保护、农牧保险以及相关技术培训业务，家禽、牲畜、水生动物的配种和疾病防治。

对于动物诊疗机构销售动物食品和用品，提供动物清洁、美容、代理看护等服务，应按照现行规定缴纳增值税。

11. 纪念馆、博物馆、文化馆、文物保护单位管理机构、美术馆、展览馆、书画院、图书馆在自己的场所提供文化体育服务取得的第一道门票收入。
12. 寺院、宫观、清真寺和教堂举办的文化、宗教活动的门票收入。
13. 行政单位之外的其他单位收取的符合《试点实施办法》第十条规定的政府性基金和行政事业性收费。(见本章第一节的相关内容)
14. 个人转让著作权。

15. 个人销售自建自用住房。

16. 台湾航运公司、航空公司从事海峡两岸海上直航、空中直航业务在大陆取得的运输收入。

17. 纳税人提供的直接或者间接国际货物运输的代理服务。

18. 下列利息收入免征增值税：

（1）国家助学贷款。

（2）国债、地方政府债。

（3）人民银行对金融机构的贷款。

（4）住房公积金管理中心用住房公积金在指定的委托银行发放的个人住房贷款。

（5）外汇管理部门在从事国家外汇储备经营过程中，委托金融机构发放的外汇贷款。

（6）统借统还业务中，企业集团或企业集团中的核心企业以及集团所属财务公司按不高于支付给金融机构的借款利率水平或者支付的债券票面利率水平，向企业集团或者集团内下属单位收取的利息。

统借方向资金使用单位收取的利息，高于支付给金融机构借款利率水平或者支付的债券票面利率水平的，应全额缴纳增值税。

（7）自2018年11月7日起至2025年12月31日止，对境外机构投资境内债券市场取得的债券利息收入暂免征收增值税。

19. 被撤销金融机构以货物、不动产、无形资产、有价证券、票据等财产清偿债务，除另有规定外，被撤销金融机构所属、附属企业，不享受被撤销金融机构增值税免税政策。

20. 保险公司开办的一年期以上人身保险产品取得的保费收入。

一年期以上人身保险是指保险期间为一年期及以上返还本利的人寿保险、养老年金保险，以及保险期间为一年期及以上的健康保险。

21. 再保险服务。

（1）境内保险公司向境外保险公司提供的完全在境外消费的再保险服务，免征增值税。

（2）纳税人提供再保险服务（境内保险公司向境外保险公司提供的再保险服务除外），实行与原保险服务一致的增值税政策。再保险合同对应多个原保险合同的，所有原保险合同均适用免征增值税政策时，该再保险合同适用免征增值税政策。否则，该再保险合同应按规定缴纳增值税。

原保险服务是指保险分出方与投保人之间直接签订保险合同而建立保险关系的业务活动。

22. 下列金融商品转让收入：

（1）合格境外投资者（QFII）委托境内公司在我国从事证券买卖业务。

（2）香港市场投资者（包括单位和个人）通过沪港通和深港通买卖上海证券交易所和深圳证券交易所上市A股；对内地个人投资者通过深港通买卖香港联交所上市股票取得的差价收入，在营改增试点期间免征增值税。

（3）对香港市场投资者（包括单位和个人）通过基金互认买卖内地基金份额。

（4）证券投资基金（封闭式证券投资基金和开放式证券投资基金）管理人运用基金买卖股票、债券。

（5）个人从事金融商品转让业务。

23. 金融同业往来利息收入，包括金融机构与人民银行所发生的资金往来业务、银行联行往来业务、和金融机构间的资金往来业务、同业存款、同业借款、同业代付、买断式买入返售金融商品、持有金融债券和同业存单产生的利息收入。

但是，自2018年1月1日起，金融机构开展贴现、转贴现业务，以其实际持有票据期间取得的利息收入作为贷款服务销售额计算缴纳增值税。此前贴现机构已就贴现利息收入全额缴纳增值税的票据，转贴现机构转贴现利息收入继续免征增值税。

24. 国家商品储备管理单位及其直属企业承担商品储备任务，从中央或者地方财政取得的利息补贴收入和价差补贴收入。

25. 纳税人提供技术转让、技术开发和与之相关的技术咨询、技术服务。

与技术转让、技术开发相关的技术咨询、技术服务，是指转让方（或者受托方）根据技术转让或者开发合同的规定，为帮助受让方（或者委托方）掌握所转让（或者委托开发）的技术，而提供的技术咨询、技术服务业务，且这部分技术咨询、技术服务的价款与技术转让或者技术开发的价款应当在同一张发票上开具。

26. 同时符合下列条件的合同能源管理服务：

（1）节能服务公司实施合同能源管理项目相关技术，应当符合国家质量监督检验检疫总局和国家标准化管理委员会发布的《合同能源管理技术通则》（GB/T24915-2010）规定的技术要求。

（2）节能服务公司与用能企业签订节能效益分享型合同，其合同格式和内容，符合《中华人民共和国合同法》和《合同能源管理技术通则》（GB/T24915-2010）等规定。

27. 政府举办的从事学历教育的高等、中等和初等学校（不含下属单位），举办进修班、培训班取得的全部归该学校所有的收入。

举办进修班、培训班取得的收入进入该学校下属部门自行开设账户的，不予免征增值税。

28. 政府举办的职业学校设立的主要为在校学生提供实习场所，并由学校出资自办、由学校负责经营管理、经营收入归学校所有的企业，从事"现代服务"（不含融资租赁服务、广告服务和其他现代服务）、"生活服务"（不含文化体育服务、其他生活服务和桑拿、氧吧）业务活动取得的收入。

29. 家政服务企业由员工制家政服务员提供家政服务取得的收入。

30. 福利彩票、体育彩票的发行收入。

31. 军队空余房产租赁收入。

32. 企业、行政事业单位按房改成本价、标准价出售住房取得的收入。

33. 将土地使用权转让给农业生产者用于农业生产。

34. 涉及家庭财产分割的个人无偿转让不动产、土地使用权。

家庭财产分割包括：离婚财产分割；无偿赠与配偶、父母、子女、祖父母、外祖父母、孙子女、外孙子女、兄弟姐妹；无偿赠与对其承担直接抚养或者赡养义务的抚养人或者赡养人；房屋产权所有人死亡，法定继承人、遗嘱继承人或者受遗赠人依法取得房屋产权。

35. 土地所有者出让土地使用权和土地使用者将土地使用权归还给土地所有者。

36. 县级以上地方人民政府或自然资源行政主管部门出让、转让或收回自然资源使用权（不含土地使用权）。

37. 随军家属就业。

（1）为安置随军家属就业而新开办的企业，自领取税务登记证之日起，其提供的应税服务3年内免征增值税。

（2）从事个体经营的随军家属，自办理税务登记事项之日起，其提供的应税服务3年内免征增值税。

按照上述规定，每一名随军家属可以享受一次免税政策。

38. 军队转业干部就业。

（1）从事个体经营的军队转业干部，自领取税务登记证之日起，其提供的应税服务3年内免征增值税。

（2）为安置自主择业的军队转业干部就业而新开办的企业，凡安置自主择业的军队转业干部占企业总人数60%（含）以上的，自领取税务登记证之日起，其提供的应税服务3年内免征增值税。

39. 各党派、共青团、工会、妇联、中科协、青联、台联、侨联收取党费、团费、会费，以及政府间国际组织收取会费，属于非经营活动，不征收增值税。

40. 青藏铁路公司提供的铁路运输服务免征增值税。

41. 中国邮政集团公司及其所属邮政企业提供的邮政普遍服务和邮政特殊服务，免征增值税。

42. 中国邮政集团公司及其所属邮政企业为金融机构代办金融保险业务取得的代理收入免征增值税。

43. 全国社会保障基金理事会、全国社会保障基金投资管理人运用全国社会保障基金买卖证券投资基金、股票、债券取得的金融商品转让收入，免征增值税。

44. 对下列国际航运保险业务免征增值税：

（1）注册在上海、天津的保险企业从事国际航运保险业务。

（2）注册在深圳市的保险企业向注册在前海深港现代服务业合作区的企业提供国际航运保险业务。

（3）注册在平潭的保险企业向注册在平潭的企业提供国际航运保险业务。

45. 对社保基金会、社保基金投资管理人在运用社保基金投资过程中，提供贷款服务取得的全部利息及利息性质的收入和金融商品转让收入，免征增值税。

46. 境外教育机构与境内从事学历教育的学校开展中外合作办学，提供学历教育服务取得的收入免征增值税。

47. 2019年2月1日至2027年12月31日，对企业集团内单位（含企业集团）之间的资金无偿借贷行为，免征增值税。

48. 对小额贷款利息收入的免税规定。

（1）2027年12月31日以前，对金融机构向农户发放小额贷款取得的利息收入，免征增值税。金融机构应将相关免税证明材料留存备查，单独核算符合免税条件的小额贷款利息收入，按现行规定向主管税务机关办理纳税申报；未单独核算的，不得免征增值税。

农户是指长期（一年以上）居住在乡镇（不包括城关镇）行政管理区域内的住户，还包括长期居住在城关镇所辖行政村范围内的住户和户口不在本地而在本地居住一年以上的住户，以及国有农场的职工。位于乡镇（不包括城关镇）行政管理区域内和在城关镇所辖行政村范围内的国有经济的机关、团体、学校、企事业单位的集体户；有本地户口，但举家外出谋生一年以上的住户，无论是否保留承包耕地均不属于农户。农户以户为统计单位，既可以从事农业生产经营，也可以从事非农业生产经营。农户贷款的判定应以贷款发放时的借款人是否属于农户为准。

小额贷款是指单户授信小于100万元（含本数）的农户贷款；没有授信额度的，是指单户贷款合同金额且贷款余额在100万元（含本数）以下的贷款。

（2）为引导小额贷款公司发挥积极作用，2027年12月31日以前，对经省级地方金融监督管理部门批准成立的小额贷款公司取得的农户小额贷款利息收入，免征增值税。小额贷款，是指单笔且该农户贷款余额总额在10万元（含本数）以下的贷款。

（3）为支持小微企业、个体工商户融资，2027年12月31日以前，对金融机构向小型企业、微型企业和个体工商户发放小额贷款取得的利息收入，免征增值税。金融机构可以选择以下两种方法之一适用免税：

①对金融机构向小型企业、微型企业和个体工商户发放的，利率水平不高于全国银行间同业拆借中心公布的贷款市场报价利率（LPR）150%（含本数）的单笔小额贷款取得的利息收入，免征增值税；高于全国银行间同业拆借中心公布的贷款市场报价利率（LPR）150%的单笔小额贷款取得的利息收入，按照现行政策规定缴纳增值税。

②对金融机构向小型企业、微型企业和个体工商户发放单笔小额贷款取得的利息收入中，不高于该笔贷款按照全国银行间同业拆借中心公布的贷款市场报价利率（LPR）150%（含本数）计算的利息收入部分，免征增值税；超过部分按照现行政策规定缴纳增值税。

金融机构可按会计年度在以上两种方法之间选定其一作为该年的免税适用方法，一经选定，该会计年度内不得变更。

小额贷款，是指单户授信小于1 000万元（含本数）的小型企业、微型企业或个体工商户贷款；没有授信额度的，是指单户贷款合同金额且贷款余额在1 000万元（含本数）以下的贷款。

49. 纳税人采取转包、出租、互换、转让、入股等方式将承包地流转给农业生产者用于农业生产，免征增值税。

50. 自2016年5月1日起，社会团体收取的会费，免征增值税。2017年12月25日前已征的增值税，可抵减以后月份应缴纳的增值税，或办理退税。

社会团体开展经营服务性活动取得的其他收入，一律照章缴纳增值税。

51. 其他个人出租不动产的免征增值税处理。

其他个人，采取一次性收取租金形式出租不动产取得的租金收入，可在对应的租赁期内平均分摊，分摊后的月租金收入未超过10万元的，免征增值税。

52. 创新企业境内发行存托凭证的免征增值税处理。

（1）对个人投资者转让创新企业CDR取得的差价收入，暂免征收增值税。

（2）对单位投资者转让创新企业CDR取得的差价收入，按金融商品转让政策规定征免增值税。

（3）自试点开始之日起，对公募证券投资基金（封闭式证券投资基金、开放式证券投资基金）管理人运营基金过程中转让创新企业CDR取得的差价收入，3年内暂免征收增值税。

（4）对合格境外机构投资者（QFII）、人民币合格境外机构投资者（RQFII）委托境内公司转让创新企业CDR取得的差价收入，暂免征收增值税。

53. 自2019年6月1日至2025年12月31日，为社区提供养老、托育、家政等服务的机构，提供社区养老、托育、家政服务取得的收入免征增值税。

54. 2027年12月31日以前，对科普单位的门票收入，以及县级及以上党政部门和科协开展科普活动的门票收入免征增值税。

55. 为支持文化企业发展，2027年12月31日以前，延续实施相关增值税优惠政策。

（1）对电影主管部门（包括中央、省、地市及县级）按照职能权限批准从事电影制片、发行、放映的电影集团公司（含成员企业）、电影制片厂及其他电影企业取得的销售电影拷贝（含数字拷贝）收入、转让电影版权（包括转让和许可使用）收入、电影发行收入以及在农村取得的电影放映收入，免征增值税。一般纳税人提供的城市电影放映服务，可以按现行政策规定，选择按照简易计税办法计算缴纳增值税。

（2）对广播电视运营服务企业收取的有线数字电视基本收视维护费和农村有线电视基本收视费，免征增值税。

56. 纳税人将国有农用地出租给农业生产者用于农业生产，免征增值税。

57. 2027年12月31日以前，对国家级、省级科技企业孵化器、大学科技园和国家备案众创空间自用以及无偿或通过出租等方式提供给在孵对象使用的房产、土地，免征房产税和城镇土地使用税；对其向在孵对象提供孵化服务取得的收入，免征增值税。

孵化服务是指为在孵对象提供的经纪代理、经营租赁、研发和技术、信息技术、鉴证咨询服务。

58. 为继续支持实施创新驱动发展战略，创新企业境内发行存托凭证（以下称创新企业CDR）适用增值税优惠政策。

（1）对个人投资者转让创新企业CDR取得的差价收入，暂免征收增值税。

（2）对单位投资者转让创新企业CDR取得的差价收入，按金融商品转让政策规定征免增值税。

（3）自2023年9月21日至2025年12月31日，对公募证券投资基金（封闭式证券投资基金、开放式证券投资基金）管理人运营基金过程中转让创新企业CDR取得的差价收入，暂免征收增值税。

（4）对合格境外机构投资者（QFII）、人民币合格境外机构投资者（RQFII）委托境内公司转让创新企业CDR取得的差价收入，暂免征收增值税。

59. 2025年12月31日前，对经营公租房所取得的租金收入，免征增值税。

60. 2027年12月31日前，纳税人为农户、小型企业、微型企业及个体工商户借款、发行债券提供融资担保取得的担保费收入，以及为上述融资担保（以下称原担保）提供再担保取得的再担保费收入，免征增值税。再担保合同对应多个原担保合同的，原担保合同应全部适用免征增值税政策。否则，再担保合同应按规定缴纳增值税。

三、增值税即征即退的规定

纳税人享受增值税即征即退政策的主要规定如下：

1. 增值税一般纳税人销售其自行开发生产的软件产品，按13%税率征收增值税后，对其增值税实际税负超过3%的部分实行即征即退政策。

增值税一般纳税人将进口软件产品进行本地化改造后对外销售，其销售的软件产品可享受上款规定的增值税即征即退政策。

2. 一般纳税人提供管道运输服务，对其增值税实际税负超过3%的部分实行增值税即征即退政策。

3. 纳税人安置残疾人应享受增值税即征即退优惠政策：

(1) 纳税人，是指安置残疾人的单位和个体工商户。

(2) 纳税人本期应退增值税额按下列公式计算：

本期应退增值税税额＝本期所含月份每月应退增值税税额之和

月应退增值税税额＝纳税人本月安置残疾人员人数×本月月最低工资标准的4倍

月最低工资标准是指纳税人所在区县（含县级市、旗）适用的经省（含自治区、直辖市、计划单列市）人民政府批准的月最低工资标准。

(3) 纳税人新安置的残疾人从签订劳动合同并缴纳社会保险的次月起计算，其他职工从录用的次月起计算；安置的残疾人和其他职工减少的，从减少当月计算。

4. 资源综合利用产品和劳务增值税优惠政策。

纳税人销售自产综合利用产品和资源综合利用劳务，可享受增值税即征即退政策。退税比例包括30%、50%、70%、90%和100%五个档次。

综合利用的资源名称、综合利用的产品和劳务名称、技术标准和相关条件、退税比例等按照《资源综合利用产品和劳务增值税优惠目录（2022年版）》（以下简称《目录》）的相关规定执行。

纳税人从事《目录》所列的资源综合利用项目，其申请享受增值税即征即退政策时，应同时符合下列条件：

(1) 纳税人在境内收购的再生资源，应按规定从销售方取得增值税发票；适用免税政策的，应按规定从销售方取得增值税普通发票。销售方为依法依规无法申领发票的单位或者从事小额零星经营业务的自然人，应取得销售方开具的收款凭证及收购方内部凭证，或者税务机关代开的发票。其中，小额零星经营业务是指自然人从事应税项目经营业务的销售额不超过增值税按次起征点的业务。

纳税人从境外收购的再生资源，应按规定取得海关进口增值税专用缴款书，或者从销售方取得具有发票性质的收款凭证、相关税费缴纳凭证。

(2) 纳税人应建立再生资源收购台账，留存备查。台账内容包括：再生资源供货方单位名称或个人姓名及身份证号、再生资源名称、数量、价格、结算方式、是否取得增值税发票或符合规定的凭证等。纳税人现有账册、系统能够包括上述内容的，无须单独建立台账。

(3) 销售综合利用产品和劳务，不属于国家发展和改革委《产业结构调整指导目录》中的淘汰类、限制类项目。

(4) 销售综合利用产品和劳务，不属于生态环境部《环境保护综合名录》中的"高污染、高环境风险"产品或重污染工艺。

(5) 综合利用的资源，属于生态环境部《国家危险废物名录》列明的危险废物的，应当取得省级或市级生态环境部门颁发的《危险废物经营许可证》，且许可经营范围包括该危险废物的利用。

(6) 纳税信用级别不为 C 级或 D 级。

已享受增值税即征即退政策的纳税人，自不符合上述规定的条件以及《目录》规定的技术标准和相关条件的当月起，不再享受本即征即退政策。

(7) 纳税人申请享受即征即退政策时，申请退税税款所属期前 6 个月（含所属期当期）不得发生下列情形：

①因违反生态环境保护的法律法规受到行政处罚（警告、通报批评或单次 10 万元以下罚款、没收违法所得、没收非法财物除外；单次 10 万元以下含本数，下同）。

②因违反税收法律法规被税务机关处罚（单次 10 万元以下罚款除外），或发生骗取出口退税、虚开发票的情形。

已享受增值税即征即退政策的纳税人，出现上述情形的，自处罚决定作出的当月起 6 个月内不得享受即征即退政策。如纳税人连续 12 个月内发生两次以上上述情形，自第二次处罚决定作出的当月起 36 个月内不得享受即征即退政策。相关处罚决定被依法撤销、变更、确认违法或者确认无效的，符合条件的纳税人可以重新申请办理退税事宜。

纳税人享受增值税即征即退政策，有纳税信用级别条件要求的，以纳税人申请退税税款所属期的纳税信用级别确定。申请退税税款所属期内纳税信用级别发生变化的，以变化后的纳税信用级别确定。

四、增值税先征后退的规定

为促进我国宣传文化事业发展，2027 年 12 月 31 日前，执行下列增值税先征后退政策。

1. 对下列出版物在出版环节执行增值税 100% 先征后退的政策：

(1) 中国共产党和各民主党派的各级组织的机关报纸和机关期刊，各级人大、政协、政府、工会、共青团、妇联、残联、科协的机关报纸和机关期刊，新华社的机关报纸和机关期刊，军事部门的机关报纸和机关期刊。

上述各级组织不含其所属部门。机关报纸和机关期刊增值税先征后退范围掌握在一个单位一份报纸和一份期刊以内。

(2) 专为少年儿童出版发行的报纸和期刊，中小学的学生教科书。

(3) 专为老年人出版发行的报纸和期刊。

(4) 少数民族文字出版物。

(5) 盲文图书和盲文期刊。

(6) 经批准在内蒙古、广西、西藏、宁夏、新疆五个自治区内注册的出版单位出版的出版物。

（7）列入《财政部 税务总局关于延续实施宣传文化增值税优惠政策的公告》（财政部、税务总局公告 2023 年第 60 号，以下简称 2023 年第 60 号）附件 1 的图书、报纸和期刊。其中，专为老年人出版发行的报纸和期刊名单按照财政部、税务总局公告 2024 年第 11 号附件中的名单执行。

2. 对下列出版物在出版环节执行增值税 50% 先征后退的政策：

（1）各类图书、期刊、音像制品、电子出版物，但按规定执行增值税 100% 先征后退的出版物除外。

（2）列入 2023 年第 60 号附件 2 的报纸。

享受上述增值税先征后退政策的纳税人，必须是具有相关出版物出版许可证的出版单位（含以"租型"方式取得专有出版权进行出版物印刷发行的出版单位）。承担省级及以上出版行政主管部门指定出版、发行任务的单位，因进行重组改制等原因尚未办理出版、发行许可证变更的单位，经财政部各地监管局（以下简称财政监管局）商省级出版行政主管部门核准，可以享受相应的增值税先征后退政策。

纳税人应当将享受上述税收优惠政策的出版物在财务上实行单独核算，不进行单独核算的不得享受上述优惠政策。违规出版物、多次出现违规的出版单位及图书批发零售单位不得享受上述优惠政策。上述违规出版物、出版单位及图书批发零售单位的具体名单由省级及以上出版行政主管部门及时通知相应财政监管局和主管税务机关。

已按软件产品享受增值税退税政策的电子出版物不得再申请增值税先征后退政策。

3. 对下列印刷、制作业务执行增值税 100% 先征后退的政策：

（1）对少数民族文字出版物的印刷或制作业务。

（2）列入 2023 年第 60 号附件 3 的新疆维吾尔自治区印刷企业的印刷业务。

4. 对科普单位的门票收入，以及县级及以上党政部门和科协开展科普活动的门票收入免征增值税。

上述规定的各项增值税先征后退政策由财政监管局根据财政部、税务总局、中国人民银行《关于税制改革后对某些企业实行"先征后退"有关预算管理问题的暂行规定的通知》〔（94）财预字第 55 号〕的规定办理。

五、扣减增值税的规定

1. 退役士兵创业就业。

（1）自主就业退役士兵从事个体经营税收政策。

自 2023 年 1 月 1 日至 2027 年 12 月 31 日，自主就业退役士兵从事个体经营的，自办理个体工商户登记当月起，在 3 年（36 个月，下同）内按每户每年 20 000 元为限额依次扣减其当年实际应缴纳的增值税、城市维护建设税、教育费附加、地方教育附加和个人所得税。限额标准最高可上浮 20%，各省、自治区、直辖市人民政府可根据本地区实际情况在此幅度内确定具体限额标准。

（2）企业招用自主就业退役士兵税收政策。

自 2023 年 1 月 1 日至 2027 年 12 月 31 日，企业招用自主就业退役士兵，与其签订 1

年以上期限劳动合同并依法缴纳社会保险费的，自签订劳动合同并缴纳社会保险当月起，在3年内按实际招用人数予以定额依次扣减增值税、城市维护建设税、教育费附加、地方教育附加和企业所得税优惠。定额标准为每人每年6 000元，最高可上浮50%，各省、自治区、直辖市人民政府可根据本地区实际情况在此幅度内确定具体定额标准。

企业是指属于增值税纳税人或企业所得税纳税人的企业等单位。

2. 重点群体创业就业。

（1）重点群体从事个体经营税收政策。

自2023年1月1日至2027年12月31日，脱贫人口（含防止返贫监测对象，下同）、持《就业创业证》（注明"自主创业税收政策"或"毕业年度内自主创业税收政策"）或《就业失业登记证》（注明"自主创业税收政策"）的人员，从事个体经营的，自办理个体工商户登记当月起，在3年内按每户每年20 000元为限额依次扣减其当年实际应缴纳的增值税、城市维护建设税、教育费附加、地方教育附加和个人所得税。限额标准最高可上浮20%，各省、自治区、直辖市人民政府可根据本地区实际情况在此幅度内确定具体限额标准。

上述人员具体包括：①纳入全国防止返贫监测和衔接推进乡村振兴信息系统的脱贫人口；②在人力资源社会保障部门公共就业服务机构登记失业半年以上的人员；③零就业家庭、享受城市居民最低生活保障家庭劳动年龄内的登记失业人员；④毕业年度内高校毕业生。高校毕业生是指实施高等学历教育的普通高等学校、成人高等学校应届毕业的学生；毕业年度是指毕业所在自然年，即1月1日至12月31日。

重点群体从事个体经营的，以申报时本年度已实际经营月数换算其扣减限额。换算公式为：

$$扣减限额 = 年度限额标准 \div 12 \times 本年度已实际经营月数$$

纳税人在扣减限额内，每月（季）依次扣减增值税、城市维护建设税、教育费附加、地方教育附加和个人所得税。城市维护建设税、教育费附加、地方教育附加的计税依据是享受本项税收优惠政策前的增值税应纳税额。

纳税人本年内累计应缴纳税款小于上述扣减限额的，减免税额以其应缴纳税款为限；大于上述扣减限额的，以上述扣减限额为限。

（2）企业招用重点群体税收政策。

自2023年1月1日至2027年12月31日，企业招用脱贫人口，以及在人力资源社会保障部门公共就业服务机构登记失业半年以上且持《就业创业证》或《就业失业登记证》（注明"企业吸纳税收政策"）的人员，与其签订1年以上期限劳动合同并依法缴纳社会保险费的，自签订劳动合同并缴纳社会保险当月起，在3年内按实际招用人数予以定额依次扣减增值税、城市维护建设税、教育费附加、地方教育附加和企业所得税优惠。定额标准为每人每年6 000元，最高可上浮30%，各省、自治区、直辖市人民政府可根据本地区实际情况在此幅度内确定具体定额标准。

企业应当以本年度招用重点群体人员申报时已实际工作月数换算扣减限额。实际工作月数按照纳税人本年度已为重点群体依法缴纳社会保险费的时间计算。计算公式为：

$$扣减限额 = \sum 每名重点群体本年度在本企业已实际工作月数 \div 12 \times 年度定额标准$$

企业在扣减限额内每月（季）依次扣减增值税、城市维护建设税、教育费附加和地方教育附加。企业本年内累计应缴纳税款小于上述扣减限额的，减免税额以其应缴纳税款为限；大于上述扣减限额的，以上述扣减限额为限。城市维护建设税、教育费附加、地方教育附加的计税依据是享受本项政策前的增值税应纳税额。

纳税年度终了，如果企业实际减免的增值税、城市维护建设税、教育费附加和地方教育附加小于年度扣减限额，企业在企业所得税汇算清缴时以差额部分扣减企业所得税。当年扣减不完的，不再结转以后年度扣减。

纳税人享受自主就业退役士兵创业就业政策的税款扣减额度、顺序等方面的规定比照重点群体创业就业税收优惠政策执行。

3. 优惠政策享受及税收征管操作口径。

同一重点群体人员或自主就业退役士兵开办多家个体工商户的，应当选择其中一户作为政策享受主体。除该个体工商户依法办理注销登记、变更经营者或转型为企业外，不得调整政策享受主体。

同一重点群体人员或自主就业退役士兵在多家企业就业的，应当由与其签订1年以上劳动合同并依法为其缴纳养老、工伤、失业保险的企业作为政策享受主体。

企业同时招用多个不同身份的就业人员（包括脱贫人口、登记失业半年以上人员、自主就业退役士兵、自主择业军队转业干部、随军家属、残疾人等），可按照规定分别适用对应的政策。

企业招用的同一就业人员如同时具有多重身份（包括脱贫人口、登记失业半年以上人员、自主就业退役士兵、自主择业军队转业干部、随军家属、残疾人等），应当选定一个身份享受政策，不得重复享受。

为更好促进重点群体或自主就业退役士兵就业，对于企业因以前年度招用重点群体或自主就业退役士兵就业符合政策条件但未及时申报享受的，可依法申请退税；如申请时该重点群体或自主就业退役士兵已从企业离职，不再追溯执行。

六、其他征免税项目

1. 增值税起征点的规定。

纳税人销售额未达到国务院财政、税务主管部门规定的增值税起征点的，免征增值税；达到起征点的，依照规定全额计算缴纳增值税。

增值税起征点仅适用于个人，包括：个体工商户和其他个人，但不适用于登记认定为一般纳税人的个体工商户。即：增值税起征点仅适用于按照小规模纳税人纳税的个体工商户和其他个人。

增值税起征点幅度如下：

（1）按期纳税的，为月销售额5 000~20 000元（含本数）。

（2）按次纳税的，为每次（日）销售额300~500元（含本数）。

另外，对增值税月销售额10万元以下（含本数）的增值税小规模纳税人，免征增值税。

2. 金融企业发放贷款后应收未收利息的增值税处理。

金融企业发放贷款后，自结息日起90天内发生的应收未收利息按现行规定缴纳增值税，自结息日起90天后发生的应收未收利息暂不缴纳增值税，待实际收到利息时按规定缴纳增值税。

3. 个人销售自购住房的征免增值税处理。

个人将购买不足2年的住房对外销售的,按照5%的征收率全额缴纳增值税;个人将购买2年以上(含2年)的住房对外销售的,免征增值税。上述政策适用于北京市、上海市、广州市和深圳市之外的地区。

个人将购买2年以上(含2年)的非普通住房对外销售的,以销售收入减去购买住房价款后的差额按照5%的征收率缴纳增值税;个人将购买2年以上(含2年)的普通住房对外销售的,免征增值税。上述政策仅适用于北京市、上海市、广州市和深圳市。对于北京市、上海市、广州市和深圳市取消普通住宅和非普通住宅标准的,在取消普通住宅和非普通住宅标准后,与全国其他地区适用统一的个人销售住房增值税政策,即对个人将购买2年以上(含2年)的住房对外销售的,免征增值税。

4. 新支线飞机和民用喷气式飞机的增值税优惠规定。

对纳税人生产销售新支线飞机和空载重量大于25吨的民用喷气式飞机暂减按5%征收增值税,并对其因生产销售新支线飞机和空载重量大于25吨的民用喷气式飞机而形成的增值税期末留抵税额予以退还。

对纳税人从事空载重量大于45吨的民用客机研制项目而形成的增值税期末留抵税额予以退还。

新支线飞机,是指空载重量大于25吨且小于45吨、座位数量少于130个的民用客机。

纳税人符合规定的增值税期末留抵税额,可在初次申请退税时予以一次性退还。纳税人收到退税款项的当月,应将退税额从增值税进项税额中转出。未按规定转出的,按《税收征收管理法》有关规定承担相应法律责任。

退还的增值税税额由中央和地方按照现行增值税分享比例共同负担。

5. 外购化工产品生产石脑油、燃料油的增值税处理。

对外购用于生产乙烯、芳烃类化工产品(以下称特定化工产品)的石脑油、燃料油(以下称2类油品),且使用2类油品生产特定化工产品的产量占本企业用石脑油、燃料油生产各类产品总量50%(含)以上的企业,其外购2类油品的价格中消费税部分对应的增值税税额,予以退还。

予以退还的增值税税额=已缴纳消费税的2类油品数量×2类油品消费税单位税额×13%

对符合上述规定条件的企业,在2014年2月28日前形成的增值税期末留抵税额,可在不超过其购进2类油品的价格中消费税部分对应的增值税税额的规模下,申请一次性退还。

2类油品的价格中消费税部分对应的增值税税额,根据国家对2类油品开征消费税以来,企业购进的已缴纳消费税的2类油品数量和消费税单位税额计算。

增值税期末留抵税额,根据主管税务机关认可的增值税纳税申报表的金额计算。

6. 小规模纳税人的免征增值税处理。

月销售额10万元以下(含本数)的增值税小规模纳税人,免征增值税。适用免征增值税政策的,纳税人可就该笔销售收入选择放弃免税并开具增值税专用发票。

增值税小规模纳税人适用3%征收率的应税销售收入,减按1%征收率征收增值税;适用3%预征率的预缴增值税项目,减按1%预征率预缴增值税。减按1%征收率征收增值税的,应按照1%征收率开具增值税发票,纳税人也可就该笔销售收入选择放弃减税并开具增值税专用发票。

小规模纳税人发生增值税应税销售行为，合计月销售额超过10万元，但扣除本期发生的销售不动产的销售额后未超过10万元的，其销售货物、劳务、服务、无形资产取得的销售额免征增值税。

适用增值税差额征税政策的小规模纳税人，以差额后的销售额确定是否可以享受该项免征增值税政策。

举例说明：按季度申报的小规模纳税人甲在2023年4月销售货物取得收入10万元，5月提供建筑服务取得收入20万元，同时向其他建筑企业支付分包款12万元，6月销售自建的不动产取得收入200万元，则甲2023年第二季度用于判断是否能够享受免税政策的销售额为18万元（10＋20－12），不超过30万元，因此，甲可以享受小规模纳税人免税政策。同时，纳税人销售不动产200万元应依法纳税。

《增值税暂行条例实施细则》第九条所称的其他个人，采取一次性收取租金形式出租不动产取得的租金收入，可在对应的租赁期内平均分摊，分摊后的月租金收入未超过10万元的，免征增值税。

按照现行规定应当预缴增值税税款的小规模纳税人，凡在预缴地实现的月销售额未超过10万元的，当期无须预缴税款。在预缴地实现的月销售额超过10万元的，适用3%预征率的预缴增值税项目，减按1%预征率预缴增值税。

按照固定期限纳税的小规模纳税人可以根据自己的实际经营情况选择实行按月纳税或按季纳税。纳税期限一经选择，一个会计年度内不得变更。

7. 研发机构采购国产设备的增值税处理。

为了鼓励科学研究和技术开发，促进科技进步，在符合条件的前提下，继续对内资研发机构和外资研发中心采购国产设备全额退还增值税。

属于一般纳税人的研发机构申报采购国产设备退税，主管税务机关经审核符合规定的，应按规定办理退税。研发机构采购国产设备的应退税额，为增值税专用发票上注明的税额。

研发机构采购国产设备取得的增值税专用发票，已用于进项税额抵扣的，不得申报退税；已用于退税的，不得用于进项税额抵扣。

已办理增值税退税的国产设备，自增值税专用发票开具之日起3年内，设备所有权转移或移作他用的，研发机构须按照下列计算公式，向主管税务机关补缴已退税款。

应补缴税款＝增值税专用发票上注明的税额×（设备折余价值÷设备原值）

设备折余价值＝增值税专用发票上注明的金额－累计已提折旧

累计已提折旧按照企业所得税法的有关规定计算。

七、减免税适用的相关规定

1. 纳税人兼营免税、减税项目的，应当分别核算免税、减税项目的销售额；未分别核算销售额的，不得免税、减税。

2. 纳税人发生应税销售行为适用免税规定的，可以放弃免税，依照《增值税暂行条例》的规定缴纳增值税。放弃免税后，36个月内不得再申请免税。

纳税人发生应税销售行为同时适用免税和零税率规定的，纳税人可以选择适用免税或者零税率。

(1) 生产和销售免征增值税的应税销售行为的纳税人要求放弃免税权，应当以书面形式提交放弃免税权声明，报主管税务机关备案。纳税人自提交备案资料的次月起，按照现行有关规定计算缴纳增值税。

(2) 放弃免税权的纳税人符合一般纳税人认定条件尚未认定为增值税一般纳税人的，应当按现行规定认定为增值税一般纳税人，其发生的应税销售行为可开具增值税专用发票。

(3) 纳税人一经放弃免税权，其生产销售的全部应税销售行为均应按照适用税率征税，不得选择某一免税项目放弃免税权，也不得根据不同的销售对象选择部分应税销售行为放弃免税权。

(4) 纳税人在免税期内购进用于免税项目的货物、劳务、服务、无形资产、不动产所取得的增值税扣税凭证，一律不得抵扣。

3. 安置残疾人单位既符合促进残疾人就业增值税优惠政策条件，又符合其他增值税优惠政策条件的，可同时享受多项增值税优惠政策，但年度申请退还增值税总额不得超过本年度内应纳增值税总额。

4. 纳税人既享受增值税即征即退、先征后退政策，又享受免抵退税政策有关问题的处理。

(1) 纳税人既有增值税即征即退、先征后退项目，也有出口等其他增值税应税项目的，增值税即征即退和先征后退项目不参与出口项目免抵退税计算。纳税人应分别核算增值税即征即退、先征后退项目和出口等其他增值税应税项目，分别申请享受增值税即征即退、先征后退和免抵退税政策。

(2) 用于增值税即征即退或者先征后退项目的进项税额无法划分的，按照下列公式计算：

$$\text{无法划分进项税额中用于增值税即征即退或者先征后退项目的部分} = \frac{\text{当月无法划分的全部进项税额} \times \text{当月增值税即征即退或者先征后退项目销售额}}{\text{当月全部销售额、营业额合计}}$$

第九节 征收管理

一、纳税义务发生时间、纳税期限和纳税地点

(一) 纳税义务发生时间

纳税义务发生时间，是纳税人发生应税销售行为应当承担纳税义务的起始时间。

1. 应税销售行为纳税义务发生时间的一般规定。

（1）纳税人发生应税销售行为，其纳税义务发生时间为收讫销售款项或者取得索取销售款项凭据的当天；先开具发票的，为开具发票的当天。

收讫销售款项，是指纳税人发生应税销售行为过程中或者完成后收到的款项。

取得索取销售款项凭据的当天，是指书面合同确定的付款日期；未签订书面合同或者书面合同未确定付款日期的，为应税销售行为完成的当天或者不动产权属变更的当天。

（2）进口货物，为报关进口的当天。

（3）增值税扣缴义务发生时间为纳税人增值税纳税义务发生的当天。

2. 应税销售行为纳税义务发生时间的具体规定。

由于纳税人销售结算方式的不同，《增值税暂行条例实施细则》和《营改增通知》规定了具体的纳税义务发生时间。

（1）采取直接收款方式销售货物，不论货物是否发出，均为收到销售款或者取得索取销售款凭据的当天。

纳税人生产经营活动中采取直接收款方式销售货物，已将货物移送对方并暂估销售收入入账，但既未取得销售款或取得索取销售款凭据也未开具销售发票的，其增值税纳税义务发生时间为取得销售款或取得索取销售款凭据的当天；先开具发票的，为开具发票的当天。

（2）采取托收承付和委托银行收款方式销售货物，为发出货物并办妥托收手续的当天。

（3）采取赊销和分期收款方式销售货物，为书面合同约定的收款日期的当天，无书面合同的或者书面合同没有约定收款日期的，为货物发出的当天。

（4）采取预收货款方式销售货物，为货物发出的当天，但生产销售生产工期超过12个月的大型机械设备、船舶、飞机等货物，为收到预收款或者书面合同约定的收款日期的当天。

（5）委托其他纳税人代销货物，为收到代销单位的代销清单或者收到全部或者部分货款的当天。未收到代销清单及货款的，为发出代销货物满180天的当天。

（6）销售劳务，为提供劳务同时收讫销售款或者取得索取销售款的凭据的当天。

（7）纳税人发生除将货物交付其他单位或者个人代销和销售代销货物以外的视同销售货物行为，为货物移送的当天。

（8）纳税人提供租赁服务采取预收款方式的，其纳税义务发生时间为收到预收款的当天。

例如，某试点纳税人出租一辆小轿车，租金5 000元/月，一次性预收了对方一年的租金共60 000元，该纳税人则应在收到60 000元租金的当天确认纳税义务发生，并按60 000元确认收入，而不能将60 000元租金采取按月分摊确认收入的方法，也不能在该业务完成后再确认收入。

（9）纳税人从事金融商品转让的，为金融商品所有权转移的当天。

（10）纳税人发生视同销售服务、无形资产或者不动产情形的，其纳税义务发生时间为服务、无形资产转让完成的当天或者不动产权属变更的当天。

（二）纳税期限

增值税的纳税期限分别为1日、3日、5日、10日、15日、1个月或者1个季度。纳税人的具体纳税期限,由主管税务机关根据纳税人应纳税额的大小分别核定。不能按照固定期限纳税的,可以按次纳税。

以1个季度为纳税期限的规定适用于小规模纳税人、银行、财务公司、信托投资公司、信用社,以及财政部和国家税务总局规定的其他纳税人。

纳税人以1个月或者1个季度为1个纳税期的,自期满之日起15日内申报纳税;以1日、3日、5日、10日或者15日为1个纳税期的,自期满之日起5日内预缴税款,于次月1日起15日内申报纳税并结清上个月应纳税款。

扣缴义务人解缴税款的期限,依照前两项规定执行。

纳税人进口货物,应当自海关填发进口增值税专用缴款书之日起15日内缴纳税款。

按固定期限纳税的小规模纳税人可以选择以1个月或1个季度为纳税期限,一经选择,1个会计年度内不得变更。

(三) 纳税地点

1. 固定业户应当向其机构所在地主管税务机关申报纳税。机构所在地是指纳税人的注册登记地。总机构和分支机构不在同一县(市)的,应当分别向各自所在地的主管税务机关申报纳税;经财政部和国家税务总局或者其授权的财政和税务机关批准,可以由总机构汇总向总机构所在地的主管税务机关申报纳税。具体审批权限如下:

(1) 总机构和分支机构不在同一省、自治区、直辖市的,经财政部和国家税务总局批准,可以由总机构汇总向总机构所在地的主管税务机关申报纳税。

(2) 总机构和分支机构不在同一县(市),但在同一省、自治区、直辖市范围内的,经省、自治区、直辖市财政厅(局)、国家税务局审批同意,可以由总机构汇总向总机构所在地的主管税务机关申报纳税。

2. 固定业户到外县(市)销售货物或者劳务,应当向其机构所在地的主管税务机关报告外出经营事项,并向其机构所在地的主管税务机关申报纳税;未报告的,应当向销售地或者劳务发生地的主管税务机关申报纳税,未向销售地或者劳务发生地的主管税务机关申报纳税的,由其机构所在地的主管税务机关补征税款。

3. 非固定业户销售货物或者劳务应当向销售地或者劳务发生地主管税务机关申报纳税;未向销售地或者劳务发生地的主管税务机关申报纳税的,由其机构所在地或者居住地主管税务机关补征税款。

4. 进口货物,应当向报关地海关申报纳税。

5. 扣缴义务人应当向其机构所在地或者居住地主管税务机关申报缴纳扣缴的税款。

二、增值税一般纳税人纳税申报办法

(一) 纳税申报资料

纳税申报资料包括纳税申报表及其附列资料和纳税申报的其他资料。为进一步优化办税流程、减轻办税负担、提高办税质效,国家税务总局规定自2021年8月1日起,在全国推行增值税、消费税及附加税费申报表整合。

1. 纳税申报表及其附列资料。

增值税一般纳税人纳税申报表及其附列资料包括:

(1)《增值税及附加税费申报表(一般纳税人适用)》(见表2-1)。

表2-1　　　　　　　　　　　增值税及附加税费申报表
　　　　　　　　　　　　　　　　(一般纳税人适用)

根据国家税收法律法规及增值税相关规定制定本表。纳税人不论有无销售额,均应按税务机关核定的纳税期限填写本表,并向当地税务机关申报。

税款所属时间:自　年　月　日至　年　月　日　填表日期:　年　月　日　　金额单位:元(列至角分)

纳税人识别号(统一社会信用代码):□□□□□□□□□□□□□□□□□□　所属行业:

纳税人名称:		法定代表人姓名		注册地址		生产经营地址	
开户银行及账号		登记注册类型				电话号码	

	项　目	栏次	一般项目		即征即退项目	
			本月数	本年累计	本月数	本年累计
销售额	(一)按适用税率计税销售额	1				
	其中:应税货物销售额	2				
	应税劳务销售额	3				
	纳税检查调整的销售额	4				
	(二)按简易办法计税销售额	5				
	其中:纳税检查调整的销售额	6				
	(三)免、抵、退办法出口销售额	7		—	—	
	(四)免税销售额	8		—	—	
	其中:免税货物销售额	9		—	—	
	免税劳务销售额	10		—	—	
税款计算	销项税额	11				
	进项税额	12				
	上期留抵税额	13		—		
	进项税额转出	14				
	免、抵、退应退税额	15		—		
	按适用税率计算的纳税检查应补缴税额	16		—		
	应抵扣税额合计	17 = 12 + 13 - 14 - 15 + 16	—			
	实际抵扣税额	18(如17<11,则为17,否则为11)				
	应纳税额	19 = 11 - 18				
	期末留抵税额	20 = 17 - 18				
	简易计税办法计算的应纳税额	21				
	按简易计税办法计算的纳税检查应补缴税额	22		—		
	应纳税额减征额	23				
	应纳税额合计	24 = 19 + 21 - 23				

续表

项　　目	栏次	一般项目 本月数	一般项目 本年累计	即征即退项目 本月数	即征即退项目 本年累计
期初未缴税额（多缴为负数）	25				
实收出口开具专用缴款书退税额	26			—	—
本期已缴税额	27 = 28 + 29 + 30 + 31				
①分次预缴税额	28			—	—
②出口开具专用缴款书预缴税额	29			—	—
③本期缴纳上期应纳税额	30				
④本期缴纳欠缴税额	31				
期末未缴税额（多缴为负数）	32 = 24 + 25 + 26 − 27				
其中：欠缴税额（≥0）	33 = 25 + 26 − 27			—	—
本期应补（退）税额	34 = 24 − 28 − 29				
即征即退实际退税额	35	—	—		
期初未缴查补税额	36			—	—
本期入库查补税额	37			—	—
期末未缴查补税额	38 = 16 + 22 + 36 − 37			—	—
城市维护建设税本期应补（退）税额	39			—	—
教育费附加本期应补（退）费额	40			—	—
地方教育附加本期应补（退）费额	41			—	—

声明：此表是根据国家税收法律法规及相关规定填写的，本人（单位）对填报内容（及附带资料）的真实性、可靠性、完整性负责。

纳税人（签章）：　　　　　　　　　年　月　日

经办人： 经办人身份证号： 代理机构签章： 代理机构统一社会信用代码：	受理人： 受理税务机关（章）： 受理日期：　　年　月　日

(2)《增值税纳税申报表附列资料（一）》（本期销售情况明细）。（略）

(3)《增值税纳税申报表附列资料（二）》（本期进项税额明细）。（略）

(4)《增值税纳税申报表附列资料（三）》（服务、不动产和无形资产扣除项目明细）。（略）

一般纳税人销售服务、不动产和无形资产，在确定服务、不动产和无形资产销售额时，按照有关规定可以从取得的全部价款和价外费用中扣除价款的，需填报《增值税纳税申报表附列资料（三）》。其他情况不填写该附列资料。

(5)《增值税纳税申报表附列资料（四）》（税额抵减情况表）。（略）

(6)《增值税纳税申报表附列资料（五）》（附加税费情况表）。（略）

(7)《增值税减免税申报明细表》。（略）

2. 纳税申报的其他资料。

（1）已开具的税控机动车销售统一发票和普通发票的存根联。

（2）符合抵扣条件且在本期申报抵扣的增值税专用发票（含税控机动车销售统一发票）的抵扣联。

（3）符合抵扣条件且在本期申报抵扣的海关进口增值税专用缴款书、购进农产品取得的普通发票的复印件。

（4）符合抵扣条件且在本期申报抵扣的税收完税凭证及其清单，书面合同、付款证明和境外单位的对账单或者发票。

（5）已开具的农产品收购凭证的存根联或报查联。

（6）纳税人销售服务、不动产和无形资产，在确定服务、不动产和无形资产销售额时，按照有关规定从取得的全部价款和价外费用中扣除价款的合法凭证及其清单。

（7）主管税务机关规定的其他资料。

3. 纳税申报表及其附列资料为必报资料。纳税申报其他资料的报备要求由各省、自治区、直辖市和计划单列市国家税务局确定。

（二）纳税人预缴税款需填写《增值税及附加税费预缴表》

纳税人跨县（市）提供建筑服务、房地产开发企业预售自行开发的房地产项目、纳税人出租与机构所在地不在同一县（市）的不动产，按规定需要在项目所在地或不动产所在地主管税务机关预缴税款的，需填写《增值税及附加税费预缴表》。

三、增值税小规模纳税人纳税申报办法

增值税小规模纳税人纳税申报表及其附列资料包括：

（一）《增值税及附加税费申报表（小规模纳税人适用）》（见表 2-2）

表 2-2　　　　　　　　　　增值税及附加税费申报表

（小规模纳税人适用）

纳税人识别号（统一社会信用代码）：□□□□□□□□□□□□□□□□□□

纳税人名称：　　　　　　　　　　　　　　　　　　　　金额单位：元（列至角分）

税款所属期：　年　月　日至　年　月　日　　　　　　　填表日期：　年　月　日

项　目		栏　次	本期数		本年累计	
			货物及劳务	服务、不动产和无形资产	货物及劳务	服务、不动产和无形资产
一、计税依据	（一）应征增值税不含税销售额（3%征收率）	1				
	增值税专用发票不含税销售额	2				
	其他增值税发票不含税销售额	3				
	（二）应征增值税不含税销售额（5%征收率）	4		—		—
	增值税专用发票不含税销售额	5		—		—
	其他增值税发票不含税销售额	6		—		—
	（三）销售使用过的固定资产不含税销售额	7（7≥8）		—		—
	其中：其他增值税发票不含税销售额	8		—		—

续表

项目		栏次	本期数		本年累计	
			货物及劳务	服务、不动产和无形资产	货物及劳务	服务、不动产和无形资产
一、计税依据	（四）免税销售额	9＝10＋11＋12				
	其中：小微企业免税销售额	10				
	未达起征点销售额	11				
	其他免税销售额	12				
	（五）出口免税销售额	13（13≥14）				
	其中：其他增值税发票不含税销售额	14				
二、税款计算	本期应纳税额	15				
	本期应纳税额减征额	16				
	本期免税额	17				
	其中：小微企业免税额	18				
	未达起征点免税额	19				
	应纳税额合计	20＝15－16				
	本期预缴税额	21			—	—
	本期应补（退）税额	22＝20－21			—	—
三、附加税费	城市维护建设税本期应补（退）税额	23				
	教育费附加本期应补（退）费额	24				
	地方教育附加本期应补（退）费额	25				

声明：此表是根据国家税收法律法规及相关规定填写的，本人（单位）对填报内容（及附带资料）的真实性、可靠性、完整性负责。

纳税人（签章）：　　　　　　　　　年 月 日

经办人： 经办人身份证号： 代理机构签章： 代理机构统一社会信用代码：	受理人： 受理税务机关（章）： 受理日期：　　年 月 日

（二）《增值税纳税申报表（小规模纳税人适用）附列资料》（略）

小规模纳税人销售服务，在确定服务销售额时，按照有关规定可以从取得的全部价款和价外费用中扣除价款的，需填报《增值税纳税申报表（小规模纳税人适用）附列资料》。其他情况不填写该附列资料。

（三）《增值税减免税申报明细表》（略）

前述的纳税申报其他资料同样适用于小规模纳税人。

四、"营改增"汇总纳税管理办法

(一) 总分机构试点纳税人增值税计算缴纳暂行办法

经财政部和国家税务总局批准的总机构试点纳税人及其分支机构,发生《应税服务范围注释》所列业务,按照本办法的规定计算缴纳增值税。总分机构销售货物、提供加工修理修配劳务不适用本办法,按照《增值税暂行条例》及相关规定就地申报缴纳增值税。

1. 总机构应当汇总计算总机构及其分支机构发生《应税服务范围注释》所列业务的应交增值税,抵减分支机构发生《应税服务范围注释》所列业务已缴纳的增值税税款(包括预缴和补缴的增值税税款)后,在总机构所在地解缴入库。分支机构发生《应税服务范围注释》所列业务当期已预缴的增值税税款,在总机构当期增值税应纳税额中抵减不完的,可以结转下期继续抵减。

2. 总机构汇总的应征增值税销售额,为总机构及其分支机构发生《应税服务范围注释》所列业务的应征增值税销售额。总机构汇总的销项税额,按照本办法规定的应征增值税销售额和增值税适用税率计算。

3. 总机构汇总的进项税额,是指总机构及其分支机构因发生《应税服务范围注释》所列业务而购进货物、接受加工修理修配劳务和应税服务,支付或者负担的增值税税额。总机构及其分支机构用于发生《应税服务范围注释》所列业务之外的进项税额不得汇总。

4. 分支机构发生《应税服务范围注释》所列业务,按照应征增值税销售额和预征率计算缴纳增值税。计算公式为:

应预缴的增值税 = 应征增值税销售额 × 预征率

预征率由财政部和国家税务总局规定,并适时予以调整。

5. 每年的第一个纳税申报期结束后,对上一年度总分机构汇总纳税情况进行清算。总机构和分支机构年度清算应交增值税,按照各自销售收入占比和总机构汇总的上一年度应交增值税税额计算。分支机构预缴的增值税超过其年度清算应交增值税的,通过暂停以后纳税申报期预缴增值税的方式予以解决。分支机构预缴的增值税小于其年度清算应交增值税的,差额部分在以后纳税申报期由分支机构在预缴增值税时一并就地补缴入库。

6. 总机构及其分支机构的其他增值税涉税事项,按照"营改增"试点政策及其他增值税有关政策执行。总分机构试点纳税人增值税具体管理办法由国家税务总局另行制定。

(二) 航空运输企业汇总缴纳增值税的征收管理暂行办法

经财政部和国家税务总局批准,按照《总分机构试点纳税人增值税计算缴纳暂行办法》计算缴纳增值税的航空运输企业,适用本办法。

1. 航空运输企业的总机构(以下简称总机构),应当汇总计算总机构及其分支机构发生《应税服务范围注释》所列业务的应纳税额,抵减分支机构发生《应税服务范围注释》所列业务已缴纳(包括预缴和补缴,下同)的税额后,向主管税务机关申报纳税。

总机构发生销售货物和提供加工修理修配劳务的,按照《增值税暂行条例》及相关规定就地申报纳税。

2. 总机构汇总的销售额,为总机构及其分支机构发生《应税服务范围注释》所列业务的销售额。总机构应当按照增值税现行规定核算汇总的销售额。

3. 总机构汇总的销项税额，按照上述规定的销售额和增值税适用税率计算。

4. 总机构汇总的进项税额，是指总机构及其分支机构因发生《应税服务范围注释》所列业务而购进货物或者接受加工修理修配劳务和应税服务，支付或者负担的增值税税额。

总机构和分支机构用于发生《应税服务范围注释》所列业务之外的进项税额不得汇总。

5. 分支机构发生《应税服务范围注释》所列业务，按照销售额和预征率计算应预缴税额，按月向主管税务机关申报纳税，不得抵扣进项税额。计算公式为：

应预缴税额 = 销售额 × 预征率

分支机构发生销售货物和提供加工修理修配劳务，按照《增值税暂行条例》及相关规定就地申报纳税。

6. 分支机构应按月将《应税服务范围注释》所列业务的销售额、进项税额和已缴纳税额归集汇总，填写《航空运输企业试点地区分支机构传递单》，报送主管税务机关签章确认后，于次月 10 日前传递给总机构。

7. 总机构的增值税纳税期限为一个季度。总机构应当依据《航空运输企业试点地区分支机构传递单》，汇总计算当期发生《应税服务范围注释》所列业务的应纳税额，抵减分支机构发生《应税服务范围注释》所列业务当期已缴纳的税额后，向主管税务机关申报纳税。抵减不完的，可以结转下期继续抵减。计算公式为：

总机构当期汇总应纳税额 = 当期汇总销项税额 − 当期汇总进项税额

总机构当期应补（退）税额 = 总机构当期汇总应纳税额 − 分支机构当期已缴纳税额

8. 航空运输企业汇总缴纳的增值税实行年度清算。年度终了后 25 个工作日内，总机构应当计算分支机构发生《应税服务范围注释》所列业务年度清算的应纳税额，并向主管税务机关报送《××年度航空运输企业年度清算表》。计算公式为：

$$分支机构年度清算的应纳税额 = \frac{分支机构发生《应税服务范围注释》所列业务的年度销售额}{总机构汇总的年度销售额} \times 总机构汇总的年度应纳税额$$

总机构汇总的年度应纳税额，为总机构年度内各季度汇总应纳税额的合计数。

9. 年度终了后 40 个工作日内，总机构主管税务机关应将《××年度航空运输企业年度清算表》逐级报送国家税务总局。

10. 分支机构年度清算的应纳税额小于分支机构已预缴税额，且差额较大的，由国家税务总局通知分支机构所在地的省税务机关，在一定时期内暂停分支机构预缴增值税。

分支机构年度清算的应纳税额大于分支机构已预缴税额，差额部分由国家税务总局通知分支机构所在地的省税务机关，在分支机构预缴增值税时一并补缴入库。

11. 总机构及其分支机构，一律由主管税务机关认定为增值税一般纳税人。总机构应当在开具增值税专用发票的次月申报期结束前向主管税务机关报税。总机构及其分支机构取得的增值税扣税凭证，应当按照有关规定到主管税务机关办理认证或者申请稽核比对。总机构汇总的进项税额，应当在季度终了后的第一个申报期内申报抵扣。

12. 主管税务机关应定期或不定期对分支机构纳税情况进行检查。分支机构发生《应税服务范围注释》所列业务申报不实的，就地按适用税率全额补征增值税。主管税务机关应将检查情况及结果发函通知总机构主管税务机关。

（三）邮政企业汇总缴纳增值税的征收管理暂行办法

邮政企业，是指中国邮政集团公司所属提供邮政服务的企业。经省、自治区、直辖市或者计划单列市财政厅（局）和国家税务局批准，可以汇总申报缴纳增值税的邮政企业，适用本办法。其主要内容如下：

1. 各省、自治区、直辖市和计划单列市邮政企业（以下简称总机构）应当汇总计算总机构及其所属邮政企业（以下简称分支机构）提供邮政服务的增值税应纳税额，抵减分支机构提供邮政服务已缴纳（包括预缴和查补，下同）的增值税额后，向主管税务机关申报纳税。总机构发生除邮政服务以外的增值税应税行为，按照《增值税暂行条例》、《营业税改征增值税试点实施办法》（以下简称《试点实施办法》）及相关规定就地申报纳税。

2. 总机构汇总的销售额，为总机构及其分支机构提供邮政服务的销售额。总机构汇总的销项税额，按照销售额和增值税适用税率计算。

3. 总机构汇总的进项税额，是指总机构及其分支机构提供邮政服务而购进货物、接受加工修理修配劳务和应税服务，支付或者负担的增值税额。总机构及其分支机构取得的与邮政服务相关的固定资产、专利技术、非专利技术、商誉、商标、著作权、有形动产租赁的进项税额，由总机构汇总缴纳增值税时抵扣。

总机构及其分支机构用于邮政服务以外的进项税额不得汇总。

总机构及其分支机构用于提供邮政服务的进项税额与不得汇总的进项税额无法准确划分的，按照《试点实施办法》第二十六条确定的原则执行。

4. 分支机构提供邮政服务，按照销售额和预征率计算应预缴税额，按月向主管税务机关申报纳税，不得抵扣进项税额。计算公式为：

应预缴税额 =（销售额 + 预订款）× 预征率

销售额为分支机构对外（包括向邮政服务接受方和本总、分支机构外的其他邮政企业）提供邮政服务取得的收入；预订款为分支机构向邮政服务接受方收取的预订款。

销售额不包括免税项目的销售额；预订款不包括免税项目的预订款。

分支机构发生除邮政服务以外的增值税应税销售行为，按照《增值税暂行条例》《试点实施办法》及相关规定就地申报纳税。

5. 分支机构应按月将提供邮政服务的销售额、预订款、进项税额和已缴纳增值税税额归集汇总，填写《邮政企业分支机构增值税汇总纳税信息传递单》，报送主管税务机关签章确认后，于次月 10 日前传递给总机构。

汇总的销售额包括免税项目的销售额。

汇总的进项税额包括用于免税项目的进项税额。

6. 总机构的纳税期限为 1 个季度。

7. 总机构应当依据《邮政企业分支机构增值税汇总纳税信息传递单》，汇总计算当期提供邮政服务的应纳税额，抵减分支机构提供邮政服务当期已缴纳的增值税税额后，向主管税务机关申报纳税。抵减不完的，可以结转下期继续抵减。计算公式为：

总机构当期汇总应纳税额 = 当期汇总销项税额 − 当期汇总的允许抵扣的进项税额

总机构当期应补（退）税额 = 总机构当期汇总应纳税额 − 分支机构当期已缴纳税额

8. 邮政企业为中国邮政速递物流股份有限公司及其所属机构代办速递物流类业务，从寄件人取得的收入，由总机构并入汇总的销售额计算缴纳增值税。

分支机构收取的上述收入不预缴税款。

寄件人索取增值税专用发票的，邮政企业应向寄件人开具增值税专用发票。

9. 总机构及其分支机构，一律由主管税务机关认定为增值税一般纳税人。

10. 总机构应当在开具增值税专用发票的次月申报期结束前向主管税务机关报税。

总机构及其分支机构取得的增值税扣税凭证，应当按照有关规定到主管税务机关办理认证或者申请稽核比对。

总机构汇总的允许抵扣的进项税额，应当在季度终了后的第一个申报期内申报抵扣。

分支机构提供邮政服务申报不实的，由其主管税务机关按适用税率全额补征增值税。

（四）铁路运输企业汇总缴纳增值税的征收管理暂行办法

经财政部、国家税务总局批准，汇总申报缴纳增值税的中国国家铁路集团及其分支机构（含下属站段，下同）适用本办法。其主要内容如下：

1. 中国国家铁路集团应当汇总计算本部及其分支机构提供铁路运输服务以及与铁路运输相关的物流辅助服务（以下简称铁路运输及辅助服务）的增值税应纳税额，抵减分支机构提供上述应税服务已缴纳（包括预缴和查补，下同）的增值税税额后，向主管税务机关申报纳税。

中国国家铁路集团发生除铁路运输及辅助服务以外的增值税应税销售行为，按照《增值税暂行条例》《试点实施办法》及相关规定就地申报纳税。

2. 中国国家铁路集团汇总的销售额，为中国国家铁路集团及其分支机构提供铁路运输及辅助服务的销售额。中国国家铁路集团汇总的销项税额，按照上述规定的销售额和增值税适用税率计算。

3. 中国国家铁路集团汇总的进项税额，是指中国国家铁路集团及其分支机构为提供铁路运输及辅助服务而购进货物、接受加工修理修配劳务和应税服务，支付或者负担的增值税税额。

中国国家铁路集团及其分支机构取得与铁路运输及辅助服务相关的固定资产、专利技术、非专利技术、商誉、商标、著作权、有形动产租赁的进项税额，由中国国家铁路集团汇总缴纳增值税时抵扣。

中国国家铁路集团及其分支机构用于铁路运输及辅助服务以外的进项税额不得汇总。

中国国家铁路集团及其分支机构用于提供铁路运输及辅助服务的进项税额与不得汇总的进项税额无法准确划分的，按照《试点实施办法》第二十六条确定的原则执行。

4. 中国国家铁路集团分支机构提供铁路运输及辅助服务，按照除铁路建设基金以外的销售额和预征率计算应预缴税额，按月向主管税务机关申报纳税，不得抵扣进项税额。计算公式为：

应预缴税额 = （销售额 − 铁路建设基金）× 预征率

销售额是指为旅客、托运人、收货人和其他铁路运输企业提供铁路运输及辅助服务取得的收入。

其他铁路运输企业，是指中国国家铁路集团及其分支机构以外的铁路运输企业。

中国国家铁路集团分支机构发生除铁路运输及辅助服务以外的增值税应税行为，按照《增值税暂行条例》《试点实施办法》及相关规定就地申报纳税。

5. 中国国家铁路集团分支机构，应按月将当月提供铁路运输及辅助服务的销售额、进项税额和已缴纳增值税税额归集汇总，填写《铁路运输企业分支机构增值税汇总纳税信息传递单》，报送主管税务机关签章确认后，于次月10日前传递给中国国家铁路集团。

6. 中国国家铁路集团的增值税纳税期限为1个季度。

7. 中国国家铁路集团应当根据《铁路运输企业分支机构增值税汇总纳税信息传递单》，汇总计算当期提供铁路运输及辅助服务的增值税应纳税额，抵减其所属运输企业提供铁路运输及辅助服务当期已缴纳的增值税税额后，向主管税务机关申报纳税。抵减不完的，可以结转下期继续抵减。计算公式为：

当期汇总应纳税额 = 当期汇总销项税额 − 当期汇总进项税额

当期应补（退）税额 = 当期汇总应纳税额 − 当期已缴纳税额

8. 中国国家铁路集团及其分支机构，一律由主管税务机关认定为增值税一般纳税人。

9. 中国国家铁路集团应当在开具增值税专用发票的次月申报期结束前向主管税务机关报税。

中国国家铁路集团及其分支机构取得的增值税扣税凭证，应当按照有关规定到主管税务机关办理认证或者申请稽核比对。

中国国家铁路集团汇总的进项税额，应当在季度终了后的第一个申报期内申报抵扣。

中国国家铁路集团分支机构提供铁路运输及辅助服务申报不实的，由其主管税务机关按适用税率全额补征增值税。

10. 合资铁路运输企业汇总缴纳增值税的税务处理。

（1）所列的分支机构自提供铁路运输服务及相关的物流辅助服务之日起，按照财税〔2013〕74号文件的规定缴纳增值税。

（2）所列的分支机构在维持由中国国家铁路集团汇总计算应交增值税不变的前提下，实行由合资铁路运输企业总部汇总预缴增值税的办法。

（3）合资铁路运输企业总部本级及其下属站段（含委托运输管理的站段，下同）本级的销售额适用的预征率调整为1%，本级应预缴的增值税按下列公式计算。

本级应预缴的增值税 = 本级应征增值税销售额 × 1%

（4）合资铁路运输企业总部及其下属站段汇总的销售额适用的预征率仍为3%，合资铁路运输企业总部应按下列公式计算汇总应预缴的增值税。

$$\text{汇总应预缴的增值税} = \left(\begin{array}{c} \text{总部本级} \\ \text{应征增值税} \\ \text{销售额} \end{array} + \begin{array}{c} \text{下属站段本级} \\ \text{应征增值税} \\ \text{销售额} \end{array} \right) \times 3\% - \left(\begin{array}{c} \text{总部本级} \\ \text{应预缴的} \\ \text{增值税} \end{array} + \begin{array}{c} \text{下属站段本级} \\ \text{应预缴的} \\ \text{增值税} \end{array} \right)$$

第十节 增值税发票的使用及管理

根据《国家税务总局关于全面推开营业税改征增值税试点有关税收征收管理事项的公告》（国家税务总局公告 2016 年第 23 号），增值税纳税人发生应税销售行为，应使用增值税发票管理新系统（以下简称新系统）分别开具增值税专用发票、增值税普通发票、增值税电子普通发票、机动车销售统一发票。根据《国家税务总局关于推广应用全面数字化电子发票的公告》（国家税务总局公告2024年第11号），自2024年12月1日起，全国正式推广应用数电发票。

一、增值税专用发票的开具范围

1. 一般纳税人发生应税销售行为，应向购买方开具增值税专用发票。
2. 商业企业一般纳税人零售的烟、酒、食品、服装、鞋帽（不包括劳保专用部分）、化妆品等消费品不得开具增值税专用发票。
3. 销售免税货物不得开具增值税专用发票，法律、法规及国家税务总局另有规定的除外。
4. 纳税人发生应税销售行为，应当向索取增值税专用发票的购买方开具增值税专用发票，并在增值税专用发票上分别注明销售额和销项税额。属于下列情形之一的，不得开具增值税专用发票：
（1）应税销售行为的购买方为消费者个人的。
（2）发生应税销售行为适用免税规定的。

二、增值税专用发票的开具要求

1. 一般纳税人发生应税销售行为可汇总开具增值税专用发票。汇总开具增值税专用发票的，同时使用防伪税控系统开具《销售货物或者提供应税劳务清单》，并加盖财务专用章或者发票专用章。
2. 保险机构作为车船税扣缴义务人，在代收车船税并开具增值税发票时，应在增值税发票备注栏中注明代收车船税税款信息。具体包括：保险单号、税款所属期（详细至月）、代收车船税金额、滞纳金金额、金额合计等。该增值税发票可作为纳税人缴纳车船税及滞纳金的会计核算原始凭证。

除上述规定外，"营改增"的相关文件还结合实际情况对增值税专用发票的开具作出了如下规定：

1. 自 2016 年 5 月 1 日起，纳入新系统推行范围的试点纳税人及新办增值税纳税人，应使用新系统根据《商品和服务税收分类与编码》选择相应的编码开具增值税发票。
2. 按照现行政策规定适用差额征税办法缴纳增值税，且不得全额开具增值税发票的（财政部、国家税务总局另有规定的除外），纳税人自行开具或者税务机关代开增值税发票时，通过新系统中差额征税开票功能，录入含税销售额（或含税评估额）和扣除额，系统自动计算税额和不含税金额，备注栏自动打印"差额征税"字样，发票开具不应与其他应税行为混开。

3. 提供建筑服务，纳税人自行开具或者税务机关代开增值税发票时，应在发票的备注栏注明建筑服务发生地县（市、区）名称及项目名称。

4. 销售不动产，纳税人自行开具或者税务机关代开增值税发票时，应在发票"货物或应税劳务、服务名称"栏填写不动产名称及房屋产权证书号码（无房屋产权证书的可不填写），"单位"栏填写面积单位，备注栏注明不动产的详细地址。

5. 出租不动产，纳税人自行开具或者税务机关代开增值税发票时，应在备注栏注明不动产的详细地址。

6. 个人出租住房适用优惠政策减按1.5%征收，纳税人自行开具或者税务机关代开增值税发票时，通过新系统中征收率减按1.5%征收开票功能，录入含税销售额，系统自动计算税额和不含税金额，发票开具不应与其他应税行为混开。

7. 税务机关代开增值税发票时，"销售方开户行及账号"栏填写税收完税凭证字轨号码或系统税票号码（免税代开增值税普通发票可不填写）。

8. 税务机关为跨县（市、区）提供不动产经营租赁服务、建筑服务的小规模纳税人（不包括其他个人），代开增值税发票时，在发票备注栏中自动打印"YD"字样。

三、增值税专用发票的管理

1. 对虚开增值税专用发票的处理。

纳税人虚开增值税专用发票，未就其虚开金额申报并缴纳增值税的，应按照其虚开金额补缴增值税；已就其虚开金额申报并缴纳增值税的，不再按照其虚开金额补缴增值税。税务机关对纳税人虚开增值税专用发票的行为，应按《税收征收管理法》及《中华人民共和国发票管理办法》（以下简称《发票管理办法》）的有关规定给予处罚。纳税人取得虚开的增值税专用发票，不得作为增值税合法有效的扣税凭证抵扣其进项税额。

2. 纳税人善意取得虚开的增值税专用发票处理。

（1）纳税人善意取得虚开的增值税专用发票指购货方与销售方存在真实交易，且购货方不知取得的增值税专用发票是以非法手段获得的。

纳税人善意取得虚开的增值税专用发票，如能重新取得合法、有效的增值税专用发票，准许其抵扣进项税款；如不能重新取得合法、有效的增值税专用发票，不准其抵扣进项税款或追缴其已抵扣的进项税款。

纳税人善意取得虚开的增值税专用发票被依法追缴已抵扣税款的，不属于《税收征收管理法》第三十二条"纳税人未按照规定期限缴纳税款"的情形，不适用该条"税务机关除责令限期缴纳外，从滞纳税款之日起，按日加收滞纳税款万分之五的滞纳金"的规定。

（2）购货方与销售方存在真实的交易，销售方使用的是其所在省（自治区、直辖市和计划单列市）的增值税专用发票，增值税专用发票注明的销售方名称、印章、货物数量、金额及税额等全部内容与实际相符，且没有证据表明购货方知道销售方提供的增值税专用发票是以非法手段获得的，对购货方不以偷税或者骗取出口退税论处。但应按有关规定不予抵扣进项税款或者不予出口退税；购货方已经抵扣的进项税款或者取得的出口退税，应依法追缴。

（3）购货方能够重新从销售方取得防伪税控系统开出的合法、有效专用发票的，或者取得手工开出的合法、有效增值税专用发票且取得了销售方所在地税务机关已经或者正在依法对销售方虚开增值税专用发票行为进行查处证明的，购货方所在地税务机关应依法准予抵扣进项税款或者出口退税。

（4）如有证据表明购货方在进项税款得到抵扣或者获得出口退税前知道该增值税专用发票是销售方以非法手段获得的，对购货方应按《国家税务总局关于纳税人取得虚开的增值税专用发票处理问题的通知》（国税发〔1997〕134号）和《国家税务总局关于〈国家税务总局关于纳税人取得虚开的增值税专用发票处理问题的通知〉的补充通知》（国税发〔2000〕182号）的规定处理。

（5）有下列情形之一的，无论购货方（受票方）与销售方是否进行了实际的交易，增值税专用发票所注明的数量、金额与实际交易是否相符，购货方向税务机关申请抵扣进项税款或者出口退税的，对其均应按偷税或者骗取出口退税处理。

①购货方取得的增值税专用发票所注明的销售方名称、印章与其进行实际交易的销售方不符的，即《国家税务总局关于纳税人取得虚开的增值税专用发票处理问题的通知》第二条规定的"购货方从销售方取得第三方开具的增值税专用发票"的情况。

②购货方取得的增值税专用发票为销售方所在省（自治区、直辖市和计划单列市）以外地区的，即《国家税务总局关于纳税人取得虚开的增值税专用发票处理问题的通知》第二条规定的"从销货地以外的地区获得增值税专用发票"的情况。

③其他有证据表明购货方明知取得的增值税专用发票系销售方以非法手段获得的，即《国家税务总局关于纳税人取得虚开的增值税专用发票处理问题的通知》第一条规定的"受票方利用他人虚开的增值税专用发票，向税务机关申报抵扣税款进行偷税"的情况。

（6）纳税人虚开增值税专用发票，未就其虚开金额申报并缴纳增值税的，应按照其虚开金额补缴增值税；已就其虚开金额申报并缴纳增值税的，不再按照其虚开金额补缴增值税。税务机关对纳税人虚开增值税专用发票的行为，应按《税收征收管理法》及《发票管理办法》的有关规定给予处罚。纳税人取得虚开的增值税专用发票，不得作为增值税合法有效的扣税凭证抵扣其进项税额。

3. 关于走逃（失联）企业开具增值税专用发票的认定处理。

走逃（失联）企业，是指不履行税收义务并脱离税务机关监管的企业。

根据税务登记管理有关规定，税务机关通过实地调查、电话查询、涉税事项办理核查以及其他征管手段，仍对企业和企业相关人员查无下落的，或虽然可以联系到企业代理记账、报税人员等，但其并不知情也不能联系到企业实际控制人的，可以判定该企业为走逃（失联）企业。走逃（失联）企业开具增值税专用发票的处理规定如下：

走逃（失联）企业存续经营期间发生下列情形之一的，所对应属期开具的增值税专用发票列入异常增值税扣税凭证（以下简称异常凭证）范围。

（1）商贸企业购进、销售货物名称严重背离的；生产企业无实际生产加工能力且无委托加工，或生产能耗与销售情况严重不符，或购进货物并不能直接生产其销售的货物且无委托加工的。

（2）直接走逃失踪不纳税申报，或虽然申报但通过填列增值税纳税申报表相关栏次，规避税务机关审核比对，进行虚假申报的。

异常凭证的增值税处理详情，见本章第三节"三、应纳税额的计算"中相关内容。

四、数电发票开具及使用规定

自2024年12月1日起，全国正式推广应用数电发票。数电发票是《中华人民共和国发票管理办法》中"电子发票"的一种，是将发票的票面要素全面数字化、号码全国统一赋予、开票额度智能授予、信息通过税务数字账户等方式在征纳主体之间自动流转的新型发票。数电发票与纸质发票具有同等法律效力。

（一）种类及开具内容

数电发票为单一联次，以数字化形态存在，类别包括电子发票（增值税专用发票）、电子发票（普通发票）、电子发票（航空运输电子客票行程单）、电子发票（铁路电子客票）、电子发票（机动车销售统一发票）、电子发票（二手车销售统一发票）等。数电发票可以根据特定业务标签生成建筑服务、成品油、报废产品收购等特定业务发票。

数电发票的票面基本内容包括：发票名称、发票号码、开票日期、购买方信息、销售方信息、项目名称、规格型号、单位、数量、单价、金额、税率/征收率、税额、合计、价税合计、备注、开票人等。

数电发票的号码为20位，其中：第1～2位代表公历年度的后两位，第3～4位代表开票方所在的省级税务局区域代码，第5位代表开具渠道等信息，第6～20位为顺序编码。

税务机关建设全国统一的电子发票服务平台，提供免费的数电发票开票、用票服务。对按照规定不使用网络办税、不具备网络条件或者存在重大涉税风险的，可以暂不提供服务，具体情形由省级税务机关确定。

根据《中华人民共和国发票管理办法》《中华人民共和国发票管理办法实施细则》等相关规定，数电发票的开具需要通过实人认证等方式进行身份验证。

（二）发票总额度的管理

税务机关根据纳税人的税收风险程度、纳税信用级别、实际经营情况等因素，通过电子发票服务平台授予发票总额度，并实行动态调整。发票总额度，是指一个自然月内，纳税人发票开具总金额（不含增值税）的上限额度。纳税人因实际经营情况发生变化需要调整发票总额度的，经主管税务机关确认后予以调整。

（三）红字数电发票的开具

蓝字数电发票开具后，如发生销售退回（包括全部退回和部分退回）、开票有误、应税服务中止（包括全部中止和部分中止）、销售折让等情形的，应当按照规定开具红字数电发票。

（四）发票交付及查验

已开具的数电发票通过电子发票服务平台自动交付。开票方也可以通过电子邮件、二维码、下载打印等方式交付数电发票。选择下载打印方式交付的，数电发票的票面自动标记并显示"下载次数""打印次数"。

受票方取得数电发票后，如需用于申报抵扣增值税进项税额、成品油消费税或申请出口退税、代办退税、勾选成品油库存的，应当通过税务数字账户确认用途。确认用途有误的，可以向主管税务机关申请更正。

单位和个人可以登录自有的税务数字账户、个人所得税 App，免费查询、下载、打印、导出已开具或接受的数电发票；可以通过税务数字账户，对数电发票入账与否打上标识；可以通过电子发票服务平台或全国增值税发票查验平台，免费查验数电发票信息。

第三章 消费税法

消费税法是指国家制定的用以调整消费税征收与缴纳相关权利及义务关系的法律规范。现行消费税法的基本规范，是 2008 年 11 月 5 日经国务院第三十四次常务会议修订通过并颁布，自 2009 年 1 月 1 日起施行的《中华人民共和国消费税暂行条例》（以下简称《消费税暂行条例》），以及 2008 年 12 月 15 日财政部、国家税务总局令第 51 号颁布的《中华人民共和国消费税暂行条例实施细则》（以下简称《消费税暂行条例实施细则》）。

消费税是指对特定消费品和消费行为征收的一种间接税。消费税的征收范围具有较强的选择性，可以在保证国家财政收入的同时，调节消费行为，引导消费需求，间接调节收入分配和引导产业结构，因而在保证国家财政收入、体现国家经济政策等方面具有十分重要的意义。

我国现行消费税的特点：(1) 征收范围具有选择性。我国消费税在征收范围上根据产业政策与消费政策仅选择部分消费品征税，而不是对所有消费品都征收消费税。(2) 一般情况下，征税环节具有单一性。主要在生产销售和进口环节上征收。(3) 平均税率水平比较高且税负差异大。消费税的平均税率水平比较高，并且不同征税项目的税负差异较大。如乘用车按排气量大小划分，最低税率 1%，最高税率 40%。(4) 计税方法具有灵活性。既采用对消费品规定单位税额，以消费品的数量实行从量定额的计税方法，也采用对消费品制定比例税率，以消费品的价格实行从价定率的计税方法。对卷烟、白酒还采用了从量征收与从价征收相结合的复合计税方式。

第一节 纳税义务人与税目、税率

一、纳税义务人

在中华人民共和国境内生产、委托加工和进口应税消费品的单位和个人，以及国务院确定的销售应税消费品的其他单位和个人，为消费税的纳税人，应当依照《消费税暂行条例》等法律规范缴纳消费税。

单位，是指企业、行政单位、事业单位、军事单位、社会团体及其他单位。

个人，是指个体工商户及其他个人。

在中华人民共和国境内，是指生产、委托加工和进口属于应当缴纳消费税的消费品的起运地或者所在地在境内。

二、税目

消费税的征收范围比较狭窄，同时也会根据经济发展、环境保护等国家大政方针进行修订，依据《消费税暂行条例》及相关法规规定，目前消费税税目包括烟、酒、高档化妆品等15种商品，部分税目还进一步划分了若干子目。

（一）烟

凡是以烟叶为原料加工生产的产品，不论使用何种辅料，均属于本税目的征收范围。包括卷烟（进口卷烟、白包卷烟、手工卷烟和未经国务院批准纳入计划的企业及个人生产的卷烟）、雪茄烟和烟丝。

"烟"税目下设"卷烟"等子目，"卷烟"又分为"甲类卷烟"和"乙类卷烟"。其中，甲类卷烟是指每标准条（200支，下同）调拨价格在70元（不含增值税）以上（含70元）的卷烟；乙类卷烟是指每标准条调拨价格在70元（不含增值税）以下的卷烟。

为完善消费税制度，促进税制公平统一，更好发挥消费税引导健康消费的作用，自2022年11月1日起，电子烟纳入消费税征收范围，在"烟"税目下增设"电子烟"子目。电子烟是指用于产生气溶胶供人抽吸等的电子传输系统，包括烟弹、烟具以及烟弹与烟具组合销售的电子烟产品。烟弹是指含有雾化物的电子烟组件。烟具是指将雾化物雾化为可吸入气溶胶的电子装置。

电子烟进出口税则号列及商品名称包括：（1）24041200，指不含烟草或再造烟草、含尼古丁的非经燃烧吸用的产品。（2）ex85434000，可将税目24041200所列产品中的雾化物雾化为可吸入气溶胶的设备及装置，无论是否配有烟弹。

（二）酒

酒是酒精度在1度以上的各种酒类饮料，包括白酒、黄酒、啤酒和其他酒。

啤酒每吨出厂价（含包装物及包装物押金）在3 000元（含3 000元，不含增值税）以上的是甲类啤酒，每吨出厂价（含包装物及包装物押金）在3 000元（不含增值税）以下的是乙类啤酒。包装物押金不包括重复使用的塑料周转箱的押金。对饮食业、商业、娱乐业举办的啤酒屋（啤酒坊）利用啤酒生产设备生产的啤酒，应当征收消费税。果啤属于啤酒，按啤酒征收消费税。

配制酒（露酒）是指以发酵酒、蒸馏酒或食用酒精为酒基，加入可食用或药食两用的辅料或食品添加剂，进行调配、混合或再加工制成的并改变了其原酒基风格的饮料酒。具体规定如下：

1. 以蒸馏酒或食用酒精为酒基，具有国家相关部门批准的国食健字或卫食健字文号并且酒精度低于38度（含）的配制酒，按《消费税税目、税率（额）表》"其他酒"10%适用税率征收消费税。

2. 以发酵酒为酒基，酒精度低于20度（含）的配制酒，按《消费税税目、税率（额）表》"其他酒"10%的适用税率征收消费税。

3. 其他配制酒，按《消费税税目、税率（额）表》中"白酒"的适用税率征收消费税。

葡萄酒消费税适用"酒"税目下设的"其他酒"子目。葡萄酒是指以葡萄为原料，经破碎（压榨）、发酵而成的酒精度在1度（含）以上的葡萄原酒和成品酒（不含以葡萄为原料的蒸馏酒）。

（三）高档化妆品

自2016年10月1日起，本税目调整为包括高档美容、修饰类化妆品、高档护肤类化妆品和成套化妆品。

高档美容、修饰类化妆品和高档护肤类化妆品是指生产（进口）环节销售（完税）价格（不含增值税）在10元/毫升（克）或15元/片（张）及以上的美容、修饰类化妆品和护肤类化妆品。

美容、修饰类化妆品是指香水、香水精、香粉、口红、指甲油、胭脂、眉笔、唇笔、蓝眼油、眼睫毛以及成套化妆品。

舞台、戏剧、影视演员化妆用的上妆油、卸妆油、油彩，不属于本税目的征收范围。

高档护肤类化妆品征收范围另行制定。

（四）贵重首饰及珠宝玉石

贵重首饰及珠宝玉石包括以金、银、白金、宝石、珍珠、钻石、翡翠、珊瑚、玛瑙等高贵稀有物质以及其他金属、人造宝石等制作的各种纯金银首饰及镶嵌首饰和经采掘、打磨、加工的各种珠宝玉石。对出国人员免税商店销售的金银首饰征收消费税。

（五）鞭炮、焰火

鞭炮、焰火包括各种鞭炮、焰火。体育上用的发令纸、鞭炮药引线，不按本税目征收。

（六）成品油

成品油包括汽油、柴油、石脑油、溶剂油、航空煤油、润滑油、燃料油7个子目。航空煤油暂缓征收。

1. 汽油是指用原油或其他原料加工生产的辛烷值不小于66的可用作汽油发动机燃料的各种轻质油。

以汽油、汽油组分调和生产的甲醇汽油、乙醇汽油也属于本税目征收范围。对烷基化油（异辛烷）按照汽油征收消费税。

2. 柴油是指用原油或其他原料加工生产的倾点或凝点在 $-50℃\sim30℃$ 的可用作柴油发动机燃料的各种轻质油和以柴油组分为主、经调和精制可用作柴油发动机燃料的非标油。

以柴油、柴油组分调和生产的生物柴油也属于本税目征收范围。

经国务院批准，从2009年1月1日起，对同时符合下列条件的纯生物柴油免征消费税：

（1）生产原料中废弃的动物油和植物油用量所占比重不低于70%。

（2）生产的纯生物柴油符合国家《柴油机燃料调合生物柴油（BD100）》标准。

3. 石脑油又叫化工轻油，是以原油或其他原料加工生产的用于化工原料的轻质油。

石脑油的征收范围包括除汽油、柴油、航空煤油、溶剂油以外的各种轻质油。非标汽油、重整生成油、拔头油、戊烷原料油、轻裂解料（减压柴油VGO和常压柴油AGO）、重裂解料、加氢裂化尾油、芳烃抽余油均属轻质油，属于石脑油征收范围。对混合芳烃、重芳烃、混合碳八、稳定轻烃、轻油、轻质煤焦油按照石脑油征收消费税。

4. 溶剂油是用原油或其他原料加工生产的用于涂料、油漆、食用油、印刷油墨、皮革、农药、橡胶、化妆品生产和机械清洗、胶粘行业的轻质油。

橡胶填充油、溶剂油原料，属于溶剂油征收范围。对石油醚、粗白油、轻质白油、部分工业白油（5号、7号、10号、15号、22号、32号、46号）按照溶剂油征收消费税。

5. 航空煤油也叫喷气燃料，是用原油或其他原料加工生产的用作喷气发动机和喷气推进系统燃料的各种轻质油。航空煤油的消费税暂缓征收。对航天煤油参照航空煤油暂缓征收消费税。

6. 润滑油是用原油或其他原料加工生产的用于内燃机、机械加工过程的润滑产品。润滑油分为矿物性润滑油、植物性润滑油、动物性润滑油和化工原料合成润滑油。

润滑油征收范围包括矿物性润滑油、矿物性润滑油基础油、植物性润滑油、动物性润滑油和化工原料合成润滑油。以植物性、动物性和矿物性基础油（或矿物性润滑油）混合掺配而成的"混合性"润滑油，不论矿物性基础油（或矿物性润滑油）所占比例高低，均属于润滑油征收范围。

另外，用原油或其他原料加工生产的用于内燃机、机械加工过程的润滑产品均属于润滑油征税范围。润滑脂是润滑产品，生产、加工润滑脂应当征收消费税。变压器油、导热类油等绝缘油类产品不属于润滑油，不征收消费税。

7. 燃料油也称重油、渣油，是用原油或其他原料加工生产，主要用作电厂发电、锅炉用燃料、加热炉燃料、冶金和其他工业炉燃料。腊油、船用重油、常压重油、减压重油、180CTS燃料油、7号燃料油、糠醛油、工业燃料、4~6号燃料油等油品的主要用途是作为燃料燃烧，属于燃料油征收范围。

根据财政部、税务总局公告2023年第69号的规定，纳税人利用废矿物油为原料生产的润滑油基础油、汽油、柴油等工业油料免征消费税。但应同时符合下列条件：

（1）纳税人必须取得生态环境部门颁发的《危险废物（综合）经营许可证》，且该证件上核准生产经营范围应包括"利用"或"综合经营"字样。

（2）生产原料中废矿物油重量必须占到90%以上。产成品中必须包括润滑油基础油，且每吨废矿物油生产的润滑油基础油应不少于0.65吨。

（3）利用废矿物油生产的产品与利用其他原料生产的产品应分别核算。

该免征消费税政策执行至2027年12月31日。

（七）小汽车

小汽车是指由动力驱动，具有4个或4个以上车轮的非轨道承载的车辆。本税目征收范围包括：

1. 乘用车：含驾驶员座位在内最多不超过9个座位（含）的，在设计和技术特性上用于载运乘客和货物的各类乘用车。

2. 中轻型商用客车：含驾驶员座位在内的座位数在10~23座（含23座）的，在设计和技术特性上用于载运乘客和货物的各类中轻型商用客车。

3. 超豪华小汽车：每辆零售价格130万元（不含增值税）及以上的乘用车和中轻型商用客车。

用排气量小于1.5升（含）的乘用车底盘（车架）改装、改制的车辆属于乘用车征收范围。用排气量大于1.5升的乘用车底盘（车架）或用中轻型商用客车底盘（车架）改装、改制的车辆属于中轻型商用客车征收范围。

含驾驶员人数（额定载客）为区间值的（如8~10人、17~26人）小汽车，按其区间值下限人数确定征收范围。

电动汽车不属于本税目征收范围。车身长度大于7米（含），并且座位在10~23座（含）以下的商用客车，不属于中轻型商用客车征税范围，不征收消费税。沙滩车、雪地车、卡丁车、高尔夫车不属于消费税征收范围，不征收消费税。

（八）摩托车

摩托车包括轻便摩托车和摩托车两种。气缸容量250毫升（不含）以下的小排量摩托车不征收消费税。

（九）高尔夫球及球具

高尔夫球及球具是指从事高尔夫球运动所需的各种专用装备，包括高尔夫球、高尔夫球杆及高尔夫球包（袋）等。

本税目征收范围包括高尔夫球、高尔夫球杆、高尔夫球包（袋）。高尔夫球杆的杆头、杆身和握把属于本税目的征收范围。

（十）高档手表

高档手表是指销售价格（不含增值税）每只在10 000元（含）以上的各类手表。

本税目征收范围包括符合以上标准的各类手表。

（十一）游艇

游艇是指长度大于8米小于90米，船体由玻璃钢、钢、铝合金、塑料等多种材料制作，可以在水上移动的水上浮载体。按照动力划分，游艇分为无动力艇、帆艇和机动艇。

本税目征收范围包括艇身长度大于8米（含）小于90米（含），内置发动机，可以在水上移动，一般为私人或团体购置，主要用于水上运动和休闲娱乐等非牟利活动的各类机动艇。

（十二）木制一次性筷子

木制一次性筷子，又称卫生筷子，是指以木材为原料经过锯段、浸泡、旋切、刨切、烘干、筛选、打磨、倒角、包装等环节加工而成的各类供一次性使用的筷子。

本税目征收范围包括各种规格的木制一次性筷子。未经打磨、倒角的木制一次性筷子属于本税目征税范围。

（十三）实木地板

实木地板是指以木材为原料，经锯割、干燥、刨光、截断、开榫、涂漆等工序加工而成的块状或条状的地面装饰材料。实木地板按生产工艺不同，可分为独板（块）实木地板、实木指接地板、实木复合地板三类；按表面处理状态不同，可分为未涂饰地板（白坯板、素板）和漆饰地板两类。

本税目征收范围包括各类规格的实木地板、实木指接地板、实木复合地板及用于装饰墙壁、天棚的侧端面为榫、槽的实木装饰板。未经涂饰的素板也属于本税目征税范围。

(十四) 电池

电池，是一种将化学能、光能等直接转换为电能的装置，一般由电极、电解质、容器、极端，通常还有隔离层组成的基本功能单元，以及用一个或多个基本功能单元装配成的电池组。本税目征收范围包括原电池、蓄电池、燃料电池、太阳能电池和其他电池。

自 2015 年 2 月 1 日起对电池征收消费税；对无汞原电池、金属氢化物镍蓄电池（又称氢镍蓄电池或镍氢蓄电池）、锂原电池、锂离子蓄电池、太阳能电池、燃料电池、全钒液流电池免征消费税。2015 年 12 月 31 日前对铅蓄电池缓征消费税；自 2016 年 1 月 1 日起，对铅蓄电池按 4% 的税率征收消费税。

(十五) 涂料

涂料是指涂于物体表面能形成具有保护、装饰或特殊性能的固态涂膜的一类液体或固体材料的总称。自 2015 年 2 月 1 日起对涂料征收消费税，施工状态下挥发性有机物（Volatile Organic Compounds，VOC）含量低于 420 克/升（含）的涂料免征消费税。

三、税率

消费税采用比例税率和定额税率两种形式，以适应不同应税消费品的实际情况。

消费税根据不同的税目或子目确定相应的税率或单位税额。大部分应税消费品适用比例税率，例如，烟丝税率为 30%，高档手表税率为 20% 等；黄酒、啤酒、成品油按单位重量或单位体积确定单位税额；卷烟、白酒采用比例税率和定额税率双重征收形式。

《消费税税目、税率（额）表》见表 3－1。

表 3－1　　　　　　　消费税税目、税率（额）表

税　目	税率（额）
一、烟	
1. 卷烟	
（1）甲类卷烟（生产或进口环节）	56% 加 0.003 元/支
（2）乙类卷烟（生产或进口环节）	36% 加 0.003 元/支
（3）批发环节	11% 加 0.005 元/支
2. 雪茄烟	36%
3. 烟丝	30%
4. 电子烟	
生产（进口）环节	36%
批发环节	11%
二、酒	
1. 白酒	20% 加 0.5 元/500 克（或者 500 毫升）
2. 黄酒	240 元/吨
3. 啤酒	
（1）甲类啤酒	250 元/吨
（2）乙类啤酒	220 元/吨
4. 其他酒	10%
三、高档化妆品	15%

续表

税　　目	税率（额）
四、贵重首饰及珠宝玉石	
1. 金银首饰、铂金首饰和钻石及钻石饰品（零售环节）	5%
2. 其他贵重首饰和珠宝玉石	10%
五、鞭炮、焰火	15%
六、成品油	
1. 汽油	1.52 元/升
2. 柴油	1.2 元/升
3. 航空煤油	1.2 元/升
4. 石脑油	1.52 元/升
5. 溶剂油	1.52 元/升
6. 润滑油	1.52 元/升
7. 燃料油	1.2 元/升
七、小汽车	
1. 乘用车	
（1）气缸容量（排气量，下同）在 1.0 升（含 1.0 升）以下的	1%
（2）气缸容量在 1.0 升以上至 1.5 升（含 1.5 升）的	3%
（3）气缸容量在 1.5 升以上至 2.0 升（含 2.0 升）的	5%
（4）气缸容量在 2.0 升以上至 2.5 升（含 2.5 升）的	9%
（5）气缸容量在 2.5 升以上至 3.0 升（含 3.0 升）的	12%
（6）气缸容量在 3.0 升以上至 4.0 升（含 4.0 升）的	25%
（7）气缸容量在 4.0 升以上的	40%
2. 中轻型商用客车	5%
3. 超豪华小汽车（零售环节加征）	10%
八、摩托车	
1. 气缸容量为 250 毫升的	3%
2. 气缸容量为 250 毫升以上的	10%
九、高尔夫球及球具	10%
十、高档手表	20%
十一、游艇	10%
十二、木制一次性筷子	5%
十三、实木地板	5%
十四、电池	4%
十五、涂料	4%

　　纳税人兼营不同税率的应税消费品，应当分别核算不同税率应税消费品的销售额、销售数量。未分别核算销售额、销售数量，或者将不同税率的应税消费品组成成套消费

品销售的,从高适用税率。

例如,某酒厂既生产税率为20%的粮食白酒,又生产税率为10%的其他酒,如汽酒、药酒等。该厂应分别核算白酒与其他酒的销售额,然后按各自适用的税率计税;如不分别核算各自的销售额,其他酒也按白酒的税率计算纳税。如果该酒厂还生产白酒与其他酒小瓶装礼品套酒,就是税法所指的成套消费品,应将全部销售额按白酒的税率20%计算应纳消费税税额,而不能以其他酒10%的税率计算其中任何一部分的应纳税额。对未分别核算的销售额按高税率计税,意在督促企业对不同税率应税消费品的销售额分别核算,准确计算纳税。

第二节 计税依据

根据《消费税暂行条例》的规定,消费税应纳税额的计算分为从价计征、从量计征和从价从量复合计征三种方法。

一、从价计征

在从价定率计算方法下,应纳税额等于应税消费品的销售额乘以适用税率,应纳税额的多少取决于应税消费品的销售额和适用税率两个因素。

(一) 销售额的确定

销售额为纳税人销售应税消费品向购买方收取的全部价款和价外费用。销售,是指有偿转让应税消费品的所有权;有偿,是指从购买方取得货币、货物或者其他经济利益;价外费用,是指价外向购买方收取的手续费、补贴、基金、集资费、返还利润、奖励费、违约金、滞纳金、延期付款利息、赔偿金、代收款项、代垫款项、包装费、包装物租金、储备费、优质费、运输装卸费以及其他各种性质的价外收费。但下列项目不包括在内:

1. 同时符合以下条件的代垫运输费用:
(1) 承运部门的运输费用发票开具给购买方的。
(2) 纳税人将该项发票转交给购买方的。
2. 同时符合以下条件代为收取的政府性基金或者行政事业性收费:
(1) 由国务院或者财政部批准设立的政府性基金,由国务院或者省级人民政府及其财政、价格主管部门批准设立的行政事业性收费。
(2) 收取时开具省级以上财政部门印制的财政票据。
(3) 所收款项全额上缴财政。

其他价外费用,无论是否属于纳税人的收入,均应并入销售额计算征税。

实行从价定率办法计算应纳税额的应税消费品连同包装销售的,不论包装是否单独计价,也不论在会计上如何核算,均应并入应税消费品的销售额中征收消费税。如果包装物不作价随同产品销售,而是收取押金,此项押金则不应并入应税消费品的销售额中征税。但对因逾期未收回的包装物不再退还的或者已收取的时间超过12个月的押金，应并入应税消费品的销售额，按照应税消费品的适用税率缴纳消费税。

对既作价随同应税消费品销售，又另外收取押金的包装物的押金，凡纳税人在规定的期限内没有退还的，均应并入应税消费品的销售额，按照应税消费品的适用税率缴纳消费税。

对销售啤酒、黄酒外的其他酒类产品而收取的包装物押金，无论是否返还以及会计上如何核算，均应并入当期销售额征税。

白酒生产企业向商业销售单位收取的"品牌使用费"是随着应税白酒的销售而向购货方收取的，属于应税白酒销售价款的组成部分，因此，不论企业采取何种方式或以何种名义收取价款，均应并入白酒的销售额中缴纳消费税。

纳税人销售的应税消费品，以外汇结算销售额的，其销售额的人民币折合率可以选择结算的当天或者当月1日的国家外汇牌价（原则上为中间价）。纳税人应在事先确定采取何种折合率，确定后1年内不得变更。

（二）含增值税销售额的换算

应税消费品在缴纳消费税的同时，与一般货物一样，还应缴纳增值税。按照《消费税暂行条例实施细则》的规定，应税消费品的销售额，不包括应向购货方收取的增值税税款。如果纳税人应税消费品的销售额中未扣除增值税税款或者因不得开具增值税专用发票而发生价款和增值税税款合并收取的，在计算消费税时，应将含增值税的销售额换算为不含增值税税款的销售额。其换算公式为：

应税消费品的销售额 = 含增值税的销售额 ÷ (1 + 增值税税率或征收率)

在使用换算公式时，应根据纳税人的具体情况分别使用增值税税率或征收率。如果消费税的纳税人同时又是增值税一般纳税人的，应适用增值税税率；如果消费税的纳税人是增值税小规模纳税人的，应适用征收率。

二、从量计征

在从量定额计算方法下，应纳税额等于应税消费品的销售数量乘以单位税额，应纳税额的多少取决于应税消费品的销售数量和单位税额两个因素。

（一）销售数量的确定

销售数量是指纳税人生产、加工和进口应税消费品的数量。具体规定为：

1. 销售应税消费品的，为应税消费品的销售数量。
2. 自产自用应税消费品的，为应税消费品的移送使用数量。
3. 委托加工应税消费品的，为纳税人收回的应税消费品数量。
4. 进口应税消费品的，为海关核定的应税消费品进口征税数量。

（二）计量单位的换算标准

《消费税暂行条例》规定，黄酒、啤酒是以吨为税额单位；汽油、柴油是以升为税额单位的。但是，考虑到在实际销售过程中，一些纳税人会把吨与升这两个计量单位混用，故规范了不同产品的计量单位，以准确计算应纳税额，吨与升两个计量单位的换算标准见表3-2。

表 3-2　　　　　　　　　　吨、升换算表

序号	名称	计量单位的换算标准
1	黄酒	1 吨 = 962 升
2	啤酒	1 吨 = 988 升
3	汽油	1 吨 = 1 388 升
4	柴油	1 吨 = 1 176 升
5	航空煤油	1 吨 = 1 246 升
6	石脑油	1 吨 = 1 385 升
7	溶剂油	1 吨 = 1 282 升
8	润滑油	1 吨 = 1 126 升
9	燃料油	1 吨 = 1 015 升

三、从价从量复合计征

现行消费税的征税范围中，只有卷烟、白酒采用复合计征方法。应纳税额等于应税销售数量乘以定额税率再加上应税销售额乘以比例税率。

生产销售卷烟、白酒从量定额计税依据为实际销售数量。进口、委托加工、自产自用卷烟、白酒从量定额计税依据分别为海关核定的进口征税数量、委托方收回数量、移送使用数量。

四、计税依据的特殊规定

1. 自设非独立核算门市部销售应税消费品的计税规定。

纳税人通过自设非独立核算门市部销售的自产应税消费品，应当按照门市部对外销售额或者销售数量征收消费税。

2. 应税消费品用于换取生产资料和消费资料、投资入股和抵偿债务的计税规定。

纳税人用于换取生产资料和消费资料、投资入股和抵偿债务等方面的应税消费品，应当以纳税人同类应税消费品的最高销售价格作为计税依据计算消费税。

3. 卷烟计税价格的核定。

自 2012 年 1 月 1 日起，卷烟消费税最低计税价格（以下简称计税价格）核定范围为卷烟生产企业在生产环节销售的所有牌号、规格的卷烟。

计税价格由国家税务总局按照卷烟批发环节销售价格扣除卷烟批发环节批发毛利核定并发布。计税价格的核定公式为：

某牌号、规格卷烟计税价格 = 批发环节销售价格 ×（1 - 适用批发毛利率）

卷烟批发环节销售价格，按照税务机关采集的所有卷烟批发企业在价格采集期内销售的该牌号、规格卷烟的数量、销售额进行加权平均计算。计算公式为：

$$批发环节销售价格 = \frac{\sum 该牌号、规格卷烟各采集点的销售额}{\sum 该牌号、规格卷烟各采集点的销售数量}$$

未经国家税务总局核定计税价格的新牌号、新规格卷烟，生产企业应按卷烟调拨价格申报纳税。

已经国家税务总局核定计税价格的卷烟，生产企业实际销售价格高于计税价格的，按实际销售价格确定适用税率，计算应纳税款并申报纳税；实际销售价格低于计税价格的，按计税价格确定适用税率，计算应纳税款并申报纳税。

4. 白酒最低计税价格的核定。

(1) 核定范围。

白酒生产企业销售给销售单位的白酒，生产企业消费税计税价格低于销售单位对外销售价格（不含增值税，下同）70%以下的，税务机关应核定消费税最低计税价格。自2015年6月1日起，纳税人将委托加工收回的白酒销售给销售单位，消费税计税价格低于销售单位对外销售价格（不含增值税）70%以下的，也应核定消费税最低计税价格。

销售单位，是指销售公司、购销公司以及委托境内其他单位或个人包销本企业生产白酒的商业机构。销售公司、购销公司，是指专门购进并销售白酒生产企业生产的白酒，并与该白酒生产企业存在关联性质。包销，是指销售单位依据协定价格从白酒生产企业购进白酒，同时承担大部分包装材料等成本费用，并负责销售白酒。

对白酒生产企业设立多级销售单位销售的白酒，税务机关应按照最终一级销售单位对外销售价格核定生产企业消费税最低计税价格。

白酒生产企业应将各种白酒的消费税计税价格和销售单位销售价格，按照规定的式样及要求，在主管税务机关规定的时限内填报。白酒消费税最低计税价格由白酒生产企业自行申报，税务机关核定。

主管税务机关应将白酒生产企业申报的销售给销售单位的消费税计税价格低于销售单位对外销售价格70%以下、年销售额1 000万元以上的各种白酒，按照规定的式样及要求，在规定的时限内逐级上报至国家税务总局。国家税务总局选择其中部分白酒核定消费税最低计税价格。

除国家税务总局已核定消费税最低计税价格的白酒外，其他按规定需要核定消费税最低计税价格的白酒，消费税最低计税价格由各省、自治区、直辖市和计划单列市税务局核定。

(2) 核定标准。

①白酒生产企业销售给销售单位的白酒，生产企业消费税计税价格高于销售单位对外销售价格70%（含70%）以上的，税务机关暂不核定消费税最低计税价格。

②白酒生产企业销售给销售单位的白酒，生产企业消费税计税价格低于销售单位对外销售价格70%以下的，消费税最低计税价格由税务机关根据生产规模、白酒品牌、利润水平等情况在销售单位对外销售价格50%~70%范围内自行核定。其中生产规模较大、

利润水平较高的企业生产的需要核定消费税最低计税价格的白酒，税务机关核价幅度原则上应选择在销售单位对外销售价格60%～70%范围内。自2017年5月1日起，白酒消费税最低计税价格核定比例由50%～70%统一调整为60%，已核定最低计税价格的白酒，税务机关应按照调整后的比例重新核定。

（3）重新核定。

已核定最低计税价格的白酒，销售单位对外销售价格持续上涨或下降时间达到3个月以上、累计上涨或下降幅度在20%（含）以上的，税务机关重新核定最低计税价格。

（4）计税价格的适用。

已核定最低计税价格的白酒，生产企业实际销售价格高于消费税最低计税价格的，按实际销售价格申报纳税；实际销售价格低于消费税最低计税价格的，按最低计税价格申报纳税。

5. 金银首饰销售额的确定。

对既销售金银首饰，又销售非金银首饰的生产、经营单位，应将两类商品划分清楚，分别核算销售额。凡划分不清楚或不能分别核算的，在生产环节销售的，一律从高适用税率征收消费税；在零售环节销售的，一律按金银首饰征收消费税。金银首饰与其他产品组成成套消费品销售的，应按销售额全额征收消费税。

金银首饰连同包装物销售的，无论包装是否单独计价，也无论会计上如何核算，均应并入金银首饰的销售额，计征消费税。

带料加工的金银首饰，应按受托方销售同类金银首饰的销售价格确定计税依据征收消费税。没有同类金银首饰销售价格的，按照组成计税价格计算纳税。

纳税人采用以旧换新（含翻新改制）方式销售的金银首饰，应按实际收取的不含增值税的全部价款确定计税依据征收消费税。

第三节 应纳税额的计算

一、生产销售环节应纳消费税的计算

纳税人在生产销售环节应缴纳的消费税，包括直接对外销售应税消费品应缴纳的消费税和自产自用应税消费品应缴纳的消费税。

（一）直接对外销售应纳消费税的计算

直接对外销售应税消费品涉及三种计算方法：

1. 从价定率计算。

在从价定率计算方法下，应纳消费税税额等于应税消费品的销售额乘以适用税率。基本计算公式为：

应纳税额＝应税消费品的销售额×比例税率

▶【例3－1】某化妆品生产企业为增值税一般纳税人。2023年6月15日向某大型商场销售高档化妆品一批，开具增值税专用发票，取得不含增值税销售额50万元，增值税税额6.5万元；6月20日向某单位销售高档化妆品一批，开具普通发票，取得含增值税销售额4.64万元。已知高档化妆品适用消费税税率15%，计算该化妆品生产企业上述业务应纳消费税税额。

（1）化妆品的应税销售额＝50＋4.64÷（1＋13%）＝54.11（万元）

（2）应纳消费税税额＝54.11×15%＝8.12（万元）

2. 从量定额计算。

在从量定额计算方法下，应纳消费税税额等于应税消费品的销售数量乘以单位税额。基本计算公式为：

应纳税额＝应税消费品的销售数量×定额税率

▶【例3－2】某啤酒厂2023年5月销售啤酒1 000吨，取得不含增值税销售额295万元，增值税税款38.35万元，另收取包装物押金23.4万元。计算该啤酒厂应纳消费税税额。

每吨啤酒出厂价＝（295＋23.4÷1.13）×10 000÷1 000＝3 157.08（元），大于3 000元，属于销售甲类啤酒，适用定额税率每吨250元。

应纳消费税税额＝销售数量×定额税率＝1 000×250＝250 000（元）

3. 从价定率和从量定额复合计算。

现行消费税的征税范围中，只有卷烟、白酒采用复合计算方法。基本计算公式为：

应纳税额＝应税消费品的销售数量×定额税率＋应税消费品的销售额×比例税率

▶【例3－3】某白酒生产企业为增值税一般纳税人，2023年4月销售白酒50吨，取得不含增值税的销售额200万元。计算白酒生产企业4月应缴纳的消费税税额。

白酒适用比例税率20%，定额税率每500克0.5元。

应纳消费税税额＝50×2 000×0.00005＋200×20%＝45（万元）

（二）自产自用应纳消费税的计算

自产自用是指纳税人生产应税消费品后，不是用于直接对外销售，而是用于自己连续生产应税消费品或用于其他方面。这种自产自用应税消费品形式，在实际经济活动中是很常见的，但在是否纳税或如何纳税上也最容易出现问题。例如，有的企业把自己生产的应税消费品，以福利或奖励等形式发给本企业职工，以为不是对外销售，不必计入销售额，无须纳税，这样就出现了漏缴税款的现象。因此，很有必要认真理解税法对自产自用应税消费品的有关规定。

1. 用于连续生产应税消费品。

纳税人自产自用的应税消费品，用于连续生产应税消费品的，不纳税。所谓"纳税人自产自用的应税消费品，用于连续生产应税消费品的"，是指作为生产最终应税消费品的直接材料并构成最终产品实体的应税消费品。例如，卷烟厂生产出烟丝，再用生产出的烟丝连续生产卷烟，虽然烟丝是应税消费品，但用于连续生产卷烟的烟丝就不用缴纳消费税，只对生产销售的卷烟征收消费税。如果生产的烟丝直接用于销售，则烟丝需要缴纳消费税。税法规定对自产自用的应税消费品，用于连续生产应税消费品的不征税，体现了不重复课税的原则。

2. 用于其他方面的应税消费品。

纳税人自产自用的应税消费品，除用于连续生产应税消费品外，凡用于其他方面的，于移送使用时纳税。用于其他方面是指纳税人用于生产非应税消费品、在建工程、管理部门、非生产机构、提供劳务，以及用于馈赠、赞助、集资、广告、样品、职工福利、奖励等方面。所谓"用于生产非应税消费品"，是指把自产的应税消费品用于生产现行消费税应税15类产品以外的产品。

如原油加工厂用生产出的应税消费品汽油调和制成溶剂汽油，该溶剂汽油就属于非应税消费品，加工厂应就该自产自用行为缴纳消费税，但是不用缴纳增值税。所谓"用于在建工程"，是指把自产的应税消费品用于本单位的各项建设工程。例如，石化工厂把自己生产的柴油用于本厂基建工程的车辆、设备。所谓"用于管理部门、非生产机构"，是指把自己生产的应税消费品用于与本单位有隶属关系的管理部门或非生产机构。例如，汽车制造厂把生产出的小汽车提供给上级主管部门使用。所谓"用于馈赠、赞助、集资、广告、样品、职工福利、奖励"，是指把自己生产的应税消费品无偿赠送给他人，或以资金的形式投资于外单位，或作为商品广告、经销样品，或以福利、奖励的形式发给职工。例如，小汽车生产企业把自己生产的小汽车赠送或赞助给小汽车拉力赛赛手使用，兼作商品广告；酒厂把生产的滋补药酒以福利的形式发给职工等。总之，企业自产的应税消费品虽然没有用于销售或连续生产应税消费品，但只要是用于税法所规定范围的都要视同销售，依法缴纳消费税。

3. 组成计税价格及税额的计算。

纳税人自产自用的应税消费品，凡用于其他方面，应当纳税的，按照纳税人生产的同类消费品的销售价格计算纳税。同类消费品的销售价格是指纳税人当月销售的同类消费品的销售价格，如果当月同类消费品各期销售价格高低不同，应按销售数量加权平均计算。但销售的应税消费品有下列情况之一的，不得列入加权平均计算：

（1）销售价格明显偏低又无正当理由的。

（2）无销售价格的。

如果当月无销售或者当月未完结，应按照同类消费品上月或者最近月份的销售价格计算纳税。没有同类消费品销售价格的，按照组成计税价格计算纳税。

实行从价定率办法计算纳税的组成计税价格，其计算公式为：

组成计税价格 =（成本 + 利润）÷（1 - 比例税率）

应纳税额 = 组成计税价格 × 比例税率

实行复合计税办法计算纳税的组成计税价格，其计算公式为：

组成计税价格 =（成本 + 利润 + 自产自用数量 × 定额税率）÷（1 - 比例税率）

应纳税额=组成计税价格×比例税率+自产自用数量×定额税率

上述公式中所说的"成本",是指应税消费品的产品生产成本。

上述公式中所说的"利润",是指根据应税消费品的全国平均成本利润率计算的利润。应税消费品全国平均成本利润率由国家税务总局确定(见表3-3)。

表 3-3　　　　　　　　　　　平均成本利润率表　　　　　　　　　　　单位:%

货物名称	利润率	货物名称	利润率
1. 甲类卷烟	10	11. 摩托车	6
2. 乙类卷烟	5	12. 高尔夫球及球具	10
3. 雪茄烟	5	13. 高档手表	20
4. 烟丝	5	14. 游艇	10
5. 粮食白酒	10	15. 木制一次性筷子、实木地板	5
6. 薯类白酒	5	16. 电池	4
7. 其他酒	5	17. 乘用车	8
8. 高档化妆品	5	18. 中轻型商用客车	5
9. 鞭炮、焰火	5	19. 电子烟	10
10. 贵重首饰及珠宝玉石	6	20. 涂料	7

▶【例3-4】某化妆品公司将一批自产的高档化妆品用作职工福利,该批高档化妆品的成本为80 000元,无同类产品市场销售价格,但已知其成本利润率为5%,消费税税率为15%。计算该批高档化妆品应纳消费税税额。

(1) 组成计税价格=成本×(1+成本利润率)÷(1-消费税税率)

=80 000×(1+5%)÷(1-15%)

=98 823.53(元)

(2) 应纳消费税税额=98 823.53×15%=14 823.53(元)

二、委托加工环节应税消费品应纳税额的计算

企业、单位或个人由于设备、技术、人力等方面的局限或其他方面的原因,常常要委托其他单位代为加工应税消费品,然后,将加工好的应税消费品收回,直接销售或自己使用。这是生产应税消费品的另一种形式,也需要纳入征收消费税的范围。例如,某企业将购来的小客车底盘和零部件提供给某汽车改装厂,加工组装成小客车供自己使用,则加工、组装成的小客车就需要缴纳消费税。按照规定,委托加工的应税消费品,由受托方(受托方是个人的除外,下同)在向委托方交货时代收代缴税款。

(一) 委托加工应税消费品的确定

委托加工的应税消费品是指由委托方提供原料和主要材料,受托方只收取加工费和代垫部分辅助材料加工的应税消费品。对于由受托方提供原材料生产的应税消费品,或者受托方先将原材料卖给委托方,然后再接受加工的应税消费品,以及由受托方以委托方名义购进原材料生产的应税消费品,不论纳税人在财务上是否作销售处理,都不得作

为委托加工应税消费品,而应当按照销售自制应税消费品缴纳消费税。

(二) 代收代缴税款的规定

对于确实属于委托方提供原料和主要材料,受托方只收取加工费和代垫部分辅助材料加工的应税消费品,税法规定,由受托方在向委托方交货时代收代缴消费税。这样,受托方就是法定的代收代缴义务人。如果受托方对委托加工的应税消费品没有代收代缴或少代收代缴消费税,应按照《税收征收管理法》的规定,承担代收代缴的法律责任。因此,受托方必须严格履行代收代缴义务,正确计算和按时代缴税款。为了加强对受托方代收代缴税款的管理,委托个人(含个体工商户)加工的应税消费品,由委托方收回后缴纳消费税。

委托加工的应税消费品,受托方在交货时已代收代缴消费税,委托方将收回的应税消费品,以不高于受托方的计税价格出售的,为直接出售,不再缴纳消费税;委托方以高于受托方的计税价格出售的,不属于直接出售,需按照规定申报缴纳消费税,在计税时准予扣除受托方已代收代缴的消费税。

对于受托方没有按规定代收代缴税款的,不能因此免除委托方补缴税款的责任。在对委托方进行税务检查中,如果发现受其委托加工应税消费品的受托方没有代收代缴税款,则应按照《税收征收管理法》的规定,对受托方处以应代收代缴税款50%以上3倍以下的罚款;委托方要补缴税款,对委托方补征税款的计税依据是:如果在检查时,收回的应税消费品已经直接销售的,按销售额计税;收回的应税消费品尚未销售或不能直接销售的(如收回后用于连续生产等),按组成计税价格计税。组成计税价格的计算公式与下列(三)中的组成计税价格公式相同。

(三) 组成计税价格及应纳税额的计算

委托加工的应税消费品,按照受托方的同类消费品的销售价格计算纳税,同类消费品的销售价格是指受托方(即代收代缴义务人)当月销售的同类消费品的销售价格,如果当月同类消费品各期销售价格高低不同,应按销售数量加权平均计算。但销售的应税消费品有下列情况之一的,不得列入加权平均计算:

1. 销售价格明显偏低又无正当理由的。
2. 无销售价格的。

如果当月无销售或者当月未完结,应按照同类消费品上月或最近月份的销售价格计算纳税。没有同类消费品销售价格的,按照组成计税价格计算纳税。

实行从价定率办法计算纳税的组成计税价格,其计算公式为:

组成计税价格 = (材料成本 + 加工费) ÷ (1 - 比例税率)

实行复合计税办法计算纳税的组成计税价格,其计算公式为:

组成计税价格 = (材料成本 + 加工费 + 委托加工数量 × 定额税率) ÷ (1 - 比例税率)

上述组成计税价格计算公式中有两个重要的专用名词解释如下:

1. 材料成本。

按照《消费税暂行条例实施细则》的解释,"材料成本"是指委托方所提供加工材料的实际成本。

委托加工应税消费品的纳税人,必须在委托加工合同上如实注明(或以其他方式提供）材料成本，凡未提供材料成本的，受托方所在地主管税务机关有权核定其材料成本。从这一条规定可以看出，税法对委托方提供原料和主要材料，并要以明确的方式如实提供材料成本，要求是很严格的，其目的就是防止假冒委托加工应税消费品或少报材料成本，逃避纳税的现象。

2. 加工费。

《消费税暂行条例实施细则》规定，"加工费"是指受托方加工应税消费品向委托方所收取的全部费用（包括代垫辅助材料的实际成本，不包括增值税税金），这是税法对受托方的要求。受托方必须如实提供向委托方收取的全部费用，这样才能既保证组成计税价格及代收代缴消费税准确地计算出来，同时也使受托方按加工费应纳的增值税得以正确计算。

▶【例 3-5】某鞭炮企业 2023 年 4 月受托为某单位加工一批鞭炮，委托单位提供的原材料金额为 60 万元，收取委托单位不含增值税的加工费为 8 万元，鞭炮企业无同类产品市场价格。鞭炮的适用税率为 15%。计算鞭炮企业应代收代缴的消费税。

(1) 组成计税价格 = (60 + 8) ÷ (1 - 15%) = 80（万元）

(2) 应代收代缴的消费税 = 80 × 15% = 12（万元）

三、进口环节应纳消费税的计算

进口的应税消费品，于报关进口时缴纳消费税；进口的应税消费品的消费税由海关代征；进口的应税消费品，由进口人或者其代理人向报关地海关申报纳税；纳税人进口应税消费品，应当自海关填发海关进口消费税专用缴款书之日起 15 日内缴纳税款。

1993 年 12 月，国家税务总局、海关总署联合颁发的《关于对进口货物征收增值税、消费税有关问题的通知》规定，进口应税消费品的收货人或办理报关手续的单位和个人，为进口应税消费品消费税的纳税义务人。进口应税消费品消费税的税目、税率（税额），依照《消费税暂行条例》所附的《消费税税目、税率（额）表》执行。

纳税人进口应税消费品，按照组成计税价格和规定的税率计算应纳税额。计算方法如下：

1. 实行从价定率计征应纳税额的计算。

实行从价定率办法计算纳税的组成计税价格，其计算公式为：

组成计税价格 = (关税计税价格 + 关税) ÷ (1 - 消费税比例税率)

应纳税额 = 组成计税价格 × 消费税比例税率

▶【例 3-6】某商贸公司 2023 年 5 月从国外进口一批应税消费品，已知该批应税消费品的关税计税价格为 90 万元，按规定应缴纳关税 18 万元，假定进口的应税消费品的消费税税率为 10%。计算该批消费品进口环节应纳消费税税额。

(1) 组成计税价格 = (90 + 18) ÷ (1 - 10%) = 120（万元）

(2) 应纳消费税税额 = 120 × 10% = 12（万元）

2. 实行从量定额计征应纳税额的计算。应纳税额的计算公式为：

应纳税额 = 应税消费品数量 × 消费税定额税率

3. 实行从价定率和从量定额复合计税办法应纳税额的计算。应纳税额的计算公式为：

$$\text{组成计税价格} = \left(\text{关税计税价格} + \text{关税} + \text{进口数量} \times \text{消费税定额税率}\right) \div \left(1 - \text{消费税比例税率}\right)$$

应纳税额 = 组成计税价格 × 消费税税率 + 应税消费品进口数量 × 消费税定额税率

进口环节消费税除国务院另有规定的，一律不得给予减税、免税。

四、已纳消费税扣除的计算

为了避免重复征税，现行消费税规定，将外购应税消费品和委托加工收回的应税消费品连续生产应税消费品销售的，可以将外购应税消费品和委托加工收回应税消费品已缴纳的消费税给予扣除。

（一）外购应税消费品已纳税款的扣除

1. 外购应税消费品连续生产应税消费品。

由于某些应税消费品是用外购已缴纳消费税的应税消费品连续生产出来的，在对这些连续生产出来的应税消费品计算征税时，税法规定应按当期生产领用数量计算准予扣除外购的应税消费品已纳的消费税税款。扣除范围包括：

（1）外购已税烟丝生产的卷烟。
（2）外购已税高档化妆品为原料生产的高档化妆品。
（3）外购已税珠宝玉石为原料生产的贵重首饰及珠宝玉石。
（4）外购已税鞭炮、焰火为原料生产的鞭炮、焰火。
（5）外购已税杆头、杆身和握把为原料生产的高尔夫球杆。
（6）外购已税木制一次性筷子为原料生产的木制一次性筷子。
（7）外购已税实木地板为原料生产的实木地板。
（8）外购已税汽油、柴油、石脑油、燃料油、润滑油为原料连续生产的应税成品油。

上述当期准予扣除外购应税消费品已纳消费税税款的计算公式为：

$$\text{当期准予扣除的外购应税消费品已纳税款} = \text{当期准予扣除的外购应税消费品买价} \times \text{外购应税消费品适用税率}$$

$$\text{当期准予扣除的外购应税消费品买价} = \text{期初库存的外购应税消费品的买价} + \text{当期购进的应税消费品的买价} - \text{期末库存的外购应税消费品的买价}$$

外购已税消费品的买价是指购货发票上注明的销售额（不包括增值税税款）。

另外，根据《葡萄酒消费税管理办法（试行）》的规定，自 2015 年 5 月 1 日起，从葡萄酒生产企业购进、进口葡萄酒连续生产应税葡萄酒的，准予从葡萄酒消费税应纳税额中扣除所耗用应税葡萄酒已纳消费税税款。如本期消费税应纳税额不足抵扣的，余额留待下期抵扣。

▶【例 3-7】某卷烟生产企业，某月初库存外购应税烟丝金额 50 万元，当月又外购应税烟丝金额 500 万元（不含增值税），月末库存烟丝金额 30 万元，其余被当月生产卷烟领用。烟丝适用的消费税税率为 30%。计算卷烟厂当月准许扣除的外购烟丝已缴纳的消费税税额。

（1）当期准许扣除的外购烟丝买价 = 50 + 500 - 30 = 520（万元）

（2）当月准许扣除的外购烟丝已缴纳的消费税税额 = 520 × 30% = 156（万元）

需要说明的是，纳税人用外购的已税珠宝玉石生产的改在零售环节征收消费税的金银首饰（镶嵌首饰），在计税时一律不得扣除外购珠宝玉石的已纳税款。

2. 外购应税消费品后销售。

对自己不生产应税消费品，而只是购进后再销售应税消费品的工业企业，其销售的高档化妆品，鞭炮、焰火和珠宝玉石，凡不能构成最终消费品直接进入消费品市场，而需进一步生产加工、包装、贴标的或者组合的珠宝玉石，高档化妆品，鞭炮、焰火等，应当征收消费税，同时允许扣除上述外购应税消费品的已纳税款。

（二）委托加工收回的应税消费品已纳税款的扣除

委托加工的应税消费品因为已由受托方代收代缴消费税，因此，委托方收回货物后用于连续生产应税消费品的，其已纳税款准予按照规定从连续生产的应税消费品应纳消费税税额中抵扣。按照国家税务总局的规定，下列连续生产的应税消费品准予从应纳消费税税额中按当期生产领用数量计算扣除委托加工收回的应税消费品已纳消费税税款：

1. 以委托加工收回的已税烟丝为原料生产的卷烟。
2. 以委托加工收回的已税高档化妆品为原料生产的高档化妆品。
3. 以委托加工收回的已税珠宝玉石为原料生产的贵重首饰及珠宝玉石。
4. 以委托加工收回的已税鞭炮、焰火为原料生产的鞭炮、焰火。
5. 以委托加工收回的已税杆头、杆身和握把为原料生产的高尔夫球杆。
6. 以委托加工收回的已税木制一次性筷子为原料生产的木制一次性筷子。
7. 以委托加工收回的已税实木地板为原料生产的实木地板。
8. 以委托加工收回的已税汽油、柴油、石脑油、燃料油、润滑油为原料用于连续生产的应税成品油。

上述当期准予扣除委托加工收回的应税消费品已纳消费税税款的计算公式为：

$$\begin{matrix} 当期准予扣除的 \\ 委托加工应税 \\ 消费品已纳税款 \end{matrix} = \begin{matrix} 期初库存的 \\ 委托加工应税 \\ 消费品已纳税款 \end{matrix} + \begin{matrix} 当期收回的 \\ 委托加工应税 \\ 消费品已纳税款 \end{matrix} - \begin{matrix} 期末库存的 \\ 委托加工应税 \\ 消费品已纳税款 \end{matrix}$$

纳税人以进口、委托加工收回应税油品连续生产应税成品油，分别依据《海关进口消费税专用缴款书》《税收缴款书（代扣代收专用）》，按照现行政策规定计算扣除应税油品已纳消费税税款。

需要说明的是，纳税人用委托加工收回的已税珠宝玉石生产的，改在零售环节征收消费税的金银首饰，在计税时一律不得扣除委托加工收回的珠宝玉石的已纳消费税税款。

纳税人以外购、进口、委托加工收回的应税消费品（以下简称外购应税消费品）为原料连续生产应税消费品，准予按现行政策规定抵扣外购应税消费品已纳消费税税款。经主管税务机关核实上述外购应税消费品未缴纳消费税的，纳税人应将已抵扣的消费税款,从核实当月允许抵扣的消费税中冲减。

五、特殊商品及环节应纳消费税的计算

(一) 电子烟生产、批发等环节消费税的计算

1. 纳税义务人:在中华人民共和国境内生产(进口)、批发电子烟的单位和个人为消费税纳税人。

电子烟生产环节纳税人,是指取得烟草专卖生产企业许可证,并取得或经许可使用他人电子烟产品注册商标(以下称持有商标)的企业。其中,取得或经许可使用他人电子烟产品注册商标应当依据《中华人民共和国商标法》的有关规定确定。通过代加工方式生产电子烟的,由持有商标的企业缴纳消费税,只从事代加工电子烟产品业务的企业不属于电子烟消费税纳税人。

电子烟批发环节纳税人,是指取得烟草专卖批发企业许可证并经营电子烟批发业务的企业。

电子烟进口环节纳税人,是指进口电子烟的单位和个人。

2. 适用税率:电子烟实行从价定率的办法计算纳税,生产(进口)环节的税率为36%,批发环节的税率为11%。

3. 计税价格:纳税人生产、批发电子烟的,按照生产、批发电子烟的销售额计算纳税;电子烟生产环节纳税人采用代销方式销售电子烟的,按照经销商(代理商)销售给电子烟批发企业的销售额计算纳税;纳税人进口电子烟的,按照组成计税价格计算纳税。

例如,某电子烟消费税纳税人2022年12月生产持有商标的电子烟产品并销售给电子烟批发企业,不含增值税销售额为100万元,该纳税人2023年1月应申报缴纳电子烟消费税为36万元(100×36%)。如果该纳税人委托经销商(代理商)销售同一电子烟产品,经销商(代理商)销售给电子烟批发企业不含增值税销售额为110万元,则该纳税人2023年1月应申报缴纳电子烟消费税为39.6万元(110×36%)。

4. 电子烟生产环节纳税人从事电子烟代加工业务销售额的核算:电子烟生产环节纳税人从事电子烟代加工业务的,应当分开核算持有商标电子烟的销售额和代加工电子烟的销售额,未分开核算的,一并缴纳消费税。

例如,甲电子烟生产企业(以下简称甲企业)持有电子烟商标A生产电子烟产品。2022年12月,甲企业生产销售A电子烟给电子烟批发企业,不含增值税销售额为100万元。同时,当月甲企业(不持有电子烟商标B)从事电子烟代加工业务,生产销售B电子烟给乙电子烟生产企业(持有电子烟商标B),不含增值税销售额为50万元。如果甲企业分开核算A电子烟和B电子烟销售额,则2023年1月甲企业应申报缴纳的电子烟消费税为36万元(100×36%);乙电子烟生产企业将B电子烟销售给电子烟批发企业时,自行申报缴纳消费税。如果甲企业没有分开核算A电子烟和B电子烟销售额,则其2023年1月应申报缴纳的电子烟消费税为54万元〔(100+50)×36%〕。

5. 纳税人出口电子烟,适用出口退(免)税政策;将电子烟增列至边民互市进口商品不予免税清单并照章征税。

除上述规定外，个人携带或者寄递进境电子烟的消费税征收，按照国务院有关规定执行。

（二）卷烟批发环节应纳消费税的计算

为了适当增加财政收入，完善烟产品消费税制度，自2009年5月1日起，在卷烟批发环节加征一道从价税。自2015年5月10日起，卷烟批发环节税率又有调整。

1. 纳税义务人：在中华人民共和国境内从事卷烟批发业务的单位和个人。

纳税人销售给纳税人以外的单位和个人的卷烟于销售时纳税。纳税人之间销售的卷烟不缴纳消费税。

2. 征收范围：纳税人批发销售的所有牌号、规格的卷烟。

3. 适用税率：从价税税率11%，从量税税率0.005元/支。

4. 计税依据：纳税人批发卷烟的销售额（不含增值税）、销售数量。

纳税人应将卷烟销售额与其他商品销售额分开核算，未分开核算的，一并征收消费税。纳税人兼营卷烟批发和零售业务的，应当分别核算批发和零售环节的销售额、销售数量；未分别核算批发和零售环节销售额、销售数量的，按照全部销售额、销售数量计征批发环节消费税。

5. 纳税义务发生时间：纳税人收讫销售款或者取得索取销售款凭据的当天。

6. 纳税地点：卷烟批发企业的机构所在地，总机构与分支机构不在同一地区的，由总机构申报纳税。

7. 卷烟消费税在生产和批发两个环节征收后，批发企业在计算纳税时不得扣除已含的生产环节的消费税税款。

（三）超豪华小汽车零售环节应纳消费税的计算

为了引导合理消费，促进节能减排，自2016年12月1日起，在生产（进口）环节按现行税率征收消费税的基础上，超豪华小汽车在零售环节加征一道消费税。

1. 征税范围：每辆零售价格130万元（不含增值税）及以上的乘用车和中轻型商用客车，即乘用车和中轻型商用客车子税目中的超豪华小汽车。

2. 纳税人：将超豪华小汽车销售给消费者的单位和个人为超豪华小汽车零售环节纳税人。

3. 税率：税率为10%。

4. 应纳税额的计算：

应纳税额＝零售环节销售额（不含增值税）×零售环节税率

国内汽车生产企业直接销售给消费者的超豪华小汽车，消费税税率按照生产环节税率和零售环节税率加总计算。其消费税应纳税额的计算公式为：

应纳税额＝销售额（不含增值税）×（生产环节税率＋零售环节税率）

六、消费税出口退税的计算

对纳税人出口应税消费品，免征消费税；国务院另有规定的除外。

（一）出口免税并退税

有出口经营权的外贸企业购进应税消费品直接出口，以及外贸企业受其他外贸企业委托代理出口应税消费品。外贸企业只有受其他外贸企业委托，代理出口应税消费品才可办理退税，外贸企业受其他企业（主要是非生产性的商贸企业）委托，代理出口应税消费品是不予退（免）税的。

属于从价定率计征消费税的，为已征且未在内销应税消费品应纳税额中抵扣的购进出口货物金额；属于从量定额计征消费税的，为已征且未在内销应税消费品应纳税额中抵扣的购进出口货物数量；属于复合计征消费税的，按从价定率和从量定额的计税依据分别确定。

$$消费税应退税额 = 从价定率计征消费税的退税计税依据 \times 比例税率 + 从量定额计征消费税的退税计税依据 \times 定额税率$$

出口货物的消费税应退税额的计税依据，按购进出口货物的消费税专用缴款书和海关进口消费税专用缴款书确定。

（二）出口免税但不退税

有出口经营权的生产性企业自营出口或生产企业委托外贸企业代理出口自产的应税消费品，依据其实际出口数量免征消费税，不予办理退还消费税。免征消费税是指对生产性企业按其实际出口数量免征生产环节的消费税。不予办理退还消费税，因已免征生产环节的消费税，该应税消费品出口时，已不含有消费税，所以无须再办理退还消费税。

（三）出口不免税也不退税

除生产企业、外贸企业外的其他企业，具体是指一般商贸企业，这类企业委托外贸企业代理出口应税消费品一律不予退（免）税。

第四节 征收管理

一、征税环节

目前，对消费税的征税分布于以下环节。

（一）对生产应税消费品在生产销售环节征税

生产应税消费品销售是消费税征收的主要环节，因为一般情况下，消费税具有单一环节征税的特点，对于大多数消费税应税商品而言，在生产销售环节征税以后，流通环节不再缴纳消费税。纳税人生产应税消费品，除了直接对外销售应征收消费税外，如将生产的应税消费品换取生产资料、消费资料、投资入股、偿还债务，以及用于继续生产应税消费品以外的其他方面都应缴纳消费税。

另外，工业企业以外的单位和个人的下列行为视为应税消费品的生产行为，按规定征收消费税：

1. 将外购的消费税非应税产品以消费税应税产品对外销售的。
2. 将外购的消费税低税率应税产品以高税率应税产品对外销售的。

（二）对委托加工应税消费品在委托加工环节征税

委托加工应税消费品是指委托方提供原料和主要材料，受托方只收取加工费和代垫部分辅助材料加工的应税消费品。由受托方提供原材料或其他情形的一律不能视同加工应税消费品。委托加工的应税消费品收回后，再继续用于生产应税消费品销售且符合现行政策规定的，其加工环节缴纳的消费税税款可以扣除。

（三）对进口应税消费品在进口环节征税

单位和个人进口属于消费税征税范围的货物，在进口环节要缴纳消费税。为了减少征税成本，进口环节缴纳的消费税由海关代征。

（四）对零售特定应税消费品在零售环节征税

经国务院批准，自1995年1月1日起，金银首饰消费税由生产销售环节征收改为零售环节征收。改在零售环节征收消费税的金银首饰仅限于金基、银基合金首饰以及金、银和金基、银基合金的镶嵌首饰，进口环节暂不征收，零售环节适用税率为5%，在纳税人销售金银首饰、铂金饰品、钻石及钻石饰品时征收。其计税依据是不含增值税的销售额。自2016年12月1日起对超豪华小汽车、在生产（进口）环节按现行税率征收消费税基础上，在零售环节加征消费税。

（五）对移送使用应税消费品在移送使用环节征税

如果企业在生产经营的过程中，将应税消费品移送用于加工非应税消费品，则应对移送部分征收消费税。

（六）对批发卷烟在卷烟的批发环节征税

与其他消费税应税商品不同的是，卷烟除了在生产销售环节征收消费税外，还在批发环节征收一次。纳税人销售给纳税人以外的单位和个人的卷烟于销售时纳税。纳税人之间销售的卷烟不缴纳消费税。纳税人兼营卷烟批发和零售业务的，应当分别核算批发和零售环节的销售额、销售数量；未分别核算批发和零售环节销售额、销售数量的，按照全部销售额、销售数量计征批发环节消费税。卷烟批发企业的机构所在地，总机构与分支机构不在同一地区的，由总机构申报纳税。卷烟消费税在生产和批发两个环节征收后，批发企业在计算纳税时不得扣除已含的生产环节的消费税税款。

二、纳税义务发生时间

消费税纳税义务发生的时间，以货款结算方式或行为发生时间分别确定。

1. 纳税人销售的应税消费品，其纳税义务的发生时间为：

（1）纳税人采取赊销和分期收款结算方式的，为书面合同约定的收款日期的当天，书面合同没有约定收款日期或者无书面合同的，为发出应税消费品的当天。

（2）纳税人采取预收货款结算方式的，为发出应税消费品的当天。

（3）纳税人采取托收承付和委托银行收款方式销售的应税消费品，为发出应税消费品并办妥托收手续的当天。

（4）纳税人采取其他结算方式的，为收讫销售款或者取得索取销售款凭据的当天。

2. 纳税人自产自用的应税消费品，其纳税义务的发生时间，为移送使用的当天。

3. 纳税人委托加工的应税消费品，其纳税义务的发生时间，为纳税人提货的当天。

4. 纳税人进口的应税消费品，其纳税义务的发生时间，为报关进口的当天。

三、纳税期限

按照《消费税暂行条例》的规定，消费税的纳税期限分别为 1 日、3 日、5 日、10 日、15 日、1 个月或者 1 个季度。纳税人的具体纳税期限，由主管税务机关根据纳税人应纳税额的大小分别核定。不能按照固定期限纳税的，可以按次纳税。

纳税人以 1 个月或以 1 个季度为 1 个纳税期的，自期满之日起 15 日内申报纳税；以 1 日、3 日、5 日、10 日或者 15 日为 1 个纳税期的，自期满之日起 5 日内预缴税款，于次月 1 日起至 15 日内申报纳税并结清上月应纳税款。

纳税人进口应税消费品，应当自海关填发海关进口消费税专用缴款书之日起 15 日内缴纳税款。

如果纳税人不能按照规定的纳税期限依法纳税，将按《税收征收管理法》的有关规定处理。

四、纳税地点

1. 纳税人销售的应税消费品，以及自产自用的应税消费品，除国务院财政、税务主管部门另有规定外，应当向纳税人机构所在地或者居住地的主管税务机关申报纳税。

2. 委托加工的应税消费品，除受托方为个人外，由受托方向机构所在地或者居住地的主管税务机关解缴消费税税款。

3. 进口的应税消费品，由进口人或者其代理人向报关地海关申报纳税。

4. 纳税人到外县（市）销售或者委托外县（市）代销自产应税消费品的，于应税消费品销售后，向机构所在地或者居住地主管税务机关申报纳税。

纳税人的总机构与分支机构不在同一县（市），但在同一省（自治区、直辖市）范围内，经省（自治区、直辖市）财政厅（局）、税务局审批同意，可以由总机构汇总向总机构所在地的主管税务机关申报缴纳消费税。

省（自治区、直辖市）财政厅（局）、税务局应将审批同意的结果，上报财政部、国家税务总局备案。

五、消费税的退还和补税

1. 纳税人销售的应税消费品，因质量等原因发生退货的，其已缴纳的消费税税款可予以退还。

纳税人办理退税手续时，应将开具的红字增值税发票、退税证明等资料报主管税务机关备案。主管税务机关核对无误后办理退税。

2. 纳税人直接出口的应税消费品办理免税后，发生退关或者国外退货，复进口时已予以免税的，可暂不办理补税，待其转为国内销售的当月申报缴纳消费税。

第四章　企业所得税法

企业所得税法，是指国家制定的用以调整企业所得税征收与缴纳之间权利及义务关系的法律规范。现行企业所得税的基本规范是2007年3月16日第十届全国人民代表大会第五次全体会议通过的《中华人民共和国企业所得税法》（以下简称《企业所得税法》）和2007年11月28日国务院第一百九十七次常务会议通过的《中华人民共和国企业所得税法实施条例》（以下简称《实施条例》）。

企业所得税是对我国境内的企业和其他取得收入的组织的生产经营所得和其他所得征收的一种税。企业所得税的作用主要有：（1）促进企业改善经营管理活动，提升企业的盈利能力。（2）调节产业结构，促进经济发展。（3）为国家建设筹集财政资金。

第一节　纳税义务人、征税对象与税率

一、纳税义务人

企业所得税的纳税义务人，是指在中华人民共和国境内的企业和其他取得收入的组织。《企业所得税法》第一条规定，除个人独资企业、合伙企业不适用《企业所得税法》外，凡在我国境内，企业和其他取得收入的组织（以下统称企业）为企业所得税的纳税人，依照《企业所得税法》规定缴纳企业所得税。

企业所得税的纳税人分为居民企业和非居民企业，这是根据企业纳税义务范围的宽窄进行的分类，不同的企业在向中国政府缴纳所得税时，纳税义务不同。把企业分为居民企业和非居民企业，是为了更好地保障我国税收管辖权的有效行使。税收管辖权是一国政府在征税方面的主权，是国家主权的重要组成部分。根据国际上的通行做法，我国选择了地域管辖权和居民管辖权的双重管辖权标准，最大限度地维护我国的税收利益。

（一）居民企业

居民企业，是指依法在中国境内成立，或者依照外国（地区）法律成立但实际管理机构在中国境内的企业。这里的企业包括企业、事业单位、社会团体以及其他取得收入

的组织。由于我国的一些社会团体组织、事业单位在完成国家事业计划的过程中，开展多种经营和有偿服务活动，取得除财政部门各项拨款、财政部和国家物价部门批准的各项规费收入以外的经营收入，具有了经营的特点，应当视同企业纳入征税范围。其中，实际管理机构，是指对企业的生产经营、人员、账务、财产等实施实质性全面管理和控制的机构。

（二）非居民企业

非居民企业，是指依照外国（地区）法律成立且实际管理机构不在中国境内，但在中国境内设立机构、场所的，或者在中国境内未设立机构、场所，但有来源于中国境内所得的企业。

上述所称机构、场所，是指在中国境内从事生产经营活动的机构、场所，包括：

1. 管理机构、营业机构、办事机构。
2. 工厂、农场、开采自然资源的场所。
3. 提供劳务的场所。
4. 从事建筑、安装、装配、修理、勘探等工程作业的场所。
5. 其他从事生产经营活动的机构、场所。

非居民企业委托营业代理人在中国境内从事生产经营活动的，包括委托单位或者个人经常代其签订合同，或者储存、交付货物等，该营业代理人视为非居民企业在中国境内设立的机构、场所。

二、征税对象

企业所得税的征税对象，是指企业的生产经营所得、其他所得和清算所得。

（一）居民企业的征税对象

居民企业应将来源于中国境内、境外的所得作为征税对象。所得包括销售货物所得，提供劳务所得，转让财产所得，股息、红利等权益性投资所得，利息所得，租金所得，特许权使用费所得，接受捐赠所得和其他所得。

（二）非居民企业的征税对象

非居民企业在中国境内设立机构、场所的，应当就其所设机构、场所取得的来源于中国境内的所得，以及发生在中国境外但与其所设机构、场所有实际联系的所得，缴纳企业所得税。非居民企业在中国境内未设立机构、场所的，或者虽设立机构、场所但取得的所得与其所设机构、场所没有实际联系的，应当就其来源于中国境内的所得缴纳企业所得税。

上述所称实际联系，是指非居民企业在中国境内设立的机构、场所拥有的据以取得所得的股权、债权，以及拥有、管理、控制据以取得所得的财产。

（三）所得来源的确定

1. 销售货物所得，按照交易活动发生地确定。
2. 提供劳务所得，按照劳务发生地确定。
3. 转让财产所得。（1）不动产转让所得按照不动产所在地确定。（2）动产转让所得按照转让动产的企业或者机构、场所所在地确定。（3）权益性投资资产转让所得按照被投资企业所在地确定。

4. 股息、红利等权益性投资所得，按照分配所得的企业所在地确定。

5. 利息所得、租金所得、特许权使用费所得，按照负担、支付所得的企业或者机构、场所所在地确定，或者按照负担、支付所得的个人的住所地确定。

6. 其他所得，由国务院财政、税务主管部门确定。

三、税率

企业所得税税率是体现国家与企业分配关系的核心要素。税率设计的原则是兼顾国家、企业、职工个人三者利益。既要保证财政收入的稳定增长，又要使企业在发展生产、经营方面有一定的财力保证；既要考虑到企业的实际情况和负担能力，又要维护税率的统一性。

企业所得税实行比例税率。比例税率简便易行，透明度高，不会因征税而改变企业间收入分配比例，有利于促进效率的提高。现行规定是：

1. 基本税率为25%，适用于居民企业和在中国境内设有机构、场所且所得与机构、场所有关联的非居民企业。现行企业所得税基本税率设定为25%，既考虑了我国财政承受能力，又考虑了企业负担水平。

2. 低税率为20%，适用于在中国境内未设立机构、场所的，或者虽设立机构、场所但取得的所得与其所设机构、场所没有实际联系的非居民企业，但实际征税时适用10%的税率。除此之外，另有高新技术企业减按15%的税率征收，小型微利企业减按20%的税率征收（这些特殊规定在本章第六节税收优惠中均有介绍）。

第二节　应纳税所得额

应纳税所得额是企业所得税的计税依据，按照《企业所得税法》的规定，应纳税所得额为企业每一个纳税年度的收入总额，减除不征税收入、免税收入、各项扣除以及允许弥补的以前年度亏损后的余额。其基本公式为：

$$\text{应纳税所得额} = \text{收入总额} - \text{不征税收入} - \text{免税收入} - \text{各项扣除} - \text{允许弥补的以前年度亏损}$$

企业应纳税所得额的计算以权责发生制为原则，属于当期的收入和费用，不论款项是否收付，均作为当期的收入和费用；不属于当期的收入和费用，即使款项已经在当期收付，均不作为当期的收入和费用。应纳税所得额的正确计算直接关系到国家财政收入和企业的税收负担，并且同成本、费用核算关系密切。因此，《企业所得税法》对应纳税所得额计算作出了明确规定，主要内容包括收入总额、扣除范围和标准、资产的税务处理、亏损弥补，等等。

一、收入总额

企业的收入总额包括以货币形式和非货币形式从各种来源取得的收入，具体有：销售货物收入，提供劳务收入，转让财产收入，股息、红利等权益性投资收益，利息收入，租金收入，特许权使用费收入，接受捐赠收入，其他收入。

企业取得收入的货币形式，包括现金、存款、应收账款、应收票据、准备持有至到期的债券投资以及债务的豁免等；纳税人以非货币形式取得的收入，包括固定资产、生物资产、无形资产、股权投资、存货、不准备持有至到期的债券投资、劳务以及有关权益等，这些非货币资产应当按照公允价值确定收入额，公允价值是指按照市场价格确定的价值。

（一）一般收入的确认

1. 销售货物收入，是指企业销售商品、产品、原材料、包装物、低值易耗品以及其他存货取得的收入。

2. 提供劳务收入，是指企业从事建筑安装、修理修配、交通运输、仓储租赁、金融保险、邮电通信、咨询经纪、文化体育、科学研究、技术服务、教育培训、餐饮住宿、中介代理、卫生保健、社区服务、旅游、娱乐、加工以及其他劳务服务活动取得的收入。

3. 转让财产收入，是指企业转让固定资产、生物资产、无形资产、股权、债权等财产取得的收入。

企业转让股权收入，应于转让协议生效且完成股权变更手续时，确认收入的实现。转让股权收入扣除为取得该股权所发生的成本后，为股权转让所得。企业在计算股权转让所得时，不得扣除被投资企业未分配利润等股东留存收益中按该项股权所可能分配的金额。

被清算企业的股东分得的剩余资产的金额，其中相当于被清算企业累计未分配利润和累计盈余公积中按该股东所占股份比例计算的部分，应确认为股息所得；剩余资产减除股息所得后的余额，超过或低于股东投资成本的部分，应确认为股东的投资转让所得或损失。

投资企业从被投资企业撤回或减少投资，其取得的资产中，相当于初始出资的部分，应确认为投资收回；相当于被投资企业累计未分配利润和累计盈余公积按减少实收资本比例计算的部分，应确认为股息所得；其余部分确认为投资资产转让所得。

4. 股息、红利等权益性投资收益，是指企业因权益性投资从被投资方取得的收入。股息、红利等权益性投资收益，除国务院财政、税务主管部门另有规定外，按照被投资方作出利润分配决定的日期确认收入的实现。

被投资企业将股权（票）溢价所形成的资本公积转为股本的，不作为投资方企业的股息、红利收入，投资方企业也不得增加该项长期投资的计税基础。

依据《财政部 国家税务总局 证监会关于沪港股票市场交易互联互通机制试点有关税收政策的通知》（财税〔2014〕81号）的规定，自2014年11月17日起，对内地企业投资者通过沪港通投资香港联交所上市股票取得的股息、红利所得，计入其收入总额，依法计征企业所得税。其中，内地居民企业连续持有H股满12个月取得的股息、红利所得，依法免征企业所得税。

香港联交所上市H股公司应向中国结算提出申请，由中国结算向H股公司提供内地企业投资者名册，H股公司对内地企业投资者不代扣股息、红利所得税款，应纳税款由企业自行申报缴纳。

内地企业投资者自行申报缴纳企业所得税时，对香港联交所非H股上市公司已代扣代缴的股息、红利所得税，可依法申请税收抵免。

5. 利息收入，是指企业将资金提供他人使用但不构成权益性投资，或者因他人占用本企业资金取得的收入，包括存款利息、贷款利息、债券利息、欠款利息等收入。利息收入，按照合同约定的债务人应付利息的日期确认收入的实现。

（1）自2013年9月1日起，企业混合性投资业务，是指兼具权益和债权双重特性的投资业务。同时符合下列条件的混合性投资业务，按下列第（2）条规定进行企业所得税处理：

①被投资企业接受投资后，需要按投资合同或协议约定的利率定期支付利息（或定期支付保底利息、固定利润、固定股息，下同）。

②有明确的投资期限或特定的投资条件，并在投资期满或者满足特定投资条件后，被投资企业需要赎回投资或偿还本金。

③投资企业对被投资企业净资产不拥有所有权。

④投资企业不具有选举权和被选举权。

⑤投资企业不参与被投资企业日常生产经营活动。

（2）符合上述第①~⑤项规定的混合性投资业务，按下列规定进行企业所得税处理：

①对于被投资企业支付的利息，投资企业应于被投资企业应付利息的日期，确认收入的实现并计入当期应纳税所得额；被投资企业应于应付利息的日期，确认利息支出，并按税法和《国家税务总局关于企业所得税若干问题的公告》（国家税务总局公告2011年第34号）第一条的规定，进行税前扣除。

②对于被投资企业赎回的投资，投资双方应于赎回时将赎价与投资成本之间的差额确认为债务重组损益，分别计入当期应纳税所得额。

（3）境外投资者在境内从事混合性投资业务，满足上述第（1）条规定的条件的，可以按照上述第（2）条第①项的规定进行企业所得税处理，但同时符合以下两种情形的除外：

①该境外投资者与境内被投资企业构成关联关系。

②境外投资者所在国家（地区）将该项投资收益认定为权益性投资收益，且不征收企业所得税。

同时符合上述第①项和第②项规定情形的，境内被投资企业向境外投资者支付的利息应视为股息，不得进行税前扣除。

6. 租金收入，是指企业提供固定资产、包装物或者其他有形资产的使用权取得的收入。租金收入按照合同约定的承租人应付租金的日期确认收入的实现。其中，如果交易合同或协议中规定租赁期限跨年度，且租金提前一次性支付的，根据《实施条例》第九条规定的收入与费用配比原则，出租人可对上述已确认的收入，在租赁期内，分期均匀计入相关年度收入。

7. 特许权使用费收入，是指企业提供专利权、非专利技术、商标权、著作权以及其他特许权的使用权取得的收入。特许权使用费收入，按照合同约定的特许权使用人应付特许权使用费的日期确认收入的实现。

8. 接受捐赠收入，是指企业接受的来自其他企业、组织或者个人无偿给予的货币性资产、非货币性资产。接受捐赠收入，按照实际收到捐赠资产的日期确认收入的实现。

9. 其他收入，是指企业取得的除以上收入外的其他收入，包括企业资产溢余收入、逾期未退包装物押金收入、确实无法偿付的应付款项、已作坏账损失处理后又收回的应收款项、债务重组收入、补贴收入、违约金收入、汇兑收益等。

（二）特殊收入的确认

1. 以分期收款方式销售货物的，按照合同约定的收款日期确认收入的实现。

2. 企业受托加工制造大型机械设备、船舶、飞机，以及从事建筑、安装、装配工程业务或者提供其他劳务等，持续时间超过 12 个月的，按照纳税年度内完工进度或者完成的工作量确认收入的实现。

3. 采取产品分成方式取得收入的，按照企业分得产品的日期确认收入的实现，其收入额按照产品的公允价值确定。

4. 企业发生非货币性资产交换，以及将货物、财产、劳务用于捐赠、偿债、赞助、集资、广告、样品、职工福利或者利润分配等用途的，应当视同销售货物、转让财产或者提供劳务，但国务院财政、税务主管部门另有规定的除外。

5. 永续债企业所得税处理。自 2019 年 1 月 1 日起，企业发行的永续债，可以适用股息、红利企业所得税政策，即投资方取得的永续债利息收入属于股息、红利性质，按照现行企业所得税政策相关规定进行处理。其中，发行方和投资方均为居民企业的，永续债利息收入可以适用《企业所得税法》规定的居民企业之间的股息、红利等权益性投资收益免征企业所得税规定。同时，发行方支付的永续债利息支出不得在企业所得税税前扣除。

（1）企业发行符合规定条件的永续债，也可以按照债券利息适用企业所得税政策，即发行方支付的永续债利息支出准予在其企业所得税税前扣除，投资方取得的永续债利息收入应当依法纳税。

（2）上述第（1）项所称符合规定条件的永续债，是指符合下列条件中五项（含）以上的永续债：

①被投资企业对该项投资具有还本义务。
②有明确约定的利率和付息频率。
③有一定的投资期限。
④投资方对被投资企业净资产不拥有所有权。
⑤投资方不参与被投资企业日常生产经营活动。
⑥被投资企业可以赎回，或满足特定条件后可以赎回。
⑦被投资企业将该项投资计入负债。
⑧该项投资不承担被投资企业股东同等的经营风险。
⑨该项投资的清偿顺序位于被投资企业股东持有的股份之前。

（3）企业发行永续债，应当将其适用的税收处理方法在证券交易所、银行间债券市场等发行市场的发行文件中向投资方予以披露。

（4）发行永续债的企业对每一永续债产品的税收处理方法一经确定，不得变更。企业对永续债采取的税收处理办法与会计核算方式不一致的，发行方、投资方在进行税收处理时须作出相应纳税调整。

（5）上述所称永续债是指经国家发展和改革委员会、中国人民银行、国家金融监督管理总局（原中国银行保险监督管理委员会）、中国证券监督管理委员会核准，或经中国银行间市场交易商协会注册、中国证券监督管理委员会授权的证券自律组织备案，依照法定程序发行、附赎回（续期）选择权或无明确到期日的债券，包括可续期企业债、可续期公司债、永续债务融资工具（含永续票据）、无固定期限资本债券等。

（三）处置资产收入的确认

1. 企业发生下列情形的处置资产，除将资产转移至境外以外，由于资产所有权属在形式和实质上均不发生改变，可作为内部处置资产，不视同销售确认收入，相关资产的计税基础延续计算。

（1）将资产用于生产、制造、加工另一产品。
（2）改变资产形状、结构或性能。
（3）改变资产用途（如自建商品房转为自用或经营）。
（4）将资产在总机构及其分支机构之间转移。
（5）上述两种或两种以上情形的混合。
（6）其他不改变资产所有权属的用途。

2. 企业将资产移送他人的下列情形，因资产所有权属已发生改变而不属于内部处置资产，应按规定视同销售确定收入。

（1）用于市场推广或销售。
（2）用于交际应酬。
（3）用于职工奖励或福利。
（4）用于股息分配。
（5）用于对外捐赠。
（6）其他改变资产所有权属的用途。

3. 企业发生上述第 2 项规定情形时，除另有规定外，应按照被移送资产的公允价值确定销售收入。

（四）非货币性资产投资企业所得税处理

非货币性资产，是指现金、银行存款、应收账款、应收票据以及准备持有至到期的债券投资等货币性资产以外的资产。

1. 居民企业（以下简称企业）以非货币性资产对外投资确认的非货币性资产转让所得，可在不超过 5 年期限内，分期均匀计入相应年度的应纳税所得额，按规定计算缴纳企业所得税。

2. 企业以非货币性资产对外投资，应对非货币性资产进行评估并按评估后的公允价值扣除计税基础后的余额，计算确认非货币性资产转让所得。

企业以非货币性资产对外投资，应于投资协议生效并办理股权登记手续时，确认非货币性资产转让收入的实现。

3. 企业以非货币性资产对外投资而取得被投资企业的股权，应以非货币性资产的原计税成本为计税基础，加上每年确认的非货币性资产转让所得，逐年进行调整。

被投资企业取得非货币性资产的计税基础，应按非货币性资产的公允价值确定。

4. 企业在对外投资5年内转让上述股权或投资收回的，应停止执行递延纳税政策，并就递延期内尚未确认的非货币性资产转让所得，在转让股权或投资收回当年的企业所得税年度汇算清缴时，一次性计算缴纳企业所得税；企业在计算股权转让所得时，可按有关规定将股权的计税基础一次调整到位。

企业在对外投资5年内注销的，应停止执行递延纳税政策，并就递延期内尚未确认的非货币性资产转让所得，在注销当年的企业所得税年度汇算清缴时，一次性计算缴纳企业所得税。

5. 此处所称非货币性资产投资，限于以非货币性资产出资设立新的居民企业，或将非货币性资产注入现存的居民企业。

6. 企业发生非货币性资产投资，符合《财政部 国家税务总局关于企业重组业务企业所得税处理若干问题的通知》（财税〔2009〕59号）等规定的特殊性税务处理条件的，也可选择按特殊性税务处理规定执行。

（五）企业转让上市公司限售股有关所得税处理

根据《国家税务总局关于企业转让上市公司限售股有关所得税问题的公告》（国家税务总局公告2011年第39号）规定，自2011年7月1日起，企业转让上市公司限售股有关所得税的处理按以下规定执行。

1. 纳税义务人的范围界定问题。

根据《企业所得税法》第一条及《实施条例》第三条的规定，转让限售股取得收入的企业（包括事业单位、社会团体、民办非企业单位等），为企业所得税的纳税义务人。

2. 企业转让代个人持有的限售股征税问题。

因股权分置改革造成原由个人出资而由企业代持有的限售股，企业在转让时按以下规定处理：

（1）企业转让上述限售股取得的收入，应作为企业应税收入计算纳税。

上述限售股转让收入扣除限售股原值和合理税费后的余额为该限售股转让所得。企业未能提供完整、真实的限售股原值凭证，不能准确计算该限售股原值的，主管税务机关一律按该限售股转让收入的15%，核定为该限售股原值和合理税费。

依照本规定完成纳税义务后的限售股转让收入余额转付给实际所有人时不再纳税。

（2）依法院判决、裁定等原因，通过证券登记结算公司，企业将其代持的个人限售股直接变更到实际所有人名下的，不视同转让限售股。

3. 企业在限售股解禁前转让限售股征税问题。

企业在限售股解禁前将其持有的限售股转让给其他企业或个人（以下简称受让方），其企业所得税问题按以下规定处理：

（1）企业应按减持在证券登记结算机构登记的限售股取得的全部收入，计入企业当年度应税收入计算纳税。

（2）企业持有的限售股在解禁前已签订协议转让给受让方，但未变更股权登记、仍由企业持有的，企业实际减持该限售股取得的收入，依照本项第（1）条规定纳税后，其余额转付给受让方的，受让方不再纳税。

（六）企业接收政府和股东划入资产的企业所得税处理

1. 企业接收政府划入资产的企业所得税处理。

（1）县级以上人民政府（包括政府有关部门，下同）将国有资产明确以股权投资方式投入企业，企业应作为国家资本金（包括资本公积）处理。该项资产如为非货币性资产，应按政府确定的接收价值确定计税基础。

（2）县级以上人民政府将国有资产无偿划入企业，凡指定专门用途并按《财政部 国家税务总局关于专项用途财政性资金企业所得税处理问题的通知》（财税〔2011〕70号）规定进行管理的，企业可作为不征税收入进行企业所得税处理。其中，该项资产属于非货币性资产的，应按政府确定的接收价值计算不征税收入。

（3）县级以上人民政府将国有资产无偿划入企业，属于上述第（1）、（2）项以外情形的，应按政府确定的接收价值计入当期收入总额计算缴纳企业所得税。政府没有确定接收价值的，按资产的公允价值计算确定应税收入。

2. 企业接收股东划入资产的企业所得税处理。

（1）企业接收股东划入资产（包括股东赠予资产、上市公司在股权分置改革过程中接收原非流通股股东和新非流通股股东赠予的资产、股东放弃本企业的股权，下同），凡合同、协议约定作为资本金（包括资本公积）且在会计上已作实际处理的，不计入企业的收入总额，企业应按公允价值确定该项资产的计税基础。

（2）企业接收股东划入资产，凡作为收入处理的，应按公允价值计入收入总额，计算缴纳企业所得税，同时按公允价值确定该项资产的计税基础。

（七）相关收入实现的确认

除《企业所得税法》及其《实施条例》关于前述收入的规定外，企业销售收入的确认，必须遵循权责发生制原则和实质重于形式原则。

1. 企业销售商品同时满足下列条件的，应确认收入的实现：

（1）商品销售合同已经签订，企业已将与商品所有权相关的主要风险和报酬转移给购货方。

（2）企业对已售出的商品既没有保留通常与所有权相联系的继续管理权，也没有实施有效控制。

（3）收入的金额能够可靠地计量。

（4）已发生或将发生的销售方的成本能够可靠地核算。

2. 符合第1项收入确认条件，采取下列商品销售方式的，应按以下规定确认收入实现时间：

（1）销售商品采用托收承付方式的，在办妥托收手续时确认收入。

（2）销售商品采取预收款方式的，在发出商品时确认收入。

（3）销售商品需要安装和检验的，在购买方接受商品以及安装和检验完毕时确认收入。如果安装程序比较简单，可在发出商品时确认收入。

（4）销售商品采用支付手续费方式委托代销的，在收到代销清单时确认收入。

3. 采用售后回购方式销售商品的,销售的商品按售价确认收入,回购的商品作为购进商品处理。有证据表明不符合销售收入确认条件的,如以销售商品方式进行融资,收到的款项应确认为负债,回购价格大于原售价的,差额应在回购期间确认为利息费用。

4. 销售商品以旧换新的,销售的商品应当按照销售商品收入确认条件确认收入,回收的商品作为购进商品处理。

5. 企业为促进商品销售而在商品价格上给予的价格扣除属于商业折扣,商品销售涉及商业折扣的,应当按照扣除商业折扣后的金额确定销售商品收入金额。

债权人为鼓励债务人在规定的期限内付款而向债务人提供的债务扣除属于现金折扣,销售商品涉及现金折扣的,应当按扣除现金折扣前的金额确定销售商品收入金额,现金折扣在实际发生时作为财务费用扣除。

企业因售出商品的质量不合格等原因而在售价上给予的减让属于销售折让;企业因售出商品质量、品种不符合要求等原因而发生的退货属于销售退回。企业已经确认销售收入的售出商品发生销售折让和销售退回,应当在发生当期冲减当期销售商品收入。

6. 企业在各个纳税期末,提供劳务交易的结果能够可靠估计的,应采用完工进度(完工百分比)法确认提供劳务收入。

(1) 提供劳务交易的结果能够可靠估计,是指同时满足下列条件:

①收入的金额能够可靠地计量。

②交易的完工进度能够可靠地确定。

③交易中已发生和将发生的成本能够可靠地核算。

(2) 企业提供劳务完工进度的确定,可选用下列方法:

①已完工作的测量。

②已提供劳务占劳务总量的比例。

③发生成本占总成本的比例。

(3) 企业应按照从接受劳务方已收或应收的合同或协议价款确定劳务收入总额,根据纳税期末提供劳务收入总额乘以完工进度扣除以前纳税年度累计已确认提供劳务收入后的金额,确认为当期劳务收入;同时,按照提供劳务估计总成本乘以完工进度扣除以前纳税期间累计已确认劳务成本后的金额,结转为当期劳务成本。

(4) 下列提供劳务满足收入确认条件的,应按以下规定确认收入:

①安装费,应根据安装完工进度确认收入。安装工作是商品销售附带条件的,安装费在确认商品销售实现时确认收入。

②宣传媒介的收费,应在相关的广告或商业行为出现于公众面前时确认收入。广告的制作费,应根据制作广告的完工进度确认收入。

③软件费。为特定客户开发软件的收费,应按开发的完工进度确认收入。

④服务费。包含在商品售价内可区分的服务费,在提供服务的期间分期确认收入。

⑤艺术表演、招待宴会和其他特殊活动的收费,在相关活动发生时确认收入。收费涉及几项活动的,预收的款项应合理分配给每项活动,分别确认收入。

⑥会员费。申请入会或加入会员,只允许取得会籍,所有其他服务或商品都要另行收费的,在取得该会员费时确认收入。申请入会或加入会员后,会员在会员期内不再付

费就可得到各种服务或商品,或者以低于非会员的价格销售商品或提供服务的,该会员费应在整个受益期内分期确认收入。

⑦特许权费。属于提供设备和其他有形资产的特许权费,在交付资产或转移资产所有权时确认收入;属于提供初始及后续服务的特许权费,在提供服务时确认收入。

⑧劳务费。长期为客户提供重复的劳务收取的劳务费,在相关劳务活动发生时确认收入。

7. 企业以买一赠一等方式组合销售本企业商品的,不属于捐赠,应将总的销售金额按各项商品的公允价值的比例来分摊确认各项的销售收入。

8. 企业取得财产(包括各类资产、股权、债权等)转让收入、债务重组收入、接受捐赠收入、无法偿付的应付款收入等,不论是以货币形式还是非货币形式体现,除另有规定外,均应一次性计入确认收入的年度计算缴纳企业所得税。

9. 企业取得政府财政资金的收入时间确认。

企业按照市场价格销售货物、提供劳务服务等,凡由政府财政部门根据企业销售货物、提供劳务服务的数量、金额的一定比例给予全部或部分资金支付的,应当按照权责发生制原则确认收入。

除上述情形外,企业取得的各种政府财政支付,如财政补贴、补助、补偿、退税等,应当按照实际取得收入的时间确认收入。

二、不征税收入和免税收入

国家为了扶持和鼓励某些特殊的纳税人和特定的项目,或者避免因征税影响企业的正常经营,对企业取得的某些收入予以不征税或免税的特殊政策,或准予抵扣应纳税所得额,或者是对专项用途的资金作为非税收入处理,减轻企业的税负,增加企业可用资金,促进经济的协调发展。

(一)不征税收入

1. 财政拨款,是指各级人民政府对纳入预算管理的事业单位、社会团体等组织拨付的财政资金,但国务院和国务院财政、税务主管部门另有规定的除外。

2. 依法收取并纳入财政管理的行政事业性收费、政府性基金。行政事业性收费是指依照法律法规等有关规定,按照国务院规定程序批准,在实施社会公共管理,以及在向公民、法人或者其他组织提供特定公共服务过程中,向特定对象收取并纳入财政管理的费用。政府性基金,是指企业依照法律、行政法规等有关规定,代政府收取的具有专项用途的财政资金。具体规定如下:

(1)企业按照规定缴纳的、由国务院或财政部批准设立的政府性基金以及由国务院和省、自治区、直辖市人民政府及其财政、价格主管部门批准设立的行政事业性收费,准予在计算应纳税所得额时扣除。

企业缴纳的不符合上述审批管理权限设立的基金、收费,不得在计算应纳税所得额时扣除。

(2)企业收取的各种基金、收费,应计入企业当年收入总额。

(3)对企业依照法律、法规及国务院有关规定收取并上缴财政的政府性基金和行政事业性收费，准予作为不征税收入，于上缴财政的当年在计算应纳税所得额时从收入总额中减除；未上缴财政的部分，不得从收入总额中减除。

3. 国务院规定的其他不征税收入，是指企业取得的、由国务院财政、税务主管部门规定专项用途并经国务院批准的财政性资金。

财政性资金，是指企业取得的来源于政府及其有关部门的财政补助、补贴、贷款贴息，以及其他各类财政专项资金，包括直接减免的增值税和即征即退、先征后退、先征后返的各种税收，但不包括企业按规定取得的出口退税款。

（1）企业取得的各类财政性资金，除属于国家投资和资金使用后要求归还本金的以外，均应计入企业当年收入总额。国家投资是指国家以投资者身份投入企业并按有关规定相应增加企业实收资本（股本）的直接投资。

（2）对企业取得的由国务院财政、税务主管部门规定专项用途并经国务院批准的财政性资金，准予作为不征税收入，在计算应纳税所得额时从收入总额中减除。

（3）纳入预算管理的事业单位、社会团体等组织按照核定的预算和经费报领关系收到的由财政部门或上级单位拨入的财政补助收入，准予作为不征税收入，在计算应纳税所得额时从收入总额中减除，但国务院和国务院财政、税务主管部门另有规定的除外。

4. 专项用途财政性资金企业所得税处理的具体规定。

根据《财政部 国家税务总局关于专项用途财政资金企业所得税处理问题的通知》（财税〔2011〕70号，以下简称《通知》）规定，自2011年1月1日起，企业取得的专项用途财政性资金企业所得税处理按以下规定执行：

（1）企业从县级以上各级人民政府财政部门及其他部门取得的应计入收入总额的财政性资金，凡同时符合以下条件的，可以作为不征税收入，在计算应纳税所得额时从收入总额中减除：

①企业能够提供规定资金专项用途的资金拨付文件。

②财政部门或其他拨付资金的政府部门对该资金有专门的资金管理办法或具体管理要求。

③企业对该资金以及以该资金发生的支出单独进行核算。

（2）根据《实施条例》第二十八条的规定，上述不征税收入用于支出所形成的费用，不得在计算应纳税所得额时扣除；用于支出所形成的资产，其计算的折旧、摊销不得在计算应纳税所得额时扣除。

（3）企业将符合上述第（1）项规定条件的财政性资金作不征税收入处理后，在5年（60个月）内未发生支出且未缴回财政部门或其他拨付资金的政府部门的部分，应计入取得该资金第6年的应税收入总额；计入应税收入总额的财政性资金发生的支出，允许在计算应纳税所得额时扣除。

另外，企业取得的不征税收入，应按照上述《通知》的规定进行处理。凡未按照《通知》规定进行管理的，应作为企业应税收入计入应纳税所得额，依法缴纳企业所得税。

（二）免税收入

1. 国债利息收入。为鼓励企业积极购买国债，支援国家建设，税法规定，企业因购买国债所得的利息收入，免征企业所得税。

根据《国家税务总局关于企业国债投资业务企业所得税处理问题的公告》（国家税务总局公告 2011 年第 36 号）规定，自 2011 年 1 月 1 日起，按以下规定执行：

（1）国债利息收入时间确认。

①根据《实施条例》第十八条的规定，企业投资国债从国务院财政部门（以下简称发行者）取得的国债利息收入，应以国债发行时约定应付利息的日期，确认利息收入的实现。

②企业转让国债，应在国债转让收入确认时确认利息收入的实现。

（2）国债利息收入计算。

企业到期前转让国债，或者从非发行者投资购买的国债，其持有期间尚未兑付的国债利息收入，按以下公式计算确定：

国债利息收入 = 国债金额×（适用年利率÷365）×持有天数

上述公式中的"国债金额"按国债发行面值或发行价格确定；"适用年利率"按国债票面年利率或折合年收益率确定；如企业不同时间多次购买同一品种国债的，"持有天数"可按平均持有天数计算确定。

（3）国债利息收入免税问题。

根据《企业所得税法》第二十六条的规定，企业取得的国债利息收入，免征企业所得税。具体按以下规定执行：

①企业从发行者直接投资购买的国债持有至到期，其从发行者取得的国债利息收入，全额免征企业所得税。

②企业到期前转让国债，或者从非发行者投资购买的国债，其按上述第（2）项计算的国债利息收入，免征企业所得税。

▶【例 4-1】某企业 2022 年 6 月 1 日购入 1 000 万元国家发行的 3 年期国债，假定年利率为 2.92%。由于该企业资金周转困难，2024 年 11 月 30 日将未到期的 1 000 万元国债转让，取得转让收入 1 080 万元。

该企业转让未到期国债免征企业所得税的利息收入计算如下：

免征企业所得税的国债利息收入 = 1 000×（2.92%÷365）×914 = 73.12（万元）

（4）国债转让收入时间确认。

①企业转让国债应在转让国债合同、协议生效的日期，或者国债移交时确认转让收入的实现。

②企业投资购买国债，到期兑付的，应在国债发行时约定的应付利息的日期，确认国债转让收入的实现。

（5）国债转让收益（损失）的计算。

企业转让或到期兑付国债取得的价款，减除其购买国债成本，并扣除其持有期间按照上述第（2）项计算的国债利息收入以及交易过程中相关税费后的余额，为企业转让国债收益（损失）。

（6）国债转让收益（损失）征税问题。

根据《实施条例》第十六条规定，企业转让国债，应作为转让财产，其取得的收益

(损失)应作为企业应纳税所得额计算纳税。

(7)通过支付现金方式取得的国债,以买入价和支付的相关税费为成本。

(8)通过支付现金以外的方式取得的国债,以该资产的公允价值和支付的相关税费为成本。

企业在不同时间购买同一品种国债的,其转让时的成本计算方法,可在先进先出法、加权平均法、个别计价法中选用一种。计价方法一经选用,不得随意改变。

2. 符合条件的居民企业之间的股息、红利等权益性收益,是指居民企业直接投资于其他居民企业取得的投资收益。

3. 在中国境内设立机构、场所的非居民企业从居民企业取得与该机构、场所有实际联系的股息、红利等权益性投资收益。该收益不包括连续持有居民企业公开发行并上市流通的股票不足12个月取得的投资收益。

4. 符合条件的非营利组织的收入。

(1)符合条件的非营利组织是指:

①依法履行非营利组织登记手续。

②从事公益性或者非营利性活动。

③取得的收入除用于与该组织有关的、合理的支出外,全部用于登记核定或者章程规定的公益性或者非营利性事业。

④财产及其孳生息不用于分配。

⑤按照登记核定或者章程规定,该组织注销后的剩余财产用于公益性或者非营利性目的,或者由登记管理机关转赠给予该组织性质、宗旨相同的组织,并向社会公告。

⑥投入人对投入该组织的财产不保留或者享有任何财产权利。

⑦工作人员工资福利开支控制在规定的比例内,不变相分配该组织的财产。

⑧国务院财政、税务主管部门规定的其他条件。

(2)《企业所得税法》第二十六条第(四)项所称符合条件的非营利组织的收入,不包括非营利组织从事营利性活动取得的收入,但国务院财政、税务主管部门另有规定的除外。非营利组织的下列收入为免税收入:

①接受其他单位或者个人捐赠的收入。

②除《企业所得税法》第七条规定的财政拨款以外的其他政府补助收入,但不包括因政府购买服务取得的收入。

③按照省级以上民政、财政部门规定收取的会费。

④不征税收入和免税收入孳生的银行存款利息收入。

⑤财政部、国家税务总局规定的其他收入。

三、税前扣除原则和范围

(一)扣除项目的原则

企业申报的扣除项目和金额要真实、合法。所谓真实,是指能提供有关支出确属已经实际发生的证明;合法,是指符合国家税法的规定,若其他法规规定与税收法规规定不一致,应以税收法规的规定为标准。除税收法规另有规定外,税前扣除一般应遵循以下原则：

1. 权责发生制原则，是指企业费用应在发生的所属期扣除，而不是在实际支付时确认扣除。

2. 配比原则，是指企业发生的费用应当与收入配比扣除。除特殊规定外，企业发生的费用不得提前或滞后申报扣除。

3. 相关性原则，是指企业可扣除的费用从性质和根源上必须与取得应税收入直接相关。

4. 确定性原则，是指企业可扣除的费用不论何时支付，其金额必须是确定的。

5. 合理性原则，是指符合生产经营活动常规，应当计入当期损益或者有关资产成本的必要和正常的支出。

（二）扣除项目的范围

《企业所得税法》规定，企业实际发生的与取得收入有关的、合理的支出，包括成本、费用、税金、损失和其他支出，准予在计算应纳税所得额时扣除。在实际中，计算应纳税所得额时还应注意三个方面的内容：第一，企业发生的支出应当区分收益性支出和资本性支出。收益性支出在发生当期直接扣除；资本性支出应当分期扣除或者计入有关资产成本，不得在发生当期直接扣除。第二，企业的不征税收入用于支出所形成的费用或者财产，不得扣除或者计算对应的折旧、摊销扣除。第三，除《企业所得税法》及其《实施条例》另有规定外，企业实际发生的成本、费用、税金、损失和其他支出，不得重复扣除。

1. 成本，是指企业在生产经营活动中发生的销售成本、销货成本、业务支出以及其他耗费，即企业销售商品（产品、材料、下脚料、废料、废旧物资等）、提供劳务、转让固定资产、无形资产（包括技术转让）的成本。

企业必须将经营活动中发生的成本合理划分为直接成本和间接成本。直接成本是可直接计入有关成本计算对象或劳务的经营成本中的直接材料、直接人工等。间接成本是指多个部门为同一成本对象提供服务的共同成本，或者同一种投入可以制造、提供两种或两种以上的产品或劳务的联合成本。

直接成本可根据有关会计凭证、记录直接计入有关成本计算对象或劳务的经营成本中。间接成本必须根据与成本计算对象之间的因果关系、成本计算对象的产量等，以合理的方法分配计入有关成本计算对象中。

2. 费用，是指企业每一个纳税年度为生产、经营商品和提供劳务等所发生的销售（经营）费用、管理费用和财务费用。已经计入成本的有关费用除外。

销售费用，是指应由企业负担的为销售商品而发生的费用，包括广告费、运输费、装卸费、包装费、展览费、保险费、销售佣金（能直接认定的进口佣金调整商品进价成本）、代销手续费、经营性租赁费及销售部门发生的差旅费、工资、福利费等费用。

管理费用，是指企业的行政管理部门为管理组织经营活动提供各项支援性服务而发生的费用。

财务费用，是指企业筹集经营性资金而发生的费用，包括利息净支出、汇兑净损失、金融机构手续费以及其他非资本化支出。

3. 税金，是指企业发生的除企业所得税和允许抵扣的增值税以外的各项税金及其附加，即企业按规定缴纳的消费税、城市维护建设税、关税、资源税、土地增值税、房产税、车船税、城镇土地使用税、印花税、契税、教育费附加、地方教育附加等税金及附加。这些已纳税金准予在税前扣除，准许扣除的方式有两种：一是在发生当期扣除；二是在发生当期计入相关资产的成本中，在以后各期分摊扣除。

4. 损失，是指企业在生产经营活动中发生的固定资产和存货的盘亏、毁损、报废损失，转让财产损失，呆账损失，坏账损失，自然灾害等不可抗力因素造成的损失以及其他损失。

企业发生的损失，减除责任人赔偿和保险赔款后的余额，依照国务院财政、税务主管部门的规定扣除。

企业已经作为损失处理的资产，在以后纳税年度又全部收回或者部分收回时，应当计入当期收入。

5. 其他支出，是指除成本、费用、税金、损失外，企业在生产经营活动中发生的与生产经营活动有关的、合理的支出。

（三）扣除项目及其标准

在计算应纳税所得额时，下列项目可按照实际发生额或规定的标准扣除。

1. 工资、薪金支出。

（1）企业发生的合理的工资、薪金支出准予据实扣除。工资、薪金支出是企业每一纳税年度支付给本企业任职或与其有雇佣关系的员工的所有现金或非现金形式的劳动报酬，包括基本工资、奖金、津贴、补贴、年终加薪、加班工资，以及与任职或者是受雇有关的其他支出。

合理的工资、薪金，是指企业按照股东大会、董事会、薪酬委员会或相关管理机构制订的工资、薪金制度规定实际发放给员工的工资、薪金。税务机关在对工资、薪金进行合理性确认时，可依据以下原则：

①企业制订了较为规范的员工工资、薪金制度。
②企业所制订的工资、薪金制度符合行业及地区水平。
③企业在一定时期所发放的工资、薪金是相对固定的，工资、薪金的调整是有序进行的。
④企业对实际发放的工资、薪金，已依法履行了代扣代缴个人所得税义务。
⑤有关工资、薪金的安排，不以减少或逃避税款为目的。

（2）属于国有性质的企业，其工资、薪金，不得超过政府有关部门给予的限定数额；超过部分，不得计入企业工资、薪金总额，也不得在计算企业应纳税所得额时扣除。

（3）企业因雇用季节工、临时工、实习生、返聘离退休人员以及接受外部劳务派遣用工所实际发生的费用，应区分为工资、薪金支出和职工福利费支出，并按《企业所得税法》规定在企业所得税前扣除。其中属于工资、薪金支出的，准予计入企业工资、薪金总额的基数，作为计算其他各项相关费用扣除的依据。

（4）根据《关于我国居民企业实行股权激励计划有关企业所得税处理问题的公告》（国家税务总局公告2012年第18号）规定，为推进我国资本市场改革，促进企业建立健全激励与约束机制，就上市公司实施股权激励计划有关企业所得税处理问题，规定如下：

上述所称股权激励，是指《上市公司股权激励管理办法》（以下简称《管理办法》）中规定的上市公司以本公司股票为标的，对其董事、监事、高级管理人员及其他员工（以下简称激励对象）进行的长期性激励。股权激励实行方式包括授予限制性股票、股票期权以及其他法律法规规定的方式。限制性股票，是指《管理办法》中规定的激励对象按照股权激励计划规定的条件，从上市公司获得的一定数量的本公司股票。股票期权，是指《管理办法》中规定的上市公司按照股权激励计划授予激励对象在未来一定期限内，以预先确定的价格和条件购买本公司一定数量股票的权利。

上市公司依照《管理办法》要求建立职工股权激励计划，并按我国《企业会计准则》的有关规定，在股权激励计划授予激励对象时，按照该股票的公允价格及数量，计算确定作为上市公司相关年度的成本或费用，作为换取激励对象提供服务的对价。上述企业建立的职工股权激励计划，其企业所得税的处理，自2012年7月1日起按以下规定执行：

①对股权激励计划实行后立即可以行权的，上市公司可以根据实际行权时该股票的公允价格与激励对象实际行权支付价格的差额和数量，计算确定作为当年上市公司工资、薪金支出，依照税法规定进行税前扣除。

②对股权激励计划实行后，需待一定服务年限或者达到规定业绩条件（以下简称等待期）方可行权的，上市公司等待期内会计上计算确认的相关成本费用，不得在对应年度计算缴纳企业所得税时扣除。在股权激励计划可行权后，上市公司方可根据该股票实际行权时的公允价格与当年激励对象实际行权支付价格的差额及数量，计算确定作为当年上市公司工资、薪金支出，依照税法规定进行税前扣除。

③上述所指股票实际行权时的公允价格，以实际行权日该股票的收盘价格确定。

（5）企业福利性补贴支出税前扣除。根据《国家税务局关于企业工资、薪金和职工福利费等支出税前扣除问题的公告》（国家税务总局公告2015年第34号）规定，列入企业员工工资、薪金制度，固定与工资、薪金一起发放的福利性补贴，符合《国家税务总局关于企业工资、薪金及职工福利费扣除问题的通知》（国税函〔2009〕3号）第一条规定的合理的工资、薪金支出条件，可作为企业发生的工资、薪金支出，按规定在税前扣除。

不能同时符合上述合理工资、薪金支出条件的福利性补贴，应作为《国家税务总局关于企业工资、薪金及职工福利费扣除问题的通知》（国税函〔2009〕3号）第三条规定的职工福利费，按规定计算限额税前扣除。

（6）企业年度汇算清缴结束前支付汇缴年度工资、薪金税前扣除。企业在年度汇算清缴结束前向员工实际支付的已预提汇缴年度工资、薪金，准予在汇缴年度按规定扣除。

（7）企业接受外部劳务派遣用工所实际发生的费用，应分两种情况按规定在税前扣除：按照协议（合同）约定直接支付给劳务派遣公司的费用，应作为劳务费支出；直接支付给员工个人的费用，应作为工资、薪金支出和职工福利费支出。其中属于工资、薪金支出的费用，准予计入企业工资、薪金总额的基数，作为计算其他各项相关费用扣除的依据。

2. 职工福利费、工会经费、职工教育经费。

企业发生的职工福利费、工会经费、职工教育经费按标准扣除，未超过标准的按实际数扣除，超过标准的只能按标准扣除。

（1）企业发生的职工福利费支出，不超过工资、薪金总额14%的部分准予扣除。

企业职工福利费，包括以下内容：

①尚未实行分离办社会职能的企业，其内设福利部门所发生的设备、设施和人员费用，包括职工食堂、职工浴室、理发室、医务所、托儿所、疗养院等集体福利部门的设备、设施及维修保养费用和福利部门工作人员的工资、薪金，社会保险费，住房公积金，劳务费等。

②为职工卫生保健、生活、住房、交通等所发放的各项补贴和非货币性福利，包括企业向职工发放的因公外地就医费用、未实行医疗统筹企业职工医疗费用、职工供养直系亲属医疗补贴、供暖费补贴、职工防暑降温费、职工困难补贴、救济费、职工食堂经费补贴、职工交通补贴等。

③按照其他规定发生的其他职工福利费，包括丧葬补助费、抚恤费、安家费、探亲假路费等。

值得注意的是，企业发生的职工福利费，应该单独设置账册，进行准确核算。没有单独设置账册准确核算的，税务机关应责令企业在规定的期限内进行改正。逾期仍未改正的，税务机关可对企业发生的职工福利费进行合理的核定。

（2）企业拨缴的工会经费，不超过工资、薪金总额2%的部分准予扣除。

自2010年7月1日起，企业拨缴的职工工会经费，不超过工资、薪金总额2%的部分，凭工会组织开具的《工会经费收入专用收据》在企业所得税税前扣除。

自2010年1月1日起，在委托税务机关代收工会经费的地区，企业拨缴的工会经费，也可凭合法、有效的工会经费代收凭据依法在企业所得税税前扣除。

（3）除国务院财政、税务主管部门另有规定外，企业发生的职工教育经费支出，自2018年1月1日起不超过工资、薪金总额8%的部分，准予在计算企业所得税应纳税所得额时扣除；超过部分，准予在以后纳税年度结转扣除。

软件生产企业发生的职工教育经费中的职工培训费用，根据《财政部 国家税务总局关于企业所得税若干优惠政策的通知》（财税〔2012〕27号）规定，可以全额在企业所得税税前扣除。软件生产企业应准确划分职工教育经费中的职工培训费支出，对于不能准确划分的，以及准确划分后职工教育经费中扣除职工培训费用的余额，一律按照工资、薪金总额8%的比例扣除。

核力发电企业为培养核电厂操纵员发生的培养费用，根据《国家税务总局关于企业所得税应纳税所得额若干问题的公告》（国家税务总局公告2014年第29号）第四条规定，可作为企业的发电成本在税前扣除。企业应将核电厂操纵员培养费与员工的职工教育经费严格区分，单独核算，员工实际发生的职工教育经费支出不得计入核电厂操纵员培养费直接扣除。

上述计算职工福利费、工会经费、职工教育经费的工资、薪金总额，是指企业按照上述第1项规定实际发放的工资、薪金总和，不包括企业的职工福利费、职工教育经费、工会经费以及养老保险费、医疗保险费、失业保险费、工伤保险费、生育保险费等社会保险费和住房公积金。属于国有性质的企业，其工资、薪金，不得超过政府有关部门给予的限定数额；超过部分，不得计入企业工资、薪金总额，也不得在计算企业应纳税所得额时扣除。

3. 社会保险费。

（1）企业依照国务院有关主管部门或者省级人民政府规定的范围和标准为职工缴纳的五险一金，即基本养老保险费、基本医疗保险费、失业保险费、工伤保险费、生育保险费等基本社会保险费和住房公积金，准予扣除。

（2）企业为投资者或者职工支付的补充养老保险费、补充医疗保险费，在国务院财政、税务主管部门规定的范围和标准内，准予扣除。企业依照国家有关规定为特殊工种职工支付的人身安全保险费和符合国务院财政、税务主管部门规定可以扣除的商业保险费准予扣除。

（3）企业参加财产保险，按照规定缴纳的保险费，准予扣除。企业为投资者或者职工支付的商业保险费，不得扣除。

4. 利息费用。

企业在生产、经营活动中发生的利息费用，按下列规定扣除。

（1）非金融企业向金融企业借款的利息支出、金融企业的各项存款利息支出和同业拆借利息支出、企业经批准发行债券的利息支出可据实扣除。

所谓金融企业，是指各类银行、保险公司及经中国人民银行批准从事金融业务的非银行金融机构。包括国家专业银行、区域性银行、股份制银行、外资银行、中外合资银行以及其他综合性银行；也包括全国性保险企业、区域性保险企业、股份制保险企业、中外合资保险企业以及其他专业性保险企业；还包括城市、农村信用社、各类财务公司以及其他从事信托投资、租赁等业务的专业和综合性非银行金融机构。非金融企业，是指除上述金融企业以外的所有企业、事业单位以及社会团体等企业或组织。

（2）非金融企业向非金融企业借款的利息支出，不超过按照金融企业同期同类贷款利率计算的数额的部分可据实扣除，超过部分不许扣除。

鉴于目前我国对金融企业利率要求的具体情况，企业在按照合同要求首次支付利息并进行税前扣除时，应提供金融企业的同期同类贷款利率情况说明，以证明其利息支出的合理性。

金融企业的同期同类贷款利率情况说明中，应包括在签订该借款合同当时，本省任何一家金融企业提供的同期同类贷款利率情况。该金融企业应为经政府有关部门批准成立的可以从事贷款业务的企业，包括银行、财务公司、信托公司等金融机构。同期同类贷款利率是指在贷款期限、贷款金额、贷款担保以及企业信誉等条件基本相同下，金融企业提供贷款的利率。既可以是金融企业公布的同期同类平均利率，也可以是金融企业对某些企业提供的实际贷款利率。

（3）关联企业利息费用的扣除。企业从其关联方接受的债权性投资与权益性投资的比例超过规定标准而发生的利息支出，不得在计算应纳税所得额时扣除。

①在计算应纳税所得额时，企业实际支付给关联方的利息支出，不超过以下规定比例和税法及其实施条例有关规定计算的部分，准予扣除，超过的部分不得在发生当期和以后年度扣除。

企业实际支付给关联方的利息支出,除符合下面第②项规定外,其接受关联方债权性投资与其权益性投资比例为:金融企业为5∶1,其他企业为2∶1。

②企业如果能够按照税法及其实施条例的有关规定提供相关资料,并证明相关交易活动符合独立交易原则的,或者该企业的实际税负不高于境内关联方的,其实际支付给境内关联方的利息支出,在计算应纳税所得额时准予扣除。

③企业同时从事金融业务和非金融业务,其实际支付给关联方的利息支出,应按照合理方法分开计算;没有按照合理方法分开计算的,一律按前述第①项有关其他企业的比例计算准予税前扣除的利息支出。

④企业自关联方取得的不符合规定的利息收入应按照有关规定缴纳企业所得税。

(4) 企业向自然人借款的利息支出在企业所得税税前的扣除。

①企业向股东或其他与企业有关联关系的自然人借款的利息支出,应根据《企业所得税法》第四十六条及《财政部 国家税务总局关于企业关联方利息支出税前扣除标准有关税收政策问题的通知》(财税〔2008〕121号)规定的条件,计算企业所得税扣除额。

②企业向除第①项规定以外的内部职工或其他人员借款的利息支出,其借款情况同时符合以下条件的,其利息支出在不超过按照金融企业同期同类贷款利率计算的数额的部分,准予扣除。

条件一:企业与个人之间的借贷是真实、合法、有效的,并且不具有非法集资目的或其他违反法律、法规的行为。

条件二:企业与个人之间签订了借款合同。

5. 借款费用。

(1) 企业在生产经营活动中发生的合理的不需要资本化的借款费用,准予扣除。

(2) 企业为购置、建造固定资产、无形资产和经过12个月以上的建造才能达到预定可销售状态的存货发生借款的,在有关资产购置、建造期间发生的合理的借款费用,应予以资本化,作为资本性支出计入有关资产的成本;有关资产交付使用后发生的借款利息,可在发生当期扣除。

(3) 企业通过发行债券、取得贷款、吸收保户储金等方式融资而发生的合理的费用支出,符合资本化条件的,应计入相关资产成本;不符合资本化条件的,应作为财务费用,准予在企业所得税税前据实扣除。

6. 汇兑损失。

企业在货币交易中,以及纳税年度终了时将人民币以外的货币性资产、负债按照期末即期人民币汇率中间价折算为人民币时产生的汇兑损失,除已经计入有关资产成本以及与向所有者进行利润分配相关的部分外,准予扣除。

7. 业务招待费。

(1) 企业发生的与生产经营活动有关的业务招待费支出,按照发生额的60%扣除,但最高不得超过当年销售(营业)收入的5‰。

(2) 对从事股权投资业务的企业(包括集团公司总部、创业投资企业等),其从被投资企业所分配的股息、红利以及股权转让收入,可以按规定的比例计算业务招待费扣除限额。

（3）企业在筹建期间，发生的与筹办活动有关的业务招待费支出，可按实际发生额的60%计入企业筹办费，并按有关规定在税前扣除。

8. 广告费和业务宣传费。

（1）企业发生的符合条件的广告费和业务宣传费支出，除国务院财政、税务主管部门另有规定外，不超过当年销售（营业）收入15%的部分，准予扣除；超过部分，准予结转以后纳税年度扣除。

（2）自2021年1月1日起至2025年12月31日止，对化妆品制造或销售、医药制造和饮料制造（不含酒类制造）企业发生的广告费和业务宣传费支出，不超过当年销售（营业）收入30%的部分，准予扣除；超过部分，准予在以后纳税年度结转扣除。

（3）对签订广告费和业务宣传费分摊协议（以下简称分摊协议）的关联企业，其中一方发生的不超过当年销售（营业）收入税前扣除限额比例内的广告费和业务宣传费支出可以在本企业扣除，也可以将其中的部分或全部按照分摊协议归集至另一方扣除。另一方在计算本企业广告费和业务宣传费支出企业所得税税前扣除限额时，可将按照上述办法归集至本企业的广告费和业务宣传费不计算在内。

（4）企业在筹建期间，发生的广告费和业务宣传费，可按实际发生额计入企业筹办费，并按上述规定在税前扣除。

（5）烟草企业的烟草广告费和业务宣传费支出，一律不得在计算应纳税所得额时扣除。

9. 环境保护专项资金。

企业依照法律、行政法规有关规定提取的用于环境保护、生态恢复等方面的专项资金，准予扣除。上述专项资金提取后改变用途的，不得扣除。

10. 保险费。

企业参加财产保险，按照规定缴纳的保险费，准予扣除。

11. 租赁费。

企业根据生产经营活动的需要租入固定资产支付的租赁费，按照以下方法扣除：

（1）以经营租赁方式租入固定资产发生的租赁费支出，按照租赁期限均匀扣除。经营性租赁是指所有权不转移的租赁。

（2）以融资租赁方式租入固定资产发生的租赁费支出，按照规定构成融资租入固定资产价值的部分应当提取折旧费用，分期扣除。融资租赁是指在实质上转移与一项资产所有权有关的全部风险和报酬的一种租赁。

12. 劳动保护费。

企业发生的合理的劳动保护支出，准予扣除。自2011年7月1日起，企业根据其工作性质和特点，由企业统一制作并要求员工工作时统一着装所发生的工作服饰费用，根据《实施条例》第二十七条的规定，可以作为企业合理的支出给予税前扣除。

13. 公益性捐赠支出。

公益性捐赠，是指企业通过公益性社会团体或者县级（含县级）以上人民政府及其部门，用于《中华人民共和国公益事业捐赠法》规定的公益事业的捐赠。

企业发生的公益性捐赠支出，不超过年度利润总额12%的部分，准予扣除。超过年度利润总额 12% 的部分，准予以后 3 年内在计算应纳税所得额时结转扣除。年度利润总额，是指企业依照国家统一会计制度的规定计算的年度会计利润。

企业发生的公益性捐赠支出未在当年税前扣除的部分，自 2017 年 1 月 1 日起准予向以后年度结转扣除，但结转年限自捐赠发生年度的次年起计算最长不得超过 3 年。企业在对公益性捐赠支出计算扣除时，应先扣除以前年度结转的捐赠支出，再扣除当年发生的捐赠支出。

相关具体规定如下：

（1）企业通过公益性群众团体用于符合法律规定的公益慈善事业捐赠支出，准予按税法规定在计算应纳税所得额时扣除。

（2）第（1）条所称公益慈善事业，应当符合《中华人民共和国公益事业捐赠法》第三条对公益事业范围的规定或者《中华人民共和国慈善法》第三条对慈善活动范围的规定。

（3）第（1）条所称公益性群众团体，包括依照《社会团体登记管理条例》规定不需进行社团登记的人民团体以及经国务院批准免予登记的社会团体（以下统称群众团体），且按规定条件和程序已经取得公益性捐赠税前扣除资格。

（4）群众团体取得公益性捐赠税前扣除资格应当同时符合以下条件：
①符合《实施条例》第五十二条第（一）项至第（八）项规定的条件。
②县级以上各级机构编制部门直接管理其机构编制。
③对接受捐赠的收入以及用捐赠收入进行的支出单独进行核算，且申报前连续 3 年接受捐赠的总收入中用于公益慈善事业的支出比例不低于 70%。

（5）公益性群众团体前三年接受捐赠的总收入中用于公益慈善事业的支出比例低于 70% 的，应当取消其公益性捐赠税前扣除资格。

（6）公益性群众团体存在以下情形之一的，应当取消其公益性捐赠税前扣除资格，且被取消资格的当年及之后三个年度内不得重新确认资格：
①违反规定接受捐赠的，包括附加对捐赠人构成利益回报的条件、以捐赠为名从事营利性活动、利用慈善捐赠宣传烟草制品或法律禁止宣传的产品和事项、接受不符合公益目的或违背社会公德的捐赠等情形。
②开展违反组织章程的活动，或者接受的捐赠款项用于组织章程规定用途之外的。
③在确定捐赠财产的用途和受益人时，指定特定受益人，且该受益人与捐赠人或公益性群众团体管理人员存在明显利益关系的。
④受到行政处罚（警告或单次 1 万元以下罚款除外）的。

对存在本条第①、②、③项情形的公益性群众团体，应对其接受捐赠收入和其他各项收入依法补征企业所得税。

（7）公益性群众团体存在以下情形之一的，应当取消其公益性捐赠税前扣除资格且不得重新确认资格：
①从事非法政治活动的。
②从事、资助危害国家安全或者社会公共利益活动的。

（8）公益性群众团体在接受捐赠时，应按照行政管理级次分别使用由财政部或省、自治区、直辖市财政部门监（印）制的公益事业捐赠票据，并加盖本单位的印章；对个人索取捐赠票据的，应予以开具。

企业将符合条件的公益性捐赠支出进行税前扣除，应当留存相关票据备查。

（9）除另有规定外，公益性群众团体在接受企业或个人捐赠时，按以下原则确认捐赠额：

①接受的货币性资产捐赠，以实际收到的金额确认捐赠额。

②接受的非货币性资产捐赠，以其公允价值确认捐赠额。捐赠方在向公益性群众团体捐赠时，应当提供注明捐赠非货币性资产公允价值的证明；不能提供证明的，接受捐赠方不得向其开具捐赠票据。

（10）企业在非货币性资产捐赠过程中发生的运费、保险费、人工费用等相关支出，凡纳入国家机关、公益性社会组织开具的公益捐赠票据记载的数额中的，作为公益性捐赠支出按照规定在税前扣除；上述费用未纳入公益性捐赠票据记载的数额中的，作为企业相关费用按照规定在税前扣除。

14. 有关资产的费用。

企业转让各类固定资产发生的费用，允许扣除。企业按规定计算的固定资产折旧费、无形资产和长期待摊费用的摊销费，准予扣除。

15. 总机构分摊的费用。

非居民企业在中国境内设立的机构、场所，就其中国境外总机构发生的与该机构、场所生产经营有关的费用，能够提供总机构出具的费用汇集范围、定额、分配依据和方法等证明文件，并合理分摊的，准予扣除。

16. 资产损失。

企业向税务机关申报扣除资产损失，仅需填报企业所得税年度纳税申报表《资产损失税前扣除及纳税调整明细表》，不再报送资产损失相关资料，相关资料由企业留存备查。

17. 依照有关法律、行政法规和国家有关税法规定准予扣除的其他项目。如会员费、合理的会议费、差旅费、违约金、诉讼费用等。

18. 手续费及佣金支出。

（1）企业发生的与生产经营有关的手续费及佣金支出，不超过以下规定计算限额以内的部分，准予扣除；超过部分，不得扣除。

①保险企业，自2019年1月1日起，发生与其经营活动有关的手续费及佣金支出，不超过当年全部保费收入扣除退保金等后余额的18%（含本数）的部分，在计算应纳税所得额时准予扣除；超过部分，允许结转以后年度扣除。

保险企业发生的手续费及佣金支出税前扣除的其他事项继续按照下列第（2）~（5）条相关规定处理。保险企业应建立健全手续费及佣金的相关管理制度，并加强手续费及佣金结转扣除的台账管理。

②其他企业，按与具有合法经营资格中介服务机构或个人（不含交易双方及其雇员、代理人和代表人等）所签订服务协议或合同确认的收入金额的5%计算限额。

（2）企业应与具有合法经营资格的中介服务企业或个人签订代办协议或合同，并按国家有关规定支付手续费及佣金。除委托个人代理外，企业以现金等非转账方式支付的手续费及佣金不得在税前扣除。企业为发行权益性证券支付给有关证券承销机构的手续费及佣金不得在税前扣除。

（3）企业不得将手续费及佣金支出计入回扣、业务提成、返利、进场费等费用。

（4）企业已计入固定资产、无形资产等相关资产的手续费及佣金支出，应当通过折旧、摊销等方式分期扣除，不得在发生当期直接扣除。

（5）企业支付的手续费及佣金不得直接冲减服务协议或合同金额，并如实入账。

（6）电信企业在发展客户、拓展业务等过程中（如委托销售电话入网卡、电话充值卡等），需向经纪人、代办商支付手续费及佣金的，其实际发生的相关手续费及佣金支出，不超过企业当年收入总额5%的部分，准予在企业所得税税前据实扣除。

（7）从事代理服务、主营业务收入为手续费、佣金的企业（如证券、期货、保险代理等企业），其为取得该类收入而实际发生的营业成本（包括手续费及佣金支出），准予在企业所得税税前据实扣除。

19. 根据《企业所得税法》第二十一条规定，对企业依据财务会计制度规定，并实际在财务会计处理上已确认的支出，凡没有超过《企业所得税法》和有关税收法规规定的税前扣除范围和标准的，可按企业实际会计处理确认的支出，在企业所得税前扣除，计算其应纳税所得额。

20. 企业维简费支出。

企业实际发生的维简费支出，属于收益性支出的，可作为当期费用税前扣除；属于资本性支出的，应计入有关资产成本，并按《企业所得税法》规定计提折旧或摊销费用在税前扣除。

自2013年1月1日起，除煤矿企业继续执行《国家税务总局关于煤矿企业维简费和高危行业企业安全生产费用企业所得税税前扣除问题的公告》（国家税务总局公告2011年第26号）外，其他企业按以下规定执行。

（1）企业按照有关规定预提的维简费，不得在当期税前扣除。

（2）本规定实施前，企业按照有关规定提取且已在当期税前扣除的维简费，按以下规定处理：

①尚未使用的维简费，并未作纳税调整的，可不作纳税调整，应首先抵减2013年实际发生的维简费，仍有余额的，继续抵减以后年度实际发生的维简费，至余额为零时，企业方可按收益性支出、资本性支出各自的规定处理；已作纳税调整的，不再调回，直接按收益性支出、资本性支出各自的规定处理。

②已用于资产投资并形成相关资产全部成本的，该资产提取的折旧或费用摊销额，不得税前扣除；已用于资产投资并形成相关资产部分成本的，该资产提取的折旧或费用摊销额中与该部分成本对应的部分，不得税前扣除；已税前扣除的，应调整作为2013年度应纳税所得额。

21. 企业参与政府统一组织的棚户区改造支出。

（1）企业参与政府统一组织的工矿（含中央下放煤矿）棚户区改造、林区棚户区改造、垦区危房改造并同时符合一定条件的棚户区改造支出，准予在企业所得税税前扣除。

(2) 同时符合一定条件的棚户区改造支出，是指同时满足以下条件的棚户区改造支出：

①棚户区位于远离城镇、交通不便，市政公用、教育医疗等社会公共服务缺乏城镇依托的独立矿区、林区或垦区。

②该独立矿区、林区或垦区不具备商业性房地产开发条件。

③棚户区市政排水、给水、供电、供暖、供气、垃圾处理、绿化、消防等市政服务或公共配套设施不齐全。

④棚户区房屋集中连片户数不低于50户，其中，实际在该棚户区居住且在本地区无其他住房的职工（含离退休职工）户数占总户数的比例不低于75%。

⑤棚户区房屋按照《房屋完损等级评定标准》和《危险房屋鉴定标准》评定属于危险房屋、严重损坏房屋的套内面积不低于该片棚户区建筑面积的25%。

⑥棚户区改造已纳入地方政府保障性安居工程建设规划和年度计划，并由地方政府牵头按照保障性住房标准组织实施；异地建设的，原棚户区土地由地方政府统一规划使用或者按规定实行土地复垦、生态恢复。

(3) 在企业所得税年度纳税申报时，企业应向主管税务机关提供其棚户区改造支出同时符合上述第（2）项规定条件的书面说明材料。

22. 金融企业贷款损失准备金企业所得税税前扣除有关政策。

自2019年1月1日起，金融企业贷款（涉农贷款和中小企业贷款除外）损失准备金企业所得税税前扣除按以下规定处理。

(1) 准予税前提取贷款损失准备金的贷款资产范围包括：

①贷款（含抵押、质押、担保、信用等贷款）。

②银行卡透支、贴现、信用垫款（含银行承兑汇票垫款、信用证垫款、担保垫款等）、进出口押汇、同业拆出、应收融资租赁款等各项具有贷款特征的风险资产。

③由金融企业转贷并承担对外还款责任的国外贷款，包括国际金融组织贷款、外国买方信贷、外国政府贷款、日本国际协力银行不附条件贷款和外国政府混合贷款等资产。

(2) 金融企业准予当年税前扣除的贷款损失准备金计算公式为：

$$\text{准予当年税前扣除的贷款损失准备金} = \text{本年末准予提取贷款损失准备金的贷款资产余额} \times 1\% - \text{截至上年末已在税前扣除的贷款损失准备金的余额}$$

金融企业按上述公式计算的数额如为负数，应当相应调增当年应纳税所得额。

(3) 金融企业的委托贷款、代理贷款、国债投资、应收股利、上交央行准备金以及金融企业剥离的债权和股权、应收财政贴息、央行款项等不承担风险和损失的资产，以及除（1）列举资产之外的其他风险资产不得提取贷款损失准备金在税前扣除。

(4) 金融企业发生的符合条件的贷款损失，应先冲减已在税前扣除的贷款损失准备金，不足冲减部分可据实在计算当年应纳税所得额时扣除。

23. 关于可转换债券转换为股权投资的税务处理。

(1) 购买方企业的税务处理。

①购买方企业购买可转换债券，在其持有期间按照约定利率取得的利息收入，应当

依法申报缴纳企业所得税。

②购买方企业可转换债券转换为股票时，将应收未收利息一并转为股票的，该应收未收利息即使会计上未确认收入，税收上也应当作为当期利息收入申报纳税；转换后以该债券购买价、应收未收利息和支付的相关税费为该股票投资成本。

（2）发行方企业的税务处理。

①发行方企业发生的可转换债券的利息，按照规定在税前扣除。

②发行方企业按照约定将购买方持有的可转换债券和应付未付利息一并转为股票的，其应付未付利息视同已支付，按照规定在税前扣除。

（四）企业所得税税前扣除凭证规定

企业所得税税前扣除凭证，是指企业（居民企业和非居民企业）在计算企业所得税应纳税所得额时，证明与取得收入有关的、合理的支出实际发生，并据以税前扣除的各类凭证。依据《企业所得税税前扣除凭证管理办法》（国家税务总局公告2018年第28号），自2018年7月1日起，按如下规定执行：

1. 税前扣除凭证在管理中遵循真实性、合法性、关联性原则。真实性是指税前扣除凭证反映的经济业务真实，且支出已经实际发生；合法性是指税前扣除凭证的形式、来源符合国家法律、法规等相关规定；关联性是指税前扣除凭证与其反映的支出相关联且有证明力。

税前扣除凭证是企业计算企业所得税应纳税所得额时，扣除相关支出的依据。企业支出的税前扣除范围和标准应当按照《企业所得税法》及其《实施条例》等相关规定执行。

2. 企业发生支出，应取得税前扣除凭证，作为计算企业所得税应纳税所得额时扣除相关支出的依据。企业应在当年度企业所得税法规定的汇算清缴期结束前取得税前扣除凭证。

3. 企业应将与税前扣除凭证相关的资料，包括合同协议、支出依据、付款凭证等留存备查，以证实税前扣除凭证的真实性。

企业在经营活动、经济往来中常常伴生有合同协议、付款凭证等相关资料，在某些情形下，则为支出依据，如法院判决企业支付违约金而出具的裁判文书。以上资料不属于税前扣除凭证，但属于与企业经营活动直接相关且能够证明税前扣除凭证真实性的资料，企业也应按照法律、法规等相关规定，履行保管责任，以备包括税务机关在内的有关部门、机构或者人员核实。

4. 税前扣除凭证按照来源分为内部凭证和外部凭证。

内部凭证是指企业自制用于成本、费用、损失和其他支出核算的会计原始凭证。内部凭证的填制和使用应当符合国家会计法律、法规等相关规定。

外部凭证是指企业发生经营活动和其他事项时，从其他单位、个人取得的用于证明其支出发生的凭证，包括但不限于发票（包括纸质发票和电子发票）、财政票据、完税凭证、收款凭证、分割单等。

5. 企业在境内发生的支出项目属于增值税应税项目（以下简称应税项目）的，对方为已办理税务登记的增值税纳税人，其支出以发票（包括按照规定由税务机关代开的发票）作为税前扣除凭证；对方为依法无须办理税务登记的单位或者从事小额零星经营业务的个人,其支出以税务机关代开的发票或者收款凭证及内部凭证作为税前扣除凭证,收款凭证应载明收款单位名称、个人姓名及身份证号、支出项目、收款金额等相关信息。

小额零星经营业务的判断标准是个人从事应税项目经营业务的销售额不超过增值税相关政策规定的起征点。

国家税务总局对应税项目开具发票另有规定的,以规定的发票或者票据作为税前扣除凭证。

6. 企业在境内发生的支出项目不属于应税项目的,对方为单位的,以对方开具的发票以外的其他外部凭证作为税前扣除凭证;对方为个人的,以内部凭证作为税前扣除凭证。

企业在境内发生的支出项目虽不属于应税项目,但按国家税务总局规定可以开具发票的,可以发票作为税前扣除凭证。

7. 企业从境外购进货物或者劳务发生的支出,以对方开具的发票或者具有发票性质的收款凭证、相关税费缴纳凭证作为税前扣除凭证。

8. 企业取得私自印制、伪造、变造、作废、开票方非法取得、虚开、填写不规范等不符合规定的发票(以下简称不合规发票),以及取得不符合国家法律、法规等相关规定的其他外部凭证(以下简称不合规其他外部凭证),不得作为税前扣除凭证。

9. 企业应当取得而未取得发票、其他外部凭证或者取得不合规发票、不合规其他外部凭证的,若支出真实且已实际发生,应当在当年度汇算清缴期结束前,要求对方补开、换开发票、其他外部凭证。补开、换开后的发票、其他外部凭证符合规定的,可以作为税前扣除凭证。

10. 企业在补开、换开发票、其他外部凭证过程中,因对方注销、撤销、依法被吊销营业执照、被税务机关认定为非正常户等特殊原因无法补开、换开发票、其他外部凭证的,可凭以下资料证实支出真实性后,其支出允许税前扣除:

(1) 无法补开、换开发票、其他外部凭证原因的证明资料(包括工商注销、机构撤销、列入非正常经营户、破产公告等证明资料);

(2) 相关业务活动的合同或者协议;

(3) 采用非现金方式支付的付款凭证;

(4) 货物运输的证明资料;

(5) 货物入库、出库内部凭证;

(6) 企业会计核算记录以及其他资料。

其中,第(1)~(3)项为必备资料。

11. 汇算清缴期结束后,税务机关发现企业应当取得而未取得发票、其他外部凭证或者取得不合规发票、不合规其他外部凭证并且告知企业的,企业应当自被告知之日起60日内补开、换开符合规定的发票、其他外部凭证。其中,因对方特殊原因无法补开、换开发票、其他外部凭证的,企业应当按照上述第10条的规定,自被告知之日起60日内提供可以证实其支出真实性的相关资料。

12. 企业在税务机关规定的期限未能补开、换开符合规定的发票、其他外部凭证,并且未能按照上述第 10 条的规定提供相关资料证实其支出真实性的，相应支出不得在发生年度税前扣除。

对于上述情形，该相应支出不仅不得在发生年度税前扣除，也不得在以后年度追补扣除。

13. 除发生上述第 11 条规定的情形外，企业以前年度应当取得而未取得发票、其他外部凭证，且相应支出在该年度没有税前扣除的，在以后年度取得符合规定的发票、其他外部凭证或者按照上述第 10 条的规定提供可以证实其支出真实性的相关资料，相应支出可以追补至该支出发生年度税前扣除，但追补年限不得超过 5 年。

值得注意的是，在以后年度取得符合规定的发票、其他外部凭证，或者按照上述第 10 条的规定提供可以证实其支出真实性的相关资料后，相应支出可以追补至该支出发生年度扣除，其前提条件是企业必须在该支出发生年度主动没有进行税前扣除。

14. 企业与其他企业（包括关联企业）、个人在境内共同接受应纳增值税劳务（以下简称应税劳务）发生的支出，采取分摊方式的，应当按照独立交易原则进行分摊，企业以发票和分割单作为税前扣除凭证，共同接受应税劳务的其他企业以企业开具的分割单作为税前扣除凭证。

企业与其他企业、个人在境内共同接受非应税劳务发生的支出，采取分摊方式的，企业以发票外的其他外部凭证和分割单作为税前扣除凭证，共同接受非应税劳务的其他企业以企业开具的分割单作为税前扣除凭证。

15. 企业租用（包括企业作为单一承租方租用）办公、生产用房等资产发生的水、电、燃气、冷气、暖气、通讯线路、有线电视、网络等费用，出租方作为应税项目开具发票的，企业以发票作为税前扣除凭证；出租方采取分摊方式的，企业以出租方开具的其他外部凭证作为税前扣除凭证。

关于税前扣除凭证，《企业所得税税前扣除凭证管理办法》（国家税务总局公告 2018 年第 28 号）提及的"劳务"是一个相对宽泛的概念，原则上包含了所有劳务服务活动。如《企业所得税法》及其《实施条例》规定的建筑安装、修理修配、交通运输、仓储租赁、金融保险、邮电通信、咨询经纪、文化体育、科学研究、技术服务、教育培训、餐饮住宿、中介代理、卫生保健、社区服务、旅游、娱乐、加工以及其他劳务服务活动等。此外，《企业所得税税前扣除凭证管理办法》第十八条所称"应纳增值税劳务"中的"劳务"也应按上述原则理解，不能等同于增值税相关规定中的"加工、修理修配劳务"。

所称企业，是指《企业所得税法》及其《实施条例》规定的居民企业和非居民企业。其他企业是指本企业以外的企业，不包含企业的二级分支机构。

根据《企业所得税法》及其《实施条例》等相关政策规定，母公司的辅助生产车间为各下属子公司提供辅助生产服务不属于共同接受劳务。辅助生产服务属于增值税应税项目的，子公司应以母公司开具的发票（包括按照规定由税务机关代开的发票）作为税前扣除凭证；不属于增值税项目的，应以母公司开具的发票以外的其他外部凭证作为税前扣除凭证。

四、不得扣除的项目

在计算应纳税所得额时，下列支出不得扣除：

1. 向投资者支付的股息、红利等权益性投资收益款项。
2. 企业所得税税款。
3. 税收滞纳金，是指纳税人违反税收法规，被税务机关处以的滞纳金。
4. 罚金、罚款和被没收财物的损失，是指纳税人违反国家有关法律、法规规定，被有关部门处以的罚款，以及被司法机关处以的罚金和被没收财物。
5. 超过规定标准的捐赠支出。
6. 赞助支出，是指企业发生的与生产经营活动无关的各种非广告性质支出。
7. 未经核定的准备金支出，是指不符合国务院财政、税务主管部门规定的各项资产减值准备、风险准备等准备金支出。
8. 企业之间支付的管理费、企业内营业机构之间支付的租金和特许权使用费，以及非银行企业内营业机构之间支付的利息。
9. 与取得收入无关的其他支出。

五、亏损弥补

1. 亏损，是指企业依照《企业所得税法》及其《实施条例》的规定，将每一纳税年度的收入总额减除不征税收入、免税收入和各项扣除后小于零的数额。税法规定，企业某一纳税年度发生的亏损可以用下一年度的所得弥补，下一年度的所得不足以弥补的，可以逐年延续弥补，但最长不得超过5年。而且，企业在汇总计算缴纳企业所得税时，其境外营业机构的亏损不得抵减境内营业机构的盈利。

2. 自2018年1月1日起，当年具备高新技术企业或科技型中小企业资格（以下统称资格）的企业，其具备资格年度之前5个年度发生的尚未弥补完的亏损，准予结转以后年度弥补，最长结转年限由5年延长至10年。

上述所称高新技术企业，是指按照《科技部 财政部 国家税务总局关于修订印发〈高新技术企业认定管理办法〉的通知》（国科发火〔2016〕32号）规定认定的高新技术企业；所称科技型中小企业，是指按照《科技部 财政部 国家税务总局关于印发〈科技型中小企业评价办法〉的通知》（国科发政〔2017〕115号）规定取得科技型中小企业登记编号的企业。

3. 企业筹办期间不计算为亏损年度，企业自开始生产经营的年度，为开始计算企业损益的年度。企业从事生产经营之前进行筹办活动期间发生的筹办费用支出，不得计算为当期的亏损，企业可以在开始经营之日的当年一次性扣除，也可以按照税法有关长期待摊费用的处理规定处理，但一经选定，不得改变。

4. 对于税务机关对企业以前年度纳税情况进行检查时调增的应纳税所得额，凡企业以前年度发生亏损且该亏损属于《企业所得税法》规定允许弥补的，应允许以调增的应纳税所得额弥补该亏损。弥补该亏损后仍有余额的，按照《企业所得税法》规定计算缴纳企业所得税。对检查调增的应纳税所得额应根据其情节，依照《税收征收管理法》有关规定进行处理或处罚。

上述规定自 2010 年 12 月 1 日开始执行，以前年度（含 2008 年度之前）没有处理的事项，按本规定执行。

5. 对企业发现以前年度实际发生的、按照税法规定应在企业所得税税前扣除而未扣除或者少扣除的支出，企业作出专项申报及说明后，准予追补至该项目发生年度计算扣除，但追补确认期限不得超过 5 年。

企业由于上述原因多缴的企业所得税税款，可以在追补确认年度的企业所得税应纳税款中抵扣，不足抵扣的，可以向以后年度递延抵扣或申请退税。

亏损企业追补确认以前年度未在企业所得税税前扣除的支出，或盈利企业经过追补确认后出现亏损的，应首先调整该项支出所属年度的亏损额，然后再按照弥补亏损的原则计算以后年度多缴的企业所得税税款，并按前款规定处理。

6. 受疫情影响较大的困难行业企业 2020 年度发生的亏损，最长结转年限由 5 年延长至 8 年。

困难行业企业，包括交通运输、餐饮、住宿、旅游（指旅行社及相关服务、游览景区管理两类）四大类，具体判断标准按照现行《国民经济行业分类》执行。困难行业企业 2020 年度主营业务收入须占收入总额（剔除不征税收入和投资收益）的 50% 以上。

第三节 资产的税务处理

资产是由于资本投资而形成的财产，对于资本性支出以及无形资产受让、开办、开发费用，不允许作为成本、费用从纳税人的收入总额中一次性扣除，只能采取分次计提折旧或分次摊销的方式予以扣除。即纳税人经营活动中使用的固定资产的折旧费用、无形资产和长期待摊费用的摊销费用可以扣除。税法规定，纳入税务处理范围的资产形式主要有固定资产、生物资产、无形资产、长期待摊费用、投资资产、存货等，均以历史成本为计税基础。历史成本是指企业取得该项资产时实际发生的支出。企业持有各项资产期间资产增值或者减值，除国务院财政、税务主管部门规定可以确认损益外，不得调整该资产的计税基础。

一、固定资产的税务处理

固定资产，是指企业为生产产品、提供劳务、出租或者经营管理而持有的、使用时间超过 12 个月的非货币性资产，包括房屋、建筑物、机器、机械、运输工具以及其他与生产经营活动有关的设备、器具、工具等。

（一）固定资产计税基础

1. 外购的固定资产，以购买价款和支付的相关税费以及直接归属于使该资产达到预定用途发生的其他支出为计税基础。

2. 自行建造的固定资产，以竣工结算前发生的支出为计税基础。

3. 融资租入的固定资产，以租赁合同约定的付款总额和承租人在签订租赁合同过程中发生的相关费用为计税基础，租赁合同未约定付款总额的，以该资产的公允价值和承租人在签订租赁合同过程中发生的相关费用为计税基础。

4. 盘盈的固定资产，以同类固定资产的重置完全价值为计税基础。

5. 通过捐赠、投资、非货币性资产交换、债务重组等方式取得的固定资产，以该资产的公允价值和支付的相关税费为计税基础。

6. 改建的固定资产，除已足额提取折旧的固定资产和租入的固定资产以外的其他固定资产，以改建过程中发生的改建支出增加计税基础。

（二）固定资产折旧的范围

在计算应纳税所得额时，企业按照规定计算的固定资产折旧，准予扣除。下列固定资产不得计算折旧扣除：

1. 房屋、建筑物以外未投入使用的固定资产。
2. 以经营租赁方式租入的固定资产。
3. 以融资租赁方式租出的固定资产。
4. 已足额提取折旧仍继续使用的固定资产。
5. 与经营活动无关的固定资产。
6. 单独估价作为固定资产入账的土地。
7. 其他不得计算折旧扣除的固定资产。

（三）固定资产折旧的计提方法

1. 企业应当自固定资产投入使用月份的次月起计算折旧；停止使用的固定资产，应当自停止使用月份的次月起停止计算折旧。

2. 企业应当根据固定资产的性质和使用情况，合理确定固定资产的预计净残值。固定资产的预计净残值一经确定，不得变更。

3. 固定资产按照直线法计算的折旧，准予扣除。

（四）固定资产折旧的计提年限

除国务院财政、税务主管部门另有规定外，固定资产计算折旧的最低年限如下：

1. 房屋、建筑物，为20年。
2. 飞机、火车、轮船、机器、机械和其他生产设备，为10年。
3. 与生产经营活动有关的器具、工具、家具等，为5年。
4. 飞机、火车、轮船以外的运输工具，为4年。
5. 电子设备，为3年。

从事开采石油、天然气等矿产资源的企业，在开始进行商业性生产前发生的费用和有关固定资产的折耗、折旧方法，由国务院财政、税务主管部门另行规定。

（五）固定资产折旧的处理

1. 企业固定资产会计折旧年限如果短于税法规定的最低折旧年限，其按会计折旧年限计提的折旧高于按税法规定的最低折旧年限计提的折旧部分，应调增当期应纳税所得额；企业固定资产会计折旧年限已期满且会计折旧已提足，但税法规定的最低折旧年限尚未到期且税收折旧尚未足额扣除，其未足额扣除的部分准予在剩余的税收折旧年限继续按规定扣除。

2. 企业固定资产会计折旧年限如果长于税法规定的最低折旧年限，其折旧应按会计折旧年限计算扣除，税法另有规定的除外。

3. 企业按会计规定提取的固定资产减值准备，不得税前扣除，其折旧仍按税法确定的固定资产计税基础计算扣除。

4. 企业按税法规定实行加速折旧的，其按加速折旧办法计算的折旧额可全额在税前扣除。

5. 石油天然气开采企业在计提油气资产折耗（折旧）时，由于会计与税法规定的计算方法不同导致的折耗（折旧）差异，应按税法规定进行纳税调整。

（六）固定资产改扩建的税务处理

自2011年7月1日起，企业对房屋、建筑物等固定资产在未足额提取折旧前进行改扩建的，如属于推倒重置的，该资产原值减除提取折旧后的净值，应并入重置后的固定资产计税成本，并在该固定资产投入使用后的次月起，按照税法规定的折旧年限，一并计提折旧；如属于提升功能、增加面积的，该固定资产的改扩建支出，应并入该固定资产计税基础，并从改扩建完工投入使用后的次月起，重新按税法规定的该固定资产折旧年限计提折旧，如该改扩建后的固定资产尚可使用的年限低于税法规定的最低年限的，可以按尚可使用的年限计提折旧。

（七）企业所得税核定征收改为查账征收后有关资产的税务处理

1. 企业能够提供资产购置发票的，以发票载明金额为计税基础；不能提供资产购置发票的，可以凭购置资产的合同（协议）、资金支付证明、会计核算资料等记载金额，作为计税基础。

2. 企业核定征税期间投入使用的资产，改为查账征税后，按照税法规定的折旧、摊销年限，扣除该资产投入使用年限后，就剩余年限继续计提折旧、摊销额并在税前扣除。

（八）文物、艺术品资产的税务处理

企业购买的文物、艺术品用于收藏、展示、保值增值的，作为投资资产进行税务处理。文物、艺术品资产在持有期间，计提的折旧、摊销费用，不得税前扣除。

二、生物资产的税务处理

生物资产，是指有生命的动物和植物。生物资产分为消耗性生物资产、生产性生物资产和公益性生物资产。消耗性生物资产，是指为出售而持有的或在将来收获为农产品的生物资产，包括生长中的农田作物、蔬菜、用材林以及存栏待售的牲畜等。生产性生物资产，是指为产出农产品、提供劳务或出租等目的而持有的生物资产，包括经济林、薪炭林、产畜和役畜等。公益性生物资产，是指以防护、环境保护为主要目的的生物资产，包括防风固沙林、水土保持林和水源涵养林等。

（一）生物资产的计税基础

生产性生物资产按照以下方法确定计税基础：

1. 外购的生产性生物资产，以购买价款和支付的相关税费为计税基础。

2. 通过捐赠、投资、非货币性资产交换、债务重组等方式取得的生产性生物资产，

以该资产的公允价值和支付的相关税费为计税基础。

（二）生物资产的折旧方法和折旧年限

生产性生物资产按照直线法计算的折旧，准予扣除。企业应当自生产性生物资产投入使用月份的次月起计算折旧；停止使用的生产性生物资产，应当自停止使用月份的次月起停止计算折旧。

企业应当根据生产性生物资产的性质和使用情况，合理确定生产性生物资产的预计净残值。生产性生物资产的预计净残值一经确定，不得变更。

生产性生物资产计算折旧的最低年限如下：

1. 林木类生产性生物资产，为 10 年。
2. 畜类生产性生物资产，为 3 年。

三、无形资产的税务处理

无形资产，是指企业长期使用，但没有实物形态的资产，包括专利权、商标权、著作权、土地使用权、非专利技术、商誉等。

（一）无形资产的计税基础

无形资产按照以下方法确定计税基础：

1. 外购的无形资产，以购买价款和支付的相关税费以及直接归属于使该资产达到预定用途发生的其他支出为计税基础。
2. 自行开发的无形资产，以开发过程中该资产符合资本化条件后至达到预定用途前发生的支出为计税基础。
3. 通过捐赠、投资、非货币性资产交换、债务重组等方式取得的无形资产，以该资产的公允价值和支付的相关税费为计税基础。

（二）无形资产摊销的范围

在计算应纳税所得额时，企业按照规定计算的无形资产摊销费用，准予扣除。

下列无形资产不得计算摊销费用扣除：

1. 自行开发的支出已在计算应纳税所得额时扣除的无形资产。
2. 自创商誉。
3. 与经营活动无关的无形资产。
4. 其他不得计算摊销费用扣除的无形资产。

（三）无形资产的摊销方法及年限

无形资产的摊销，采取直线法计算。无形资产的摊销年限不得低于 10 年。作为投资或者受让的无形资产，有关法律规定或者合同约定了使用年限的，可以按照规定或者约定的使用年限分期摊销。外购商誉的支出，在企业整体转让或者清算时，准予扣除。

无形资产摊销的起止时间，当月增加的无形资产，当月开始摊销；当月减少的无形资产，当月不再摊销。

四、长期待摊费用的税务处理

长期待摊费用，是指企业发生的应在 1 个年度以上或几个年度进行摊销的费用。在计算应纳税所得额时，企业发生的下列支出作为长期待摊费用，按照规定摊销的，准予扣除。

1. 已足额提取折旧的固定资产的改建支出。
2. 租入固定资产的改建支出。
3. 固定资产的大修理支出。
4. 其他应当作为长期待摊费用的支出。

企业的固定资产修理支出可在发生当期直接扣除。企业的固定资产改良支出，如果有关固定资产尚未提足折旧，可增加固定资产价值；如有关固定资产已提足折旧，可作为长期待摊费用，在规定的期间内平均摊销。

固定资产的改建支出，是指改变房屋或者建筑物结构、延长使用年限等发生的支出。已足额提取折旧的固定资产的改建支出，按照固定资产预计尚可使用年限分期摊销；租入固定资产的改建支出，按照合同约定的剩余租赁期限分期摊销；改建的固定资产延长使用年限的，除已足额提取折旧的固定资产、租入固定资产的改建支出外，其他的固定资产发生改建支出，应当适当延长折旧年限。

大修理支出，按照固定资产尚可使用年限分期摊销。

《企业所得税法》所指固定资产的大修理支出，是指同时符合下列条件的支出：

（1）修理支出达到取得固定资产时的计税基础50%以上。
（2）修理后固定资产的使用年限延长2年以上。

其他应当作为长期待摊费用的支出，自支出发生月份的次月起，分期摊销，摊销年限不得低于3年。

五、存货的税务处理

存货，是指企业持有以备出售的产品或者商品、处在生产过程中的在产品、在生产或者提供劳务过程中耗用的材料和物料等。

（一）存货的计税基础

存货按照以下方法确定成本：

1. 通过支付现金方式取得的存货，以购买价款和支付的相关税费为成本。
2. 通过支付现金以外的方式取得的存货，以该存货的公允价值和支付的相关税费为成本。
3. 生产性生物资产收获的农产品，以产出或者采收过程中发生的材料费、人工费和分摊的间接费用等必要支出为成本。

（二）存货的成本计算方法

企业使用或者销售的存货的成本计算方法，可以在先进先出法、加权平均法、个别计价法中选用一种。计价方法一经选用，不得随意变更。

企业转让以上资产，在计算企业应纳税所得额时，资产的净值允许扣除。其中，资产的净值是指有关资产、财产的计税基础减除已经按照规定扣除的折旧、折耗、摊销、准备金等后的余额。

除国务院财政、税务主管部门另有规定外，企业在重组过程中，应当在交易发生时确认有关资产的转让所得或者损失，相关资产应当按照交易价格重新确定计税基础。

六、投资资产的税务处理

投资资产,是指企业对外进行权益性投资和债权性投资而形成的资产。

(一)投资资产的成本

投资资产按以下方法确定投资成本:

1. 通过支付现金方式取得的投资资产,以购买价款为成本。
2. 通过支付现金以外的方式取得的投资资产,以该资产的公允价值和支付的相关税费为成本。

(二)投资资产成本的扣除方法

企业对外投资期间,投资资产的成本在计算应纳税所得额时不得扣除,企业在转让或者处置投资资产时,投资资产的成本准予扣除。

(三)投资企业撤回或减少投资的税务处理

1. 自2011年7月1日起,投资企业从被投资企业撤回或减少投资,其取得的资产中,相当于初始出资的部分,应确认为投资收回;相当于被投资企业累计未分配利润和累计盈余公积按减少实收资本比例计算的部分,应确认为股息所得;其余部分确认为投资资产转让所得。

2. 被投资企业发生的经营亏损,由被投资企业按规定结转弥补。投资企业不得调整减低其投资成本,也不得将其确认为投资损失。

七、税法规定与会计规定差异的处理

税法规定与会计规定差异的处理,是指在计算应纳税所得额时,企业会计规定与税法规定不一致的,应当依照税法规定予以调整。即企业在平时进行会计核算时,可以按会计制度的有关规定进行账务处理,但在申报纳税时,对税法规定和会计制度规定有差异的,要按税法的规定进行纳税调整。

根据《企业所得税法》第二十一条规定,对企业依据财务会计制度规定,并实际在财务会计处理上已确认的支出,凡没有超过《企业所得税法》和有关税收法规规定的税前扣除范围和标准的,可按企业实际会计处理确认的支出,在企业所得税税前扣除,计算其应纳税所得额。

1. 企业不能提供完整、准确的收入及成本、费用凭证,不能正确计算应纳税所得额的,由税务机关核定其应纳税所得额。

2. 企业依法清算时,以其清算终了后的清算所得为应纳税所得额,按规定缴纳企业所得税。所谓清算所得,是指企业的全部资产可变现价值或者交易价格减除资产净值、清算费用以及相关税费等后的余额。

投资方企业从被清算企业分得的剩余资产,其中相当于从被清算企业累计未分配利润和累计盈余公积中应当分得的部分,应当确认为股息所得;剩余资产减除上述股息所得后的余额,超过或者低于投资成本的部分,应当确认为投资资产转让所得或者损失。

3. 企业应纳税所得额是根据税收法规计算出来的，它在数额上与依据财务会计制度计算的利润总额往往不一致。因此，税法规定：对企业按照有关财务会计制度计算的利润总额，要按照税法的规定进行必要调整后，才能作为应纳税所得额计算缴纳所得税。

4. 自 2011 年 7 月 1 日起，企业当年度实际发生的相关成本、费用，由于各种原因未能及时取得该成本、费用的有效凭证，企业在预缴季度所得税时，可暂按账面发生金额进行核算；但在汇算清缴时，应补充提供该成本、费用的有效凭证。

第四节　资产损失的所得税处理

一、资产损失的定义

资产损失，是指企业在生产经营活动中实际发生的、与取得应税收入有关的资产损失，包括现金损失，存款损失，坏账损失，贷款损失，股权投资损失，固定资产和存货的盘亏、毁损、报废、被盗损失，自然灾害等不可抗力因素造成的损失以及其他损失。

上述资产是指企业拥有或者控制的、用于经营管理活动且与取得应税收入有关的资产，包括现金、银行存款、应收及预付款项（包括应收票据、各类垫款、企业之间往来款项）等货币资产，存货、固定资产、在建工程、生产性生物资产等非货币资产，以及债权性投资和股权（权益）性投资。

二、资产损失扣除政策

依据《财政部　国家税务总局关于企业资产损失税前扣除政策的通知》（财税〔2009〕57 号）规定，企业资产损失税前扣除政策如下：

1. 企业清查出的现金短缺减除责任人赔偿后的余额，作为现金损失在计算应纳税所得额时扣除。

2. 企业将货币性资金存入法定具有吸收存款职能的机构，因该机构依法破产、清算，或者政府责令停业、关闭等原因，确实不能收回的部分，作为存款损失在计算应纳税所得额时扣除。

3. 企业除贷款类债权外的应收、预付账款符合下列条件之一的，减除可收回金额后确认的无法收回的应收、预付款项，可以作为坏账损失在计算应纳税所得额时扣除：

（1）债务人依法宣告破产、关闭、解散、被撤销，或者被依法注销、吊销营业执照，其清算财产不足清偿的。

（2）债务人死亡，或者依法被宣告失踪、死亡，其财产或者遗产不足清偿的。

（3）债务人逾期 3 年以上未清偿，且有确凿证据证明已无力清偿债务的。

（4）与债务人达成债务重组协议或法院批准破产重整计划后，无法追偿的。

（5）因自然灾害、战争等不可抗力导致无法收回的。

（6）国务院财政、税务主管部门规定的其他条件。

4. 企业经采取所有可能的措施和实施必要的程序之后，符合下列条件之一的贷款类债权，可以作为贷款损失在计算应纳税所得额时扣除：

（1）借款人和担保人依法宣告破产、关闭、解散、被撤销，并终止法人资格，或者已完全停止经营活动，被依法注销、吊销营业执照，对借款人和担保人进行追偿后，未能收回的债权。

（2）借款人死亡，或者依法被宣告失踪、死亡，依法对其财产或者遗产进行清偿，并对担保人进行追偿后，未能收回的债权。

（3）借款人遭受重大自然灾害或者意外事故，损失巨大且不能获得保险补偿，或者以保险赔偿后，确实无力偿还部分或者全部债务，对借款人财产进行清偿和对担保人进行追偿后，未能收回的债权。

（4）借款人触犯刑律，依法受到制裁，其财产不足归还所借债务，又无其他债务承担者，经追偿后确实无法收回的债权。

（5）由于借款人和担保人不能偿还到期债务，企业诉诸法律，经法院对借款人和担保人强制执行，借款人和担保人均无财产可执行，法院裁定执行程序终结或终止（中止）后，仍无法收回的债权。

（6）由于借款人和担保人不能偿还到期债务，企业诉诸法律后，经法院调解或经债权人会议通过，与借款人和担保人达成和解协议或重整协议，在借款人和担保人履行完还款义务后，无法追偿的剩余债权。

（7）由于上述第（1）~（6）项原因借款人不能偿还到期债务，企业依法取得抵债资产，抵债金额小于贷款本息的差额，经追偿后仍无法收回的债权。

（8）开立信用证、办理承兑汇票、开具保函等发生垫款时，凡开证申请人和保证人由于上述第（1）~（7）项原因，无法偿还垫款，金融企业经追偿后仍无法收回的垫款。

（9）银行卡持卡人和担保人由于上述第（1）~（7）项原因，未能还清透支款项，金融企业经追偿后仍无法收回的透支款项。

（10）助学贷款逾期后，在金融企业确定的有效追索期限内，依法处置助学贷款抵押物（质押物），并向担保人追索连带责任后，仍无法收回的贷款。

（11）经国务院专案批准核销的贷款类债权。

（12）国务院财政、税务主管部门规定的其他条件。

5. 企业的股权投资符合下列条件之一的，减除可收回金额后确认的无法收回的股权投资，可以作为股权投资损失在计算应纳税所得额时扣除：

（1）被投资方依法宣告破产、关闭、解散、被撤销，或者被依法注销、吊销营业执照的。

（2）被投资方财务状况严重恶化，累计发生巨额亏损，已连续停止经营3年以上，且无重新恢复经营改组计划的。

（3）对被投资方不具有控制权，投资期限届满或者投资期限已超过10年，且被投资单位因连续3年经营亏损导致资不抵债的。

（4）被投资方财务状况严重恶化，累计发生巨额亏损，已完成清算或清算期超过3

年以上的。

（5）国务院财政、税务主管部门规定的其他条件。

6. 对企业盘亏的固定资产或存货，以该固定资产的账面净值或存货的成本减除责任人赔偿后的余额，作为固定资产或存货盘亏损失在计算应纳税所得额时扣除。

7. 对企业毁损、报废的固定资产或存货，以该固定资产的账面净值或存货的成本减除残值、保险赔款和责任人赔偿后的余额，作为固定资产或存货毁损、报废损失在计算应纳税所得额时扣除。

8. 对企业被盗的固定资产或存货，以该固定资产的账面净值或存货的成本减除保险赔款和责任人赔偿后的余额，作为固定资产或存货被盗损失在计算应纳税所得额时扣除。

9. 企业因存货盘亏、毁损、报废、被盗等原因不得从增值税销项税额中抵扣的进项税额，可以与存货损失一起在计算应纳税所得额时扣除。

10. 企业在计算应纳税所得额时已经扣除的资产损失，在以后纳税年度全部或者部分收回时，其收回部分应当作为收入计入收回当期的应纳税所得额。

11. 企业境内、境外营业机构发生的资产损失应分开核算，对境外营业机构由于发生资产损失而产生的亏损，不得在计算境内应纳税所得额时扣除。

12. 企业对其扣除的各项资产损失，应当提供能够证明资产损失确属已实际发生的合法证据，包括具有法律效力的外部证据、具有法定资质的中介机构的经济鉴证证明、具有法定资质的专业机构的技术鉴定证明等。

三、资产损失税前扣除管理

根据《企业资产损失所得税税前扣除管理办法》（国家税务总局公告 2011 年第 25 号）的规定，自 2011 年 1 月 1 日起，企业资产损失税前扣除管理的基本原则是：

1. 准予在企业所得税税前扣除的资产损失，是指企业在实际处置、转让上述资产过程中发生的合理损失（以下简称实际资产损失），以及企业虽未实际处置、转让上述资产，但符合《财政部 国家税务总局关于企业资产损失税前扣除政策的通知》（财税〔2009〕57 号）和上述文件规定条件计算确认的损失（以下简称法定资产损失）。

2. 企业实际资产损失，应当在其实际发生且会计上已作损失处理的年度申报扣除。企业向税务机关申报扣除资产损失，仅需填报企业所得税年度纳税申报表《资产损失税前扣除及纳税调整明细表》，不再报送资产损失相关资料，相关资料由企业留存备查。

3. 企业发生的资产损失，应按规定的程序和要求向主管税务机关申报后方能在税前扣除。未经申报的损失，不得在税前扣除。

4. 企业以前年度发生的资产损失未能在当年税前扣除的，可以按照上述文件的规定，向税务机关说明并进行专项申报扣除。其中，属于实际资产损失的，准予追补至该项损失发生年度扣除，其追补确认期限一般不得超过 5 年，但因计划经济体制转轨过程中遗留的资产损失、企业重组上市过程中因权属不清出现争议而未能及时扣除的资产损失、因承担国家政策性任务而形成的资产损失以及因政策定性不明确而形成的资产损失等特殊原因形成的资产损失，其追补确认期限经国家税务总局批准后可适当延长。属于法定资产损失的，应在申报年度扣除。

企业因以前年度实际资产损失未在税前扣除而多缴的企业所得税税款，可在追补确认年度企业所得税应纳税款中予以抵扣，不足抵扣的，向以后年度递延抵扣。

企业实际资产损失发生年度扣除追补确认的损失后出现亏损的，应先调整资产损失发生年度的亏损额，再按弥补亏损的原则计算以后年度多缴的企业所得税税款，并按前款办法进行税务处理。

另外上述文件还对申报管理，资产损失的确认证据，货币资产损失、非货币资产损失、投资损失的确认等作出了规定。

第五节　企业重组的所得税处理

一、企业重组的认定

企业重组，是指企业在日常经营活动以外发生的法律结构或经济结构重大改变的交易，包括企业法律形式改变、债务重组、股权收购、资产收购、合并、分立等。

企业法律形式改变，是指企业注册名称、住所以及企业组织形式等的简单改变，但符合税法规定的其他重组的类型除外。

债务重组，是指在债务人发生财务困难的情况下，债权人按照其与债务人达成的书面协议或者法院裁定书，就其债务人的债务作出让步的事项。

股权收购，是指收购企业购买被收购企业的股权，以实现对被收购企业控制的交易。收购企业支付对价的形式包括股权支付、非股权支付或两者的组合。

资产收购，是指受让企业购买转让企业实质经营性资产的交易。受让企业支付对价的形式包括股权支付、非股权支付或两者的组合。

合并，是指被合并企业将其全部资产和负债转让给合并企业，被合并企业股东换取合并企业的股权或非股权支付，实现两个或两个以上企业的依法合并。

分立，是指被分立企业将部分或全部资产分离转让给分立企业，被分立企业股东换取分立企业的股权或非股权支付，实现企业的依法分立。

股权支付，是指企业重组中购买、换取资产的一方在支付对价时以本企业或其控股企业的股权、股份作为支付的形式。

非股权支付，是指以本企业的现金、银行存款、应收款项、本企业或其控股企业股权和股份以外的有价证券、存货、固定资产、其他资产以及承担债务等作为支付的形式。

自2008年1月1日起，企业发生上述重组事项的，按本节二、三中的相关规定进行所得税处理。

二、企业重组的一般性税务处理方法

1. 企业由法人转变为个人独资企业、合伙企业等非法人组织，或将登记注册地转移至中华人民共和国境外（包括港、澳、台地区），应视同企业进行清算、分配，股东重新

投资成立新企业。企业的全部资产以及股东投资的计税基础均应以公允价值为基础确定。

企业发生其他法律形式简单改变的，可直接变更税务登记，除另有规定外，有关企业所得税纳税事项（包括亏损结转、税收优惠等权益和义务）由变更后企业承继，但因住所发生变化而不符合税收优惠条件的除外。

2. 企业债务重组，相关交易的处理。

（1）以非货币资产清偿债务，应当分解为转让相关非货币性资产、按非货币性资产公允价值清偿债务两项业务，确认相关资产的所得或损失。

（2）发生债权转股权的，应当分解为债务清偿和股权投资两项业务，确认有关债务清偿所得或损失。

（3）债务人应当按照支付的债务清偿额低于债务计税基础的差额，确认债务重组所得；债权人应当按照收到的债务清偿额低于债权计税基础的差额，确认债务重组损失。

（4）债务人的相关所得税纳税事项原则上保持不变。

3. 企业股权收购、资产收购重组交易，相关交易的处理。

（1）被收购方应确认股权、资产转让所得或损失。

（2）收购方取得的股权或资产的计税基础应以公允价值为基础确定。

（3）被收购企业的相关所得税事项原则上保持不变。

4. 企业合并，当事各方的税务处理。

（1）合并企业应按公允价值确定接受被合并企业各项资产和负债的计税基础。

（2）被合并企业及其股东都应按清算进行所得税处理。

（3）被合并企业的亏损不得在合并企业结转弥补。

5. 企业分立，当事各方的税务处理。

（1）被分立企业对分立出去的资产应按公允价值确认资产转让所得或损失。

（2）分立企业应按公允价值确认接受资产的计税基础。

（3）被分立企业继续存在时，其股东取得的对价应视同被分立企业分配进行处理。

（4）被分立企业不再继续存在时，被分立企业及其股东都应按清算进行所得税处理。

（5）企业分立相关企业的亏损不得相互结转弥补。

三、企业重组的特殊性税务处理方法

（一）适用特殊性税务处理的条件

企业重组同时符合下列条件的，适用特殊性税务处理规定：

1. 具有合理的商业目的，且不以减少、免除或者推迟缴纳税款为主要目的。
2. 被收购、合并或分立部分的资产或股权比例符合下述第（二）项规定的比例。
3. 企业重组后的连续 12 个月内不改变重组资产原来的实质性经营活动。
4. 重组交易对价中涉及的股权支付金额符合下述第（二）项规定的比例。
5. 企业重组中取得股权支付的原主要股东，在重组后连续 12 个月内，不得转让所取得的股权。

（二）企业重组符合上述特殊性税务处理条件的，交易各方对其交易中的股权支付部分的税务处理

1. 企业债务重组确认的应纳税所得额占该企业当年应纳税所得额 50% 以上，可以在

5个纳税年度的期间内，均匀计入各年度的应纳税所得额。

企业发生债权转股权业务，对债务清偿和股权投资两项业务暂不确认有关债务清偿所得或损失，股权投资的计税基础以原债权的计税基础确定。企业的其他相关所得税事项保持不变。

2. 股权收购，收购企业购买的股权不低于被收购企业全部股权的50%，且收购企业在该股权收购发生时的股权支付金额不低于其交易支付总额的85%，可以选择按以下规定处理：

（1）被收购企业的股东取得收购企业股权的计税基础，以被收购股权的原有计税基础确定。

（2）收购企业取得被收购企业股权的计税基础，以被收购股权的原有计税基础确定。

（3）收购企业、被收购企业的原有各项资产和负债的计税基础和其他相关所得税事项保持不变。

3. 资产收购，受让企业收购的资产不低于转让企业全部资产的50%，且受让企业在该资产收购发生时的股权支付金额不低于其交易支付总额的85%，可以选择按以下规定处理：

（1）转让企业取得受让企业股权的计税基础，以被转让资产的原有计税基础确定。

（2）受让企业取得转让企业资产的计税基础，以被转让资产的原有计税基础确定。

4. 企业合并，企业股东在该企业合并发生时取得的股权支付金额不低于其交易支付总额的85%，以及同一控制下且不需要支付对价的企业合并，可以选择按以下规定处理：

（1）合并企业接受被合并企业资产和负债的计税基础，以被合并企业的原有计税基础确定。

（2）被合并企业合并前的相关所得税事项由合并企业承继。

（3）可由合并企业弥补的被合并企业亏损的限额为被合并企业的净资产公允价值乘以截至合并业务发生当年年末国家发行的最长期限的国债利率。

（4）被合并企业股东取得合并企业股权的计税基础，以其原持有的被合并企业股权的计税基础确定。

5. 企业分立，被分立企业所有股东按原持股比例取得分立企业的股权，分立企业和被分立企业均不改变原来的实质经营活动，且被分立企业股东在该企业分立发生时取得的股权支付金额不低于其交易支付总额的85%，可以选择按以下规定处理：

（1）分立企业接受被分立企业资产和负债的计税基础，以被分立企业的原有计税基础确定。

（2）被分立企业已分立出去资产相应的所得税事项由分立企业承继。

（3）被分立企业未超过法定弥补期限的亏损额可按分立资产占全部资产的比例进行分配，由分立企业继续弥补。

（4）被分立企业的股东取得分立企业的股权（以下简称新股），如需部分或全部放弃原持有的被分立企业的股权（以下简称旧股），新股的计税基础应以放弃旧股的计税基础确定。如不需放弃旧股，则其取得新股的计税基础可从以下两种方法中选择确定：

①直接将新股的计税基础确定为零。

②以被分立企业分立出去的净资产占被分立企业全部净资产的比例先调减原持有的旧股的计税基础，再将调减的计税基础平均分配到新股上。

6. 重组交易各方按上述第 1~5 项规定对交易中的股权支付暂不确认有关资产的转让所得或损失的，其非股权支付仍应在交易当期确认相应的资产转让所得或损失，并调整相应资产的计税基础。

$$\text{非股权支付对应的资产转让所得或损失} = \left(\text{被转让资产的公允价值} - \text{被转让资产的计税基础}\right) \times \frac{\text{非股权支付金额}}{\text{被转让资产的公允价值}}$$

▶【例 4-2】甲公司共有股权 1 000 万股，为了将来有更好的发展，由乙公司收购其 80% 的股权，然后成为乙公司的子公司。假定收购日甲公司每股资产的计税基础为 7 元，每股资产的公允价值为 9 元。在收购对价中乙公司以股权形式支付 6 480 万元，以银行存款支付 720 万元。

甲公司取得非股权支付额对应的资产转让所得计算如下：

资产转让所得 = (7 200 - 5 600) × (720 ÷ 7 200) = 1 600 × 10% = 160（万元）

7. 对 100% 直接控制的居民企业之间，以及受同一或相同多家居民企业 100% 直接控制的居民企业之间按账面净值划转股权或资产，凡具有合理商业目的、不以减少、免除或者推迟缴纳税款为主要目的，股权或资产划转后连续 12 个月内不改变被划转股权或资产原来的实质性经营活动，且划出方企业和划入方企业均未在会计上确认损益的，可以选择按以下规定进行特殊性税务处理：

（1）划出方企业和划入方企业均不确认所得。

（2）划入方企业取得被划转股权或资产的计税基础，以被划转股权或资产的原账面净值确定。

（3）划入方企业取得的被划转资产，应按其原账面净值计算折旧扣除。

上述第 7 项所称"对 100% 直接控制的居民企业之间，以及受同一或相同多家居民企业 100% 直接控制的居民企业之间"是指：

①100% 直接控制的母子公司之间，母公司向子公司按账面净值划转其持有的股权或资产，母公司获得子公司 100% 的股权支付。母公司按增加长期股权投资处理，子公司按接受投资（包括资本公积，下同）处理。母公司获得子公司股权的计税基础以划转股权或资产的原计税基础确定。

②100% 直接控制的母子公司之间，母公司向子公司按账面净值划转其持有的股权或资产，母公司没有获得任何股权或非股权支付。母公司按冲减实收资本（包括资本公积，下同）处理，子公司按接受投资处理。

③100% 直接控制的母子公司之间，子公司向母公司按账面净值划转其持有的股权或资产，子公司没有获得任何股权或非股权支付。母公司按收回投资处理，或按接受投资处理，子公司按冲减实收资本处理。母公司应按被划转股权或资产的原计税基础，相应调减持有子公司股权的计税基础。

④受同一或相同多家母公司 100% 直接控制的子公司之间，在母公司主导下，一家子公司向另一家子公司按账面净值划转其持有的股权或资产，划出方没有获得任何股权或

非股权支付。划出方按冲减所有者权益处理，划入方按接受投资处理。

（三）特殊性税务处理附加条件

企业发生涉及中国境内与境外之间（包括港、澳、台地区）的股权和资产收购交易，除应符合上述第（一）项规定的条件外，还应同时符合下列条件，才可选择适用特殊性税务处理的规定。

1. 非居民企业向其100%直接控股的另一非居民企业转让其拥有的居民企业股权，没有因此造成以后该项股权转让所得预提税负变化，且转让方非居民企业向主管税务机关书面承诺在3年（含3年）内不转让其拥有的受让方非居民企业的股权。

2. 非居民企业向与其具有100%直接控股关系的居民企业转让其拥有的另一居民企业股权。

3. 居民企业以其拥有的资产或股权向其100%直接控股的非居民企业进行投资。

4. 财政部、国家税务总局核准的其他情形。

上述第3项所指的"居民企业以其拥有的资产或股权向其100%直接控股的非居民企业进行投资"，其资产或股权转让收益如选择特殊性税务处理，可以在10个纳税年度内均匀计入各年度应纳税所得额。

（四）企业分立、合并的税收优惠政策适用

在企业吸收合并中，合并后的存续企业性质及适用税收优惠的条件未发生改变的，可以继续享受合并前该企业剩余期限的税收优惠，其优惠金额按存续企业合并前一年的应纳税所得额（亏损计为零）计算。

在企业存续分立中，分立后的存续企业性质及适用税收优惠的条件未发生改变的，可以继续享受分立前该企业剩余期限的税收优惠，其优惠金额按该企业分立前一年的应纳税所得额（亏损计为零）乘以分立后存续企业资产占分立前该企业全部资产的比例计算。

（五）企业重组前后12个月内资产、股权交易的税务处理

企业在重组发生前后连续12个月内分步对其资产、股权进行交易，应根据实质重于形式原则将上述交易作为一项企业重组交易进行处理。

（六）企业重组特殊性税务处理的备案

企业发生符合上述规定的特殊性重组条件并选择特殊性税务处理的，当事各方应在该重组业务完成当年企业所得税年度申报时，向主管税务机关提交书面备案资料，证明其符合各类特殊性重组规定的条件。企业未按规定书面备案的，一律不得按特殊重组业务进行税务处理。

第六节 税收优惠

税收优惠，是指国家对某一部分特定企业和课税对象给予减轻或免除税收负担的一种措施。税法规定的企业所得税的税收优惠方式包括免税、减税、加计扣除、加速折旧、减计收入、税额抵免等。

一、免征与减征优惠

企业的下列所得，可以免征或减征企业所得税。企业如果从事国家限制和禁止发展的项目，不得享受企业所得税优惠。

（一）从事农、林、牧、渔业项目的所得

企业从事农、林、牧、渔业项目的所得，包括免征和减征两部分。

1. 企业从事下列项目的所得，免征企业所得税：

（1）蔬菜、谷物、薯类、油料、豆类、棉花、麻类、糖料、水果、坚果的种植。

（2）农作物新品种的选育。

（3）中药材的种植。

（4）林木的培育和种植。

（5）牲畜、家禽的饲养。

（6）林产品的采集。

（7）灌溉、农产品初加工、兽医、农技推广、农机作业和维修等农、林、牧、渔服务业项目。

（8）远洋捕捞。

2. 企业从事下列项目的所得，减半征收企业所得税：

（1）花卉、茶以及其他饮料作物和香料作物的种植。

（2）海水养殖、内陆养殖。

（二）从事国家重点扶持的公共基础设施项目投资经营的所得

《企业所得税法》所称国家重点扶持的公共基础设施项目，是指《公共基础设施项目企业所得税优惠目录》规定的港口码头、机场、铁路、公路、城市公共交通、电力、水利等项目。

1. 企业从事国家重点扶持的公共基础设施项目的投资经营的所得，自项目取得第一笔生产经营收入所属纳税年度起，第 1 年至第 3 年免征企业所得税，第 4 年至第 6 年减半征收（以下简称"三免三减半"）企业所得税。

2. 企业承包经营、承包建设和内部自建自用上述规定的项目，不得享受上述规定的企业所得税优惠。

3. 企业投资经营符合《公共基础设施项目企业所得税优惠目录》规定条件和标准的公共基础设施项目，采用一次核准、分批次（如码头、泊位、航站楼、跑道、路段、发电机组等）建设，凡同时符合以下条件的，可按每一批次为单位计算所得，并享受企业所得税"三免三减半"优惠：

（1）不同批次在空间上相互独立。

（2）每一批次自身具备取得收入的功能。

（3）以每一批次为单位进行会计核算，单独计算所得，并合理分摊期间费用。

（三）从事符合条件的环境保护、节能节水项目的所得

环境保护、节能节水项目的所得，自项目取得第一笔生产经营收入所属纳税年度起，享受企业所得税"三免三减半"优惠。

符合条件的环境保护、节能节水项目,包括公共污水处理、公共垃圾处理、沼气综合开发利用、节能减排技术改造、海水淡化等。项目的具体条件和范围由国务院财政、税务主管部门商国务院有关部门制定,报国务院批准后公布施行。

但是以上规定享受减免税优惠的项目,在减免税期限内转让的,受让方自受让之日起,可以在剩余期限内享受规定的减免税优惠;减免税期限届满后转让的,受让方不得就该项目重复享受减免税优惠。

(四)继续实施农村饮水安全工程的所得

对农村饮水工程运营管理单位从事《公共基础设施项目企业所得税优惠目录》规定的饮水工程新建项目投资经营的所得,自项目取得第一笔生产经营收入所属纳税年度起,第一年至第三年免征企业所得税,第四年至第六年减半征收企业所得税。

上述所称饮水工程,是指为农村居民提供生活用水而建设的供水工程设施。所称饮水工程运营管理单位,是指负责饮水工程运营管理的自来水公司、供水公司、供水(总)站(厂、中心)、村集体、农民用水合作组织等单位。

(五)符合条件的技术转让所得

1.《企业所得税法》所称符合条件的技术转让所得免征、减征企业所得税,是指一个纳税年度内,居民企业转让技术所得不超过500万元的部分,免征企业所得税;超过500万元的部分,减半征收企业所得税。

2. 技术转让中所称技术的范围,包括居民企业转让专利技术、计算机软件著作权、集成电路布图设计权、植物新品种、生物医药新品种、5年(含)以上非独占许可使用权,以及财政部和国家税务总局确定的其他技术。

3. 符合条件的技术转让所得的计算方法如下:

技术转让所得 = 技术转让收入 − 技术转让成本 − 相关税费

或:技术转让所得 = 技术转让收入 − 无形资产摊销费用 − 相关税费 − 应分摊期间费用

(1)技术转让收入是指当事人履行技术转让合同后获得的价款,不包括销售或转让设备、仪器、零部件、原材料等非技术性收入。不属于与技术转让项目密不可分的技术咨询、技术服务、技术培训等收入,不得计入技术转让收入。

可以计入技术转让收入的技术咨询、技术服务、技术培训收入,是指转让方为使受让方掌握所转让的技术投入使用、实现产业化而提供的必要的技术咨询、技术服务、技术培训所产生的收入,并应同时符合以下条件:

①为在技术转让合同中约定的与该技术转让相关的技术咨询、技术服务、技术培训所产生的收入。

②技术咨询、技术服务、技术培训收入与该技术转让项目收入一并收取价款。

(2)技术转让成本是指转让的无形资产的净值,即该无形资产的计税基础减除在资产使用期间按照规定计算的摊销扣除额后的余额。

(3)相关税费是指在技术转让过程中实际发生的有关税费,包括除企业所得税和允许抵扣的增值税以外的各项税金及其附加、合同签订费用、律师费等相关费用及其他支出。

4. 享受减免企业所得税优惠的技术转让应符合以下条件：
(1) 享受优惠的技术转让主体是《企业所得税法》规定的居民企业。
(2) 技术转让属于财政部、国家税务总局规定的范围。
(3) 境内技术转让经省级以上科技部门认定。
(4) 向境外转让技术经省级以上商务部门认定。
(5) 国务院税务主管部门规定的其他条件。

5. 技术转让应签订技术转让合同。其中，境内的技术转让须经省级以上（含省级）科技部门认定登记，跨境的技术转让须经省级以上（含省级）商务部门认定登记，涉及财政经费支持生产技术的转让，需经省级以上（含省级）科技部门审批。

6. 居民企业技术出口应由有关部门按照商务部、科技部发布的《中国禁止出口限制出口技术目录》（商务部、科技部令 2008 年第 12 号）进行审查。居民企业取得禁止出口和限制出口技术转让所得，不享受技术转让减免企业所得税优惠政策。

7. 居民企业从直接或间接持有股权之和达到 100% 的关联方取得的技术转让所得，不享受技术转让减免企业所得税优惠政策。

8. 享受技术转让所得减免企业所得税优惠的企业，应单独计算技术转让所得，并合理分摊企业的期间费用；没有单独计算的，不得享受技术转让所得企业所得税优惠。

（六）生产和装配伤残人员专门用品企业的所得

1. 根据财政部、税务总局、民政部公告 2023 年第 57 号规定，至 2027 年 12 月 31 日，对符合下列条件的居民企业，免征企业所得税：
(1) 生产和装配伤残人员专门用品，且在民政部发布的《中国伤残人员专门用品目录》范围之内。
(2) 以销售本企业生产或者装配的伤残人员专门用品为主，其所取得的年度伤残人员专门用品销售收入（不含出口取得的收入）占企业收入总额 60% 以上。
收入总额，是指《企业所得税法》第六条规定的收入总额。
(3) 企业账证健全，能够准确、完整地向主管税务机关提供纳税资料，且本企业生产或者装配的伤残人员专门用品所取得的收入能够单独、准确核算。
(4) 企业拥有假肢制作师、矫形器制作师资格证书的专业技术人员不得少于 1 人；其企业生产人员如超过 20 人，则其拥有假肢制作师、矫形器制作师资格证书的专业技术人员不得少于全部生产人员的 1/6。
(5) 具有与业务相适应的测量取型、模型加工、接受腔成型、打磨、对线组装、功能训练等生产装配专用设备和工具。
(6) 具有独立的接待室、假肢或者矫形器（辅助器具）制作室和假肢功能训练室，使用面积不少于 115 平方米。

2. 符合规定条件的企业，按照《国家税务总局关于发布修订后的〈企业所得税优惠政策事项办理办法〉的公告》（国家税务总局公告 2018 年第 23 号）的规定，采取"自行判别、申报享受、相关资料留存备查"的办理方式享受税收优惠政策。

（七）经营性文化事业单位转制为企业的所得

1. 根据财政部、税务总局、中央宣传部公告 2023 年第 71 号规定，经营性文化事业单位转制为企业，自转制注册之日起五年内免征企业所得税。

上述所称"经营性文化事业单位"，是指从事新闻出版、广播影视和文化艺术的事业单位。转制包括整体转制和剥离转制。其中，整体转制包括：（图书、音像、电子）出版社、非时政类报刊出版单位、新华书店、艺术院团、电影制片厂、电影（发行放映）公司、影剧院、重点新闻网站等整体转制为企业；剥离转制包括：新闻媒体中的广告、印刷、发行、传输网络等部分，以及影视剧等节目制作与销售机构，从事业体制中剥离出来转制为企业。

上述所称"转制注册之日"，是指经营性文化事业单位转制为企业并进行企业法人登记之日。对于经营性文化事业单位转制前已进行企业法人登记，则按注销事业单位法人登记之日，或核销事业编制的批复之日（转制前未进行事业单位法人登记的）确定转制完成并享受上述规定的税收优惠政策。

2. 享受税收优惠政策的转制文化企业应同时符合以下条件：

（1）根据相关部门的批复进行转制。

（2）转制文化企业已进行企业法人登记。

（3）整体转制前已进行事业单位法人登记的，转制后已核销事业编制、注销事业单位法人；整体转制前未进行事业单位法人登记的，转制后已核销事业编制。

（4）已同在职职工全部签订劳动合同，按企业办法参加社会保险。

（5）转制文化企业引入非公有资本和境外资本的，须符合国家法律法规和政策规定；变更资本结构依法应经批准的，需经行业主管部门和国有文化资产监管部门批准。

3. 经认定的转制文化企业，应按有关税收优惠事项管理规定办理优惠手续，申报享受税收优惠政策。企业应将转制方案批复函，企业营业执照，同级机构编制管理机关核销事业编制、注销事业单位法人的证明，与在职职工签订劳动合同、按企业办法参加社会保险制度的有关材料，相关部门对引入非公有资本和境外资本、变更资本结构的批准文件等留存备查，税务部门依法加强后续管理。

4. 未经认定的转制文化企业或转制文化企业不符合上述规定的，不得享受相关税收优惠政策。已享受优惠的，主管税务机关应追缴其已减免的税款。

5. 对已转制企业按照规定应予减免的税款，在该规定下发以前已经征收入库的，可抵减以后纳税期应缴税款或办理退库。

6. 该规定的税收政策执行至2027年12月31日。企业在2027年12月31日享受上述第1条税收政策不满五年的，可继续享受至五年期满为止。

二、高新技术企业优惠

（一）高新技术企业的优惠税率

国家需要重点扶持的高新技术企业减按15%的税率征收企业所得税。国家需要重点扶持的高新技术企业，是指拥有核心自主知识产权，并同时符合下列条件的企业：

1. 企业申请认定时须注册成立一年以上。

2. 企业通过自主研发、受让、受赠、并购等方式，获得对其主要产品（服务）在技术上发挥核心支持作用的知识产权的所有权。

3. 对企业主要产品（服务）发挥核心支持作用的技术属于《国家重点支持的高新技术领域》规定的范围。

4. 企业从事研发和相关技术创新活动的科技人员占企业当年职工总数的比例不低于10%。

5. 企业近3个会计年度（实际经营期不满3年的按实际经营时间计算，下同）的研究开发费用总额占同期销售收入总额的比例符合如下要求：

（1）最近一年销售收入小于5 000万元（含）的企业，比例不低于5%。

（2）最近一年销售收入在5 000万元至2亿元（含）的企业，比例不低于4%。

（3）最近一年销售收入在2亿元以上的企业，比例不低于3%。

其中，企业在中国境内发生的研究开发费用总额占全部研究开发费用总额的比例不低于60%。

6. 近一年高新技术产品（服务）收入占企业同期总收入的比例不低于60%。

7. 企业创新能力评价应达到相应要求。

8. 企业申请认定前一年内未发生重大安全、重大质量事故或严重环境违法行为。

（二）高新技术企业境外所得适用税率及税收抵免规定

根据《财政部 国家税务总局关于高新技术企业境外所得适用税率及税收抵免问题的通知》（财税〔2011〕47号）规定，自2010年1月1日起，高新技术企业境外所得适用税率及税收抵免有关问题按以下规定执行：

1. 以境内、境外全部生产经营活动有关的研究开发费用总额、总收入、销售收入总额、高新技术产品（服务）收入等指标申请并经认定的高新技术企业，其来源于境外的所得可以享受高新技术企业所得税优惠政策，即对其来源于境外所得可以按照15%的优惠税率缴纳企业所得税，在计算境外抵免限额时，可按照15%的优惠税率计算境内外应纳税总额。

2. 上述高新技术企业境外所得税收抵免的其他事项，仍按照《财政部 国家税务总局关于企业境外所得税收抵免有关问题的通知》（财税〔2009〕125号）的有关规定执行。

3. 此处所称高新技术企业，是指依照《企业所得税法》及其《实施条例》规定，经认定机构按照《高新技术企业认定管理办法》（国科发火〔2016〕32号）和《高新技术企业认定管理工作指引》（国科发火〔2016〕195号）认定取得高新技术企业证书并正在享受企业所得税15%税率优惠的企业。

（三）高新技术企业资格复审期间企业所得税预缴规定

根据《国家税务总局关于实施高新技术企业所得税优惠政策有关问题的公告》（国家税务总局公告2017年第24号）规定，高新技术企业资格复审结果公示之前企业所得税预缴按以下规定执行：

企业的高新技术企业资格期满当年，在通过重新认定前，其企业所得税暂按15%的税率预缴，在年底前仍未取得高新技术企业资格的，应按规定补缴相应期间的税款。

（四）取消高新技术企业资格的情况

已认定的高新技术企业有下列行为之一的，由认定机构取消其高新技术企业资格。

1. 在申请认定过程中存在严重弄虚作假行为的。

2. 发生重大安全、重大质量事故或有严重环境违法行为的。

3. 未按期报告与认定条件有关重大变化情况，或累计2年未填报年度发展情况报表的。

对被取消高新技术企业资格的企业，由认定机构通知税务机关按《税收征收管理法》及有关规定，追缴其自发生上述行为之日所属年度起已享受的高新技术企业税收优惠。

三、技术先进型服务企业优惠

（一）技术先进型服务企业的优惠税率

自2017年1月1日起，在全国范围内对经认定的技术先进型服务企业，减按15%的税率征收企业所得税。

（二）技术先进型服务企业的条件

享受符合规定的企业所得税优惠政策的技术先进型服务企业必须同时符合以下条件：

1. 在中国境内（不包括港、澳、台地区）注册的法人企业。

2. 从事《技术先进型服务业务认定范围（试行）》中的一种或多种技术先进型服务业务，采用先进技术或具备较强的研发能力。

3. 具有大专以上学历的员工占企业职工总数的50%以上。

4. 从事《技术先进型服务业务认定范围（试行）》中的技术先进型服务业务取得的收入占企业当年总收入的50%以上。

5. 从事离岸服务外包业务取得的收入不低于企业当年总收入的35%。

从事离岸服务外包业务取得的收入，是指企业根据境外单位与其签订的委托合同，由本企业或其直接转包的企业为境外单位提供《技术先进型服务业务认定范围（试行）》中所规定的信息技术外包服务（ITO）、技术性业务流程外包服务（BPO）和技术性知识流程外包服务（KPO），而从上述境外单位取得的收入。

（三）技术先进型服务企业的认定管理

1. 省级科技部门会同本级商务、财政、税务和发展改革部门根据规定制定本省（自治区、直辖市、计划单列市）技术先进型服务企业认定管理办法，并负责本地区技术先进型服务企业的认定管理工作。各省（自治区、直辖市、计划单列市）技术先进型服务企业认定管理办法应报科技部、商务部、财政部、国家税务总局和国家发展和改革委备案。

2. 符合条件的技术先进型服务企业应向所在省级科技部门提出申请，由省级科技部门会同本级商务、财政、税务和发展改革部门联合评审后发文认定，并将认定企业名单及有关情况通过科技部"全国技术先进型服务企业业务办理管理平台"备案，科技部与商务部、财政部、国家税务总局和国家发展和改革委共享备案信息。符合条件的技术先进型服务企业须在商务部"服务贸易统计监测管理信息系统（服务外包信息管理应用）"中填报企业基本信息，按时报送数据。

3. 经认定的技术先进型服务企业，持相关认定文件向所在地主管税务机关办理享受上述第（一）项规定的企业所得税优惠政策事宜。享受企业所得税优惠的技术先进型服务企业条件发生变化的，应当自发生变化之日起15日内向主管税务机关报告；不再符合享受税收优惠条件的，应当依法履行纳税义务。主管税务机关在执行税收优惠政策过程中，发现企业不具备技术先进型服务企业资格的，应提请认定机构复核。复核后确认不符合认定条件的，应取消企业享受税收优惠政策的资格。

4. 省级科技、商务、财政、税务和发展改革部门对经认定并享受税收优惠政策的技术先进型服务企业应做好跟踪管理，对变更经营范围、合并、分立、转业、迁移的企业，如不再符合认定条件，应及时取消其享受税收优惠政策的资格。

5. 省级财政、税务、商务、科技和发展改革部门要认真贯彻落实各项规定，在认定工作中对内外资企业一视同仁，平等对待，切实做好沟通与协作工作。在政策实施过程中发现问题，要及时反映上报财政部、国家税务总局、商务部、科技部和国家发展和改革委。

6. 省级科技、商务、财政、税务和发展改革部门及其工作人员在认定技术先进型服务企业工作中，存在违法违纪行为的，按照《中华人民共和国公务员法》《中华人民共和国行政监察法》等国家有关规定追究相应责任；涉嫌犯罪的，移送司法机关处理。

四、从事污染防治的第三方企业优惠

1. 根据财政部、税务总局、国家发展改革委、生态环境部公告2023年第38号规定，对符合条件的从事污染防治的第三方企业（以下称第三方防治企业），自2024年1月1日起至2027年12月31日止减按15%的税率征收企业所得税。

上述所称第三方防治企业是指受排污企业或政府委托，负责环境污染治理设施（包括自动连续监测设施，下同）运营维护的企业。

2. 上述所称第三方防治企业应当同时符合以下条件：
（1）在中国境内（不包括港、澳、台地区）依法注册的居民企业；
（2）具有1年以上连续从事环境污染治理设施运营实践，且能够保证设施正常运行；
（3）具有至少5名从事本领域工作且具有环保相关专业中级及以上技术职称的技术人员，或者至少2名从事本领域工作且具有环保相关专业高级及以上技术职称的技术人员；
（4）从事环境保护设施运营服务的年度营业收入占总收入的比例不低于60%；
（5）具备检验能力，拥有自有实验室，仪器配置可满足运行服务范围内常规污染物指标的检测需求；
（6）保证其运营的环境保护设施正常运行，使污染物排放指标能够连续稳定达到国家或者地方规定的排放标准要求；
（7）具有良好的纳税信用，近三年内纳税信用等级未被评定为C级或D级。

3. 第三方防治企业，自行判断其是否符合上述条件，符合条件的可以申报享受税收优惠，相关资料留存备查。税务部门依法开展后续管理过程中，可转请生态环境部门进行核查，生态环境部门可以委托专业机构开展相关核查工作，具体办法由税务总局会同国家发展改革委、生态环境部制定。

五、小型微利企业优惠

（一）小型微利企业2023年1月1日至2027年12月31日优惠政策

1. 对小型微利企业减按25%计算应纳税所得额，按20%的税率缴纳企业所得税。

2. 小型微利企业是指从事国家非限制和禁止行业，且同时符合年度应纳税所得额不超过 300 万元、从业人数不超过 300 人、资产总额不超过 5 000 万元三个条件的企业。

从业人数，包括与企业建立劳动关系的职工人数和企业接受的劳务派遣用工人数。所称从业人数和资产总额指标，应按企业全年的季度平均值确定。具体计算公式如下：

季度平均值 =（季初值 + 季末值）÷ 2

全年季度平均值 = 全年各季度平均值之和 ÷ 4

年度中间开业或者终止经营活动的，以其实际经营期作为一个纳税年度确定上述相关指标。

（二）小型微利企业所得税的征收管理

自 2023 年 1 月 1 日起，小型微利企业所得税的征收管理按以下规定执行：

1. 符合财政部、税务总局规定的小型微利企业条件的企业（以下简称小型微利企业），按照相关政策规定享受小型微利企业所得税优惠政策。

企业设立不具有法人资格分支机构的，应当汇总计算总机构及其各分支机构的从业人数、资产总额、年度应纳税所得额，依据合计数判断是否符合小型微利企业条件。

2. 小型微利企业无论按查账征收方式或核定征收方式缴纳企业所得税，均可享受小型微利企业所得税优惠政策。

3. 小型微利企业在预缴和汇算清缴企业所得税时，通过填写纳税申报表，即可享受小型微利企业所得税优惠政策。

小型微利企业应准确填报基础信息，包括从业人数、资产总额、年度应纳税所得额、国家限制或禁止行业等，信息系统将为小型微利企业智能预填优惠项目、自动计算减免税额。

4. 小型微利企业预缴企业所得税时，资产总额、从业人数、年度应纳税所得额指标，暂按当年度截至本期预缴申报所属期末的情况进行判断。

5. 原不符合小型微利企业条件的企业，在年度中间预缴企业所得税时，按照相关政策标准判断符合小型微利企业条件的，应按照截至本期预缴申报所属期末的累计情况，计算减免税额。当年度此前期间如因不符合小型微利企业条件而多预缴的企业所得税税款，可在以后季度应预缴的企业所得税税款中抵减。

6. 企业预缴企业所得税时享受了小型微利企业所得税优惠政策，但在汇算清缴时发现不符合相关政策标准的，应当按照规定补缴企业所得税税款。

7. 小型微利企业所得税统一实行按季度预缴。

按月度预缴企业所得税的企业，在当年度 4 月、7 月、10 月预缴申报时，若按相关政策标准判断符合小型微利企业条件的，下一个预缴申报期起调整为按季度预缴申报，一经调整，当年度内不再变更。

六、加计扣除优惠

加计扣除是指对企业支出项目按规定的比例给予税前扣除的基础上再给予追加扣除。加计扣除优惠包括以下四项内容。

(一) 企业研究开发费的加计扣除

1. 自 2023 年 1 月 1 日起，企业开展研发活动中实际发生的研发费用，未形成无形资产计入当期损益的，在按照规定据实扣除的基础上，再按照实际发生额的 100% 在税前加计扣除；形成无形资产的，按照无形资产成本的 200% 在税前摊销。

上述所称企业是指除烟草制造业、住宿和餐饮业、批发和零售业、房地产业、租赁和商务服务业、娱乐业以外的企业。

2. 研发费用税前加计扣除归集范围。

（1）人员人工费用。人员人工费用包括直接从事研发活动人员的工资薪金、基本养老保险费、基本医疗保险费、失业保险费、工伤保险费、生育保险费和住房公积金，以及外聘研发人员的劳务费用。

（2）直接投入费用。

①研发活动直接消耗的材料、燃料和动力费用。

②用于中间试验和产品试制的模具、工艺装备开发及制造费，不构成固定资产的样品、样机及一般测试手段购置费，试制产品的检验费。

③用于研发活动的仪器、设备的运行维护、调整、检验、维修等费用，以及通过经营租赁方式租入的用于研发活动的仪器、设备租赁费。

（3）折旧费用。折旧费用包括用于研发活动的仪器、设备的折旧费。

（4）无形资产摊销。无形资产摊销包括用于研发活动的软件、专利权、非专利技术（包括许可证、专有技术、设计和计算方法等）的摊销费用。

（5）新产品设计费、新工艺规程制定费、新药研制的临床试验费、勘探开发技术的现场试验费。

（6）其他相关费用。包括与研发活动直接相关的其他费用，如技术图书资料费、资料翻译费、专家咨询费、高新科技研发保险费，研发成果的检索、分析、评议、论证、鉴定、评审、评估、验收费用，知识产权的申请费、注册费、代理费，差旅费、会议费等。此项费用总额不得超过可加计扣除研发费用总额的 10%。

企业按照以下公式计算《财政部 国家税务总局 科技部关于完善研究开发费用税前加计扣除政策的通知》（财税〔2015〕119 号）第一条第（一）项"允许加计扣除的研发费用"第 6 目规定的"其他相关费用"的限额，其中资本化项目发生的费用在形成无形资产的年度统一纳入计算：

$$\text{全部研发项目的其他相关费用限额} = \text{全部研发项目的人员人工等五项费用之和} \times 10\% \div (1 - 10\%)$$

"人员人工等五项费用"是指财税〔2015〕119 号文件第一条第（一）项"允许加计扣除的研发费用"第 1 目至第 5 目费用，包括"人员人工费用""直接投入费用""折旧费用""无形资产摊销"和"新产品设计费、新工艺规程制定费、新药研制的临床试验费、勘探开发技术的现场试验费"。

当其他相关费用实际发生数小于限额时，按实际发生数计算税前加计扣除数额；当其他相关费用实际发生数大于限额时，按限额计算税前加计扣除数额。

（7）财政部和国家税务总局规定的其他费用。

3. 下列活动不适用税前加计扣除政策。

（1）企业产品（服务）的常规性升级。

（2）对某项科研成果的直接应用，如直接采用公开的新工艺、材料、装置、产品、服务或知识等。

（3）企业在商品化后为顾客提供的技术支持活动。

（4）对现存产品、服务、技术、材料或工艺流程进行的重复或简单改变。

（5）市场调查研究、效率调查或管理研究。

（6）作为工业（服务）流程环节或常规的质量控制、测试分析、维修维护。

（7）社会科学、艺术或人文学方面的研究。

4. 特别事项的处理。

（1）企业委托外部机构或个人进行研发活动所发生的费用，按照费用实际发生额的80%计入委托方研发费用并计算加计扣除，受托方不得再进行加计扣除。委托外部研究开发费用实际发生额应按照独立交易原则确定。

企业委托外部机构或个人开展研发活动发生的费用，可按规定税前扣除；加计扣除时按照研发活动发生费用的80%计入委托方研发费用，并作为加计扣除基数按规定计算加计扣除，受托方不得再进行加计扣除。委托外部研发费用实际发生额应按照独立交易原则确定。委托个人研发的，应凭个人出具的发票等合法有效凭证在税前加计扣除。

（2）委托方与受托方存在关联关系的，受托方应向委托方提供研发项目费用支出明细情况。

（3）企业共同合作开发的项目，由合作各方就自身实际承担的研发费用分别计算加计扣除。

（4）企业集团根据生产经营和科技开发的实际情况，对技术要求高、投资数额大，需要集中研发的项目，其实际发生的研发费用，可以按照权利和义务相一致、费用支出和收益分享相配比的原则，合理确定研发费用的分摊方法，在受益成员企业间进行分摊，由相关成员企业分别计算加计扣除。

（5）企业为获得创新性、创意性、突破性的产品进行创意设计活动而发生的相关费用，可按照规定进行税前加计扣除。

创意设计活动是指多媒体软件、动漫游戏软件开发，数字动漫、游戏设计制作；房屋建筑工程设计（绿色建筑评价标准为三星）、风景园林工程专项设计；工业设计、多媒体设计、动漫及衍生产品设计、模型设计等。

5. 委托境外进行研发活动。

企业委托境外进行研发活动所发生的费用，按照费用实际发生额的80%计入委托方的委托境外研发费用。委托境外研发费用不超过境内符合条件的研发费用2/3的部分，可以按规定在企业所得税税前加计扣除。

（1）费用实际发生额应按照独立交易原则确定。委托方与受托方存在关联关系的，受托方应向委托方提供研发项目费用支出明细情况。

（2）委托境外进行研发活动应签订技术开发合同，并由委托方到科技行政主管部门进行登记。相关事项按技术合同认定登记管理办法及技术合同认定规则执行。

（3）企业应在年度申报享受优惠时，按照《国家税务总局关于发布修订后的〈企业所得税优惠政策事项办理办法〉的公告》（国家税务总局公告 2018 年第 23 号）的规定办理有关手续，并留存备查以下资料：

①企业委托研发项目计划书和企业有权部门立项的决议文件。

②委托研究开发专门机构或项目组的编制情况和研发人员名单。

③经科技行政主管部门登记的委托境外研发合同。

④"研发支出"辅助账及汇总表。

⑤委托境外研发银行支付凭证和受托方开具的收款凭据。

⑥当年委托研发项目的进展情况等资料。

企业如果已取得地市级（含）以上科技行政主管部门出具的鉴定意见，应作为资料留存备查。

（4）企业对委托境外研发费用以及留存备查资料的真实性、合法性承担法律责任。

（二）支持我国基础研究的加计扣除

自 2022 年 1 月 1 日起，支持我国基础研究加计扣除按以下规定执行：

1. 对企业出资给非营利性科学技术研究开发机构（科学技术研究开发机构以下简称科研机构）、高等学校和政府性自然科学基金用于基础研究的支出，在计算应纳税所得额时可按实际发生额在税前扣除，并可按 100% 在税前加计扣除。

对非营利性科研机构、高等学校接收企业、个人和其他组织机构基础研究资金收入，免征企业所得税。

2. 上述第 1 条所称非营利性科研机构、高等学校包括国家设立的科研机构和高等学校、民办非营利性科研机构和高等学校，具体按以下条件确定：

（1）国家设立的科研机构和高等学校是指利用财政性资金设立的、取得《事业单位法人证书》的科研机构和公办高等学校，包括中央和地方所属科研机构和高等学校。

（2）民办非营利性科研机构和高等学校，是指同时满足以下条件的科研机构和高等学校：

①根据《民办非企业单位登记管理暂行条例》在民政部门登记，并取得《民办非企业单位（法人）登记证书》。

②对于民办非营利性科研机构，其《民办非企业单位（法人）登记证书》记载的业务范围应属于科学研究与技术开发、成果转让、科技咨询与服务、科技成果评估范围。对业务范围存在争议的，由税务机关转请县级（含）以上科技行政主管部门确认。

对于民办非营利性高等学校，应取得教育主管部门颁发的《民办学校办学许可证》，记载学校类型为"高等学校"。

③经认定取得企业所得税非营利组织免税资格。

3. 上述第 1 条所称政府性自然科学基金是指国家和地方政府设立的自然科学基金委员会管理的自然科学基金。

4. 上述第 1 条所称基础研究是指通过对事物的特性、结构和相互关系进行分析，从而阐述和检验各种假设、原理和定律的活动。具体依据以下内容判断：

（1）基础研究不预设某一特定的应用或使用目的，主要是为获得关于现象和可观察事实的基本原理的新知识，可针对已知或具有前沿性的科学问题，或者针对人们普遍感兴趣的某些广泛领域，以未来广泛应用为目标。

（2）基础研究可细分为两种类型，一是自由探索性基础研究，即为了增进知识，不追求经济或社会效益，也不积极谋求将其应用于实际问题或把成果转移到负责应用的部门。二是目标导向（定向）基础研究，旨在获取某方面知识、期望为探索解决当前已知或未来可能发现的问题奠定基础。

（3）基础研究成果通常表现为新原理、新理论、新规律或新知识，并以论文、著作、研究报告等形式为主。同时，由于基础研究具有较强的探索性、存在失败的风险，论文、著作、研究报告等也可以体现为试错或证伪等成果。

上述基础研究不包括在境外开展的研究，也不包括社会科学、艺术或人文学方面的研究。

5. 企业出资基础研究应签订相关协议或合同，协议或合同中需明确资金用于基础研究领域。

6. 企业和非营利性科研机构、高等学校和政府性自然科学基金管理单位应将相关资料留存备查，包括企业出资协议、出资合同、相关票据等，出资协议、出资合同和出资票据应包含出资方、接收方、出资用途（注明用于基础研究）、出资金额等信息。

7. 非营利性科研机构、高等学校和政府性自然科学基金管理单位应做好企业投入基础研究的资金管理，建立健全监督机制，确保资金用于基础研究，提高资金使用效率。

（三）提高集成电路和工业母机企业研发费用的加计扣除

根据财政部、税务总局、国家发展改革委、工业和信息化部公告2023年第44号规定，为促进集成电路产业和工业母机产业高质量发展，有关企业研发费用税前加计扣除政策如下：

1. 集成电路企业和工业母机企业开展研发活动中实际发生的研发费用，未形成无形资产计入当期损益的，在按规定据实扣除的基础上，在2023年1月1日至2027年12月31日期间，再按照实际发生额的120%在税前扣除；形成无形资产的，在上述期间按照无形资产成本的220%在税前摊销。

2. 第1条所称集成电路企业是指国家鼓励的集成电路生产、设计、装备、材料、封装、测试企业。具体按以下条件确定：

（1）国家鼓励的集成电路生产企业是指符合《财政部 税务总局 发展改革委 工业和信息化部关于促进集成电路产业和软件产业高质量发展企业所得税政策的公告》（财政部、税务总局、发展改革委、工业和信息化部公告2020年第45号）第一条规定的生产企业或项目归属企业，企业清单由国家发展改革委、工业和信息化部会同财政部、税务总局等部门制定。

（2）国家鼓励的集成电路设计企业是指符合《财政部 税务总局 发展改革委 工业和信息化部关于促进集成电路产业和软件产业高质量发展企业所得税政策的公告》（财政部、税务总局、发展改革委、工业和信息化部公告2020年第45号）第四条规定的重点集成电路设计企业，企业清单由国家发展改革委、工业和信息化部会同财政部、税务总局等部门制定。

（3）国家鼓励的集成电路装备、材料、封装、测试企业是指符合《中华人民共和国工业和信息化部 国家发展改革委 财政部 国家税务总局公告（2021年第9号）》规定条件的企业。如有更新，从其规定。

3. 第1条所称工业母机企业是指生产销售符合本公告附件《先进工业母机产品基本标准》产品的企业，具体适用条件和企业清单由工业和信息化部会同国家发展改革委、财政部、税务总局等部门制定。

4. 企业享受研发费用加计扣除政策的其他政策口径和管理要求，按照《财政部 国家税务总局 科技部关于完善研究开发费用税前加计扣除政策的通知》（财税〔2015〕119号）、《财政部 税务总局 科技部关于企业委托境外研究开发费用税前加计扣除有关政策问题的通知》（财税〔2018〕64号）等文件相关规定执行。

5. 该规定的税收优惠政策，采用清单管理的，由国家发展改革委、工业和信息化部于每年3月底前按规定向财政部、税务总局提供上一年度可享受优惠的企业清单；不采取清单管理的，税务机关可按《财政部 税务总局 发展改革委 工业和信息化部关于促进集成电路产业和软件产业高质量发展企业所得税政策的公告》（财政部、税务总局、发展改革委、工业和信息化部公告2020年第45号）规定的核查机制转请发展改革、工业和信息化部门进行核查。

6. 享受研发费用加计扣除政策的工业母机企业清单管理。

（1）适用规定加计扣除政策的工业母机企业需同时符合以下条件：

①生产销售先进工业母机主机、关键功能部件、数控系统［以下称先进工业母机产品，详见《财政部 税务总局 国家发展改革委 工业和信息化部关于提高集成电路和工业母机企业研发费用加计扣除比例的公告》（财政部、税务总局、国家发展改革委、工业和信息化部公告2023年第44号，以下简称《公告》）的附件《先进工业母机产品基本标准》］的工业母机企业；

②2023年度申请优惠政策的企业具有劳动合同关系或劳务派遣、聘用关系的先进工业母机产品研究开发人员月平均人数占企业月平均职工总数的比例不低于15%；

③2023年度申请优惠政策的企业研究开发费用总额占企业销售（营业）收入（主营业务收入与其他业务收入之和，下同）总额的比例不低于5%；

④2023年度申请优惠政策的企业生产销售本通知规定的先进工业母机产品收入占企业销售（营业）收入总额的比例不低于60%，且企业收入总额不低于3 000万元（含）。

（2）申请列入清单的企业应于2024年3月31日前登录网站www.gymjtax.com，选择"工业母机企业研发费用加计扣除政策申报入口"提交申请，并生成纸质文件加盖企业公章，连同必要佐证材料（电子版、纸质版）报各省、自治区、直辖市及计划单列市、新疆生产建设兵团工业和信息化主管部门（以下称地方工信主管部门）。

（3）地方工信主管部门根据企业条件［见上述第（1）条］，登录网站www.gymjtax.com：8888/对企业申报信息进行初核，并于4月15日前将初核通过名单报送至工业和信息化部。对于初核不通过企业，在系统内备注不通过理由。

（4）工业和信息化部组织第三方机构，根据企业申报信息开展资格复核。根据复核意见，综合考虑工业母机产业链重点领域企业情况，工业和信息化部、国家发展改革委、财政部、税务总局进行联审并确认最终清单。企业可于5月10日后，从信息填报系统中查询是否列入清单。

（5）列入清单的企业在下一年度企业所得税预缴申报时，可自行判断是否符合条件，如符合条件，在预缴申报时可先行享受优惠；年度汇算清缴时，如未被列入2024年度清单，按规定补缴税款，依法不加收滞纳金。

（6）地方工信主管部门会同发展改革、财政、税务部门按职责分工对列入清单的企业加强日常监管。在监管过程中，如发现企业存在以虚假信息获得减免税资格，应及时联合核查，并联合报送工业和信息化部进行复核。工业和信息化部会同国家发展改革委、财政部、税务总局复核，对确不符合条件的企业，取消其享受政策资格，3年之内不得申请列入清单享受本优惠政策。

（7）企业对所提供材料和数据的真实性负责。申报企业应签署承诺书，承诺申报出现失信行为，接受有关部门按照法律、法规和国家有关规定处理。

（四）企业安置残疾人员所支付工资加计扣除

企业安置残疾人员所支付工资费用的加计扣除，是指企业安置残疾人员的，在按照支付给残疾职工工资据实扣除的基础上，按照支付给残疾职工工资的100%加计扣除。残疾人员的范围适用《中华人民共和国残疾人保障法》的有关规定。企业安置国家鼓励安置的其他就业人员所支付的工资的加计扣除办法，由国务院另行规定。

（五）企业预缴申报享受研发费用加计扣除的方法

自2023年1月1日起，企业预缴申报享受研发费用加计扣除可按以下规定执行：

1. 企业7月份预缴申报第2季度（按季预缴）或6月份（按月预缴）企业所得税时，能准确归集核算研发费用的，可以结合自身生产经营实际情况，自主选择就当年上半年研发费用享受加计扣除政策。

对7月份预缴申报期未选择享受优惠的企业，在10月份预缴申报或年度汇算清缴时能够准确归集核算研发费用的，可结合自身生产经营实际情况，自主选择在10月份预缴申报或年度汇算清缴时统一享受。

2. 企业10月份预缴申报第3季度（按季预缴）或9月份（按月预缴）企业所得税时，能准确归集核算研发费用的，企业可结合自身生产经营实际情况，自主选择就当年前三季度研发费用享受加计扣除政策。

对10月份预缴申报期未选择享受优惠的企业，在年度汇算清缴时能够准确归集核算研发费用的，可结合自身生产经营实际情况，自主选择在年度汇算清缴时统一享受。

3. 企业享受研发费用加计扣除优惠政策采取"真实发生、自行判别、申报享受、相关资料留存备查"的办理方式，由企业依据实际发生的研发费用支出，自行计算加计扣除金额，填报《中华人民共和国企业所得税月（季）度预缴纳税申报表（A类）》享受税收优惠，并根据享受加计扣除优惠的研发费用情况（上半年或前三季度）填写《研发费用加计扣除优惠明细表》（A107012）。《研发费用加计扣除优惠明细表》（A107012）与规定的其他资料一并留存备查。

七、创业投资企业优惠

创业投资企业优惠，是指创业投资企业采取股权投资方式直接投资于初创科技型企业满 2 年的，可以按照其投资额的 70% 在股权持有满 2 年的当年抵扣该创业投资企业的应纳税所得额；当年不足抵扣的，可以在以后纳税年度结转抵扣。

1. 创业投资企业是指依照《创业投资企业管理暂行办法》（国家发展和改革委员会等十部委令 2005 年第 39 号）和《外商投资创业投资企业管理规定》（商务部等五部委令 2003 年第 2 号）在中华人民共和国境内设立的专门从事创业投资活动的企业或其他经济组织。

2. 创业投资企业采取股权投资方式投资于未上市的中小高新技术企业 2 年（24 个月）以上，凡符合以下条件的，可以按照其对中小高新技术企业投资额的 70%，在股权持有满 2 年的当年抵扣该创业投资企业的应纳税所得额；当年不足抵扣的，可以在以后纳税年度结转抵扣：

（1）经营范围符合《创业投资企业管理暂行办法》规定，且工商登记为"创业投资有限责任公司""创业投资股份有限公司"等专业性法人创业投资企业。

（2）按照《创业投资企业管理暂行办法》规定的条件和程序完成备案，经备案管理部门年度检查核实，投资运作符合《创业投资企业管理暂行办法》的有关规定。

（3）财政部、国家税务总局规定的其他条件。

3. 中小企业接受创业投资之后，经认定符合高新技术企业标准的，应自其被认定为高新技术企业的年度起，计算创业投资企业的投资期限。该期限内中小企业接受创业投资后，企业规模超过中小企业标准，但仍符合高新技术企业标准的，不影响创业投资企业享受有关税收优惠。

八、加速折旧优惠

（一）可以加速折旧的固定资产

企业的固定资产由于技术进步等原因，确需加速折旧的，可以缩短折旧年限或者采取加速折旧的方法。可采用以上折旧方法的固定资产是指：

1. 由于技术进步，产品更新换代较快的固定资产。
2. 常年处于强震动、高腐蚀状态的固定资产。

采取缩短折旧年限方法的，最低折旧年限不得低于规定折旧年限的 60%；采取加速折旧方法的，可以采取双倍余额递减法或者年数总和法。

（二）生物药品制造等 6 个行业加速折旧的规定

依据《财政部 国家税务总局关于完善固定资产加速折旧企业所得税政策的通知》（财税〔2014〕75 号）规定，对有关固定资产加速折旧企业所得税政策问题规定如下：

1. 对生物药品制造业，专用设备制造业，铁路、船舶、航空航天和其他运输设备制造业，计算机、通信和其他电子设备制造业，仪器仪表制造业，信息传输、软件和信息技术服务业 6 个行业的企业 2014 年 1 月 1 日后新购进的固定资产，可缩短折旧年限或采取加速折旧的方法。

2. 企业按上述第 1 项规定缩短折旧年限的，对其购置的新固定资产，最低折旧年限不得低于《实施条例》规定的折旧年限的 60%；企业购置已使用过的固定资产，其最低折旧年限不得低于《实施条例》规定的最低折旧年限减去已使用年限后剩余年限的 60%。

采取加速折旧方法的，可采取双倍余额递减法或者年数总和法。第1项规定之外的企业固定资产加速折旧所得税处理问题，继续按照《企业所得税法》及其《实施条例》和现行税收政策规定执行。

（三）轻工、纺织、机械、汽车四个领域重点行业加速折旧规定

1. 对轻工、纺织、机械、汽车四个领域重点行业（以下简称四个领域重点行业）企业2015年1月1日后新购进的固定资产（包括自行建造，下同），允许缩短折旧年限或采取加速折旧方法。

四个领域重点行业按照《财政部 国家税务总局关于进一步完善固定资产加速折旧企业所得税政策的通知》（财税〔2015〕106号）附件《轻工、纺织、机械、汽车四个领域重点行业范围》确定。今后国家有关部门更新国民经济行业分类与代码，从其规定。

四个领域重点行业企业是指以上述行业业务为主营业务，其固定资产投入使用当年的主营业务收入占企业收入总额50%（不含）以上的企业。所称收入总额，是指《企业所得税法》第六条规定的收入总额。

2. 企业按上述第1项规定缩短折旧年限的，对其购置的新固定资产，最低折旧年限不得低于《实施条例》第六十条规定的折旧年限的60%；对其购置的已使用过的固定资产，最低折旧年限不得低于《实施条例》规定的最低折旧年限减去已使用年限后剩余年限的60%。最低折旧年限一经确定，不得改变。

3. 企业按上述第1项规定采取加速折旧方法的，可以采用双倍余额递减法或者年数总和法。加速折旧方法一经确定，不得改变。

（四）支持制造业企业加快技术改造和设备更新

1. 财政部和国家税务总局2019年4月23日发布公告规定，自2019年1月1日起，适用《财政部 国家税务总局关于完善固定资产加速折旧企业所得税政策的通知》（财税〔2014〕75号）和《财政部 国家税务总局关于进一步完善固定资产加速折旧企业所得税政策的通知》（财税〔2015〕106号）规定固定资产加速折旧优惠的行业范围，扩大至全部制造业领域。

2. 制造业按照国家统计局《国民经济行业分类和代码（GB/T 4754 – 2017）》确定。今后国家有关部门更新国民经济行业分类和代码，从其规定。

3. 制造业企业未享受固定资产加速折旧优惠的，可自公告发布后在月（季）度预缴申报时享受优惠或在2019年度汇算清缴时享受优惠。

（五）设备、器具等固定资产一次性扣除规定

根据财政部、税务总局公告2023年第37号规定，为引导企业加大设备、器具投资力度，现就有关企业所得税政策公告如下：

企业在2024年1月1日至2027年12月31日期间新购进的设备、器具（指除房屋、建筑物以外的固定资产），单位价值不超过500万元的，允许一次性计入当期成本费用在计算应纳税所得额时扣除，不再分年度计算折旧；单位价值超过500万元的，仍按《实施条例》《财政部 国家税务总局关于完善固定资产加速折旧企业所得税政策的通知》（财税〔2014〕75号）和《财政部 国家税务总局关于进一步完善固定资产加速折旧企业所得税政策的通知》（财税〔2015〕106号）等相关规定执行。

九、减计收入优惠

（一）综合利用资源

企业综合利用资源，生产符合国家产业政策规定的产品所取得的收入，可以在计算应纳税所得额时减计收入。

减计收入，是指企业以《资源综合利用企业所得税优惠目录》规定的资源作为主要原材料，生产国家非限制和禁止并符合国家和行业相关标准的产品取得的收入，减按90%计入收入总额。

上述所称原材料占生产产品材料的比例不得低于《资源综合利用企业所得税优惠目录》规定的标准。

（二）支持农村金融发展

根据财政部、税务总局公告2023年第55号规定，为支持农村金融发展，至2027年12月31日止实施如下优惠政策：

1. 对金融机构农户小额贷款的利息收入，在计算应纳税所得额时，按90%计入收入总额。

（1）上述所称农户，是指长期（1年以上）居住在乡镇（不包括城关镇）行政管理区域内的住户，还包括长期居住在城关镇所辖行政村范围内的住户和户口不在本地而在本地居住一年以上的住户，国有农场的职工和农村个体工商户。位于乡镇（不包括城关镇）行政管理区域内和在城关镇所辖行政村范围内的国有经济的机关、团体、学校、企事业单位的集体户；有本地户口，但举家外出谋生一年以上的住户，无论是否保留承包耕地均不属于农户。农户以户为统计单位，既可以从事农业生产经营，也可以从事非农业生产经营。农户贷款的判定应以贷款发放时的承贷主体是否属于农户为准。

（2）上述所称小额贷款，是指单笔且该农户贷款余额总额在10万元（含本数）以下的贷款。

（3）金融机构应对符合条件的农户小额贷款利息收入进行单独核算，不能单独核算的不得适用上述第1条规定的优惠政策。

2. 对保险公司为种植业、养殖业提供保险业务取得的保费收入，在计算应纳税所得额时，按90%计入收入总额。

上述所称保费收入，是指原保险保费收入加上分保费收入减去分出保费后的余额。

十、税额抵免优惠

（一）购置并实际使用环境保护、节能节水、安全生产专用设备税额抵免优惠

税额抵免，是指企业购置并实际使用《环境保护专用设备企业所得税优惠目录（2017年版）》《节能节水专用设备企业所得税优惠目录（2017年版）》《安全生产专用设备企业所得税优惠目录》规定的环境保护、节能节水、安全生产等专用设备的，该专用设备的投资额的10%可以从企业当年的应纳税额中抵免；当年不足抵免的，可以在以后5个纳税年度结转抵免。

享受前款规定的企业所得税优惠的企业，应当实际购置并自身实际投入使用前款规

定的专用设备；企业购置上述专用设备在5年内转让、出租的，应当停止享受企业所得税优惠，并补缴已经抵免的企业所得税税款。转让的受让方可以按照该专用设备投资额的10%抵免当年企业所得税应纳税额；当年应纳税额不足抵免的，可以在以后5个纳税年度结转抵免。

企业所得税的优惠目录，由国务院财政、税务主管部门商国务院有关部门制定，报国务院批准后公布施行。

企业同时从事适用不同企业所得税待遇的项目的，其优惠项目应当单独计算所得，并合理分摊企业的期间费用；没有单独计算的，不得享受企业所得税优惠。

自2009年1月1日起，增值税一般纳税人购进固定资产发生的进项税额可从其销项税额中抵扣。如增值税进项税额允许抵扣，其专用设备投资额不再包括增值税进项税额；如增值税进项税额不允许抵扣，其专用设备投资额应为增值税专用发票上注明的价税合计金额。企业购买专用设备取得普通发票的，其专用设备投资额为普通发票上注明的金额。

（二）节能节水、环境保护、安全生产专用设备数字化智能化改造税额抵免优惠

1. 企业在2024年1月1日至2027年12月31日期间发生的专用设备数字化、智能化改造投入，不超过该专用设备购置时原计税基础50%的部分，可按照10%比例抵免企业当年应纳税额。企业当年应纳税额不足抵免的，可以向以后年度结转，但结转年限最长不得超过五年。

2. 上述所称专用设备，是指企业购置并实际使用列入《财政部 税务总局 应急管理部关于印发〈安全生产专用设备企业所得税优惠目录（2018年版）〉的通知》（财税〔2018〕84号）、《财政部 税务总局 国家发展改革委 工业和信息化部 环境保护部关于印发节能节水和环境保护专用设备企业所得税优惠目录（2017年版）的通知》（财税〔2017〕71号）的专用设备。专用设备改造后仍应符合上述目录规定条件，不符合上述目录规定条件的不得享受优惠。上述目录如有更新，从其规定。

3. 专用设备数字化、智能化改造，是指企业利用信息技术和数字技术对专用设备进行技术改进和优化，从而提高该设备的数字化和智能化水平。具体包括以下方面：

（1）数据采集。利用传感、自动识别、系统读取、工业控制数据解析等数据采集技术，将专用设备的性能参数、运行状态和环境状态等信息转化为数字形式，实现对专用设备信息的监测和采集。

（2）数据传输和存储。利用网络连接、协议转换、数据存储等数据传输和管理技术，将采集的专用设备数据传输和存储，实现对专用设备采集数据的有效汇集。

（3）数据分析。利用数据计算处理、统计分析、建模仿真等数据分析技术，对采集的专用设备信息进行深度分析，实现专用设备故障诊断、预测维护、优化运行等方面的改进。

（4）智能控制。利用自动化技术和智能化技术，对专用设备监测告警、动态调参、反馈控制等功能进行升级，实现专用设备的智能化控制。

（5）数字安全与防护。利用数据加密、漏洞扫描、权限控制、冗余备份等数据和网络安全技术，对专用设备的数据机密性和完整性进行强化，实现专用设备数据和网络安全风险防控能力的明显提升。

（6）国务院财政、税务主管部门会同科技、工业和信息化部门规定的其他数字化、智能化改造情形。

4. 享受税收优惠的改造投入，是指企业对专用设备数字化、智能化改造过程中发生的并形成该专用设备固定资产价值的支出，但不包括按有关规定退还的增值税税款以及专用设备运输、安装和调试等费用。

5. 企业所得税应纳税额，是指企业当年的应纳税所得额乘以适用税率，扣除依照企业所得税法和有关税收优惠政策规定减征、免征税额后的余额。

6. 享受规定的税收优惠政策企业，应当自身实际使用改造后的专用设备。企业在专用设备改造完成后五个纳税年度内转让、出租的，应在该专用设备停止使用当月停止享受优惠，并补缴已经抵免的企业所得税税款。

7. 承租方企业以融资租赁方式租入的、并在融资租赁合同中约定租赁期届满时租赁设备所有权转移给承租方企业的专用设备，承租方企业发生的专用设备数字化、智能化改造投入，可按规定享受优惠。如融资租赁期届满后租赁设备所有权未转移至承租方企业的，承租方企业应停止享受优惠，并补缴已经抵免的企业所得税税款。

8. 企业利用财政拨款资金进行的专用设备数字化、智能化改造投入，不得抵免企业当年的企业所得税应纳税额。

9. 企业应对专用设备数字化、智能化改造投入进行单独核算，准确、合理归集各项支出；企业在一个纳税年度内对多个专用设备进行数字化、智能化改造的，应按照不同的专用设备分别归集相关支出。对相关支出划分不清的，不得享受财政部、税务总局公告2024年第9号规定的税收优惠政策。

10. 企业享受规定的税收优惠政策，应事先制定专用设备数字化、智能化改造方案，或取得经技术合同认定登记机构登记的技术开发合同或技术服务合同，相关资料留存备查。税务部门在政策执行过程中，不能准确判断是否属于专用设备数字化、智能化改造的，可提请地市级（含）以上工业和信息化部门会同科技部门等鉴定。

十一、民族自治地方的优惠

民族自治地方的自治机关对本民族自治地方的企业应缴纳的企业所得税中属于地方分享的部分，可以决定减征或者免征。自治州、自治县决定减征或者免征的，须报省、自治区、直辖市人民政府批准。

《企业所得税法》所称民族自治地方，是指依照《中华人民共和国民族区域自治法》的规定，实行民族区域自治的自治区、自治州、自治县。

对民族自治地方内国家限制和禁止行业的企业，不得减征或者免征企业所得税。

民族自治地方在新税法实施前已经按照《财政部 国家税务总局 海关总署关于西部

大开发税收优惠政策问题的通知》（财税〔2001〕202号）第二条第2款有关减免税规定批准享受减免企业所得税（包括减免中央分享企业所得税的部分）的，自2008年1月1日起计算，对减免税期限在5年以内（含5年）的，继续执行至期满后停止；对减免税期限超过5年的，从第6年起按《企业所得税法》第二十九条规定执行。

十二、非居民企业优惠

非居民企业减按10%的税率征收企业所得税。这里的非居民企业，是指在中国境内未设立机构、场所的，或者虽设立机构、场所但取得的所得与其所设机构、场所没有实际联系的企业。该类非居民企业取得下列所得免征企业所得税。

1. 外国政府向中国政府提供贷款取得的利息所得。
2. 国际金融组织向中国政府和居民企业提供优惠贷款取得的利息所得。
3. 经国务院批准的其他所得。

十三、西部大开发的税收优惠

（一）适用范围

适用范围包括重庆市、四川省、贵州省、云南省、西藏自治区、陕西省、甘肃省、宁夏回族自治区、青海省、新疆维吾尔自治区、新疆生产建设兵团、内蒙古自治区和广西壮族自治区（上述地区统称西部地区）。湖南省湘西土家族苗族自治州、湖北省恩施土家族苗族自治州、吉林省延边朝鲜族自治州、江西省赣州市，可以比照西部地区的税收优惠政策执行。

（二）具体内容

1. 对设在西部地区国家鼓励类产业企业，在2021年1月1日至2030年12月31日期间，减按15%的税率征收企业所得税。

国家鼓励类产业企业，是指以《西部地区鼓励类产业目录》（2005年版）中规定的产业项目为主营业务，其主营业务收入占企业收入总额60%以上的企业。

2. 对在西部地区新办交通、电力、水利、邮政、广播电视企业，上述项目业务收入占企业收入总额60%以上的，可以享受企业所得税如下优惠政策：内资企业自开始生产经营之日起，享受企业所得税"两免三减半"税收优惠。

十四、特殊行业优惠

（一）软件产业和集成电路产业税收优惠

为进一步鼓励软件产业和集成电路产业发展，《关于促进集成电路产业和软件产业高质量发展企业所得税政策的公告》（财政部 税务总局 发展改革委 工业和信息化部公告2020年第45号，以下简称本公告）规定，根据《国务院关于印发新时期促进集成电路产业和软件产业高质量发展若干政策的通知》（国发〔2020〕8号）有关要求，为促进集成电路产业和软件产业高质量发展，有关企业所得税政策公告如下：

1. 国家鼓励的集成电路线宽小于28纳米（含），且经营期在15年以上的集成电路生产企业或项目，第 1 年至第 10 年免征企业所得税；国家鼓励的集成电路线宽小于 65 纳米（含），且经营期在 15 年以上的集成电路生产企业或项目，第 1 年至第 5 年免征企业所得税，第 6 年至第 10 年按照 25% 的法定税率减半征收企业所得税；国家鼓励的集成电路线宽小于 130 纳米（含），且经营期在 10 年以上的集成电路生产企业或项目，第 1 年至第 2 年免征企业所得税，第 3 年至第 5 年按照 25% 的法定税率减半征收企业所得税（以下简称"两免三减半"）。

对于按照集成电路生产企业享受税收优惠政策的，优惠期自获利年度起计算；对于按照集成电路生产项目享受税收优惠政策的，优惠期自项目取得第一笔生产经营收入所属纳税年度起计算，集成电路生产项目需单独进行会计核算、计算所得，并合理分摊期间费用。

国家鼓励的集成电路生产企业或项目清单由国家发展改革委、工业和信息化部会同财政部、国家税务总局等相关部门制定。

2. 国家鼓励的线宽小于 130 纳米（含）的集成电路生产企业，属于国家鼓励的集成电路生产企业清单年度之前 5 个纳税年度发生的尚未弥补完的亏损，准予向以后年度结转，总结转年限最长不得超过 10 年。

3. 国家鼓励的集成电路设计、装备、材料、封装、测试企业和软件企业，自获利年度起，享受"两免三减半"的企业所得税优惠待遇，按照 25% 的法定税率减半征收企业所得税。

国家鼓励的集成电路设计、装备、材料、封装、测试企业和软件企业条件，由工业和信息化部会同国家发展改革委、财政部、国家税务总局等相关部门制定。

4. 国家鼓励的重点集成电路设计企业和软件企业，自获利年度起，第 1 年至第 5 年免征企业所得税，接续年度减按 10% 的税率征收企业所得税。

国家鼓励的重点集成电路设计和软件企业清单由国家发展改革委、工业和信息化部会同财政部、国家税务总局等相关部门制定。

5. 符合原有政策条件且在 2019 年（含）之前已经进入优惠期的企业或项目，2020 年（含）起可按原有政策规定继续享受至期满为止，如也符合本公告第 1 条至第 4 条规定，可按本公告规定享受相关优惠，其中定期减免税优惠，可按本公告规定计算优惠期，并就剩余期限享受优惠至期满为止。符合原有政策条件，2019 年（含）之前尚未进入优惠期的企业或项目，2020 年（含）起不再执行原有政策。

6. 集成电路企业或项目、软件企业按照本公告规定同时符合多项定期减免税优惠政策条件的，由企业选择其中一项政策享受相关优惠。其中，已经进入优惠期的，可由企业在剩余期限内选择其中一项政策享受相关优惠。

7. 上述规定的优惠，采取清单进行管理的，由国家发展改革委、工业和信息化部于每年 3 月底前按规定向财政部、国家税务总局提供上一年度可享受优惠的企业和项目清单；不采取清单进行管理的，税务机关按照《财政部 国家税务总局 发展改革委 工业和信息化部关于软件和集成电路产业企业所得税优惠政策有关问题的通知》（财税〔2016〕49 号）第十条的规定转请发展改革、工业和信息化部门进行核查。

8. 集成电路企业或项目、软件企业按照原有政策规定享受优惠的，税务机关按照

《财政部 国家税务总局 发展改革委 工业和信息化部关于软件和集成电路产业企业所得税优惠政策有关问题的通知》（财税〔2016〕49号）第十条的规定转请发展改革、工业和信息化部门进行核查。

9. 上述所称原有政策，包括：《财政部 国家税务总局关于进一步鼓励软件产业和集成电路产业发展企业所得税政策的通知》（财税〔2012〕27号）、《财政部 国家税务总局 发展改革委 工业和信息化部关于进一步鼓励集成电路产业发展企业所得税政策的通知》（财税〔2015〕6号）、《财政部 国家税务总局 发展改革委 工业和信息化部关于软件和集成电路产业企业所得税优惠政策有关问题的通知》（财税〔2016〕49号）、《财政部 税务总局 国家发展改革委 工业和信息化部关于集成电路生产企业有关企业所得税政策问题的通知》（财税〔2018〕27号）、《财政部 税务总局关于集成电路设计和软件产业企业所得税政策的公告》（财政部 税务总局公告2019年第68号）、《财政部 税务总局关于集成电路设计企业和软件企业2019年度企业所得税汇算清缴适用政策的公告》（财政部 税务总局公告2020年第29号）。

10. 自2020年1月1日起执行。《财政部 国家税务总局关于进一步鼓励软件产业和集成电路产业发展企业所得税政策的通知》（财税〔2012〕27号）第二条中"经认定后，减按15%的税率征收企业所得税"的规定和第四条"国家规划布局内的重点软件企业和集成电路设计企业，如当年未享受免税优惠的，可减按10%的税率征收企业所得税"同时停止执行。

11. 软件产业和集成电路产业税收优惠的清单管理。

为促进我国集成电路产业和软件产业持续健康发展，根据《国务院关于印发新时期促进集成电路产业和软件产业高质量发展若干政策的通知》（以下简称《若干政策》）和配套政策有关规定，以及本公告有关规定，经研究，2024年享受税收优惠政策的集成电路企业或项目、软件企业清单（以下简称清单）制定工作，基本延用2023年清单制定程序、享受税收优惠政策的企业条件和项目标准。现就有关事项通知如下：

（1）所称清单是指《若干政策》第（一）条提及的国家鼓励的集成电路线宽小于28纳米（含）、线宽小于65纳米（含）、线宽小于130纳米（含）的集成电路生产企业或项目的清单；《若干政策》第（三）、（六）、（七）、（八）条和《财政部、海关总署、税务总局关于支持集成电路产业和软件产业发展进口税收政策的通知》（财关税〔2021〕4号）、《财政部、国家发展改革委、工业和信息化部、海关总署、税务总局关于支持集成电路产业和软件产业发展进口税收政策管理办法的通知》（财关税〔2021〕5号）提及的国家鼓励的重点集成电路设计企业和软件企业，集成电路线宽小于65纳米（含）的逻辑电路、存储器生产企业，线宽小于0.25微米（含）的特色工艺集成电路生产企业，集成电路线宽小于0.5微米（含）的化合物集成电路生产企业和先进封装测试企业，集成电路产业的关键原材料、零配件（靶材、光刻胶、掩模版、封装载板、抛光垫、抛光液、8英寸及以上硅单晶、8英寸及以上硅片）生产企业，集成电路重大项目和承建企业的清单；本公告提及的国家鼓励的集成电路生产企业或项目归属企业、国家鼓励的集成电路设计企业清单。

（2）2023年已列入清单的企业如需享受新一年度税收优惠政策（进口环节增值税分

期纳税政策除外），2024 年需重新申报。

（3）地方发改和工信部门根据企业条件和项目标准，对企业申报的信息进行初核通过后，报送至国家发展改革委、工业和信息化部。《若干政策》第（一）、（三）、（六）、（七）条，以及财关税〔2021〕4 号文提及的集成电路产业的关键原材料、零配件生产企业清单，由国家发展改革委、工业和信息化部、财政部、海关总署、税务总局进行联审确认并联合印发。《若干政策》第（八）条提及的集成电路重大项目，由国家发展改革委、工业和信息化部形成清单后函告财政部，财政部会同海关总署、税务总局最终确定。《公告》提及的国家鼓励的集成电路生产企业或项目归属企业、国家鼓励的集成电路设计企业清单，由国家发展改革委、工业和信息化部、财政部、税务总局进行联审确认并联合印发。

（4）列入清单的企业在下一年度企业所得税预缴申报时，可自行判断是否符合条件。如符合条件，在预缴申报时可先行享受优惠，年度汇算清缴时，如未被列入下一年度清单，按规定补缴税款，依法不加收滞纳金。申请享受《若干政策》第（一）、（三）、（六）、（七）条提及的税收优惠政策，财关税〔2021〕4 号文提及的关税优惠政策，以及本公告提及的研发费用加计扣除政策的，可于汇算清缴结束前，从信息填报系统中查询是否列入清单。享受《若干政策》第（八）条优惠政策的，由企业所在地直属海关告知相关企业。

（5）已享受《若干政策》第（一）、（三）、（六）、（七）条提及的税收优惠政策，财关税〔2021〕4 号文提及的关税优惠政策的企业或项目，以及《公告》提及的研发费用加计扣除政策的企业或项目归属企业发生更名、分立、合并、重组以及主营业务重大变化等情况，应及时向地方发改和工信部门报告，并于完成变更登记之日起 60 日内，将企业重大变化情况表和相关材料报送国家发展改革委、工业和信息化部（以省级部门上报文件落款日为准）。国家发展改革委、工业和信息化部会同相关部门确定发生变更情形后是否继续符合享受优惠政策的企业条件或项目标准。

（6）地方发改和工信部门会同财政、海关、税务部门对清单内的企业加强日常监管。在监管过程中，如发现企业存在以虚报信息获得减免税资格问题，应及时联合核查，并联合上报国家发展改革委、工业和信息化部进行复核。国家发展改革委、工业和信息化部会同相关部门复核后，对确不符合享受优惠政策条件和标准的企业或项目，将函告财政部、海关总署、税务总局按相关规定处理。

（7）企业对所提供材料和数据的真实性负责。申报企业应签署承诺书，承诺申报如出现失信行为，则接受有关部门按照法律、法规和国家有关规定处理，涉及违法行为的信息记入企业信用记录，纳入全国信用信息共享平台，并在"信用中国"网站公示。

（8）该通知自 2024 年 3 月 21 日印发之日起实施，并适用于企业享受 2023 年度企业所得税优惠政策和财关税〔2021〕4 号文规定的进口税收政策，以及本公告提及的研发费用加计扣除政策。国家发展改革委、工业和信息化部会同相关部门，根据产业发展、技术进步等情况，对符合享受优惠政策的企业条件或项目标准适时调整。

（二）证券投资基金税收优惠

1. 对证券投资基金从证券市场中取得的收入，包括买卖股票、债券的差价收入，股权的股息、红利收入，债券的利息收入及其他收入，暂不征收企业所得税。

2. 对投资者从证券投资基金分配中取得的收入，暂不征收企业所得税。

3. 对证券投资基金管理人运用基金买卖股票、债券的差价收入，暂不征收企业所得税。

（三）保险保障基金税收优惠

根据财税〔2023〕44号规定，至2027年12月31日止，对中国保险保障基金有限责任公司（以下简称保险保障基金公司）根据《保险保障基金管理办法》取得的下列收入，免征企业所得税：

1. 境内保险公司依法缴纳的保险保障基金；

2. 依法从撤销或破产保险公司清算财产中获得的受偿收入和向有关责任方追偿所得，以及依法从保险公司风险处置中获得的财产转让所得；

3. 接受捐赠收入；

4. 银行存款利息收入；

5. 购买政府债券、中央银行、中央企业和中央级金融机构发行债券的利息收入；

6. 国务院批准的其他资金运用取得的收入。

（四）铁路债券利息收入所得税收优惠

为支持国家铁路建设，现就投资者取得中国国家铁路集团有限公司发行的铁路债券利息收入有关所得税政策公告如下：

1. 对企业投资者持有2024～2027年发行的铁路债券取得的利息收入，减半征收企业所得税。

2. 铁路债券是指以中国国家铁路集团有限公司为发行和偿还主体的债券，包括中国铁路建设债券、中期票据、短期融资券等债务融资工具。

（五）节能服务公司税收优惠

自2011年1月1日起，对符合条件的节能服务公司实施合同能源管理项目，符合《企业所得税法》有关规定的，自项目取得第一笔生产经营收入所属纳税年度起，享受"三免三减半"的优惠待遇，按照25%的法定税率减半征收企业所得税。

（六）电网企业电网新建项目税收优惠

根据《企业所得税法》及其《实施条例》的有关规定，居民企业从事符合《公共基础设施项目企业所得税优惠目录（2008年版）》规定条件和标准的电网（输变电设施）的新建项目，可依法享受"三免三减半"的企业所得税优惠政策。基于企业电网新建项目的核算特点，暂以资产比例法，即以企业新增输变电固定资产原值占企业总输变电固定资产原值的比例，合理计算电网新建项目的应纳税所得额，并据此享受"三免三减半"的企业所得税优惠政策。

（七）基础设施领域不动产投资信托基金税收优惠

为支持基础设施领域不动产投资信托基金（以下称基础设施 REITs）试点，有关税收政策如下：

1. 设立基础设施 REITs 前，原始权益人向项目公司划转基础设施资产相应取得项目公司股权，适用特殊性税务处理，即项目公司取得基础设施资产的计税基础，以基础设施资产的原计税基础确定；原始权益人取得项目公司股权的计税基础，以基础设施资产的原计税基础确定。原始权益人和项目公司不确认所得，不征收企业所得税。

2. 基础设施 REITs 设立阶段，原始权益人向基础设施 REITs 转让项目公司股权实现的资产转让评估增值，当期可暂不缴纳企业所得税，允许递延至基础设施 REITs 完成募资并支付股权转让价款后缴纳。其中，对原始权益人按照战略配售要求自持的基础设施 REITs 份额对应的资产转让评估增值，允许递延至实际转让时缴纳企业所得税。

原始权益人通过二级市场认购（增持）该基础设施 REITs 份额，按照先进先出原则认定优先处置战略配售份额。

3. 对基础设施 REITs 运营、分配等环节涉及的税收，按现行税收法律法规的规定执行。

4. 适用范围为证监会、发展改革委根据有关规定组织开展的基础设施 REITs 试点项目。

5. 上述规定自 2021 年 1 月 1 日起实施。2021 年 1 月 1 日前发生的符合该政策规定的事项，可按该规定享受相关政策。

（八）创新企业境内发行存托凭证试点阶段税收优惠

根据财政部、税务总局、中国证监会公告 2023 年第 22 号规定，为继续支持实施创新驱动发展战略，现将创新企业境内发行存托凭证（以下称创新企业 CDR）试点阶段涉及的有关税收政策如下：

1. 对企业投资者转让创新企业 CDR 取得的差价所得和持有创新企业 CDR 取得的股息红利所得，按转让股票差价所得和持有股票的股息红利所得政策规定征免企业所得税。

2. 对公募证券投资基金（封闭式证券投资基金、开放式证券投资基金）转让创新企业 CDR 取得的差价所得和持有创新企业 CDR 取得的股息红利所得，按公募证券投资基金税收政策规定暂不征收企业所得税。

3. 对合格境外机构投资者（QFII）、人民币合格境外机构投资者（RQFII）转让创新企业 CDR 取得的差价所得和持有创新企业 CDR 取得的股息红利所得，视同转让或持有据以发行创新企业 CDR 的基础股票取得的权益性资产转让所得和股息红利所得征免企业所得税。

第七节　应纳税额的计算

一、居民企业应纳税额的计算

居民企业应缴纳所得税额等于应纳税所得额乘以适用税率，减除依照税法关于税收优惠的规定减免和抵免的税额后的余额，基本计算公式为：

应纳税额 = 应纳税所得额 × 适用税率 − 减免税额 − 抵免税额

根据计算公式可以看出，应纳税额的多少，主要取决于应纳税所得额和适用税率两个因素。在实际过程中，应纳税所得额的计算一般有两种方法。

（一）直接计算法

在直接计算法下，企业每一纳税年度的收入总额减除不征税收入、免税收入、各项扣除以及允许弥补的以前年度亏损后的余额为应纳税所得额。计算公式为：

应纳税所得额 = 收入总额 − 不征税收入 − 免税收入 − 各项扣除金额 − 允许弥补的以前年度亏损

（二）间接计算法

在间接计算法下，会计利润总额加上或减去按照税法规定调整的项目金额后，即为应纳税所得额。计算公式为：

应纳税所得额 = 会计利润总额 ± 纳税调整项目金额

纳税调整项目金额包括两方面的内容：一是税法规定范围与会计规定不一致的应予以调整的金额；二是税法规定扣除标准与会计规定不一致的应予以调整的金额。

▶【例 4−3】某企业为居民企业，2024 年发生经营业务如下：

（1）取得产品销售收入 6 000 万元；

（2）应结转产品销售成本 4 000 万元；

（3）发生销售费用 1 000 万元（其中广告费 950 万元），管理费用 400 万元（其中业务招待费 32 万元）；财务费用 60 万元；

（4）税金及附加 80 万元；

（5）营业外收入 100 万元，营业外支出 70 万元（含通过公益性社会团体向贫困山区捐款 60 万元，支付税收滞纳金 10 万元）；

（6）计入成本、费用中的实发工资总额 300 万元、拨缴职工工会经费 7 万元、发生职工福利费 45 万元、发生职工教育经费 30 万元。

要求：计算该企业 2024 年度实际应缴纳的企业所得税。

（1）会计利润总额 = 6 000 − 4 000 − 1 000 − 400 − 60 − 80 + 100 − 70 = 490（万元）

（2）广告费和业务宣传费调增所得额 = 950 − 6 000 × 15% = 50（万元）

（3）业务招待费调增所得额 = 32 − 32 × 60% = 12.8（万元）

6 000 × 5‰ = 30（万元）> 32 × 60% = 19.2（万元）

（4）捐赠支出应调增所得额 = 60 − 490 × 12% = 1.2（万元）

（5）工会经费应调增所得额 = 7 − 300 × 2% = 1（万元）

（6）职工福利费应调增所得额 = 45 − 300 × 14% = 3（万元）

（7）职工教育经费应调增所得额 = 30 − 300 × 8% = 6（万元）

（8）应纳税所得额 = 490 + 50 + 12.8 + 1.2 + 1 + 3 + 6 + 10 = 574（万元）

（9）该企业 2024 年应缴纳企业所得税 = 574 × 25% = 143.5（万元）

▶【例 4−4】某制造业企业为居民企业，2024 年度发生经营业务如下：

（1）全年取得产品销售收入 5 600 万元、其他业务收入 800 万元，取得购买国债的利息收入 40 万元；

(2) 发生产品销售成本 3 800 万元、其他业务成本 694 万元，缴纳税金及附加 300 万元；

(3) 发生管理费用 760 万元，其中含新技术的研究开发费用 120 万元、业务招待费用 70 万元；发生财务费用 200 万元；

(4) 取得直接投资其他居民企业的权益性收益 34 万元；

(5) 取得营业外收入 100 万元，发生营业外支出 250 万元（其中含公益捐赠 80 万元）。

要求：计算该企业 2024 年应缴纳的企业所得税。

(1) 利润总额 = 5 600 + 800 + 40 + 34 + 100 − 3 800 − 694 − 300 − 760 − 200 − 250
= 570（万元）

(2) 国债利息收入免征企业所得税，应调减所得额 40 万元。

(3) 技术开发费调减所得额 = 120 × 100% = 120（万元）

(4) 按实际发生业务招待费的 60% 计算 = 70 × 60% = 42（万元）

按销售（营业）收入的 5‰ 计算 =（5 600 + 800）× 5‰ = 32（万元）

按照规定税前扣除限额应为 32 万元，实际应调增应纳税所得额 = 70 − 32 = 38（万元）

(5) 取得直接投资其他居民企业的权益性收益属于免税收入，应调减应纳税所得额 34 万元。

(6) 捐赠扣除标准 = 570 × 12% = 68.4（万元）

实际捐赠额 80 万元，应调增应纳税所得额 = 80 − 68.4 = 11.6（万元）。

(7) 应纳税所得额 = 570 − 40 − 120 + 38 − 34 + 11.6 = 425.6（万元）

(8) 该企业 2024 年应缴纳企业所得税 = 425.6 × 25% = 106.4（万元）

▶【例 4 − 5】某小型企业，职工 100 人，资产总额 4 000 万元。2024 年度生产经营业务如下：

(1) 取得产品销售收入 3 000 万元、国债利息收入 20 万元；

(2) 应扣除与产品销售收入配比的成本 1 900 万元；

(3) 发生销售费用 252 万元、管理费用 390 万元（其中业务招待费 28 万元、新产品研发费用 148 万元）；

(4) 向非金融企业借款 200 万元，支付年利息费用 18 万元（金融企业同期同类借款年利息率为 6%）；

(5) 企业所得税税前准许扣除的税金及附加 20 万元；

(6) 10 月购进符合《环境保护专用设备企业所得税优惠目录》的专用设备，取得增值税专用发票注明金额 30 万元、增值税进项税额 3.9 万元，该设备当月投入使用；

(7) 计入成本、费用中的实发工资总额 200 万元、拨缴职工工会经费 4 万元、发生职工福利费 35 万元、发生职工教育经费 10 万元。

要求：计算该企业 2024 年度应缴纳的企业所得税。

(1) 会计利润总额 = 3 000 + 20 − 1 900 − 252 − 390 − 18 − 20 = 440（万元）

(2) 国债利息收入免征企业所得税，应调减所得额 20 万元。

(3) 业务招待费应调增所得额 = 28 − 15 = 13（万元）

$28 \times 60\% = 16.8$（万元）$> 3\,000 \times 5‰ = 15$（万元）

（4）新产品研发费用应调减所得额 $= 148 \times 100\% = 148$（万元）

（5）利息费用支出应调增所得额 $= 18 - 200 \times 6\% = 6$（万元）

（6）工会经费应调增所得额 $= 4 - 200 \times 2\% = 0$

（7）职工福利费应调增所得额 $= 35 - 200 \times 14\% = 7$（万元）

（8）职工教育经费扣除限额 $= 200 \times 8\% = 16$（万元）

职工教育经费实际发生额小于扣除限额，不用作纳税调整。

（9）应纳税所得额 $= 440 - 20 + 13 - 148 + 6 + 7 = 298$（万元）

（10）该企业2024年度应缴纳企业所得税 $= 298 \times 25\% \times 20\% - 30 \times 10\%$
$= 11.9$（万元）

二、境外所得抵扣税额的计算

关于境外所得抵扣税额计算的内容详见本书第十二章。

三、居民企业核定征收应纳税额的计算

为了加强企业所得税征收管理，规范核定征收企业所得税工作，保障国家税款及时足额入库，维护纳税人合法权益，根据《企业所得税法》及其《实施条例》《税收征收管理法》及《中华人民共和国税收征收管理法实施细则》（以下简称《实施细则》）的有关规定，核定征收企业所得税的有关规定如下：

（一）核定征收企业所得税的范围

核定征收办法适用于居民企业纳税人，纳税人具有下列情形之一的，税务机关可核定征收企业所得税：

1. 依照法律、行政法规的规定可以不设置账簿的。
2. 依照法律、行政法规的规定应当设置但未设置账簿的。
3. 擅自销毁账簿或者拒不提供纳税资料的。
4. 虽设置账簿，但账目混乱或者成本资料、收入凭证、费用凭证残缺不全，难以查账的。
5. 发生纳税义务，未按照规定的期限办理纳税申报，经税务机关责令限期申报，逾期仍不申报的。
6. 申报的计税依据明显偏低，又无正当理由的。

特殊行业、特殊类型的纳税人和一定规模以上的纳税人不适用核定征收办法。上述特定纳税人由国家税务总局另行明确。

根据《国家税务总局关于企业所得税核定征收有关问题的公告》（国家税务总局公告2012年第27号）规定，自2012年1月1日起，专门从事股权（股票）投资业务的企业，不得核定征收企业所得税。

对依法按照核定应税所得率方式核定征收企业所得税的企业，取得的转让股权（股票）收入等转让财产收入，应全额计入应税收入额，按照主营项目（业务）确定适用的应税所得率计算征税；若主营项目（业务）发生变化，应在当年汇算清缴时，按照变化

后的主营项目（业务）重新确定适用的应税所得率计算征税。

（二）核定征收的办法

税务机关应根据纳税人具体情况，对核定征收企业所得税的纳税人，核定应税所得率或者核定应纳所得税额。

1. 具有下列情形之一的，核定其应税所得率：

（1）能正确核算（查实）收入总额，但不能正确核算（查实）成本费用总额的。

（2）能正确核算（查实）成本费用总额，但不能正确核算（查实）收入总额的。

（3）通过合理方法，能计算和推定纳税人收入总额或成本费用总额的。

纳税人不属于以上情形的，核定其应纳所得税额。

2. 税务机关采用下列方法核定征收企业所得税：

（1）参照当地同类行业或者类似行业中经营规模和收入水平相近的纳税人的税负水平核定。

（2）按照应税收入额或成本费用支出额定率核定。

（3）按照耗用的原材料、燃料、动力等推算或测算核定。

（4）按照其他合理方法核定。

采用前款所列一种方法不足以正确核定应纳税所得额或应纳税额的，可以同时采用两种以上的方法核定。采用两种以上方法测算的应纳税额不一致时，可按测算的应纳税额从高核定。

采用应税所得率方式核定征收企业所得税的，应纳所得税额计算公式为：

应纳所得税额 = 应纳税所得额 × 适用税率

应纳税所得额 = 应税收入额 × 应税所得率

或：应纳税所得额 = 成本(费用)支出额 ÷ (1 - 应税所得率) × 应税所得率

实行应税所得率方式核定征收企业所得税的纳税人，经营多业的，无论其经营项目是否单独核算，均由税务机关根据其主营项目确定适用的应税所得率。

主营项目应为纳税人所有经营项目中，收入总额或者成本（费用）支出额或者耗用原材料、燃料、动力数量所占比重最大的项目。

应税所得率按表 4-1 规定的幅度标准确定。

表 4-1   应税所得率的幅度标准

行　业	应税所得率（%）
农、林、牧、渔业	3~10
制造业	5~15
批发和零售贸易业	4~15
交通运输业	7~15
建筑业	8~20
饮食业	8~25
娱乐业	15~30
其他行业	10~30

纳税人的生产经营范围、主营业务发生重大变化，或者应纳税所得额或应纳税额增

减变化达到20%的,应及时向税务机关申报调整已确定的应纳税额或应税所得率。

(三) 核定征收企业所得税的管理

1. 主管税务机关应及时向纳税人送达《企业所得税核定征收鉴定表》,及时完成对其核定征收企业所得税的鉴定工作。

纳税人应在收到《企业所得税核定征收鉴定表》后10个工作日内,填好该表并报送主管税务机关。《企业所得税核定征收鉴定表》一式三联,主管税务机关和县税务机关各执一联,另一联送达纳税人执行。主管税务机关还可根据实际工作需要,适当增加联次备用。

纳税人收到《企业所得税核定征收鉴定表》后,未在规定期限内填列、报送的,税务机关视同纳税人已经报送,按上述程序进行复核认定。

2. 纳税人实行核定应税所得率方式的,按下列规定申报纳税:

(1) 主管税务机关根据纳税人应纳税额的大小确定纳税人按月或者按季预缴,年终汇算清缴。预缴方法一经确定,一个纳税年度内不得改变。

(2) 纳税人应依照确定的应税所得率计算纳税期间实际应缴纳的税额,进行预缴。按实际数额预缴有困难的,经主管税务机关同意,可按上一年度应纳税额的1/12或1/4预缴,或者按经主管税务机关认可的其他方法预缴。

(3) 纳税人预缴税款或年终进行汇算清缴时,应按规定填写《中华人民共和国企业所得税月(季)度预缴纳税申报表(B类)》,在规定的纳税申报时限内报送主管税务机关。

3. 纳税人实行核定应纳所得税额方式的,按下列规定申报纳税:

(1) 纳税人在应纳所得税额尚未确定之前,可暂按上年度应纳所得税额的1/12或1/4预缴,或者按经主管税务机关认可的其他方法,按月或按季分期预缴。

(2) 在应纳所得税额确定以后,减除当年已预缴的所得税额,余额按剩余月份或季度均分,以此确定以后各月或各季的应纳税额,由纳税人按月或按季填写《中华人民共和国企业所得税月(季)度预缴纳税申报表(B类)》,在规定的纳税申报期限内进行纳税申报。

(3) 纳税人年度终了后,在规定的时限内按照实际经营额或实际应纳税额向税务机关申报纳税。申报额超过核定经营额或应纳税额的,按申报额缴纳税款;申报额低于核定经营额或应纳税额的,按核定经营额或应纳税额缴纳税款。

4. 对违反核定征收规定的行为,按照《税收征收管理法》及其《实施细则》的有关规定处理。

四、非居民企业应纳税额的计算

对于在中国境内未设立机构、场所的,或者虽设立机构、场所但取得的所得与其所设机构、场所没有实际联系的非居民企业的所得,按照下列方法计算应纳税所得额:

1. 股息、红利等权益性投资收益和利息、租金、特许权使用费所得,以收入全额为应纳税所得额。

营业税改征增值税试点中的非居民企业,应以不含增值税的收入全额作为应纳税所得额。

2. 转让财产所得，以收入全额减除财产净值后的余额为应纳税所得额。

财产净值是指财产的计税基础减除已经按照规定扣除的折旧、折耗、摊销、准备金等后的余额。

《企业所得税法》第十九条第二项规定的转让财产所得包含转让股权等权益性投资资产（以下称股权）所得。股权转让收入减除股权净值后的余额为股权转让所得应纳税所得额。

股权转让收入是指股权转让人转让股权所收取的对价，包括货币形式和非货币形式的各种收入。

股权净值是指取得该股权的计税基础。股权的计税基础是股权转让人投资入股时向中国居民企业实际支付的出资成本，或购买该项股权时向该股权的原转让人实际支付的股权受让成本。股权在持有期间发生减值或者增值，按照国务院财政、税务主管部门规定可以确认损益的，股权净值应进行相应调整。企业在计算股权转让所得时，不得扣除被投资企业未分配利润等股东留存收益中按该项股权所可能分配的金额。

多次投资或收购的同项股权被部分转让的，从该项股权全部成本中按照转让比例计算确定被转让股权对应的成本。

3. 其他所得，参照第1、2项规定的方法计算应纳税所得额。

4. 扣缴企业所得税应纳税额的计算。

扣缴企业所得税应纳税额 = 应纳税所得额 × 实际征收率

（1）扣缴义务人扣缴企业所得税的，应当按照扣缴义务发生之日人民币汇率中间价折合成人民币，计算非居民企业应纳税所得额。扣缴义务发生之日为相关款项实际支付或者到期应支付之日。

（2）取得收入的非居民企业在主管税务机关责令限期缴纳税款前自行申报缴纳应源泉扣缴税款的，应当按照填开税收缴款书之日前一日人民币汇率中间价折合成人民币，计算非居民企业应纳税所得额。

（3）主管税务机关责令取得收入的非居民企业限期缴纳应源泉扣缴税款的，应当按照主管税务机关作出限期缴税决定之日前一日人民币汇率中间价折合成人民币，计算非居民企业应纳税所得额。

五、非居民企业所得税核定征收办法

非居民企业因会计账簿不健全，资料残缺难以查账，或者其他原因不能准确计算并据实申报其应纳税所得额的，税务机关有权采取以下方法核定其应纳税所得额。

1. 按收入总额核定应纳税所得额：适用于能够正确核算收入或通过合理方法推定收入总额，但不能正确核算成本费用的非居民企业。其计算公式为：

应纳税所得额 = 收入总额 × 经税务机关核定的利润率

2. 按成本费用核定应纳税所得额：适用于能够正确核算成本费用，但不能正确核算收入总额的非居民企业。其计算公式为：

应纳税所得额 = 成本费用总额 ÷（1 - 经税务机关核定的利润率）× 经税务机关核定的利润率

3. 按经费支出换算收入核定应纳税所得额：适用于能够正确核算经费支出总额，但不能正确核算收入总额和成本费用的非居民企业。其计算公式为：

应纳税所得额 = 经费支出总额 ÷ (1 - 经税务机关核定的利润率) × 经税务机关核定的利润率

4. 税务机关可按照以下标准确定非居民企业的利润率：
（1）从事承包工程作业、设计和咨询劳务的，利润率为15%～30%。
（2）从事管理服务的，利润率为30%～50%。
（3）从事其他劳务或劳务以外经营活动的，利润率不低于15%。

税务机关有根据认为非居民企业的实际利润率明显高于上述标准的，可以按照比上述标准更高的利润率核定其应纳税所得额。

5. 非居民企业与中国居民企业签订机器设备或货物销售合同，同时提供设备安装、装配、技术培训、指导、监督服务等劳务，其销售货物合同中未列明提供上述劳务服务收费金额，或者计价不合理的，主管税务机关可以根据实际情况，参照相同或相近业务的计价标准核定劳务收入。无参照标准的，以不低于销售货物合同总价款的10%为原则，确定非居民企业的劳务收入。

第八节 征收管理

一、纳税地点

1. 除税收法律、行政法规另有规定外，居民企业以企业登记注册地为纳税地点；但登记注册地在境外的，以实际管理机构所在地为纳税地点。企业注册登记地是指企业依照国家有关规定登记注册的住所地。

2. 居民企业在中国境内设立不具有法人资格的营业机构的，应当汇总计算并缴纳企业所得税。企业汇总计算并缴纳企业所得税时，应当统一核算应纳税所得额，具体办法由国务院财政、税务主管部门另行制定。

3. 非居民企业在中国境内设立机构、场所的，应当就其所设机构、场所取得的来源于中国境内的所得，以及发生在中国境外但与其所设机构、场所有实际联系的所得，以机构、场所所在地为纳税地点。非居民企业在中国境内设立两个或者两个以上机构、场所的，符合国务院税务主管部门规定条件的，可以选择由其主要机构、场所汇总缴纳企业所得税。

4. 非居民企业在中国境内未设立机构、场所的，或者虽设立机构、场所但取得的所得与其所设机构、场所没有实际联系的所得，以扣缴义务人所在地为纳税地点。

5. 除国务院另有规定外，企业之间不得合并缴纳企业所得税。

二、纳税期限

企业所得税按年计征，分月或者分季预缴，年终汇算清缴，多退少补。

企业所得税的纳税年度，自公历1月1日起至12月31日止。企业在一个纳税年度的中间开业，或者终止经营活动，使该纳税年度的实际经营期不足12个月的，应当以其实际经营期为1个纳税年度。企业清算时，应当以清算期间作为1个纳税年度。

企业可自年度终了之日起5个月内，向税务机关报送年度企业所得税纳税申报表，并汇算清缴，结清应缴应退税款。

企业在年度中间终止经营活动的，应当自实际经营终止之日起60日内，向税务机关办理当期企业所得税汇算清缴。

三、纳税申报

按月或按季预缴的，应当自月份或者季度终了之日起15日内，向税务机关报送预缴企业所得税纳税申报表，预缴税款。

企业在报送企业所得税纳税申报表时，应当按照规定附送财务会计报告和其他有关资料。

企业应当在办理注销登记前，就其清算所得向税务机关申报并依法缴纳企业所得税。

依照《企业所得税法》缴纳的企业所得税，以人民币计算。所得以人民币以外的货币计算的，应当折合成人民币计算并缴纳税款。

企业在纳税年度内无论盈利或者亏损，都应当依照《企业所得税法》第五十四条规定的期限，向税务机关报送预缴企业所得税纳税申报表、年度企业所得税纳税申报表、财务会计报告和税务机关规定应当报送的其他有关资料。

四、源泉扣缴

（一）扣缴义务人

1. 对非居民企业在中国境内未设立机构、场所的，或者虽设立机构、场所但取得的所得与其所设机构、场所没有实际联系的所得应缴纳的企业所得税，实行源泉扣缴，以支付人为扣缴义务人。税款由扣缴义务人在每次支付或者到期应支付时，从支付或者到期应支付的款项中扣缴。

上述所称支付人，是指依照有关法律规定或者合同约定对非居民企业直接负有支付相关款项义务的单位或者个人。

上述所称支付，包括现金支付、汇拨支付、转账支付和权益兑价支付等货币支付和非货币支付。

上述所称到期应支付的款项，是指支付人按照权责发生制原则应当计入相关成本、费用的应付款项。

2. 对非居民企业在中国境内取得工程作业和劳务所得应缴纳的所得税，税务机关可以指定工程价款或者劳务费的支付人为扣缴义务人。

（二）扣缴方法

1. 扣缴义务人扣缴税款时，按本章第七节"四、非居民企业应纳税额的计算"中的计算方法计算税款。

2. 应当扣缴的所得税，扣缴义务人未依法扣缴或者无法履行扣缴义务的，由企业在所得发生地缴纳。企业未依法缴纳的，税务机关可以从该企业在中国境内其他收入项目的支付人应付的款项中，追缴该企业的应纳税款。

上述所称所得发生地，是指依照《实施条例》第七条规定的原则确定的所得发生地。在中国境内存在多处所得发生地的，由企业选择其中之一申报缴纳企业所得税。

上述所称该企业在中国境内其他收入，是指该企业在中国境内取得的其他各种来源的收入。

3. 税务机关在追缴该企业应纳税款时，应当将追缴理由、追缴数额、缴纳期限和缴纳方式等告知该企业。

4. 扣缴义务人每次代扣的税款，应当自代扣之日起 7 日内缴入国库，并向所在地的税务机关报送扣缴企业所得税报告表。

五、跨地区经营汇总纳税企业所得税征收管理

（一）基本原则和适用范围

1. 基本原则。属于中央与地方共享范围的跨省市总分机构企业缴纳的企业所得税，按照统一规范、兼顾总机构和分支机构所在地利益的原则，实行"统一计算、分级管理、就地预缴、汇总清算、财政调库"的处理办法，总分机构统一计算的当期应纳税额的地方分享部分中，25%由总机构所在地分享，50%由各分支机构所在地分享，25%按一定比例在各地间进行分配。

统一计算，是指居民企业应统一计算包括各个不具有法人资格营业机构在内的企业全部应纳税所得额、应纳税额。总机构和分支机构适用税率不一致的，应分别按适用税率计算应纳所得税额。

分级管理，是指居民企业总机构、分支机构，分别由所在地主管税务机关属地进行监督和管理。

就地预缴，是指居民企业总机构、分支机构，应按规定的比例分别就地按月或者按季向所在地主管税务机关申报、预缴企业所得税。

汇总清算，是指在年度终了后，总分机构企业根据统一计算的年度应纳税所得额、应纳所得税额，抵减总机构、分支机构当年已就地分期预缴的企业所得税款后，多退少补。

财政调库，是指财政部定期将缴入中央总金库的跨省市总分机构企业所得税待分配收入，按照核定的系数调整至地方国库。

2. 适用范围。跨省市总分机构企业是指跨省（自治区、直辖市和计划单列市，下同）设立不具有法人资格分支机构的居民企业。

总机构和具有主体生产经营职能的二级分支机构就地预缴企业所得税。

按照现行财政体制的规定，国有邮政企业（包括中国邮政集团公司及其控股公司和

直属单位)、中国工商银行股份有限公司、中国农业银行股份有限公司、中国银行股份有限公司、国家开发银行股份有限公司、中国农业发展银行、中国进出口银行、中国投资有限责任公司、中国建设银行股份有限公司、中国建银投资有限责任公司、中国信达资产管理股份有限公司、中国石油天然气股份有限公司、中国石油化工股份有限公司、海洋石油天然气企业〔包括中国海洋石油总公司、中海石油（中国）有限公司、中海油田服务股份有限公司、海洋石油工程股份有限公司〕、中国长江电力股份有限公司等企业总分机构缴纳的企业所得税（包括滞纳金、罚款收入）为中央收入，全额上缴中央国库，不适用前述规定。

（二）税款预缴

由总机构统一计算企业应纳税所得额和应纳所得税额，并分别由总机构、分支机构按月或按季就地预缴。

1. 分支机构分摊预缴税款。总机构在每月或每季终了之日起 10 日内，按照上年度各省市分支机构的营业收入、职工薪酬和资产总额三个因素，将统一计算的企业当期应纳税额的 50% 在各分支机构之间进行分摊（总机构所在省市同时设有分支机构的，同样按三个因素分摊），各分支机构根据分摊税款就地办理缴库，所缴纳税款收入由中央与分支机构所在地按 60∶40 分享。分摊时，三个因素的权重依次为 0.35、0.35 和 0.30。当年新设立的分支机构第 2 年起参与分摊；当年撤销的分支机构自办理注销税务登记之日起不参与分摊。

分支机构营业收入，是指分支机构销售商品、提供劳务、让渡资产使用权等日常经营活动实现的全部收入。其中，生产经营企业分支机构营业收入是指生产经营企业分支机构销售商品、提供劳务、让渡资产使用权等取得的全部收入；金融企业分支机构营业收入是指金融企业分支机构取得的利息、手续费、佣金等全部收入；保险企业分支机构营业收入是指保险企业分支机构取得的保费等全部收入。

分支机构职工薪酬，是指分支机构为获得职工提供的服务而给予职工的各种形式的报酬以及其他相关支出。

分支机构资产总额，是指分支机构在 12 月 31 日拥有或者控制的资产合计额。

各分支机构分摊预缴额按下列公式计算：

某分支机构分摊税款 = 所有分支机构分摊税款总额 × 该分支机构分摊比例

其中：

所有分支机构分摊税款总额 = 汇总纳税企业当期应纳所得税额 × 50%

$$该分支机构分摊比例 = \frac{该分支机构营业收入}{各分支机构营业收入之和} \times 0.35 + \frac{该分支机构职工薪酬}{各分支机构职工薪酬之和} \times 0.35 + \frac{该分支机构资产总额}{各分支机构资产总额之和} \times 0.30$$

以上公式中，分支机构仅指需要参与就地预缴的分支机构。

2. 总机构就地预缴税款。总机构应将统一计算的企业当期应纳税额的 25%，就地办理缴库，所缴纳税款收入由中央与总机构所在地按 60∶40 分享。

3. 总机构预缴中央国库税款。总机构应将统一计算的企业当期应纳税额的剩余25%，就地全额缴入中央国库，所缴纳税款收入的60%为中央收入，40%由财政部按照2004～2006年各省市3年实际分享企业所得税占地方分享总额的比例定期向各省市分配。

(三) 汇总清算

企业总机构汇总计算企业年度应纳所得税额，扣除总机构和各境内分支机构已预缴的税款，计算出应补应退税款，分别由总机构和各分支机构（不包括当年已办理注销税务登记的分支机构）就地办理税款缴库或退库。

1. 补缴的税款按照预缴的分配比例，50%由各分支机构就地办理缴库，所缴纳税款收入由中央与分支机构所在地按60∶40分享；25%由总机构就地办理缴库，所缴纳税款收入由中央与总机构所在地按60∶40分享；其余25%部分就地全额缴入中央国库，所缴纳税款收入中60%为中央收入，40%由财政部按照2004～2006年各省市3年实际分享企业所得税占地方分享总额的比例定期向各省市分配。

2. 多缴的税款按照预缴的分配比例，50%由各分支机构就地办理退库，所退税款由中央与分支机构所在地按60∶40分担；25%由总机构就地办理退库，所退税款由中央与总机构所在地按60∶40分担；其余25%部分就地从中央国库退库，其中60%从中央级1010442项"总机构汇算清缴所得税"下有关科目退付，40%从中央级1010443项"企业所得税待分配收入"下有关科目退付。

六、合伙企业所得税的征收管理

自2008年1月1日起，合伙企业缴纳的所得税按下列规定处理，此前规定与下列规定有抵触的，以下列规定为准。

(一) 合伙企业以每一个合伙人为纳税义务人

合伙企业合伙人是自然人的，缴纳个人所得税；合伙人是法人和其他组织的，缴纳企业所得税。

(二) 合伙企业生产经营所得和其他所得采取先分后税的原则

具体应纳税所得额的计算按照《关于个人独资企业和合伙企业投资者征收个人所得税的规定》（财税〔2000〕91号）及《财政部 国家税务总局关于调整个体工商户个人独资企业和合伙企业个人所得税税前扣除标准有关问题的通知》（财税〔2008〕65号）的有关规定执行。

上述生产经营所得和其他所得，包括合伙企业分配给所有合伙人的所得和企业当年留存的所得（利润）。

(三) 合伙企业的合伙人按照下列原则确定应纳税所得额

1. 合伙企业的合伙人以合伙企业的生产经营所得和其他所得，按照合伙协议约定的分配比例确定应纳税所得额。

2. 合伙协议未约定或者约定不明确的，以全部生产经营所得和其他所得，按照合伙人协商决定的分配比例确定应纳税所得额。

3. 协商不成的，以全部生产经营所得和其他所得，按照合伙人实缴出资比例确定应纳税所得额。

4. 无法确定出资比例的,以全部生产经营所得和其他所得,按照合伙人数量平均计算每个合伙人的应纳税所得额。

合伙协议不得约定将全部利润分配给部分合伙人。

(四)亏损抵减

合伙企业的合伙人是法人和其他组织的,合伙人在计算其缴纳企业所得税时,不得用合伙企业的亏损抵减其盈利。

七、居民企业报告境外投资和所得信息的管理

为规范居民企业境外投资和所得信息报告的内容和方式,国家税务总局公布了《关于居民企业报告境外投资和所得信息有关问题的公告》(国家税务总局公告2014年第38号),具体规定如下:

1. 居民企业成立或参股外国企业,或者处置已持有的外国企业股份或有表决权股份,符合以下情形之一,且按照中国会计制度可确认的,应当在办理企业所得税预缴申报时向主管税务机关填报《居民企业参股外国企业信息报告表》。

(1) 在该规定施行之日,居民企业直接或间接持有外国企业股份或有表决权股份达到10%(含)以上。

(2) 在该规定施行之日后,居民企业在被投资外国企业中直接或间接持有的股份或有表决权股份自不足10%的状态改变为达到或超过10%的状态。

(3) 在该规定施行之日后,居民企业在被投资外国企业中直接或间接持有的股份或有表决权的股份自达到或超过10%的状态改变为不足10%的状态。

2. 居民企业在办理企业所得税年度申报时,还应附报以下与境外所得相关的资料信息。

(1) 有适用《企业所得税法》第四十五条情形或者需要适用《特别纳税调整实施办法(试行)》(国税发〔2009〕2号)第八十四条规定的居民企业填报《受控外国企业信息报告表》。

(2) 纳入《企业所得税法》第二十四条规定抵免范围的外国企业或符合《企业所得税法》第四十五条规定的受控外国企业按照中国会计制度编报的年度独立财务报表。

3. 在税务检查(包括纳税评估、税务审计及特别纳税调整调查等)时,主管税务机关可以要求居民企业限期报告与其境外所得相关的必要信息。

4. 居民企业能够提供合理理由,证明确实不能按照上述公告规定期限报告境外投资和所得信息的,可以依法向主管税务机关提出延期要求。限制提供相关信息的境外法律规定、商业合同或协议,不构成合理理由。

5. 主管税务机关应当为纳税人报告境外投资和所得信息提供便利,及时受理纳税人报告的各类信息,并依法保密。

6. 居民企业未按照上述规定报告境外投资和所得信息,经主管税务机关责令限期改正,逾期仍不改正的,主管税务机关可根据《税收征收管理法》及其《实施细则》以及其他有关法律、法规的规定,按已有信息合理认定相关事实,并据以计算或调整应纳税款。

7. 非居民企业在境内设立机构、场所,取得发生在境外但与其所设机构、场所有实际联系的所得的,参照上述规定报告相关信息。

8. 上述规定自 2014 年 9 月 1 日起施行。在施行之日以前发生，但与施行之日以后应报告信息相关或者属于施行之日以后纳税年度的应报告信息，仍适用该规定。

八、跨境电子商务综合试验区核定征收企业所得税

自 2020 年 1 月 1 日起，对跨境电子商务综合试验区（以下简称综试区）内的跨境电商企业核定征收企业所得税。

1. 综试区内的跨境电商企业，同时符合下列条件的，试行核定征收企业所得税。

（1）在综试区注册，并在注册地跨境电子商务线上综合服务平台登记出口货物日期、名称、计量单位、数量、单价、金额的。

（2）出口货物通过综试区所在地海关办理电子商务出口申报手续的。

（3）出口货物未取得有效进货凭证，其增值税、消费税享受免税政策的。

2. 综试区内核定征收的跨境电商企业应准确核算收入总额，并采用应税所得率方式核定征收企业所得税，应税所得率统一按照 4% 确定。

3. 税务机关应按照有关规定，及时完成综试区跨境电商企业核定征收企业所得税的鉴定工作。

4. 综试区内实行核定征收的跨境电商企业符合小型微利企业优惠政策条件的，可享受小型微利企业所得税优惠政策；其取得的收入属于《企业所得税法》第二十六条规定的免税收入的，可享受免税收入优惠政策。

5. 上述所称综试区，是指经国务院批准的跨境电子商务综合试验区；所称跨境电商企业是指自建跨境电子商务销售平台或利用第三方跨境电子商务平台开展电子商务出口的企业。

九、纳税申报表

《中华人民共和国企业所得税年度纳税申报表（A 类）》的格式与内容，见表 4-2。

表 4-2　　　　中华人民共和国企业所得税年度纳税申报表（A 类）

行次	类别	项目	金额
1	利润总额计算	一、营业收入（填写 A101010\101020\103000）	
2		减：营业成本（填写 A102010\102020\103000）	
3		减：税金及附加	
4		减：销售费用（填写 A104000）	
5		减：管理费用（填写 A104000）	
6		减：财务费用（填写 A104000）	
7		减：资产减值损失	
8		加：公允价值变动收益	
9		加：投资收益	
10		二、营业利润（1-2-3-4-5-6-7+8+9）	
11		加：营业外收入（填写 A101010\101020\103000）	
12		减：营业外支出（填写 A102010\102020\103000）	
13		三、利润总额（10+11-12）	

续表

行次	类别	项 目	金额
14	应纳税所得额计算	减：境外所得（填写A108010）	
15		加：纳税调整增加额（填写A105000）	
16		减：纳税调整减少额（填写A105000）	
17		减：免税、减计收入及加计扣除（填写A107010）	
18		加：境外应税所得抵减境内亏损（填写A108000）	
19		四、纳税调整后所得（13－14＋15－16－17＋18）	
20		减：所得减免（填写A107020）	
21		减：弥补以前年度亏损（填写A106000）	
22		减：抵扣应纳税所得额（填写A107030）	
23		五、应纳税所得额（19－20－21－22）	
24	应纳税额计算	税率（25%）	
25		六、应纳所得税额（23×24）	
26		减：减免所得税额（填写A107040）	
27		减：抵免所得税额（填写A107050）	
28		七、应纳税额（25－26－27）	
29		加：境外所得应纳所得税额（填写A108000）	
30		减：境外所得抵免所得税额（填写A108000）	
31		八、实际应纳所得税额（28＋29－30）	
32		减：本年累计实际已缴纳的所得税额	
33		九、本年应补（退）所得税额（31－32）	
34		其中：总机构分摊本年应补（退）所得税额（填写A109000）	
35		财政集中分配本年应补（退）所得税额（填写A109000）	
36		总机构主体生产经营部门分摊本年应补（退）所得税额（填写A109000）	
37	实际应纳税额计算	减：民族自治地区企业所得税地方分享部分：（□免征□减征：减征幅度_____％）	
38		十、本年实际应补（退）所得税额（33－37）	

十、企业清算的所得税处理

企业清算的所得税处理，是指企业在不再持续经营，发生结束自身业务、处置资产、偿还债务以及向所有者分配剩余财产等经济行为时，对清算所得、清算所得税、股息分配等事项的处理。

1. 下列企业应进行清算的所得税处理：

（1）按《公司法》《企业破产法》等规定需要进行清算的企业。

（2）企业重组中需要按清算处理的企业。

2. 企业清算的所得税处理包括以下内容：

（1）全部资产均应按可变现价值或交易价格，确认资产转让所得或损失。

(2) 确认债权清理、债务清偿的所得或损失。

(3) 改变持续经营核算原则，对预提或待摊性质的费用进行处理。

(4) 依法弥补亏损，确定清算所得。

(5) 计算并缴纳清算所得税。

(6) 确定可向股东分配的剩余财产、应付股息等。

3. 企业的全部资产可变现价值或交易价格，减除资产的计税基础、清算费用、相关税费，加上债务清偿损益等后的余额，为清算所得。

企业应将整个清算期作为一个独立的纳税年度计算清算所得。

4. 企业全部资产的可变现价值或交易价格减除清算费用，职工的工资、社会保险费用和法定补偿金，结清清算所得税、以前年度欠税等税款，清偿企业债务，按规定计算可以向所有者分配的剩余资产。

被清算企业的股东分得的剩余资产的金额，其中相当于被清算企业累计未分配利润和累计盈余公积中按该股东所占股份比例计算的部分，应确认为股息所得；剩余资产减除股息所得后的余额，超过或低于股东投资成本的部分，应确认为股东的投资转让所得或损失。

被清算企业的股东从被清算企业分得的资产应按可变现价值或实际交易价格确定计税基础。

企业所得税清算申报表的主表格见表4-3。

表4-3　　　　　中华人民共和国企业清算所得税申报表

清算期间：　年　月　日至　年　月　日
纳税人名称：
纳税人识别号：□□□□□□□□□□□□□□□　　　　　　　金额单位：元（列至角分）

类别	行次	项目	金额
应纳税所得额计算	1	资产处置损益（填附表一）	
	2	负债清偿损益（填附表二）	
	3	清算费用	
	4	清算税金及附加	
	5	其他所得或支出	
	6	清算所得（1+2-3-4+5）	
	7	免税收入	
	8	不征税收入	
	9	其他免税所得	
	10	弥补以前年度亏损	
	11	应纳税所得额（6-7-8-9-10）	
应纳所得税额计算	12	税率（25%）	
	13	应纳所得税额（11×12）	

续表

类别	行次	项 目	金额
应补（退）所得税额计算	14	减（免）企业所得税额	
	15	境外应补所得税额	
	16	境内外实际应纳所得税额（13－14＋15）	
	17	以前纳税年度应补（退）所得税额	
	18	实际应补（退）所得税额（16＋17）	

纳税人盖章： 清算组盖章： 经办人签字： 申报日期： 　　　年　月　日	代理申报中介机构盖章： 经办人签字及执业证件号码： 代理申报日期： 　　　年　月　日	主管税务机关受理专用章： 受理人签字： 受理日期： 　　　年　月　日

第五章 个人所得税法

个人所得税法是指国家制定的用以调整个人所得税征收与缴纳之间权利及义务关系的法律规范。1980年9月10日，第五届全国人民代表大会第三次会议制定了《中华人民共和国个人所得税法》（以下简称《个人所得税法》）。《个人所得税法》多年来经过了七次修改，目前适用的基本规范是2018年8月31日由第十三届全国人民代表大会常务委员会第五次会议修改通过，并于2019年1月1日起施行的《个人所得税法》。

个人所得税主要是以自然人取得的各类应税所得为征税对象而征收的一种所得税，是政府利用税收对个人收入进行调节的一种手段。个人所得税的纳税人不仅包括个人，还包括独资企业的个人投资者、合伙企业的个人投资者。从世界范围来看，个人所得税存在着三种税制模式：分类征收制、综合征收制与混合征收制。分类征收制，就是对纳税人不同来源、性质的所得项目，分别规定不同的税率征税；综合征收制，是对纳税人全年的各项所得加以汇总，就其总额进行征税；混合征收制，兼有上述两种模式的特点，即对一部分所得项目予以加总，实行按年汇总计算纳税，对其他所得项目则实行分类征收。三种不同的征收模式各有其优缺点。目前，我国个人所得税已初步建立综合和分类相结合的征收模式，即混合征收制，其在组织财政收入、提高公民纳税意识，尤其在调节个人收入分配差距方面具有重要作用。

第一节 纳税义务人与征税范围

一、纳税义务人

个人所得税的纳税义务人，包括中国居民、个体工商业户、个人独资企业和合伙企业个人投资者、在中国境内有所得的外籍人员（包括无国籍人员，下同）和香港、澳门、台湾同胞。上述纳税义务人依据住所和居住时间两个标准，区分为居民个人和非居民个人，分别承担不同的纳税义务。

（一）居民个人

居民个人承担无限纳税义务。其所取得的应纳税所得，无论是来源于中国境内还是中国境外，都要在中国缴纳个人所得税。根据《个人所得税法》规定，居民个人是指在中国境内有住所,或者无住所而一个纳税年度在中国境内居住累计满183天的个人。

在中国境内有住所的个人,是指因户籍、家庭、经济利益关系,而在中国境内习惯性居住的个人。这里所说的习惯性居住,是判定纳税义务人属于居民个人还是非居民个人的一个重要依据。它是指个人因学习、工作、探亲等原因消除之后,没有理由在其他地方继续居留时,所要回到的地方,而不是指实际居住地或在某一个特定时期内的居住地。一个纳税人如果后来因学习、工作、探亲、旅游等原因在中国境外居住,但是在这些原因消除之后,必须回到中国境内居住的,则中国为该纳税人的习惯性居住地。尽管该纳税人在一个纳税年度内,甚至连续几个纳税年度,都未在中国境内居住过1天,但他仍然是中国的居民个人,应就其来自全球的应纳税所得,向中国缴纳个人所得税。

一个纳税年度在境内居住累计满183天,是指在一个纳税年度(即公历1月1日起至12月31日止,下同)内,在中国境内居住累计满183天。在计算居住天数时,取消了原有的临时离境规定,按纳税人一个纳税年度内在境内的实际居住时间确定。即境内无住所的个人在一个纳税年度内无论出境多少次,只要在我国境内累计住满183天,就可判定为我国的居民个人。综上可知,个人所得税的居民个人包括以下两类:

1. 在中国境内定居的中国公民和外国侨民。但不包括虽具有中国国籍,却并没有在中国大陆定居,而是侨居海外的华侨和居住在香港、澳门、台湾的同胞。

2. 从公历1月1日起至12月31日止,在中国境内累计居住满183天的外国人、海外侨胞和香港、澳门、台湾同胞。例如,一个外籍人员从2018年10月起到中国境内的公司任职,在2019年纳税年度内,虽然该外籍个人曾多次离境回国,但由于其在我国境内的居住停留时间累计达206天,已经超过了一个纳税年度内在境内累计居住满183天的标准,因此,该纳税义务人应为居民个人。

现行《个人所得税法》中"中国境内"的概念,是指中国大陆地区,目前还不包括中国香港、澳门和台湾地区。

(二)非居民个人

非居民个人,是指不符合居民个人判定标准(条件)的纳税义务人。非居民个人承担有限纳税义务,即仅就其来源于中国境内的所得,向中国缴纳个人所得税。《个人所得税法》规定,非居民个人是"在中国境内无住所又不居住,或者无住所而一个纳税年度内在境内居住累计不满183天的个人"。也就是说,非居民个人,是指习惯性居住地不在中国境内,而且不在中国居住;或者在一个纳税年度内,在中国境内居住累计不满183天的个人。在现实生活中,习惯性居住地不在中国境内的个人,只有外籍人员、华侨或香港、澳门和台湾同胞。因此,非居民个人,实际上只能是在一个纳税年度中,没有在中国境内居住,或者在中国境内居住天数累计不满183天的外籍人员、华侨或香港、澳门、台湾同胞。

自2019年1月1日起,无住所个人一个纳税年度内在中国境内累计居住天数,按照个人在中国境内累计停留的天数计算。在中国境内停留的当天满24小时的,计入中国境内居住天数,在中国境内停留的当天不足24小时的,不计入中国境内居住天数。

二、征税范围

居民个人取得下列第(一)至第(四)项所得(以下简称综合所得),按纳税年度合并计算个人所得税;非居民个人取得下列第(一)至第(四)项所得,按月或者按次分项计算个人所得税。纳税人取得下列第(五)至第(九)项所得,分别计算个人所得税。

(一) 工资、薪金所得

工资、薪金所得,是指个人因任职或者受雇而取得的工资、薪金、奖金、年终加薪、劳动分红、津贴、补贴以及与任职或者受雇有关的其他所得。

1. 工资、薪金所得的涵盖范围。

一般来说,工资、薪金所得属于非独立个人劳动所得。所谓非独立个人劳动,是指个人所从事的是由他人指定、安排并接受管理的劳动,工作或服务于公司、工厂、行政事业单位的人员(私营企业主除外)均为非独立劳动者。他们从上述单位取得的劳动报酬,是以工资、薪金的形式体现的。在这类报酬中,工资和薪金的收入主体略有差异。通常情况下,把直接从事生产、经营或服务的劳动者(工人)取得的收入称为工资,即所谓"蓝领阶层"所得;而将从事社会公职或管理活动的劳动者(公职人员)取得的收入称为薪金,即所谓"白领阶层"所得。但在实际立法过程中,各国都从简便易行的角度考虑,将工资、薪金合并为一个项目计征个人所得税。

除工资、薪金以外,奖金、年终加薪、劳动分红、津贴、补贴也被确定为工资、薪金范畴。其中,年终加薪、劳动分红不分种类和取得情况,一律按工资、薪金所得课税。奖金是指所有具有工资性质的奖金,免税奖金的范围在税法中另有规定。此外,还有一些所得的发放也被视为取得工资、薪金所得。例如,公司职工取得的用于购买企业国有股权的劳动分红,按"工资、薪金所得"项目计征个人所得税;出租汽车经营单位对出租车驾驶员采取单车承包或承租方式运营,出租车驾驶员从事客货营运取得的收入,按"工资、薪金所得"项目征税。

2. 个人取得的津贴、补贴,不计入工资、薪金所得的项目。

根据我国目前个人收入的构成情况,《个人所得税法》规定对于一些不属于工资、薪金性质的补贴、津贴或者不属于纳税人本人工资、薪金所得项目的收入,不予征税。这些项目包括:

(1) 独生子女补贴。

(2) 执行公务员工资制度未纳入基本工资总额的补贴、津贴差额和家属成员的副食品补贴。

(3) 托儿补助费。

(4) 差旅费津贴、误餐补助。其中,误餐补助是指按照财政部规定,个人因公在城区、郊区工作,不能在工作单位或返回就餐的,根据实际误餐顿数,按规定的标准领取的误餐费。注意:单位以误餐补助名义发给职工的补助、津贴不能包括在内。

(5) 外国来华留学生,领取的生活津贴费、奖学金,不属于工资、薪金范畴,不征收个人所得税。

3. 关于个人取得公务交通、通信补贴收入的征税问题。

个人因公务用车和通信制度改革而取得的公务用车、通信补贴收入,扣除一定标准的公务费用后,按照"工资、薪金所得"项目计征个人所得税。按月发放的,并入当月"工资、薪金所得"计征个人所得税;不按月发放的,分解到所属月份并与该月份"工资、薪金所得"合并后计征个人所得税。

公务费用扣除标准，由省税务局根据纳税人公务交通、通信费用实际发生情况调查测算，报经省级人民政府批准后确定，并报国家税务总局备案。

（二）劳务报酬所得

劳务报酬所得，是指个人独立从事各种非雇用的各种劳务所取得的所得。内容如下：

1. 设计，指按照客户的要求，代为制定工程、工艺等各类设计业务。
2. 装潢，指接受委托，对物体进行装饰、修饰，使之美观或具有特定用途的作业。
3. 安装，指按照客户要求，对各种机器、设备的装配、安置，以及与机器、设备相连的附属设施的装设和被安装机器设备的绝缘、防腐、保温、油漆等工程作业。
4. 制图，指受托按实物或设想物体的形象，依体积、面积、距离等，用一定比例绘制成平面图、立体图、透视图等的业务。
5. 化验，指受托用物理或化学的方法，检验物质的成分和性质等业务。
6. 测试，指利用仪器仪表或其他手段代客对物品的性能和质量进行检测试验的业务。
7. 医疗，指从事各种病情诊断、治疗等医护业务。
8. 法律，指受托担任辩护律师、法律顾问，撰写辩护词、起诉书等法律文书的业务。
9. 会计，指受托从事会计核算的业务。
10. 咨询，指对客户提出的政治、经济、科技、法律、会计、文化等方面的问题进行解答、说明的业务。
11. 讲学，指应邀（聘）进行讲课、作报告、介绍情况等业务。
12. 翻译，指受托从事中、外语言或文字的翻译（包括笔译和口译）的业务。
13. 审稿，指对文字作品或图形作品进行审查、核对的业务。
14. 书画，指按客户要求，或自行从事书法、绘画、题词等业务。
15. 雕刻，指代客镌刻图章、牌匾、碑、玉器、雕塑等业务。
16. 影视，指应邀或应聘在电影、电视节目中出任演员，或担任导演、音响、化妆、道具、制作、摄影等与拍摄影视节目有关的业务。
17. 录音，指用录音器械代客录制各种音响带的业务，或者应邀演讲、演唱、采访而被录音的服务。
18. 录像，指用录像器械代客录制各种图像、节目的业务，或者应邀表演、采访被录像的业务。
19. 演出，指参加戏剧、音乐、舞蹈、曲艺等文艺演出活动的业务。
20. 表演，指从事杂技、体育、武术、健美、时装、气功以及其他技巧性表演活动的业务。
21. 广告，指利用图书、报纸、杂志、广播、电视、电影、招贴、路牌、橱窗、霓虹灯、灯箱、墙面及其他载体，为介绍商品、经营服务项目、文体节目或通告、声明等事项，所做的宣传和提供相关服务的业务。
22. 展览，指举办或参加书画展、影展、盆景展、邮展、个人收藏品展、花鸟虫鱼展等各种展示活动的业务。
23. 技术服务，指利用一技之长而进行技术指导、提供技术帮助的业务。

24. 介绍服务，指介绍供求双方商谈，或者介绍产品、经营服务项目等服务的业务。
25. 经纪服务，指经纪人通过居间介绍，促成各种交易和提供劳务等服务的业务。
26. 代办服务，指代委托人办理受托范围内的各项事宜的业务。
27. 其他劳务，指上述列举的 26 项劳务项目之外的各种劳务。

自 2004 年 1 月 20 日起，对商品营销活动中，企业和单位对其营销业绩突出的非雇员以培训班、研讨会、工作考察等名义组织旅游活动，通过免收差旅费、旅游费对个人实行的营销业绩奖励（包括实物、有价证券等），应根据所发生费用的全额作为该营销人员当期的劳务收入，按照"劳务报酬所得"项目征收个人所得税，并由提供上述费用的企业和单位代扣代缴。

在实际操作过程中，还可能出现难以判定一项所得是属于工资、薪金所得还是属于劳务报酬所得的情况。这两者的区别在于：工资、薪金所得是属于非独立个人劳务活动，即在机关、团体、学校、部队、企业、事业单位及其他组织中任职、受雇而得到的报酬；而劳务报酬所得，则是个人独立从事各种技艺、提供各项劳务取得的报酬。

注意：个人由于担任董事职务所取得的董事费收入，属于劳务报酬所得性质，按照"劳务报酬所得"项目征收个人所得税，但仅适用于个人担任公司董事、监事，且不在公司任职、受雇的情形。个人在公司（包括关联公司）任职、受雇，同时兼任董事、监事的，应将董事费、监事费与个人工资收入合并，统一按"工资、薪金所得"项目缴纳个人所得税。

（三）稿酬所得

稿酬所得，是指个人因其作品以图书、报刊形式出版、发表而取得的所得。将稿酬所得独立划归一个征税项目，而对不以图书、报刊形式出版、发表的翻译、审稿、书画所得归为劳务报酬所得，主要是考虑了出版、发表作品的特殊性。第一，它是一种依靠较高智力创作的精神产品；第二，它具有普遍性；第三，它与社会主义精神文明和物质文明密切相关；第四，它的报酬相对偏低。因此，稿酬所得应当与一般劳务报酬相区别，并给予适当优惠照顾。

（四）特许权使用费所得

特许权使用费所得，是指个人提供专利权、商标权、著作权、非专利技术以及其他特许权的使用权取得的所得。提供著作权的使用权取得的所得，不包括稿酬所得。

专利权，是由国家专利主管机关依法授予专利申请人或其权利继承人在一定期间内实施其发明创造的专有权。对于专利权，许多国家只将提供他人使用取得的所得，列入特许权使用费，而将转让专利权所得列为资本利得税的征税对象。我国没有开征资本利得税，故将个人提供和转让专利权取得的所得，都列入特许权使用费所得征收个人所得税。

商标权，即商标注册人享有的商标专用权。著作权，即版权，是作者依法对文学、艺术和科学作品享有的专有权。个人提供或转让商标权、著作权、专有技术或技术秘密、技术诀窍取得的所得，应当依法缴纳个人所得税。

（五）经营所得

经营所得，是指：

1. 个体工商户从事生产、经营活动取得的所得，个人独资企业投资人、合伙企业的个人合伙人来源于境内注册的个人独资企业、合伙企业生产、经营的所得。个体工商户以业主为个人所得税纳税义务人。

2. 个人依法从事办学、医疗、咨询以及其他有偿服务活动取得的所得。

3. 个人对企业、事业单位承包经营、承租经营以及转包、转租取得的所得。对企事业单位的承包经营、承租经营所得，是指个人承包经营或承租经营以及转包、转租取得的所得。承包项目可分多种，如生产经营、采购、销售、建筑安装等各种承包。转包包括全部转包或部分转包。

4. 个人从事其他生产、经营活动取得的所得。例如，个人因从事彩票代销业务而取得的所得，或者从事个体出租车运营的出租车驾驶员取得的收入，都应按照"经营所得"项目计征个人所得税。这里所说的从事个体出租车运营，包括：出租车属个人所有，但挂靠出租汽车经营单位或企事业单位，驾驶员向挂靠单位缴纳管理费的，或出租汽车经营单位将出租车所有权转移给驾驶员的。

注意：个体工商户和从事生产、经营的个人，取得与生产、经营活动无关的其他各项应税所得，应分别按照其他应税项目的有关规定，计算征收个人所得税。如取得银行存款的利息所得、对外投资取得的股息所得，应按"股息、利息、红利"项目的规定单独计征个人所得税。个人独资企业、合伙企业的个人投资者以企业资金为本人、家庭成员及其相关人员支付与企业生产经营无关的消费性支出及购买汽车、住房等财产性支出，视为企业对个人投资者的利润分配，并入投资者个人的生产经营所得，依照"经营所得"项目计征个人所得税。

（六）利息、股息、红利所得

利息、股息、红利所得，是指个人拥有债权、股权而取得的利息、股息、红利所得。利息，是指个人拥有债权而取得的利息，包括存款利息、贷款利息和各种债券的利息。按税法规定，个人取得的利息所得，除国债和国家发行的金融债券利息外，应当依法缴纳个人所得税。股息、红利，是指个人拥有股权取得的股息、红利。按照一定的比率派发的每股息金称为股息；根据公司、企业应分配的超过股息部分的利润，按股份分配的称为红利。股息、红利所得，除另有规定外，都应当缴纳个人所得税。

1. 除个人独资企业、合伙企业以外的其他企业的个人投资者，以企业资金为本人、家庭成员及其相关人员支付与企业生产经营无关的消费性支出及购买汽车、住房等财产性支出，视为企业对个人投资者的红利分配，依照"利息、股息、红利所得"项目计征个人所得税。企业的上述支出不允许在所得税前扣除。

纳税年度内个人投资者从其投资企业（个人独资企业、合伙企业除外）借款，在该纳税年度终了后既不归还又未用于企业生产经营的，其未归还的借款可视为企业对个人投资者的红利分配，依照"利息、股息、红利所得"项目计征个人所得税。

2. 企业为股东购买车辆并将车辆所有权办到股东个人名下，其实质为企业对股东进行了红利性质的实物分配，应按照"利息、股息、红利所得"项目征收个人所得税。考虑到该股东个人名下的车辆同时也为企业经营使用的实际情况，允许合理减除部分所得；减除的具体数额由主管税务机关根据车辆的实际使用情况合理确定。

（七）财产租赁所得

财产租赁所得，是指个人出租不动产、机器设备、车船以及其他财产取得的所得。

个人取得的财产转租收入，属于"财产租赁所得"的征税范围，由财产转租人缴纳个人所得税。

（八）财产转让所得

财产转让所得，是指个人转让有价证券、股权、合伙企业中的财产份额、不动产、机器设备、车船以及其他财产取得的所得。

在现实生活中，个人进行的财产转让主要是个人财产所有权的转让。财产转让实际上是一种买卖行为，当事人双方通过签订、履行财产转让合同，形成财产买卖的法律关系，使出让财产的个人从对方取得价款（收入）或其他经济利益。财产转让所得因其性质的特殊性，需要单独列举项目征税。对个人取得的各项财产转让所得，除股票转让所得外，都要征收个人所得税。具体规定如下：

1. 股票转让所得。

根据《中华人民共和国个人所得税法实施条例》（以下简称《实施条例》）规定，对股票转让所得征收个人所得税的办法，由国务院另行规定，并报全国人民代表大会常务委员会备案。为了配合企业改制，促进股票市场的稳健发展，经报国务院批准，从1994年起，对个人转让上市公司股票取得的所得一直暂免征收个人所得税。

2. 量化资产股份转让。

集体所有制企业在改制为股份合作制企业时，对职工个人以股份形式取得的拥有所有权的企业量化资产，暂缓征收个人所得税；待个人将股份转让时，就其转让收入额，减除个人取得该股份时实际支付的费用支出和合理转让费用后的余额，按"财产转让所得"项目计征个人所得税。

（九）偶然所得

偶然所得，是指个人得奖、中奖、中彩以及其他偶然性质的所得。得奖是指参加各种有奖竞赛活动，取得名次得到的奖金；中奖、中彩是指参加各种有奖活动，如有奖销售、有奖储蓄或者购买彩票，经过规定程序，抽中、摇中号码而取得的奖金。偶然所得应缴纳的个人所得税税款，一律由发奖单位或机构代扣代缴。

个人取得的所得，难以界定应纳税所得项目的，由国务院税务主管部门确定。

三、所得来源地的确定

除国务院财政、税务主管部门另有规定外，下列所得，不论支付地点是否在中国境内，均为来源于中国境内的所得：

1. 因任职、受雇、履约等而在中国境内提供劳务取得的所得。
2. 将财产出租给承租人在中国境内使用而取得的所得。
3. 转让中国境内的不动产等财产或者在中国境内转让其他财产取得的所得。
4. 许可各种特许权在中国境内使用而取得的所得。
5. 从中国境内企业、事业单位、其他组织以及居民个人取得的利息、股息、红利所得。

第二节 税率、应纳税所得额的确定与应纳税额的计算

一、税率

(一) 综合所得适用税率

综合所得适用七级超额累进税率,税率为3%~45%(见表5-1)。

表5-1　　　　　　　　　综合所得个人所得税税率表

级数	全年应纳税所得额	税率(%)
1	不超过36 000元的	3
2	超过36 000元至144 000元的部分	10
3	超过144 000元至300 000元的部分	20
4	超过300 000元至420 000元的部分	25
5	超过420 000元至660 000元的部分	30
6	超过660 000元至960 000元的部分	35
7	超过960 000元的部分	45

注:(1)本表所称全年应纳税所得额是指依照税法的规定,居民个人取得综合所得以每一纳税年度收入额减除费用60 000元以及专项扣除、专项附加扣除和依法确定的其他扣除后的余额。
(2)非居民个人取得工资、薪金所得,劳务报酬所得,稿酬所得和特许权使用费所得,依照本表按月换算后计算应纳税额。

居民个人每一纳税年度内取得的综合所得包括:工资、薪金所得,劳务报酬所得,稿酬所得和特许权使用费所得。

(二) 经营所得适用税率

经营所得适用五级超额累进税率,税率为5%~35%(见表5-2)。

表5-2　　　　　　　　　经营所得个人所得税税率表

级数	全年应纳税所得额	税率(%)
1	不超过30 000元的	5
2	超过30 000元至90 000元的部分	10
3	超过90 000元至300 000元的部分	20
4	超过300 000元至500 000元的部分	30
5	超过500 000元的部分	35

注:本表所称全年应纳税所得额是指依照《个人所得税法》第六条的规定,以每一纳税年度的收入总额减除成本、费用以及损失后的余额。

这里值得注意的是,由于目前实行承包(租)经营的形式较多,分配方式也不相同,因此,承包、承租人按照承包、承租经营合同(协议)规定取得所得的适用税率也不一致。

（1）承包、承租人对企业经营成果不拥有所有权，仅是按合同（协议）规定取得一定所得的，其所得按"工资、薪金所得"项目征税，纳入年度综合所得，适用3%~45%的七级超额累进税率。

（2）承包、承租人按合同（协议）的规定只向发包、出租方缴纳一定费用后，企业经营成果归其所有的，承包、承租人取得的所得，按"对企事业单位的承包经营、承租经营所得"项目，适用5%~35%的五级超额累进税率征税。

（三）其他所得适用税率

利息、股息、红利所得，财产租赁所得，财产转让所得和偶然所得适用比例税率，税率为20%。

二、应纳税所得额的规定

由于个人所得税的应税项目不同，并且取得某项所得所需费用也不相同，因此，计算个人应纳税所得额，需按不同应税项目分项计算。以某项应税项目的收入额减去税法规定的该项目费用减除标准后的余额，为该应税项目应纳税所得额。两个以上的个人共同取得同一项目收入的，应当对每个人取得的收入分别按照《个人所得税法》的规定计算纳税。

（一）每次收入的确定

《个人所得税法》对纳税义务人的征税方法有三种：一是按年计征，如经营所得，居民个人取得的综合所得；二是按月计征，如非居民个人取得的工资、薪金所得；三是按次计征，如利息、股息、红利所得，财产租赁所得，偶然所得，非居民个人取得的劳务报酬所得，稿酬所得，特许权使用费所得6项所得。在按次征收的情况下，由于扣除费用依据每次应纳税所得额的大小，分别规定了定额和定率两种标准。因此，无论是从正确贯彻税法的立法精神、维护纳税义务人的合法权益方面来看，还是从避免税收漏洞、防止税款流失、保证国家税收收入方面来看，如何准确划分"次"，都是十分重要的。《个人所得税法实施条例》中对前述所得的"次"作出了明确规定。具体是：

1. 非居民个人取得劳务报酬所得、稿酬所得、特许权使用费所得[①]。根据不同所得项目的特点，分别规定为：

（1）属于一次性收入的，以取得该项收入为一次。

就劳务报酬所得来看，从事设计、安装、装潢、制图、化验、测试等劳务，往往是接受客户的委托，按照客户的要求，完成一次劳务后取得收入。因此，这些收入属于一次性收入，应以每次提供劳务取得的收入为一次。但需要注意的是，如果一次性劳务报酬收入是以分月支付的方式取得的，就适用"同一事项连续取得收入，以1个月内取得的收入为一次"的规定。

就稿酬来看，以每次出版、发表取得的收入为一次，不论出版单位是预付还是分笔支付稿酬，或者加印该作品后再付稿酬，均应合并其稿酬所得按一次计征个人所得税。

---

① 由于居民个人取得的劳务报酬所得、稿酬所得和特许权使用费所得均纳入综合所得按年征收，当居民个人取得这些所得时，扣缴义务人仍需按"次"预扣预缴相应税款，因此这里"次"的规定也适用于本章第二节中的相关内容。

具体又可细分为：同一作品再版取得的所得，应视作另一次稿酬所得计征个人所得税。同一作品先在报刊上连载，然后再出版，或先出版，再在报刊上连载的，应视为两次稿酬所得征税。即连载作为一次，出版作为另一次。同一作品在报刊上连载取得收入的，以连载完成后取得的所有收入合并为一次，计征个人所得税。同一作品在出版和发表时，以预付稿酬或分次支付稿酬等形式取得的稿酬收入，应合并计算为一次。同一作品出版、发表后，因添加印数而追加稿酬的，应与以前出版、发表时取得的稿酬合并计算为一次，计征个人所得税。在两处或两处以上出版、发表或再版同一作品而取得稿酬所得，则可分别就各处取得的所得或再版所得按分次所得计征个人所得税。作者去世后，对取得其遗作稿酬的个人，按"稿酬所得"项目征收个人所得税。

就特许权使用费来看，以某项使用权的一次转让所取得的收入为一次。一个非居民个人，可能不仅拥有一项特许权，每一项特许权的使用权也可能不止一次地向我国境内提供。因此，对特许权使用费所得的"次"的界定，明确为以每一项使用权的每次转让所取得的收入为一次。如果该次转让取得的收入是分笔支付的，则应将各笔收入相加，计征个人所得税。

（2）属于同一事项连续取得收入的，以 1 个月内取得的收入为一次。例如，某外籍歌手（非居民个人）与一卡拉 OK 厅签约，在一定时期内每天到卡拉 OK 厅演唱一次，每次演出后卡拉 OK 厅对其付酬 500 元。在计算其劳务报酬所得时，应视为同一事项的连续性收入，以其 1 个月内取得的收入为一次计征个人所得税，而不能以每天取得的收入为一次。

2. 财产租赁所得，以 1 个月内取得的收入为一次。

3. 利息、股息、红利所得，以支付利息、股息、红利时取得的收入为一次。

4. 偶然所得，以每次取得该项收入为一次。

（二）应纳税所得额和费用减除标准

1. 居民个人取得综合所得，以每年收入额减除费用 60 000 元以及专项扣除、专项附加扣除和依法确定的其他扣除后的余额，为应纳税所得额。

（1）专项扣除，包括居民个人按照国家规定的范围和标准缴纳的基本养老保险、基本医疗保险、失业保险等社会保险费和住房公积金等。

（2）专项附加扣除，包括 3 岁以下婴幼儿照护、子女教育、继续教育、大病医疗、住房贷款利息、住房租金和赡养老人等支出，具体范围、标准和实施步骤由国务院确定，并报全国人民代表大会常务委员会备案。

（3）依法确定的其他扣除，包括个人缴付符合国家规定的企业年金、职业年金，个人购买的符合国家规定的商业健康保险、税收递延型商业养老保险的支出，以及国务院规定可以扣除的其他项目。

（4）专项扣除、专项附加扣除和依法确定的其他扣除，以居民个人一个纳税年度的应纳税所得额为限额；一个纳税年度扣除不完的，不结转以后年度扣除。

2. 非居民个人的工资、薪金所得，以每月收入额减除费用 5 000 元后的余额为应纳税所得额；劳务报酬所得、稿酬所得、特许权使用费所得，以每次收入额为应纳税所得额。

3. 经营所得，以每一纳税年度的收入总额减除成本、费用以及损失后的余额，为应纳税所得额。

所称成本、费用，是指生产、经营活动中发生的各项直接支出和分配计入成本的间接费用以及销售费用、管理费用、财务费用；所称损失，是指生产、经营活动中发生的固定资产和存货的盘亏、毁损、报废损失，转让财产损失，坏账损失，自然灾害等不可抗力因素造成的损失以及其他损失。

取得经营所得的个人，没有综合所得的，在计算其每一纳税年度的应纳税所得额时，应当减除费用60 000元、专项扣除、专项附加扣除以及依法确定的其他扣除。专项附加扣除在办理汇算清缴时减除。

纳税人从事生产、经营活动，未提供完整、准确的纳税资料，不能正确计算应纳税所得额的，由主管税务机关核定其应纳税所得额或者应纳税额。

个人独资企业的投资者以全部生产经营所得为应纳税所得额；合伙企业的投资者按照合伙企业的全部生产经营所得和合伙协议约定的分配比例，确定应纳税所得额，合伙协议没有约定分配比例的，以全部生产经营所得和合伙人数量为标准平均计算每个投资者的应纳税所得额。

上述所称生产经营所得，包括企业分配给投资者个人的所得和企业当年留存的所得（利润）。

对个体工商户业主、个人独资企业和合伙企业自然人投资者的生产经营所得依法计征个人所得税时，个体工商户业主、个人独资企业和合伙企业自然人投资者本人的费用扣除标准统一确定为60 000元/年（5 000元/月）。

对企业事业单位的承包经营、承租经营所得，以每一纳税年度的收入总额，减除必要费用后的余额，为应纳税所得额。这里的每一纳税年度的收入总额，是指纳税义务人按照承包经营、承租经营合同规定分得的经营利润和工资、薪金性质的所得；这里减除必要费用，是指按年减除60 000元。

4. 财产租赁所得，每次收入不超过4 000元的，减除费用800元；4 000元以上的，减除20%的费用，其余额为应纳税所得额。

5. 财产转让所得，以转让财产的收入额减除财产原值和合理费用后的余额，为应纳税所得额。财产原值，按照下列方法计算：

（1）有价证券，为买入价以及买入时按照规定缴纳的有关费用。

（2）建筑物，为建造费或者购进价格以及其他有关费用。

（3）土地使用权，为取得土地使用权所支付的金额、开发土地的费用以及其他有关费用。

（4）机器设备、车船，为购进价格、运输费、安装费以及其他有关费用。

（5）其他财产，参照以上方法确定。

纳税义务人未提供完整、准确的财产原值凭证，不能正确计算财产原值的，由主管税务机关核定其财产原值。

合理费用，是指卖出财产时按照规定支付的有关费用。

6. 利息、股息、红利所得和偶然所得，以每次收入额为应纳税所得额。

7. 专项附加扣除标准。

专项附加扣除目前包含了3岁以下婴幼儿照护、子女教育、继续教育、大病医疗、住房贷款利息、住房租金、赡养老人等7项支出,并将根据教育、医疗、住房、养老等民生支出变化情况,适时调整专项附加扣除的范围和标准。取得综合所得和经营所得的居民个人可以享受专项附加扣除。

(1) 3岁以下婴幼儿照护。

纳税人照护3岁以下婴幼儿子女的相关支出,按照每个婴幼儿每月2 000元(每年24 000元)的标准定额扣除。

父母可以选择由其中一方按扣除标准的100%扣除,也可以选择由双方分别按扣除标准的50%扣除,具体扣除方式在一个纳税年度内不能变更。

(2) 子女教育。

纳税人年满3岁的子女接受学前教育和学历教育的相关支出,按照每个子女每月2 000元(每年24 000元)的标准定额扣除。

学前教育包括年满3岁至小学入学前教育;学历教育包括义务教育(小学、初中教育)、高中阶段教育(普通高中、中等职业、技工教育)、高等教育(大学专科、大学本科、硕士研究生、博士研究生教育)。

父母可以选择由其中一方按扣除标准的100%扣除,也可以选择由双方分别按扣除标准的50%扣除,具体扣除方式在一个纳税年度内不能变更。

纳税人子女在中国境外接受教育的,纳税人应当留存境外学校录取通知书、留学签证等相关教育的证明资料备查。

(3) 继续教育。

纳税人在中国境内接受学历(学位)继续教育的支出,在学历(学位)教育期间按照每月400元(每年4 800元)定额扣除。同一学历(学位)继续教育的扣除期限不能超过48个月(4年)。纳税人接受技能人员职业资格继续教育、专业技术人员职业资格继续教育支出,在取得相关证书的当年,按照3 600元定额扣除。

个人接受本科及以下学历(学位)继续教育,符合税法规定扣除条件的,可以选择由其父母扣除,也可以选择由本人扣除。

纳税人接受技能人员职业资格继续教育、专业技术人员职业资格继续教育的,应当留存相关证书等资料备查。

(4) 大病医疗。

在一个纳税年度内,纳税人发生的与基本医保相关的医药费用支出,扣除医保报销后个人负担(指医保目录范围内的自付部分)累计超过15 000元的部分,由纳税人在办理年度汇算清缴时,在80 000元限额内据实扣除。

纳税人发生的医药费用支出可以选择由本人或者其配偶扣除;未成年子女发生的医药费用支出可以选择由其父母一方扣除。纳税人及其配偶、未成年子女发生的医药费用支出,应按前述规定分别计算扣除额。

纳税人应当留存医药服务收费及医保报销相关票据原件(或复印件)等资料备查。医疗保障部门应当向患者提供在医疗保障信息系统记录的本人年度医药费用信息查询服务。

(5) 住房贷款利息。

纳税人本人或配偶,单独或共同使用商业银行或住房公积金个人住房贷款,为本人或其配偶购买中国境内住房，发生的首套住房贷款利息支出，在实际发生贷款利息的年度，按照每月1 000元（每年12 000元）的标准定额扣除，扣除期限最长不超过240个月（20年）。纳税人只能享受一套首套住房贷款利息扣除。

所称首套住房贷款是指购买住房享受首套住房贷款利率的住房贷款。

经夫妻双方约定，可以选择由其中一方扣除，具体扣除方式确定后，在一个纳税年度内不得变更。

夫妻双方婚前分别购买住房发生的首套住房贷款，其贷款利息支出，婚后可以选择其中一套购买的住房，由购买方按扣除标准的100%扣除，也可以由夫妻双方对各自购买的住房分别按扣除标准的50%扣除，具体扣除方式在一个纳税年度内不能变更。

纳税人应当留存住房贷款合同、贷款还款支出凭证备查。

（6）住房租金。

纳税人在主要工作城市没有自有住房而发生的住房租金支出，可以按照以下标准定额扣除：

直辖市、省会（首府）城市、计划单列市以及国务院确定的其他城市，扣除标准为每月1 500元（每年18 000元）。除上述所列城市外，市辖区户籍人口超过100万的城市，扣除标准为每月1 100元（每年13 200元）；市辖区户籍人口不超过100万的城市，扣除标准为每月800元（每年9 600元）。

市辖区户籍人口，以国家统计局公布的数据为准。

所称主要工作城市是指纳税人任职受雇的直辖市、计划单列市、副省级城市、地级市（地区、州、盟）全部行政区域范围；纳税人无任职受雇单位的，为受理其综合所得汇算清缴的税务机关所在城市。

夫妻双方主要工作城市相同的，只能由一方扣除住房租金支出。

住房租金支出由签订租赁住房合同的承租人扣除。

纳税人及其配偶在一个纳税年度内不得同时分别享受住房贷款利息专项附加扣除和住房租金专项附加扣除。

纳税人应当留存住房租赁合同、协议等有关资料备查。

（7）赡养老人。

纳税人赡养一位及以上被赡养人的赡养支出，统一按以下标准定额扣除：

纳税人为独生子女的，按照每月3 000元（每年36 000元）的标准定额扣除；纳税人为非独生子女的，由其与兄弟姐妹分摊每月3 000元的扣除额度，每人分摊的额度最高不得超过每月1 500元。可以由赡养人均摊或者约定分摊，也可以由被赡养人指定分摊。约定或者指定分摊的须签订书面分摊协议，指定分摊优于约定分摊。具体分摊方式和额度在一个纳税年度内不得变更。

所称被赡养人是指年满60岁的父母，以及子女均已去世的年满60岁的祖父母、外祖父母。

（三）应纳税所得额的其他规定

1. 劳务报酬所得、稿酬所得、特许权使用费所得以收入减除20%的费用后的余额为收入额。稿酬所得的收入额减按70%计算。个人兼有不同的劳务报酬所得，应当分别减除费用，计算缴纳个人所得税。

2. 个人将其所得对教育、扶贫、济困等公益慈善事业进行捐赠，捐赠额未超过纳税人申报的应纳税所得额30%的部分，可以从其应纳税所得额中扣除；国务院规定对公益慈善事业捐赠实行全额税前扣除的，从其规定。

所称个人将其所得对教育、扶贫、济困等公益慈善事业进行捐赠，是指个人将其所得通过中国境内的公益性社会组织、国家机关向教育、扶贫、济困等公益慈善事业的捐赠；所称应纳税所得额，是指计算扣除捐赠额之前的应纳税所得额（详见本章第五节第十三项）。

3. 个人所得的形式，包括现金、实物、有价证券和其他形式的经济利益；所得为实物的，应当按照取得的凭证上所注明的价格计算应纳税所得额，无凭证的实物或者凭证上所注明的价格明显偏低的，参照市场价格核定应纳税所得额；所得为有价证券的，根据票面价格和市场价格核定应纳税所得额；所得为其他形式的经济利益的，参照市场价格核定应纳税所得额。

4. 居民个人从中国境外取得的所得，可以从其应纳税额中抵免已在境外缴纳的个人所得税税额，但抵免额不得超过该纳税人境外所得依照税法规定计算的应纳税额。

5. 个人的外币收入折合成人民币的换算方法。

（1）个人取得的收入和所得为美元、日元、港币的，统一使用中国人民银行公布的人民币对上述三种货币的基准汇价计税。

（2）个人取得的收入和所得为其他货币的，应当根据美元对人民币的基准汇价和国家外汇管理局提供的纽约外汇市场美元对主要外币的汇价套算，按照套算以后的汇价计税。套算公式为：

$$某种货币对人民币的汇价 = \frac{美元对人民币的基准汇价}{纽约外汇市场美元对该种货币的汇价}$$

（3）个人在报送纳税申报表时，应当附送汇价折算的计算过程。

（4）所得为人民币以外货币的，按照办理纳税申报或者扣缴申报的上一月最后一日人民币汇率中间价，折合成人民币计算应纳税所得额。年度终了后办理汇算清缴的，对已经按月、按季或者按次预缴税款的人民币以外货币所得，不再重新折算；对应当补缴税款的所得部分，按照上一纳税年度最后一日人民币汇率中间价，折合成人民币计算应纳税所得额。

6. 对个人从事技术转让、提供劳务等过程中所支付的中介费，如能提供有效、合法凭证的，允许从其所得中扣除。

7. 至2027年12月31日，外籍个人符合居民个人条件的，可以选择享受个人所得税专项附加扣除，也可以选择享受住房补贴、语言训练费、子女教育费等津补贴免税优惠政策，但不得同时享受。外籍个人一经选择，在一个纳税年度内不得变更。

三、应纳税额的计算

依照税法规定的适用税率和费用扣除标准，各项所得的应纳税额计算，分别如下：

(一) 居民个人综合所得应纳税额的计算

首先，工资、薪金所得全额计入收入额；而劳务报酬所得、特许权使用费所得的收入额为实际取得劳务报酬、特许权使用费收入的80%；此外，稿酬所得的收入额在扣除20%费用的基础上，再减按70%计算，即稿酬所得的收入额为实际取得稿酬收入的56%。

其次，居民个人的综合所得，以每一纳税年度的收入额减除费用60 000元以及专项扣除、专项附加扣除和依法确定的其他扣除后的余额，为应纳税所得额。

居民个人综合所得应纳税额的计算公式为：

应纳税额 = $\sum$（每一级数的全年应纳税所得额 × 对应级数的适用税率）

= $\sum$[每一级数（全年收入额 − 60 000元 − 专项扣除 − 享受的专项附加扣除 − 享受的其他扣除）× 对应级数的适用税率]

需要注意的是，由于居民个人的全年综合所得在计算应纳个人所得税税额时，适用的是超额累进税率，所以，计算比较繁琐。运用速算扣除数计算法，可以简化计算过程。速算扣除数是指在采用超额累进税率征税的情况下，根据超额累进税率表中划分的应纳税所得额级距和税率，先用全额累进方法计算出税额，再减去用超额累进方法计算的应征税额以后的差额。当超额累进税率表中的级距和税率确定以后，各级速算扣除数也固定不变，成为计算应纳税额时的常数。虽然税法中没有提供含有速算扣除数的税率表，但我们可以利用上述原理整理出包含有速算扣除数的居民个人全年综合所得个人所得税税率表（见表5－3）。

表5－3　综合所得个人所得税税率表（含速算扣除数）

级数	全年应纳税所得额	税率（%）	速算扣除数（元）
1	不超过36 000元的	3	0
2	超过36 000元至144 000元的部分	10	2 520
3	超过144 000元至300 000元的部分	20	16 920
4	超过300 000元至420 000元的部分	25	31 920
5	超过420 000元至660 000元的部分	30	52 920
6	超过660 000元至960 000元的部分	35	85 920
7	超过960 000元的部分	45	181 920

这样，居民个人综合所得应纳税额的计算公式应为：

应纳税额 = 全年应纳税所得额 × 适用税率 − 速算扣除数

= （全年收入额 − 60 000元 − 专项扣除 − 享受的专项附加扣除 − 享受的其他扣除）× 适用税率 − 速算扣除数

▶【例5－1】假定某居民个人纳税人2023年扣除"三险一金"后共取得含税工资收入120 000元，除住房贷款专项附加扣除外，该纳税人不享受其余专项附加扣除和税法规定的其他扣除。计算其当年应纳个人所得税税额。

（1）全年应纳税所得额 = 120 000 − 60 000 − 12 000 = 48 000（元）

(2) 应纳税额 = 48 000 × 10% − 2 520 = 2 280（元）

▶【例 5 − 2】假定某居民个人纳税人为独生子女，2023 年交完社保和住房公积金后共取得税前工资收入 20 万元，劳务报酬 20 000 元，稿酬 10 000 元。该纳税人有两个小孩且均由其扣除子女教育专项附加，纳税人的父母健在且均已年满 60 岁。计算其当年应纳个人所得税税额。

(1) 全年应纳税所得额 = 200 000 + 20 000 × (1 − 20%) + 10 000 × 70% × (1 − 20%) − 60 000 − 24 000 × 2 − 36 000 = 77 600（元）

(2) 应纳税额 = 77 600 × 10% − 2 520 = 5 240（元）

需要注意的是，2027 年 12 月 31 日前，居民个人取得全年一次性奖金，可不并入当年综合所得，单独计算缴纳个人所得税。全年一次性奖金是指行政机关、企事业单位等扣缴义务人根据其全年经济效益和对雇员全年工作业绩的综合考核情况，向雇员发放的一次性奖金。一次性奖金也包括年终加薪、实行年薪制和绩效工资办法的单位根据考核情况兑现的年薪和绩效工资。

(二) 全员全额扣缴申报纳税（预缴税款）

税法规定，扣缴义务人向个人支付应税款项时，应当依照《个人所得税法》规定预扣或者代扣税款，按时缴库，并专项记载备查。

全员全额扣缴申报，是指扣缴义务人应当在代扣税款的次月 15 日内，向主管税务机关报送其支付所得的所有个人的有关信息、支付所得数额、扣除事项和数额、扣缴税款的具体数额和总额以及其他相关涉税信息资料。这种方法有利于控制税源、防止漏税和逃税。

根据《个人所得税法》及其《实施条例》《税收征收管理法》及其《实施细则》的有关规定，国家税务总局制定下发了《个人所得税扣缴申报管理办法（试行）》（以下简称《管理办法》）。自 2019 年 1 月 1 日起执行的《管理办法》，对扣缴义务人和代扣预扣税款的范围、不同项目所得扣缴方法、扣缴义务人的义务及应承担的责任等内容做了明确规定。

1. 扣缴义务人和代扣预扣税款的范围。

(1) 扣缴义务人，是指向个人支付所得的单位或者个人。所称支付，包括现金支付、汇拨支付、转账支付和以有价证券、实物以及其他形式的支付。

(2) 实行个人所得税全员全额扣缴申报的应税所得包括：工资、薪金所得；劳务报酬所得；稿酬所得；特许权使用费所得；利息、股息、红利所得；财产租赁所得；财产转让所得；偶然所得。扣缴义务人应当依法办理全员全额扣缴申报。

2. 不同项目所得的扣缴方法。

(1) 居民个人取得工资、薪金所得的扣缴办法。

①扣缴义务人向居民个人支付工资、薪金所得时，应当按照累计预扣法计算预扣税款，并按月办理扣缴申报。居民个人取得全年一次性奖金、半年奖、季度奖、加班奖、先进奖、考勤奖等各种名目奖金时，也须与当月工资、薪金收入合并，按税法规定缴纳（扣缴）个人所得税。

累计预扣法，是指扣缴义务人在一个纳税年度内预扣预缴税款时，以纳税人在本单位截至当前月份工资、薪金所得累计收入减除累计免税收入、累计减除费用、累计专项扣除、累计专项附加扣除和累计依法确定的其他扣除后的余额为累计预扣预缴应纳税所得额，适用居民个人工资、薪金所得预扣预缴率表（见表5-4），计算累计应预扣预缴税额，再减除累计减免税额和累计已预扣预缴税额，其余额为本期应预扣预缴税额。余额为负值时，暂不退税。纳税年度终了后余额仍为负值时，由纳税人通过办理综合所得年度汇算清缴，税款多退少补。

具体计算公式为：

本期应预扣预缴税额 =（累计预扣预缴应纳税所得额 × 预扣率 - 速算扣除数）- 累计减免税额 - 累计已预扣预缴税额

累计预扣预缴应纳税所得额 = 累计收入 - 累计免税收入 - 累计减除费用 - 累计专项扣除 - 累计专项附加扣除 - 累计依法确定的其他扣除

其中：累计减除费用，按照5 000元/月乘以纳税人当年截至本月在本单位的任职受雇月份数计算。

表5-4 　　　　　　　居民个人工资、薪金所得预扣预缴率表

级数	累计预扣预缴应纳税所得额	预扣率（％）	速算扣除数（元）
1	不超过36 000元的	3	0
2	超过36 000元至144 000元的部分	10	2 520
3	超过144 000元至300 000元的部分	20	16 920
4	超过300 000元至420 000元的部分	25	31 920
5	超过420 000元至660 000元的部分	30	52 920
6	超过660 000元至960 000元的部分	35	85 920
7	超过960 000元的部分	45	181 920

居民个人向扣缴义务人提供有关信息并依法要求办理专项附加扣除的，扣缴义务人应当按照规定在工资、薪金所得按月预扣预缴税款时予以扣除，不得拒绝。

年度预扣预缴税额与年度应纳税额不一致的，由居民个人于次年3月1日至6月30日向主管税务机关办理综合所得年度汇算清缴，税款多退少补。

▶【例5-3】某居民个人2023年每月取得工资收入10 000元，每月缴纳社保费用和住房公积金1 500元，该居民个人全年均享受住房贷款利息专项附加扣除，请计算该居民个人的工资、薪金扣缴义务人2023年每月代扣代缴的税款金额。

2023年1月：

累计预扣预缴应纳税所得额 = 累计收入 - 累计免税收入 - 累计基本减除费用 - 累计专项扣除 - 累计专项附加扣除 - 累计依法确定的其他扣除
= 10 000 - 5 000 - 1 500 - 1 000 = 2 500（元）

本期应预扣预缴税额 = 2 500 × 3% - 0 = 75（元）

2023年2月：

累计预扣预缴应纳税所得额 = 累计收入 - 累计免税收入 - 累计基本减除费用 - 累计专项扣除 - 累计专项附加扣除 - 累计依法确定的其他扣除
= 20 000 - 10 000 - 3 000 - 2 000 = 5 000（元）

本期应预扣预缴税额＝（5 000×3%－0）－累计减免税额－累计已预扣预缴税额
＝150－75＝75（元）

2023年12月：

累计预扣预缴应纳税所得额＝累计收入－累计免税收入－累计基本减除费用－累计专项扣除－累计专项附加扣除－累计依法确定的其他扣除
＝120 000－60 000－18 000－12 000＝30 000（元）

本期应预扣预缴税额＝（30 000×3%－0）－累计减免税额－累计已预扣预缴税额
＝900－75×11＝75（元）

②自2020年7月1日起，对一个纳税年度内首次取得工资、薪金所得的居民个人，扣缴义务人在预扣预缴个人所得税时，可按照5 000元/月乘以纳税人当年截至本月月份数计算累计减除费用。

所称首次取得工资、薪金所得的居民个人，是指自纳税年度首月起至新入职时，未取得工资、薪金所得或者未按照累计预扣法预扣预缴过连续性劳务报酬所得个人所得税的居民个人。

▶【例5-4】大学生小李2023年7月毕业后进入某公司工作，公司发放7月份工资并计算当期应预扣预缴的个人所得税时，可减除费用35 000元（7个月×5 000元/月）。

③自2021年1月1日起，对同时符合下列第a～c项条件的居民个人，扣缴义务人在预扣预缴本年度工资、薪金所得个人所得税时，累计减除费用自1月份起直接按照全年60 000元计算扣除。即，在纳税人累计收入不超过60 000元的月份，暂不预扣预缴个人所得税；在其累计收入超过60 000元的当月及年内后续月份，再预扣预缴个人所得税：

a. 上一纳税年度1～12月均在同一单位任职且预扣预缴申报了工资、薪金所得个人所得税。

b. 上一纳税年度1～12月的累计工资、薪金收入（包括全年一次性奖金等各类工资、薪金所得，且不扣减任何费用及免税收入）不超过60 000元。

c. 本纳税年度自1月起，仍在该单位任职受雇并取得工资、薪金所得。

扣缴义务人应当按规定办理全员全额扣缴申报，并在《个人所得税扣缴申报表》相应纳税人的备注栏注明"上年各月均有申报且全年收入不超过60 000元"字样。

▶【例5-5】小张为A单位员工，2023年1～12月在A单位取得工资、薪金50 000元，单位为其办理了2023年1～12月的工资、薪金所得个人所得税全员全额明细申报。2024年，A单位1月给其发放10 000元工资，2～12月每月发放4 000元工资。在不考虑"三险一金"等各项扣除情况下，按照第①项所示的预扣预缴方法，小张1月需预缴个人所得税150元［（10 000－5 000）×3%］，其他月份无须预缴个人所得税；2023年全年算账，因其年收入不足60 000元，故通过汇算清缴可退税150元。采用新预扣预缴方法后，小张自1月份起即可直接扣除全年累计减除费用60 000元而无须预缴税款，年度终了也就不用办理汇算清缴。

▶【例5-6】小周为A单位员工，2023年1～12月在A单位取得工资、薪金50 000元，单位为其办理了2023年1～12月的工资、薪金所得个人所得税全员全额明细申报。2024年，A单位每月给其发放工资8 000元，个人按国家标准缴付"三险一金"2 000元。2024年，在不考虑其他扣除情况下，按照第①项所示的预扣预缴方法，小周每月需预缴个人所得税30元。采用新预扣预缴方法后，1～7月，小周因其累计收入为56 000元（8 000×7）不足60 000元而无须缴税；从8月起，小张累计收入超过60 000元，每月需要预扣预缴的税款计算如下：

9月预扣预缴税款=（8 000×9-2 000×9-60 000）×3%-0=0

10月预扣预缴税款=（8 000×10-2 000×10-60 000）×3%-0=0

11月预扣预缴税款=（8 000×11-2 000×11-60 000）×3%-0=180（元）

12月预扣预缴税款=（8 000×12-2 000×12-60 000）×3%-180=180（元）

需要说明的是，对符合上述第③项第a～c条的纳税人，如扣缴义务人预计本年度发放给其的收入将超过60 000元，纳税人需要纳税记录或者本人有多处所得合并后全年收入预计超过60 000元等原因，扣缴义务人与纳税人可在当年1月份税款扣缴申报前经双方确认后，按照第①项所示的预扣预缴方法计算并预缴个人所得税。比如在【例5-6】中，假设A单位预计2023年为小周全年发放工资96 000元，可在2023年1月工资发放前和小周确认后，按照原预扣预缴方法每月扣缴申报30元税款。

（2）居民个人取得劳务报酬所得、稿酬所得、特许权使用费所得的扣缴办法。

①扣缴义务人向居民个人支付劳务报酬所得、稿酬所得、特许权使用费所得时，应当按照以下方法按次或者按月预扣预缴税款：

a. 劳务报酬所得、稿酬所得、特许权使用费所得以收入减除费用后的余额为收入额；其中，稿酬所得的收入额减按70%计算。

b. 减除费用：预扣预缴税款时，劳务报酬所得、稿酬所得、特许权使用费所得每次收入不超过4 000元的，减除费用按800元计算；每次收入4 000元以上的，减除费用按收入的20%计算。

c. 应纳税所得额：劳务报酬所得、稿酬所得、特许权使用费所得，以每次收入额为预扣预缴应纳税所得额，计算应预扣预缴税额。劳务报酬所得适用居民个人劳务报酬所得预扣预缴率表（见表5-5），稿酬所得、特许权使用费所得适用20%的比例预扣率。

d. 预扣预缴税额计算公式为：

劳务报酬所得应预扣预缴税额=预扣预缴应纳税所得额×预扣率-速算扣除数

稿酬所得、特许权使用费所得应预扣预缴税额=预扣预缴应纳税所得额×20%

表5-5　　　　　　居民个人劳务报酬所得预扣预缴率表

级数	预扣预缴应纳税所得额	预扣率（%）	速算扣除数（元）
1	不超过20 000元的	20	0
2	超过20 000元至50 000元的部分	30	2 000
3	超过50 000元的部分	40	7 000

居民个人办理年度综合所得汇算清缴时，应当依法计算劳务报酬所得、稿酬所得、

特许权使用费所得的收入额,并入年度综合所得计算应纳税款,税款多退少补。

▶【例5-7】歌星刘某一次取得表演收入40 000元,扣除20%的费用后,应纳税所得额为32 000元。请计算其应预扣预缴个人所得税税额。

应预扣预缴税额 = 预扣预缴应纳税所得额 × (1 - 20%) × 预扣率 - 速算扣除数
= 40 000 × (1 - 20%) × 30% - 2 000 = 7 600(元)

▶【例5-8】某作家为居民个人,2024年3月取得一次未扣除个人所得税的稿酬收入20 000元,请计算其应预扣预缴的个人所得税税额。

应预扣预缴税额 = 预扣预缴应纳税所得额 × 预扣率
= 20 000 × (1 - 20%) × 70% × 20% = 2 240(元)

②自2020年7月1日起,正在接受全日制学历教育的学生因实习取得劳务报酬所得的,扣缴义务人预扣预缴个人所得税时,可按照上述规定的累计预扣法计算并预扣预缴税款。

▶【例5-9】学生小张2024年7月在某公司实习取得劳务报酬3 000元。扣缴单位在为其预扣预缴劳务报酬所得个人所得税时,可采取累计预扣法预扣预缴税款。如采用该方法,那么小张7月劳务报酬扣除5 000元减除费用后则无须预缴税款,比预扣预缴方法完善调整前少预缴440元。如小张年内再无其他综合所得,也就无须办理年度汇算退税。

③自2021年1月1日起,对同时符合下列第a~c项条件的居民个人,扣缴义务人在预扣预缴本年度劳务报酬所得个人所得税时,累计减除费用自1月起直接按照全年60 000元计算扣除。即,在纳税人累计收入不超过60 000元的月份,暂不预扣预缴个人所得税;在其累计收入超过60 000元的当月及年内后续月份,再预扣预缴个人所得税:

a. 上一纳税年度1~12月均在同一单位取酬且按照累计预扣法预扣预缴申报了劳务报酬所得个人所得税。

b. 上一纳税年度1~12月的累计劳务报酬(不扣减任何费用及免税收入)不超过60 000元。

c. 本纳税年度自1月起,仍在该单位取得按照累计预扣法预扣预缴税款的劳务报酬所得。

扣缴义务人应当按规定办理全员全额扣缴申报,并在《个人所得税扣缴申报表》相应纳税人的备注栏注明"上年各月均有申报且全年收入不超过60 000元"字样。

(3)扣缴义务人支付利息、股息、红利所得,财产租赁所得,财产转让所得或者偶然所得时,应当依法按次或者按月代扣代缴税款。

(4)劳务报酬所得、稿酬所得、特许权使用费所得,属于一次性收入的,以取得该项收入为一次;属于同一项目连续性收入的,以一个月内取得的收入为一次。

财产租赁所得,以一个月内取得的收入为一次。

利息、股息、红利所得,以支付利息、股息、红利时取得的收入为一次。

偶然所得,以每次取得该项收入为一次。

(5)纳税人需要享受税收协定待遇的,应当在取得应税所得时主动向扣缴义务人提出,并提交相关信息资料,扣缴义务人代扣代缴税款时按照享受税收协定待遇有关办法办理。

(6) 扣缴义务人未将扣缴的税款解缴入库的，不影响纳税人按照规定申请退税，税务机关应当凭纳税人提供的有关资料办理退税。

3. 扣缴义务人责任与义务。

(1) 支付工资、薪金所得的扣缴义务人应当于年度终了后 2 个月内，向纳税人提供其个人所得和已扣缴税款等信息。纳税人年度中间需要提供上述信息的，扣缴义务人应当提供。

纳税人取得除工资、薪金所得以外的其他所得，扣缴义务人应当在扣缴税款后，及时向纳税人提供其个人所得和已扣缴税款等信息。

(2) 扣缴义务人应当按照纳税人提供的信息计算税款、办理扣缴申报，不得擅自更改纳税人提供的信息。

扣缴义务人发现纳税人提供的信息与实际情况不符的，可以要求纳税人修改。纳税人拒绝修改的，扣缴义务人应当报告税务机关，税务机关应当及时处理。

纳税人发现扣缴义务人提供或者扣缴申报的个人信息、支付所得、扣缴税款等信息与实际情况不符的，有权要求扣缴义务人修改。扣缴义务人拒绝修改的，纳税人应当报告税务机关，税务机关应当及时处理。

(3) 扣缴义务人对纳税人提供的《个人所得税专项附加扣除信息表》，应当按照规定妥善保存备查。

(4) 扣缴义务人应当依法对纳税人报送的专项附加扣除等相关涉税信息和资料保密。

(5) 对扣缴义务人按照规定扣缴的税款，按年付给2%的手续费。不包括税务机关、司法机关等查补或者责令补扣的税款。

扣缴义务人领取的扣缴手续费可用于提升办税能力、奖励办税人员。

(6) 扣缴义务人依法履行代扣代缴义务，纳税人不得拒绝。纳税人拒绝的，扣缴义务人应当及时报告税务机关。

(7) 扣缴义务人有未按照规定向税务机关报送资料和信息、未按照纳税人提供信息虚报虚扣专项附加扣除、应扣未扣税款、不缴或少缴已扣税款、借用或冒用他人身份等行为的，依照《税收征收管理法》等相关法律、行政法规处理。

4. 代扣代缴期限。

扣缴义务人每月或者每次预扣、代扣的税款，应当在次月 15 日内缴入国库，并向税务机关报送《个人所得税扣缴申报表》。

扣缴义务人首次向纳税人支付所得时，应当按照纳税人提供的纳税人识别号等基础信息，填写《个人所得税基础信息表（A 表）》，并于次月扣缴申报时向税务机关报送。

扣缴义务人对纳税人向其报告的相关基础信息变化情况，应当于次月扣缴申报时向税务机关报送。

(三) 非居民个人取得工资、薪金所得，劳务报酬所得，稿酬所得和特许权使用费所得应纳税额的计算

1. 首先需要明确的是，同居民个人取得的劳务报酬所得、稿酬所得和特许权使用费所得一样，非居民个人取得的这些项目的所得同样适用劳务报酬所得、稿酬所得、特许权使用费所得以收入减除 20% 的费用后的余额为收入额、稿酬所得的收入额减按 70% 计算的规定。

非居民个人的工资、薪金所得，以每月收入额减除费用 5 000 元后的余额为应纳税所得额；劳务报酬所得、稿酬所得、特许权使用费所得，以每次收入额为应纳税所得额。

前面提到：非居民个人取得工资、薪金所得，劳务报酬所得，稿酬所得和特许权使用费所得，依照表 5-1 按月换算后计算应纳税额。因此，非居民个人从我国境内取得这些所得时，适用的税率见表 5-6。

表 5-6　非居民个人工资、薪金所得，劳务报酬所得，稿酬所得，特许权使用费所得适用税率表

级数	应纳税所得额	税率（%）	速算扣除数（元）
1	不超过 3 000 元的	3	0
2	超过 3 000 元至 12 000 元的部分	10	210
3	超过 12 000 元至 25 000 元的部分	20	1 410
4	超过 25 000 元至 35 000 元的部分	25	2 660
5	超过 35 000 元至 55 000 元的部分	30	4 410
6	超过 55 000 元至 80 000 元的部分	35	7 160
7	超过 80 000 元的部分	45	15 160

▶【例 5-10】假定某外商投资企业中工作的美国专家（假设为非居民纳税人）2024 年 2 月取得由该企业发放的含税工资收入 10 400 元人民币，此外还从别处取得劳务报酬 5 000 元人民币。请计算当月其应纳个人所得税税额。

（1）该非居民个人当月工资、薪金所得应纳税额 =（10 400 - 5 000）× 10% - 210
= 330（元）

（2）该非居民个人当月劳务报酬所得应纳税额 = 5 000 ×（1 - 20%）× 10% - 210
= 190（元）

2. 非居民个人取得工资、薪金所得，劳务报酬所得，稿酬所得和特许权使用费所得，有扣缴义务人的，由扣缴义务人按月或者按次代扣代缴税款，不办理汇算清缴。

扣缴义务人向非居民个人支付工资、薪金所得，劳务报酬所得，稿酬所得和特许权使用费所得时，应当按照以下方法按月或者按次代扣代缴税款：

（1）非居民个人的工资、薪金所得，以每月收入额减除费用 5 000 元后的余额为应纳税所得额。

（2）劳务报酬所得、稿酬所得、特许权使用费所得，以每次收入额为应纳税所得额，适用非居民个人工资、薪金所得，劳务报酬所得，稿酬所得，特许权使用费所得适用税率表（见表 5-6）计算应纳税额。劳务报酬所得、稿酬所得、特许权使用费所得以收入减除 20% 的费用后的余额为收入额，其中，稿酬所得的收入额减按 70% 计算。

（3）税款扣缴计算公式为：

非居民个人工资、薪金所得，劳务报酬所得，稿酬所得，特许权使用费所得应纳税额 = 应纳税所得额 × 税率 - 速算扣除数

非居民个人在一个纳税年度内税款扣缴方法保持不变，达到居民个人条件时，应当

告知扣缴义务人基础信息变化情况,年度终了后按照居民个人有关规定办理汇算清缴。

对于非居民个人取得工资、薪金所得,劳务报酬所得,稿酬所得和特许权使用费所得,扣缴义务人的责任、义务及扣缴期限与前述居民个人取得综合所得时相同。

(四)经营所得应纳税额的计算

经营所得应纳税额的计算公式为:

应纳税额 = 全年应纳税所得额 × 适用税率 – 速算扣除数

或:应纳税额 = (全年收入总额 – 成本、费用以及损失) × 适用税率 – 速算扣除数

同居民个人综合所得应纳税额的计算一样,利用税法给出的经营所得税税率表,换算得到包含速算扣除数的经营所得适用税率表(见表5–7)。

表5–7 经营所得个人所得税税率表(含速算扣除数)

级数	全年应纳税所得额	税率(%)	速算扣除数(元)
1	不超过30 000元的	5	0
2	超过30 000元至90 000元的部分	10	1 500
3	超过90 000元至300 000元的部分	20	10 500
4	超过300 000元至500 000元的部分	30	40 500
5	超过500 000元的部分	35	65 500

自2023年1月1日至2027年12月31日,对个体工商户年应纳税所得额不超过200万元的部分,减半征收个人所得税。个体工商户在享受现行其他个人所得税优惠政策的基础上,可叠加享受本条优惠政策。个体工商户不区分征收方式,均可享受。

减免税额 = (个体工商户经营所得应纳税所得额不超过200万元部分的应纳税额 – 其他政策减免税额 × 个体工商户经营所得应纳税所得额不超过200万元部分 ÷ 经营所得应纳税所得额) × 50%

1. 个体工商户应纳税额的计算。

个体工商户应纳税所得额的计算,以权责发生制为原则,属于当期的收入和费用,不论款项是否收付,均作为当期的收入和费用;不属于当期的收入和费用,即使款项已经在当期收付,均不作为当期的收入和费用。财政部、国家税务总局另有规定的除外。基本规定如下:

(1) 计税基本规定。

①个体工商户的生产、经营所得,以每一纳税年度的收入总额,减除成本、费用、税金、损失、其他支出以及允许弥补的以前年度亏损后的余额,为应纳税所得额。

个体工商户从事生产经营以及与生产经营有关的活动(以下简称生产经营)取得的货币形式和非货币形式的各项收入,为收入总额。包括销售货物收入、提供劳务收入、转让财产收入、利息收入、租金收入、接受捐赠收入、其他收入。

其中:其他收入包括个体工商户资产溢余收入、逾期一年以上的未退包装物押金收入、确实无法偿付的应付款项、已作坏账损失处理后又收回的应收款项、债务重组收入、补贴收入、违约金收入、汇兑收益等。

成本,是指个体工商户在生产经营活动中发生的销售成本、销货成本、业务支出以

及其他耗费。

费用，是指个体工商户在生产经营活动中发生的销售费用、管理费用和财务费用，已经计入成本的有关费用除外。

税金，是指个体工商户在生产经营活动中发生的除个人所得税和允许抵扣的增值税以外的各项税金及其附加。

损失，是指个体工商户在生产经营活动中发生的固定资产和存货的盘亏、毁损、报废损失，转让财产损失，坏账损失，自然灾害等不可抗力因素造成的损失以及其他损失。

个体工商户发生的损失，减除责任人赔偿和保险赔款后的余额，参照财政部、国家税务总局有关企业资产损失税前扣除的规定扣除。

个体工商户已经作为损失处理的资产，在以后纳税年度又全部收回或者部分收回时，应当计入收回当期的收入。

其他支出，是指除成本、费用、税金、损失外，个体工商户在生产经营活动中发生的与生产经营活动有关的、合理的支出。

个体工商户发生的支出应当区分收益性支出和资本性支出。收益性支出在发生当期直接扣除；资本性支出应当分期扣除或者计入有关资产成本，不得在发生当期直接扣除。

上述支出，是指与取得收入直接相关的支出。

除税收法律法规另有规定外，个体工商户实际发生的成本、费用、税金、损失和其他支出，不得重复扣除。

亏损，是指个体工商户依照规定计算的应纳税所得额小于0的数额。

②个体工商户的下列支出不得扣除：

个人所得税税款，税收滞纳金，罚金、罚款和被没收财物的损失，不符合扣除规定的捐赠支出，赞助支出，用于个人和家庭的支出，与取得生产经营收入无关的其他支出，国家税务总局规定不准扣除的支出。

③个体工商户生产经营活动中，应当分别核算生产经营费用和个人、家庭费用。对于因生产经营与个人、家庭生活混用难以分清的费用，其40%视为与生产经营有关的费用，准予扣除。

④个体工商户纳税年度发生的亏损，准予向以后年度结转，用以后年度的生产经营所得弥补，但结转年限最长不得超过5年。

⑤个体工商户使用或者销售存货，按照规定计算的存货成本，准予在计算应纳税所得额时扣除。

⑥个体工商户转让资产，该项资产的净值，准予在计算应纳税所得额时扣除。

⑦个体工商户与企业联营而分得的利润，按"利息、股息、红利所得"项目征收个人所得税。

⑧个体工商户和从事生产、经营的个人，取得与生产、经营活动无关的各项应税所得，应按规定分别计算征收个人所得税。

（2）扣除项目及标准。

个体工商户实际支付给从业人员的、合理的工资、薪金支出，准予扣除。个体工商户业主的费用扣除标准，确定为60 000元/年。个体工商户业主的工资、薪金支出不得税前扣除。

个体工商户按照国务院有关主管部门或者省级人民政府规定的范围和标准为其业主和从业人员缴纳的基本养老保险费、基本医疗保险费、失业保险费、生育保险费、工伤保险费和住房公积金，准予扣除。个体工商户为从业人员缴纳的补充养老保险费、补充医疗保险费，分别在不超过从业人员工资总额5%标准内的部分据实扣除；超过部分，不得扣除。个体工商户业主本人缴纳的补充养老保险费、补充医疗保险费，以当地（地级市）上年度社会平均工资的3倍为计算基数，分别在不超过该计算基数5%标准内的部分据实扣除；超过部分，不得扣除。

除个体工商户依照国家有关规定为特殊工种从业人员支付的人身安全保险费和财政部、国家税务总局规定可以扣除的其他商业保险费外，个体工商户业主本人或者为从业人员支付的商业保险费，不得扣除。

个体工商户在生产经营活动中发生的合理的不需要资本化的借款费用，准予扣除。个体工商户为购置、建造固定资产、无形资产和经过12个月以上的建造才能达到预定可销售状态的存货发生借款的，在有关资产购置、建造期间发生的合理的借款费用，应当作为资本性支出计入有关资产的成本，依照规定扣除。

个体工商户在生产经营活动中发生的下列利息支出，准予扣除：向金融企业借款的利息支出；向非金融企业和个人借款的利息支出，不超过按照金融企业同期同类贷款利率计算的数额的部分。

个体工商户在货币交易中，以及纳税年度终了时将人民币以外的货币性资产、负债按照期末即期人民币汇率中间价折算为人民币时产生的汇兑损失，除已经计入有关资产成本部分外，准予扣除。

个体工商户向当地工会组织拨缴的工会经费、实际发生的职工福利费支出、职工教育经费支出分别在工资、薪金总额的2%、14%、2.5%的标准内据实扣除。工资、薪金总额是指允许在当期税前扣除的工资、薪金支出数额。职工教育经费的实际发生数额超出规定比例当期不能扣除的数额，准予在以后纳税年度结转扣除。个体工商户业主本人向当地工会组织缴纳的工会经费、实际发生的职工福利费支出、职工教育经费支出，以当地（地级市）上年度社会平均工资的3倍为计算基数，在上述规定的比例内据实扣除。

个体工商户发生的与生产经营活动有关的业务招待费，按照实际发生额的60%扣除，但最高不得超过当年销售（营业）收入的5‰。业主自申请营业执照之日起至开始生产经营之日止所发生的业务招待费，按照实际发生额的60%计入个体工商户的开办费。

个体工商户每一纳税年度发生的与其生产经营活动直接相关的广告费和业务宣传费不超过当年销售（营业）收入15%的部分，可以据实扣除；超过部分，准予在以后纳税年度结转扣除。

个体工商户代其从业人员或者他人负担的税款，不得税前扣除。

个体工商户按照规定缴纳的摊位费、行政性收费、协会会费等，按实际发生数额扣除。

个体工商户根据生产经营活动的需要租入固定资产支付的租赁费，按照以下方法扣除：以经营租赁方式租入固定资产发生的租赁费支出，按照租赁期限均匀扣除；以融资租赁方式租入固定资产发生的租赁费支出，按照规定构成融资租入固定资产价值的部分应当提取折旧费用，分期扣除。

个体工商户参加财产保险，按照规定缴纳的保险费，准予扣除。

个体工商户发生的合理的劳动保护支出，准予扣除。

个体工商户自申请营业执照之日起至开始生产经营之日止所发生的符合规定的费用，除为取得固定资产、无形资产的支出，以及应计入资产价值的汇兑损益、利息支出外，作为开办费，个体工商户可以选择在开始生产经营的当年一次性扣除，也可自生产经营月份起在不短于3年期限内摊销扣除，但一经选定，不得改变。

开始生产经营之日为个体工商户取得第一笔销售（营业）收入的日期。

个体工商户通过公益性社会团体或者县级以上人民政府及其部门，用于《中华人民共和国公益事业捐赠法》规定的公益事业的捐赠，捐赠额不超过其应纳税所得额30%的部分可以据实扣除。

财政部、国家税务总局规定可以全额在税前扣除的捐赠支出项目，按有关规定执行。

个体工商户直接对受益人的捐赠不得扣除。

公益性社会团体的认定，按照财政部、国家税务总局、民政部的有关规定执行。

赞助支出，是指个体工商户发生的与生产经营活动无关的各种非广告性质支出。

个体工商户研究开发新产品、新技术、新工艺所发生的开发费用，以及研究开发新产品、新技术而购置单台价值在10万元以下的测试仪器和试验性装置的购置费准予直接扣除；单台价值在10万元以上（含10万元）的测试仪器和试验性装置，按固定资产管理，不得在当期直接扣除。

▶【例5-11】纳税人张某同时经营个体工商户A和个体工商户B，年应纳税所得额分别为80万元和150万元，那么张某在年度汇总纳税申报时，可以享受减半征收个人所得税政策的应纳税所得额为200万元。

▶【例5-12】某个体工商户，账证健全，2023年12月取得经营收入为320 000元，准许扣除的当月成本、费用（不含业主工资）及相关税金共计250 600元。1~11月累计应纳税所得额88 400元（未扣除业主费用减除标准），1~11月累计已预缴个人所得税10 200元。除经营所得外，业主本人没有其他收入，且2023年全年均享受赡养老人专项附加扣除和残疾人政策减免税额2 000元。不考虑专项扣除和符合税收法律、法规和文件规定的其他扣除，请计算该个体工商户2023年度汇算清缴时应申请的个人所得税退税额。

纳税人取得经营所得，按年计算个人所得税，由纳税人在月度或季度终了后15日内，向经营管理所在地主管税务机关办理预缴纳税申报；在取得所得的次年3月31日前，向经营管理所在地主管税务机关办理汇算清缴。因此，按照税法规定，先计算全年应纳税所得额，再计算全年应纳税额，并根据全年应纳税额和当年已预缴税额计算出当年应补（退）税额。

全年应纳税所得额 = 320 000 - 250 600 + 88 400 - 60 000 - 36 000 = 61 800（元）

全年应缴纳个人所得税 = [(61 800 × 10% - 1 500) - 2 000] × 50% = 2 680 × 50% = 1 340（元）

该个体工商户2023年度应申请的个人所得税退税额 = 10 200 - 1 340 = 8 860（元）

▶【例5-13】纳税人吴某经营个体工商户C，年应纳税所得额为2 400 000元（适用税率35％，速算扣除数65 500），同时可以享受残疾人政策减免税额6 000元，那么吴某该项政策的减免税额＝［（2 000 000×35％－65 500）－6 000×2 000 000÷2 400 000］×50％＝314 750（元）。

2. 个人独资企业和合伙企业应纳税额的计算。

对个人独资企业和合伙企业生产经营所得，其个人所得税应纳税额的计算有以下两种方法：

（1）查账征税。

自2019年1月1日起，个人独资企业和合伙企业投资者的生产经营所得依法计征个人所得税时，个人独资企业和合伙企业投资者本人的费用扣除标准统一确定为60 000元/年，即5 000元/月。投资者的工资不得在税前扣除。

投资者及其家庭发生的生活费用不允许在税前扣除。投资者及其家庭发生的生活费用与企业生产经营费用混合在一起，并且难以划分的，全部视为投资者个人及其家庭发生的生活费用，不允许在税前扣除。

企业生产经营和投资者及其家庭生活共用的固定资产，难以划分的，由主管税务机关根据企业的生产经营类型、规模等具体情况，核定准予在税前扣除的折旧费用的数额或比例。

企业向其从业人员实际支付的合理的工资、薪金支出，允许在税前据实扣除。

企业拨缴的工会经费、发生的职工福利费、职工教育经费支出分别在工资、薪金总额2％、14％、2.5％的标准内据实扣除。

每一纳税年度发生的广告费和业务宣传费用不超过当年销售（营业）收入15％的部分，可据实扣除；超过部分，准予在以后纳税年度结转扣除。

每一纳税年度发生的与其生产经营业务直接相关的业务招待费支出，按照发生额的60％扣除，但最高不得超过当年销售（营业）收入的5‰。

企业计提的各种准备金不得扣除。

投资者兴办两个或两个以上企业的，根据前述规定准予扣除的个人费用，由投资者选择在其中一个企业的生产经营所得中扣除。

企业的年度亏损，允许用本企业下一年度的生产经营所得弥补，下一年度所得不足弥补的，允许逐年延续弥补，但最长不得超过5年。

投资者兴办两个或两个以上企业的，企业的年度经营亏损不能跨企业弥补。

投资者来源于中国境外的生产经营所得，已在境外缴纳所得税的，可以按照《个人所得税法》的有关规定计算扣除已在境外缴纳的所得税。

自2022年1月1日起，持有股权、股票、合伙企业财产份额等权益性投资的个人独资企业、合伙企业，一律适用查账征收方式计征个人所得税。

（2）核定征收。

核定征收方式，包括定额征收、核定应税所得率征收以及其他合理的征收方式。

有下列情形之一的，主管税务机关应采取核定征收方式征收个人所得税：

①企业依照国家有关规定应当设置但未设置账簿的。

②企业虽设置账簿，但账目混乱或者成本资料、收入凭证、费用凭证残缺不全，难

以查账的。

③纳税人发生纳税义务，未按照规定的期限办理纳税申报，经税务机关责令限期申报，逾期仍不申报的。

实行核定应税所得率征收方式的，应纳所得税额的计算公式为：

应纳所得税额＝应纳税所得额×适用税率

应纳税所得额＝收入总额×应税所得率

或：应纳税所得额＝成本费用支出额÷（1－应税所得率）×应税所得率

应税所得率应按规定的标准执行见表5－8。

表5－8　　　　　　　　　个人所得税核定征收应税所得率表

行业	应税所得率（%）
工业、交通运输业、商业	5～20
建筑业、房地产开发业	7～20
饮食服务业	7～25
娱乐业	20～40
其他行业	10～30

企业经营多业的，无论其经营项目是否单独核算，均应根据其主营项目确定其适用的应税所得率。

实行核定征收的投资者，不能享受个人所得税的优惠政策。

实行查账征收方式的个人独资企业和合伙企业改为核定征收方式后，在查账征收方式下认定的年度经营亏损未弥补完的部分，不得再继续弥补。

取得经营所得的个人，没有综合所得的，计算其每一纳税年度的应纳税所得额时，应当减除费用60 000元、专项扣除、专项附加扣除以及依法确定的其他扣除，专项附加扣除在办理汇算清缴时减除。

需要注意的是，自2022年1月1日起，持有股权、股票、合伙企业财产份额等权益性投资的个人独资企业、合伙企业（以下简称独资合伙企业），一律适用查账征收方式计征个人所得税。独资合伙企业应自持有上述权益性投资之日起30日内，主动向税务机关报送持有权益性投资的情况。

（3）此外，对于无论是查账征收，还是核定征收的个人独资企业和合伙企业，税法规定如下：

个人独资企业和合伙企业对外投资分回的利息或者股息、红利，不并入企业的收入，而应单独作为投资者个人取得的利息、股息、红利所得，按"利息、股息、红利所得"项目计算缴纳个人所得税。以合伙企业名义对外投资分回利息或者股息、红利的，应按个人独资企业的投资者以全部生产经营所得为应纳税所得额；合伙企业的投资者按照合伙企业的全部生产经营所得和合伙协议约定的分配比例确定应纳税所得额，合伙协议没有约定分配比例的，以全部生产经营所得和合伙人数量平均计算每个投资者的应纳税所得额，确定各个投资者的利息、股息、红利所得，分别按"利息、股息、红利所得"项目计算缴纳个人所得税。

残疾人员投资兴办或参与投资兴办个人独资企业和合伙企业的,残疾人员取得的经营所得,符合各省、自治区、直辖市人民政府规定的减征个人所得税条件的,经本人申请、主管税务机关审核批准,可按各省、自治区、直辖市人民政府规定减征的范围和幅度,减征个人所得税。

企业进行清算时,投资者应当在注销工商登记之前,向主管税务机关结清有关税务事宜。企业的清算所得应当视为年度生产经营所得,由投资者依法缴纳个人所得税。

所称清算所得,是指企业清算时的全部资产或者财产的公允价值扣除各项清算费用、损失、负债、以前年度留存的利润后,超过实缴资本的部分。

企业在纳税年度的中间开业,或者由于合并、关闭等原因,使纳税年度的实际经营期不足 12 个月的,应当以其实际经营期为一个纳税年度。

（五）财产租赁所得应纳税额的计算

1. 应纳税所得额。

财产租赁所得一般以个人每次取得的收入,定额或定率减除规定费用后的余额为应纳税所得额。每次收入不超过 4 000 元,定额减除费用 800 元;每次收入在 4 000 元以上,定率减除 20% 的费用。财产租赁所得以 1 个月内取得的收入为一次。

在确定财产租赁的应纳税所得额时,纳税人在出租财产过程中缴纳的税金和教育费附加,可持完税（缴款）凭证,从其财产租赁收入中扣除。准予扣除的项目除了规定费用和有关税、费外,还包括能够提供有效、准确凭证,证明由纳税人负担的该出租财产实际开支的修缮费用。允许扣除的修缮费用,以每次 800 元为限。一次扣除不完的,准予在下一次继续扣除,直到扣完为止。

（1）个人出租财产取得的财产租赁收入,在计算缴纳个人所得税时,应依次扣除以下费用:

①财产租赁过程中缴纳的税金和国家能源交通重点建设基金、国家预算调节基金、教育费附加。

②由纳税人负担的该出租财产实际开支的修缮费用。

③税法规定的费用扣除标准。

（2）应纳税所得额的计算公式为:

①每次（月）收入不超过 4 000 元的:

应纳税所得额 = 每次（月）收入额 - 准予扣除项目 - 修缮费用（800 元为限）- 800 元

②每次（月）收入超过 4 000 元的:

应纳税所得额 = [每次（月）收入额 - 准予扣除项目 - 修缮费用（800 元为限）] × (1 - 20%)

2. 个人房屋转租应纳税额的计算。

个人将承租房屋转租取得的租金收入,属于个人所得税应税所得,应按"财产租赁所得"项目计算缴纳个人所得税。

具体规定为:

（1）取得转租收入的个人向房屋出租方支付的租金,凭房屋租赁合同和合法支付凭据允许在计算个人所得税时，从该项转租收入中扣除。

(2) 有关财产租赁所得个人所得税税前扣除税费的扣除次序调整为：

①财产租赁过程中缴纳的税费。

②向出租方支付的租金。

③由纳税人负担的租赁财产实际开支的修缮费用。

④税法规定的费用扣除标准。

3. 应纳税额的计算方法。

财产租赁所得适用20%的比例税率。但对个人按市场价格出租的居民住房取得的所得，自2001年1月1日起暂减按10%的税率征收个人所得税。其应纳税额的计算公式为：

应纳税额 = 应纳税所得额 × 适用税率

▶【例5-14】刘某于2023年1月将其自有的面积为150平方米的公寓按市场价出租给张某居住。刘某每月取得租金收入4 500元，全年租金收入54 000元。计算刘某全年租金收入应缴纳的个人所得税（不考虑其他税费）。

财产租赁收入以每月内取得的收入为一次，按市场价出租给个人居住适用10%的税率，因此，刘某每月及全年应纳税额为：

每月应纳税额 = 4 500 × (1 - 20%) × 10% = 360（元）

全年应纳税额 = 360 × 12 = 4 320（元）

本例在计算个人所得税时未考虑其他税、费。如果对租金收入计征增值税、城市维护建设税、房产税和教育费附加等，还应将其从税前的收入中先扣除后再计算应缴纳的个人所得税。

假定【例5-14】中，当年2月公寓的下水道堵塞，刘某找人修理，发生修理费用1 000元，有维修部门的正式收据，则2月和3月刘某的应纳税额为：

2月应纳税额 = (4 500 - 800) × (1 - 20%) × 10% = 296（元）

3月应纳税额 = (4 500 - 200) × (1 - 20%) × 10% = 344（元）

在实际征税过程中，有时会出现财产租赁所得的纳税人不明确的情况。对此，在确定财产租赁所得纳税人时，应以产权凭证为依据。无产权凭证的，由主管税务机关根据实际情况确定纳税人。如果产权所有人死亡，在未办理产权继承手续期间，该财产出租且有租金收入的，以领取租金收入的个人为纳税人。

（六）财产转让所得应纳税额的计算

1. 一般情况下财产转让所得应纳税额的计算。

财产转让所得应纳税额的计算公式为：

应纳税额 = 应纳税所得额 × 适用税率 = (收入总额 - 财产原值 - 合理费用) × 20%

▶【例5-15】某居民个人建房一幢，造价360 000元，支付其他费用50 000元。该个人完成建房后将房屋出售，售价600 000元，在售房过程中按规定支付交易费等相关税费35 000元，其应纳个人所得税税额的计算过程为：

应纳税所得额 = 财产转让收入 - 财产原值 - 合理费用
         = 600 000 - (360 000 + 50 000) - 35 000 = 155 000（元）

应纳税额 = 155 000 × 20% = 31 000（元）

2. 个人住房转让所得应纳税额的计算。

自 2006 年 8 月 1 日起，个人转让住房所得应纳个人所得税的计算具体规定如下：

（1）以实际成交价格为转让收入。纳税人申报的住房成交价格明显低于市场价格且无正当理由的，征收机关有权根据有关信息核定其转让收入，但必须保证各税种的计税价格一致。

（2）纳税人的原购房合同、发票等有效凭证，经税务机关审核后，其房屋原值、转让住房过程中缴纳的税金及有关合理费用允许从转让收入中减除。

房屋原值具体为：①商品房，为购置该房屋时实际支付的房价款及缴纳的相关税费。②自建住房，为实际发生的建造费用及建造和取得产权时实际缴纳的相关税费。③经济适用房（含集资合作建房、安居工程住房），为原购房人实际支付的房价款及相关税费，以及按规定缴纳的土地出让金。④已购公有住房，为原购公有住房标准面积按当地经济适用房价格计算的房价款，加上原购公有住房超标准面积实际支付的房价款以及按规定向财政部门（或原产权单位）缴纳的所得收益及相关税费。已购公有住房是指城镇职工根据国家和县级（含县级）以上人民政府有关城镇住房制度改革政策规定，按照成本价（或标准价）购买的公有住房。经济适用房价格按县级（含县级）以上地方人民政府规定的标准确定。⑤城镇拆迁安置住房，其原值分别为：房屋拆迁取得货币补偿后购置房屋的，为购置该房屋实际支付的房价款及缴纳的相关税费；房屋拆迁采取产权调换方式的，所调换房屋原值为《房屋拆迁补偿安置协议》注明的价款及缴纳的相关税费；房屋拆迁采取产权调换方式，被拆迁人除取得所调换房屋，又取得部分货币补偿的，所调换房屋原值为《房屋拆迁补偿安置协议》注明的价款和缴纳的相关税费，减去货币补偿后的余额；房屋拆迁采取产权调换方式，被拆迁人取得所调换房屋，又支付部分货币的，所调换房屋原值为《房屋拆迁补偿安置协议》注明的价款，加上所支付的货币及缴纳的相关税费。

转让住房过程中缴纳的税金是指纳税人在转让住房时实际缴纳的城市维护建设税、教育费附加、土地增值税、印花税等税金。

合理费用是指纳税人按照规定实际支付的住房装修费用、住房贷款利息、手续费、公证费等费用。其中：①住房装修费用。纳税人能提供实际支付装修费用的税务统一发票，并且发票上所列付款人姓名与转让房屋产权人一致的，经税务机关审核，其转让的住房在转让前实际发生的装修费用，可在以下规定比例内扣除：已购公有住房、经济适用房的最高扣除限额为房屋原值的 15%；商品房及其他住房的最高扣除限额为房屋原值的 10%。纳税人原购房为装修房，即合同注明房价款中含有装修费（铺装了地板，装配了洁具、厨具等）的，不得再重复扣除装修费用。②住房贷款利息。纳税人出售以按揭贷款方式购置的住房，其向贷款银行实际支付的住房贷款利息，凭贷款银行出具的有效证明据实扣除。③纳税人按照有关规定实际支付的手续费、公证费等，凭有关部门出具的有效证明据实扣除。

（3）纳税人未提供完整、准确的房屋原值凭证，不能正确计算房屋原值和应纳税额的，税务机关可根据《税收征收管理法》第三十五条的规定，对其实行核定征税，即按纳税人住房转让收入的一定比例核定应纳个人所得税额。具体比例由省级税务局或者省级税务局授权的地市级税务局根据纳税人出售住房的所处区域、地理位置、建造时间、房屋类型、住房平均价格水平等因素，在住房转让收入1%～3%的幅度内确定。

（4）关于个人转让离婚析产房屋的征税问题。

通过离婚析产的方式分割房屋产权是夫妻双方对共同共有财产的处置，个人因离婚办理房屋产权过户手续，不征收个人所得税。

个人转让离婚析产房屋所取得的收入，允许以扣除其相应的财产原值和合理费用后的余额，按照规定的税率缴纳个人所得税；其相应的财产原值，为房屋初次购置全部原值和相关税费之和乘以转让者占房屋所有权的比例。

个人离婚析产房屋，为家庭生活自用5年以上唯一住房的，其转让收入可以申请免征个人所得税，其购置时间按照个人购买住房取得的房屋产权证或契税完税证明上注明的时间作为其购买房屋的时间执行。对于纳税人申报时，同时出具房屋产权证和契税完税证明且二者所注明的时间不一致的，按照"孰先"的原则确定购买房屋的时间。即房屋产权证上注明的时间早于契税完税证明上注明的时间的，以房屋产权证注明的时间为购买房屋的时间；契税完税证明上注明的时间早于房屋产权证上注明的时间的，以契税完税证明上注明的时间为购买房屋的时间。

3. 个人转让股权应纳税额的计算。

为加强股权转让所得个人所得税征收管理，规范税务机关、纳税人和扣缴义务人征纳行为，维护纳税人合法权益，自2015年1月1日起，按照国家税务总局发布的《股权转让所得个人所得税管理办法（试行）》计算个人转让股权应纳税额。

（1）基本概念。

股权是指自然人股东（以下简称个人）投资于在中国境内成立的企业或组织（以下统称被投资企业，不包括个人独资企业和合伙企业）的股权或股份。

股权转让是指个人将股权转让给其他个人或法人的行为，包括以下情形：

①出售股权。

②公司回购股权。

③发行人首次公开发行新股时，被投资企业股东将其持有的股份以公开发行方式一并向投资者发售。

④股权被司法或行政机关强制过户。

⑤以股权对外投资或进行其他非货币性交易。

⑥以股权抵偿债务。

⑦其他股权转移行为。

个人转让股权，以股权转让收入减除股权原值和合理费用后的余额为应纳税所得额，按"财产转让所得"项目缴纳个人所得税。合理费用是指股权转让时按照规定支付的有关税费。

个人转让股权所得在计征个人所得税时，以股权转让方为纳税人，以受让方为扣缴义务人。

扣缴义务人应于股权转让相关协议签订后5个工作日内，将股权转让的有关情况报告主管税务机关。

被投资企业应当详细记录股东持有本企业股权的相关成本，如实向税务机关提供与股权转让有关的信息，协助税务机关依法执行公务。

（2）股权转让收入的确认。

股权转让收入，是指转让方因股权转让而获得的现金、实物、有价证券和其他形式的经济利益。

转让方取得与股权转让相关的各种款项，包括违约金、补偿金以及其他名目的款项、资产、权益等，均应当并入股权转让收入。

纳税人按照合同约定，在满足约定条件后取得的后续收入，应当作为股权转让收入。

股权转让收入应当按照公平交易原则确定。

符合下列情形之一的，主管税务机关可以核定股权转让收入：

①申报的股权转让收入明显偏低且无正当理由的。

②未按照规定期限办理纳税申报，经税务机关责令限期申报，逾期仍不申报的。

③转让方无法提供或拒不提供股权转让收入的有关资料。

④其他应核定股权转让收入的情形。

符合下列情形之一，视为股权转让收入明显偏低：

①申报的股权转让收入低于股权对应的净资产份额的。其中，被投资企业拥有土地使用权、房屋、房地产企业未销售房产、知识产权、探矿权、采矿权、股权等资产的，申报的股权转让收入低于股权对应的净资产公允价值份额的。

②申报的股权转让收入低于初始投资成本或低于取得该股权所支付的价款及相关税费的。

③申报的股权转让收入低于相同或类似条件下同一企业同一股东或其他股东股权转让收入的。

④申报的股权转让收入低于相同或类似条件下同类行业的企业股权转让收入的。

⑤不具合理性的无偿让渡股权或股份。

⑥主管税务机关认定的其他情形。

符合下列条件之一的股权转让收入明显偏低，视为有正当理由：

①能出具有效文件，证明被投资企业因国家政策调整，生产经营受到重大影响，导致低价转让股权。

②继承或将股权转让给其能提供具有法律效力身份关系证明的配偶、父母、子女、祖父母、外祖父母、孙子女、外孙子女、兄弟姐妹以及对转让人承担直接抚养或者赡养义务的抚养人或者赡养人。

③相关法律、政府文件或企业章程规定，并有相关资料充分证明转让价格合理且真实的本企业员工持有的不能对外转让股权的内部转让。

④股权转让双方能够提供有效证据证明其合理性的其他合理情形。

主管税务机关应依次按照下列方法核定股权转让收入：

①净资产核定法。

股权转让收入按照每股净资产或股权对应的净资产份额核定。

被投资企业的土地使用权、房屋、房地产企业未销售房产、知识产权、探矿权、采矿权、股权等资产占企业总资产比例超过20%的，主管税务机关可参照纳税人提供的具有法定资质的中介机构出具的资产评估报告核定股权转让收入。

6个月内再次发生股权转让且被投资企业净资产未发生重大变化的，主管税务机关可参照上一次股权转让时被投资企业的资产评估报告核定此次股权转让收入。

②类比法。

参照相同或类似条件下同一企业同一股东或其他股东股权转让收入核定。

参照相同或类似条件下同类行业企业股权转让收入核定。

③其他合理方法。

主管税务机关采用以上方法核定股权转让收入存在困难的，可以采取其他合理方法核定。

（3）股权原值的确认。

个人转让股权的原值依照以下方法确认：

①以现金出资方式取得的股权，按照实际支付的价款与取得股权直接相关的合理税费之和确认股权原值。

②以非货币性资产出资方式取得的股权，按照税务机关认可或核定的投资入股时非货币性资产价格与取得股权直接相关的合理税费之和确认股权原值。

③通过无偿让渡方式取得股权，具备"继承或将股权转让给其能提供具有法律效力身份关系证明的配偶、父母、子女、祖父母、外祖父母、孙子女、外孙子女、兄弟姐妹以及对转让人承担直接抚养或者赡养义务的抚养人或者赡养人"情形的，按取得股权发生的合理税费与原持有人的股权原值之和确认股权原值。

④被投资企业以资本公积、盈余公积、未分配利润转增股本，个人股东已依法缴纳个人所得税的，以转增额与相关税费之和确认其新转增股本的股权原值。

⑤除以上情形外，由主管税务机关按照避免重复征收个人所得税的原则合理确认股权原值。

股权转让人已被主管税务机关核定股权转让收入并依法征收个人所得税的，该股权受让人的股权原值以取得股权时发生的合理税费与股权转让人被主管税务机关核定的股权转让收入之和确认。

个人转让股权未提供完整、准确的股权原值凭证，不能正确计算股权原值的，由主管税务机关核定其股权原值。

对个人多次取得同一被投资企业股权的，转让部分股权时，采用"加权平均法"确定其股权原值。

4. 个人转让债券类债权时原值的确定。

转让债券类债权，采用"加权平均法"确定其应予减除的财产原值和合理费用。即以纳税人购进的同一种类债券买入价和买进过程中缴纳的税费总和，除以纳税人购进的该种类债券数量之和，乘以纳税人卖出的该种类债券数量，再加上卖出该种类债券过程中缴纳的税费。用公式表示为：

一次卖出某一种类债券允许扣除的买入价和费用＝纳税人购进的该种类债券买入价

和买进过程中交纳的税费总和÷纳税人购进的该种类债券总数量×一次卖出的该种类债券的数量+卖出该种类债券过程中缴纳的税费

5. 房屋赠与个人所得税的计算。

（1）以下情形的房屋产权无偿赠与，对当事双方不征收个人所得税：

①房屋产权所有人将房屋产权无偿赠与配偶、父母、子女、祖父母、外祖父母、孙子女、外孙子女、兄弟姐妹。

②房屋产权所有人将房屋产权无偿赠与对其承担直接抚养或者赡养义务的抚养人或者赡养人。

③房屋产权所有人死亡，依法取得房屋产权的法定继承人、遗嘱继承人或者受遗赠人。

（2）除上述情形以外，房屋产权所有人将房屋产权无偿赠与他人的，受赠人因无偿受赠房屋取得的受赠所得，按照"偶然所得"项目缴纳个人所得税，税率为20%。

（3）对受赠人无偿受赠房屋计征个人所得税时，其应纳税所得额为房地产赠与合同上标明的赠与房屋价值减除赠与过程中受赠人支付的相关税费后的余额。赠与合同标明的房屋价值明显低于市场价格或房地产赠与合同未标明赠与房屋价值的，税务机关可依据受赠房屋的市场评估价格或采取其他合理方式确定受赠人的应纳税所得额。

（4）受赠人转让受赠房屋的，以其转让受赠房屋的收入减除原捐赠人取得该房屋的实际购置成本以及赠与和转让过程中受赠人支付的相关税费后的余额为受赠人的应纳税所得额，依法计征个人所得税。受赠人转让受赠房屋价格明显偏低且无正当理由的，税务机关可以依据该房屋的市场评估价格或以其他合理方式确定的价格核定其转让收入。

（七）利息、股息、红利所得和偶然所得应纳税额的计算

利息、股息、红利所得和偶然所得应纳税额的计算公式为：

应纳税额＝应纳税所得额×适用税率
　　　　＝每次收入额×20%

第三节　税收优惠

《个人所得税法》及其《实施条例》以及财政部、国家税务总局的若干规定等，都对个人所得项目给予了减税、免税的优惠，主要有：

一、免征个人所得税的优惠

1. 省级人民政府、国务院部委和中国人民解放军军以上单位，以及外国组织颁发（颁布）的科学、教育、技术、文化、卫生、体育、环境保护等方面的奖金（奖学金）。

对个人获得的下列奖项的奖金收入，视为省级人民政府、国务院部委和中国人民解放军军以上单位，以及外国组织颁发（颁布）的科学、教育、技术、文化、卫生、体育、

环境保护等方面的奖金（奖学金），免征个人所得税：

（1）曾宪梓教育基金会教师奖。

（2）学生个人参与"长江小小科学家"活动和"明天小小科学家"活动获得的奖金。

（3）联合国开发计划署和中国青少年发展基金会"国际青少年消除贫困奖"。

（4）中国青年乡镇企业家协会"母亲河（波司登）奖"。

（5）陈嘉庚基金会"陈嘉庚科学奖"。

（6）中国科学院"刘东生青年科学家奖""刘东生地球科学奖学金"。

（7）中华全国总工会、科技部、人社部"全国职工职业技能大赛"获奖者取得的奖金收入。

（8）中华环境保护基金会"中华宝钢环境优秀奖"。

（9）原国土资源部、李四光地质科学奖基金"李四光地质科学奖"。

（10）原国土资源部、黄汲清青年地质科学技术奖基金管理委员会"黄汲清青年地质科学技术奖"。

2. 国债和国家发行的金融债券利息。国债利息，是指个人持有中华人民共和国财政部发行的债券而取得的利息所得和2012年及以后年度发行的地方政府债券（以省、自治区、直辖市和计划单列市政府为发行和偿还主体）取得的利息所得；国家发行的金融债券利息，是指个人持有经国务院批准发行的金融债券而取得的利息所得。

3. 按照国家统一规定发给的补贴、津贴。按照国家统一规定发给的补贴、津贴，是指按照国务院规定发给的政府特殊津贴、院士津贴，以及国务院规定免予缴纳个人所得税的其他补贴、津贴。

4. 福利费、抚恤金、救济金。福利费，是指根据国家有关规定，从企业、事业单位、国家机关、社会团体提留的福利费或者工会经费中支付给个人的生活补助费；救济金，是指各级人民政府民政部门支付给个人的生活困难补助费。

5. 保险赔款。

6. 军人的转业费、复员费。对退役士兵按照《退役士兵安置条例》规定，取得的一次性退役金以及地方政府发放的一次性经济补助，免征个人所得税。

7. 按照国家统一规定发给干部、职工的安家费、退职费、基本养老金或者退休费、离休费、离休生活补助费。

8. 依照我国有关法律规定应予免税的各国驻华使馆、领事馆的外交代表、领事官员和其他人员的所得。

上述所得，是指依照《中华人民共和国外交特权与豁免条例》和《中华人民共和国领事特权与豁免条例》规定免税的所得。

9. 中国政府参加的国际公约以及签订的协议中规定免税的所得。

10. 对乡、镇（含乡、镇）以上人民政府或经县（含县）以上人民政府主管部门批准成立的有机构、有章程的见义勇为基金或者类似性质组织，奖励见义勇为者的奖金或奖品，经主管税务机关核准，免征个人所得税。

11. 企业和个人按照省级以上人民政府规定的比例缴付的住房公积金、医疗保险金、基本养老保险金、失业保险金，允许在个人应纳税所得额中扣除，免予征收个人所得税。

超过规定的比例缴付的部分应并入个人当期的工资、薪金收入，计征个人所得税。

个人领取原提存的住房公积金、医疗保险金、基本养老保险金时，免予征收个人所得税。

对按照国家或省级地方政府规定的比例缴付的住房公积金、医疗保险金、基本养老保险金和失业保险金存入银行个人账户所取得的利息收入，免征个人所得税。

12. 对个人取得的教育储蓄存款利息所得以及国务院财政部门确定的其他专项储蓄存款或者储蓄性专项基金存款的利息所得，免征个人所得税。自2008年10月9日起，对居民储蓄存款利息，暂免征收个人所得税。

13. 储蓄机构内从事代扣代缴工作的办税人员取得的扣缴利息税手续费所得，免征个人所得税。

14. 生育妇女按照县级以上人民政府根据国家有关规定制定的生育保险办法，取得的生育津贴、生育医疗费或其他属于生育保险性质的津贴、补贴，免征个人所得税。

15. 对工伤职工及其近亲属按照《工伤保险条例》规定取得的工伤保险待遇，免征个人所得税。工伤保险待遇，包括工伤职工按照《工伤保险条例》规定取得的一次性伤残补助金、伤残津贴、一次性工伤医疗补助金、一次性伤残就业补助金、工伤医疗待遇、住院伙食补助费、外地就医交通食宿费用、工伤康复费用、辅助器具费用、生活护理费等，以及职工因工死亡，其近亲属按照《工伤保险条例》规定取得的丧葬补助金、供养亲属抚恤金和一次性工亡补助金等。

16. 从事种植业、养殖业、饲养业和捕捞业取得的所得，对个体工商户或个人不征收个人所得税，对个人独资企业和合伙企业暂不征收个人所得税。

17. 个人举报、协查各种违法、犯罪行为而获得的奖金。

18. 个人办理代扣代缴税款手续，按规定取得的扣缴手续费。

19. 个人转让自用达5年以上，并且是唯一的家庭生活用房取得的所得。

20. 对按《国务院关于高级专家离休退休若干问题的暂行规定》和《国务院办公厅关于杰出高级专家暂缓离休审批问题的通知》精神，达到离休、退休年龄，但确因工作需要，适当延长离休、退休年龄的高级专家，其在延长离休、退休期间的工资、薪金所得，视同退休工资、离休工资免征个人所得税。

（1）延长离休退休年龄的高级专家是指：

①享受国家发放的政府特殊津贴的专家、学者。

②中国科学院、中国工程院院士。

（2）高级专家延长离休、退休期间取得的工资、薪金所得，其免征个人所得税的政策口径按下列标准执行：

①对高级专家从其劳动人事关系所在单位取得的，单位按国家有关规定向职工统一发放的工资、薪金、奖金、津贴、补贴等收入，视同离休、退休工资，免征个人所得税。

②除上述第①项所述收入以外各种名目的津补贴收入，以及高级专家从其劳动人事关系所在单位之外的其他地方取得的培训费、讲课费、顾问费、稿酬等各种收入，依法计征个人所得税。

高级专家从两处以上取得应税工资、薪金所得以及具有税法规定应当自行办理纳税申报的其他情形的，应在税法规定的期限内自行向主管税务机关办理纳税申报。

21. 外籍个人从外商投资企业取得的股息、红利所得。

22. 凡符合下列条件之一的外籍专家取得的工资、薪金所得可免征个人所得税：

（1）根据世界银行专项贷款协议由世界银行直接派往我国工作的外国专家。

（2）联合国组织直接派往我国工作的专家。

（3）为联合国援助项目来华工作的专家。

（4）援助国派往我国专为该国无偿援助项目工作的专家，除工资、薪金外，其取得的生活津贴也免税。

（5）根据两国政府签订文化交流项目来华工作2年以内的文教专家，其工资、薪金所得由该国负担的，免征个人所得税。此外，外国来华文教专家，在我国服务期间，由我方发工资、薪金，并对其住房、使用汽车、医疗实行免费"三包"，可只就其工资、薪金所得按照税法规定征收个人所得税；对我方免费提供的住房、使用汽车、医疗，可免予计算纳税。

（6）根据我国大专院校国际交流项目来华工作2年以内的文教专家，其工资、薪金所得由该国负担的，免征个人所得税。

（7）通过民间科研协定来华工作的专家，其工资、薪金所得由该国政府机构负担的，免征个人所得税。

23. 对被拆迁人按照国家有关城镇房屋拆迁管理办法规定的标准取得的拆迁补偿款（含因棚户区改造而取得的拆迁补偿款），免征个人所得税。

24. 对个人投资者从投保基金公司取得的行政和解金，暂免征收个人所得税。

25. 对个人转让境内公开发行和转让市场上市公司股票（含全国中小企业股份转让系统挂牌公司非原始股）取得的所得，暂免征收个人所得税。自2008年10月9日起，对证券市场个人投资者取得的证券交易结算资金利息所得，暂免征收个人所得税，即证券市场个人投资者的证券交易结算资金在2008年10月9日后（含10月9日）孳生的利息所得，暂免征收个人所得税。

26. 个人从境内公开发行和转让市场取得的上市公司股票，持股期限超过1年的，股息、红利所得暂免征收个人所得税。个人从境内公开发行和转让市场取得的上市公司股票，持股期限在1个月以内（含1个月）的，其股息、红利所得全额计入应纳税所得额；持股期限在1个月以上至1年（含1年）的，股息、红利所得暂减按50%计入应纳税所得额；上述所得统一适用20%的税率计征个人所得税。本规定自2015年9月8日起施行。

自2024年7月1日起至2027年6月30日止，全国中小企业股份转让系统挂牌公司股息、红利差别化个人所得税政策也按上述政策执行。

上市（挂牌）公司派发股息红利时，对截至股权登记日个人持股1年以内（含1年）且尚未转让的，上市（挂牌）公司暂不扣缴个人所得税；待个人转让股票时，证券登记结算公司根据其持股期限计算应纳税额，由证券公司等股票托管机构从个人资金账户中扣收并划付证券登记结算公司，证券登记结算公司应于次月5个工作日内划付挂牌公司，上市（挂牌）公司在收到税款当月的法定申报期内向主管税务机关申报缴纳，并应办理全员全额扣缴申报。

27. 个人取得的下列中奖所得，暂免征收个人所得税：

（1）单张有奖发票奖金所得不超过800元（含800元）的，暂免征收个人所得税；个人取得单张有奖发票奖金所得超过800元的，应全额按照税法规定的"偶然所得"项目征收个人所得税。

（2）购买社会福利有奖募捐奖券、体育彩票一次中奖收入不超过 10 000 元的暂免征收个人所得税；对一次中奖收入超过 10 000 元的，应按税法规定全额征税。

（3）电脑彩票以同一人在同一期同一游戏中获得的全部奖金为一次中奖收入，其中全国联网单场竞猜游戏分别按照足球游戏、篮球游戏、冠军游戏和冠亚军游戏设期，以每张彩票涉及比赛场次中最晚的比赛编号日期为判定标准，相同的为同一期；海南视频电子即开游戏以同一场游戏奖金为一次中奖收入。即开型彩票以一张彩票奖金为一次中奖收入。

彩票机构和销售网点兑付电脑彩票时，兑奖金额超过 3 000 元的，应登记中奖人相关实名信息和兑奖信息，中奖人应主动配合做好登记工作。

彩票机构负责代扣代缴个人所得税，2024 年 9 月 1 日起，为电脑彩票一次中奖收入超过 3 000 元至 10 000 元（含）的个人办理免税申报，为电脑彩票和即开型彩票一次中奖收入超过 10 000 元的个人办理纳税申报。

28. 乡镇企业的职工和农民取得的青苗补偿费，属种植业的收益范围，同时，也属经济损失的补偿性收入，暂不征收个人所得税。

29. 对由亚洲开发银行支付给我国公民或国民（包括为亚行执行任务的专家）的薪金和津贴，凡经亚洲开发银行确认这些人员为亚洲开发银行雇员或执行项目专家的，其取得的符合我国税法规定的有关薪金和津贴等报酬，免征个人所得税。

30. 对法律援助人员按照《中华人民共和国法律援助法》规定获得的法律援助补贴，免征个人所得税。法律援助机构向法律援助人员支付法律援助补贴时，应当为获得补贴的法律援助人员办理个人所得税劳务报酬所得免税申报。

31. 经国务院财政部门批准免税的所得。

二、减征个人所得税的优惠

1. 个人投资者持有 2024～2027 年发行的铁路债券取得的利息收入，减按 50% 计入应纳税所得额计算征收个人所得税。税款由兑付机构在向个人投资者兑付利息时代扣代缴。铁路债券是指以中国铁路总公司为发行和偿还主体的债券，包括中国铁路建设债券、中期票据、短期融资券等债务融资工具。

2. 至 2027 年 12 月 31 日，一个纳税年度内在船航行时间累计满 183 天的远洋船员，其取得的工资、薪金收入减按 50% 计入应纳税所得额，依法缴纳个人所得税。

这里所称的远洋船员是指在海事管理部门依法登记注册的国际航行船舶船员和在渔业管理部门依法登记注册的远洋渔业船员。在船航行时间是指远洋船员在国际航行或作业船舶和远洋渔业船舶上的工作天数。一个纳税年度内的在船航行时间为一个纳税年度内在船航行时间的累计天数。远洋船员可选择在当年预扣预缴税款或者次年个人所得税汇算清缴时享受上述减征优惠政策。

3. 有下列情形之一的，可以减征个人所得税，具体幅度和期限，由省、自治区、直辖市人民政府规定，并报同级人民代表大会常务委员会备案。

（1）残疾、孤老人员和烈属的所得。

（2）因自然灾害遭受重大损失的。

（3）国务院可以规定其他减税情形，报全国人民代表大会常务委员会备案。

第四节 境外所得的税额扣除

在对纳税人的境外所得征税时，会存在其境外所得已在来源国家或者地区缴税的实际情况。基于国家之间对同一所得应避免双重征税的原则，我国在对纳税人的境外所得行使税收管辖权时，对该所得在境外已纳税额采取了分不同情况从应征税额中予以扣除的做法。

一、税法规定的抵免原则

居民个人从中国境外取得的所得，可以从其应纳税额中抵免已在境外缴纳的个人所得税税额，但抵免额不得超过该纳税人境外所得依照税法规定计算的应纳税额。

对这条规定需要解释的是：

1. 已在境外缴纳的个人所得税税额，是指居民个人来源于中国境外的所得，依照该所得来源国家（地区）的法律应当缴纳并且实际已经缴纳的所得税税额。

2. 纳税人境外所得依照税法规定计算的应纳税额，是居民个人抵免已在境外缴纳的综合所得、经营所得以及其他所得的所得税税额的限额（以下简称抵免限额）。除国务院财政、税务主管部门另有规定外，来源于中国境外一个国家（地区）的综合所得抵免限额、经营所得抵免限额以及其他所得抵免限额之和，为来源于该国家（地区）所得的抵免限额。

居民个人在中国境外一个国家（地区）实际已经缴纳的个人所得税税额，低于依照前款规定计算出的来源于该国家（地区）所得的抵免限额的，应当在中国缴纳差额部分的税款；超过来源于该国家（地区）所得的抵免限额的，其超过部分不得在本纳税年度的应纳税额中抵免，但是可以在以后纳税年度来源于该国家（地区）所得的抵免限额的余额中补扣，补扣期限最长不得超过5年。

3. 居民个人申请抵免已在境外缴纳的个人所得税税额，应当提供境外税务机关出具的税款所属年度的有关纳税凭证。

二、境外来源所得

下列所得，为来源于中国境外的所得：
1. 因任职、受雇、履约等在中国境外提供劳务取得的所得。
2. 中国境外企业以及其他组织支付且负担的稿酬所得。
3. 许可各种特许权在中国境外使用而取得的所得。
4. 在中国境外从事生产、经营活动而取得的与生产、经营活动相关的所得。
5. 从中国境外企业、其他组织以及非居民个人取得的利息、股息、红利所得。
6. 将财产出租给承租人在中国境外使用而取得的所得。

7. 转让中国境外的不动产、转让对中国境外企业以及其他组织投资形成的股票、股权以及其他权益性资产（以下称权益性资产）或者在中国境外转让其他财产取得的所得。但转让对中国境外企业以及其他组织投资形成的权益性资产，该权益性资产被转让前3年（连续36个公历月份）内的任一时间，被投资企业或其他组织的资产公允价值50%以上直接或间接来自位于中国境内的不动产的，取得的所得为来源于中国境内的所得。

8. 中国境外企业、其他组织以及非居民个人支付且负担的偶然所得。

9. 财政部、国家税务总局另有规定的，按照相关规定执行。

三、居民个人应分项计算当期境外所得应纳税额

1. 居民个人来源于中国境外的综合所得，应当与境内综合所得合并计算应纳税额。

2. 居民个人来源于中国境外的经营所得，应当与境内经营所得合并计算应纳税额。居民个人来源于境外的经营所得，按照《个人所得税法》及其《实施条例》的有关规定计算的亏损，不得抵减其境内或他国（地区）的应纳税所得额，但可以用来源于同一国家（地区）以后年度的经营所得按中国税法规定弥补。

3. 居民个人来源于中国境外的利息、股息、红利所得，财产租赁所得，财产转让所得和偶然所得（以下称其他分类所得），不与境内所得合并，应当分别单独计算应纳税额。

四、居民个人应区分来源国计算境外所得抵免限额

居民个人在一个纳税年度内来源于中国境外的所得，应区分来源国即依照所得来源国家（地区）税收法律规定在中国境外已缴纳的所得税税额允许在抵免限额内从其该纳税年度应纳税额中抵免。

居民个人来源于一国（地区）的综合所得、经营所得以及其他分类所得项目的应纳税额为其抵免限额，按照下列公式计算：

来源于一国（地区）综合所得的抵免限额 = 合并中国境内和境外全部综合所得计算得到的应纳税额 × 来源于该国（地区）的综合所得收入额 ÷ 中国境内和境外综合所得收入额合计

来源于一国（地区）经营所得的抵免限额 = 合并中国境内和境外全部经营所得计算得到的应纳税额 × 来源于该国（地区）的经营所得应纳税所得额 ÷ 中国境内和境外经营所得应纳税所得额合计

来源于一国（地区）其他分类所得的抵免限额 = 该国（地区）的其他分类所得单独计算的应纳税额

来源于一国（地区）所得的抵免限额 = 来源于该国（地区）综合所得抵免限额 + 来源于该国（地区）经营所得抵免限额 + 来源于该国（地区）其他分类所得抵免限额

▶【例5-16】居民个人王某2023年取得境内工资收入135 000元，单位代扣"三险一金"15 000元。王某还从境外甲国获得劳务报酬收入折合人民币50 000元、稿酬收入折合人民币20 000元和利息收入折合人民币10 000元，并分别就这三项收入在甲国缴纳税

款10 000元、1 000元和2 000元。假设除居民个人年度费用扣除标准60 000元、专项扣除15 000元和某专项附加扣除12 000元外，不考虑其他费用扣除和境内预缴税额。因此，就王某2023年来源于甲国的所得抵免限额计算过程如下：

(1) 王某2023年境内、外全部综合所得收入额 = 135 000 + 50 000 × (1 − 20%) + 20 000 × (1 − 20%) × 70%
= 186 200（元）

(2) 王某2023年境内、外全部综合所得应纳税额 = (186 200 − 60 000 − 15 000 − 12 000) × 10% − 2 520
= 7 400（元）

(3) 王某2023年来源于甲国综合所得抵免限额 = 7 400 × (40 000 + 11 200) ÷ (135 000 + 40 000 + 11 200)
= 2 034.8（元）

(4) 王某2023年来源于甲国其他分类所得抵免限额 = 10 000 × 20% = 2 000（元）

(5) 王某2023年来源于甲国所得抵免限额 = 2 034.8 + 2 000 = 4 034.8（元）

五、居民个人可抵免的境外所得税税额的确定

可抵免的境外所得税税额，是指居民个人取得境外所得，依照该所得来源国（地区）税收法律应当缴纳且实际已经缴纳的所得税性质的税额。

下列情形的境外所得税额不能抵免：

1. 按照境外所得税法律属于错缴或错征的境外所得税税额。
2. 按照与我国政府签订的避免双重征税协定以及内地与香港、澳门签订的避免双重征税安排（以下统称税收协定）规定不应征收的境外所得税税额。
3. 因少缴或迟缴境外所得税而追加的利息、滞纳金或罚款。
4. 境外所得税纳税人或者其利害关系人从境外征税主体得到实际返还或补偿的境外所得税税款。
5. 按照我国《个人所得税法》及其《实施条例》规定，已经免税的境外所得负担的境外所得税税款。

六、居民个人境外所得享受协定待遇的规定

居民个人从与我国签订税收协定的国家（地区）取得的所得，按照该国（地区）税收法律享受免税或减税待遇，且该免税或减税的数额按照税收协定饶让条款规定应视同已缴税额在中国的应纳税额中抵免的，该免税或减税数额可作为居民个人实际缴纳的境外所得税税额按规定申报税收抵免。

七、居民个人境外所得限额抵免规定

居民个人一个纳税年度内来源于一国（地区）的所得实际已经缴纳的所得税税额，低于依照税法规定计算出的来源于该国（地区）该纳税年度所得的抵免限额的，应以实际缴纳税额作为抵免额进行抵免；超过来源于该国（地区）该纳税年度所得的抵免限额的，应在限额内进行抵免，超过部分可以在以后5个纳税年度内结转抵免。

八、居民个人境外所得纳税申报时间

居民个人从中国境外取得所得的，应当在取得所得的次年3月1日至6月30日内申报纳税。

九、居民个人境外所得纳税申报地点

居民个人取得境外所得，应当向中国境内任职、受雇单位所在地主管税务机关办理纳税申报；在中国境内没有任职、受雇单位的，向户籍所在地或中国境内经常居住地主管税务机关办理纳税申报；户籍所在地与中国境内经常居住地不一致的，选择其中一地主管税务机关办理纳税申报；在中国境内没有户籍的，向中国境内经常居住地主管税务机关办理纳税申报。

十、居民个人境外所得纳税年度判定规则

居民个人取得境外所得的境外纳税年度与公历年度不一致的，取得境外所得的境外纳税年度最后一日所在的公历年度，为境外所得对应的我国纳税年度。

十一、居民个人境外所得凭纳税凭证享受抵免

居民个人申报境外所得税收抵免时，除另有规定外，应当提供境外征税主体出具的税款所属年度的完税证明、税收缴款书或者纳税记录等纳税凭证，未提供符合要求的纳税凭证，不予抵免。

居民个人已申报境外所得、未进行税收抵免，在以后纳税年度取得纳税凭证并申报境外所得税收抵免的，可以追溯至该境外所得所属纳税年度进行抵免，但追溯年度不得超过5年。自取得该项境外所得的5个年度内，境外征税主体出具的税款所属纳税年度纳税凭证载明的实际缴纳税额发生变化的，按实际缴纳税额重新计算并办理补退税，不加收税收滞纳金，不退还利息。

纳税人确实无法提供纳税凭证的，可同时凭境外所得纳税申报表（或者境外征税主体确认的缴税通知书）以及对应的银行缴款凭证办理境外所得抵免事宜。

十二、居民个人被派往境外工作，取得所得的税款预扣预缴规定

居民个人被境内企业、单位、其他组织（以下称派出单位）派往境外工作，取得的工资、薪金所得或者劳务报酬所得，由派出单位或者其他境内单位支付或负担的，派出单位或者其他境内单位应按照《个人所得税法》及其《实施条例》规定预扣预缴税款。

居民个人被派出单位派往境外工作，取得的工资、薪金所得或者劳务报酬所得，由境外单位支付或负担的，如果境外单位为境外任职、受雇的中方机构（以下称中方机构）的，可以由境外任职、受雇的中方机构预扣税款，并委托派出单位向主管税务机关申报纳税。中方机构未预扣税款的或者境外单位不是中方机构的，派出单位应当于次年2月28日前向其主管税务机关报送外派人员情况，包括：外派人员的姓名、身份证件类型及身份证件号码、职务、派往国家和地区、境外工作单位名称和地址、派遣期限、境内外

收入及缴税情况等。

中方机构包括中国境内企业、事业单位、其他经济组织以及国家机关所属的境外分支机构、子公司、使（领）馆、代表处等。

十三、居民个人境外所得为外币时的折算规定

居民个人取得来源于境外的所得或者实际已经在境外缴纳的所得税税额为人民币以外货币的，应按照本章第二节"二、（三）应纳税所得额的其他规定"中的第 5 项进行折合计算。

即所得为人民币以外货币的，按照办理纳税申报或者扣缴申报的上一月最后一日人民币汇率中间价，折合成人民币计算应纳税所得额。年度终了后办理汇算清缴的，对已经按月、按季或者按次预缴税款的人民币以外货币所得，不再重新折算；对应当补缴税款的所得部分，按照上一纳税年度最后一日人民币汇率中间价，折合成人民币计算应纳税所得额。

十四、居民个人境外所得纳税义务法律责任

纳税人和扣缴义务人未按税法规定申报缴纳、扣缴境外所得个人所得税以及报送资料的，按照《税收征收管理法》和《个人所得税法》及其《实施条例》等有关规定处理，并按规定纳入个人纳税信用管理。

第五节　应纳税额计算中的特殊问题处理

一、全年一次性奖金相关征税问题的规定

（一）关于全年一次性奖金的规定

全年一次性奖金是指行政机关、企事业单位等扣缴义务人根据其全年经济效益和对雇员全年工作业绩的综合考核情况，向雇员发放的一次性奖金。一次性奖金也包括年终加薪、实行年薪制和绩效工资办法的单位根据考核情况兑现的年薪和绩效工资。

居民个人取得全年一次性奖金，在 2027 年 12 月 31 日前，可选择不并入当年综合所得，按以下计税办法，由扣缴义务人发放时代扣代缴，即将居民个人取得的全年一次性奖金，除以 12 个月，按其商数依照按月换算后的综合所得税率表确定适用税率和速算扣除数（见表 5-9）。

表 5-9　　　　　　　　按月换算后的综合所得税率表

级数	月应纳税所得额	税率（%）	速算扣除数（元）
1	不超过 3 000 元的	3	0
2	超过 3 000 元至 12 000 元的部分	10	210

续表

级数	月应纳税所得额	税率（%）	速算扣除数（元）
3	超过12 000元至25 000元的部分	20	1 410
4	超过25 000元至35 000元的部分	25	2 660
5	超过35 000元至55 000元的部分	30	4 410
6	超过55 000元至80 000元的部分	35	7 160
7	超过80 000元的部分	45	15 160

在一个纳税年度内，对每一个纳税人，该计税办法只允许采用一次。

实行年薪制和绩效工资的单位，居民个人取得年终兑现的年薪和绩效工资按上述方法执行。居民个人取得全年一次性奖金，也可以选择并入当年综合所得计算纳税。

居民个人取得除全年一次性奖金以外的其他各种名目奖金，如半年奖、季度奖、加班奖、先进奖、考勤奖等，一律与当月工资、薪金收入合并，按税法规定缴纳个人所得税。

▶【例5-17】假定中国居民个人李某2023年在我国境内1~12月每月的税后工资为5 200元，当年度12月31日又一次性领取年终含税奖金60 000元。请计算李某取得年终奖金应缴纳的个人所得税。

（1）年终奖金适用的税率和速算扣除数为：按12个月分摊后，每月的奖金＝60 000÷12＝5 000（元），根据工资、薪金七级超额累进税率的规定，适用的税率和速算扣除数分别为10%、210元。

（2）该笔年终奖应缴纳的个人所得税为：

应纳税额＝年终奖金收入×适用的税率－速算扣除数
　　　　＝60 000×10%－210
　　　　＝6 000－210
　　　　＝5 790（元）

（二）雇主为雇员承担全年一次性奖金部分税款有关个人所得税的计算方法

1. 雇主为雇员负担全年一次性奖金部分个人所得税款，属于雇员又额外增加了收入，应将雇主负担的这部分税款并入雇员的全年一次性奖金，换算为应纳税所得额后，按照规定方法计征个人所得税。

2. 将不含税全年一次性奖金换算为应纳税所得额的计算方法。

（1）雇主为雇员定额负担税款的计算公式为：

应纳税所得额＝雇员取得的全年一次性奖金＋雇主替雇员定额负担的税款

（2）雇主为雇员按一定比例负担税款的计算公式为：

①查找不含税全年一次性奖金的适用税率和速算扣除数。

将未含雇主负担税款的全年一次性奖金收入除以12，根据其商数找出不含税级距对应的适用税率A和速算扣除数A。

②计算含税全年一次性奖金。

$$应纳税所得额 = \frac{未含雇主负担税款的全年一次性奖金收入 - 不含税级距的速算扣除数A \times 雇主负担比例}{1 - 不含税级距的适用税率A \times 雇主负担比例}$$

3. 对上述应纳税所得额，扣缴义务人应按照《国家税务总局关于调整个人取得全年一次性奖金等计算征收个人所得税方法问题的通知》（国税发〔2005〕9号）规定的方法计算应扣缴税款。即将应纳税所得额除以12，根据其商数找出对应的适用税率A和速算扣除数B，据以计算税款。计算公式为：

应纳税额 = 应纳税所得额 × 适用税率A - 速算扣除数B

实际缴纳税额 = 应纳税额 - 雇主为雇员负担的税额

4. 雇主为雇员负担的个人所得税款，应属于个人工资、薪金的一部分。凡单独作为企业管理费列支的，在计算企业所得税时不得税前扣除。

二、重点人群自主创业相关征税问题的规定

（一）关于重点群体创业就业有关个人所得税的规定

1. 自2023年1月1日至2027年12月31日，脱贫人口（含防止返贫监测对象，下同）持《就业创业证》（注明"自主创业税收政策"或"毕业年度内自主创业税收政策"）或《就业失业登记证》（注明"自主创业税收政策"）的人员，从事个体经营的，在3年（36个月，下同）内按每户每年20 000元为限额依次扣减其当年实际应缴纳的增值税、城市维护建设税、教育费附加、地方教育附加和个人所得税。限额标准最高可上浮20%，各省、自治区、直辖市人民政府可根据本地区实际情况在此幅度内确定具体限额标准。

2. 纳税人年度应缴纳税款小于上述扣减限额的，以其实际缴纳的税款为限；大于上述扣减限额的，以上述扣减限额为限。

3. 上述人员是指：

（1）纳入全国防止返贫监测和衔接推进乡村振兴信息系统的脱贫人口。

（2）在人力资源社会保障部门公共就业服务机构登记失业半年以上的人员。

（3）零就业家庭、享受城市居民最低生活保障家庭劳动年龄内的登记失业人员。

（4）毕业年度内高校毕业生。

高校毕业生是指实施高等学历教育的普通高等学校、成人高等学校应届毕业的学生；毕业年度是指毕业所在自然年，即1月1日至12月31日。

4. 上述税收优惠政策在2027年12月31日未享受满3年的，可继续享受至3年期满为止。前述相关人员，以前年度已享受重点群体创业就业税收优惠政策满3年的，不得再享受前述规定的税收优惠政策；以前年度享受重点群体创业就业税收优惠政策未满3年且符合上述规定条件的，可按规定享受优惠至3年期满。

（二）关于自主择业的军队转业干部和随军家属就业，以及自主就业退役士兵创业就业有关个人所得税的规定

1. 对从事个体经营的军队转业干部和随军家属，自领取税务登记证之日起，3年内免征个人所得税。

2. 自主择业的军队转业干部必须持有师以上部队颁发的转业证件；随军家属必须有师以上政治机关出具的可以表明其身份的证明，但税务部门应进行相应的审查认定。

3. 每一位随军家属只能享受一次上述免税政策。

4. 至2027年12月31日，对自主就业退役士兵从事个体经营的，自办理个体工商户登记当月起，在3年（36个月，下同）内按每户每年20 000元为限额依次扣减其当年实际应缴纳的增值税、城市维护建设税、教育费附加、地方教育附加和个人所得税。限额标准最高可上浮20%，各省、自治区、直辖市人民政府可根据本地区实际情况在此幅度内确定具体限额标准。

纳税人年度应缴纳税款小于上述扣减限额的，减免税额以其实际缴纳的税款为限；大于上述扣减限额的，以上述扣减限额为限。纳税人的实际经营期不足1年的，应当按月换算其减免税限额。换算公式为：

减免税限额 = 年度减免税限额 ÷ 12 × 实际经营月数

城市维护建设税、教育费附加、地方教育附加的计税依据是享受本项税收优惠政策前的增值税应纳税额。

5. 所称自主就业退役士兵是指依照《退役士兵安置条例》（国务院、中央军委令第608号）的规定退出现役并按自主就业方式安置的退役士兵。

自主就业退役士兵从事个体经营的，在享受税收优惠政策进行纳税申报时，应注明其退役军人身份，并将《中国人民解放军义务兵退出现役证》《中国人民解放军士官退出现役证》或《中国人民武装警察部队义务兵退出现役证》《中国人民武装警察部队士官退出现役证》留存备查。

6. 到2027年12月31日，从事个体经营的自主就业退役士兵享受上述税收优惠未满3年的，可继续享受至3年期满为止。

退役士兵以前年度已享受退役士兵创业就业税收优惠政策满3年的，不得再享受上述税收优惠政策；以前年度享受退役士兵创业就业税收优惠政策未满3年且符合本规定条件的，可按规定享受优惠至3年期满。

三、关于廉租住房、公租房、居民换购住房的个人所得税规定

（一）廉租住房的个人所得税规定

1. 对个人按《廉租住房保障办法》（建设部等9部委令第162号）规定取得的廉租住房货币补贴，免征个人所得税；对于所在单位以廉租住房名义发放的不符合规定的补贴，应征收个人所得税。

2. 个人捐赠住房作为廉租住房的，捐赠额未超过其申报的应纳税所得额30%的部分，准予从其应纳税所得额中扣除。

（二）公共租赁住房的个人所得税规定

至2025年12月31日，对于纳入省、自治区、直辖市、计划单列市人民政府及新疆生产建设兵团批准的公租房发展规划和年度计划，或者市、县人民政府批准建设（筹集），并按照《关于加快发展公共租赁住房的指导意见》（建保〔2010〕87号）和市、县

人民政府制定的具体管理办法进行管理的公租房，可享受以下优惠：

1. 个人捐赠住房作为公租房，符合税法规定的，对其公益性捐赠支出未超过其申报的应纳税所得额30%的部分，准予从其应纳税所得额中扣除。

2. 符合地方政府规定条件的城镇住房保障家庭从地方政府领取的住房租赁补贴，免征个人所得税。

（三）居民换购住房的个人所得税规定

1. 至2025年12月31日，对出售自有住房并在现住房出售后1年内在市场重新购买住房的纳税人，对其出售现住房已缴纳的个人所得税予以退税优惠。其中，新购住房金额大于或等于现住房转让金额的，全部退还已缴纳的个人所得税；新购住房金额小于现住房转让金额的，按新购住房金额占现住房转让金额的比例退还出售现住房已缴纳的个人所得税。

纳税人换购住房个人所得税退税额的计算公式为：

（1）新购住房金额大于或等于现住房转让金额的：

退税金额＝现住房转让时缴纳的个人所得税

（2）新购住房金额小于现住房转让金额的：

退税金额＝（新购住房金额÷现住房转让金额）×现住房转让时缴纳的个人所得税

现住房转让金额和新购住房金额与核定计税价格不一致的，以核定计税价格为准。

现住房转让金额和新购住房金额均不含增值税。

2. 所称现住房转让金额为该房屋转让的市场成交价格。新购住房为新房的，购房金额为纳税人在住房城乡建设部门网签备案的购房合同中注明的成交价格；新购住房为二手房的，购房金额为房屋的成交价格。

3. 享受上述优惠政策的纳税人须同时满足以下条件：

（1）纳税人出售和重新购买的住房应在同一城市范围内。同一城市范围是指同一直辖市、副省级城市、地级市（地区、州、盟）所辖全部行政区划范围。

（2）出售自有住房的纳税人与新购住房之间须直接相关，应为新购住房产权人或产权人之一。对于出售多人共有住房或新购住房为多人共有的，应按照纳税人所占产权份额确定该纳税人现住房转让金额或新购住房金额。

4. 出售现住房的时间，以纳税人出售住房时个人所得税完税时间为准。新购住房为二手房的，购买住房时间以纳税人购房时契税的完税时间或不动产权证载明的登记时间为准；新购住房为新房的，购买住房时间以在住房城乡建设部门办理房屋交易合同备案的时间为准。

5. 纳税人申请享受居民换购住房个人所得税退税政策的，应当依法缴纳现住房转让时涉及的个人所得税，并完成不动产权属变更登记；新购住房为二手房的，应当依法缴纳契税并完成不动产权属变更登记；新购住房为新房的，应当按照当地住房城乡建设部门要求完成房屋交易合同备案。

6. 纳税人享受居民换购住房个人所得税退税政策的，应当向征收现住房转让所得个人所得税的主管税务机关提出申请，填报《居民换购住房个人所得税退税申请表》，并应提供下列资料：

（1）纳税人身份证件；

（2）现住房的房屋交易合同；

（3）新购住房为二手房的，提供房屋交易合同、不动产权证书及其复印件；

（4）新购住房为新房的，提供经住房城乡建设部门备案（网签）的房屋交易合同及其复印件。

税务机关依托纳税人出售现住房和新购住房的完税信息，为纳税人提供申请表项目预填服务，并留存不动产权证书复印件和新购新房的房屋交易合同复印件；纳税人核对确认申请表后提交退税申请。

7. 税务机关运用住房城乡建设部门共享的房屋交易合同备案等信息开展退税审核。经审核符合退税条件的，按照规定办理退税；经审核不符合退税条件的，依法不予退税。

8. 纳税人因新购住房的房屋交易合同解除、撤销或无效等原因导致不再符合退税政策享受条件的，应当在合同解除、撤销或无效等情形发生的次月15日内向主管税务机关主动缴回已退税款。

纳税人符合本条第一款规定情形但未按规定缴回已退税款，以及不符合规定条件骗取退税的，税务机关将依照《税收征收管理法》及其实施细则等有关规定处理。

四、国际组织境内雇员、非居民个人和无住所居民个人等有关征税问题的规定

（一）关于国际组织驻华机构、外国政府驻华使领馆和驻华新闻机构雇员个人所得税的规定

1. 对于在国际组织驻华机构、外国政府驻华使领馆中工作的中方雇员和在外国驻华新闻机构的中外籍雇员，均应按照《个人所得税法》规定缴纳个人所得税。

2. 对于仅在国际组织驻华机构和外国政府驻华使领馆中工作的外籍雇员，暂不征收个人所得税。

在中国境内，若国际驻华机构和外国政府驻华使领馆中工作的外交人员、外籍雇员在该机构或使领馆之外，从事非公务活动所取得的收入，应缴纳个人所得税。

3. 各主管税务机关可委托外交人员服务机构代征上述中方雇员的个人所得税。

（二）在外商投资企业、外国企业和外国驻华机构工作的中方人员取得的工资、薪金所得的征税问题

1. 在外商投资企业、外国企业和外国驻华机构工作的中方人员取得的工资、薪金收入，凡是由雇用单位和派遣单位分别支付的，支付单位应按税法规定代扣代缴个人所得税。同时，按税法规定，纳税义务人应以每月全部工资、薪金收入减除规定费用后的余额为应纳税所得额。为了有利于征管，对雇用单位和派遣单位分别支付工资、薪金的，采取由支付者中的一方减除费用的方法，即只由雇用单位在支付工资、薪金时，按税法规定减除费用，计算扣缴个人所得税。派遣单位支付的工资、薪金不再减除费用，以支付金额直接确定适用税率，计算扣缴个人所得税。

上述纳税义务人，应持两处支付单位提供的原始明细工资、薪金单（书）和完税凭证原件，选择并固定到一地税务机关申报每月工资、薪金收入，汇算清缴其工资、薪金收入的个人所得税，多退少补。具体申报期限，由各省、自治区、直辖市税务机关确定。

【例 5-18】 王某为一外商投资企业雇用的中方人员，假定 2023 年 1 月，该外商投资企业支付给王某的薪金为 7 500 元，同月，王某还收到其所在的派遣单位发给的扣完"三险一金"后的工资 3 900 元。请问当月该外商投资企业、派遣单位应如何扣缴个人所得税？

1 月份外商投资企业应为王某扣缴的个人所得税为：

扣缴税额 =（每月收入额 - 5 000）× 适用税率 - 速算扣除数
　　　　 =（7 500 - 5 000）× 3% - 0
　　　　 = 75（元）

1 月份派遣单位应为王某扣缴的个人所得税为：

扣缴税额 = 每月收入额 × 适用税率 - 速算扣除数
　　　　 = 3 900 × 3% - 0
　　　　 = 117（元）

2. 对外商投资企业、外国企业和外国驻华机构发放给中方工作人员的工资、薪金所得，应全额征税。但对可以提供有效合同或有关凭证，能够证明其工资、薪金所得的一部分按照有关规定上缴派遣（介绍）单位的，可扣除其实际上缴的部分，按其余额计征个人所得税。

(三) 关于非居民个人和无住所居民个人有关个人所得税的政策

1. 所得来源地的确定。

(1) 关于工资、薪金所得来源地的规定。

个人取得归属于中国境内（以下简称境内）工作期间的工资、薪金所得为来源于境内的工资、薪金所得。境内工作期间按照个人在境内工作天数计算，包括其在境内的实际工作日以及境内工作期间在境内、境外享受的公休假、个人休假、接受培训的天数。在境内、境外单位同时担任职务或者仅在境外单位任职的个人，在境内停留的当天不足 24 小时的，按照半天计算境内工作天数。

无住所个人在境内、境外单位同时担任职务或者仅在境外单位任职，且当期同时在境内、境外工作的，按照工资、薪金所属境内、境外工作天数占当期公历天数的比例计算确定来源于境内、境外工资、薪金所得的收入额。境外工作天数按照当期公历天数减去当期境内工作天数计算。

(2) 关于数月奖金以及股权激励所得来源地的规定。

无住所个人取得的数月奖金或者股权激励所得按照前述第（1）项规定确定所得来源地的，无住所个人在境内履职或者执行职务时收到的数月奖金或者股权激励所得，归属于境外工作期间的部分，为来源于境外的工资、薪金所得；无住所个人停止在境内履约或者执行职务离境后收到的数月奖金或者股权激励所得，对属于境内工作期间的部分，为来源于境内的工资、薪金所得。具体计算方法为：数月奖金或者股权激励乘以数月奖金或者股权激励所属工作期间境内工作天数与所属工作期间公历天数之比。

无住所个人一个月内取得的境内外数月奖金或者股权激励包含归属于不同期间的多笔所得的，应当先分别按照规定计算不同归属期间来源于境内的所得，然后再加总计算当月来源于境内的数月奖金或者股权激励收入额。

这里所说的数月奖金是指一次取得归属于数月的奖金、年终加薪、分红等工资、薪金所得，不包括每月固定发放的奖金及一次性发放的数月工资。这里所说的股权激励包括股票期权、股权期权、限制性股票、股票增值权、股权奖励以及其他因认购股票等有价证券而从雇主方取得的折扣或者补贴。

（3）关于董事、监事及高层管理人员取得报酬所得来源地的规定。

对于担任境内居民企业的董事、监事及高层管理职务的个人（以下统称高管人员），无论是否在境内履行职务，取得由境内居民企业支付或者负担的董事费、监事费、工资、薪金或者其他类似报酬（以下统称高管人员报酬，包含数月奖金和股权激励），属于来源于境内的所得。

这里所说的高层管理职务包括企业正、副（总）经理、各职能总师、总监及其他类似公司管理层的职务。

（4）关于稿酬所得来源地的规定。

由境内企业、事业单位、其他组织支付或者负担的稿酬所得，为来源于境内的所得。

2. 关于无住所个人工资、薪金所得收入额的计算。

无住所个人取得工资、薪金所得，按以下规定计算其在境内应纳税的工资、薪金所得的收入额（以下称工资、薪金收入额）：

（1）无住所个人为非居民个人的情形。

非居民个人取得工资、薪金所得，除后续第（3）项"无住所个人为高管人员的情形"以外，当月工资、薪金收入额分别按照以下两种情形计算：

①非居民个人境内居住时间累计不超过90天的情形。在一个纳税年度内，在境内累计居住不超过90天的非居民个人，仅就归属于境内工作期间并由境内雇主支付或者负担的工资、薪金所得计算缴纳个人所得税。当月工资、薪金收入额的计算公式为：

$$当月工资、薪金收入额 = 当月境内外工资、薪金总额 \times \frac{当月境内支付工资、薪金数额}{当月境内外工资、薪金总额} \times \frac{当月工资、薪金所属工作期间境内工作天数}{当月工资、薪金所属工作期间公历天数} \quad （公式一）$$

这里所说的境内雇主包括雇用员工的境内单位和个人以及境外单位或者个人在境内的机构、场所。凡境内雇主采取核定征收所得税或者无营业收入未征收所得税的，无住所个人为其工作取得工资、薪金所得，不论是否在该境内雇主的会计账簿中记载，均视为由该境内雇主支付或者负担。这里所说的工资、薪金所属工作期间的公历天数，是指无住所个人取得工资、薪金所属工作期间按公历计算的天数。

本条内容中所有公式中的当月境内外工资、薪金包含归属于不同期间的多笔工资、薪金的，应当先分别按照本规定计算不同归属期间工资、薪金收入额，然后再加总计算当月工资、薪金收入额。

②非居民个人境内居住时间累计超过90天不满183天的情形。在一个纳税年度内，在境内累计居住超过90天但不满183天的非居民个人，取得归属于境内工作期间的工资、薪金所得，均应当计算缴纳个人所得税；其取得归属于境外工作期间的工资、薪金所得，

不征收个人所得税。当月工资、薪金收入额的计算公式为：

$$当月工资、薪金收入额 = 当月境内外工资、薪金总额 \times \frac{当月工资、薪金所属工作期间境内工作天数}{当月工资、薪金所属工作期间公历天数} \qquad （公式二）$$

（2）无住所个人为居民个人的情形。

在一个纳税年度内，在境内累计居住满183天的无住所居民个人取得工资、薪金所得，当月工资、薪金收入额按照以下规定计算：

①无住所居民个人在境内居住累计满183天的年度连续不满6年的情形。在境内居住累计满183天的年度连续不满6年的无住所居民个人，符合《个人所得税法实施条例》第四条优惠条件的，其取得的全部工资、薪金所得，除归属于境外工作期间且由境外单位或者个人支付的部分外，均应计算缴纳个人所得税。工资、薪金所得收入额的计算公式为：

$$当月工资、薪金收入额 = 当月境内外工资、薪金总额 \times \left(1 - \frac{当月境外支付工资、薪金数额}{当月境内外工资、薪金总额} \times \frac{当月工资、薪金所属工作期间境外工作天数}{当月工资、薪金所属工作期间公历天数}\right)$$

$$（公式三）$$

②无住所居民个人在境内居住累计满183天的年度连续满6年的情形。

在境内居住累计满183天的年度连续满6年后，不符合《个人所得税法实施条例》第四条优惠条件的无住所居民个人，其从境内外取得的全部工资、薪金所得均应计算缴纳个人所得税。

无住所个人一个纳税年度在中国境内累计居住满183天的，如果此前6年在中国境内每年累计居住天数都满183天而且没有任何一年单次离境超过30天，该纳税年度来源于中国境内外所得应当缴纳个人所得税；如果此前6年的任一年在中国境内累计居住天数不满183天或者单次离境超过30天，该纳税年度来源于中国境外且由境外单位或者个人支付的所得，免予缴纳个人所得税。这里所说的此前6年，是指该纳税年度的前1年至前6年的连续6个年度，此前6年的起始年度自2019年（含）以后年度开始计算。

（3）无住所个人为高管人员的情形。

无住所居民个人为高管人员的，工资、薪金收入额按照前述第（2）项"无住所个人为居民个人的情形"规定计算纳税。非居民个人为高管人员的，按照以下规定处理：

①高管人员在境内居住时间累计不超过90天的情形。在一个纳税年度内，在境内累计居住不超过90天的高管人员，其取得由境内雇主支付或者负担的工资、薪金所得应当计算缴纳个人所得税；不是由境内雇主支付或者负担的工资、薪金所得，不缴纳个人所得税。当月工资、薪金收入额为当月境内支付或者负担的工资、薪金收入额。

②高管人员在境内居住时间累计超过90天不满183天的情形。在一个纳税年度内，在境内居住累计超过90天但不满183天的高管人员，其取得的工资、薪金所得，除归属于境外工作期间且不是由境内雇主支付或者负担的部分外，应当计算缴纳个人所得税。

当月工资、薪金收入额计算适用前述公式三。

3. 关于无住所个人税款计算。

(1) 关于无住所居民个人税款计算的规定。

无住所居民个人取得综合所得，年度终了后，应按年计算个人所得税；有扣缴义务人的，由扣缴义务人按月或者按次预扣预缴税款；需要办理汇算清缴的，按照规定办理汇算清缴，年度综合所得应纳税额计算公式为：

年度综合所得应纳税额=（年度工资、薪金收入额+年度劳务报酬收入额+年度稿酬收入额+年度特许权使用费收入额-减除费用-专项扣除-专项附加扣除-依法确定的其他扣除）×适用税率-速算扣除数 （公式四）

无住所居民个人为外籍个人的，2028年1月1日前计算工资、薪金收入额时，已经按规定减除住房补贴、子女教育费、语言训练费等8项津补贴的，不能同时享受专项附加扣除。

年度工资、薪金，劳务报酬，稿酬，特许权使用费收入额分别按年度内每月工资、薪金以及每次劳务报酬、稿酬、特许权使用费收入额合计数额计算。

(2) 关于非居民个人税款计算的规定。

①非居民个人当月取得工资、薪金所得，以按照前述第2项规定计算的当月收入额，减去税法规定的减除费用后的余额，为应纳税所得额，适用按月换算后的综合所得税率表（见表5-9，以下称月度税率表）计算应纳税额。

②非居民个人1个月内取得数月奖金，单独按照前述第2项规定计算当月收入额，不与当月其他工资、薪金合并，按6个月分摊计税，不减除费用，适用月度税率表计算应纳税额，在一个公历年度内，对每一个非居民个人，该计税办法只允许适用一次。计算公式为：

当月数月奖金应纳税额=[（数月奖金收入额÷6）×适用税率-速算扣除数]×6 （公式五）

③非居民个人一个月内取得股权激励所得，单独按照前述第2项规定计算当月收入额，不与当月其他工资、薪金合并，按6个月分摊计税（一个公历年度内的股权激励所得应合并计算），不减除费用，适用月度税率表计算应纳税额，计算公式为：

当月股权激励所得应纳税额=[（本公历年度内股权激励所得合计额÷6）×适用税率-速算扣除数]×6-本公历年度内股权激励所得已纳税额 （公式六）

④非居民个人取得来源于境内的劳务报酬所得、稿酬所得、特许权使用费所得，以税法规定的每次收入额为应纳税所得额，适用月度税率表计算应纳税额。

4. 关于无住所个人适用税收协定。

按照我国政府签订的避免双重征税协定，内地与香港、澳门签订的避免双重征税安排（以下称税收协定）居民条款规定为缔约对方税收居民的个人（以下称对方税收居民个人），可以按照税收协定及财政部、国家税务总局有关规定享受税收协定待遇，也可以选择不享受税收协定待遇计算纳税。除税收协定及财政部、国家税务总局另有规定外，无住所个人适用税收协定的，按照以下规定执行：

（1）关于无住所个人适用受雇所得条款的规定。

①无住所个人享受境外受雇所得协定待遇。

所称境外受雇所得协定待遇，是指按照税收协定受雇所得条款规定，对方税收居民个人在境外从事受雇活动取得的受雇所得，可不缴纳个人所得税。无住所个人为对方税收居民个人，其取得的工资、薪金所得可享受境外受雇所得协定待遇的，可不缴纳个人所得税。工资、薪金收入额的计算适用前述公式二。无住所居民个人为对方税收居民个人的，可在预扣预缴和汇算清缴时按前款规定享受协定待遇；非居民个人为对方税收居民个人的，可在取得所得时按前款规定享受协定待遇。

②无住所个人享受境内受雇所得协定待遇。

所称境内受雇所得协定待遇，是指按照税收协定受雇所得条款规定，在税收协定规定的期间内境内停留天数不超过183天的对方税收居民个人，在境内从事受雇活动取得受雇所得，不是由境内居民雇主支付或者代其支付的，也不是由雇主在境内常设机构负担的，可不缴纳个人所得税。无住所个人为对方税收居民个人，其取得的工资、薪金所得可享受境内受雇所得协定待遇的，可不缴纳个人所得税。工资、薪金收入额计算适用前述公式一。无住所居民个人为对方税收居民个人的，可在预扣预缴和汇算清缴时按前款规定享受协定待遇；非居民个人为对方税收居民个人的，可在取得所得时按前款规定享受协定待遇。

（2）关于无住所个人适用独立个人劳务或者营业利润条款的规定。

所称独立个人劳务或者营业利润协定待遇，是指按照税收协定独立个人劳务或者营业利润条款规定，对方税收居民个人取得的独立个人劳务所得或者营业利润符合税收协定规定条件的，可不缴纳个人所得税。

无住所居民个人为对方税收居民个人，其取得的劳务报酬所得、稿酬所得可享受独立个人劳务或者营业利润协定待遇的，在预扣预缴和汇算清缴时，可不缴纳个人所得税。

非居民个人为对方税收居民个人，其取得的劳务报酬所得、稿酬所得可享受独立个人劳务或者营业利润协定待遇的，在取得所得时可不缴纳个人所得税。

（3）关于无住所个人适用董事费条款的规定。

对方税收居民个人为高管人员，该个人适用的税收协定未纳入董事费条款，或者虽然纳入董事费条款但该个人不适用董事费条款，且该个人取得的高管人员报酬可享受税收协定受雇所得、独立个人劳务或者营业利润条款规定待遇的，该个人取得的高管人员报酬可不适用前述第2项第（3）条规定，分别按照本项第（1）条、第（2）条规定执行。

对方税收居民个人为高管人员，该个人取得的高管人员报酬按照税收协定董事费条款规定可以在境内征收个人所得税的，应按照有关工资、薪金所得或者劳务报酬所得规定缴纳个人所得税。

（4）关于无住所个人适用特许权使用费或者技术服务费条款的规定。

所称特许权使用费或者技术服务费协定待遇，是指按照税收协定特许权使用费或者技术服务费条款规定，对方税收居民个人取得符合规定的特许权使用费或者技术服务费，可按照税收协定规定的计税所得额和征税比例计算纳税。

无住所居民个人为对方税收居民个人，其取得的特许权使用费所得、稿酬所得或者劳务报酬所得可享受特许权使用费或者技术服务费协定待遇的，可不纳入综合所得，在取得当月按照税收协定规定的计税所得额和征税比例计算应纳税额，并预扣预缴税款。年度汇算清缴时，该个人取得的已享受特许权使用费或者技术服务费协定待遇的所得不纳入年度综合所得，单独按照税收协定规定的计税所得额和征税比例计算年度应纳税额及补退税额。

非居民个人为对方税收居民个人，其取得的特许权使用费所得、稿酬所得或者劳务报酬所得可享受特许权使用费或者技术服务费协定待遇的，可按照税收协定规定的计税所得额和征税比例计算应纳税额。

5. 关于无住所个人相关征管规定。

（1）关于无住所个人预计境内居住时间的规定。

无住所个人在一个纳税年度内首次申报时，应当根据合同约定等情况预计一个纳税年度内境内居住天数以及在税收协定规定期间内的境内停留天数，按照预计情况计算缴纳税款。实际情况与预计情况不符的，分别按照以下规定处理：

①无住所个人预先判定为非居民个人，因延长居住天数达到居民个人条件的，一个纳税年度内税款扣缴方法保持不变，年度终了后按照居民个人有关规定办理汇算清缴，但该个人在当年离境且预计年度内不再入境的，可以选择在离境之前办理汇算清缴。

②无住所个人预先判定为居民个人，因缩短居住天数不能达到居民个人条件的，在不能达到居民个人条件之日起至年度终了15天内，应当向主管税务机关报告，按照非居民个人重新计算应纳税额，申报补缴税款，不加收税收滞纳金。需要退税的，按照规定办理。

③无住所个人预计一个纳税年度境内居住天数累计不超过90天，但实际累计居住天数超过90天的，或者对方税收居民个人预计在税收协定规定的期间内境内停留天数不超过183天，但实际停留天数超过183天的，待达到90天或者183天的月度终了后15天内，应当向主管税务机关报告，就以前月份工资、薪金所得重新计算应纳税款，并补缴税款，不加收税收滞纳金。

（2）关于无住所个人境内雇主报告境外关联方支付工资、薪金所得的规定。

无住所个人在境内任职、受雇取得来源于境内的工资、薪金所得，凡境内雇主与境外单位或者个人存在关联关系，将本应由境内雇主支付的工资、薪金所得，部分或者全部由境外关联方支付的，无住所个人可以自行申报缴纳税款，也可以委托境内雇主代为缴纳税款。无住所个人未委托境内雇主代为缴纳税款的，境内雇主应当在相关所得支付当月终了后15天内向主管税务机关报告相关信息，包括境内雇主与境外关联方对无住所个人的工作安排、境外支付情况以及无住所个人的联系方式等信息。

6. 以上内容自2019年1月1日起施行，非居民个人2019年1月1日后取得所得，按原有规定多缴纳税款的，可以依法申请办理退税。

五、对个人因解除劳动合同取得经济补偿金、办理内部退养取得收入、办理企业年金和职业年金、个人养老金等征税问题的规定

(一) 对个人因解除劳动合同取得经济补偿金的征税方法

根据《财政部 国家税务总局关于个人与用人单位解除劳动关系取得的一次性补偿收入征免个人所得税问题的通知》(财税〔2001〕157号)和《国家税务总局关于国有企业职工因解除劳动合同取得一次性补偿收入征免个人所得税问题的通知》(国税发〔2000〕77号),自2001年10月1日起,对个人因解除劳动合同取得经济补偿金按以下规定处理:

1. 企业依照国家有关法律规定宣告破产,企业职工从该破产企业取得的一次性安置费收入,免征个人所得税。

2. 个人因与用人单位解除劳动关系而取得的一次性补偿收入(包括用人单位发放的经济补偿金、生活补助费和其他补助费用),其收入在当地上年职工平均工资3倍数额以内的部分,免征个人所得税;超过3倍数额的部分,不并入当年综合所得,单独适用综合所得税率表(见表5-1或表5-3),计算纳税。个人在解除劳动合同后又再次任职、受雇的,已纳税的一次性补偿收入不再与再次任职、受雇的工资、薪金所得合并计算补缴个人所得税。

3. 个人领取一次性补偿收入时按照国家和地方政府规定的比例实际缴纳的住房公积金、医疗保险费、基本养老保险费、失业保险费,可以在计征其一次性补偿收入的个人所得税时予以扣除。

(二) 关于企业减员增效和行政事业单位、社会团体在机构改革过程中实行内部退养办法人员取得收入的征税问题

实行内部退养的个人在其办理内部退养手续后至法定离退休年龄之间从原任职单位取得的工资、薪金,不属于离退休工资,应按"工资、薪金所得"项目计征个人所得税。

个人在办理内部退养手续后从原任职单位取得的一次性收入,应按办理内部退养手续后至法定离退休年龄之间的所属月份进行平均,并与领取当月的工资、薪金合并后减除当月费用扣除标准,以余额为基数确定适用税率,再将当月工资、薪金加上取得的一次性收入,减去费用扣除标准,按适用税率计征个人所得税。

个人在办理内部退养手续后至法定离退休年龄之间重新就业取得的工资、薪金所得,应与其从原任职单位取得的同一月份的工资、薪金合并,并依法自行向主管税务机关申报缴纳个人所得税。

(三) 个人提前退休取得补贴收入征收个人所得税的规定

自2019年1月1日起,个人提前退休取得一次性补贴收入征收个人所得税按以下规定执行:个人办理提前退休手续而取得的一次性补贴收入,应按照办理提前退休手续至法定离退休年龄之间实际年度数平均分摊,确定适用税率和速算扣除数,单独适用综合所得税率表(见表5-3),计算纳税。计算公式为:

应纳税额={[(一次性补贴收入÷办理提前退休手续至法定退休年龄的实际年度数)-费用扣除标准]×适用税率-速算扣除数}×办理提前退休手续至法定退休年龄的实际年度数

（四）企业年金、职业年金个人所得税的规定

企业年金，是指根据 2017 年 12 月 18 日人社部和财政部联合颁布《企业年金办法》的规定，企业及其职工在依法参加基本养老保险的基础上，自愿建立的补充养老保险制度。职业年金，是指根据《事业单位职业年金办法》（国办发〔2015〕18 号）的规定，事业单位及其工作人员在依法参加基本养老保险的基础上，建立的补充养老保险制度。

企业年金和职业年金个人所得税的计算征收按以下规定执行：

1. 企业年金和职业年金缴费的个人所得税处理。

（1）企业和事业单位（以下统称单位）根据国家有关政策规定的办法和标准，为在本单位任职或者受雇的全体职工缴付的企业年金或职业年金（以下统称年金）单位缴费部分，在计入个人账户时，个人暂不缴纳个人所得税。

（2）个人根据国家有关政策规定缴付的年金个人缴费部分，在不超过本人缴费工资计税基数的 4% 标准内的部分，暂从个人当期的应纳税所得额中扣除。

（3）超过上述第（1）项和第（2）项规定的标准缴付的年金单位缴费和个人缴费部分，应并入个人当期的工资、薪金所得，依法计征个人所得税。税款由建立年金的单位代扣代缴，并向主管税务机关申报解缴。

（4）企业年金个人缴费工资计税基数为本人上一年度月平均工资。月平均工资按国家统计局规定列入工资总额统计的项目计算。月平均工资超过职工工作地所在设区城市上一年度职工月平均工资 300% 以上的部分，不计入个人缴费工资计税基数。

职业年金个人缴费工资计税基数为职工岗位工资和薪级工资之和。职工岗位工资和薪级工资之和超过职工工作地所在设区城市上一年度职工月平均工资 300% 以上的部分，不计入个人缴费工资计税基数。

2. 年金基金投资运营收益的个人所得税处理。

年金基金投资运营收益分配计入个人账户时，个人暂不缴纳个人所得税。

3. 领取年金的个人所得税处理。

（1）个人达到国家规定的退休年龄，领取的企业年金、职业年金，符合《财政部 人力资源社会保障部 国家税务总局关于企业年金、职业年金个人所得税有关问题的通知》（财税〔2013〕103 号）规定的，不并入综合所得，全额单独计算应纳税款。其中按月领取的，适用月度税率表（见表 5-9）计算纳税；按季领取的，平均分摊计入各月，按每月领取额适用月度税率表计算纳税；按年领取的，适用综合所得税率表（见表 5-1 或表 5-3）计算纳税。

（2）对单位和个人在本规定实施之前开始缴付年金缴费，个人在本规定实施之后领取年金的，允许其从领取的年金中减除在本规定实施之前缴付的年金单位缴费和个人缴费且已经缴纳个人所得税的部分，就其余额按照第 3 项第（1）条的规定征税。在个人分期领取年金的情况下，可按本规定实施之前缴付的年金缴费金额占全部缴费金额的百分比减计当期的应纳税所得额，减计后的余额，按照本规定第 3 项第（1）条的规定，计算缴纳个人所得税。

（3）个人因出境定居而一次性领取的年金个人账户资金，或个人死亡后，其指定的受益人或法定继承人一次性领取的年金个人账户余额，适用综合所得税率表（见表 5-1

或表5-3）计算纳税。对个人除上述特殊原因外一次性领取年金个人账户资金或余额的，适用月度税率表（见表5-9）计算纳税。

（4）个人领取年金时，其应纳税款由受托人代表委托人委托托管人代扣代缴。年金账户管理人应及时向托管人提供个人年金缴费及对应的个人所得税纳税明细。托管人根据受托人指令及账户管理人提供的资料，按照规定计算扣缴个人当期领取年金待遇的应纳税款，并向托管人所在地主管税务机关申报解缴。

（5）建立年金计划的单位、年金托管人，应按照《个人所得税法》和《税收征收管理法》的有关规定，实行全员全额扣缴明细申报。受托人有责任协调相关管理人依法向税务机关办理扣缴申报、提供相关资料。

4. 建立年金计划的单位应于建立年金计划的次月15日内，向其所在地主管税务机关报送年金方案、人力资源和社会保障部门出具的方案备案函、计划确认函以及主管税务机关要求报送的其他相关资料。年金方案、受托人、托管人发生变化的，应于发生变化的次月15日内重新向其主管税务机关报送上述资料。

（五）办理补充养老保险退保和提供担保的征税方法

1. 单位为个人办理补充养老保险退保后个人所得税的处理。

单位为职工个人购买商业性补充养老保险等，在办理投保手续时应作为个人所得税的"工资、薪金所得"项目，按税法规定缴纳个人所得税；因各种原因退保，个人未取得实际收入的，已缴纳的个人所得税应予以退回。

2. 个人为单位或他人提供担保获得收入，按照"偶然所得"项目计算缴纳个人所得税。

（六）关于商业健康保险的个人所得税规定

1. 自2017年7月1日起，对个人购买符合规定的商业健康保险产品的支出，允许在当年（月）计算应纳税所得额时予以税前扣除，扣除限额为2 400元/年（200元/月）。单位统一为员工购买符合规定的商业健康保险产品的支出，应分别计入员工个人工资、薪金，视同个人购买，按上述限额予以扣除。

2. 适用商业健康保险税收优惠政策的纳税人，是指取得工资、薪金所得，连续性劳务报酬所得的个人，以及取得个体工商户生产经营所得、对企事业单位的承包承租经营所得的个体工商户业主、个人独资企业投资者、合伙企业合伙人和承包承租经营者。

3. 符合规定的商业健康保险产品，是指保险公司参照个人税收优惠型健康保险产品指引框架及示范条款开发的、符合下列条件的健康保险产品：

（1）健康保险产品采取具有保障功能并设立有最低保证收益账户的万能险方式，包含医疗保险和个人账户积累两项责任。被保险人个人账户由其所投保的保险公司负责管理维护。

（2）被保险人为16周岁以上、未满法定退休年龄的纳税人群。保险公司不得因被保险人既往病史拒保，并保证续保。

（3）医疗保险保障责任范围包括被保险人医保所在地基本医疗保险基金支付范围内的自付费用及部分基本医疗保险基金支付范围外的费用，费用的报销范围、比例和额度由各保险公司根据具体产品特点自行确定。

（4）同一款健康保险产品，可依据被保险人的不同情况，设置不同的保险金额，具体保险金额下限由银保监会（现国家金融监督管理总局）规定。

（5）健康保险产品坚持"保本微利"原则，对医疗保险部分的简单赔付率低于规定比例的，保险公司要将实际赔付率与规定比例之间的差额部分返还到被保险人的个人账户。

4. 根据目标人群已有保障项目和保障需求的不同，符合规定的健康保险产品共有3类，分别适用于：

（1）对公费医疗或基本医疗保险报销后个人负担的医疗费用有报销意愿的人群。

（2）对公费医疗或基本医疗保险报销后个人负担的特定大额医疗费用有报销意愿的人群。

（3）未参加公费医疗或基本医疗保险，对个人负担的医疗费用有报销意愿的人群。

5. 税收征管措施。

（1）单位统一组织为员工购买或者单位和个人共同负担购买符合规定的商业健康保险产品，单位负担部分应当实名计入个人工资、薪金明细清单，视同个人购买，并自购买产品次月起，在不超过200元/月的标准内按月扣除。一年内保费金额超过2 400元的部分，不得税前扣除。以后年度续保时，按上述规定执行。个人自行退保时，应及时告知扣缴单位。个人相关退保信息保险公司应及时传递给税务机关。

（2）取得工资、薪金所得或连续性劳务报酬所得的个人，自行购买符合规定的商业健康保险产品的，应当及时向代扣代缴单位提供保单凭证。扣缴单位自个人提交保单凭证的次月起，在不超过200元/月的标准内按月扣除。一年内保费金额超过2 400元的部分，不得税前扣除。以后年度续保时，按上述规定执行。个人自行退保时，应及时告知扣缴义务人。

（3）个体工商户业主、企事业单位承包承租经营者、个人独资和合伙企业投资者自行购买符合条件的商业健康保险产品的，在不超过2 400元/年的标准内据实扣除。一年内保费金额超过2 400元的部分，不得税前扣除。以后年度续保时，按上述规定执行。

（七）个人兼职和退休人员再任职取得收入个人所得税的征税方法

个人兼职取得的收入应按照"劳务报酬所得"应税项目缴纳个人所得税；退休人员再任职取得的收入，在减除按个人所得税法规定的费用扣除标准后，按"工资、薪金所得"应税项目缴纳个人所得税。

（八）个人养老金有关个人所得税政策

1. 自2022年1月1日起，对个人养老金实施递延纳税优惠政策。

在缴费环节，个人向个人养老金资金账户的缴费，按照12 000元/年的限额标准，在综合所得或经营所得中据实扣除；在投资环节，计入个人养老金资金账户的投资收益暂不征收个人所得税；在领取环节，个人领取的个人养老金，不并入综合所得，单独按照3%的税率计算缴纳个人所得税，其缴纳的税款计入"工资、薪金所得"项目。

2. 个人缴费享受税前扣除优惠时，以个人养老金信息管理服务平台出具的扣除凭证为扣税凭据。

取得工资薪金所得、按累计预扣法预扣预缴个人所得税劳务报酬所得的，其缴费可以选择在当年预扣预缴或次年汇算清缴时在限额标准内据实扣除。选择在当年预扣预缴的，应及时将相关凭证提供给扣缴单位。扣缴单位应按照税法有关要求，为纳税人办理税前扣除有关事项。

取得其他劳务报酬、稿酬、特许权使用费等所得或经营所得的，其缴费在次年汇算清缴时在限额标准内据实扣除。

个人按规定领取个人养老金时，由开立个人养老金资金账户所在市的商业银行机构代扣代缴其应缴的个人所得税。

3. 上述税收政策自2022年1月1日起在个人养老金先行城市实施；自2024年12月15日起，在中国境内参加城镇职工基本养老保险或者城乡居民基本养老保险的劳动者，均可以参加个人养老金制度。

上海市、福建省、苏州工业园区等已实施个人税收递延型商业养老保险试点的地区，自2022年1月1日起统一按照上述税收政策执行。

六、对个人取得不竞争款项、获得企业促销礼品、获得企业购买房产、取得拍卖收入等征税问题的规定

（一）企业向个人支付不竞争款项征收个人所得税的规定

不竞争款项是指资产购买方企业与资产出售方企业自然人股东之间在资产购买交易中，通过签订保密和不竞争协议等方式，约定资产出售方企业自然人股东在交易完成后一定期限内，承诺不从事有市场竞争的相关业务，并负有相关技术资料的保密义务，资产购买方企业则在约定期限内，按一定方式向资产出售方企业自然人股东所支付的款项。

鉴于资产购买方企业向个人支付的不竞争款项，属于个人因偶然因素取得的一次性所得，为此，资产出售方企业自然人股东取得的所得，应按照"偶然所得"项目计算缴纳个人所得税，税款由资产购买方企业在向资产出售方企业自然人股东支付不竞争款项时代扣代缴。

（二）企业促销展业赠送礼品个人所得税的规定

自2011年6月9日起，企业和单位（包括企业、事业单位、社会团体、个人独资企业、合伙企业和个体工商户等，以下简称企业）在营销活动中以折扣折让、赠品、抽奖等方式，向个人赠送现金、消费券、物品、服务等（以下简称礼品）有关个人所得税的具体规定如下：

1. 企业在销售商品（产品）和提供服务过程中向个人赠送礼品，属于下列情形之一的，不征收个人所得税：

（1）企业通过价格折扣、折让方式向个人销售商品（产品）和提供服务。

（2）企业在向个人销售商品（产品）和提供服务的同时给予赠品，如通信企业对个人购买手机赠话费、入网费，或者购话费赠手机等。

（3）企业对累积消费达到一定额度的个人按消费积分反馈礼品。

2. 企业向个人赠送礼品，属于下列情形之一的，取得该项所得的个人应依法缴纳个人所得税，税款由赠送礼品的企业代扣代缴：

（1）企业在业务宣传、广告等活动中，随机向本单位以外的个人赠送礼品（包括网络红包，下同），以及企业在年会、座谈会、庆典以及其他活动中向本单位以外的个人赠送礼品，对个人取得的礼品所得，按照"偶然所得"项目，全额适用20%的税率缴纳个人所得税。但企业赠送的具有价格折扣或折让性质的消费券、代金券、抵用券、优惠券等礼品除外。

（2）企业对累积消费达到一定额度的顾客，给予额外抽奖机会，个人的获奖所得，按照"偶然所得"项目，全额适用20%的税率缴纳个人所得税。

3. 企业赠送的礼品是自产产品（服务）的，按该产品（服务）的市场销售价格确定个人的应税所得；该礼品是外购商品（服务）的，按该商品（服务）的实际购置价格确定个人的应税所得。

（三）企业资金为个人购房的个人所得税征税方法

1. 个人取得以下情形的房屋或其他财产，不论所有权人是否将财产无偿或有偿交付企业使用，其实质均为企业对个人进行了实物性质的分配，应依法计征个人所得税。

（1）企业出资购买房屋及其他财产，将所有权登记为投资者个人、投资者家庭成员或企业其他人员的。

（2）企业投资者个人、投资者家庭成员或企业其他人员向企业借款用于购买房屋及其他财产，将所有权登记为投资者、投资者家庭成员或企业其他人员，且借款年度终了后未归还借款的。

2. 对个人独资企业、合伙企业的个人投资者或其家庭成员取得的上述所得，视为企业对个人投资者的利润分配，按照"个体工商户的生产、经营所得"项目计征个人所得税；对除个人独资企业、合伙企业以外其他企业的个人投资者或其家庭成员取得的上述所得，视为企业对个人投资者的红利分配，按照"利息、股息、红利所得"项目计征个人所得税；对企业其他人员取得的上述所得，按照"工资、薪金所得"项目计征个人所得税。

（四）个人取得拍卖收入征收的个人所得税规定

1. 自2007年5月1日起，个人通过拍卖市场拍卖个人财产，对其取得所得按以下规定征税：

（1）作者将自己的文字作品手稿原件或复印件拍卖取得的所得，应以其转让收入额减除800元（转让收入额4 000元以下）或者20%（转让收入额4 000元以上）后的余额为应纳税所得额，按照"特许权使用费所得"项目适用20%税率缴纳个人所得税。

（2）个人拍卖除文字作品原稿及复印件外的其他财产，应以其转让收入额减除财产原值和合理费用后的余额为应纳税所得额，按照"财产转让所得"项目适用20%税率缴纳个人所得税。

2. 对个人财产拍卖所得征收个人所得税时，以该项财产最终拍卖成交价格为其转让收入额。

3. 个人财产拍卖所得适用"财产转让所得"项目计算应纳税所得额时，纳税人凭合法有效凭证（税务机关监制的正式发票、相关境外交易单据或海关报关单据、完税证明等），从其转让收入额中减除相应的财产原值、拍卖财产过程中缴纳的税金及有关合理费用。

（1）财产原值，是指售出方个人取得该拍卖品的价格（以合法有效凭证为准）。具体为：通过商店、画廊等途径购买的，为购买该拍卖品时实际支付的价款；通过拍卖行拍得的,为拍得该拍卖品实际支付的价款及缴纳的相关税费;通过祖传收藏的,为其收藏该拍卖品而发生的费用;通过赠送取得的,为其受赠该拍卖品时发生的相关税费;通过其他形式取得的,参照以上原则确定财产原值。

(2)拍卖财产过程中缴纳的税金,是指在拍卖财产时纳税人实际缴纳的相关税金及附加。

(3)有关合理费用,是指拍卖财产时纳税人按照规定实际支付的拍卖费(佣金)、鉴定费、评估费、图录费、证书费等费用。

4. 纳税人如不能提供合法、完整、准确的财产原值凭证,不能正确计算财产原值的,按转让收入额的3%征收率计算缴纳个人所得税;拍卖品为经文物部门认定是海外回流文物的,按转让收入额的2%征收率计算缴纳个人所得税。

5. 纳税人的财产原值凭证内容填写不规范,或者一份财产原值凭证包括多件拍卖品且无法确认每件拍卖品一一对应的原值的,不得将其作为扣除财产原值的计算依据,应视为不能提供合法、完整、准确的财产原值凭证,并按上述规定的征收率计算缴纳个人所得税。

6. 纳税人能够提供合法、完整、准确的财产原值凭证,但不能提供有关税费凭证的,不得按征收率计算纳税,应当就财产原值凭证上注明的金额据实扣除,并按照税法规定计算缴纳个人所得税。

7. 个人财产拍卖所得应纳的个人所得税税款,由拍卖单位负责代扣代缴,并按规定向拍卖单位所在地主管税务机关办理纳税申报。

8. 拍卖单位代扣代缴个人财产拍卖所得应纳的个人所得税税款时,应给纳税人填开完税凭证,并详细标明每件拍卖品的名称、拍卖成交价格、扣缴税款额。

9. 主管税务机关应加强对个人财产拍卖所得的税收征管工作,在拍卖单位举行拍卖活动期间派工作人员进入拍卖现场,了解拍卖的有关情况,宣传辅导有关税收政策,审核鉴定原值凭证和费用凭证,督促拍卖单位依法代扣代缴个人所得税。

七、个人对外投资的相关征税规定

(一)个人以非货币资产投资的个人所得税规定

1. 个人以非货币性资产投资,属于个人转让非货币性资产和投资同时发生。对个人转让非货币性资产的所得,应按照"财产转让所得"项目,依法计算缴纳个人所得税。非货币性资产,是指现金、银行存款等货币性资产以外的资产,包括股权、不动产、技术发明成果以及其他形式的非货币性资产。非货币性资产投资,包括以非货币性资产出资设立新的企业,以及以非货币性资产出资参与企业增资扩股、定向增发股票、股权置换、重组改制等投资行为。

2. 个人以非货币性资产投资,应按评估后的公允价值确认非货币性资产转让收入,以非货币性资产转让收入减除该资产原值及合理税费后的余额为应纳税所得额。

非货币性资产原值为纳税人取得该项资产时实际发生的支出。纳税人无法提供完整、准确的非货币性资产原值凭证,不能正确计算非货币性资产原值的,主管税务机关可依法核定其非货币性资产原值。

合理税费是指纳税人在非货币性资产投资过程中发生的与资产转移相关的税金及合理费用。纳税人以股权投资的，该股权原值确认等相关问题依照《股权转让所得个人所得税管理办法（试行）》（国家税务总局公告2014年第67号）有关规定执行。

3. 个人以非货币性资产投资，应于非货币性资产转让、取得被投资企业股权时，确认非货币性资产转让收入的实现。个人应在发生上述应税行为的次月15日内向主管税务机关申报纳税。纳税人一次性缴税有困难的，可合理确定分期缴纳计划并报主管税务机关备案后，自发生上述应税行为之日起不超过5个公历年度内（含）分期缴纳个人所得税。

4. 个人以非货币性资产投资交易过程中取得现金补价的，现金部分应优先用于缴税；现金不足以缴纳的部分，可分期缴纳。个人在分期缴税期间转让其持有的上述全部或部分股权，并取得现金收入的，该现金收入应优先用于缴纳尚未缴清的税款。

个人以非货币性资产投资享受分期缴税的政策自2015年4月1日起施行，对2015年4月1日之前发生的个人非货币性资产投资，尚未进行税收处理且自发生上述应税行为之日起期限未超过5年的，可在剩余的期限内分期缴纳其应纳税款。

5. 非货币性资产投资以发生非货币性资产投资行为并取得被投资企业股权的个人为个人所得税纳税人。非货币性资产投资个人所得税由纳税人向主管税务机关自行申报缴纳。纳税人以不动产投资的，以不动产所在地税务机关为主管税务机关；纳税人以其持有的企业股权对外投资的，以该企业所在地税务机关为主管税务机关；纳税人以其他非货币资产投资的，以被投资企业所在地税务机关为主管税务机关。

（二）个人终止投资经营收回款项征收个人所得税的规定

1. 个人因各种原因终止投资、联营、经营合作等行为，从被投资企业或合作项目、被投资企业的其他投资者以及合作项目的经营合作人取得股权转让收入、违约金、补偿金、赔偿金及以其他名目收回的款项等，均属于个人所得税应税收入，应按照"财产转让所得"项目适用的规定计算缴纳个人所得税。

2. 应纳税所得额的计算公式为：

应纳税所得额＝个人取得的股权转让收入、违约金、补偿金、赔偿金及以其他名目收回款项合计数－原实际出资额（投入额）及相关税费

应纳税额＝应纳税所得额×20%

（三）关于创业投资企业个人合伙人和天使投资个人有关个人所得税的规定

2019年1月1日至2027年12月31日，在此期间已投资满2年及新发生的投资，可适用以下税收政策：

1. 合伙创投企业采取股权投资方式直接投资于初创科技型企业满2年（24个月，下同）的，合伙创投企业的法人合伙人可以按照对初创科技型企业投资额的70%抵扣法人合伙人从合伙创投企业分得的所得；当年不足抵扣的，可以在以后纳税年度结转抵扣；个人合伙人可以按照对初创科技型企业投资额的70%抵扣个人合伙人从合伙创投企业分得的经营所得；当年不足抵扣的，可以在以后纳税年度结转抵扣。

2. 天使投资个人采取股权投资方式直接投资于初创科技型企业满2年的，可以按照投资额的70%抵扣转让该初创科技型企业股权取得的应纳税所得额；当期不足抵扣的，

可以在以后取得转让该初创科技型企业股权的应纳税所得额时结转抵扣。

天使投资个人投资多个初创科技型企业的，对其中办理注销清算的初创科技型企业，天使投资个人对其投资额的 70% 尚未抵扣完的，可自注销清算之日起 36 个月内抵扣天使投资个人转让其他初创科技型企业股权取得的应纳税所得额。

3. 上述初创科技型企业，应同时符合以下条件：

（1）在中国境内（不包括港、澳、台地区）注册成立、实行查账征收的居民企业。

（2）接受投资时，从业人数不超过 300 人，其中具有大学本科以上学历的从业人数不低于 30%；资产总额和年销售收入均不超过 5 000 万元。

（3）接受投资时设立时间不超过 5 年（60 个月）。

（4）接受投资时以及接受投资后 2 年内未在境内外证券交易所上市。

（5）接受投资当年及下一纳税年度，研发费用总额占成本费用支出的比例不低于 20%。

4. 上述合伙制创业投资企业，应同时符合以下条件：

（1）在中国境内（不含港、澳、台地区）注册成立、实行查账征收的居民企业或合伙创投企业，且不属于被投资初创科技型企业的发起人。

（2）符合《创业投资企业管理暂行办法》（国家发展和改革委等 10 部门令第 39 号）规定或者《私募投资基金监督管理暂行办法》（证监会令第 105 号）关于创业投资基金的特别规定，按照上述规定完成备案且规范运作。

（3）投资后 2 年内，创业投资企业及其关联方持有被投资初创科技型企业的股权比例合计应低于 50%。

5. 上述天使投资个人，应同时符合以下条件：

（1）不属于被投资初创科技型企业的发起人、雇员或其亲属（包括配偶、父母、子女、祖父母、外祖父母、孙子女、外孙子女、兄弟姐妹，下同），且与被投资初创科技型企业不存在劳务派遣等关系。

（2）投资后 2 年内，本人及其亲属持有被投资初创科技型企业股权比例合计应低于 50%。

6. 享受上述税收政策的投资，仅限于通过向被投资初创科技型企业直接支付现金方式取得的股权投资，不包括受让其他股东的存量股权。

7. 初创科技型企业接受天使投资个人投资满 2 年，在上海证券交易所、深圳证券交易所上市的，天使投资个人转让该企业股票时，按照现行限售股有关规定执行［第八（四）项］，其尚未抵扣的投资额，在税款清算时一并计算抵扣。

（四）关于创业投资企业个人合伙人所得税政策的规定

创投企业，是指符合《创业投资企业管理暂行办法》（国家发展和改革委等 10 部门令第 39 号）或者《私募投资基金监督管理暂行办法》（证监会令第 105 号）关于创业投资企业（基金）的有关规定，并按照上述规定完成备案且规范运作的合伙制创业投资企业（基金）。

至 2027 年 12 月 31 日：

1. 创投企业可以选择按单一投资基金核算或者按创投企业年度所得整体核算两种方

式之一，对其个人合伙人来源于创投企业的所得计算个人所得税应纳税额。

2. 创投企业选择按单一投资基金核算的，其个人合伙人从该基金应分得的股权转让所得和股息红利所得，按照20%税率计算缴纳个人所得税。

创投企业选择按年度所得整体核算的，其个人合伙人应从创投企业取得的所得，按照"经营所得"项目，适用5%~35%的超额累进税率计算缴纳个人所得税。

3. 单一投资基金核算，是指单一投资基金（包括不以基金名义设立的创投企业）在一个纳税年度内从不同创业投资项目取得的股权转让所得和股息、红利所得，按下述方法分别核算纳税：

（1）股权转让所得。单个投资项目的股权转让所得，按年度股权转让收入扣除对应股权原值和转让环节合理费用后的余额计算，股权原值和转让环节合理费用的确定方法，参照股权转让所得个人所得税有关政策规定执行。单一投资基金的股权转让所得，按一个纳税年度内不同投资项目的所得和损失相互抵减后的余额计算，余额大于或等于零的，即确认为该基金的年度股权转让所得；余额小于零的，该基金年度股权转让所得按零计算且不能跨年结转。

个人合伙人按照其应从基金年度股权转让所得中分得的份额计算其应纳税额，并由创投企业在次年3月31日前代扣代缴个人所得税。如符合前述规定条件的，创投企业个人合伙人可以按照被转让项目对应投资额的70%抵扣其应从基金年度股权转让所得中分得的份额后再计算其应纳税额，当期不足抵扣的，不得向以后年度结转。

（2）股息、红利所得。单一投资基金的股息、红利所得，以其来源于所投资项目分配的股息、红利收入以及其他固定收益类证券等收入的全额计算。

个人合伙人按照其应从基金股息、红利所得中分得的份额计算其应纳税额，并由创投企业按次代扣代缴个人所得税。

（3）除前述可以扣除的成本、费用之外，单一投资基金发生的包括投资基金管理人的管理费和业绩报酬在内的其他支出，不得在核算时扣除。

（4）上述规定的单一投资基金核算方法仅适用于计算创投企业个人合伙人的应纳税额。

4. 创投企业年度所得整体核算，是指将创投企业以每一纳税年度的收入总额减除成本、费用以及损失后，计算应分配给个人合伙人的所得。如符合前述规定条件的，创投企业个人合伙人可以按照被转让项目对应投资额的70%抵扣其可以从创投企业应分得的经营所得后再计算其应纳税额。年度核算亏损的，准予按有关规定向以后年度结转。

按照"经营所得"项目计税的个人合伙人，没有综合所得的，可依法减除基本减除费用、专项扣除、专项附加扣除以及国务院确定的其他扣除。从多处取得经营所得的，应汇总计算个人所得税，只减除一次上述费用和扣除。

5. 创投企业选择按单一投资基金核算或按创投企业年度所得整体核算后，3年内不能变更。

6. 创投企业选择按单一投资基金核算的，应当按照规定在完成备案的30日内，向主管税务机关进行核算方式备案；未按规定备案的，视同选择按创投企业年度所得整体核算。2019年1月1日前已经完成备案的创投企业，选择按单一投资基金核算的，应当在

2019年3月1日前向主管税务机关进行核算方式备案。创投企业选择一种核算方式满3年需要调整的，应当在满3年的次年1月31日前，重新向主管税务机关备案。

（五）个人因购买和处置债权取得所得征收个人所得税的方法

1. 根据《个人所得税法》及有关规定，个人通过招标、竞拍或其他方式购置债权以后，通过相关司法或行政程序主张债权而取得的所得，应按照"财产转让所得"项目缴纳个人所得税。

2. 个人通过上述方式取得"打包"债权，只处置部分债权的，其应纳税所得额按以下方式确定：

（1）以每次处置部分债权的所得，作为一次财产转让所得征税。

（2）其应税收入按照个人取得的货币资产和非货币资产的评估价值或市场价值的合计数确定。

（3）所处置债权成本费用（即财产原值），按下列公式计算：

$$当次处置债权成本费用 = \frac{个人购置"打包"债权实际支出 \times 当次处置债权账面价值（或拍卖机构公布价值）}{"打包"债权账面价值（或拍卖机构公布价值）}$$

（4）个人购买和处置债权过程中发生的拍卖招标手续费、诉讼费、审计评估费，以及缴纳的税金等合理税费，在计算个人所得税时允许扣除。

（六）纳税人收回转让的股权征收个人所得税的规定

1. 股权转让合同履行完毕、股权已作变更登记，且所得已经实现的，转让人取得的股权转让收入应当依法缴纳个人所得税。转让行为结束后，当事人双方签订并执行解除原股权转让合同、退回股权的协议，是另一次股权转让行为，对前次转让行为征收的个人所得税款不予退回。

2. 股权转让合同未履行完毕，因执行仲裁委员会作出的解除股权转让合同及补充协议的裁决、停止执行原股权转让合同，并原价收回已转让股权的，由于其股权转让行为尚未完成、收入未完全实现，随着股权转让关系的解除，股权收益不复存在，根据《个人所得税法》和《税收征收管理法》的有关规定，以及从行政行为合理性原则出发，纳税人不应缴纳个人所得税。

（七）关于企业改组改制过程中个人取得的量化资产征税问题

1. 对职工个人以股份形式取得的量化资产仅作为分红依据，不拥有所有权的企业量化资产，不征收个人所得税。

2. 对职工个人以股份形式取得的拥有所有权的企业量化资产，暂缓征收个人所得税；待个人将股份转让时，就其转让收入额，减除个人取得该股份时实际支付的费用支出和合理转让费用后的余额，按"财产转让所得"项目计征个人所得税。

3. 对职工个人以股份形式取得的企业量化资产参与企业分配而获得的股息、红利，应按"利息、股息、红利所得"项目征收个人所得税。

（八）个人投资者收购企业股权后将原盈余积累转增股本征收个人所得税的规定

根据《个人所得税法》及有关规定，对个人投资者收购企业股权后，将企业原有盈余积累转增股本有关个人所得税的征收规定如下：

1. 一名或多名个人投资者以股权收购方式取得被收购企业100%股权，股权收购前，被收购企业原账面金额中的"资本公积、盈余公积、未分配利润"等盈余积累未转增股本，而在股权交易时将其一并计入股权转让价格并履行了所得税纳税义务。股权收购后，企业将原账面金额中的盈余积累向个人投资者（新股东，下同）转增股本，有关个人所得税问题区分以下情形处理：

（1）新股东以不低于净资产价格收购股权的，企业原盈余积累已全部计入股权交易价格，新股东取得盈余积累转增股本的部分，不征收个人所得税。

（2）新股东以低于净资产价格收购股权的，企业原盈余积累中，对于股权收购价格减去原股本的差额部分已经计入股权交易价格，新股东取得盈余积累转增股本的部分，不征收个人所得税；对于股权收购价格低于原所有者权益的差额部分未计入股权交易价格，新股东取得盈余积累转增股本的部分，应按照"利息、股息、红利所得"项目征收个人所得税。

新股东以低于净资产价格收购企业股权后转增股本，应按照下列顺序进行，即先转增应税的盈余积累部分，然后再转增免税的盈余积累部分。

2. 新股东将所持股权转让时，其财产原值为其收购企业股权时实际支付的对价及相关税费。

3. 企业发生股权交易及转增股本等事项后，应在次月15日内，将股东及其股权变化情况、股权交易前原账面记载的盈余积累数额、转增股本数额及扣缴税款情况报告主管税务机关。

4. 上述规定自2013年6月7日起施行。此前尚未处理的涉税事项按该规定执行。

（九）企业转增股本个人所得税规定

1. 股份制企业用资本公积金转增股本不属于股息、红利性质的分配，对个人取得的转增股本数额，不作为个人所得，不征收个人所得税。这里所表述的不征税"资本公积金"是指股份制企业股票溢价发行收入所形成的资本公积金。此转增股本中由个人取得的数额，不作为应税所得征收个人所得税。而与此不相符合的其他资本公积金分配个人所得部分，应当依法征收个人所得税。

2. 股份制企业用盈余公积金派发红股属于股息、红利性质的分配，对个人取得的红股数额，应作为个人所得征税。

3. 自2016年1月1日起，全国范围内的中小高新技术企业（未上市或未在新三板挂牌交易的）以未分配利润、盈余公积、资本公积向个人股东转增股本时，个人股东一次缴纳个人所得税确有困难的，可根据实际情况自行制订分期缴税计划，在不超过5个公历年度内（含）分期缴纳，并将有关资料报主管税务机关备案。

（1）个人股东获得转增的股本，应按照"利息、股息、红利所得"项目，适用20%税率征收个人所得税。

（2）股东转让股权并取得现金收入的，该现金收入应优先用于缴纳尚未缴清的税款。

（3）在股东转让该部分股权之前，企业依法宣告破产，股东进行相关权益处置后没有取得收益或收益小于初始投资额的，主管税务机关对其尚未缴纳的个人所得税可不予追征。

这里所称的中小高新技术企业，是指注册在中国境内实行查账征收的、经认定取得高新技术企业资格，且年销售额和资产总额均不超过 2 亿元、从业人数不超过 500 人的企业。

4. 非上市及未在全国中小企业股份转让系统挂牌的其他企业转增股本，应及时代扣代缴个人所得税。

5. 上市公司、上市中小高新技术企业及在新三板挂牌的中小高新技术企业向个人股东转增股本（不含以股票发行溢价形成的资本公积转增股本），股东应纳的个人所得税，继续按照现行有关股息、红利差别化个人所得税政策执行，即：

（1）持股期限超过 1 年的，股息、红利所得暂免征收个人所得税。

（2）持股期限在 1 个月以内（含）的，其股息、红利所得全额计入应纳税所得额。

（3）持股期限在 1 个月以上至 1 年（含）的，暂减按 50% 计入应纳税所得额。

注意：企业向个人转增股本，根据上述规定，有 3 种不同的征税规则：一是个人取得上市（含新三板，下同）企业转增的股本（不含以股票发行溢价形成的资本公积转增股本），执行股息、红利差别化税收政策；二是个人取得非上市或没有在新三板挂牌交易的中小高新技术企业转增股本，并符合上述第 3 项中所述条件的，可在 5 年内分期纳税；三是个人从非上市其他企业转增股本，应一次性按"利息、股息、红利所得"计缴税款。

八、个人投资沪港通、深港通、新三板等证券市场的征税规定

（一）沪港股票市场交易互联互通机制试点个人所得税的规定

1. 内地个人投资者通过沪港通投资香港联交所上市股票的转让差价所得税。

对内地个人投资者通过沪港通投资香港联交所上市股票取得的转让差价所得，2027 年 12 月 31 日前，暂免征收个人所得税。

2. 内地个人投资者通过沪港通投资香港联交所上市股票的股息、红利所得税。

（1）对内地个人投资者通过沪港通投资香港联交所上市 H 股取得的股息、红利，H 股公司应向中国证券登记结算有限责任公司（以下简称中国结算）提出申请，由中国结算向 H 股公司提供内地个人投资者名册，H 股公司按照 20% 的税率代扣个人所得税。内地个人投资者通过沪港通投资香港联交所上市的非 H 股取得的股息、红利，由中国结算按照 20% 的税率代扣个人所得税。个人投资者在国外已缴纳的预提税，可持有效扣税凭证到中国结算的主管税务机关申请税收抵免。

（2）对内地证券投资基金通过沪港通投资香港联交所上市股票取得的股息、红利所得，按照上述规定计征个人所得税。

3. 对香港市场个人投资者投资上交所上市 A 股取得的转让差价所得，暂免征收个人所得税。

4. 对香港市场个人投资者投资上交所上市 A 股取得的股息、红利所得，在香港中央结算有限公司（以下简称香港结算）不具备向中国结算提供投资者的身份及持股时间等明细数据的条件之前，暂不执行按持股时间实行差别化征税政策，由上市公司按照 10% 的税率代扣个人所得税，并向其主管税务机关办理扣缴申报。对于香港个人投资者中属于其他国家税收居民且其所在国与中国签订的税收协定规定股息、红利所得税税率低于 10% 的，可以自行或委托代扣代缴义务人，向上市公司主管税务机关提出享受税收协定待遇的申请，主管税务机关审核后，应按已征税款和根据税收协定税率计算的应纳税款的差额予以退税。

（二）深港股票市场交易互联互通机制试点个人所得税的规定

1. 内地个人投资者通过深港通投资香港联交所上市股票的转让差价所得税。

对内地个人投资者通过深港通投资香港联交所上市股票取得的转让差价所得，2027年12月31日前，暂免征收个人所得税。

2. 内地个人投资者通过深港通投资香港联交所上市股票的股息、红利所得税。

（1）对内地个人投资者通过深港通投资香港联交所上市H股取得的股息、红利，H股公司应向中国结算提出申请，由中国结算向H股公司提供内地个人投资者名册，H股公司按照20%的税率代扣个人所得税。内地个人投资者通过深港通投资香港联交所上市的非H股取得的股息、红利，由中国结算按照20%的税率代扣个人所得税。个人投资者在国外已缴纳的预提税，可持有效扣税凭证到中国结算的主管税务机关申请税收抵免。

（2）对内地证券投资基金通过深港通投资香港联交所上市股票取得的股息、红利所得，按照上述规定计征个人所得税。

3. 对香港市场个人投资者投资深交所上市A股取得的转让差价所得，暂免征收所得税。

4. 对香港市场个人投资者投资深交所上市A股取得的股息、红利所得，在香港结算不具备向中国结算提供投资者的身份及持股时间等明细数据的条件之前，暂不执行按持股时间实行差别化征税政策，由上市公司按照10%的税率代扣个人所得税，并向其主管税务机关办理扣缴申报。对于香港个人投资者中属于其他国家税收居民且其所在国与中国签订的税收协定规定股息、红利所得税税率低于10%的，可以自行或委托代扣代缴义务人，向上市公司主管税务机关提出享受税收协定待遇、退还多缴税款的申请，主管税务机关查实后，对符合退税条件的，应按已征税款和根据税收协定税率计算的应纳税款的差额予以退税。

（三）个人转让新三板挂牌公司股票有关个人所得税政策

1. 自2018年11月1日（含）起，对个人转让新三板挂牌公司非原始股取得的所得，暂免征收个人所得税。

所称非原始股是指个人在新三板挂牌公司挂牌后取得的股票，以及由上述股票孳生的送、转股。

2. 对个人转让新三板挂牌公司原始股取得的所得，按照"财产转让所得"，适用20%的比例税率征收个人所得税。

所称原始股是指个人在新三板挂牌公司挂牌前取得的股票，以及在该公司挂牌前和挂牌后由上述股票孳生的送、转股。

3. 2019年9月1日之前，个人转让新三板挂牌公司原始股的个人所得税，征收管理办法按照现行股权转让所得有关规定执行，以股票受让方为扣缴义务人，由被投资企业所在地税务机关负责征收管理。

自2019年9月1日（含）起，个人转让新三板挂牌公司原始股的个人所得税，以股票托管的证券机构为扣缴义务人，由股票托管的证券机构所在地主管税务机关负责征收管理。

需要注意的是，新三板精选层公司转为北交所上市公司，以及创新层挂牌公司通过公开发行股票进入北交所上市后，投资北交所上市公司涉及的个人所得税、印花税相关政策，暂按照现行新三板适用的税收规定执行。

（四）个人转让上市公司限售股所得个人所得税的规定

1. 自2010年1月1日起，对个人转让限售股取得的所得，按照"财产转让所得"，适用20%的比例税率征收个人所得税。

2. 所称限售股，包括：

（1）上市公司股权分置改革完成后股票复牌日之前股东所持原非流通股股份，以及股票复牌日至解禁日期间由上述股份孳生的送、转股（以下统称股改限售股）；

（2）2006年股权分置改革新老划断后，首次公开发行股票并上市的公司形成的限售股，以及上市首日至解禁日期间由上述股份孳生的送、转股（以下统称新股限售股）；

（3）财政部、税务总局、法制办和证监会共同确定的其他限售股。

3. 个人转让限售股，以每次限售股转让收入，减除股票原值和合理税费后的余额，为应纳税所得额。即：

应纳税所得额 = 限售股转让收入 −（限售股原值 + 合理税费）

应纳税额 = 应纳税所得额 × 20%

上述所称的限售股转让收入，是指转让限售股股票实际取得的收入。限售股原值，是指限售股买入时的买入价及按照规定缴纳的有关费用。合理税费，是指转让限售股过程中发生的印花税、佣金、过户费等与交易相关的税费。

如果纳税人未能提供完整、真实的限售股原值凭证的，不能准确计算限售股原值的，主管税务机关一律按限售股转让收入的15%核定限售股原值及合理税费。

4. 个人转让上市公司限售股所得缴纳个人所得税时，纳税地点为发行限售股的上市公司所在地。

（1）个人股东开户的证券机构代扣代缴限售股转让所得个人所得税时，可优先通过自然人电子税务局网站、扣缴客户端远程办理申报，也可在证券机构所在地主管税务机关就近办理申报，税款在上市公司所在地解缴入库。

（2）纳税人需自行申报清算或纳税的，可优先通过自然人电子税务局网站远程办理申报，也可到上市公司所在地主管税务机关办理申报。

（3）上市公司所在地主管税务机关负责限售股转让所得个人所得税征收管理，证券机构所在地主管税务机关予以协同管理。

（4）个人转让全国中小企业股份转让系统挂牌公司、北京证券交易所上市公司原始股缴纳个人所得税的有关征管服务事项，参照本条规定执行。

5. 限售股转让所得个人所得税，采取证券机构预扣预缴、纳税人自行申报清算和证券机构直接扣缴相结合的方式征收。证券机构预扣预缴的税款，于次月7日内以纳税保证金形式向主管税务机关缴纳。主管税务机关在收取纳税保证金时，应向证券机构开具《中华人民共和国纳税保证金收据》，并纳入专户存储。

根据证券机构技术和制度准备完成情况，对不同阶段形成的限售股，采取不同的征收管理办法。

（1）证券机构技术和制度准备完成前形成的限售股，证券机构按照股改限售股股改复牌日收盘价，或新股限售股上市首日收盘价计算转让收入，按照计算出的转让收入的15%确定限售股原值和合理税费，以转让收入减去原值和合理税费后的余额，适用20%税率，计算预扣预缴个人所得税额。

纳税人按照实际转让收入与实际成本计算出的应纳税额，与证券机构预扣预缴税额有差异的，纳税人应自证券机构代扣并解缴税款的次月1日起3个月内，持加盖证券机构印章的交易记录和相关完整、真实凭证，向主管税务机关提出清算申报并办理清算事宜。主管税务机关审核确认后，按照重新计算的应纳税额，办理退（补）税手续。纳税人在规定期限内未到主管税务机关办理清算事宜的，税务机关不再办理清算事宜，已预扣预缴的税款从纳税保证金账户全额缴入国库。

（2）证券机构技术和制度准备完成后新上市公司的限售股，按照证券机构事先植入结算系统的限售股成本原值和发生的合理税费，以实际转让收入减去原值和合理税费后的余额，适用20%税率，计算直接扣缴个人所得税额。

6. 纳税人同时持有限售股及该股流通股的，其股票转让所得，按照限售股优先原则，即：转让股票视同为先转让限售股，按规定计算缴纳个人所得税。

九、个人投资证券投资基金相关征税规定

（一）证券投资基金个人所得税的规定

1. 对个人投资者买卖基金单位获得的差价收入，在对个人买卖股票的差价收入未恢复征收个人所得税以前，暂不征收个人所得税。

2. 对投资者从基金分配中获得的股票的股息、红利收入以及企业债券的利息收入，由上市公司和发行债券的企业在向基金派发股息、红利、利息时代扣代缴20%的个人所得税，基金向个人投资者分配股息、红利、利息时，不再代扣代缴个人所得税。

3. 对投资者从基金分配中获得的国债利息、储蓄存款利息以及买卖股票价差收入，在国债利息收入、个人储蓄存款利息收入以及个人买卖股票差价收入未恢复征收个人所得税以前，暂不征收个人所得税。

4. 对个人投资者从基金分配中获得的企业债券差价收入，应按税法规定对个人投资者征收个人所得税，税款由基金在分配时依法代扣代缴。

（二）内地与香港基金互认涉及的个人所得税规定

基金互认，是指内地基金或香港基金经香港证监会认可或中国证监会注册，在双方司法管辖区内向公众销售。内地基金，是指中国证监会根据《中华人民共和国证券投资基金法》注册的公开募集证券投资基金。香港基金，是指香港证监会根据香港法律认可公开销售的单位信托、互惠基金或者其他形式的集体投资计划。买卖基金份额，包括申购与赎回、交易。

1. 内地投资者通过基金互认买卖香港基金份额的个人所得税规定。

（1）对内地个人投资者通过基金互认买卖香港基金份额取得的转让差价所得，2027年12月31日前，暂免征收个人所得税。

（2）内地个人投资者通过基金互认从香港基金分配取得的收益，由该香港基金在内地的代理人按照20%的税率代扣代缴个人所得税。所称代理人是指依法取得中国证监会核准的公募基金管理资格或托管资格，根据香港基金管理人的委托，代为办理该香港基金内地事务的机构。

2. 香港市场投资者通过基金互认买卖内地基金份额的个人所得税规定。

（1）对香港市场个人投资者通过基金互认买卖内地基金份额取得的转让差价所得，暂免征收个人所得税。

（2）对香港市场个人投资者通过基金互认从内地基金分配取得的收益，由内地上市公司向该内地基金分配股息、红利时，对香港市场个人投资者按照10%的税率代扣个人所得税；或由发行债券的企业向该内地基金分配利息时，对香港市场个人投资者按照7%的税率代扣个人所得税，并由内地上市公司或发行债券的企业向其主管税务机关办理扣缴申报。该内地基金向投资者分配收益时，不再扣缴个人所得税。

内地基金管理人应当向相关证券登记结算机构提供内地基金的香港市场投资者的相关信息。

3. 交易型开放式基金（ETF）纳入内地与香港股票市场交易互联互通机制后，适用现行内地与香港基金互认有关税收政策。中国证券登记结算有限责任公司负责代扣代缴内地投资者从香港基金分配取得收益的个人所得税。

十、个人取得股权期权等股权激励和现金奖励等征税问题的规定

居民个人取得股票期权、股票增值权、限制性股票、股权奖励等股权激励（以下简称股权激励），符合下列（一）至（四）项规定的相关条件的，不并入当年综合所得，全额单独适用综合所得税率表，计算纳税。计算公式为：

应纳税额＝股权激励收入×适用税率－速算扣除数

居民个人一个纳税年度内取得两次以上（含两次）股权激励的，应合并按上述规定计算纳税。

（一）个人股票期权所得个人所得税的征税方法

1. 股票期权所得。

企业员工股票期权（以下简称股票期权）是指上市公司按照规定的程序授予本公司及其控股企业员工的一项权利，该权利允许被授权员工在未来时间内以某一特定价格购买本公司一定数量的股票。

上述某一特定价格被称为授予价或施权价，即根据股票期权计划可以购买股票的价格，一般为股票期权授予日的市场价格或该价格的折扣价格，也可以是按照事先设定的计算方法约定的价格；授予日，也称授权日，是指公司授予员工上述权利的日期；行权，也称执行，是指员工根据股票期权计划选择购买股票的过程；员工行使上述权利的当日为行权日，也称购买日。

2. 股票期权所得性质的确认及其具体征税规定。

（1）员工接受实施股票期权计划企业授予的股票期权时，除另有规定外，一般不作为应税所得征税。

（2）员工行权时，其从企业取得股票的实际购买价（施权价）低于购买日公平市场价

（指该股票当日的收盘价，下同）的差额，是因员工在企业的表现和业绩情况而取得的与任职、受雇有关的所得，应按"工资、薪金所得"项目适用的规定计算缴纳个人所得税。

对因特殊情况，员工在行权日之前将股票期权转让的，以股票期权的转让净收入，作为工资、薪金所得征收个人所得税。股票期权的转让净收入，一般是指股票期权转让收入。如果员工以折价购入方式取得股票期权，可以股票期权转让收入扣除折价购入股票期权时实际支付的价款后的余额，作为股票期权的转让净收入。

员工行权日所在期间的工资、薪金所得，应按下列公式计算工资、薪金应纳税所得额：

$$\text{股票期权形式的工资、薪金应纳税所得额} = \left(\text{行权股票的每股市场价} - \text{员工取得该股票期权支付的每股施权价}\right) \times \text{股票数量}$$

公式中员工取得该股票期权支付的每股施权价，一般是指员工行使股票期权购买股票实际支付的每股价格。如果员工以折价购入方式取得股票期权，上述施权价可包括员工折价购入股票期权时实际支付的价格。

（3）员工将行权后的股票再转让时获得的高于购买日公平市场价的差额，是因个人在证券二级市场上转让股票等有价证券而获得的所得，应按照"财产转让所得"项目适用的征免规定计算缴纳个人所得税。

（4）员工因拥有股权而参与企业税后利润分配取得的所得，应按照"利息、股息、红利所得"项目适用的规定计算缴纳个人所得税。

3. 应纳税款的计算。

（1）认购股票所得（行权所得）的税款计算。

员工因参加股票期权计划而从中国境内取得的所得，按规定应按"工资、薪金所得"项目计算纳税的，在2027年12月31日前，对该股票期权形式的工资、薪金所得不并入当年综合所得，全额单独适用综合所得税率表（见表5-1或表5-3），计算纳税。计算公式为：

$$\text{应纳税额} = \text{股权激励收入} \times \text{适用税率} - \text{速算扣除数}$$

（2）转让股票（销售）取得所得的税款计算。

对于员工转让股票等有价证券取得的所得，应按现行税法和政策规定征免个人所得税。即个人将行权后的境内上市公司股票再行转让而取得的所得，暂不征收个人所得税；个人转让境外上市公司的股票而取得的所得，应按税法的规定计算应纳税所得额和应纳税额，依法缴纳税款。

（3）参与税后利润分配取得所得的税款计算。

员工因拥有股权参与税后利润分配而取得的股息、红利所得，除依照有关规定可以免税或减税的外，应全额按规定税率计算纳税。

4. 部分股票期权在授权时即约定可以转让，且在境内或境外存在公开市场及挂牌价格（以下称为可公开交易的股票期权）。员工接受该可公开交易的股票期权时，按以下规定进行税务处理：

（1）员工取得可公开交易的股票期权，属于员工已实际取得有确定价值的财产，应按授权日股票期权的市场价格，作为员工授权日所在月份的工资、薪金所得，并按上述第3项第（1）条规定计算缴纳个人所得税。如果员工以折价购入方式取得股票期权，可以授权日股票期权的市场价格扣除折价购入股票期权时实际支付的价款后的余额，作为授权日所在月份的工资、薪金所得。

（2）员工取得上述可公开交易的股票期权后，转让该股票期权所取得的所得，属于财产转让所得，按上述第3项第（2）条规定进行税务处理。

（3）员工取得本条所述可公开交易的股票期权后，实际行使该股票期权购买股票时，不再计算缴纳个人所得税。

5. 凡取得股票期权的员工在行权日不实际买卖股票，而按行权日股票期权所指定股票的市场价与施权价之间的差额，直接从授权企业取得价差收益的，该项价差收益应作为员工取得的股票期权形式的工资、薪金所得，按照上述有关规定计算缴纳个人所得税。

（二）股票增值权所得和限制性股票所得的个人所得税规定

股票增值权，是指上市公司授予公司员工在未来一定时期和约定条件下，获得规定数量的股票价格上升所带来收益的权利。被授权人在约定条件下行权，上市公司按照行权日与授权日二级市场股票差价乘以授权股票数量，发放给被授权人现金。

限制性股票，是指上市公司按照股权激励计划约定的条件，授予公司员工一定数量本公司的股票。

1. 对于个人从上市公司（含境内、外上市公司，下同）取得的股票增值权所得和限制性股票所得，比照前述第（一）项"个人股票期权所得个人所得税的征税方法"的有关规定，由上市公司或其境内机构按照"工资、薪金所得"项目和股票期权所得个人所得税计税方法，计算征收个人所得税。

2. 股票增值权应纳税所得额的确定。

股票增值权被授权人获取的收益，是由上市公司根据授权日与行权日股票差价乘以被授权股数，直接向被授权人支付的现金。上市公司应于向股票增值权被授权人兑现时依法扣缴其个人所得税。被授权人股票增值权应纳税所得额计算公式为：

$$股票增值权某次行权应纳税所得额 = \left(行权日股票价格 - 授权日股票价格\right) \times 行权股票份数$$

3. 限制性股票应纳税所得额的确定。

按照《个人所得税法》及其《实施条例》等有关规定，原则上应在限制性股票所有权归属于被激励对象时确认其限制性股票所得的应纳税所得额。即上市公司实施限制性股票计划时，应以被激励对象限制性股票在中国证券登记结算公司（境外为证券登记托管机构）进行股票登记日期的股票市价（指当日收盘价，下同）和本批次解禁股票当日市价（指当日收盘价，下同）的平均价格乘以本批次解禁股票份数，减去被激励对象本批次解禁股份数所对应的为获取限制性股票实际支付的资金数额，其差额为应纳税所得额。被激励对象限制性股票应纳税所得额计算公式为：

应纳税所得额=（股票登记日股票市价+本批次解禁股票当日市价）÷2×本批次解禁股票份数－被激励对象实际支付的资金总额×（本批次解禁股票份数÷被激励对象获取的限制性股票总份数）

4. 股权激励所得应纳税额的计算。

个人在纳税年度内取得股票期权、股票增值权所得和限制性股票所得的，在2027年12月31日前，上市公司应将该部分收入不并入当年综合所得，全额单独适用综合所得税率表（见表5-1或表5-3），按照下列公式和要求计算扣缴其个人所得税：

应纳税额 = 股权激励收入 × 适用税率 - 速算扣除数

5. 纳税义务发生时间。

（1）股票增值权个人所得税纳税义务发生时间为上市公司向被授权人兑现股票增值权所得的日期。

（2）限制性股票个人所得税纳税义务发生时间为每一批次限制性股票解禁的日期。

（三）完善股权激励和技术入股有关个人所得税的规定

1. 对符合条件的非上市公司股票期权、股权期权、限制性股票和股权奖励实行递延纳税政策。

所称股票（权）期权是指公司给予激励对象在一定期限内以事先约定的价格购买本公司股票（权）的权利；所称限制性股票是指公司按照预先确定的条件授予激励对象一定数量的本公司股权，激励对象只有工作年限或业绩目标符合股权激励计划规定条件的才可以处置该股权；所称股权奖励是指企业无偿授予激励对象一定份额的股权或一定数量的股份。

（1）非上市公司授予本公司员工的股票期权、股权期权、限制性股票和股权奖励，符合规定条件的，经向主管税务机关备案，可实行递延纳税政策，即员工在取得股权激励时可暂不纳税，递延至转让该股权时纳税；股权转让时，按照股权转让收入减除股权取得成本以及合理税费后的差额，适用"财产转让所得"项目，按照20%的税率计算缴纳个人所得税。

股权转让时，股票（权）期权取得成本按行权价确定，限制性股票取得成本按实际出资额确定，股权奖励取得成本为零。

（2）享受递延纳税政策的非上市公司股权激励（包括股票期权、股权期权、限制性股票和股权奖励，下同）须同时满足以下条件：

①属于境内居民企业的股权激励计划。

②股权激励计划经公司董事会、股东（大）会审议通过。未设股东（大）会的国有单位，经上级主管部门审核批准。股权激励计划应列明激励目的、对象、标的、有效期、各类价格的确定方法，激励对象获取权益的条件、程序等。

③激励标的应为境内居民企业的本公司股权。股权奖励的标的可以是技术成果投资入股到其他境内居民企业所取得的股权。激励标的股票（权）包括通过增发、大股东直接让渡以及法律法规允许的其他合理方式授予激励对象的股票（权）。

④激励对象应为公司董事会或股东（大）会决定的技术骨干和高级管理人员，激励对象人数累计不得超过本公司最近6个月在职职工平均人数的30%。

⑤股票（权）期权自授予日起应持有满3年，且自行权日起持有满1年；限制性股票自授予日起应持有满3年，且解禁后持有满1年；股权奖励自获得奖励之日起应持有满3年。上述时间条件须在股权激励计划中列明。

⑥股票（权）期权自授予日至行权日的时间不得超过10年。

⑦实施股权奖励的公司及其奖励股权标的公司所属行业均不属于《股权奖励税收优惠政策限制性行业目录》范围。公司所属行业按公司上一纳税年度主营业务收入占比最高的行业确定。

（3）股权激励计划所列内容不同时满足上述第（2）项规定的全部条件，或递延纳税期间公司情况发生变化，不再符合上述第（2）项第④至⑥条的，不得享受递延纳税优惠，应按规定计算缴纳个人所得税。

（4）全国中小企业股份转让系统挂牌公司按照上述规定执行。

2. 对上市公司股票期权、限制性股票和股权奖励适当延长纳税期限。

（1）上市公司授予个人的股票期权、限制性股票和股权奖励，经向主管税务机关备案，个人可自股票期权行权、限制性股票解禁或取得股权奖励之日起，在不超过12个月的期限内缴纳个人所得税。

（2）上市公司股票期权、限制性股票应纳税款的计算，继续按照《财政部 国家税务总局关于个人股票期权所得征收个人所得税问题的通知》（财税〔2005〕35号）、《财政部 国家税务总局关于股票增值权所得和限制性股票所得征收个人所得税有关问题的通知》（财税〔2009〕5号）、《国家税务总局关于股权激励有关个人所得税问题的通知》（国税函〔2009〕461号）等相关规定执行。股权奖励应纳税款的计算比照上述规定执行。

（3）这里的上市公司是指其股票在上海证券交易所、深圳证券交易所上市交易的股份有限公司。

3. 对技术成果投资入股实施选择性税收优惠政策。

技术成果是指专利技术（含国防专利）、计算机软件著作权、集成电路布图设计专有权、植物新品种权、生物医药新品种，以及科技部、财政部、国家税务总局确定的其他技术成果。

技术成果投资入股，是指纳税人将技术成果所有权让渡给被投资企业、取得该企业股票（权）的行为。

（1）个人以技术成果投资入股境内居民企业，被投资企业支付的对价全部为股票（权）的，可选择继续按现行有关税收政策执行，也可选择适用递延纳税优惠政策。

选择技术成果投资入股递延纳税政策的，经向主管税务机关备案，投资入股当期可暂不纳税，允许递延至转让股权时，按股权转让收入减去技术成果原值和合理税费后的差额计算缴纳所得税。

（2）个人选择适用上述任一项政策，均允许被投资企业按技术成果投资入股时的评估值入账，并在企业所得税税前摊销扣除。

4. 相关政策。

（1）个人从任职受雇企业以低于公平市场价格取得股票（权）的，凡不符合递延纳税条件，应在获得股票（权）时，对实际出资额低于公平市场价格的差额，在2027年12月31日前，该部分收入不并入当年综合所得，按照"工资、薪金所得"项目，全额单独适用综合所得税率表（见表5-1或表5-3），按照下列公式和要求计算扣缴其个人所得税：

应纳税额＝股权激励收入×适用税率－速算扣除数

（2）个人因股权激励、技术成果投资入股取得股权后，非上市公司在境内上市的，处置递延纳税的股权时，按照现行限售股有关征税规定执行〔第八（四）项〕。

（3）个人转让股权时，视同享受递延纳税优惠政策的股权优先转让。递延纳税的股权成本按照加权平均法计算，不与其他方式取得的股权成本合并计算。

（4）持有递延纳税的股权期间，因该股权产生的转增股本收入，以及以该递延纳税的股权再进行非货币性资产投资的，应在当期缴纳税款。

5. 配套管理措施。

（1）对股权激励或技术成果投资入股选择适用递延纳税政策的，企业应在规定期限内到主管税务机关办理备案手续。未办理备案手续的，不得享受本规定的递延纳税优惠政策。

（2）企业实施股权激励或个人以技术成果投资入股，以实施股权激励或取得技术成果的企业为个人所得税扣缴义务人。递延纳税期间，扣缴义务人应在每个纳税年度终了后向主管税务机关报告递延纳税有关情况。

（3）工商部门应将企业股权变更信息及时与税务部门共享，暂不具备联网实时共享信息条件的，工商部门应在股权变更登记3个工作日内将信息与税务部门共享。

（4）中关村国家自主创新示范区2016年1月1日至8月31日之间发生的尚未纳税的股权奖励事项，符合本规定的相关条件的，可按本规定有关政策执行。

（四）促进科技成果转化取得股权奖励有关个人所得税的规定

1. 科研机构、高等学校转化职务科技成果以股份或出资比例等股权形式给予科技人员个人奖励，经主管税务机关审核后，暂不征收个人所得税。

为了便于主管税务机关审核，奖励单位或获奖人应向主管税务机关提供有关部门根据国家科学技术委员会和国家工商行政管理局联合制定的《关于以高新技术成果出资入股若干问题的规定》（国科发政字〔1997〕326号）、科学技术部和国家工商行政管理局联合制定的《〈关于以高新技术成果出资入股若干问题的规定〉实施办法》（国科发政字〔1998〕171号）出具的《出资入股高新技术成果认定书》，工商行政管理部门办理的企业登记手续及经工商行政管理机关登记注册的评估机构的技术成果价值评估报告和确认书。不提供上述资料的，不得享受暂不征收个人所得税优惠政策。

上述科研机构是指按中央机构编制委员会和国家科学技术委员会《关于科研事业单位机构设置审批事项的通知》（中编办发〔1997〕14号）的规定设置审批的自然科学研究事业单位机构。

上述高等学校是指全日制普通高等学校（包括大学、专门学院和高等专科学校）。

2. 在获奖人按股份、出资比例获得分红时，对其所得按"利息、股息、红利所得"应税项目征收个人所得税。

3. 获奖人转让股权、出资比例，对其所得按"财产转让所得"应税项目征收个人所得税，财产原值为零。

4. 享受上述优惠政策的科技人员必须是科研机构和高等学校的在编正式职工。

5. 自2016年1月1日起，全国范围内的高新技术企业转化科技成果，给予本企业相关技术人员的股权奖励，个人一次缴纳税款有困难的，可根据实际情况自行制订分期缴税计划，在不超过5个公历年度内（含）分期缴纳，并将有关资料报主管税务机关备案。

技术人员转让奖励的股权（含奖励股权孳生的送、转股）并取得现金收入的，该现金收入应优先用于缴纳尚未缴清的税款。

技术人员在转让奖励的股权之前企业依法宣告破产，技术人员进行相关权益处置后没有取得收益或资产，或取得的收益或资产不足以缴纳其取得股权尚未缴纳的应纳税款的部分，税务机关可不予追征。

这里所称相关技术人员，是指经公司董事会和股东大会决议批准获得股权奖励的以下两类人员：

（1）对企业科技成果研发和产业化作出突出贡献的技术人员，包括企业内关键职务科技成果的主要完成人，重大开发项目的负责人，对主导产品或者核心技术、工艺流程作出重大创新或者改进的主要技术人员。

（2）对企业发展作出突出贡献的经营管理人员，包括主持企业全面生产经营工作的高级管理人员，负责企业主要产品（服务）生产经营合计占主营业务收入（或者主营业务利润）50%以上的中、高级经营管理人员。

企业面向全体员工实施的股权奖励，不得按本规定的税收政策执行。

这里所称股权奖励，是指企业无偿授予相关技术人员一定份额的股权或一定数量的股份。这里所称高新技术企业，是指实行查账征收、经省级高新技术企业认定管理机构认定的高新技术企业。

（五）科技人员取得职务科技成果转化现金奖励有关个人所得税政策

1. 依法批准设立的非营利性研究开发机构和高等学校（以下简称非营利性科研机构和高校）根据《中华人民共和国促进科技成果转化法》规定，从职务科技成果转化收入中给予科技人员的现金奖励，可减按50%计入科技人员当月"工资、薪金所得"，依法缴纳个人所得税。

2. 非营利性科研机构和高校包括国家设立的科研机构和高校、民办非营利性科研机构和高校。

3. 国家设立的科研机构和高校是指利用财政性资金设立的、取得《事业单位法人证书》的科研机构和公办高校，包括中央和地方所属科研机构和高校。

4. 民办非营利性科研机构和高校，是指同时满足以下条件的科研机构和高校：

（1）根据《民办非企业单位登记管理暂行条例》在民政部门登记，并取得《民办非企业单位登记证书》。

（2）对于民办非营利性科研机构，其《民办非企业单位登记证书》记载的业务范围应属于"科学研究与技术开发、成果转让、科技咨询与服务、科技成果评估"范围。对业务范围存在争议的，由税务机关转请县级（含）以上科技行政主管部门确认。

对于民办非营利性高校，应取得教育主管部门颁发的《民办学校办学许可证》，《民办学校办学许可证》记载学校类型为"高等学校"。

（3）经认定取得企业所得税非营利组织免税资格。

5. 科技人员享受上述税收优惠政策，须同时符合以下条件：

（1）科技人员是指非营利性科研机构和高校中对完成或转化职务科技成果作出重要

贡献的人员。非营利性科研机构和高校应按规定公示有关科技人员名单及相关信息（国防专利转化除外），具体公示办法由科技部会同财政部、国家税务总局制定。

（2）科技成果是指专利技术（含国防专利）、计算机软件著作权、集成电路布图设计专有权、植物新品种权、生物医药新品种，以及科技部、财政部、国家税务总局确定的其他技术成果。

（3）科技成果转化是指非营利性科研机构和高校向他人转让科技成果或者许可他人使用科技成果。现金奖励是指非营利性科研机构和高校在取得科技成果转化收入3年（36个月）内奖励给科技人员的现金。

（4）非营利性科研机构和高校转化科技成果，应当签订技术合同，并根据《技术合同认定登记管理办法》，在技术合同登记机构进行审核登记，并取得技术合同认定登记证明。

非营利性科研机构和高校应健全科技成果转化的资金核算，不得将正常工资、奖金等收入列入科技人员职务科技成果转化现金奖励享受税收优惠。

6. 上述税收政策自2018年7月1日起施行，施行前非营利性科研机构和高校取得的科技成果转化收入，自施行后36个月内给科技人员发放现金奖励，符合本规定的其他条件的，适用上述规定。

十一、律师、保险营销员、证券经纪人取得收入的征税规定

（一）律师事务所从业人员取得收入征收个人所得税的有关规定

1. 律师个人出资兴办的独资和合伙性质的律师事务所的年度经营所得，从2000年1月1日起，停止征收企业所得税，作为出资律师的个人经营所得，按照有关规定，比照"经营所得"应税项目征收个人所得税。在计算其经营所得时，出资律师本人的工资、薪金不得扣除。

2. 合伙制律师事务所应将年度经营所得全额作为基数，按出资比例或者事先约定的比例计算各合伙人应分配的所得，据以征收个人所得税。

3. 律师个人出资兴办的律师事务所，凡有下列情形之一的，主管税务机关有权核定出资律师个人的应纳税额：

（1）依照法律、行政法规的规定可以不设置账簿的。

（2）依照法律、行政法规的规定应当设置账簿但未设置的。

（3）擅自销毁账簿或者拒不提供纳税资料的。

（4）虽设置账簿，但账目混乱或者成本资料、收入凭证、费用凭证残缺不全，难以查账的。

（5）发生纳税义务，未按照规定的期限办理纳税申报，经税务机关责令限期申报，逾期仍不申报的。

（6）纳税人申报的计税依据明显偏低，又无正当理由的。

4. 律师事务所支付给雇员（包括律师及行政辅助人员，但不包括律师事务所的投资者，下同）的所得，按"工资、薪金所得"应税项目征收个人所得税。

5. 作为律师事务所雇员的律师与律师事务所按规定的比例对收入分成，律师事务所

不负担律师办理案件支出的费用（如交通费、资料费、通信费及聘请人员等费用），律师当月的分成收入按前述第 2 项的规定扣除办理案件支出的费用后，余额与律师事务所发给的工资合并，按"工资、薪金所得"应税项目计征个人所得税。

律师从其分成收入中扣除办理案件支出费用的标准，由各省税务局根据当地律师办理案件费用支出的一般情况、律师与律师事务所之间的收入分成比例及其他相关参考因素，在律师当月分成收入的 30% 比例内确定。实行这一收入分成办法的律师办案费用不得在律师事务所重复列支。

6. 兼职律师从律师事务所取得工资、薪金性质的所得，律师事务所在代扣代缴其个人所得税时，不再减除《个人所得税法》规定的费用扣除标准，以收入全额（取得分成收入的为扣除办理案件支出费用后的余额）直接确定适用税率，计算扣缴个人所得税。兼职律师应于次月 7 日内自行向主管税务机关申报两处或两处以上取得的工资、薪金所得，合并计算缴纳个人所得税。

兼职律师是指取得律师资格和律师执业证书，不脱离本职工作从事律师职业的人员。

7. 律师以个人名义再聘请其他人员为其工作而支付的报酬，应由该律师按"劳务报酬所得"应税项目负责代扣代缴个人所得税。为了便于操作，税款可由其任职的律师事务所代为缴入国库。

8. 律师从接受法律事务服务的当事人处取得法律顾问费或其他酬金等收入，应并入其从律师事务所取得的其他收入，按照规定计算缴纳个人所得税。

9. 律师个人承担的按照律师协会规定参加的业务培训费用，可据实扣除。

10. 律师事务所从业人员个人所得税的征收管理，按照《个人所得税法》及其《实施条例》、《税收征收管理法》及其《实施细则》、《个人所得税扣缴申报管理办法（试行）》和《个人所得税自行申报纳税暂行办法》等有关法律、法规、规章的规定执行。

（二）保险营销员、证券经纪人佣金收入的政策

保险营销员、证券经纪人取得的佣金收入，属于劳务报酬所得，自 2019 年 1 月 1 日起，以不含增值税的收入减除 20% 的费用后的余额为收入额，收入额减去展业成本以及附加税费后，并入当年综合所得，计算缴纳个人所得税。保险营销员、证券经纪人的展业成本按照收入额的 25% 计算。

扣缴义务人向保险营销员、证券经纪人支付佣金收入时，应按照《个人所得税扣缴申报管理办法（试行）》（国家税务总局公告 2018 年第 61 号）规定的累计预扣法计算预扣税款，其具体计算公式为：

本期应预扣预缴税额 =（累计预扣预缴应纳税所得额 × 预扣率 − 速算扣除数）− 累计减免税额 − 累计已预扣预缴税额

累计预扣预缴应纳税所得额 = 累计收入额 − 累计减除费用 − 累计其他扣除

其中，收入额按照不含增值税的收入减除 20% 的费用后的余额计算；累计减除费用按照 5 000 元/月乘以纳税人当年截至本月在本单位的从业月份数计算；其他扣除按照展业成本、附加税费和依法确定的其他扣除之和计算，展业成本按照收入额的 25% 计算。

十二、关于公益慈善事业捐赠个人所得税政策

（一）限额扣除（一般扣除规定）

1. 个人通过中华人民共和国境内公益性社会组织、县级以上人民政府及其部门等国家机关，向教育、扶贫、济困等公益慈善事业的捐赠（以下简称公益捐赠），发生的公益捐赠支出，可以按照《个人所得税法》有关规定在计算应纳税所得额时扣除。所称境内公益性社会组织，包括依法设立或登记并按规定条件和程序取得公益性捐赠税前扣除资格的慈善组织、其他社会组织和群众团体。

2. 个人发生的公益捐赠支出金额，按照以下规定确定：

（1）捐赠货币性资产的，按照实际捐赠金额确定。

（2）捐赠股权、房产的，按照个人持有股权、房产的财产原值确定。

（3）捐赠除股权、房产以外的其他非货币性资产的，按照非货币性资产的市场价格确定。

3. 居民个人按照以下规定扣除公益捐赠支出：

（1）居民个人发生的公益捐赠支出可以在财产租赁所得，财产转让所得，利息、股息、红利所得，偶然所得（以下统称分类所得），综合所得或者经营所得中扣除。在当期一个所得项目扣除不完的公益捐赠支出，可以按规定在其他所得项目中继续扣除。

（2）居民个人发生的公益捐赠支出，在综合所得、经营所得中扣除的，扣除限额分别为当年综合所得、当年经营所得应纳税所得额的30%；在分类所得中扣除的，扣除限额为当月分类所得应纳税所得额的30%。

（3）居民个人根据各项所得的收入、公益捐赠支出、适用税率等情况，自行决定在综合所得、分类所得、经营所得中扣除的公益捐赠支出的顺序。

4. 居民个人在综合所得中扣除公益捐赠支出的，应按照以下规定处理：

（1）居民个人取得工资、薪金所得的，可以选择在预扣预缴时扣除，也可以选择在年度汇算清缴时扣除。

居民个人选择在预扣预缴时扣除的，应按照累计预扣法计算扣除限额，其捐赠当月的扣除限额为截至当月累计应纳税所得额的30%（全额扣除的从其规定，下同）。个人从两处以上取得工资、薪金所得，选择其中一处扣除，选择后当年不得变更。

（2）居民个人取得劳务报酬所得、稿酬所得、特许权使用费所得的，预扣预缴时不扣除公益捐赠支出，统一在汇算清缴时扣除。

（3）居民个人取得全年一次性奖金、股权激励等所得，且按规定采取不并入综合所得而单独计税方式处理的，公益捐赠支出扣除比照本规定中分类所得的扣除规定处理。

5. 居民个人发生的公益捐赠支出，可在捐赠当月取得的分类所得中扣除。当月分类所得应扣除未扣除的公益捐赠支出，可以按照以下规定追补扣除：

（1）扣缴义务人已经代扣但尚未解缴税款的，居民个人可以向扣缴义务人提出追补扣除申请，退还已扣税款。

（2）扣缴义务人已经代扣且解缴税款的，居民个人可以在公益捐赠之日起90日内提请扣缴义务人向征收税款的税务机关办理更正申报追补扣除，税务机关和扣缴义务人应当予以办理。

（3）居民个人自行申报纳税的，可以在公益捐赠之日起90日内向主管税务机关办理更正申报追补扣除。

居民个人捐赠当月有多项多次分类所得的，应先在其中一项一次分类所得中扣除。已经在分类所得中扣除的公益捐赠支出，不再调整到其他所得中扣除。

6. 在经营所得中扣除公益捐赠支出，应按以下规定处理：

（1）个体工商户发生的公益捐赠支出，在其经营所得中扣除。

（2）个人独资企业、合伙企业发生的公益捐赠支出，其个人投资者应当按照捐赠年度合伙企业的分配比例（个人独资企业分配比例为100%），计算归属于每一个人投资者的公益捐赠支出，个人投资者应将其归属的个人独资企业、合伙企业公益捐赠支出和本人需要在经营所得中扣除的其他公益捐赠支出合并，在其经营所得中扣除。

（3）在经营所得中扣除公益捐赠支出的，可以选择在预缴税款时扣除，也可以选择在汇算清缴时扣除。

（4）经营所得采取核定征收方式的，不扣除公益捐赠支出。

7. 非居民个人发生的公益捐赠支出，未超过其在公益捐赠支出发生的当月应纳税所得额30%的部分，可以从其应纳税所得额中扣除。扣除不完的公益捐赠支出，可以在经营所得中继续扣除。

非居民个人按规定可以在应纳税所得额中扣除公益捐赠支出而未实际扣除的，可按照前述第5条规定追补扣除。

8. 国务院规定对公益捐赠全额税前扣除的，按照规定执行。个人同时发生按30%扣除和全额扣除的公益捐赠支出，自行选择扣除次序。

9. 公益性社会组织、国家机关在接受个人捐赠时，应当按照规定开具捐赠票据；个人索取捐赠票据的，应予以开具。

个人发生公益捐赠时不能及时取得捐赠票据的，可以暂时凭公益捐赠银行支付凭证扣除，并向扣缴义务人提供公益捐赠银行支付凭证复印件。个人应在捐赠之日起90日内向扣缴义务人补充提供捐赠票据，如果个人未按规定提供捐赠票据的，扣缴义务人应在30日内向主管税务机关报告。

机关、企事业单位统一组织员工开展公益捐赠的，纳税人可以凭汇总开具的捐赠票据和员工明细单扣除。

10. 个人通过扣缴义务人享受公益捐赠扣除政策，应当告知扣缴义务人符合条件可扣除的公益捐赠支出金额，并提供捐赠票据的复印件，其中捐赠股权、房产的还应出示财产原值证明。扣缴义务人应当按照规定在预扣预缴、代扣代缴税款时予以扣除，并将公益捐赠扣除金额告知纳税人。

个人自行办理或扣缴义务人为个人办理公益捐赠扣除的，应当在申报时一并报送《个人所得税公益慈善事业捐赠扣除明细表》。个人应留存捐赠票据，留存期限为5年。

（二）全额扣除（特殊扣除规定）

个人发生公益捐赠，税前可全额扣除的：一是对特定事项的捐赠（大部分需通过非营利机构和国家机关）；二是对特定公益组织的捐赠。

1. 对特定事项的捐赠。

(1) 对公益性青少年活动场所的捐赠。

企事业单位、社会团体和个人等社会力量，通过非营利性的社会团体和国家机关对公益性青少年活动场所（其中包括新建）的捐赠，税前准予全额扣除。

所称公益性青少年活动场所，是指专门为青少年学生提供科技、文化、德育、爱国主义教育、体育活动的青少年宫、青少年活动中心等校外活动的公益性场所。

(2) 对老年服务机构的捐赠。

企事业单位、社会团体和个人等社会力量，通过非营利性的社会团体和政府部门向福利性、非营利性的老年服务机构的捐赠，税前准予全额扣除。

所称老年服务机构，是指专门为老年人提供生活照料、文化、护理、健身等多方面服务的福利性、非营利性的机构，主要包括：老年社会福利院、敬老院（养老院）、老年服务中心、老年公寓（含老年护理院、康复中心、托老所）等。

(3) 对农村义务教育的捐赠。

个人通过非营利的社会团体和国家机关向农村义务教育的捐赠，准予在个人所得税前全额扣除。

农村义务教育的范围，是指政府和社会力量举办的农村乡镇（不含县和县级市政府所在地的镇）、村的小学和初中以及属于这一阶段的特殊教育学校。纳税人对农村义务教育与高中在一起的学校的捐赠，也享受本政策。

(4) 对红十字事业的捐赠。

个人通过非营利性的社会团体和国家机关（包括中国红十字会）向红十字事业的捐赠，在计算缴纳个人所得税时准予全额扣除。

(5) 对非关联的科研机构和高等学校用于研发的捐赠。

个人和个体工商户，资助非关联的科研机构和高等学校研究开发新产品、新技术、新工艺所发生的研究开发经费，经主管税务机关审核确定，其资助支出可以全额在当年度应纳税所得额中扣除。当年度应纳税所得额不足抵扣的，不得结转抵扣。

非关联的科研机构和高等学校是指，不是资助企业所属或投资的，并且其科研成果不是唯一提供给资助企业的科研机构和高等学校。向科研机构和高等学校资助研究开发经费，申请抵扣应纳税所得额时，须提供科研机构和高等学校开具的研究开发项目计划、资金收款证明及其他税务机关要求提供的相关资料，不能提供相关资料的，税务机关可不予受理。

(6) 对其他特定事项的捐赠。

除上述事项外，个人对于地震灾区、新冠疫情、重大体育赛事等临时性事件的捐赠，税法中也有可税前全额扣除的规定。鉴于这些规定大都具有临时、应急的特点，此处暂不一一列举。

2. 对特定公益组织的捐赠。

对个人向中华健康快车基金会、孙冶方经济科学基金会、中华慈善总会、中国法律援助基金会、中华见义勇为基金会、宋庆龄基金会、中国福利会、中国残疾人福利基金会、中国扶贫基金会、中国煤矿尘肺病治疗基金会、中华环境保护基金会、中国老龄事业发展基金会、中国华文教育基金会、中国绿化基金会、中国妇女发展基金会、中国关心下一代健康体育基金会、中国生物多样性保护基金会、中国儿童少年基金会、中国光彩事业基金会、中国医药卫生事业发展基金会、中国教育发展基金会等单位的公益性捐赠，准予在个人所得税税前全额扣除。

第六节 征收管理

全国通用实行的个人所得税的纳税办法有自行申报纳税和全员全额扣缴申报纳税两种。此外，《税收征收管理法》还对无法查账征收的纳税人规定了核定征收的方式，但由于核定征收由各地税务局依据自身情况制定当地的细则，因此本书对此部分内容不作详述。

一、自行申报纳税

自行申报纳税，是由纳税人自行在税法规定的纳税期限内，向税务机关申报取得的应税所得项目和数额，如实填写个人所得税纳税申报表，并按照税法规定计算应纳税额，据此缴纳个人所得税的一种方法。

（一）有下列情形之一的，纳税人应当依法办理纳税申报

1. 取得综合所得需要办理汇算清缴。
2. 取得应税所得没有扣缴义务人。
3. 取得应税所得，扣缴义务人未扣缴税款。
4. 取得境外所得。
5. 因移居境外注销中国户籍。
6. 非居民个人在中国境内从两处以上取得工资、薪金所得。
7. 国务院规定的其他情形。

（二）取得综合所得需要办理汇算清缴的纳税申报

取得综合所得且符合下列情形之一的纳税人，应当依法办理汇算清缴：

1. 从两处以上取得综合所得，且综合所得年收入额减除专项扣除后的余额超过 60 000 元。
2. 取得劳务报酬所得、稿酬所得、特许权使用费所得中一项或者多项所得，且综合所得年收入额减除专项扣除的余额超过 60 000 元。
3. 纳税年度内预缴税额低于应纳税额。
4. 纳税人申请退税。

需要办理汇算清缴的纳税人，应当在取得所得的次年 3 月 1 日至 6 月 30 日内，向任职、受雇单位所在地主管税务机关办理纳税申报，并报送《个人所得税年度自行纳税申报表》。纳税人有两处以上任职、受雇单位的，选择向其中一处任职、受雇单位所在地主管税务机关办理纳税申报；纳税人没有任职、受雇单位的，向户籍所在地或经常居住地主管税务机关办理纳税申报。

纳税人办理综合所得汇算清缴，应当准备与收入、专项扣除、专项附加扣除、依法确定的其他扣除、捐赠、享受税收优惠等相关的资料，并按规定留存备查或报送。

纳税人办理汇算清缴退税或者扣缴义务人为纳税人办理汇算清缴退税的，税务机关审核后，按照国库管理的有关规定办理退税。纳税人申请退税时提供的汇算清缴信息有错误的，税务机关应当告知其更正；纳税人更正的，税务机关应当及时办理退税。纳税人申请退税，应当提供其在中国境内开设的银行账户，并在汇算清缴地就地办理税款退库。

至2027年12月31日，居民个人取得的综合所得，年度综合所得收入不超过120 000元且需要汇算清缴补税的，或者年度汇算清缴补税金额不超过400元的，居民个人可免于办理个人所得税综合所得汇算清缴。居民个人取得综合所得时存在扣缴义务人未依法预扣预缴税款的情形除外。

在办理2019年度及以后年度的综合所得年度汇算清缴时，残疾、孤老人员和烈属取得综合所得办理汇算清缴且汇算清缴地与预扣预缴地规定不一致的，用预扣预缴地规定计算的减免税额与用汇算清缴地规定计算的减免税额相比较，按照孰高值确定减免税额。

（三）取得经营所得的纳税申报

个体工商户业主、个人独资企业投资者、合伙企业个人合伙人、承包承租经营者个人以及其他从事生产、经营活动的个人取得经营所得，包括以下情形：

1. 个体工商户从事生产、经营活动取得的所得，个人独资企业投资人、合伙企业的个人合伙人来源于境内注册的个人独资企业、合伙企业生产、经营的所得。

2. 个人依法从事办学、医疗、咨询以及其他有偿服务活动取得的所得。

3. 个人对企业、事业单位承包经营、承租经营以及转包、转租取得的所得。

4. 个人从事其他生产、经营活动取得的所得。

纳税人取得经营所得，按年计算个人所得税，由纳税人在月度或季度终了后15日内，向经营管理所在地主管税务机关办理预缴纳税申报，并报送《个人所得税经营所得纳税申报表（A表）》。在取得所得的次年3月31日前，向经营管理所在地主管税务机关办理汇算清缴，并报送《个人所得税经营所得纳税申报表（B表）》；从两处以上取得经营所得的，选择向其中一处经营管理所在地主管税务机关办理年度汇总申报，并报送《个人所得税经营所得纳税申报表（C表）》。

（四）取得应税所得，扣缴义务人未扣缴税款的纳税申报

纳税人取得应税所得，扣缴义务人未扣缴税款的，应当区别以下情形办理纳税申报：

1. 居民个人取得综合所得的，且符合前述第（二）项所述情形的，应当依法办理汇算清缴。

2. 非居民个人取得工资、薪金所得，劳务报酬所得，稿酬所得，特许权使用费所得的，应当在取得所得的次年6月30日前，向扣缴义务人所在地主管税务机关办理纳税申报，并报送《个人所得税自行纳税申报表（A表）》。有两个以上扣缴义务人均未扣缴税款的，选择向其中一处扣缴义务人所在地主管税务机关办理纳税申报。

非居民个人在次年6月30日前离境（临时离境除外）的，应当在离境前办理纳税申报。

3. 纳税人取得利息、股息、红利所得，财产租赁所得，财产转让所得和偶然所得的，应当在取得所得的次年6月30日前，按相关规定向主管税务机关办理纳税申报，并报送《个人所得税自行纳税申报表（A表）》。

税务机关通知限期缴纳的，纳税人应当按照期限缴纳税款。

纳税人取得应税所得没有扣缴义务人的，应当在取得所得的次月15日内向税务机关报送纳税申报表，并缴纳税款。

（五）取得境外所得的纳税申报

居民个人从中国境外取得所得的，应当在取得所得的次年3月1日至6月30日内，向中国境内任职、受雇单位所在地主管税务机关办理纳税申报；在中国境内没有任职、受雇单位的，向户籍所在地或中国境内经常居住地主管税务机关办理纳税申报；户籍所在地与中国境内经常居住地不一致的，选择其中一地主管税务机关办理纳税申报；在中国境内没有户籍的，向中国境内经常居住地主管税务机关办理纳税申报。

（六）因移居境外注销中国户籍的纳税申报

纳税人因移居境外注销中国户籍的，应当在申请注销中国户籍前，向户籍所在地主管税务机关办理纳税申报，进行税款清算。

1. 纳税人在注销户籍年度取得综合所得的，应当在注销户籍前，办理当年综合所得的汇算清缴，并报送《个人所得税年度自行纳税申报表》。尚未办理上一年度综合所得汇算清缴的，应当在办理注销户籍纳税申报时一并办理。

2. 纳税人在注销户籍年度取得经营所得的，应当在注销户籍前，办理当年经营所得的汇算清缴，并报送《个人所得税经营所得纳税申报表（B表）》。从两处以上取得经营所得的，还应当一并报送《个人所得税经营所得纳税申报表（C表）》。尚未办理上一年度经营所得汇算清缴的，应当在办理注销户籍纳税申报时一并办理。

3. 纳税人在注销户籍当年取得利息、股息、红利所得，财产租赁所得，财产转让所得和偶然所得的，应当在注销户籍前，申报当年上述所得的完税情况，并报送《个人所得税自行纳税申报表（A表）》。

4. 纳税人有未缴或者少缴税款的，应当在注销户籍前，结清欠缴或未缴的税款。纳税人存在分期缴税且未缴纳完毕的，应当在注销户籍前，结清尚未缴纳的税款。

5. 纳税人办理注销户籍纳税申报时，需要办理专项附加扣除、依法确定的其他扣除的，应当向税务机关报送《个人所得税专项附加扣除信息表》《商业健康保险税前扣除情况明细表》《个人税收递延型商业养老保险税前扣除情况明细表》等。

（七）非居民个人在中国境内从两处以上取得工资、薪金所得的纳税申报

非居民个人在中国境内从两处以上取得工资、薪金所得的，应当在取得所得的次月15日内，向其中一处任职、受雇单位所在地主管税务机关办理纳税申报，并报送《个人所得税自行纳税申报表（A表）》。

（八）纳税申报方式

纳税人可以采用远程办税端、邮寄等方式申报，也可以直接到主管税务机关申报。

（九）其他有关问题

1. 纳税人办理自行纳税申报时，应当一并报送税务机关要求报送的其他有关资

料。首次申报或者个人基础信息发生变化的，还应报送《个人所得税基础信息表（B表）》。

2. 纳税人在办理纳税申报时需要享受税收协定待遇的，按照享受税收协定待遇有关办法办理。

二、办理 2023 年度个人所得税综合所得汇算清缴事项的规定

（一）2023 年度汇算的内容

依据税法规定，2023 年度终了后，居民个人（以下称纳税人）需要汇总 2023 年 1 月 1 日至 12 月 31 日取得的工资、薪金，劳务报酬，稿酬，特许权使用费四项所得（以下称综合所得）的收入额，减除费用 60 000 元以及专项扣除、专项附加扣除、依法确定的其他扣除和符合条件的公益慈善事业捐赠（以下简称捐赠）后，适用综合所得个人所得税税率并减去速算扣除数（见表 5-3），计算最终应纳税额，再减去 2023 年度已预缴税额，得出应退或应补税额，向税务机关申报并办理退税或补税。具体计算公式为：

应退或应补税额 = [（综合所得收入额 - 60 000元 - "三险一金"等专项扣除 - 子女教育等专项附加扣除 - 依法确定的其他扣除 - 符合条件的公益慈善事业捐赠）× 适用税率 - 速算扣除数] - 已预缴税额

汇算不涉及纳税人的财产租赁等分类所得，以及按规定不并入综合所得计算纳税的所得。

（二）无须办理年度汇算的纳税人

纳税人在 2023 年度已依法预缴个人所得税且符合下列情形之一的，无须办理年度汇算：

1. 汇算需补税但年度综合所得收入不超过 12 万元的；
2. 汇算需补税金额不超过 400 元的；
3. 纳税人已预缴税额与年度应纳税额一致的；
4. 符合汇算退税条件但不申请退税的。

（三）需要办理年度汇算的纳税人

符合下列情形之一的，纳税人需要办理年度汇算：

1. 已预缴税额大于年度应纳税额且申请退税的。
2. 2023 年取得的综合所得收入全年超过 12 万元且需要补税金额超过 400 元的。

因适用所得项目错误或者扣缴义务人未依法履行扣缴义务，造成 2023 年少申报或者未申报综合所得的，纳税人应当依法据实办理汇算。

（四）可享受的税前扣除

下列在 2023 年发生的税前扣除，纳税人可在汇算期间填报或补充扣除：

1. 减除费用 6 万元，以及符合条件的基本养老保险、基本医疗保险、失业保险等社会保险费和住房公积金等专项扣除；
2. 符合条件的 3 岁以下婴幼儿照护、子女教育、继续教育、大病医疗、住房贷款利息或住房租金、赡养老人专项附加扣除；
3. 符合条件的企业年金和职业年金、商业健康保险、个人养老金等其他扣除；

4. 符合条件的公益慈善事业捐赠。

同时取得综合所得和经营所得的纳税人，可在综合所得或经营所得中申报减除费用6万元、专项扣除、专项附加扣除以及依法确定的其他扣除，但不得重复申报减除。

纳税人与其配偶共同填报3岁以下婴幼儿照护、子女教育、大病医疗、住房贷款利息及住房租金等专项附加扣除的，以及与兄弟姐妹共同填报赡养老人专项附加扣除的，需要与其他填报人沟通填报扣除金额，避免超过规定额度或比例填报专项附加扣除。纳税人填报不符合规定的，一经发现，税务机关将通过手机个人所得税App、自然人电子税务局网站或者扣缴义务人等渠道进行提示提醒。对于拒不更正或者不说明情况的纳税人，税务机关将暂停其享受专项附加扣除。纳税人按规定更正相关信息或者说明情况后，可继续享受专项附加扣除。

（五）办理时间

2023年度汇算办理时间为2024年3月1日至6月30日。在中国境内无住所的纳税人在3月1日前离境的，可以在离境前办理。

（六）办理方式

纳税人可自主选择下列办理方式：

1. 自行办理。

2. 通过任职受雇单位（含按累计预扣法预扣预缴其劳务报酬所得个人所得税的单位，以下简称单位）代为办理。

纳税人提出代办要求的，单位应当代为办理，或者培训、辅导纳税人完成汇算申报和退（补）税。

由单位代为办理的，纳税人应提前与单位以书面或者电子等方式进行确认，补充提供2023年在本单位以外取得的综合所得收入、相关扣除、享受税收优惠等信息资料，并对所提交信息的真实性、准确性、完整性负责。纳税人未与单位确认请其代为办理的，单位不得代办。

3. 委托受托人（含涉税专业服务机构或其他单位及个人）办理，纳税人需与受托人签订授权书。

单位或受托人为纳税人办理年度汇算后，应当及时将办理情况告知纳税人。纳税人发现申报信息存在错误的，可以要求单位或受托人更正申报，也可自行更正申报。

（七）办理渠道

为便利纳税人，税务机关为纳税人提供高效、快捷的网络办税渠道。纳税人可优先通过手机个人所得税App及网站办理汇算，税务机关将按规定为纳税人提供申报表预填服务；不方便通过上述方式办理的，也可以通过邮寄方式或到办税服务厅办理。

选择邮寄申报的，纳税人需将申报表寄送至按下面第（九）项确定的主管税务机关所在省、自治区、直辖市和计划单列市税务局公告的地址。

（八）申报信息及资料留存

纳税人办理汇算，适用个人所得税年度自行纳税申报表，如需修改本人相关基础信息，新增享受扣除或者税收优惠的，还应按规定一并填报相关信息。纳税人需仔细核对，确保所填信息真实、准确、完整。

纳税人、代办汇算的单位，需各自将专项附加扣除、税收优惠材料等汇算相关资料，自年度汇算期结束之日起留存5年。

存在股权（股票）激励（含境内企业以境外企业股权为标的对员工进行的股权激励）、职务科技成果转化现金奖励等情况的单位，应当按照相关规定报告、备案。同时，纳税人在一个纳税年度内从同一单位多次取得股权激励的，由该单位合并计算扣缴税款。纳税人在一个纳税年度内从不同单位取得股权激励的，可将之前单位取得的股权激励有关信息提供给现单位并由其合并计算扣缴税款，也可在次年3月1日至6月30日自行向税务机关办理合并申报。

（九）接受年度汇算申报的税务机关

按照方便就近原则，纳税人自行办理或受托人为纳税人代为办理的，向纳税人任职受雇单位的主管税务机关申报；有两处及以上任职受雇单位的，可自主选择向其中一处申报。

纳税人没有任职受雇单位的，向其户籍所在地、经常居住地或者主要收入来源地的主管税务机关申报。主要收入来源地，是指2023年向纳税人累计发放劳务报酬、稿酬及特许权使用费金额最大的扣缴义务人所在地。

单位为纳税人代办汇算的，向单位的主管税务机关申报。

为方便纳税服务和征收管理，汇算期结束后，税务部门将为尚未办理申报的纳税人确定其主管税务机关。

（十）退（补）税

1. 办理退税。

纳税人申请汇算退税，应当提供其在中国境内开设的符合条件的银行账户。税务机关按规定审核后，按照国库管理有关规定办理税款退库。纳税人未提供本人有效银行账户，或者提供的信息资料有误的，税务机关将通知纳税人更正，纳税人按要求更正后依法办理退税。为方便办理退税，2023年综合所得全年收入额不超过6万元且已预缴个人所得税的纳税人，可选择使用个税App及网站提供的简易申报功能，便捷办理汇算退税。申请2023年度汇算退税的纳税人，如存在应当办理2022年及以前年度汇算补税但未办理，或者经税务机关通知2022年及以前年度汇算申报存在疑点但未更正或说明情况的，需在办理2022年及以前年度汇算申报补税、更正申报或者说明有关情况后依法申请退税。

2. 办理补税。

纳税人办理汇算补税的，可以通过网上银行、办税服务厅POS机刷卡、银行柜台、非银行支付机构等方式缴纳。邮寄申报并补税的，纳税人需通过个税App及网站或者主管税务机关办税服务厅及时关注申报进度并缴纳税款。汇算需补税的纳税人，汇算期结束后未足额补缴税款的，一经发现，税务机关将依法责令限期改正并向纳税人送达有关税务文书，对已签订《税务文书电子送达确认书》的，通过个税App及网站等渠道进行电子文书送达；对未签订《税务文书电子送达确认书》的，以其他方式送达。同时，税务机关将依法加收滞纳金，并在其个人所得税《纳税记录》中予以标注。

纳税人因申报信息填写错误造成年度汇算多退或少缴税款的，纳税人主动或经税务机关提醒后及时改正的，税务机关可以按照"首违不罚"原则免予处罚。

（十一）汇算服务

税务机关推出系列优化服务措施，加强汇算的政策解读和操作辅导力度，分类编制办税指引，通俗解释政策口径、专业术语和操作流程，多渠道、多形式开展提示提醒服务，并通过个税App及网站、12366纳税缴费服务平台等渠道提供涉税咨询，帮助纳税人解决疑难问题，积极回应纳税人诉求。

汇算开始前，纳税人可登录个税App及网站，查看自己的综合所得和纳税情况，核对银行卡、专项附加扣除涉及人员身份信息等基础资料，为汇算做好准备。

为合理有序引导纳税人办理汇算，提升纳税人办理体验，主管税务机关将分批分期通知提醒纳税人在确定的时间段内办理。同时，税务部门推出预约办理服务，有汇算初期（3月1日至3月20日）办理需求的纳税人，可以根据自身情况，在2月21日后通过个税App预约上述时间段中的任意一天办理。3月21日至6月30日，纳税人无需预约，可以随时办理。

对符合汇算退税条件且生活负担较重的纳税人，税务机关提供优先退税服务。独立完成汇算存在困难的年长、行动不便等特殊人群提出申请，税务机关可提供个性化便民服务。

▶【例5-19】某居民个人2023年1月领取工资10 000元、个人缴付"三险一金"2 000元，假设没有专项附加扣除，预缴个人所得税90元；2023年其他月份每月工资均为4 000元，无须预缴个人所得税。

从2023年全年来看，因该居民个人纳税人2023年年收入额不足60 000元无须缴税，因此预缴的90元税款可以申请退还。

▶【例5-20】某居民个人纳税人2023年每月工资10 000元、个人缴付"三险一金"2 000元，有1个上小学的孩子，按规定可以每月享受2 000元（全年24 000元）的子女教育专项附加扣除，但因其在预缴环节未填报，使得计算个人所得税时未减除子女教育专项附加扣除，其2023年全年预缴个人所得税1 080元。

该居民纳税人在年度汇算时填报了相关信息后可补充扣除24 000元，扣除后全年应纳个人所得税360元，按规定其可以申请退税720元。

▶【例5-21】某居民纳税人于2023年8月底退休，退休前每月工资10 000元、个人缴付"三险一金"2 000元，退休后领取基本养老金。假设没有专项附加扣除，2023年1~8月该居民纳税人预缴个人所得税720元；后4个月基本养老金按规定免征个人所得税。从2023年全年来看，该居民纳税人仅扣除了40 000元减除费用（8×5 000元/月），未充分扣除60 000元减除费用。2023年度汇算足额扣除后，该纳税人可申请退税600元。

▶【例5-22】某居民个人纳税人2023年每月固定从一处取得劳务报酬10 000元，适用20%预扣率后预缴个人所得税1 600元，全年共19 200元；2023年全年算账，当年取得劳务报酬共120 000元，减除60 000元费用（不考虑其他扣除）后，适用3%的综合所得税税率，2023年度应纳税款1 080元。因此，可申请18 120元退税。

三、专项附加扣除的操作办法

为了规范个人所得税专项附加扣除行为，切实维护纳税人合法权益，根据最新修改的《个人所得税法》及其《实施条例》、《税收征收管理法》及其《实施细则》、《国务院关于印发个人所得税专项附加扣除暂行办法的通知》（国发〔2018〕41号）、《国务院关于设立3岁以下婴幼儿照护个人所得税专项附加扣除的通知》（国发〔2022〕8号）、《国务院关于提高个人所得税有关专项附加扣除标准的通知》（国发〔2023〕13号）的规定，国家税务总局制定了个人所得税专项附加扣除操作办法（试行）。纳税人享受3岁以下婴幼儿照护、子女教育、继续教育、大病医疗、住房贷款利息或者住房租金、赡养老人专项附加扣除的，依照该办法规定办理。

（一）享受扣除及办理时间

1. 纳税人享受符合规定的专项附加扣除的计算时间分别为：

（1）3岁以下婴幼儿照护。为婴幼儿出生的当月至年满3周岁的前1个月。

（2）子女教育。学前教育阶段，为子女年满3周岁当月至小学入学前1个月。学历教育，为子女接受全日制学历教育入学的当月至全日制学历教育结束的当月。

（3）继续教育。学历（学位）继续教育，为在中国境内接受学历（学位）继续教育入学的当月至学历（学位）继续教育结束的当月，同一学历（学位）继续教育的扣除期限最长不得超过48个月。技能人员职业资格继续教育、专业技术人员职业资格继续教育，为取得相关证书的当年。

（4）大病医疗。为医疗保障信息系统记录的医药费用实际支出的当年。

（5）住房贷款利息。为贷款合同约定开始还款的当月至贷款全部归还或贷款合同终止的当月，扣除期限最长不得超过240个月。

（6）住房租金。为租赁合同（协议）约定的房屋租赁期开始的当月至租赁期结束的当月。提前终止合同（协议）的，以实际租赁期限为准。

（7）赡养老人。为被赡养人年满60周岁的当月至赡养义务终止的年末。

上述规定的学历教育和学历（学位）继续教育的期间，包含因病或其他非主观原因休学但学籍继续保留的休学期间，以及施教机构按规定组织实施的寒暑假等假期。

2. 享受3岁以下婴幼儿照护、子女教育、继续教育、住房贷款利息或者住房租金、赡养老人专项附加扣除的纳税人，自符合条件开始，可以向支付工资、薪金所得的扣缴义务人提供上述专项附加扣除有关信息，由扣缴义务人在预扣预缴税款时，按其在本单位本年可享受的累计扣除额办理扣除；也可以在次年3月1日至6月30日内，向汇缴地主管税务机关办理汇算清缴申报时扣除。

纳税人同时从两处以上取得工资、薪金所得，并由扣缴义务人办理上述专项附加扣除的，对同一专项附加扣除项目，一个纳税年度内，纳税人只能选择从其中一处扣除。

享受大病医疗专项附加扣除的纳税人，由其在次年3月1日至6月30日内，自行向汇缴地主管税务机关办理汇算清缴申报时扣除。

3. 扣缴义务人办理工资、薪金所得预扣预缴税款时，应当根据纳税人报送的《个人所得税专项附加扣除信息表》（以下简称《扣除信息表》）为纳税人办理专项附加扣除。

纳税人年度中间更换工作单位的，在原单位任职、受雇期间已享受的专项附加扣除金额，不得在新任职、受雇单位扣除。原扣缴义务人应当自纳税人离职不再发放工资、薪金所得的当月起，停止为其办理专项附加扣除。

4. 纳税人未取得工资、薪金所得，仅取得劳务报酬所得、稿酬所得、特许权使用费所得需要享受专项附加扣除的，应当在次年3月1日至6月30日内，自行向汇缴地主管税务机关报送《扣除信息表》，并在办理汇算清缴申报时扣除。

5. 一个纳税年度内，纳税人在扣缴义务人预扣预缴税款环节未享受或未足额享受专项附加扣除的，可以在当年内向支付工资、薪金的扣缴义务人申请在剩余月份发放工资、薪金时补充扣除，也可以在次年3月1日至6月30日内，向汇缴地主管税务机关办理汇算清缴时申报扣除。

（二）报送信息及留存备查资料

1. 纳税人选择在扣缴义务人发放工资、薪金所得时享受专项附加扣除的，首次享受时应当填写并向扣缴义务人报送《扣除信息表》；纳税年度中间相关信息发生变化的，纳税人应当更新《扣除信息表》相应栏次，并及时报送给扣缴义务人。

更换工作单位的纳税人，需要由新任职、受雇扣缴义务人办理专项附加扣除的，应当在入职的当月，填写并向扣缴义务人报送《扣除信息表》。

2. 纳税人次年需要由扣缴义务人继续办理专项附加扣除的，应当于每年12月份对次年享受专项附加扣除的内容进行确认，并报送至扣缴义务人。纳税人未及时确认的，扣缴义务人于次年1月起暂停扣除，待纳税人确认后再行办理专项附加扣除。

扣缴义务人应当将纳税人报送的专项附加扣除信息，在次月办理扣缴申报时一并报送至主管税务机关。

3. 纳税人选择在汇算清缴申报时享受专项附加扣除的，应当填写并向汇缴地主管税务机关报送《扣除信息表》。

4. 纳税人将需要享受的专项附加扣除项目信息填报至《扣除信息表》相应栏次。填报要素完整的，扣缴义务人或者主管税务机关应当受理；填报要素不完整的，扣缴义务人或者主管税务机关应当及时告知纳税人补正或重新填报。纳税人未补正或重新填报的，暂不办理相关专项附加扣除，待纳税人补正或重新填报后再行办理。

5. 纳税人享受3岁以下婴幼儿照护专项附加扣除，应当填报配偶及子女的姓名、身份证件类型（如居民身份证、子女出生医学证明等）及号码以及本人与配偶之间扣除分配比例等信息。

纳税人需要留存备查资料包括：子女的出生医学证明等资料。

6. 纳税人享受子女教育专项附加扣除，应当填报配偶及子女的姓名、身份证件类型及号码、子女当前受教育阶段及起止时间、子女就读学校以及本人与配偶之间扣除分配比例等信息。

纳税人需要留存备查的资料包括：子女在境外接受教育的，应当留存境外学校录取通知书、留学签证等境外教育佐证资料。

7. 纳税人享受继续教育专项附加扣除，接受学历（学位）继续教育的，应当填报教育起止时间、教育阶段等信息；接受技能人员或者专业技术人员职业资格继续教育的，应当填报证书名称、证书编号、发证机关、发证（批准）时间等信息。

纳税人需要留存备查的资料包括：纳税人接受技能人员职业资格继续教育、专业技术人员职业资格继续教育的，应当留存职业资格相关证书等资料。

8. 纳税人享受住房贷款利息专项附加扣除，应当填报住房权属信息、住房坐落地址、贷款方式、贷款银行、贷款合同编号、贷款期限、首次还款日期等信息；纳税人有配偶的，填写配偶姓名、身份证件类型及号码。

纳税人需要留存备查的资料包括：住房贷款合同、贷款还款支出凭证等资料。

9. 纳税人享受住房租金专项附加扣除，应当填报主要工作城市、租赁住房坐落地址、出租人姓名及身份证件类型和号码或者出租方单位名称及纳税人识别号（社会统一信用代码）、租赁起止时间等信息；纳税人有配偶的，填写配偶姓名、身份证件类型及号码。

纳税人需要留存备查的资料包括：住房租赁合同或协议等资料。

10. 纳税人享受赡养老人专项附加扣除，应当填报纳税人是否为独生子女、月扣除金额、被赡养人姓名及身份证件类型和号码、与纳税人关系；有共同赡养人的，需填报分摊方式、共同赡养人姓名及身份证件类型和号码等信息。

纳税人需要留存备查的资料包括：约定或指定分摊的书面分摊协议等资料。

11. 纳税人享受大病医疗专项附加扣除，应当填报患者姓名、身份证件类型及号码、与纳税人关系、与基本医保相关的医药费用总金额、医保目录范围内个人负担的自付金额等信息。

纳税人需要留存备查的资料包括：大病患者医药服务收费及医保报销相关票据原件或复印件，或者医疗保障部门出具的纳税年度医药费用清单等资料。

12. 纳税人应当对报送的专项附加扣除信息的真实性、准确性、完整性负责。

（三）信息报送方式

1. 纳税人可以通过远程办税端、电子或者纸质报表等方式，向扣缴义务人或者主管税务机关报送个人专项附加扣除信息。

2. 纳税人选择纳税年度内由扣缴义务人办理专项附加扣除的，按下列规定办理：

（1）纳税人通过远程办税端选择扣缴义务人并报送专项附加扣除信息的，扣缴义务人根据接收的扣除信息办理扣除。

（2）纳税人通过填写电子或者纸质《扣除信息表》直接报送扣缴义务人的，扣缴义务人将相关信息导入或者录入扣缴端软件，并在次月办理扣缴申报时提交给主管税务机关。《扣除信息表》应当一式两份，纳税人和扣缴义务人签字（章）后分别留存备查。

3. 纳税人选择年度终了后办理汇算清缴申报时享受专项附加扣除的，既可以通过远程办税端报送专项附加扣除信息，也可以将电子或者纸质《扣除信息表》（一式两份）报送给汇缴地主管税务机关。

报送电子《扣除信息表》的，主管税务机关受理打印，交由纳税人签字后，一份由纳税人留存备查，一份由税务机关留存；报送纸质《扣除信息表》的，纳税人签字确认、主管税务机关受理签章后，一份退还纳税人留存备查，一份由税务机关留存。

4. 扣缴义务人和税务机关应当告知纳税人办理专项附加扣除的方式和渠道，鼓励并引导纳税人采用远程办税端报送信息。

（四）后续管理

1. 纳税人应当将《扣除信息表》及相关留存备查资料，自法定汇算清缴期结束后保存五年。

纳税人报送给扣缴义务人的《扣除信息表》，扣缴义务人应当自预扣预缴年度的次年起留存五年。

2. 纳税人向扣缴义务人提供专项附加扣除信息的，扣缴义务人应当按照规定予以扣除，不得拒绝。扣缴义务人应当为纳税人报送的专项附加扣除信息保密。

3. 扣缴义务人应当及时按照纳税人提供的信息计算办理扣缴申报，不得擅自更改纳税人提供的相关信息。

扣缴义务人发现纳税人提供的信息与实际情况不符，可以要求纳税人修改。纳税人拒绝修改的，扣缴义务人应当向主管税务机关报告，税务机关应当及时处理。

除纳税人另有要求外，扣缴义务人应当于年度终了后两个月内，向纳税人提供已办理的专项附加扣除项目及金额等信息。

4. 税务机关定期对纳税人提供的专项附加扣除信息开展抽查。

5. 税务机关核查时，纳税人无法提供留存备查资料，或者留存备查资料不能支持相关情况的，税务机关可以要求纳税人提供其他佐证；不能提供其他佐证材料，或者佐证材料仍不足以支持的，不得享受相关专项附加扣除。

6. 税务机关核查专项附加扣除情况时，可以提请有关单位和个人协助核查，相关单位和个人应当协助。

7. 纳税人有下列情形之一的，主管税务机关应当责令其改正；情形严重的，应当纳入有关信用信息系统，并按照国家有关规定实施联合惩戒；涉及违反《税收征收管理法》等法律法规的，税务机关依法进行处理：

（1）报送虚假专项附加扣除信息。
（2）重复享受专项附加扣除。
（3）超范围或标准享受专项附加扣除。
（4）拒不提供留存备查资料。
（5）国家税务总局规定的其他情形。

纳税人在任职、受雇单位报送虚假扣除信息的，税务机关责令改正的同时，通知扣缴义务人。

四、反避税规定

（一）有下列情形之一的，税务机关有权按照合理方法进行纳税调整

1. 个人与其关联方之间的业务往来不符合独立交易原则而减少本人或者其关联方应纳税额，且无正当理由。

2. 居民个人控制的，或者居民个人和居民企业共同控制的设立在实际税负明显偏低的国家（地区）的企业，无合理经营需要，对应当归属于居民个人的利润不作分配或者减少分配。

3. 个人实施其他不具有合理商业目的的安排而获取不当税收利益。

（二）补税及加征利息

1. 税务机关依照前述规定情形作出纳税调整，需要补征税款的，应当补征税款，并依法加收利息。

2. 依法加征的利息，应当按照税款所属纳税申报期最后一日中国人民银行公布的与补税期间同期的人民币贷款基准利率计算，自税款纳税申报期满次日起至补缴税款期限届满之日止按日加收。纳税人在补缴税款期限届满前补缴税款的，利息加收至补缴税款之日。

五、自然人纳税识别号的规定

1. 自然人纳税人识别号，是自然人纳税人办理各类涉税事项的唯一代码标识。

2. 有中国公民身份号码的，以其中国公民身份号码作为纳税人识别号；没有中国公民身份号码的，由税务机关赋予其纳税人识别号。

3. 纳税人首次办理涉税事项时，应当向税务机关或者扣缴义务人出示有效身份证件，并报送相关基础信息。

4. 税务机关应当在赋予自然人纳税人识别号后告知或者通过扣缴义务人告知纳税人其纳税人识别号，并为自然人纳税人查询本人纳税人识别号提供便利。

5. 自然人纳税人办理纳税申报、税款缴纳、申请退税、开具完税凭证、纳税查询等涉税事项时应当向税务机关或扣缴义务人提供纳税人识别号。

6. 上述所称有效身份证件，是指：

（1）纳税人为中国公民且持有有效《中华人民共和国居民身份证》（以下简称居民身份证）的，为居民身份证。

（2）纳税人为华侨且没有居民身份证的，为有效的《中华人民共和国护照》（以下简称中国护照）和华侨身份证明。

（3）纳税人为港澳居民的，为有效的《港澳居民来往内地通行证》（以下简称港澳居民通行证）或《中华人民共和国港澳居民居住证》（以下简称港澳居民居住证）。

（4）纳税人为台湾居民的，为有效的《台湾居民来往大陆通行证》（以下简称台湾居民通行证）或《中华人民共和国台湾居民居住证》（以下简称台湾居民居住证）。

（5）纳税人为持有有效《中华人民共和国外国人永久居留身份证》（以下简称外国人永久居留证）的外籍个人的，为永久居留证和外国护照；未持有永久居留证但持有有效《中华人民共和国外国人工作许可证》（以下简称外国人工作许可证）的，为外国人工作许可证和外国护照；其他外籍个人，为有效的外国护照。

六、个人所得税《税收完税证明》调整为《纳税记录》的规定

为配合个人所得税制度改革，进一步落实国务院减证便民要求，优化纳税服务，国家税务总局决定将个人所得税《税收完税证明》（文书式）调整为《纳税记录》。

1. 从2019年1月1日起，纳税人申请开具税款所属期为2019年1月1日（含）以后的个人所得税缴（退）税情况证明的，税务机关不再开具《税收完税证明》（文书式），调整为开具《纳税记录》；纳税人申请开具税款所属期为2018年12月31日（含）以前个人所得税缴（退）税情况证明的，税务机关继续开具《税收完税证明》（文书式）。

2. 纳税人2019年1月1日以后取得应税所得并由扣缴义务人向税务机关办理了全员

全额扣缴申报，或根据税法规定自行向税务机关办理纳税申报的，不论是否实际缴纳税款，均可以申请开具《纳税记录》。

3. 纳税人可以通过电子税务局、手机App申请开具本人的个人所得税《纳税记录》，也可以到办税服务厅申请开具。

4. 纳税人可以委托他人持下列证件和资料到办税服务厅代为开具个人所得税《纳税记录》：

（1）委托人及受托人有效身份证件原件。

（2）委托人书面授权资料。

5. 纳税人对个人所得税《纳税记录》存在异议的，可以向该项记录中列明的税务机关申请核实。

6. 税务机关提供个人所得税《纳税记录》的验证服务，支持通过电子税务局、手机App等方式进行验证。具体验证方法见个人所得税《纳税记录》中的相关说明。

七、建立个人所得税纳税信用管理机制

1. 全面实施个人所得税申报信用承诺制。税务部门在《个人所得税自行纳税申报表》《个人所得税专项附加扣除信息表》等表单中设立格式规范、标准统一的信用承诺书，纳税人需对填报信息的真实性、准确性、完整性作出守信承诺。信用承诺的履行情况纳入个人信用记录，提醒和引导纳税人重视自身纳税信用，并视情况予以失信惩戒。

2. 建立健全个人所得税纳税信用记录。国家税务总局以自然人纳税人识别号为唯一标识，以个人所得税纳税申报记录、专项附加扣除信息报送记录、违反信用承诺和违法违规行为记录为重点，研究制定自然人纳税信用管理的制度办法，全面建立自然人纳税信用信息采集、记录、查询、应用、修复、安全管理和权益维护机制，依法依规采集和评价自然人纳税信用信息，形成全国自然人纳税信用信息库，并与全国信用信息共享平台建立数据共享机制。

3. 建立自然人失信行为认定机制。对于违反《税收征收管理法》《个人所得税法》，以及其他法律法规和规范性文件，违背诚实信用原则，存在偷税、骗税、骗抵、冒用他人身份信息、恶意举报、虚假申诉等失信行为的当事人，税务部门将其列入重点关注对象，依法依规采取行政性约束和惩戒措施；对于情节严重、达到重大税收违法失信案件标准的，税务部门将其列为严重失信当事人，依法对外公示，并与全国信用信息共享平台共享。

4. 对个人所得税守信纳税人提供更多便利和机会。探索将个人所得税守信情况纳入自然人诚信积分体系管理机制。对个人所得税纳税信用记录持续优良的纳税人，相关部门应提供更多服务便利，依法实施绿色通道、容缺受理等激励措施；鼓励行政管理部门在颁发荣誉证书、嘉奖和表彰时将其作为参考因素予以考虑。

5. 对个人所得税严重失信当事人实施联合惩戒。税务部门与有关部门合作，建立个人所得税严重失信当事人联合惩戒机制，对经税务部门依法认定，在个人所得税自行申报、专项附加扣除和享受优惠等过程中存在严重违法失信行为的纳税人和扣缴义务人，向全国信用信息共享平台推送相关信息并建立信用信息数据动态更新机制，依法依规实

施联合惩戒。

6. 强化信息安全和隐私保护。税务部门依法保护自然人纳税信用信息，积极引导社会各方依法依规使用自然人纳税信用信息。各地区、各部门要按最小授权原则设定自然人纳税信用信息管理人员权限。加大对信用信息系统、信用服务机构数据库的监管力度，保护纳税人合法权益和个人隐私，确保国家信息安全。

7. 建立异议解决和失信修复机制。对个人所得税纳税信用记录存在异议的，纳税人可向税务机关提出异议申请，税务机关应及时回复并反馈结果。自然人在规定期限内纠正失信行为、消除不良影响的，可以通过主动作出信用承诺、参与信用知识学习、税收公益活动或信用体系建设公益活动等方式开展信用修复，对完成信用修复的自然人，税务部门按照规定修复其纳税信用。对因政策理解偏差或办税系统操作失误导致轻微失信，且能够按照规定履行涉税义务的自然人，税务部门将简化修复程序，及时对其纳税信用进行修复。

第六章　城市维护建设税法和烟叶税法

第一节　城市维护建设税法

城市维护建设税法，是指国家制定的用以调整城市维护建设税征收与缴纳权利及义务关系的法律规范。现行城市维护建设税的基本法律规范，是2020年8月11日第十三届全国人大常委会第二十一次会议表决通过，并于2021年9月1日施行的《中华人民共和国城市维护建设税法》（以下简称《城市维护建设税法》）。

城市维护建设税是对缴纳增值税、消费税的单位和个人征收的一种附加税。中华人民共和国成立以来，我国城市建设和维护取得了较大成绩，但国家在城市维护建设方面一直资金不足。1979年以前，我国用于城市维护建设的资金来源由当时的工商税附加、城市公用事业附加和国家下拨城市维护费组成。1985年2月8日国务院正式颁布了《中华人民共和国城市维护建设税暂行条例》，并于1985年1月1日在全国范围内施行。2020年8月11日，第十三届全国人大常委会第二十一次会议表决通过《城市维护建设税法》。为贯彻落实《城市维护建设税法》等有关法律法规的规定，进一步规范城市维护建设税征收管理，财政部、税务总局发布了《关于继续执行的城市维护建设税优惠政策的公告》（财政部 税务总局公告2021年第27号）、《关于城市维护建设税计税依据确定办法等事项的公告》（财政部 税务总局公告2021年第28号），国家税务总局发布了《关于城市维护建设税征收管理有关事项的公告》（国家税务总局公告2021年第26号）。

我国现行城市维护建设税主要有以下几个特点：一是属于附加税。城市维护建设税本身没有特定的课税对象，而是以纳税人实际缴纳的增值税、消费税的税额之和为计税依据。二是根据城镇规模设计地区差别比例税率。城市维护建设税根据城镇规模不同，设计不同比例税率。三是征收范围较广。增值税、消费税是我国流转环节的主体税种，而城市维护建设税又是其附加税，一般而言，缴纳增值税、消费税的纳税人就要缴纳城市维护建设税，因此城市维护建设税的征收范围也相应较广。

一、纳税义务人和扣缴义务人

(一) 纳税义务人

在中华人民共和国境内缴纳增值税、消费税（以下简称两税）的单位和个人，为城市维护建设税的纳税人，应当依照规定缴纳城市维护建设税。

对进口货物或者境外单位和个人向境内销售劳务、服务、无形资产缴纳的两税税额，不征收城市维护建设税。

采用委托代征、代扣代缴、代收代缴、预缴、补缴等方式缴纳两税的，应当同时缴纳城市维护建设税。

(二) 扣缴义务人

城市维护建设税的扣缴义务人为负有两税扣缴义务的单位和个人，在扣缴两税的同时扣缴城市维护建设税。

二、税率、计税依据和应纳税额的计算

(一) 税率

城市维护建设税根据纳税人所在地的不同，设置以下三档地区差别比例税率：

1. 纳税人所在地为市区的，税率为7%。
2. 纳税人所在地为县城、镇的，税率为5%。
3. 纳税人所在地不在市区、县城或者镇的，税率为1%。

上述所称"纳税人所在地"，是指纳税人住所地或者与纳税人生产经营活动相关的其他地点，具体地点由省、自治区、直辖市确定。

纳税人按所在地在市区、县城、镇和不在上述区域适用不同税率。市区、县城、镇按照行政区划确定。行政区划变更的，自变更完成当月起适用新行政区划对应的适用税率，纳税人在变更完成当月的下一个纳税申报期按新税率申报缴纳。

(二) 计税依据

1. 基本规定。

城市维护建设税的计税依据，是纳税人依法实际缴纳的两税税额。

依法实际缴纳的两税税额，是指纳税人依照增值税、消费税相关法律法规和税收政策规定计算的应当缴纳的两税税额（不含因进口货物或境外单位和个人向境内销售劳务、服务、无形资产缴纳的两税税额），加上增值税免抵税额，扣除直接减免的两税税额和期末留抵退税退还的增值税税额后的金额。

具体计算公式如下：

城市维护建设税计税依据 = 依法实际缴纳的增值税税额 + 依法实际缴纳的消费税税额

依法实际缴纳的增值税税额 = 纳税人依照增值税相关法律法规和税收政策规定计算应当缴纳的增值税税额 + 增值税免抵税额 - 直接减免的增值税税额 - 留抵退税额

依法实际缴纳的消费税税额 = 纳税人依照消费税相关法律法规和税收政策规定计算应当缴纳的消费税税额 - 直接减免的消费税税额

另外，纳税人违反两税等有关规定而加收的滞纳金和罚款，是税务机关对纳税人违法行为的经济制裁，不作为城市维护建设税的计税依据；但纳税人在被查补两税并被处以罚款时，应同时对其漏缴的城市维护建设税进行补税、征收滞纳金并按规定处以罚款。

2. 免抵税额城市维护建设税的申报缴纳时间。

对增值税免抵税额征收的城市维护建设税，纳税人应在税务机关核准免抵税额的下一个纳税申报期内向主管税务机关申报缴纳。

3. 直接减免的两税税额含义。

直接减免的两税税额，是指依照增值税、消费税相关法律法规和税收政策规定，直接减征或免征的两税税额，不包括实行先征后返、先征后退、即征即退办法退还的两税税额。

4. 留抵退税额在计税依据中扣除的具体规则。

纳税人自收到留抵退税额之日起，应当在以后纳税申报期从城市维护建设税计税依据中扣除。

留抵退税额仅允许在按照增值税一般计税方法确定的城市维护建设税计税依据中扣除。当期未扣除完的余额，在以后纳税申报期按规定继续扣除。

对于增值税小规模纳税人更正、查补此前按照一般计税方法确定的城市维护建设税计税依据，允许扣除尚未扣除完的留抵退税额。

（三）应纳税额的计算

城市维护建设税纳税人的应纳税额计算公式为：

应纳税额 = 纳税人实际缴纳的增值税、消费税税额 × 适用税率

▶【例6-1】位于某市区的一家企业，2024年9月实际缴纳增值税500 000元、消费税400 000元。计算该企业当月应申报缴纳的城市维护建设税。

应纳城市维护建设税 = （实际缴纳的增值税 + 实际缴纳的消费税）× 适用税率
　　　　　　　　　　= （500 000 + 400 000）× 7%
　　　　　　　　　　= 63 000（元）

▶【例6-2】位于某市区的甲企业，2024年10月申报期，享受直接减免增值税优惠（不包含先征后退、即征即退，下同）后申报缴纳增值税60万元，9月已核准增值税免抵税额10万元（其中涉及出口货物6万元，涉及增值税零税率应税服务4万元），9月收到增值税留抵退税额6万元。计算该企业10月应申报缴纳的城市维护建设税。

应纳城市维护建设税 = （60 + 6 + 4 - 6）× 7% = 4.48（万元）

▶【例6-3】位于某县城的乙企业，2024年9月收到增值税留抵退税200万元；10月申报缴纳增值税120万元（其中按照一般计税方法计算的税额100万元，按照简易计税方法计算的税额20万元）；11月申报期该企业申报缴纳增值税200万元，均为按照一般计

税方法产生的税额。分别计算该企业10月、11月应申报缴纳的城市维护建设税。

10月应纳城市维护建设税=（100-100）×5%+20×5%=1（万元）

11月应纳城市维护建设税=（200-100）×5%=5（万元）

三、税收优惠和征收管理

（一）税收优惠

《城市维护建设税法》第六条规定，根据国民经济和社会发展的需要，国务院对重大公共基础设施建设、特殊产业和群体以及重大突发事件应对等情形可以规定减征或者免征城市维护建设税，报全国人民代表大会常务委员会备案。城市维护建设税的税收优惠主要有：

1. 对黄金交易所会员单位通过黄金交易所销售且发生实物交割的标准黄金，免征城市维护建设税。

2. 对上海期货交易所会员和客户通过上海期货交易所销售且发生实物交割并已出库的标准黄金，免征城市维护建设税。

3. 对国家重大水利工程建设基金免征城市维护建设税。

4. 自2023年1月1日至2027年12月31日，自主就业退役士兵从事个体经营的，自办理个体工商户登记当月起，在3年（36个月，下同）内按每户每年20 000元为限额依次扣减其当年实际应缴纳的增值税、城市维护建设税、教育费附加、地方教育附加和个人所得税。限额标准最高可上浮20%，各省、自治区、直辖市人民政府可根据本地区实际情况在此幅度内确定具体限额标准。

纳税人年度应缴纳税款小于上述扣减限额的，减免税额以其实际缴纳的税款为限；大于上述扣减限额的，以上述扣减限额为限。纳税人的实际经营期不足1年的，应当按月换算其减免税限额。换算公式为：

减免税限额=年度减免税限额÷12×实际经营月数

自2023年1月1日至2027年12月31日，企业招用自主就业退役士兵，与其签订1年以上期限劳动合同并依法缴纳社会保险费的，自签订劳动合同并缴纳社会保险当月起，在3年内按实际招用人数予以定额依次扣减增值税、城市维护建设税、教育费附加、地方教育附加和企业所得税优惠。定额标准为每人每年6 000元，最高可上浮50%，各省、自治区、直辖市人民政府可根据本地区实际情况在此幅度内确定具体定额标准。

企业按招用人数和签订的劳动合同时间核算企业减免税总额，在核算减免税总额内每月依次扣减增值税、城市维护建设税、教育费附加和地方教育附加。企业实际应缴纳的增值税、城市维护建设税、教育费附加和地方教育附加小于核算减免税总额的，以实际应缴纳的增值税、城市维护建设税、教育费附加和地方教育附加为限；实际应缴纳的增值税、城市维护建设税、教育费附加和地方教育附加大于核算减免税总额的，以核算减免税总额为限。

纳税年度终了，如果企业实际减免的增值税、城市维护建设税、教育费附加和地方教育附加小于核算减免税总额，企业在企业所得税汇算清缴时以差额部分扣减企业所得税。当年扣减不完的，不再结转以后年度扣减。

自主就业退役士兵在企业工作不满 1 年的，应当按月换算减免税限额。计算公式为：

$$企业核算减免税总额 = \sum \frac{每名自主就业退役士兵本年度在本单位工作月份}{12} \times 具体定额标准$$

5. 至 2025 年 12 月 31 日，企业招用建档立卡贫困人口，以及在人力资源社会保障部门公共就业服务机构登记失业半年以上且持《就业创业证》或《就业失业登记证》（注明"企业吸纳税收政策"）的人员，与其签订 1 年以上期限劳动合同并依法缴纳社会保险费的，自签订劳动合同并缴纳社会保险当月起，在 3 年内按实际招用人数予以定额依次扣减增值税、城市维护建设税、教育费附加、地方教育附加和企业所得税优惠。定额标准为每人每年 6 000 元，最高可上浮 30%，各省、自治区、直辖市人民政府可根据本地区实际情况在此幅度内确定具体定额标准。

6. 自 2023 年 1 月 1 日至 2027 年 12 月 31 日，脱贫人口（含防止返贫监测对象）、持《就业创业证》（注明"自主创业税收政策"或"毕业年度内自主创业税收政策"）或《就业失业登记证》（注明"自主创业税收政策"）的人员，从事个体经营的，自办理个体工商户登记当月起，在 3 年（36 个月，下同）内按每户每年 20 000 元为限额依次扣减其当年实际应缴纳的增值税、城市维护建设税、教育费附加、地方教育附加和个人所得税。限额标准最高可上浮 20%，各省、自治区、直辖市人民政府可根据本地区实际情况在此幅度内确定具体限额标准。

纳税人年度应缴纳税款小于上述扣减限额的，减免税额以其实际缴纳的税款为限；大于上述扣减限额的，以上述扣减限额为限。

自 2023 年 1 月 1 日至 2027 年 12 月 31 日，企业招用脱贫人口，以及在人力资源社会保障部门公共就业服务机构登记失业半年以上且持《就业创业证》或《就业失业登记证》（注明"企业吸纳税收政策"）的人员，与其签订 1 年以上期限劳动合同并依法缴纳社会保险费的，自签订劳动合同并缴纳社会保险当月起，在 3 年内按实际招用人数予以定额依次扣减增值税、城市维护建设税、教育费附加、地方教育附加和企业所得税优惠。定额标准为每人每年 6 000 元，最高可上浮 30%，各省、自治区、直辖市人民政府可根据本地区实际情况在此幅度内确定具体定额标准。

7. 自 2023 年 1 月 1 日至 2027 年 12 月 31 日，对增值税小规模纳税人、小型微利企业和个体工商户减半征收城市维护建设税。

（二）征收管理

城市维护建设税的纳税义务发生时间与两税的纳税义务发生时间一致，分别在缴纳两税的同一缴纳地点、同一缴纳期限内，一并缴纳对应的城市维护建设税。

由于《城市维护建设税法》规定对进口货物或者境外单位和个人向境内销售劳务、服务、无形资产缴纳的两税税额，不征收城市维护建设税。因此，上述的代扣代缴，不含因境外单位和个人向境内销售劳务、服务、无形资产代扣代缴增值税情形。

在退税环节，因纳税人多缴发生的两税退税，同时退还已缴纳的城市维护建设税。但是，两税实行先征后返、先征后退、即征即退的，除另有规定外，不予退还随两税附征的城市维护建设税。"另有规定"主要指在增值税实行即征即退等情形下，城市维护建设税可以给予免税的特殊规定，例如，《财政部 国家税务总局关于黄金税收政策问题的通知》（财税〔2002〕142号）规定，黄金交易所会员单位通过黄金交易所销售标准黄金（持有黄金交易所开具的《黄金交易结算凭证》），发生实物交割的，由税务机关按照实际成交价格代开增值税专用发票，并实行增值税即征即退的政策，同时免征城市维护建设税。

对出口产品退还两税的，不退还已缴纳的城市维护建设税。

▶【例6-4】位于某市区的丙企业，由于申报错误未享受优惠政策，2024年12月申报期，申请退还了多缴的增值税和消费税共200万元，同时当月享受增值税即征即退税款100万元。计算该企业12月应退税的城市维护建设税。

应退城市维护建设税 = 200 × 7% = 14（万元）

第二节 烟叶税法

烟叶税是以纳税人收购烟叶的收购金额为计税依据征收的一种税。

烟叶税是随着中华人民共和国的成立和发展而逐步成熟的，1958年我国颁布实施了《中华人民共和国农业税条例》（以下简称《农业税条例》）。2005年12月29日，第十届全国人民代表大会常务委员会第十九次会议决定，《农业税条例》自2006年1月1日起废止。

基于以上情况，为了保持政策的连续性，充分兼顾地方利益和有利于烟叶产区可持续发展，国务院决定制定《中华人民共和国烟叶税暂行条例》，开征烟叶税取代原烟叶特产农业税。2006年4月28日，国务院公布了《中华人民共和国烟叶税暂行条例》，并自公布之日起施行。2017年12月27日第十二届全国人民代表大会常务委员会第三十一次会议通过了《中华人民共和国烟叶税法》（以下简称《烟叶税法》），自2018年7月1日起施行。

一、纳税义务人和征税范围

（一）纳税义务人

在中华人民共和国境内，依照《中华人民共和国烟草专卖法》的规定收购烟叶的单位为烟叶税的纳税人。

（二）征税范围

烟叶税的征税范围包括晾晒烟叶、烤烟叶。

（三）计税依据

烟叶税的计税依据为纳税人收购烟叶实际支付的价款总额。

二、税率和应纳税额的计算

（一）税率

烟叶税实行比例税率，税率为20%。烟叶税实行全国统一的税率，主要是考虑烟叶属于特殊的专卖品，其税率不宜存在地区间的差异，否则会形成各地之间的不公平竞争，不利于烟叶种植的统一规划和烟叶市场、烟叶收购价格的统一。

（二）应纳税额的计算

烟叶税的应纳税额按照纳税人收购烟叶实际支付的价款总额乘以税率计算，计算公式为：

应纳税额 = 实际支付价款 × 税率

纳税人收购烟叶实际支付的价款总额包括纳税人支付给烟叶生产销售单位和个人的烟叶收购价款和价外补贴。其中，价外补贴统一按烟叶收购价款的10%计算。

实际支付价款 = 收购价款 × （1 + 10%）

▶【例6-5】某烟草公司系增值税一般纳税人，2024年8月收购烟叶100 000千克，烟叶收购价格10元/千克，总计1 000 000元，货款已全部支付。请计算该烟草公司8月收购烟叶应缴纳的烟叶税。

应缴纳烟叶税 = 1 000 000 × （1 + 10%） × 20% = 220 000（元）

三、征收管理

烟叶税的征收管理，依照《税收征收管理法》和《烟叶税法》的有关规定执行。

（一）纳税义务发生时间

烟叶税的纳税义务发生时间为纳税人收购烟叶的当日。收购烟叶的当日是指纳税人向烟叶销售者付讫收购烟叶款项或者开具收购烟叶凭据的当日。

（二）纳税地点

纳税人收购烟叶，应当向烟叶收购地的主管税务机关申报缴纳烟叶税。

（三）纳税期限

烟叶税按月计征，纳税人应当于纳税义务发生月终了之日起15日内申报并缴纳税款。

（四）纳税申报

烟叶税纳税人应按照规定及时办理纳税申报。根据《国家税务总局关于简并税费申报有关事项的公告》（国家税务总局公告2021年第9号），自2021年6月1日起，纳税人申报缴纳城镇土地使用税、房产税、车船税、印花税、耕地占用税、资源税、土地增值税、契税、环境保护税、烟叶税中一个或多个税种时，使用《财产和行为税纳税申报表》（见表6-1）。纳税人新增税源或税源变化时，按规定填报《财产和行为税税源明细表》。

表 6 – 1　　　　　　　　　　财产和行为税纳税申报表

纳税人识别号（统一社会信用代码）：□□□□□□□□□□□□□□□□□□

纳税人名称：　　　　　　　　　　　　　　　　　　金额单位：人民币元（列至角分）

序号	税种	税目	税款所属期起	税款所属期止	计税依据	税率	应纳税额	减免税额	已缴税额	应补（退）税额
1										
2										
3										
4										
5										
6										
7										
8										
9										
10										
11	合计	—	—	—	—	—				

声明：此表是根据国家税收法律法规及相关规定填写的，本人（单位）对填报内容（及附带资料）的真实性、可靠性、完整性负责。

　　　　　　　　　　　　　　　　　　　　　　　　　纳税人（签章）：
　　　　　　　　　　　　　　　　　　　　　　　　　　　　年　月　日

经办人： 经办人身份证号： 代理机构签章： 代理机构统一社会信用代码：	受理人： 受理税务机关（章）： 受理日期：　　年　月　日

第三节　教育费附加和地方教育附加

　　教育费附加和地方教育附加是对缴纳增值税、消费税的单位和个人，就其实际缴纳的税额为计算依据征收的一种附加费。

　　教育费附加是为加快地方教育事业、扩大地方教育经费的资金而征收的一项专用基金。1984 年，国务院颁布了《关于筹措农村学校办学经费的通知》，开征了农村教育事业经费附加。1985年，中共中央作出了《关于教育体制改革的决定》，指出必须在国家增拨教育基本建设投资和教育经费的同时，充分调动企事业单位和其他各种社会力量办学的积极性，开辟多种渠道筹措经费。为此，国务院于1986年4月28日颁布了《征收教育费附加的暂行规定》，决定从同年7月1日开始在全国范围内征收教育费附加。自2006年9月1日起施行的《中华人民共和国教育法》规定："税务机关依法足额征收教育费附加，由教育行政部门统筹管理，主要用于实施义务教育。省、自治区、直辖市人民政府根据国务院的有关规定，可以决定开征用于教育的地方附加费，专款专用。"2010年财政部下发了《关于统一地方教育附加政策有关问题的通知》，对各省、自治区、直辖市的地方教育附加进行了统一。

一、教育费附加和地方教育附加的征收范围及计征依据

教育费附加和地方教育附加对缴纳增值税、消费税的单位和个人征收，以其实际缴纳的增值税、消费税税款为计征依据，分别与增值税、消费税同时缴纳。

对海关进口的产品征收的增值税、消费税，不征收教育费附加。

教育费附加、地方教育附加计征依据与城市维护建设税计税依据一致。

二、教育费附加和地方教育附加计征比率

教育费附加征收比率为3%。教育费附加计征比率曾几经变化，1986年开征时，规定为1%；1990年5月《国务院关于修改〈征收教育费附加的暂行规定〉的决定》中规定为2%；按照1994年2月7日《国务院关于教育费附加征收问题的紧急通知》的规定，教育费附加征收比率为3%。地方教育附加征收率从2010年起统一为2%。

三、教育费附加和地方教育附加的计算

教育费附加和地方教育附加的计算公式为：

应纳教育费附加或地方教育附加 = 实际缴纳的增值税、消费税 × 征收比率（3%或2%）

▶【例6-6】某企业2024年3月实际缴纳增值税300 000元，缴纳消费税300 000元。计算该企业应缴纳的教育费附加和地方教育附加。

应纳教育费附加 = (实际缴纳的增值税 + 实际缴纳的消费税) × 征收比率
= (300 000 + 300 000) × 3% = 18 000（元）

应纳地方教育附加 = (实际缴纳的增值税 + 实际缴纳的消费税) × 征收比率
= (300 000 + 300 000) × 2% = 12 000（元）

四、教育费附加和地方教育附加的减免规定

1. 对由于减免增值税、消费税而发生退税的，可同时退还已征收的教育费附加。但对出口产品退还增值税、消费税的，不退还已征的教育费附加。

2. 对国家重大水利工程建设基金免征教育费附加。

3. 自2016年2月1日起，按月纳税的月销售额或营业额不超过10万元（按季度纳

税的季度销售额或营业额不超过30万元）的缴纳义务人，免征教育费附加、地方教育附加。

4. 自2023年1月1日至2027年12月31日，对增值税小规模纳税人、小型微利企业和个体工商户减半征收教育费附加、地方教育附加。

第七章　关税法和船舶吨税法

关税是指进出口货物、进境物品经过关境时，由政府所设置的海关行政机构依法对进出口商及物品的携带者或收件人征收的一种税收。关税法，是指国家制定的调整关税征收与缴纳权利义务关系的法律规范。现行关税法律规范以2024年4月全国人民代表大会常务委员会通过的《中华人民共和国关税法》（以下简称《关税法》）和2021年4月全国人民代表大会常务委员会修正颁布的《中华人民共和国海关法》（以下简称《海关法》）为法律依据，以由国务院关税税则委员会公布的《中华人民共和国进出口税则》（以下简称《进出口税则》）和《中华人民共和国海关进出口货物征税管理办法》《进境物品关税、增值税、消费税征收办法》等为基本法规，由负责关税政策制定和征收管理的主管部门依据基本法规拟订的管理办法和实施细则为主要内容。

第一节　征税对象与纳税人

一、征税对象

关税是依法对准许进出口的货物、进境物品征收的一种税。所谓"境"是指关境，又称"海关境域"或"关税领域"，是国家《海关法》全面实施的领域。通常情况下，一国关境与国境是一致的，包括国家全部的领土、领海、领空。但当某一国家在国境内设立了自由港或自由贸易区时，这些区域就处在关境之外，这时，该国的关境小于其国境。如我国根据《中华人民共和国香港特别行政区基本法》和《中华人民共和国澳门特别行政区基本法》，香港和澳门保持自由港地位，为我国单独的关税地区，即单独关境区。单独关境区是不完全适用该国海关法律、法规或实施单独海关管理制度的区域。

关税的征税对象是准许进出境的货物和物品。货物是指贸易性商品；物品是指入境旅客随身携带的行李物品、个人邮递物品、各种运输工具上的服务人员携带进口的自用物品、馈赠物品以及其他方式进境的个人物品等。

二、纳税人和扣缴义务人

进口货物的收货人、出口货物的发货人、进境物品的携带人或者收件人,是关税的纳税人。进出口货物的收、发货人是依法取得对外贸易经营权,并进口或者出口货物的法人或者其他社会团体。

从事跨境电子商务零售进口的电子商务平台经营者、物流企业和报关企业,以及法律、行政法规规定负有代扣代缴、代收代缴关税税款义务的单位和个人,是关税的扣缴义务人。

第二节 进出口税则

一、进出口税则概况

进出口税则是一国政府根据国家关税政策和经济政策,通过一定的立法程序制定公布实施的进出口货物和物品应税的关税税率表。进出口税则以税率表为主体,通常还包括实施税则的法令、使用税则的有关说明和附录等。《进出口税则》是我国海关凭以征收关税的法律依据,也是我国关税政策的具体体现。我国现行税则包括进口税则、出口税则,以及规则与说明等。

税率表作为税则主体,包括税则商品分类目录和税率栏两大部分。税则商品分类目录是把种类繁多的商品加以综合,按照其不同特点分门别类地简化成数量有限的商品类目,分别编号按序排列,称为税则号列,并逐号列出该号中应列入的商品名称。商品分类的原则即归类规则,包括归类总规则和各类、章、目的具体注释。税率栏是按商品分类目录逐项定出的税率栏目。我国现行进口税则为四栏税率,出口税则为一栏税率。按税则商品分类目录体系划分,我国分别于1951年、1985年、1992年先后实施了三部进出口税则,进出口商品都采用统一税则目录分类。从1992年1月起,我国开始实施以《商品名称及编码协调制度》为基础的进出口税则,这适应了国内改革开放和对外经济贸易发展的需要。

二、税则归类

进出口货物的商品归类,应当按照《进出口税则》规定的目录条文和归类总规则、类注、章注、子目注释、本国子目注释,以及其他归类注释确定,并归入相应的税则号列。税则归类错误会导致关税的多征或少征,影响关税作用的发挥。因此,税则归类关系到关税政策的正确贯彻。

对于我国准许进境的行李物品、寄递物品和其他物品,我国海关总署制定有《中华人民共和国进境物品分类表》(以下简称《分类表》)和《中华人民共和国进境物品计税价格表》(以下简称《计税价格表》)。进境物品依次遵循以下原则归类:

1. 《分类表》已列名的物品，归入其列名类别。
2. 《分类表》未列名的物品，按其主要功能（或用途）归入相应类别。
3. 不能按照上述原则归入相应类别的物品，归入"其他物品"类别。
4. 纳税人对进境物品的分类、计税价格的确定持有异议的，可以依法提请行政复议。

根据实际需要，国务院关税税则委员会可以提出调整关税税目及其适用规则的建议，报国务院批准后发布执行。

三、关税税率

（一）进口关税税率

1. 进口货物税率。

在我国加入世界贸易组织之前，我国进口税则设有两栏税率，即普通税率和优惠税率。对原产于与我国未订有关税互惠协议的国家或者地区的进口货物，按照普通税率征税；对原产于与我国订有关税互惠协议的国家或者地区的进口货物，按照优惠税率征税。在我国加入世界贸易组织之后，为履行我国在加入世界贸易组织关税减让谈判中承诺的有关义务，享有世界贸易组织成员应有的权利，进口关税设置最惠国税率、协定税率、特惠税率、普通税率。对实行关税配额管理的进口货物，设置关税配额税率。对进口货物在一定期限内可以实行暂定税率。

（1）最惠国税率。原产于共同适用最惠国待遇条款的世界贸易组织成员的进口货物，原产于与我国缔结或者共同参加含有相互给予最惠国待遇条款的国际条约、协定的国家或者地区的进口货物，以及原产于我国境内的进口货物，适用最惠国税率。自 2023 年 7 月 1 日起，我国对《信息技术协定》扩围产品最惠国税率实施第八步降税，标志着我国完成《信息技术协定》扩围协议的全部降税承诺。

（2）协定税率。原产于与我国缔结或者共同参加含有关税优惠条款的国际条约、协定的国家或者地区且符合国际条约、协定有关规定的进口货物，适用协定税率。根据我国与有关国家或地区签署的贸易协定或关税优惠安排，除此前已经国务院批准实施的协定税率外，自 2022 年 1 月 1 日起，根据《区域全面经济伙伴关系协定》（RCEP），对原产于日本、新西兰、澳大利亚、文莱、柬埔寨、老挝、新加坡、泰国、越南 9 个已生效缔约方的部分进口货物实施协定税率。随着 RCEP 生效国家缔约方的增多，我国对原产于韩国、马来西亚、缅甸、新西兰等国家的部分进口货物实施协定税率。

（3）特惠税率。原产于我国给予特殊关税优惠安排的国家或者地区且符合国家原产地管理规定的进口货物，适用特惠税率。按照我国给予最不发达国家部分产品零关税待遇的有关承诺，我国近年来不断扩大与我国建交的最不发达国家输华零关税特惠待遇的产品范围。自 2020 年 1 月 1 日起，赤道几内亚停止享受零关税特惠待遇。自 2024 年 12 月 1 日起，对原产于同中国建交的最不发达国家 100% 税目产品适用税率为零的特惠税率。

（4）普通税率。普通税率适用于原产于上述国家或地区以外的其他国家或地区的进口货物，以及原产地不明的进口货物。按照普通税率征税的进口货物，经国务院关税税则委员会特别批准，可以适用最惠国税率。

(5) 暂定税率。暂定税率是在《进出口税则》规定的进口优惠税率基础上，对进口的某些重要的工农业生产原材料和机电产品关键部件（但只限于从与中国订有关税互惠协议的国家和地区进口的货物）和出口的特定货物实施的更为优惠的关税税率。这种税率一般按照年度制定，并且可以随时根据需要恢复按照法定税率征税。例如，自2020年1月1日起，我国对859项商品（不含关税配额商品）实施进口暂定税率；自2020年7月1日起，取消7项信息技术产品进口暂定税率。为保障钢铁资源供应，自2021年5月1日起，对部分钢铁产品实行零进口暂定税率。为加强能源供应保障，自2022年5月1日至2023年3月31日，我国对煤炭实施税率为零的进口暂定税率。

(6) 配额税率。配额税率是指对实行关税配额管理的进口货物，关税配额内的，适用关税配额税率；关税配额外的，按不同情况分别适用于最惠国税率、协定税率、特惠税率或普通税率。例如，我国对小麦、玉米等8种农产品和尿素等3种化肥产品实行关税配额管理，其中，对尿素、复合肥、磷酸氢铵3种化肥实施1%的配额税率。

2. 进境物品税率。

自2019年4月9日起，除另有规定外，我国对准予应税进口的旅客行李物品、个人邮寄物品以及其他个人自用物品，均由海关按照《中华人民共和国进境物品进口税税率表》（见表7-1）的规定，征收进口关税、代征进口环节增值税和消费税等进口税。

表7-1　　　　　　　　中华人民共和国进境物品进口税税率表

税目序号	物品名称	税率（%）
1	书报、刊物、教育用影视资料；计算机、视频摄像一体机、数字照相机等信息技术产品；食品、饮料；金银；家具；玩具、游戏品、节日或其他娱乐用品和药品	13
2	运动用品（不含高尔夫球及球具）、钓鱼用品；纺织品及其制成品；电视摄像机及其他电器用具；自行车；税目1、税目3中未包含的其他商品	20
3	烟、酒、贵重首饰及珠宝玉石；高尔夫球及球具；高档手表；化妆品	50

注：(1) 对国家规定减按3%征收进口环节增值税的进口药品，按照货物税率征税。(2) 税目3所列商品的具体范围与消费税征收范围一致。

(二) 出口关税税率

我国出口税则为一栏税率，即出口税率。国家仅对少数资源性产品及易于竞相杀价、盲目进口、需要规范出口秩序的半制成品征收出口关税。对实行关税配额管理的出口货物，设置关税配额税率。对出口货物在一定期限内可以实行暂定税率。根据《关于执行2024年关税调整方案的公告》的规定，2024年我国继续对铬铁等107项商品征收出口关税，对其中68项商品实施出口暂定税率。

(三) 关税税率的适用规则

1. 关税税率的适用应当符合相应的原产地规则。完全在一个国家或者地区获得的货物，以该国家或者地区为原产地；两个以上国家或者地区参与生产的货物，以最后完成实质性改变的国家或者地区为原产地。国务院根据我国缔结或者共同参加的国际条约、协定对原产地的确定另有规定的，依照其规定。进口货物原产地的具体确定，依照关税法和国务院及其有关部门的规定执行。

2. 适用最惠国税率的进口货物有暂定税率的，适用暂定税率。适用协定税率的进口货物有暂定税率的，从低适用税率；其最惠国税率低于协定税率且无暂定税率的，适用最惠国税率。适用特惠税率的进口货物有暂定税率的，从低适用税率。适用普通税率的进口货物，不适用暂定税率。适用出口税率的出口货物有暂定税率的，适用暂定税率。

3. 实行关税配额管理的进出口货物，关税配额内的适用关税配额税率，有暂定税率的适用暂定税率；关税配额外的，按照一般规定执行。

（四）关税税率的调整

1. 需要调整我国在加入世界贸易组织议定书中承诺的最惠国税率、关税配额税率和出口税率的，由国务院关税税则委员会提出建议，经国务院审核后报全国人民代表大会常务委员会决定。

2. 根据实际情况，在我国加入世界贸易组织议定书中承诺的范围内调整最惠国税率、关税配额税率和出口税率，调整特惠税率适用的国别或者地区、货物范围和税率，或者调整普通税率的，由国务院决定，报全国人民代表大会常务委员会备案。

3. 特殊情况下最惠国税率的适用，由国务院决定，报全国人民代表大会常务委员会备案。协定税率在完成有关国际条约、协定的核准或者批准程序后，由国务院关税税则委员会组织实施。实行暂定税率的货物范围、税率和期限由国务院关税税则委员会决定。与关税税目调整相关的税率的技术性转换，由国务院关税税则委员会提出建议，报国务院批准后执行。

（五）税率的适用日期

1. 进出口货物、进境物品，应当适用纳税人、扣缴义务人完成申报之日实施的税率。

2. 进口货物到达前，经海关核准先行申报的，应当适用装载该货物的运输工具申报进境之日实施的税率。

3. 进口转关运输货物，应当适用在指运地海关完成申报之日实施的税率。货物进境前，经海关核准先行申报的，应当适用装载该货物的运输工具申报进境之日实施的税率；货物进境后运抵指运地前，经海关核准先行申报的，应当适用装载该货物的运输工具抵达指运地之日实施的税率。

4. 出口转关运输货物，应当适用在启运地海关完成申报之日实施的税率。

5. 经海关批准，实行集中申报的进出口货物，应当适用每次货物进出口时完成申报之日实施的税率。

6. 因超过规定期限未申报而由海关依法变卖的进口货物，其税款计征应当适用装载该货物的运输工具申报进境之日实施的税率。

7. "两步申报"的进口货物，应当适用完成概要申报之日实施的税率。"两步申报"是海关近年来推行的允许企业第一步凭提单信息概要申报即可提货，无需一次性提交进口全部单证，第二步在规定时间内（运输工具进境14日内）完成完整申报的一项改革。

8. 根据有关规定申请撤销报关单后重新申报的货物，应当适用首次报关单所适用的税率。

9. 因纳税人、扣缴义务人违反规定需要追征税款的，应当适用违反规定行为发生之日实施的税率；行为发生之日不能确定的，适用海关发现该行为之日实施的税率。

10. 有下列情形之一的，应当适用纳税人、扣缴义务人办理纳税手续之日实施的税率：

（1）保税货物不复运出境，转为内销；

（2）减免税货物经批准转让、移作他用或者进行其他处置；

（3）暂时进境货物不复运出境或者暂时出境货物不复运进境；

（4）租赁进口货物留购或者分期缴纳税款。

11. 补征和退还进出口货物关税，应当按照前述规定确定适用的税率。

（六）其他关税税率相关的规定

1. 依法对进口货物征收反倾销税、反补贴税、保障措施关税的，其税率的适用按照有关反倾销、反补贴和保障措施的法律、行政法规的规定执行。征收反倾销税、反补贴税、保障措施关税、临时反倾销税、临时反补贴税、临时保障措施关税，由国务院关税税则委员会决定。

2. 任何国家或者地区不履行与我国缔结或者共同参加的国际条约、协定中的最惠国待遇条款或者关税优惠条款，国务院关税税则委员会可以提出按照对等原则采取相应措施的建议，报国务院批准后执行。

3. 任何国家或者地区违反与我国缔结或者共同参加的国际条约、协定，对我国在贸易方面采取禁止、限制、加征关税或者其他影响正常贸易的措施的，对原产于该国家或者地区的进口货物可以采取征收报复性关税等措施。征收报复性关税的货物范围、适用国别或者地区、税率、期限和征收办法，由国务院关税税则委员会提出建议，报国务院批准后执行。

4. 涉及上述措施的进口货物，纳税人未提供证明材料，或者提供了证明材料但经海关审核仍无法排除该货物原产于被采取规定措施的国家或者地区的，对该货物适用下列两项税率中较高者：

（1）因采取规定措施对相关货物所实施的最高税率与按照《关税法》第十二条、第十三条、第十四条规定适用的税率相加后的税率；

（2）普通税率。

第三节 关税计税价格与应纳税额的计算

进出口货物的计税价格，由海关以该货物的成交价格为基础确定。成交价格不能确定时，计税价格由海关依法估定。自我国加入世界贸易组织后，我国海关已全面实施《世界贸易组织估价协定》，遵循客观、公平、统一的估价原则，并依据《中华人民共和国海关确定进出口货物计税价格办法》（以下简称《计税价格办法》），确定进出口货物的计税价格。

一、一般进口货物的计税价格

根据《关税法》《海关法》等规定，进口货物的计税价格以成交价格以及该货物运抵中华人民共和国境内输入地点起卸前的运输及其相关费用、保险费为基础确定。进口货物计税价格的确定方法大致可以划分为两类：一类是以进口货物的成交价格为基础进行调整，从而确定进口货物计税价格的估价方法（以下称成交价格估价方法）；另一类则是在进口货物的成交价格不符合规定条件或者成交价格不能确定的情况下，海关用以确定进口货物计税价格的估价方法（以下称进口货物海关估价方法）。

（一）成交价格估价方法

进口货物的成交价格，是指卖方向我国境内销售该货物时买方为进口该货物向卖方实付、应付的，并且按照《计税价格办法》有关规定调整后的价款总额，包括直接支付的价款和间接支付的价款。

1. 成交价格应符合的条件。

（1）对买方处置或者使用进口货物不予限制，但是法律、行政法规规定实施的限制、对货物销售地域的限制和对货物价格无实质性影响的限制除外。有下列情形之一的，应当视为对买方处置或者使用进口货物进行了限制：进口货物只能用于展示或者免费赠送的；进口货物只能销售给指定第三方的；进口货物加工为成品后只能销售给卖方或者指定第三方的；其他经海关审查，认定买方对进口货物的处置或者使用受到限制的。

（2）进口货物的价格不得受到使该货物成交价格无法确定的条件或者因素的影响。有下列情形之一的，应当视为进口货物的价格受到了使该货物成交价格无法确定的条件或者因素的影响：进口货物的价格是以买方向卖方购买一定数量的其他货物为条件而确定的；进口货物的价格是以买方向卖方销售其他货物为条件而确定的；其他经海关审查，认定货物的价格受到使该货物成交价格无法确定的条件或者因素影响的。

（3）卖方不得直接或者间接获得因买方销售、处置或者使用进口货物而产生的任何收益，或者虽然有收益但是能够按照《计税价格办法》的规定作出调整。

（4）买卖双方之间没有特殊关系，或者虽然有特殊关系但是按照规定未对成交价格产生影响。有下列情形之一的，应当认为买卖双方存在特殊关系：买卖双方为同一家族成员的；买卖双方互为商业上的高级职员或者董事的；一方直接或者间接地受另一方控制的；买卖双方都直接或者间接地受第三方控制的；买卖双方共同直接或者间接地控制第三方的；一方直接或者间接地拥有、控制或者持有对方5%以上（含5%）公开发行的有表决权的股票或者股份的；一方是另一方的雇员、高级职员或者董事的；买卖双方是同一合伙企业成员的。买卖双方在经营上相互有联系，一方是另一方的独家代理、独家经销或者独家受让人，如果符合上述的规定，也应当视为存在特殊关系。需要注意的是，买卖双方之间存在特殊关系，但是纳税人能证明其成交价格与同时或者大约同时发生的下列任何一款价格相近的，应当视为特殊关系未对进口货物的成交价格产生影响：向境内无特殊关系的买方出售的相同或者类似进口货物的成交价格；按照倒扣价格估价方法所确定的相同或者类似进口货物的计税价格；按照计算价格估价方法所确定的相同或者类似进口货物的计税价格。

2. 应计入计税价格的调整项目。采用成交价格估价方法，以成交价格为基础审查确定进口货物的计税价格时，未包括在该货物实付、应付价格中的下列费用或者价值应当计入计税价格：

（1）由买方负担的除购货佣金以外的佣金和经纪费。"购货佣金"是指买方为购买进口货物向自己的采购代理人支付的劳务费用。"经纪费"是指买方为购买进口货物向代表买卖双方利益的经纪人支付的劳务费用。

（2）由买方负担的与该货物视为一体的容器费用。

（3）由买方负担的包装材料费用和包装劳务费用。

（4）与进口货物的生产和向中华人民共和国境内销售有关的，由买方以免费或者以低于成本的方式提供，并且可以按适当比例分摊的下列货物或者服务的价值：进口货物包含的材料、部件、零件和类似货物；在生产进口货物过程中使用的工具、模具和类似货物；在生产进口货物过程中消耗的材料；在境外进行的为生产进口货物所需的工程设计、技术研发、工艺及制图等相关服务。

（5）与该货物有关并作为卖方向我国销售该货物的一项条件，应当由买方向卖方或者有关方直接或间接支付的特许权使用费。"特许权使用费"是指进口货物的买方为取得知识产权权利人及权利人有效授权人关于专利权、商标权、专有技术、著作权、分销权或者销售权的许可或者转让而支付的费用。

（6）卖方直接或间接从买方对该货物进口后销售、处置或使用所得中获得的收益。

纳税人应当向海关提供上列所述费用或者价值的客观量化数据资料。如果纳税人不能提供，海关与纳税人进行价格磋商后，按照《计税价格办法》列明的海关估价方法确定计税价格。

3. 不计入计税价格的调整项目。进口货物的价款中单独列明的下列税收、费用，不计入该货物的计税价格：

（1）厂房、机械或者设备等货物进口后发生的建设、安装、装配、维修或者技术援助费用，但是保修费用除外。

（2）进口货物运抵中华人民共和国境内输入地点起卸后发生的运输及其相关费用、保险费。

（3）进口关税、进口环节海关代征税及其他国内税。

（4）为在境内复制进口货物而支付的费用。

（5）境内外技术培训及境外考察费用。

（6）同时符合下列条件的利息费用：利息费用是买方为购买进口货物而融资所产生的。有书面的融资协议的；利息费用单独列明的；纳税人可以证明有关利率不高于在融资当时当地此类交易通常应当具有的利率水平，且没有融资安排的相同或者类似进口货物的价格与进口货物的实付、应付价格非常接近的。

4. 进口货物计税价格中的运输及相关费用、保险费的确定。

（1）进口货物的运输及其相关费用，应当按照由买方实际支付或者应当支付的费用计算。如果进口货物的运输及其相关费用无法确定的，海关应当按照该货物进口同期的正常运输成本审查确定。

运输工具作为进口货物，利用自身动力进境的，海关在确定计税价格时，不再另行计入运输及其相关费用。

（2）进口货物的保险费，应当按照实际支付的费用计算。如果进口货物的保险费无法确定或者未实际发生，海关应当按照"货价加运费"两者总额的3‰计算保险费，其计算公式为：

保险费 =（货价 + 运费）×3‰

邮运进口的货物，应当以邮费作为运输及其相关费用、保险费。

（二）进口货物海关估价方法

进口货物的成交价格不符合规定条件或者成交价格不能确定的，海关经了解有关情况，并且与纳税人进行价格磋商后，依次以相同货物成交价格估价方法、类似货物成交价格估价方法、倒扣价格估价方法、计算价格估价方法及其他合理方法确定该货物的计税价格。纳税人向海关提供有关资料后，可以提出申请，颠倒倒扣价格估价方法和计算价格估价方法的适用次序。

1. 相同货物成交价格估价方法，是指海关以与进口货物同时或者大约同时向中华人民共和国境内销售的相同货物的成交价格为基础，确定进口货物的计税价格的估价方法。

上述"相同货物"，是指与进口货物在同一国家或地区生产的，在物理性质、质量和信誉等所有方面都相同的货物，但允许表面微小差异存在。"大约同时"，是指完成申报之日的大约同时，最长不应当超过前后45日。

2. 类似货物成交价格估价方法，是指海关以与进口货物同时或者大约同时向中华人民共和国境内销售的类似货物的成交价格为基础，确定进口货物的计税价格的估价方法。

上述"类似货物"，是指与进口货物在同一国家或地区生产的，虽然不是在所有方面都相同，但是却具有相似的特征、相似的组成材料、同样的功能，并且在商业中可以互换的货物。选择类似货物时，应主要考虑货物的品质、信誉和现有商标。

3. 倒扣价格估价方法，是指海关以进口货物、相同或者类似进口货物在境内的销售价格为基础，扣除境内发生的有关费用后，确定进口货物计税价格的估价方法。按照倒扣价格估价法确定进口货物的计税价格时，如果进口货物、相同或者类似货物没有在完成申报之日前后45日内在境内销售，可以将在境内销售的时间延长至完成申报之日前后90日内。

4. 计算价格估价方法，是指海关以下列各项的总和为基础，确定进口货物计税价格的估价方法。

（1）生产该货物所使用的料件成本和加工费用。

（2）向境内销售同等级或者同种类货物通常的利润和一般费用（包括直接费用和间接费用）。

（3）该货物运抵境内输入地点起卸前的运输及相关费用、保险费。

按照上述规定确定进口货物的计税价格时，海关在征得境外生产商同意并且提前通知有关国家或者地区政府后，可以在境外核实该企业提供的有关资料。

5. 合理估价方法，是指当海关使用上述任何一种估价方法都无法确定海关估价时，遵循客观、公平、统一的原则，以客观量化的数据资料为基础确定进口货物计税价格的估价方法，习惯上也叫作"最后一招"。海关在采用合理估价方法确定进口货物的计税价格时，不得使用以下价格：

（1）境内生产的货物在境内的销售价格。

(2) 可供选择的价格中较高的价格。
(3) 货物在出口地市场的销售价格。
(4) 以计算价格估价方法规定之外的价值或者费用计算的相同或者类似货物的价格。
(5) 出口到第三国或者地区的货物的销售价格。
(6) 最低限价或者武断、虚构的价格。

二、特殊进口货物的计税价格

（一）运往境外修理的货物

运往境外修理的机械器具、运输工具或其他货物，出境时已向海关报明，并在海关规定期限内复运进境的，应当以境外修理费和物料费为基础确定计税价格。

（二）运往境外加工的货物

运往境外加工的货物，出境时已向海关报明，并在海关规定期限内复运进境的，应当以境外加工费、料件费、复运进境的运输及相关费用、保险费为基础确定计税价格。

（三）暂时进境的货物

经海关批准暂时进境的货物，应当按照一般进口货物计税价格确定的有关规定，确定计税价格。

（四）租赁方式进口的货物

租赁方式进口的货物中，以租金方式对外支付的租赁货物，在租赁期间以海关审定的租金作为计税价格，利息应当予以计入；留购的租赁货物，以海关审定的留购价格作为计税价格；承租人申请一次性缴纳税款的，可以选择按照"进口货物海关估价方法"的相关内容确定计税价格，或者按照海关确定的租金总额作为计税价格。

（五）留购的进口货样

对于境内留购的进口货样、展览品和广告陈列品，以海关审定的留购价格作为计税价格。

（六）予以补税的减免税货物

特定地区、特定企业或者具有特定用途的特定减免税进口货物，应当接受海关监管。其监管年限依次为：船舶、飞机 8 年；机动车辆 6 年；其他货物 3 年。监管年限自货物进口放行之日起计算。

由海关监管使用的减免税进口货物，在监管年限内转让或移作他用需要补税的，应当以海关审定的该货物原进口时的价格，扣除折旧部分价值作为计税价格。其计算公式为：

计税价格＝海关审定的该货物原进口时的价格×[1－申请补税时实际已使用的时间（月）÷（监管年限×12）]

（七）不存在成交价格的进口货物

易货贸易、寄售、捐赠、赠送等不存在成交价格的进口货物，由海关与纳税人进行价格磋商后，按照"进口货物海关估价方法"的规定，估定计税价格。

（八）进口软件介质

进口载有专供数据处理设备用软件的介质，具有下列情形之一的，应当以介质本身的价值或者成本为基础确定计税价格：（1）介质本身的价值或者成本与所载软件的价值分列；（2）介质本身的价值或者成本与所载软件的价值虽未分列，但是纳税人能够提供介质本身的价值或者成本的证明文件,或者能提供所载软件价值的证明文件。

含有美术、摄影、声音、图像、影视、游戏、电子出版物的介质不适用上述规定。

三、出口货物的计税价格

(一) 以成交价格为基础的计税价格

出口货物的计税价格,由海关以该货物的成交价格为基础确定,并且应当包括货物运至我国境内输出地点装载前的运输及其相关费用、保险费。

出口货物的成交价格,是指该货物出口销售时,卖方为出口该货物应当向买方直接收取和间接收取的价款总额。下列税收、费用不计入出口货物的计税价格:

1. 出口关税。
2. 在货物价款中单独列明的货物运至我国境内输出地点装载后的运输及其相关费用、保险费。

(二) 出口货物海关估价方法

出口货物的成交价格不能确定时,海关经了解有关情况,并且与纳税人进行价格磋商后,依次以下列价格确定该货物的计税价格:

1. 同时或者大约同时向同一国家或者地区出口的相同货物的成交价格。
2. 同时或者大约同时向同一国家或者地区出口的类似货物的成交价格。
3. 根据境内生产相同或者类似货物的成本、利润和一般费用(包括直接费用和间接费用)、境内发生的运输及其相关费用、保险费计算所得的价格。
4. 按照合理方法估定的价格。

四、应纳税额的计算

(一) 从价计征

从价计征是一种最常用的关税计税标准,应纳税额按照计税价格乘以比例税率计算。目前,我国海关计征关税标准主要是从价计征。计算公式为:

从价计征的关税应纳税额 = 计税价格 × 关税比例税率

滑准税是根据货物的不同价格适用不同税率的一类特殊的从价计征关税。它是一种关税税率随进口货物价格由高至低而由低至高设置计征关税的方法。简单地讲,就是进口货物的价格越高,其进口关税税率越低,进口商品的价格越低,其进口关税税率越高。其计算公式与从价计征相似。滑准税的特点是可保持实行滑准税商品的国内市场价格的相对稳定,而不受国际市场价格波动的影响。例如,我国对关税配额外进口一定数量的棉花实施滑准关税。

(二) 从量计征

从量计征,应纳税额按照货物数量乘以定额税率计算。我国目前对原油、啤酒和胶卷等进口商品实行从量计征关税。计算公式为:

从量计征的关税应纳税额 = 货物数量 × 关税定额税率

(三) 复合计征

复合计征,应纳税额按照计税价格乘以比例税率与货物数量乘以定额税率之和计算。

它是对某种进口货物混合使用从价计征和从量计征的一种关税计征标准。我国目前对录像机、放像机、摄像机、数字照相机和摄录一体机等进口商品实行复合计征关税。计算公式为：

复合计征的关税应纳税额＝计税价格×关税比例税率＋货物数量×关税定额税率

▶【例7-1】某商场于2024年2月进口一批高档美容修饰类化妆品。该批货物在国外的买价为120万元，货物运抵我国入关前发生的运输费、保险费和其他费用分别为10万元、6万元、4万元。货物完成报关后，该商场按规定缴纳了进口环节的增值税和消费税并取得了海关开具的缴款书。将化妆品从海关运往商场所在地取得增值税专用发票，注明运输费用5万元、增值税进项税额0.45万元，该批化妆品当月在国内全部销售，取得不含税销售额520万元（假定化妆品进口关税税率为20%，增值税税率为13%，消费税税率为15%）。

要求：计算该批化妆品进口环节应缴纳的关税、增值税、消费税和国内销售环节应缴纳的增值税。

（1）关税计税价格＝120＋10＋6＋4＝140（万元）
（2）应缴纳进口关税＝140×20%＝28（万元）
（3）进口环节应缴纳增值税＝[（140＋28）÷（1－15%）]×13%＝25.69（万元）
（4）进口环节应缴纳消费税＝[（140＋28）÷（1－15%）]×15%＝29.65（万元）
（5）国内销售环节应缴纳增值税＝520×13%－0.45－25.69＝41.46（万元）

五、跨境电子商务零售进口税收政策

自2016年4月8日起，跨境电子商务零售进口商品按照货物征收关税和进口环节增值税、消费税，购买跨境电子商务零售进口商品的个人作为纳税人，实际交易价格（包括货物零售价格、运费和保险费）作为计税价格，电子商务企业、电子商务交易平台企业或物流企业可作为代收代缴义务人。

（一）适用范围

跨境电子商务零售进口税收政策适用于从其他国家或地区进口的、《跨境电子商务零售进口商品清单》范围内的以下商品：

1. 所有通过与海关联网的电子商务交易平台交易，能够实现交易、支付、物流电子信息"三单"比对的跨境电子商务零售进口商品。

2. 未通过与海关联网的电子商务交易平台交易，但快递、邮政企业能够统一提供交易、支付、物流等电子信息，并承诺承担相应法律责任进境的跨境电子商务零售进口商品。

不属于跨境电子商务零售进口的个人物品以及无法提供交易、支付、物流等电子信息的跨境电子商务零售进口商品，按现行规定执行。

为促进跨境电子商务零售进口健康发展，满足人民美好生活需要，自2022年3月1日起，我国优化调整《跨境电子商务零售进口商品清单》，增加了滑雪用具、家用洗碟机、番茄汁等29项近年来消费需求旺盛的商品。

(二) 计征限额

跨境电子商务零售进口商品的单次交易限值为人民币 5 000 元，个人年度交易限值为人民币 26 000 元。在限值以内进口的跨境电子商务零售进口商品，关税税率暂设为 0；进口环节增值税、消费税取消免征税额，暂按法定应纳税额的 70% 征收。计税价格超过 5 000 元单次交易限值但低于 26 000 元年度交易限值，且订单下仅一件商品时，可以自跨境电商零售渠道进口，按照货物税率全额征收关税和进口环节增值税、消费税，交易额计入年度交易总额，但年度交易总额超过年度交易限值的，应按一般贸易管理。

(三) 计征规定

跨境电子商务零售进口商品自海关放行之日起 30 日内退货的，可申请退税，并相应调整个人年度交易总额。

跨境电子商务零售进口商品购买人（订购人）的身份信息应进行认证；未进行认证的，购买人（订购人）身份信息应与付款人一致。

《跨境电子商务零售进口商品清单》由财政部商有关部门另行公布。

▶【例 7-2】张某 2022 年通过与海关联网的电子商务交易平台发生如下交易，能够实现交易、支付、物流电子信息"三单"比对：2022 年 1 月购买 A 品牌高档化妆品一套，零售价格 2 000 元，运费和保险费 500 元；2022 年 6 月购买 B 品牌高档化妆品一套，零售价格 4 000 元，运费和保险费 1 500 元。两项交易订单下都仅有一件商品，除此之外当年无其他跨境交易。（假定化妆品进口关税税率为 20%，增值税税率为 13%，消费税税率为 15%）。

要求：计算 A 和 B 两套化妆品进口环节应缴纳的关税、增值税、消费税，并说明 B 化妆品是否可以通过跨境电商零售渠道进口。

(1) A 化妆品的关税计税价格 = 2 000 + 500 = 2 500（元）

A 化妆品应缴纳的关税 = 2 500 × 0 = 0（元）

A 化妆品进口环节应缴纳的增值税 = 2 500 ÷ (1 - 15%) × 13% × 70% = 267.65（元）

A 化妆品进口环节应缴纳的消费税 = 2 500 ÷ (1 - 15%) × 15% × 70% = 308.82（元）

(2) B 化妆品的关税计税价格 = 4 000 + 1 500 = 5 500（元）

B 化妆品应缴纳的关税 = 5 500 × 20% = 1 100（元）

B 化妆品进口环节应缴纳的增值税 = (5 500 + 1 100) ÷ (1 - 15%) × 13% = 1 009.41（元）

B 化妆品进口环节应缴纳的消费税 = (5 500 + 1 100) ÷ (1 - 15%) × 15% = 1 164.71（元）

(3) 2 500 + 5 500 = 8 000（元）< 26 000（元），因此 B 化妆品可以通过跨境电商零售渠道进口。

六、跨境电子商务出口退运商品税收政策

对自 2023 年 1 月 30 日起至 2025 年 12 月 31 日期间在跨境电子商务海关监管代码项下申报出口，因滞销、退货原因，自出口之日起 6 个月内原状退运进境的商品（不含食

品），免征进口关税和进口环节增值税、消费税；出口时已征收的出口关税准予退还，出口时已征收的增值税、消费税参照内销货物发生退货有关税收规定执行。

已办理出口退税的，企业应当按现行规定补缴已退的税款。企业应当凭主管税务机关出具的《出口货物已补税／未退税证明》，申请办理免征进口关税和进口环节增值税、消费税，退还出口关税手续。

"原状退运进境"是指出口商品退运进境时的最小商品形态应与原出口时的形态基本一致，不得增加任何配件或部件，不能经过任何加工、改装，但经拆箱、检（化）验、安装、调试等仍可视为"原状"；退运进境商品应未被使用过，但对于只有经过试用才能发现品质不良或可证明被客户试用后退货的情况除外。

第四节　减免规定

关税减免是对某些纳税人和征税对象给予鼓励和照顾的一种特殊调节手段。正是有了这一手段，使关税政策工作兼顾了普遍性和特殊性、原则性和灵活性。因此，关税减免是贯彻国家关税政策的一项重要措施。关税减免分为法定减免税、特定减免税、暂时免税和临时减免税。减征关税在我国加入世界贸易组织之前以税则规定税率为基准，在我国加入世界贸易组织之后以最惠国税率或者普通税率为基准。

一、法定减免税

法定减免税是税法中明确列出的减税或免税。符合税法规定可予减免税的进出口货物，纳税人无须提出申请，海关可按规定直接予以减免税。海关对法定减免税货物一般不进行后续管理。

下列进出口货物、进境物品，免征关税：

1. 国务院规定的免征额度（关税税额在人民币五十元）内的一票货物；
2. 无商业价值的广告品和货样；
3. 进出境运输工具装载的途中必需的燃料、物料和饮食用品；
4. 在海关放行前损毁或者灭失的货物、进境物品；
5. 外国政府、国际组织无偿赠送的物资；
6. 中华人民共和国缔结或者共同参加的国际条约、协定规定免征关税的货物、进境物品；
7. 依照有关法律规定免征关税的其他货物、进境物品。

下列进出口货物、进境物品，减征关税：

1. 在海关放行前遭受损坏的货物、进境物品（应当根据海关认定的受损程度办理）；
2. 中华人民共和国缔结或者共同参加的国际条约、协定规定减征关税的货物、进境物品；

3. 依照有关法律规定减征关税的其他货物、进境物品。

二、特定减免税

特定减免税也称政策性减免税。根据维护国家利益、促进对外交往、经济社会发展、科技创新需要或者由于突发事件等原因，国务院可以制定关税专项优惠政策，报全国人民代表大会常务委员会备案。特定减免税货物一般有地区、企业和用途的限制，海关需要进行后续管理，也需要进行减免税统计。

以下为近年实行的部分特定减免税政策：

（一）科教用品

为有利于我国科研、教育事业发展，推动科教兴国战略的实施，经国务院批准，财政部、海关总署、国家税务总局制定了《科学研究和教学用品免征进口税收规定》，对科学研究机构和学校，以科学研究和教学为目的，在合理数量范围内进口国内不能生产或者性能不能满足需要的科学研究和教学用品，免征进口关税和进口环节增值税、消费税。该规定对享受该优惠的科研机构和学校资格、类别以及可以免税的物品都作了明确规定。

（二）残疾人专用品

为支持残疾人的康复工作，经国务院批准，海关总署发布了《残疾人专用品免征进口税收暂行规定》，对规定的残疾人个人专用品，免征进口关税和进口环节增值税、消费税；对康复、福利机构、假肢厂和荣誉军人康复医院进口国内不能生产的、该规定明确的残疾人专用品，免征进口关税和进口环节增值税。该规定对可以免税的残疾人专用品种类和品名作了明确规定。

（三）慈善捐赠物资

为促进慈善事业的健康发展，支持慈善事业发挥扶贫济困积极作用，经国务院批准，财政部、国家税务总局、海关总署发布了《慈善捐赠物资免征进口税收暂行办法》。对境外自然人、法人或者其他组织等境外捐赠人，无偿向国务院有关部门和各省、自治区、直辖市人民政府、中国红十字会总会、中华全国妇女联合会、中国残疾人联合会、中华慈善总会、中国初级卫生保健基金会、中国宋庆龄基金会和中国癌症基金会，以及经民政部或省级民政部门登记注册且被评定为5A级的以人道救助和发展慈善事业为宗旨的社会团体或基金会等受赠人捐赠的直接用于慈善事业的物资，免征进口关税和进口环节增值税。所称"慈善事业"是指非营利的慈善救助等社会慈善和福利事业，包括以捐赠财产方式自愿开展的扶贫济困、扶助老幼病残等困难群体，促进教育、科学、文化、卫生、体育等事业发展，防治污染和其他公害，保护和改善环境等慈善活动。该办法对可以免税的捐赠物资种类和品名作了明确规定。

（四）重大技术装备

为继续支持我国重大技术装备制造业发展，财政部会同工业和信息化部、海关总署、国家税务总局、能源局发布了《重大技术装备进口税收政策管理办法》（财关税〔2020〕2号），自2020年1月8日起实施。

对符合规定条件的企业及核电项目业主为生产国家支持发展的重大技术装备或产品

而确有必要进口的部分关键零部件及原材料,免征关税和进口环节增值税。

上述办法由工业和信息化部会同财政部、海关总署、国家税务总局、能源局制定《国家支持发展的重大技术装备和产品目录》和《重大技术装备和产品进口关键零部件及原材料商品目录》后公布执行。

工业和信息化部会同财政部、海关总署、国家税务总局、能源局核定企业及核电项目业主免税资格,每年对新申请享受进口税收政策的企业及核电项目业主进行认定,每3年对已享受进口税收政策企业及核电项目业主进行复核。

取得免税资格的企业及核电项目业主可向主管海关提出申请,选择放弃免征进口环节增值税,只免征进口关税。企业及核电项目业主主动放弃免征进口环节增值税后,36个月内不得再次申请免征进口环节增值税。

取得免税资格的企业及核电项目业主应按照《中华人民共和国海关进出口货物减免税管理办法》(海关总署第179号令)及海关有关规定办理有关重大技术装备或产品进口关键零部件及原材料的减免税手续。

(五) 支持集成电路产业和软件产业发展进口货物

为促进集成电路产业和软件产业高质量发展,财政部、海关总署、税务总局发布了《关于支持集成电路产业和软件产业发展进口税收政策的通知》,自2020年7月27日至2030年12月31日,对下列情形,免征进口关税:

1. 集成电路线宽小于65纳米(含,下同)的逻辑电路、存储器生产企业,以及线宽小于0.25微米的特色工艺(即模拟、数模混合、高压、射频、功率、光电集成、图像传感、微机电系统、绝缘体上硅工艺)集成电路生产企业,进口国内不能生产或性能不能满足需求的自用生产性(含研发用,下同)原材料、消耗品,净化室专用建筑材料、配套系统和集成电路生产设备(包括进口设备和国产设备)零配件。

2. 集成电路线宽小于0.5微米的化合物集成电路生产企业和先进封装测试企业,进口国内不能生产或性能不能满足需求的自用生产性原材料、消耗品。

3. 集成电路产业的关键原材料、零配件(即靶材、光刻胶、掩模版、封装载板、抛光垫、抛光液、8英寸及以上硅单晶、8英寸及以上硅片)生产企业,进口国内不能生产或性能不能满足需求的自用生产性原材料、消耗品。

4. 集成电路用光刻胶、掩模版、8英寸及以上硅片生产企业,进口国内不能生产或性能不能满足需求的净化室专用建筑材料、配套系统和生产设备(包括进口设备和国产设备)零配件。

5. 国家鼓励的重点集成电路设计企业和软件企业,以及符合上述第1、2项的企业(集成电路生产企业和先进封装测试企业)进口自用设备,及按照合同随设备进口的技术(含软件)及配套件、备件,但《国内投资项目不予免税的进口商品目录》《外商投资项目不予免税的进口商品目录》《进口不予免税的重大技术装备和产品目录》所列商品除外。

(六) 支持新型显示产业发展进口货物

为支持新型显示产业发展,自2021年1月1日至2030年12月31日,对新型显示器件(即薄膜晶体管液晶显示器件、有源矩阵有机发光二极管显示器件、Micro-LED显示器件）生产企业进口国内不能生产或性能不能满足需求的自用生产性（含研发用）原材料、消耗品和净化室配套系统、生产设备（包括进口设备和国产设备）零配件，对新型显示产业的关键原材料、零配件（即靶材、光刻胶、掩模版、偏光片、彩色滤光膜）生产企业进口国内不能生产或性能不能满足需求的自用生产性原材料、消耗品，免征进口关税。

（七）民用航空维修用航空器材

为加快壮大航空产业，促进我国民用航空运输、维修等产业发展，自 2021 年 1 月 1 日至 2030 年 12 月 31 日，对民用飞机整机设计制造企业、国内航空公司、维修单位、航空器材分销商进口国内不能生产或性能不能满足需求的维修用航空器材，免征进口关税。

（八）抗艾滋病病毒药物

为支持艾滋病防治工作，自 2021 年 1 月 1 日至 2030 年 12 月 31 日，对卫生健康委委托进口的抗艾滋病病毒药物，免征进口关税和进口环节增值税。享受免税政策的抗艾滋病病毒药物名录及委托进口单位由卫生健康委确定，并送财政部、海关总署、税务总局。

（九）国有公益性收藏单位进口藏品

国有公益性收藏单位以从事永久收藏、展示和研究等公益性活动为目的，通过接受境外捐赠、归还、追索和购买等方式进口的藏品，以及外交部、国家文物局进口的藏品，免征进口关税、进口环节增值税和消费税。国有公益性收藏单位名单由文化和旅游部、国家文物局商财政部、海关总署、税务总局后以公告形式发布。国有公益性收藏单位进口与其收藏范围相符的藏品，方能申请享受免税政策。国有公益性收藏单位应在进口藏品前，向文化和旅游部、国家文物局提交进口藏品申请，申请材料包括藏品基本情况、进口目的、与收藏范围是否相符等内容。文化和旅游部、国家文物局应建立健全审核机制，按职责分工制定相应的审核工作规程，对进口藏品申请进行审核并出具审核意见。

（十）边民互市贸易进出口商品

边民通过互市贸易进口的生活用品，每人每日价值在人民币 8 000 元以下的，免征进口关税和进口环节税。以边境小额贸易方式进口的商品，进口关税和进口环节税照章征收。财政部将会同有关部门根据边民互市贸易发展的实际情况，适时动态调整边民互市贸易进出口商品不予免税清单。

三、暂时免税

暂时进境或者暂时出境的下列货物，在进境或者出境时纳税人向海关缴纳相当于应纳税款的保证金或者提供其他担保的，可以暂不缴纳关税，并应当自进境或者出境之日起 6 个月内复运出境或者复运进境；需要延长复运出境或者复运进境期限的，纳税人应当根据海关总署的规定向海关办理延期手续。

1. 在展览会、交易会、会议及类似活动中展示或者使用的货物。
2. 文化、体育交流活动中使用的表演、比赛用品。
3. 进行新闻报道或者摄制电影、电视节目使用的仪器、设备及用品。
4. 开展科研、教学、医疗活动使用的仪器、设备及用品。
5. 在上述第 1 项至第 4 项所列活动中使用的交通工具及特种车辆。

6. 货样。
7. 供安装、调试、检测设备时使用的仪器、工具。
8. 盛装货物的容器。
9. 其他用于非商业目的的货物。

上述货物、物品在规定期限内未复运出境或者未复运进境的，应当依法缴纳关税。

上述规定以外的其他暂时进境的货物、物品，应当根据该货物、物品的计税价格和其在境内滞留时间与折旧时间的比例计算缴纳进口关税；该货物、物品在规定期限届满后未复运出境的，应当补足依法应缴纳的关税。上述规定以外的其他暂时出境货物，在规定期限届满后未复运进境的，应当依法缴纳关税。

因品质、规格原因或者不可抗力，出口货物自出口之日起1年内原状复运进境的，不征收进口关税。因品质、规格原因或者不可抗力，进口货物自进口之日起1年内原状复运出境的，不征出口关税。特殊情形下，经海关批准，可以适当延长期限，具体办法由海关总署规定。

因残损、短少、品质不良或者规格不符原因，进出口货物的发货人、承运人或者保险公司免费补偿或者更换的相同货物，进出口时不征收关税。被免费更换的原进口货物不退运出境或者原出口货物不退运进境的，海关应当对原进出口货物重新按照规定征收关税。纳税人应当在原进出口合同约定的请求赔偿期限内且不超过原进出口放行之日起3年内，向海关申报办理免费补偿或者更换货物的进出口手续。

四、临时减免税

临时减免税是指以上法定和特定减免税以外的其他类型减免税，即由国务院根据相关法律对某个单位、某类商品、某个项目或某批进出口货物的特殊情况，给予特别照顾，一案一批，专文下达的减免税。一般有单位、品种、期限、金额或数量等限制，不能比照执行。

第五节 征收管理

一、关税申报与缴纳

关税征收管理可以实施货物放行与税额确定相分离的模式。

进出口货物的纳税人、扣缴义务人可以按照规定选择海关办理申报纳税。纳税人、扣缴义务人应当按照法律、行政法规及有关规定，如实、规范申报进出口货物的计税价格、商品编号、商品名称及规格型号、原产地、数量等计税相关信息，计算并向海关申报税额。为确定进出口货物的应纳税额，海关可以要求纳税人、扣缴义务人按照有关规定补充申报。纳税人、扣缴义务人认为必要时，也可以主动要求补充申报。

在货物实际进出口前，海关可以依申请，按照有关规定对进口货物的计税价格相关要素或估价方法、进出口货物的商品归类和原产地作出预裁定。纳税人、扣缴义务人在预裁定决定有效期内进出口与预裁定决定列明情形相同的货物，应当按照预裁定决定申报，海关予以认可。

纳税人、扣缴义务人应当自完成申报之日起 15 日内缴纳税款。特殊情形需要实施税收风险管理的除外。选择汇总征税模式的，纳税人、扣缴义务人可以自完成申报之日起 15 日内或者次月第 5 个工作日结束前汇总缴纳税款。逾期缴纳税款的，由海关自缴款期限届满之日起，按日加收滞纳税款万分之五的滞纳金。缴款期限届满日遇星期六、星期日等休息日或者法定节假日的，应当顺延至休息日或者法定节假日之后的第 1 个工作日。国务院临时调整休息日与工作日的，海关应当按照调整后的情况计算缴款期限。

因不可抗力或者国家税收政策调整，纳税人、扣缴义务人不能按期缴纳税款的，经向海关申请并提供税款担保，可以延期缴纳，但最长不得超过 6 个月。

二、关税的税收强制

（一）责令提供担保

纳税人在规定的纳税期限内有转移、藏匿其应税货物以及其他财产的明显迹象，或者存在其他可能导致无法缴纳税款风险的，海关可以责令纳税人提供担保。纳税人未按照海关要求提供担保的，经直属海关关长或者其授权的隶属海关关长批准，海关可以实施下列强制措施：

1. 书面通知银行业金融机构冻结纳税人金额相当于应纳税款的存款、汇款；
2. 查封、扣押纳税人价值相当于应纳税款的货物或者其他财产。

纳税人在规定的纳税期限内缴纳税款的，海关应当立即解除强制措施。

（二）强制征收

纳税人、扣缴义务人未按照规定的纳税期限缴纳或者解缴税款的，由海关责令其限期缴纳，逾期仍未缴纳且无正当理由的，经直属海关关长或者其授权的隶属海关关长批准，海关可以实施下列强制执行措施：

1. 书面通知银行业金融机构划拨纳税人、扣缴义务人金额相当于应纳税款的存款、汇款；
2. 查封、扣押纳税人、扣缴义务人价值相当于应纳税款的货物或者其他财产，依法拍卖或者变卖所查封、扣押的货物或者其他财产，以拍卖或者变卖所得抵缴税款，剩余部分退还纳税人、扣缴义务人。

海关实施税收强制执行措施时，对未缴纳的滞纳金同时强制执行。

（三）其他税收强制相关措施

海关可以对纳税人、扣缴义务人欠缴税款的情况予以公告。

纳税人未缴清税款、滞纳金且未向海关提供担保的，经直属海关关长或者其授权的隶属海关关长批准，海关可以按照规定通知移民管理机构对纳税人或者其法定代表人依法采取限制出境措施。

(四) 税收强制执行的中止与终止

有下列情形之一的，海关应当中止税收强制执行：

1. 纳税人、扣缴义务人缴纳税款确有困难或者暂无缴纳能力；
2. 第三人对税收强制执行标的主张权利，确有理由；
3. 执行可能造成难以弥补的损失，且中止税收强制执行不损害公共利益；
4. 海关认为需要中止执行的其他情形。

中止税收强制执行的情形消失后，海关应当恢复执行。对没有明显社会危害，纳税人、扣缴义务人确无能力缴纳税款，中止执行满3年未恢复执行的，海关不再执行。

有下列情形之一的，海关应当终结税收强制执行：

1. 纳税人、扣缴义务人死亡或终止，无遗产或财产可供执行，又无义务承受人；
2. 执行标的灭失；
3. 据以执行的行政决定被撤销；
4. 海关认为需要终结执行的其他情形。

三、关税退还

关税退还是关税纳税人按海关核定的税额缴纳关税后，因某种原因的出现，海关将实际征收多于应当征收的税额（称为溢征关税）退还给原纳税人的一种行政行为。

海关发现多征税款的，应当及时出具税额确认书通知纳税人。需要退还税款的，纳税人可以自收到税额确认书之日起3个月内办理有关退还手续。

纳税人发现多缴纳税款的，可以自缴纳税款之日起3年内，向海关书面申请退还多缴的税款。包括但不限于下列情形：

1. 散装进出口货物发生短装并且已缴税放行，该货物的发货人、承运人或者保险公司已对短装部分退还或者赔偿相应货款的；
2. 进出口货物因残损、品质不良、规格不符原因，或者发生上述第一项规定以外的货物短少的情形，由进出口货物的发货人、承运人或者保险公司赔偿相应货款的；
3. 已缴税货物被海关责令退运或者监督销毁的。

有下列情形之一的，纳税人自缴纳税款之日起1年内，可以向海关书面申请退还关税：

1. 已征进口关税的货物，因品质、规格原因或者不可抗力，1年内原状复运出境；
2. 已征出口关税的货物，因品质、规格原因或者不可抗力，1年内原状复运进境，并已重新缴纳因出口而退还的国内环节有关税收；
3. 已征出口关税的货物，因故未装运出口，申报退关。

纳税人向海关申请退还税款的，海关收到纳税人的退税申请后应当进行审核。纳税人提交的申请材料齐全且符合规定形式的，海关应当予以受理，并且以海关收到申请材料之日作为受理之日；纳税人提交的申请材料不全或者不符合规定形式的，海关应当自收到申请材料之日起5个工作日内一次性告知纳税人需要补正的全部内容，并且以海关收到全部补正申请材料之日作为海关受理退税申请之日。海关应当自受理退税申请之日起30日内查实,并出具税额确认书通知纳税人办理退还手续或者作出不予退税的决定。纳税人应当自收到税额确认书之日起3个月内办理退还手续。纳税人放弃退还税款或利息的,应当以书面形式向海关提出。

海关办理退还手续时,应当填发收入退还书,并且按照以下规定办理:

1. 退还税款时应当同时退还多征税款部分所产生的利息,应退利息按照海关填发收入退还书之日中国人民银行公布的同期活期存款利率计算。计算应退利息的期限自纳税人、扣缴义务人缴纳税款之日起至海关填发收入退还书之日止。

2. 进口环节海关代征税已予抵扣或已办理退税的,该项税款不予退还,但国家另有规定的除外。

3. 已征收的滞纳金不予退还。

退还税款、利息涉及从国库中退库的,按照法律、行政法规有关国库管理的规定以及有关规章规定的具体实施办法执行。

四、关税补征和追征

补征和追征是海关在关税纳税人按海关核定的税额缴纳关税后,发现实际征收税额少于应当征收的税额(称为短征关税)时,责令纳税人补缴所差税款的一种行政行为。根据短征关税的原因,将海关征收原短征关税的行为分为补征和追征两种。由于纳税人违反规定造成短征关税的,称为追征;非因纳税人违反海关规定造成短征关税的,称为补征。

进出口货物放行后,海关发现少征税款的,应当自缴纳税款之日起3年内,向纳税人、扣缴义务人补征税款;海关发现漏征税款的,应当自货物放行之日起3年内,向纳税人、扣缴义务人补征税款。

因纳税人、扣缴义务人违反规定造成少征税款的,海关应当自缴纳税款之日起3年内追征税款;因纳税人、扣缴义务人违反规定造成漏征税款的,海关应当自货物放行之日起3年内追征税款。

海关除依法追征税款外,还应当自缴纳税款或者货物放行之日起至海关发现违反规定行为之日止,按日加收少征或者漏征税款万分之五的滞纳金。因纳税人、扣缴义务人违反规定造成海关监管货物少征或者漏征税款的,海关应当自纳税人、扣缴义务人应缴纳税款之日起3年内追征税款,并且自应缴纳税款之日起至海关发现违反规定行为之日止,按日加收少征或者漏征税款万分之五的滞纳金。应缴纳税款之日,是指纳税人、扣缴义务人违反规定行为发生之日;该行为发生之日不能确定的,应当以海关发现该行为之日作为应缴纳税款之日。

海关补征或者追征税款,应当出具税额确认书。纳税人、扣缴义务人应当自收到税额确认书之日起15日内缴纳税款。纳税人、扣缴义务人未在规定期限内补缴税款的,自规定期限届满之日起,按日加收滞纳税款万分之五的滞纳金。

五、反规避措施

对规避《关税法》等有关规定,不具有合理商业目的而减少应纳税额的行为,国家可以采取调整关税等反规避措施。

六、税款优先原则

海关征收的税款优先于无担保债权,法律另有规定的除外。纳税人欠缴税款发生在纳税人以其财产设定抵押、质押之前的,税款应当先于抵押权、质权执行。

纳税人欠缴税款,同时被行政机关处以罚款、没收违法所得,其财产不足以同时支付的,应当先缴纳税款。

七、法律责任

有下列情形之一的,由海关给予警告;情节严重的,处3万元以下的罚款:

1. 未履行纳税义务的纳税人有合并、分立情形,在合并、分立前,未向海关报告;
2. 纳税人在减免税货物、保税货物监管期间,有合并、分立或者其他资产重组情形,未向海关报告;
3. 纳税人未履行纳税义务或者在减免税货物、保税货物监管期间,有解散、破产或者其他依法终止经营情形,未在清算前向海关报告。

纳税人欠缴应纳税款,采取转移或者藏匿财产等手段,妨碍海关依法追征欠缴的税款的,除由海关追征欠缴的税款、滞纳金外,处欠缴税款50%以上5倍以下的罚款。

扣缴义务人应扣未扣、应收未收税款的,由海关向纳税人追征税款,对扣缴义务人处应扣未扣、应收未收税款50%以上3倍以下的罚款。

纳税人、扣缴义务人、担保人对海关确定纳税人、商品归类、货物原产地、纳税地点、计征方式、计税价格、适用税率或者汇率,决定减征或者免征税款,确认应纳税额、补缴税款、退还税款以及加收滞纳金等征税事项有异议的,应当依法先向上一级海关申请行政复议;对行政复议决定不服的,可以依法向人民法院提起行政诉讼。当事人对海关作出的上述规定以外的行政行为不服的,可以依法申请行政复议,也可以依法向人民法院提起行政诉讼。

违反《关税法》等法律规定,滥用职权、玩忽职守、徇私舞弊或者泄露、非法向他人提供在履行职责中知悉的商业秘密、个人隐私、个人信息的,依法给予处分。构成犯罪的,依法追究刑事责任。

第六节 船舶吨税法

船舶吨税是根据船舶运载量课征的一个税种,源于明朝以后税关的"船料"。中英鸦片战争后,海关对出入中国口岸的商船按船舶吨位计征税款,故称船舶吨税。除海关外,内地常关也对过往船只征船料,直到1931年常关撤销时,船料废止。现行船舶吨税的基本规范是2017年12月27日第十二届全国人民代表大会常务委员会第三十一次会议通过的《中华人民共和国船舶吨税法》（简称《船舶吨税法》），于2018年7月1日起施行，经2018年10月26日第十三届全国人民代表大会常务委员会第六次会议修改，于同日以中华人民共和国主席令第十六号公布。

一、征税范围和税率

（一）征税范围

自中华人民共和国境外港口进入境内港口的船舶（以下简称应税船舶），应当缴纳船舶吨税（以下简称吨税）。吨税的税目、税率依照《吨税税目、税率表》执行。

（二）税率

吨税设置优惠税率和普通税率。中华人民共和国国籍的应税船舶，船籍国（地区）与中华人民共和国签订含有相互给予船舶税费最惠国待遇条款的条约或者协定的应税船舶，适用优惠税率。其他应税船舶，适用普通税率。《吨税税目、税率表》见表7－2。

表7－2　　　　　　　　　吨税税目、税率表

税目 （按船舶净吨位划分）	普通税率 （按执照期限划分）			优惠税率 （按执照期限划分）			备 注
	1年	90日	30日	1年	90日	30日	
不超过2 000净吨	12.6	4.2	2.1	9.0	3.0	1.5	1. 拖船按照发动机功率每千瓦折合净吨位0.67吨。 2. 无法提供净吨位证明文件的游艇，按照发动机功率每千瓦折合净吨位0.05吨。 3. 拖船和非机动驳船分别按相同净吨位船舶税率的50%计征税款
超过2 000净吨，但不超过10 000净吨	24.0	8.0	4.0	17.4	5.8	2.9	
超过10 000净吨，但不超过50 000净吨	27.6	9.2	4.6	19.8	6.6	3.3	
超过50 000净吨	31.8	10.6	5.3	22.8	7.6	3.8	

注：拖船，是指专门用于拖（推）动运输船舶的专业作业船舶。

二、应纳税额的计算

吨税按照船舶净吨位和吨税执照期限征收。净吨位，是指由船籍国（地区）政府签发或者授权签发的船舶吨位证明书上标明的净吨位；吨税执照期限，是指按照公历年、日计算的期间。应税船舶负责人在每次申报纳税时，可以按照《吨税税目、税率表》选择申领一种期限的吨税执照。吨税的应纳税额按照船舶净吨位乘以适用税率计算，计算公式为：

应纳税额＝船舶净吨位×定额税率

吨税由海关负责征收。海关征收吨税应当制发缴款凭证。应税船舶负责人缴纳吨税或者提供担保后，海关按照其申领的执照期限填发吨税执照。

应税船舶在进入港口办理入境手续时，应当向海关申报纳税领取吨税执照，或者交验吨税执照（或者申请核验吨税执照电子信息）。应税船舶在离开港口办理出境手续时，

应当交验吨税执照（或者申请核验吨税执照电子信息）。

应税船舶负责人申领吨税执照时，应当向海关提供下列文件：

1. 船舶国籍证书或者海事部门签发的船舶国籍证书收存证明。
2. 船舶吨位证明。

应税船舶因不可抗力在未设立海关地点停泊的，船舶负责人应当立即向附近海关报告，并在不可抗力原因消除后，依照规定向海关申报纳税。

▶【例7-3】B国某运输公司一艘货轮驶入我国某港口，该货轮净吨位为30 000吨，货轮负责人已向我国海关领取了吨税执照，在港口停留期限为30天，B国已与我国签订有相互给予船舶税费最惠国待遇条款。请计算该货轮负责人应向我国海关缴纳的吨税。

（1）根据吨税的相关规定，该货轮应享受优惠税率，每净吨位为3.3元。

（2）应缴纳的吨税 = 30 000 × 3.3 = 99 000（元）

三、税收优惠

（一）直接优惠

下列船舶免征吨税：

1. 应纳税额在人民币50元以下的船舶。
2. 自境外以购买、受赠、继承等方式取得船舶所有权的初次进口到港的空载船舶。
3. 吨税执照期满后24小时内不上下客货的船舶。
4. 非机动船舶（不包括非机动驳船）。非机动船舶，是指自身没有动力装置，依靠外力驱动的船舶。非机动驳船，是指在船舶登记机关登记为驳船的非机动船舶。
5. 捕捞、养殖渔船。捕捞、养殖渔船，是指在中华人民共和国渔业船舶管理部门登记为捕捞船或者养殖船的船舶。
6. 避难、防疫隔离、修理、改造、终止运营或者拆解，并不上下客货的船舶。
7. 军队、武装警察部队专用或者征用的船舶。
8. 警用船舶。
9. 依照法律规定应当予以免税的外国驻华使领馆、国际组织驻华代表机构及其有关人员的船舶。
10. 国务院规定的其他船舶。本条免税规定，由国务院报全国人民代表大会常务委员会备案。

（二）延期优惠

在吨税执照期限内，应税船舶发生下列情形之一的，海关按照实际发生的天数批注延长吨税执照期限：

1. 避难、防疫隔离、修理、改造，并不上下客货。
2. 军队、武装警察部队征用。

符合直接优惠第5项至第9项以及延期优惠政策的船舶，应当提供海事部门、渔业船舶管理部门等部门、机构出具的具有法律效力的证明文件或者使用关系证明文件，申明免税或者延长吨税执照期限的依据和理由。

四、征收管理

1. 吨税纳税义务发生时间为应税船舶进入港口的当日。

应税船舶在吨税执照期满后尚未离开港口的,应当申领新的吨税执照,自上一次执照期满的次日起续缴吨税。

2. 应税船舶负责人应当自海关填发吨税缴款凭证之日起 15 日内缴清税款。未按期缴清税款的,自滞纳税款之日起至缴清税款之日止,按日加收滞纳税款万分之五的税款滞纳金。

3. 应税船舶到达港口前,经海关核准先行申报并办结出入境手续的,应税船舶负责人应当向海关提供与其依法履行吨税缴纳义务相适应的担保;应税船舶到达港口后,依照规定向海关申报纳税。

下列财产、权利可以用于担保:

(1) 人民币、可自由兑换货币。
(2) 汇票、本票、支票、债券、存单。
(3) 银行、非银行金融机构的保函。
(4) 海关依法认可的其他财产、权利。

4. 应税船舶在吨税执照期限内,因修理、改造导致净吨位变化的,吨税执照继续有效。应税船舶办理出入境手续时,应当提供船舶经过修理、改造的证明文件。

5. 应税船舶在吨税执照期限内,因税目税率调整或者船籍改变而导致适用税率变化的,吨税执照继续有效。

因船籍改变而导致适用税率变化的,应税船舶在办理出入境手续时,应当提供船籍改变的证明文件。

6. 吨税执照在期满前毁损或者遗失的,应当向原发照海关书面申请核发吨税执照副本,不再补税。

7. 海关发现少征或者漏征税款的,应当自应税船舶应当缴纳税款之日起 1 年内,补征税款。但因应税船舶违反规定造成少征或者漏征税款的,海关可以自应当缴纳税款之日起 3 年内追征税款,并自应当缴纳税款之日起按日加征少征或者漏征税款万分之五的税款滞纳金。

海关发现多征税款的,应当在 24 小时内通知应税船舶办理退还手续,并加算银行同期活期存款利息。

应税船舶发现多缴税款的,可以自缴纳税款之日起 3 年内以书面形式要求海关退还多缴的税款并加算银行同期活期存款利息;海关应当自受理退税申请之日起 30 日内查实并通知应税船舶办理退还手续。

应税船舶应当自收到退税通知之日起 3 个月内办理有关退还手续。

8. 应税船舶有下列行为之一的,由海关责令限期改正,处 2 000 元以上 30 000 元以下的罚款;不缴或者少缴应纳税款的,处不缴或者少缴税款 50% 以上 5 倍以下的罚款,但罚款不得低于 2 000 元。

（1）未按照规定申报纳税、领取吨税执照。

（2）未按照规定交验吨税执照（或者申请核验吨税执照电子信息）以及提供其他证明文件。

9.吨税税款、税款滞纳金、罚款以人民币计算。

吨税的征收，《船舶吨税法》未作规定的，依照有关税收征收管理的法律、行政法规的规定执行。

第八章 资源税法和环境保护税法

第一节 资源税法

资源税法,是指国家制定的调整资源税征收与缴纳相关权利及义务关系的法律规范。资源税是对在我国领域和管辖的其他海域开发应税资源的单位和个人课征的一种税,属于对自然资源开发课税的范畴。1984年我国开征资源税时,普遍认为征收资源税主要依据的是受益原则、公平原则和效率原则三方面。从受益方面考虑,资源属国家所有,开采者因开采国有资源而得益,有责任向所有者支付其地租;从公平角度来看,条件公平是有效竞争的前提,资源级差收入的存在影响资源开采者利润的真实性,故级差收入以归政府支配为宜;从效率角度分析,稀缺资源应由社会净效率高的企业来开采,对资源开采中出现的掠夺和浪费行为,国家有权采取经济手段促其转变。

1986年10月1日,《中华人民共和国矿产资源法》施行,该法第五条进一步明确:国家对矿产资源施行有偿开采。开采矿产资源,必须按照国家有关规定缴纳资源税和资源补偿费。1993年全国财税体制改革,对1984年施行的资源税法律制度作了重大修改,形成了第二代资源税制度。1993年12月国务院发布的《资源税暂行条例》及财政部发布的《资源税暂行条例实施细则》,将盐税并到资源税中,并将资源税征收范围扩大为原油、天然气、煤炭、其他非金属矿原矿、黑色金属矿原矿、有色金属矿原矿和盐7种,于1994年1月1日起不再按超额利润征税,而是按矿产品销售量征税,按照"普遍征收、级差调节"的原则,就资源赋税情况、开采条件、资源等级、地理位置等客观条件的差异规定了幅度税额,为每一个课税矿区规定了适用税率。这一规定考虑了资源条件优劣的差别,对级差收益进行了有效调节。

2010年6月1日,在新疆对原油、天然气进行了资源税从价计征改革试点工作;2011年国务院令第605号对《资源税暂行条例》进行了修改,财政部令第66号对《资源税暂行条例实施细则》进行了修订,并自2011年11月1日起施行。2014年12月又对煤炭的资源税由从量计征改为从价计征,取得一定效果。根据党中央、国务院决策部署,2016年全面推进资源税改革。2016年5月,财政部、国家税务总局公布《关于全面推进资源税改革的通知》《关于资源税改革具体政策问题的通知》等,对绝大部分应税产品实行从价计征方式,对经营分散、多为现金交易且难以管控的粘土、砂石,按照便利征管原则，仍实行从量定额计征。同时在河北省试点开征水资源税，采取水资源费改税方式，将地表水和地下水纳入征税范围，实行从量定额计征。2017年12月1日起，水资源税改革试点进一步扩大到北京、天津、山西、内蒙古、山东、河南、四川、陕西、宁夏9个省、自治区、直辖市。

为了贯彻习近平生态文明思想、落实税收法定原则，2019年8月26日第十三届全国人民代表大会常务委员会第十二次会议通过了《中华人民共和国资源税法》（以下简称《资源税法》），并自2020年9月1日起施行。2024年12月1日起，我国全面实施水资源费改税试点。

征收资源税的主要作用如下：（1）促进对自然资源的合理开发利用。通过对开发、利用应税资源的行为课征资源税，从而可以促使纳税人节约、合理地开发和利用自然资源，有利于我国经济可持续发展。（2）为国家筹集财政资金。随着其课征范围的逐渐扩展，资源税的收入规模及其在税收收入总额中所占的比重都相应增加，其财政意义也日渐明显，在为国家筹集财政资金方面发挥着不可忽视的作用。

一、纳税人

资源税的纳税人是指在中华人民共和国领域及管辖的其他海域开发应税资源的单位和个人。应税资源的具体范围，由《资源税法》所附《资源税税目税率表》确定。

资源税规定仅对在中国境内开发应税资源的单位和个人征收，因此，进口的矿产品和盐不征收资源税。由于对进口应税产品不征收资源税，相应地，对出口应税产品也不免征或退还已纳资源税。

纳税人自用应税产品，如果属于应当缴纳资源税的情形，应按规定缴纳资源税。纳税人自用应税产品应当缴纳资源税的情形包括：纳税人以应税产品用于非货币性资产交换、捐赠、偿债、赞助、集资、投资、广告、样品、职工福利、利润分配或者连续生产非应税产品等。纳税人开采或者生产应税产品自用于连续生产应税产品的，不缴纳资源税。如铁原矿用于继续生产铁精粉的，在移送铁原矿时不缴纳资源税；但对于生产非应税产品的，如将铁精粉继续用于冶炼的，应当在移送环节缴纳资源税。

开采海洋或陆上油气资源的中外合作油气田，在2011年11月1日前已签订的合同继续缴纳矿区使用费，不缴纳资源税；合同期满后，依法缴纳资源税。

二、税目与税率

（一）税目

资源税税目包括五大类，在5个税目下面又设有若干个子目。《资源税法》所列的税目有164个。

1. 能源矿产。

（1）原油。

(2) 天然气、页岩气、天然气水合物。

(3) 煤。

(4) 煤成（层）气。

(5) 铀、钍。

(6) 油页岩、油砂、天然沥青、石煤。

(7) 地热。

2. 金属矿产。

(1) 黑色金属，包括铁、锰、铬、钒、钛。

(2) 有色金属，包括铜、铅、锌、锡、镍、锑、镁、钴、铋、汞；铝土矿；钨；钼；金、银；铂、钯、钌、锇、铱、铑；轻稀土；中重稀土；铍、锂、锆、锶、铷、铯、铌、钽、锗、镓、铟、铊、铪、铼、镉、硒、碲。

3. 非金属矿产。

(1) 矿物类，包括高岭土；石灰岩；磷；石墨；萤石、硫铁矿、自然硫；天然石英砂、脉石英、粉石英、水晶、工业用金刚石、冰洲石、蓝晶石、硅线石（矽线石）、长石、滑石、刚玉、菱镁矿、颜料矿物、天然碱、芒硝、钠硝石、明矾石、砷、硼、碘、溴、膨润土、硅藻土、陶瓷土、耐火粘土、铁矾土、凹凸棒石粘土、海泡石粘土、伊利石粘土、累托石粘土；叶蜡石、硅灰石、透辉石、珍珠岩、云母、沸石、重晶石、毒重石、方解石、蛭石、透闪石、工业用电气石、白垩、石棉、蓝石棉、红柱石、石榴子石、石膏；其他粘土（铸型用粘土、砖瓦用粘土、陶粒用粘土、水泥配料用粘土、水泥配料用红土、水泥配料用黄土、水泥配料用泥岩、保温材料用粘土）。

(2) 岩石类，包括大理岩、花岗岩、白云岩、石英岩、砂岩、辉绿岩、安山岩、闪长岩、板岩、玄武岩、片麻岩、角闪岩、页岩、浮石、凝灰岩、黑曜岩、霞石正长岩、蛇纹岩、麦饭石、泥灰岩、含钾岩石、含钾砂页岩、天然油石、橄榄岩、松脂岩、粗面岩、辉长岩、辉石岩、正长岩、火山灰、火山渣、泥炭；砂石。

(3) 宝玉石类，包括宝石、玉石、宝石级金刚石、玛瑙、黄玉、碧玺。

4. 水气矿产。

(1) 二氧化碳气、硫化氢气、氦气、氡气。

(2) 矿泉水。

5. 盐。

(1) 钠盐、钾盐、镁盐、锂盐。

(2) 天然卤水。

(3) 海盐。

上述各税目征税时有的对原矿征税，有的对选矿征税，具体适用的征税对象按照《资源税税目税率表》的规定执行，主要包括以下三类：

(1) 按原矿征税。

(2) 按选矿征税。

(3) 按原矿或者选矿征税。

纳税人以自采原矿（经过采矿过程采出后未进行选矿或者加工的矿石）直接销售，

或者自用于应当缴纳资源税情形的,按照原矿计征资源税。

纳税人以自采原矿洗选加工为选矿产品(通过破碎、切割、洗选、筛分、磨矿、分级、提纯、脱水、干燥等过程形成的产品,包括富集的精矿和研磨成粉、粒级成型、切割成型的原矿加工品)销售,或者将选矿产品自用于应当缴纳资源税情形的,按照选矿产品计征资源税,在原矿移送环节不缴纳资源税。对于无法区分原生岩石矿种的粒级成型砂石颗粒,按照砂石税目征收资源税。

(二) 税率

资源税法按原矿、选矿分别设定税率。对原油、天然气、中重稀土、钨、钼等战略资源实行固定税率,由税法直接确定。其他应税资源实行幅度税率,其具体适用税率由省、自治区、直辖市人民政府统筹考虑该应税资源的品位、开采条件以及对生态环境的影响等情况,在规定的税率幅度内提出,报同级人民代表大会常务委员会决定,并报全国人民代表大会常务委员会和国务院备案。《资源税税目税率表》见表8-1。

表8-1　　　　　　　　　　　资源税税目税率表
(2020年9月1日起执行)

序号	税目			征税对象	税率
1	能源矿产	原油		原矿	6%
2		天然气、页岩气、天然气水合物		原矿	6%
3		煤		原矿或者选矿	2%~10%
4		煤成(层)气		原矿	1%~2%
5		铀、钍		原矿	4%
6		油页岩、油砂、天然沥青、石煤		原矿或者选矿	1%~4%
7		地热		原矿	1%~20%或者每立方米1~30元
8	金属矿产	黑色金属	铁、锰、铬、钒、钛	原矿或者选矿	1%~9%
9		有色金属	铜、铅、锌、锡、镍、锑、镁、钴、铋、汞	原矿或者选矿	2%~10%
10			铝土矿	原矿或者选矿	2%~9%
11			钨	选矿	6.5%
12			钼	选矿	8%
13			金、银	原矿或者选矿	2%~6%
14			铂、钯、钌、锇、铱、铑	原矿或者选矿	5%~10%
15			轻稀土	选矿	7%~12%
16			中重稀土	选矿	20%
17			铍、锂、锆、锶、铷、铯、铌、钽、锗、镓、铟、铊、铪、铼、镉、硒、碲	原矿或者选矿	2%~10%

续表

序号	税目		征税对象	税率
18	非金属矿产	高岭土	原矿或者选矿	1%～6%
19		石灰岩	原矿或者选矿	1%～6%或者每吨（或者每立方米）1～10元
20		磷	原矿或者选矿	3%～8%
21		石墨	原矿或者选矿	3%～12%
22		萤石、硫铁矿、自然硫	原矿或者选矿	1%～8%
23		矿物类：天然石英砂、脉石英、粉石英、水晶、工业用金刚石、冰洲石、蓝晶石、硅线石（矽线石）、长石、滑石、刚玉、菱镁矿、颜料矿物、天然碱、芒硝、钠硝石、明矾石、砷、硼、碘、溴、膨润土、硅藻土、陶瓷土、耐火粘土、铁矾土、凹凸棒石粘土、海泡石粘土、伊利石粘土、累托石粘土	原矿或者选矿	1%～12%
24		叶蜡石、硅灰石、透辉石、珍珠岩、云母、沸石、重晶石、毒重石、方解石、蛭石、透闪石、工业用电气石、白垩、石棉、蓝石棉、红柱石、石榴子石、石膏	原矿或者选矿	2%～12%
25		其他粘土（铸型用粘土、砖瓦用粘土、陶粒用粘土、水泥配料用粘土、水泥配料用红土、水泥配料用黄土、水泥配料用泥岩、保温材料用粘土）	原矿或者选矿	1%～5%或者每吨（或者每立方米）0.1～5元
26		岩石类：大理岩、花岗岩、白云岩、石英岩、砂岩、辉绿岩、安山岩、闪长岩、板岩、玄武岩、片麻岩、角闪岩、页岩、浮石、凝灰岩、黑曜岩、霞石正长岩、蛇纹岩、麦饭石、泥灰岩、含钾岩石、含钾砂页岩、天然油石、橄榄岩、松脂岩、粗面岩、辉长岩、辉石岩、正长岩、火山灰、火山渣、泥炭	原矿或者选矿	1%～10%
27		砂石	原矿或者选矿	1%～5%或者每吨（或者每立方米）0.1～5元
28	宝玉石类	宝石、玉石、宝石级金刚石、玛瑙、黄玉、碧玺	原矿或者选矿	4%～20%
29	水气矿产	二氧化碳气、硫化氢气、氦气、氡气	原矿	2%～5%
30		矿泉水	原矿	1%～20%或者每立方米1～30元
31	盐	钠盐、钾盐、镁盐、锂盐	选矿	3%～15%
32		天然卤水	原矿	3%～15%或者每吨（或者每立方米）1～10元
33		海盐		2%～5%

纳税人开采或者生产不同税目应税产品的，应当分别核算不同税目应税产品的销售额或者销售数量；未分别核算或者不能准确提供不同税目应税产品的销售额或者销售数量的，从高适用税率。

纳税人开采或者生产同一税目下适用不同税率应税产品的，应当分别核算不同税率应税产品的销售额或者销售数量；未分别核算或者不能准确提供不同税率应税产品的销售额或者销售数量的，从高适用税率。

三、计税依据

资源税的计税依据为应税产品的销售额或销售量，各税目的征税对象包括原矿、选矿等。资源税适用从价计征为主、从量计征为辅的征税方式。根据《资源税税目税率表》的规定，地热、石灰岩、其他粘土、砂石、矿泉水和天然卤水可采用从价计征或从量计征的方式，其他应税产品统一适用从价定率征收的方式。

（一）从价定率征收的计税依据

1. 销售额的基本规定。

资源税应税产品（以下简称应税产品）的销售额，按照纳税人销售应税产品向购买方收取的全部价款确定，不包括增值税税款。

计入销售额中的相关运杂费用，凡取得增值税发票或者其他合法有效凭据的，准予从销售额中扣除。相关运杂费用是指应税产品从坑口或者洗选（加工）地到车站、码头或者购买方指定地点的运输费用、建设基金以及随运销产生的装卸、仓储、港杂费用。

2. 特殊情形下销售额的确定。

（1）纳税人申报的应税产品销售额明显偏低且无正当理由的，或者有自用应税产品行为而无销售额的，主管税务机关可以按下列方法和顺序确定其应税产品销售额：

①按纳税人最近时期同类产品的平均销售价格确定。
②按其他纳税人最近时期同类产品的平均销售价格确定。
③按后续加工非应税产品销售价格，减去后续加工环节的成本利润后确定。
④按应税产品组成计税价格确定。

组成计税价格 = 成本 × (1 + 成本利润率) ÷ (1 − 资源税税率)

上述公式中的成本利润率由省、自治区、直辖市税务机关确定。
⑤按其他合理方法确定。

（2）外购应税产品购进金额、购进数量的扣减。

纳税人外购应税产品与自采应税产品混合销售或者混合加工为应税产品销售的，在计算应税产品销售额或者销售数量时，准予扣减外购应税产品的购进金额或者购进数量；当期不足扣减的，可结转下期扣减。纳税人应当准确核算外购应税产品的购进金额或者购进数量，未准确核算的，一并计算缴纳资源税。

纳税人核算并扣减当期外购应税产品购进金额、购进数量，应当依据外购应税产品的增值税发票、海关进口增值税专用缴款书或者其他合法有效凭据。

纳税人以外购原矿与自采原矿混合为原矿销售，或者以外购选矿产品与自产选矿产品混合为选矿产品销售的,在计算应税产品销售额或者销售数量时,直接扣减外购原矿或者外购选矿产品的购进金额或者购进数量。

纳税人以外购原矿与自采原矿混合洗选加工为选矿产品销售的,在计算应税产品销售额或者销售数量时,按照下列方法进行扣减:

$$\begin{array}{c}准予扣减的外购应税产品\\购进金额(数量)\end{array} = \begin{array}{c}外购原矿购进\\金额(数量)\end{array} \times \left(\begin{array}{c}本地区原矿\\适用税率\end{array} \div \begin{array}{c}本地区选矿产品\\适用税率\end{array}\right)$$

不能按照上述方法计算扣减的,按照主管税务机关确定的其他合理方法进行扣减。

例如,某煤炭企业将外购 100 万元原煤与自采 200 万元原煤混合洗选加工为选煤销售,选煤销售额为 450 万元。当地原煤税率为 3%,选煤税率为 2%,在计算应税产品销售额时,准予扣减的外购应税产品购进金额 = 外购原煤购进金额 ×(本地区原煤适用税率 ÷ 本地区选煤适用税率)= 100 ×(3% ÷ 2%)= 150(万元)。

(二)从量定额征收的计税依据

实行从量定额征收的,以应税产品的销售数量为计税依据。应税产品的销售数量,包括纳税人开采或者生产应税产品的实际销售数量和自用于应当缴纳资源税情形的应税产品数量。

四、应纳税额的计算

资源税的应纳税额,按照从价定率或者从量定额的办法,分别以应税产品的销售额乘以纳税人具体适用的比例税率或者以应税产品的销售数量乘以纳税人具体适用的定额税率计算。

(一)从价定率方式应纳税额的计算

实行从价定率方式征收资源税的,根据应税产品的销售额和规定的适用税率计算应纳税额,具体计算公式为:

应纳税额 = 销售额 × 适用税率

▶【例 8-1】某油田 2025 年 2 月销售原油 20 000 吨,开具增值税专用发票取得销售额 10 000 万元、增值税税额 1 300 万元,按资源税法所附《资源税税目税率表》的规定,其适用税率为 6%。计算该油田当月应缴纳的资源税。

销售原油应纳税额 = 10 000 × 6% = 600(万元)

▶【例 8-2】某石化企业为增值税一般纳税人,2025 年 3 月发生以下业务:

(1)从国外某石油公司进口原油 50 000 吨,支付不含税价款折合人民币 9 000 万元,其中包含包装费及保险费折合人民币 10 万元。

(2)开采原油 10 000 吨,并将开采的原油对外销售 6 000 吨,取得不含税销售额 2 340 万元,另外支付运输费用 7.02 万元。

(3)用开采的原油 2 000 吨加工生产汽油 1 300 吨。

要求:计算该石化公司当月应纳资源税。

(1)由于资源税仅对在中国境内开采或生产应税产品的单位和个人征收,因此业务(1)中该石化公司进口原油无须缴纳资源税。

(2)业务(2)应缴纳的资源税 = 2 340 × 6% = 140.4(万元)

(3) 每吨原油的不含税销售价格 = 2 340÷6 000 = 0.39（万元）

业务（3）应缴纳的资源税 = 0.39×2 000×6% = 46.8（万元）

(4) 该石化公司当月应纳资源税 = 140.4 + 46.8 = 187.2（万元）

（二）从量定额方式应纳税额的计算

实行从量定额征收资源税的，根据应税产品的课税数量和规定的单位税额计算应纳税额，具体计算公式为：

应纳税额 = 课税数量×单位税额

▶【例8-3】某砂石开采企业2025年3月销售砂石3 000立方米，资源税税率为2元/立方米。请计算该企业当月应纳资源税税额。

销售砂石应纳税额 = 课税数量×单位税额 = 3 000×2 = 6 000（元）

五、减税、免税项目

（一）免征资源税

有下列情形之一的，免征资源税：

1. 开采原油以及油田范围内运输原油过程中用于加热的原油、天然气。
2. 煤炭开采企业因安全生产需要抽采的煤成（层）气。

（二）减征资源税

有下列情形之一的，减征资源税：

1. 从低丰度油气田开采的原油、天然气减征20%资源税。

陆上低丰度油田是指每平方公里原油可采储量丰度低于25万立方米的油田；陆上低丰度气田是指每平方公里天然气可采储量丰度低于2.5亿立方米的气田。

海上低丰度油田是指每平方公里原油可开采储量丰度低于60万立方米的油田；海上低丰度气田是指每平方公里天然气可开采储量丰度低于6亿立方米的气田。

2. 高含硫天然气、三次采油和从深水油气田开采的原油、天然气，减征30%资源税。

高含硫天然气是指硫化氢含量在每立方米30克以上的天然气。

三次采油是指二次采油后继续以聚合物驱、复合驱、泡沫驱、二氧化碳驱、气水交替驱、微生物驱等方式进行采油。

深水油气田是指水深超过300米的油气田。

3. 稠油、高凝油减征40%资源税。

稠油是指地层原油黏度大于或等于50毫帕/秒，或原油密度大于或等于0.92克/立方厘米的原油。

高凝油是指凝固点高于40℃的原油。

4. 从衰竭期矿山开采的矿产品，减征30%资源税。

衰竭期矿山是指设计开采年限超过15年，且剩余可采储量下降到原设计可采储量的20%以下或者剩余开采年限不超过5年的矿山，衰竭期矿山以开采企业下属的单个矿山为单位确定。

根据国民经济和社会发展的需要，国务院对有利于促进资源节约集约利用、保护环境等情形可以规定免征或者减征资源税，报全国人民代表大会常务委员会备案。

（三）可由省、自治区、直辖市人民政府决定的减税或者免税

有下列情形之一的，省、自治区、直辖市人民政府可以决定减税或者免税：

1. 纳税人开采或者生产应税产品过程中，因意外事故或者自然灾害等原因遭受重大损失的。

2. 纳税人开采共伴生矿、低品位矿、尾矿。

上述两项的免征或者减征的具体办法，由省、自治区、直辖市人民政府提出，报同级人民代表大会常务委员会决定，并报全国人民代表大会常务委员会和国务院备案。

（四）阶段性免税、减税政策

1. 对青藏铁路公司及其所属单位运营期间自采自用的砂、石等材料免征资源税。

2. 为促进页岩气开发利用，有效增加天然气供给，在2027年12月31日之前，对页岩气资源税按6%的规定税率减征30%。

3. 为鼓励煤炭资源集约开采利用，在2027年12月31日之前，对充填开采置换出来的煤炭，资源税减征50%。

4. 自2023年1月1日至2027年12月31日，对增值税小规模纳税人、小型微利企业和个体工商户减半征收资源税（不含水资源税）、城市维护建设税、房产税、城镇土地使用税、印花税（不含证券交易印花税）、耕地占用税和教育费附加、地方教育附加。已依法享受上述税费其他优惠政策的，可叠加享受本项减税政策。

纳税人开采或者生产同一应税产品，其中既有享受减免税政策的，又有不享受减免税政策的，按照免税、减税项目的产量占比等方法分别核算确定免税、减税项目的销售额或者销售数量。

纳税人开采或者生产同一应税产品同时符合两项或者两项以上减征资源税优惠政策的，除另有规定外，只能选择其中一项执行。

纳税人享受资源税优惠政策，实行"自行判别、申报享受、有关资料留存备查"的办理方式，另有规定的除外。纳税人对资源税优惠事项留存材料的真实性和合法性承担法律责任。

六、征收管理

（一）纳税义务发生时间

纳税人销售应税产品，纳税义务发生时间为收讫销售款或者取得索取销售款凭据的当日；自用应税产品的，纳税义务发生时间为移送应税产品的当日。

（二）纳税期限

资源税按月或者按季申报缴纳；不能按固定期限计算缴纳的，可以按次申报缴纳。

纳税人按月或者按季申报缴纳的，应当自月度或者季度终了之日起15日内，向税务机关办理纳税申报并缴纳税款；按次申报缴纳的，应当自纳税义务发生之日起15日内，向税务机关办理纳税申报并缴纳税款。

（三）纳税地点

纳税人应当在矿产品的开采地或者海盐的生产地缴纳资源税。

(四) 征收机关

资源税由税务机关按照《资源税法》和《税收征收管理法》的规定征收管理。海上开采的原油和天然气资源税由海洋石油税务管理机构征收管理。税务机关与自然资源等相关部门应当建立工作配合机制，加强资源税征收管理。

七、水资源税改革试点实施办法

《资源税法》第十四条授权国务院试点征收水资源税。为全面贯彻党的二十大和二十届二中、三中全会精神以及《资源税法》《中华人民共和国水法》有关规定，加强水资源管理和保护，促进水资源节约集约安全利用，财政部、国家税务总局、水利部制定了《水资源税改革试点实施办法》（以下简称《办法》），经国务院同意，自2024年12月1日起全面实施水资源税改革试点，由征收水资源费改为征收水资源税。

(一) 纳税人

除规定情形外，水资源税的纳税人为在中华人民共和国领域直接取用地表水或者地下水的单位和个人。

有下列情形之一的，不缴纳水资源税：

1. 农村集体经济组织及其成员从本集体经济组织的水塘、水库中取用水的。
2. 家庭生活和零星散养、圈养畜禽饮用等少量取用水的。
3. 水工程管理单位为配置或者调度水资源取水的。
4. 为保障矿井等地下工程施工安全和生产安全必须进行临时应急取（排）水的。
5. 为消除对公共安全或者公共利益的危害临时应急取水的。
6. 为农业抗旱和维护生态与环境必须临时应急取水的。

(二) 征税对象

水资源税的征税对象为地表水和地下水，不包括再生水、集蓄雨水、海水及海水淡化水、微咸水等非常规水。

地表水是陆地表面上动态水和静态水的总称，包括江、河、湖泊（含水库、引调水工程等水资源配置工程）等水资源。地下水是指赋存于地表以下的水。

地热、矿泉水和天然卤水按照矿产品征收资源税。

(三) 税率

水资源税的适用税额由各省、自治区、直辖市人民政府统筹考虑本地区水资源状况、经济社会发展水平和水资源节约保护要求，在《办法》所附《各省、自治区、直辖市水资源税最低平均税额表》（见表8-2）规定的最低平均税额基础上，分类确定具体适用税额。

表8-2　　　　各省、自治区、直辖市水资源税最低平均税额表　　　　单位：元/立方米

省（自治区、直辖市）	地表水水资源税最低平均税额	地下水水资源税最低平均税额
北京	1.6	4
天津	0.8	4

续表

省（自治区、直辖市）	地表水水资源税最低平均税额	地下水水资源税最低平均税额
山西	0.5	2
内蒙古		
河北	0.4	1.5
山东		
河南		
陕西	0.3	0.7
宁夏		
辽宁		
吉林		
黑龙江		
江苏	0.2	0.5
浙江		
广东		
云南		
甘肃		
新疆		
四川	0.1	0.2
上海		
安徽		
福建		
江西		
湖北		
湖南		
广西		
海南		
重庆		
贵州		
西藏		
青海		

为发挥水资源税调控作用，按不同取用水性质实行差别税额。同一类型取用水，地下水税额应当高于地表水。对水资源严重短缺和超载地区取用水从高确定税额。对未经批准擅自取用水、取用水量超过许可水量或者取水计划的部分，结合实际适当提高税额。对特种取用水从高确定税额，特种取用水，是指洗车、洗浴、高尔夫球场、滑雪场等取用水。对疏干排水中回收利用的部分和水源热泵取用水，从低确定税额。疏干排水是指在采矿和工程建设过程中破坏地下水层、发生地下涌水的活动；疏干排水中回收利用的

部分，是指将疏干排水进行处理、净化后自用以及供其他单位和个人使用的部分。

水资源税的适用税额是指取水口所在地的适用税额，以下情形除外。

1. 水力发电取用水适用税额最高不得超过每千瓦时 0.008 元。各省、自治区、直辖市确定的水力发电取用水适用税额，原则上不得高于《办法》实施前水资源税（费）征收标准。

2. 跨省（自治区、直辖市）界河水电站水力发电取用水的适用税额，按相关省份中较高一方的水资源税税额标准执行。

纳税人取用水资源适用不同税额的，应当分别计量实际取用水量；未分别计量的，从高适用税额。

（四）应纳税额的计算

水资源税实行从量计征，除规定情形外，应纳税额按实际取用水量征税，计算公式为：

应纳税额 = 实际取用水量 × 适用税额

疏干排水的实际取用水量按照排水量确定。

特殊情形的应纳税额计算有以下三种：

1. 城市公共供水企业应纳税额的计算公式为：

城市公共供水企业应纳税额 = 实际取用水量 × (1 − 公共供水管网合理漏损率) × 适用税额

公共供水管网合理漏损率由各省、自治区、直辖市人民政府确定。城镇公共供水企业缴纳的水资源税不计入自来水价格，在终端综合水价中单列，并可以在增值税计税依据中扣除。

2. 水力发电取用水应纳税额的计算公式为：

水力发电取用水应纳税额 = 实际发电量 × 适用税额

实际发电量以所有发电机组的发电计量之和确定，包括上网电量、综合厂用电量、运输损失电量等。

3. 冷却取用水应纳税额的计算公式为：

冷却取用水应纳税额 = 实际取用（耗）水量 × 适用税额

其中，火力发电冷却取用水可以按照实际发电量或者实际取用（耗）水量计征水资源税，具体计征方式由各省、自治区、直辖市人民政府按照税费平移原则确定。

纳税人通过两个以上取水口取用水的，应当分别计量每一个取水口的实际取用水量并计算应纳税额。纳税人取得取水许可证的，一个取水许可证上有多个取水口信息且适用同一税额标准，并由水行政主管部门合并下达许可水量或取水计划的，可以将该取水许可证上多个取水口的实际取用水量合并计算应纳税额。

（五）税收减免

下列情形，予以免征或者减征水资源税：

1. 规定限额内的农业生产取用水，免征水资源税。农业生产取用水是指种植业、畜牧业、水产养殖业、林业等取用水。

2. 除接入城镇公共供水管网以外，军队、武警部队、国家综合性消防救援队伍通过其他方式取用水的，免征水资源税。

3. 抽水蓄能发电取用水,免征水资源税。

4. 采油(气)排水经分离净化后在封闭管道回注的,免征水资源税。

5. 受县级以上人民政府及有关部门委托进行国土绿化、地下水回灌、河湖生态补水等生态取用水,免征水资源税。

6. 工业用水前一年度用水效率达到国家用水定额先进值的纳税人,本年度相应工业用水部分减征20%水资源税。如水行政主管部门在日常监管中发现纳税人存在无证取水、超许可取水、超计划取水、超采地下水、擅自改变取水用途等违法行为的,纳税人自违法取用水行为发生之月起不得享受优惠政策。

7. 财政部、税务总局规定的其他免征或者减征水资源税情形。

各省、自治区、直辖市人民政府可以根据实际情况,决定免征或者减征超过规定限额的农业生产取用水和主要供农村人口生活用水的集中式饮水工程取用水的水资源税。

纳税人的免税、减税项目,应当单独核算实际取用水量;未单独核算或者不能准确提供实际取用水量的,不予免税和减税。

纳税人享受水资源税优惠政策,实行"自行判别、申报享受、有关资料留存备查"的办理方式。留存备查资料包括与纳税人享受优惠政策有关的取水计量信息、发电量信息等资料。纳税人应当对留存备查资料的真实性、完整性和合法性承担法律责任。纳税人享受生态取用水免征水资源税优惠政策的,还应当将县级以上人民政府及有关部门出具的证明材料留存备查。

(六)征收管理

1. 征管方式。

水资源税收入全部归属地方,纳入一般公共预算管理。水资源税由税务机关依照《税收征收管理法》和《办法》征收管理;水行政主管部门依据水资源管理法律法规和《办法》的有关规定负责取用水监督管理。

纳税人应当按规定安装符合国家计量标准的取水计量设施(器具),并做好取水计量设施(器具)的运行维护、检定或校准、计量质量保证与控制,对其取水计量数据的真实性、准确性、完整性、合法性负责。纳税人应当在申报纳税时,按规定同步将取水计量数据通过取用水管理平台等渠道报送水行政主管部门。

水行政主管部门应当会同有关部门加强取用水计量监管,定期对纳税人取水计量的规范性进行检查,并将检查结果及时告知税务机关。检查发现问题或取水计量设施(器具)安装运行不正常的,水行政主管部门应当及时告知纳税人并督促其尽快整改;检查未发现问题且取水计量设施(器具)安装运行正常的,税务机关按照取水计量数据征收水资源税。

纳税人有下列情形之一的,按照水行政主管部门根据相应工况最大取(排)水能力核定的取水量申报纳税,水行政主管部门应当在纳税申报期结束前向纳税人出具当期取水量核定书;或者按照省级财政、税务、水行政主管部门确定的其他方法核定的取用水量申报纳税:

(1)纳税人未按规定安装取水计量设施(器具)的;

（2）纳税人安装的取水计量设施（器具）经水行政主管部门检查发现问题的；

（3）纳税人安装的取水计量设施（器具）发生故障、损毁，未在水行政主管部门规定期限内更换或修复的；

（4）纳税人安装的取水计量设施（器具）不能准确计量全部取（排）水量的；

（5）纳税人篡改、伪造取水计量数据的；

（6）其他需要核定水量情形的。

水行政主管部门依法依规调整纳税人许可水量和取水计划的，纳税人应当按照调整后的许可水量和取水计划重新计算应纳税额，并办理更正申报。

2. 纳税时间。

水资源税的纳税义务发生时间为纳税人取用水资源的当日。未经批准取用水资源的，水资源税的纳税义务发生时间为水行政主管部门认定的纳税人实际取用水资源的当日。

水资源税按月或者按季申报缴纳，由主管税务机关根据实际情况确定。不能按固定期限计算缴纳的，可以按次申报缴纳。纳税人应当自纳税期满或者纳税义务发生之日起15日内申报纳税。对超过规定限额的农业生产取用水，可按年申报缴纳。纳税人应当自年度终了之日起5个月内申报纳税。

3. 纳税地点。

各省、自治区、直辖市行政区域内取用水的纳税人向取水口所在地的税务机关申报缴纳水资源税，纳税地点确需调整的，由省级财政、税务、水行政主管部门确定。纳税人通过两个以上取水口取用水的，应当分别申报缴纳。纳税人取得取水许可证的，其取水口按照取水许可证载明的取水口信息确定。纳税人未取得取水许可证的，其取水口按照水行政主管部门确定的取水口信息确定。纳税人因取水口较多等原因确存在申报困难的，经省财政、税务、水行政主管部门同意后，可以汇总申报缴纳水资源税。

纳税人取用水工程管理单位跨省（自治区、直辖市）配置、调度的水资源，应当根据调入区域适用税额和实际取用水量，向调入区域所在地的税务机关申报缴纳水资源税。调入区域是指接入水工程管理单位的取水口所在地。

跨省（自治区、直辖市）水力发电取用水的水资源税在相关省份之间的分配比例，按照《财政部关于跨省区水电项目税收分配的指导意见》（财预〔2008〕84号）明确的增值税、企业所得税等税收分配办法确定。国家和相关省份已有明确分配比例的，按照原分配比例执行。纳税人按照规定的分配比例，分别向相关省份主管税务机关申报缴纳水资源税。

4. 协作征税机制。

水行政主管部门应当将取用水单位和个人的取水许可、取水计量数据或取水量核定书信息、违法取水信息、取水计划信息、取水计量检查结果等水资源管理相关信息，定期送交税务机关。税务机关应当依据水行政主管部门交送的取水许可、违法取水等信息进行纳税人识别。

税务机关定期将纳税人申报信息与水行政主管部门送交的信息进行分析比对。发现纳税人申报取用水量数据异常等问题的，可以提请水行政主管部门进行复核。水行政主管部门应当自收到税务机关的数据资料之日起15日内向税务机关出具复核意见。税务机关应当按照水行政主管部门出具的复核意见调整纳税人的应纳税额。

水资源税征收管理过程中发现问题的，由税务机关与水行政主管部门联合进行核查。

第二节 环境保护税法

环境保护税法，是指国家制定的调整环境保护税征收与缴纳相关权利及义务关系的法律规范。现行环境保护税法的基本规范包括 2016 年 12 月 25 日第十二届全国人民代表大会常务委员会第二十五次会议通过的《中华人民共和国环境保护税法》（以下简称《环境保护税法》）、2017 年 12 月 30 日国务院发布的《中华人民共和国环境保护税法实施条例》等。《环境保护税法》自 2018 年 1 月 1 日起正式实施。

环境保护税是对在我国领域以及管辖的其他海域直接向环境排放应税污染物的企业事业单位和其他生产经营者征收的一种税，其立法目的是保护和改善环境，减少污染物排放，推进生态文明建设。环境保护税是我国首个明确以环境保护为目标的独立型环境税税种，有利于解决排污费制度存在的执法刚性不足等问题，有利于提高纳税人环保意识和强化企业治污减排责任。

直接向环境排放应税污染物的企业事业单位和其他生产经营者，除依照《环境保护税法》规定缴纳环境保护税外，应当对所造成的损害依法承担责任。

作为落实生态文明建设的重要税制改革举措而推出的环境保护税，具有以下基本特点：

1. 属于调节型税种。《环境保护税法》第一条规定了环境保护税的立法目的是保护和改善环境，减少污染物排放，推进生态文明建设。环境保护税的首要功能是减少污染排放，而非增加财政收入。

2. 其渊源是排污收费制度。党的十八届三中全会明确要求"推动环境保护费改税"，环境保护税基本平移了原排污费的制度框架，环境保护税于 2018 年 1 月 1 日起开始征收，排污费同时停征。

3. 属于综合型环境税。环境保护税的征税范围包括大气污染物、水污染物、固体废物和噪声四大类，与对单一污染物征收的税种不同，属于综合型环境税。

4. 属于直接排放税。环境保护税的纳税人是在我国领域和管辖的其他海域直接向环境排放应税污染物的企业事业单位和其他生产经营者。

5. 对大气污染物、水污染物规定了幅度定额税率，具体适用税额的确定和调整由省、自治区、直辖市人民政府在规定的税额幅度内提出。对应税污染物规定税率区间可使经济水平、环境目标要求不同的地区在税负设置方面具有一定的灵活性。

6. 采用税务、生态环境部门紧密配合的征收方式。环境保护税采用"纳税人自行申报，税务征收，环保监测，信息共享"的征管方式，税务机关负责征收管理，生态环境主管部门负责对污染物监测管理，征收高度依赖税务、生态环境部门的配合与协作。

7. 收入纳入一般预算收入，全部划归地方。为促进各地保护和改善环境，国务院决定，环境保护税收入全部作为地方收入。

一、纳税人

环境保护税的纳税人是在中华人民共和国领域和中华人民共和国管辖的其他海域直接向环境排放应税污染物的企业事业单位和其他生产经营者。

应税污染物，是指《环境保护税法》所附《环境保护税税目税额表》《应税污染物和当量值表》所规定的大气污染物、水污染物、固体废物和噪声。

有下列情形之一的，不属于直接向环境排放污染物，不缴纳相应污染物的环境保护税：

1. 企业事业单位和其他生产经营者向依法设立的污水集中处理、生活垃圾集中处理场所排放应税污染物的。

2. 企业事业单位和其他生产经营者在符合国家和地方环境保护标准的设施、场所贮存或者处置固体废物的。

3. 达到省级人民政府确定的规模标准并且有污染物排放口的畜禽养殖场，应当依法缴纳环境保护税，但依法对畜禽养殖废弃物进行综合利用和无害化处理的不属于直接向环境排放污染物，不缴纳环境保护税。

二、税目与税率

（一）税目

环境保护税税目包括大气污染物、水污染物、固体废物和噪声四大类。

1. 大气污染物。

大气污染物包括二氧化硫、氮氧化物、一氧化碳、氯气、氯化氢、氟化物、氰化氢、硫酸雾、铬酸雾、汞及其化合物、一般性粉尘、石棉尘、玻璃棉尘、碳黑尘、铅及其化合物、镉及其化合物、铍及其化合物、镍及其化合物、锡及其化合物、烟尘、苯、甲苯、二甲苯、苯并（a）芘、甲醛、乙醛、丙烯醛、甲醇、酚类、沥青烟、苯胺类、氯苯类、硝基苯、丙烯腈、氯乙烯、光气、硫化氢、氨、三甲胺、甲硫醇、甲硫醚、二甲二硫、苯乙烯、二硫化碳，共计44项。环境保护税的征税范围不包括温室气体二氧化碳。

燃烧产生废气中的颗粒物，按照烟尘征收环境保护税。排放的扬尘、工业粉尘等颗粒物，除可以确定为烟尘、石棉尘、玻璃棉尘、炭黑尘的外，按照一般性粉尘征收环境保护税。

2. 水污染物。

水污染物分为两类：第一类水污染物包括总汞、总镉、总铬、六价铬、总砷、总铅、总镍、苯并（a）芘、总铍、总银；第二类水污染物包括悬浮物（SS）、生化需氧量（BOD_5）、化学需氧量（COD_{cr}）、总有机碳（TOC）、石油类、动植物油、挥发酚、总氰化物、硫化物、氨氮、氟化物、甲醛、苯胺类、硝基苯类、阴离子表面活性剂（LAS）、总铜、总锌、总锰、彩色显影剂（CD-2）、总磷、单质磷（以P计）、有机磷农药（以P计）、乐果、甲基对硫磷、马拉硫磷、对硫磷、五氯酚及五氯酚钠（以五氯酚计）、三氯甲烷、可吸附有机卤化物（AOX）（以Cl计）、四氯化碳、三氯乙烯、四氯乙烯、苯、甲苯、乙苯、邻-二甲苯、对-二甲苯、间-二甲苯、氯苯、邻二氯苯、对二氯苯、对硝基氯苯、2,4-二硝基氯苯、苯酚、间-甲酚、2,4-二氯酚、2,4,6-三氯酚、邻苯二甲酸二丁酯、邻苯二甲酸二辛酯、丙烯腈、总硒。应税水污染物共计61项。

3. 固体废物。

固体废物包括煤矸石、尾矿、危险废物、冶炼渣、粉煤灰、炉渣、其他固体废物（含半固态、液态废物）。

4. 噪声。

应税噪声污染目前只包括工业噪声。

（二）税率

环境保护税采用定额税率，其中，对应税大气污染物和水污染物规定了幅度定额税率，具体适用税额的确定和调整由省、自治区、直辖市人民政府统筹考虑本地区环境承载能力、污染物排放现状和经济社会生态发展目标要求，在规定的税额幅度内提出，报同级人民代表大会常务委员会决定，并报全国人民代表大会常务委员会和国务院备案。《环境保护税税目税额表》见表8-3。

表8-3　　　　　　　　　　　环境保护税税目税额表

税目		计税单位	税额	备注
大气污染物		每污染当量	1.2~12元	
水污染物		每污染当量	1.4~14元	
固体废物	煤矸石	每吨	5元	
	尾矿	每吨	15元	
	危险废物	每吨	1 000元	
	冶炼渣、粉煤灰、炉渣、其他固体废物（含半固态、液态废物）	每吨	25元	
噪声	工业噪声	超标1~3分贝	每月350元	1. 一个单位边界上有多处噪声超标，根据最高一处超标声级计算应纳税额；当沿边界长度超过100米有两处以上噪声超标，按照两个单位计算应纳税额。 2. 一个单位有不同地点作业场所的，应当分别计算应纳税额，合并计征。 3. 昼、夜均超标的环境噪声，昼、夜分别计算应纳税额，累计计征。 4. 声源一个月内超标不足15天的，减半计算应纳税额。 5. 夜间频繁突发和夜间偶然突发厂界超标噪声，按等效声级和峰值噪声两种指标中超标分贝值高的一项计算应纳税额
		超标4~6分贝	每月700元	
		超标7~9分贝	每月1 400元	
		超标10~12分贝	每月2 800元	
		超标13~15分贝	每月5 600元	
		超标16分贝以上	每月11 200元	

三、计税依据

（一）计税依据确定的基本方法

应税污染物的计税依据，按照下列方法确定：（1）应税大气污染物按照污染物排放量折合的污染当量数确定；（2）应税水污染物按照污染物排放量折合的污染当量数确定；（3）应税固体废物按照固体废物的排放量确定；（4）应税噪声按照超过国家规定标准的分贝数确定。

1. 应税大气污染物、水污染物按照污染物排放量折合的污染当量数确定计税依据。

污染当量数以该污染物的排放量除以该污染物的污染当量值计算。计算公式为：

$$\text{应税大气污染物、水污染物的污染当量数} = \text{该污染物的排放量} \div \text{该污染物的污染当量值}$$

污染当量，是指根据污染物或者污染排放活动对环境的有害程度以及处理的技术经济性，衡量不同污染物对环境污染的综合性指标或者计量单位。同一介质相同污染当量的不同污染物，其污染程度基本相当。每种应税大气污染物、水污染物的具体污染当量值，依照《环境保护税法》所附《应税污染物和当量值表》执行（见表8－4至表8－8）。

应税水污染物中，色度的污染当量数，以污水排放量乘以色度超标倍数再除以适用的污染当量值计算。畜禽养殖业水污染物的污染当量数，以该畜禽养殖场的月均存栏量除以适用的污染当量值计算。畜禽养殖场的月均存栏量按照月初存栏量和月末存栏量的平均数计算。

表8－4　　　　　　　　　　大气污染物污染当量值

污染物	污染当量值（千克）	污染物	污染当量值（千克）
1. 二氧化硫	0.95	23. 二甲苯	0.27
2. 氮氧化物	0.95	24. 苯并（a）芘	0.000002
3. 一氧化碳	16.7	25. 甲醛	0.09
4. 氯气	0.34	26. 乙醛	0.45
5. 氯化氢	10.75	27. 丙烯醛	0.06
6. 氟化物	0.87	28. 甲醇	0.67
7. 氰化氢	0.005	29. 酚类	0.35
8. 硫酸雾	0.6	30. 沥青烟	0.19
9. 铬酸雾	0.0007	31. 苯胺类	0.21
10. 汞及其化合物	0.0001	32. 氯苯类	0.72
11. 一般性粉尘	4	33. 硝基苯	0.17
12. 石棉尘	0.53	34. 丙烯腈	0.22
13. 玻璃棉尘	2.13	35. 氯乙烯	0.55
14. 碳黑尘	0.59	36. 光气	0.04
15. 铅及其化合物	0.02	37. 硫化氢	0.29
16. 镉及其化合物	0.03	38. 氨	9.09
17. 铍及其化合物	0.0004	39. 三甲胺	0.32
18. 镍及其化合物	0.13	40. 甲硫醇	0.04
19. 锡及其化合物	0.27	41. 甲硫醚	0.28
20. 烟尘	2.18	42. 二甲二硫	0.28
21. 苯	0.05	43. 苯乙烯	25
22. 甲苯	0.18	44. 二硫化碳	20

表 8 – 5　　　　　　　　　　　第一类水污染物污染当量值

污染物	污染当量值（千克）
1. 总汞	0.0005
2. 总镉	0.005
3. 总铬	0.04
4. 六价铬	0.02
5. 总砷	0.02
6. 总铅	0.025
7. 总镍	0.025
8. 苯并（a）芘	0.0000003
9. 总铍	0.01
10. 总银	0.02

表 8 – 6　　　　　　　　　　　第二类水污染物污染当量值

污染物	污染当量值（千克）
11. 悬浮物（SS）	4
12. 生化需氧量（BOD_5）	0.5
13. 化学需氧量（CODcr）	1
14. 总有机碳（TOC）	0.49
15. 石油类	0.1
16. 动植物油	0.16
17. 挥发酚	0.08
18. 总氰化物	0.05
19. 硫化物	0.125
20. 氨氮	0.8
21. 氟化物	0.5
22. 甲醛	0.125
23. 苯胺类	0.2
24. 硝基苯类	0.2
25. 阴离子表面活性剂（LAS）	0.2
26. 总铜	0.1
27. 总锌	0.2
28. 总锰	0.2
29. 彩色显影剂（CD – 2）	0.2
30. 总磷	0.25
31. 元素磷（以 P 计）	0.05
32. 有机磷农药（以 P 计）	0.05
33. 乐果	0.05
34. 甲基对硫磷	0.05
35. 马拉硫磷	0.05

续表

污染物	污染当量值（千克）
36. 对硫磷	0.05
37. 五氯酚及五氯酚钠（以五氯酚计）	0.25
38. 三氯甲烷	0.04
39. 可吸附有机卤化物（AOX）（以 Cl 计）	0.25
40. 四氯化碳	0.04
41. 三氯乙烯	0.04
42. 四氯乙烯	0.04
43. 苯	0.02
44. 甲苯	0.02
45. 乙苯	0.02
46. 邻－二甲苯	0.02
47. 对－二甲苯	0.02
48. 间－二甲苯	0.02
49. 氯苯	0.02
50. 邻二氯苯	0.02
51. 对二氯苯	0.02
52. 对硝基氯苯	0.02
53. 2,4－二硝基氯苯	0.02
54. 苯酚	0.02
55. 间－甲酚	0.02
56. 2,4－二氯酚	0.02
57. 2,4,6－三氯酚	0.02
58. 邻苯二甲酸二丁酯	0.02
59. 邻苯二甲酸二辛酯	0.02
60. 丙烯腈	0.125
61. 总硒	0.02

注：（1）第一、第二类污染物的分类依据为《污水综合排放标准》（GB8978—1996）。
（2）同一排放口中的化学需氧量、生化需氧量和总有机碳，只征收一项。

表8－7　　　　pH 值、色度、大肠菌群数、余氯量污染当量值

污染物		污染当量值	备注
1. pH 值	（1）0~1, 13~14 （2）1~2, 12~13 （3）2~3, 11~12 （4）3~4, 10~11 （5）4~5, 9~10 （6）5~6	0.06 吨污水 0.125 吨污水 0.25 吨污水 0.5 吨污水 1 吨污水 5 吨污水	pH 值5~6 指大于等于5，小于6；pH 值9~10 指大于9，小于等于10，其余类推
2. 色度		5 吨水·倍	
3. 大肠菌群数（超标）		3.3 吨污水	大肠菌群数和余氯量只征收一项
4. 余氯量（用氯消毒的医院废水）		3.3 吨污水	

表8-8　　　　　禽畜养殖业、小型企业和第三产业水污染物污染当量值

类型		污染当量值
禽畜养殖场	1. 牛	0.1 头
	2. 猪	1 头
	3. 鸡、鸭等家禽	30 羽
4. 小型企业		1.8 吨污水
5. 饮食娱乐服务业		0.5 吨污水
6. 医院	消毒	0.14 床
		2.8 吨污水
	不消毒	0.07 床
		1.4 吨污水

注：（1）本表仅适用于计算无法进行实际监测或物料衡算的禽畜养殖业、小型企业和第三产业等小型排污者的污染当量数。

（2）仅对存栏规模大于50头牛，500头猪，5 000羽鸡、鸭等的禽畜养殖场征收。

（3）医院病床数大于20张的按本表计算污染当量。

每一排放口或者没有排放口的应税大气污染物，按照污染当量数从大到小排序，对前三项污染物征收环境保护税。每一排放口的应税水污染物，按照《环境保护税法》所附《应税污染物和当量值表》，区分第一类水污染物和其他类水污染物，按照污染当量数从大到小排序，对第一类水污染物按照前五项征收环境保护税，对其他类水污染物按照前三项征收环境保护税。

省、自治区、直辖市人民政府根据本地区污染物减排的特殊需要，可以增加同一排放口征收环境保护税的应税污染物项目数，报同级人民代表大会常务委员会决定，并报全国人民代表大会常务委员会和国务院备案。

纳税人有下列情形之一的，以其当期应税大气污染物、水污染物的产生量作为污染物的排放量：

（1）未依法安装使用污染物自动监测设备或者未将污染物自动监测设备与环境保护主管部门的监控设备联网。

（2）损毁或者擅自移动、改变污染物自动监测设备。

（3）篡改、伪造污染物监测数据。

（4）通过暗管、渗井、渗坑、灌注或者稀释排放以及不正常运行防治污染设施等方式违法排放应税污染物。

（5）进行虚假纳税申报。

▶【例8-4】某企业2025年3月向水体直接排放第一类水污染物总汞10千克，根据第一类水污染物污染当量值表，总汞的污染当量值为0.0005千克，其污染当量数=10÷0.0005=20 000。

2. 应税固体废物按照固体废物的排放量确定计税依据。

固体废物的排放量为当期应税固体废物的产生量减去当期应税固体废物的贮存量、处置量、综合利用量的余额。其中，固体废物的贮存量、处置量，是指在符合国家和地

方环境保护标准的设施、场所贮存或者处置的固体废物数量;固体废物的综合利用量,是指按照国务院发展改革、工业和信息化主管部门关于资源综合利用要求以及国家和地方环境保护标准进行综合利用的固体废物数量。计算公式为:

$$\text{固体废物的排放量} = \text{当期固体废物的产生量} - \text{当期固体废物的综合利用量} - \text{当期固体废物的贮存量} - \text{当期固体废物的处置量}$$

纳税人应当准确计量应税固体废物的贮存量、处置量和综合利用量,未准确计量的,不得从其应税固体废物的产生量中减去。纳税人依法将应税固体废物转移至其他单位和个人进行贮存、处置或者综合利用的,固体废物的转移量相应计入其当期应税固体废物的贮存量、处置量或者综合利用量;纳税人接收的应税固体废物转移量,不计入其当期应税固体废物的产生量。纳税人对应税固体废物进行综合利用的,应当符合工业和信息化部制定的工业固体废物综合利用评价管理规范。

纳税人有下列情形之一的,以其当期应税固体废物的产生量作为固体废物的排放量:
(1)非法倾倒应税固体废物。
(2)进行虚假纳税申报。

3. 应税噪声按照超过国家规定标准的分贝数确定计税依据。

工业噪声按照超过国家规定标准的分贝数确定每月税额,超过国家规定标准的分贝数是指实际产生的工业噪声与国家规定的工业噪声排放标准限值之间的差值。

(二)应税大气污染物、水污染物、固体废物的排放量和噪声分贝数的确定方法

应税大气污染物、水污染物、固体废物的排放量和噪声的分贝数,按照下列方法和顺序计算:

1. 纳税人安装使用符合国家规定和监测规范的污染物自动监测设备的,按照污染物自动监测数据计算。

2. 纳税人未安装使用污染物自动监测设备的,按照监测机构出具的符合国家有关规定和监测规范的监测数据计算。

3. 因排放污染物种类多等原因不具备监测条件的,按照国务院生态环境主管部门规定的排污系数、物料衡算方法计算。

属于排污许可管理的排污单位,适用生态环境部发布的排污许可证申请与核发技术规范中规定的排(产)污系数、物料衡算方法计算应税污染物排放量;排污许可证申请与核发技术规范未规定相关排(产)污系数的,适用生态环境部发布的排放源统计调查制度规定的排(产)污系数方法计算应税污染物排放量。

不属于排污许可管理的排污单位,适用生态环境部发布的排放源统计调查制度规定的排(产)污系数方法计算应税污染物排放量。

4. 不能按照上述方法计算的,按照省、自治区、直辖市人民政府生态环境主管部门规定的抽样测算的方法核定计算。

纳税人采用委托监测方式,在规定监测时限内当月无监测数据的,可以沿用最近一次的监测数据计算应税污染物排放量,但不得跨季度沿用监测数据。纳税人采用监测机构出具的监测数据申报减免环境保护税的,应当取得申报当月的监测数据;当月无监测数据的,不予减免环境保护税。生态环境主管部门、计量主管部门发现委托监测数据失真或者弄虚作假的，税务机关应当按照同一纳税期内的监督性监测数据或者排污系数、物料衡算方法计算应税污染物排放量。

在建筑施工、货物装卸和堆存过程中无组织排放应税大气污染物的，按照生态环境部规定的排污系数、物料衡算方法计算应税污染物排放量；不能按照生态环境部规定的排污系数、物料衡算方法计算的，按照省、自治区、直辖市生态环境主管部门规定的抽样测算的方法核定计算应税污染物排放量。

四、应纳税额的计算

（一）大气污染物应纳税额的计算

应税大气污染物应纳税额为污染当量数乘以具体适用税额。计算公式为：

大气污染物的应纳税额＝污染当量数×适用税额

▶【例8-5】某企业2025年3月向大气直接排放二氧化硫、氟化物各100千克，一氧化碳200千克、氯化氢80千克，假设当地大气污染物每污染当量税额1.2元，该企业只有一个排放口。其应纳税额计算如下：

第一步：计算各污染物的污染当量数。

污染当量数＝该污染物的排放量÷该污染物的污染当量值

据此计算各污染物的污染当量数为：

二氧化硫污染当量数＝100÷0.95＝105.26

氟化物污染当量数＝100÷0.87＝114.94

一氧化碳污染当量数＝200÷16.7＝11.98

氯化氢污染当量数＝80÷10.75＝7.44

第二步：按污染当量数排序。

氟化物污染当量数（114.94）＞二氧化硫污染当量数（105.26）＞一氧化碳污染当量数（11.98）＞氯化氢污染当量数（7.44）

该企业只有一个排放口，排序选取计税前三项污染物为：氟化物、二氧化硫、一氧化碳。

第三步：计算应纳税额。

应纳税额＝（114.94＋105.26＋11.98）×1.2＝278.62（元）

（二）水污染物应纳税额的计算

应税水污染物的应纳税额为污染当量数乘以具体适用税额。

1. 适用监测数据法的水污染物应纳税额的计算。

适用监测数据法的水污染物（包括第一类水污染物和第二类水污染物）的应纳税额为污染当量数乘以具体适用税额。计算公式为：

水污染物的应纳税额＝污染当量数×适用税额

▶【例8-6】甲化工厂是环境保护税纳税人，该厂仅有1个污水排放口且直接向河流排放污水，已安装使用符合国家规定和监测规范的污染物自动监测设备。监测数据显示，该排放口2025年2月共排放污水6万吨（折合6万立方米），应税污染物为六价铬，浓度为0.5毫克/升。请计算该化工厂2月应缴纳的环境保护税（该厂所在省的水污染物税率为2.8元/污染当量，六价铬的污染当量值为0.02千克）。

计算过程如下:

(1) 计算污染当量数:

六价铬污染当量数 = 排放总量 × 浓度值 ÷ 当量值
$$= 60\,000\,000 \times 0.5 \div 1\,000\,000 \div 0.02 = 1\,500$$

(2) 应纳税额 = 1 500 × 2.8 = 4 200（元）

2. 适用抽样测算法的水污染物应纳税额的计算。

适用抽样测算法的情形，纳税人按照《环境保护税法》所附《禽畜养殖业、小型企业和第三产业水污染物污染当量值》所规定的当量值计算污染当量数。

(1) 规模化禽畜养殖业排放的水污染物应纳税额。

禽畜养殖业的水污染物应纳税额为污染当量数乘以具体适用税额。其污染当量数以禽畜养殖数量除以污染当量值计算。

▶【例8-7】某养殖场，2025年2月养牛存栏量为500头，污染当量值为0.1头，假设当地水污染物适用税额为每污染当量2.8元，当月应纳环境保护税税额计算如下:

水污染物当量数 = 500 ÷ 0.1 = 5 000

应纳税额 = 5 000 × 2.8 = 14 000（元）

(2) 小型企业和第三产业排放的水污染物应纳税额。

小型企业和第三产业的水污染物应纳税额为污染当量数乘以具体适用税额。其污染当量数以污水排放量（吨）除以污染当量值（吨）计算。计算公式为:

应纳税额 = 污水排放量（吨）÷ 污染当量值（吨）× 适用税额

▶【例8-8】某餐饮公司，通过安装水流量计测得2025年2月排放污水量为60吨，污染当量值为0.5吨。假设当地水污染物适用税额为每污染当量2.8元，当月应纳环境保护税税额计算如下:

水污染物当量数 = 60 ÷ 0.5 = 120

应纳税额 = 120 × 2.8 = 336（元）

(3) 医院排放的水污染物应纳税额。

医院排放的水污染物应纳税额为污染当量数乘以具体适用税额。其污染当量数以病床数或者污水排放量除以相应的污染当量值计算。计算公式为:

应纳税额 = 医院床位数 ÷ 污染当量值 × 适用税额

或：应纳税额 = 污水排放量 ÷ 污染当量值 × 适用税额

▶【例8-9】某县医院，床位56张，每月按时消毒，无法计量月污水排放量，污染当量值为0.14床，假设当地水污染物适用税额为每污染当量2.8元，当月应纳环境保护税税额计算如下:

水污染物当量数 = 56 ÷ 0.14 = 400

应纳税额 = 400 × 2.8 = 1 120（元）

（三）固体废物应纳税额的计算

固体废物的应纳税额为固体废物排放量乘以具体适用税额，其排放量为当期应税固体废物的产生量减去当期应税固体废物的贮存量、处置量、综合利用量的余额。计算公式为:

固体废物的应纳税额=(当期固体废物的产生量-当期固体废物的综合利用量
-当期固体废物的贮存量-当期固体废物的处置量)
×适用税额

▶【例8-10】假设某企业2025年3月产生尾矿1 000吨,其中综合利用的尾矿300吨(符合国家相关规定),在符合国家和地方环境保护标准的设施贮存300吨。请计算该企业当月尾矿应缴纳的环境保护税。

环境保护税应纳税额=(1 000-300-300)×15=6 000(元)

(四)噪声应纳税额的计算

应税噪声的应纳税额为超过国家规定标准的分贝数对应的具体适用税额。

▶【例8-11】假设某工业企业只有一个生产场所,只在昼间生产,边界处声环境功能区类型为1类,生产时产生噪声为60分贝,《工业企业厂界环境噪声排放标准》规定1类功能区昼间的噪声排放限值为55分贝,当月超标天数为18天。请计算该企业当月噪声污染应缴纳的环境保护税。

超标分贝数=60-55=5(分贝)

根据《环境保护税税目税额表》,可得出该企业当月噪声污染应缴纳环境保护税为700元。

五、税收减免

(一)暂免征税项目

下列情形,暂予免征环境保护税:

1. 农业生产(不包括规模化养殖)排放应税污染物的。
2. 机动车、铁路机车、非道路移动机械、船舶和航空器等流动污染源排放应税污染物的。
3. 依法设立的城乡污水集中处理、生活垃圾集中处理场所排放相应应税污染物,不超过国家和地方规定的排放标准的。依法设立的生活垃圾焚烧发电厂、生活垃圾填埋场、生活垃圾堆肥厂,属于生活垃圾集中处理场所,其排放应税污染物不超过国家和地方规定的排放标准的,依法予以免征环境保护税。
4. 纳税人综合利用的固体废物,符合国家和地方环境保护标准的。
5. 国务院批准免税的其他情形。

(二)减征税额项目

1. 纳税人排放应税大气污染物或者水污染物的浓度值低于国家和地方规定的污染物排放标准30%的,减按75%征收环境保护税。
2. 纳税人排放应税大气污染物或者水污染物的浓度值低于国家和地方规定的污染物排放标准50%的,减按50%征收环境保护税。

纳税人任何一个排放口排放应税大气污染物、水污染物的浓度值,以及没有排放口排放应税大气污染物的浓度值,超过国家和地方规定的污染物排放标准的,依法不予减征环境保护税。

六、征收管理

(一) 征管方式

环境保护税采用"企业申报、税务征收、环保协同、信息共享"的征管方式。纳税人应当依法如实办理纳税申报，对申报的真实性和完整性承担责任；税务机关依照《税收征收管理法》和《环境保护税法》的有关规定征收管理；生态环境主管部门依照《环境保护税法》和有关环境保护法律法规的规定对污染物监测管理；县级以上地方人民政府应当建立税务机关、生态环境主管部门和其他相关单位分工协作工作机制；生态环境主管部门和税务机关应当建立涉税信息共享平台和工作配合机制，定期交换有关纳税信息资料。

(二) 数据传递和比对

生态环境主管部门应当将排污单位的排污许可、污染物排放数据、环境违法和受行政处罚情况等环境保护相关信息，定期交送税务机关。

税务机关应当将纳税人的纳税申报、税款入库、减免税额、欠缴税款以及风险疑点等环境保护税涉税信息，定期交送生态环境主管部门。

税务机关应当将纳税人的纳税申报数据资料与生态环境主管部门交送的相关数据资料进行比对。纳税人申报的污染物排放数据与生态环境主管部门交送的相关数据不一致的，按照生态环境主管部门交送的数据确定应税污染物的计税依据。

(三) 复核

税务机关发现纳税人的纳税申报数据资料异常或者纳税人未按照规定期限办理纳税申报的，可以提请生态环境主管部门进行复核，生态环境主管部门应当自收到税务机关的数据资料之日起15日内向税务机关出具复核意见。税务机关应当按照生态环境主管部门复核的数据资料调整纳税人的应纳税额。

纳税人的纳税申报数据资料异常，包括但不限于下列情形：

1. 纳税人当期申报的应税污染物排放量与上一年同期相比明显偏低，且无正当理由。
2. 纳税人单位产品污染物排放量与同类型纳税人相比明显偏低，且无正当理由。

(四) 纳税时间

环境保护税纳税义务发生时间为纳税人排放应税污染物的当日。环境保护税按月计算，按季申报缴纳。不能按固定期限计算缴纳的，可以按次申报缴纳。

纳税人按季申报缴纳的，应当自季度终了之日起15日内，向税务机关办理纳税申报并缴纳税款。纳税人按次申报缴纳的，应当自纳税义务发生之日起15日内，向税务机关办理纳税申报并缴纳税款。纳税人申报缴纳时，应当向税务机关报送所排放应税污染物的种类、数量，大气污染物、水污染物的浓度值，以及税务机关根据实际需要要求纳税人报送的其他纳税资料。

(五) 纳税地点

纳税人应当向应税污染物排放地的税务机关申报缴纳环境保护税。应税污染物排放地，是指应税大气污染物、水污染物排放口所在地；应税固体废物产生地；应税噪声产生地。

纳税人跨区域排放应税污染物，税务机关对税收征收管辖有争议的，由争议各方按照有利于征收管理的原则协商解决。

纳税人从事海洋工程向中华人民共和国管辖海域排放应税大气污染物、水污染物或者固体废物，申报缴纳环境保护税的具体办法，由国务院税务主管部门会同国务院海洋主管部门规定。

七、海洋工程环境保护税申报征收办法

为规范海洋工程环境保护税征收管理，根据《环境保护税法》《税收征收管理法》及《中华人民共和国海洋环境保护法》，制定《海洋工程环境保护税申报征收办法》（以下简称《办法》）。

（一）适用范围

《办法》适用于在中华人民共和国内水、领海、毗连区、专属经济区、大陆架以及中华人民共和国管辖的其他海域内从事海洋石油、天然气勘探开发生产等作业活动，并向海洋环境排放应税污染物的企业事业单位和其他生产经营者（以下简称纳税人）。《办法》所称应税污染物，是指大气污染物、水污染物和固体废物。

（二）计税依据

纳税人排放应税污染物，按照下列方法计征环境保护税：

1. 大气污染物。对向海洋环境排放大气污染物的，按照每一排放口或者没有排放口的应税污染物排放量折合的污染当量数从大到小排序后的前三项污染物计征。

2. 水污染物。对向海洋水体排放生产污水和机舱污水、钻井泥浆（包括水基泥浆和无毒复合泥浆，下同）和钻屑及生活污水的，按照应税污染物排放量折合的污染当量数计征。其中，生产污水和机舱污水，按照生产污水和机舱污水中石油类污染物排放量折合的污染当量数计征；钻井泥浆和钻屑按照泥浆和钻屑中石油类、总镉、总汞的污染物排放量折合的污染当量数计征；生活污水按照生活污水中化学需氧量（CODcr）排放量折合的污染当量数计征。

纳税人应当使用符合国家环境监测、计量认证规定和技术规范的污染物流量自动监控仪器对大气污染物和水污染物的排放进行计量，其计量数据作为应税污染物排放数量的依据。

从事海洋石油勘探开发生产的纳税人，应当按规定对生产污水和机舱污水的含油量进行检测，并使用化学需氧量（CODcr）自动检测仪对生活污水的化学需氧量（CODcr）进行检测。其检测值作为计算应税污染物排放量的依据。

纳税人应当留取钻井泥浆和钻屑的排放样品，按规定定期进行污染物含量检测，其检测值作为计算应税污染物排放量的依据。

3. 固体废物。对向海洋水体排放生活垃圾的，按照排放量计征。

纳税人对生活垃圾排放量应当建立台账管理，留存备查。

（三）适用税额

海洋工程环境保护税的具体适用税额按照负责征收环境保护税的海洋石油税务（收）管理分局所在地适用的税额标准执行。

生活垃圾按照环境保护税法"其他固体废物"税额标准执行。

（四）应纳税额的计算

海洋工程环境保护税应纳税额按照下列方法计算：

1. 应税大气污染物的应纳税额为污染当量数乘以具体适用税额。
2. 应税水污染物的应纳税额为污染当量数乘以具体适用税额。
3. 应税固体废物的应纳税额为固体废物排放量乘以具体适用税额。

（五）征收管理

海洋工程环境保护税由纳税人所属海洋石油税务（收）管理分局负责征收。纳税人同属两个海洋石油税务（收）管理分局管理的，由国家税务总局确定征收机关。

海洋工程环境保护税实行按月计算，按季申报缴纳。纳税人应当自季度终了之日起15日内，向税务机关办理纳税申报并缴纳税款。

不能按固定期限计算缴纳的，可以按次申报缴纳。纳税人应当自纳税义务发生之日起15日内，向税务机关办理纳税申报并缴纳税款。

纳税人应根据排污许可有关规定，向税务机关如实填报纳税人及排放应税污染物的基本信息。纳税人基本信息发生变更的，应及时到税务机关办理变更手续。

纳税人应当按照税收征收管理有关规定，妥善保存应税污染物的监测资料以及税务机关要求留存备查的其他涉税资料。

海洋行政主管部门和税务机关应当建立涉税信息共享和协作机制。海洋行政主管部门应当将纳税人的基本信息、污染物排放数据、污染物样品检测校验结果、处理处罚等海洋工程环境保护涉税信息，定期交送税务机关。税务机关应当将纳税人的纳税申报数据、异常申报情况等环境保护税涉税信息，定期交送海洋行政主管部门。

国家海洋行政主管部门应当建立健全污染物监测规范，加强应税污染物排放的监测管理。

纳税人运回陆域处理的海洋工程应税污染物，应当按照《环境保护税法》及其相关规定，向污染物排放地税务机关申报缴纳环境保护税。

第九章　城镇土地使用税法和耕地占用税法

第一节　城镇土地使用税法

城镇土地使用税法，是指国家制定的调整城镇土地使用税征收与缴纳权利及义务关系的法律规范。现行城镇土地使用税法的基本规范，是2006年12月31日国务院修改并颁布的《中华人民共和国城镇土地使用税暂行条例》（以下简称《城镇土地使用税暂行条例》），2019年3月2日作了第四次修订。

城镇土地使用税是以城市、县城、建制镇、工矿区内的国家所有和集体所有的土地为征税对象，对拥有土地使用权的单位和个人征收的一种税。征收城镇土地使用税有利于促进土地的合理使用，调节土地级差收入，也有利于筹集地方财政资金。

一、纳税人与征税范围

（一）纳税人

在城市、县城、建制镇、工矿区范围内使用土地的单位和个人，为城镇土地使用税的纳税人。

上述所称单位，包括国有企业、集体企业、私营企业、股份制企业、外商投资企业、外国企业以及其他企业和事业单位、社会团体、国家机关、军队以及其他单位；所称个人，包括个体工商户以及其他个人。

城镇土地使用税的纳税人通常包括以下几类：

1. 拥有土地使用权的单位和个人。
2. 拥有土地使用权的单位和个人不在土地所在地的，其土地的实际使用人和代管人为纳税人。
3. 土地使用权未确定或权属纠纷未解决的，其实际使用人为纳税人。
4. 土地使用权共有的，共有各方都是纳税人，由共有各方分别纳税。
5. 在城镇土地使用税征税范围内，承租集体所有建设用地的，由直接从集体经济组织承租土地的单位和个人，缴纳城镇土地使用税。

几个人或几个单位共同拥有一块土地的使用权，这块土地的城镇土地使用税的纳税人应是对这块土地拥有使用权的每一个人或每一个单位。他们应以其实际使用的土地面积占总面积的比例，分别计算缴纳土地使用税。例如，某城市的甲与乙共同拥有一块土地的使用权，这块土地面积为1 500平方米，甲实际使用1/3，乙实际使用2/3，则甲应是其所占的500平方米（1 500×1/3）土地的城镇土地使用税的纳税人，乙是其所占的1 000平方米（1 500×2/3）土地的城镇土地使用税的纳税人。

（二）征税范围

城镇土地使用税的征税范围，包括在城市、县城、建制镇和工矿区内的国家所有和集体所有的土地。

上述城市、县城、建制镇和工矿区分别按以下标准确认：

1. 城市是指经国务院批准设立的市。
2. 县城是指县人民政府所在地。
3. 建制镇是指经省、自治区、直辖市人民政府批准设立的建制镇。
4. 工矿区是指工商业比较发达，人口比较集中，符合国务院规定的建制镇标准，但尚未设立镇建制的大中型工矿企业所在地，工矿区须经省、自治区、直辖市人民政府批准。

上述城镇土地使用税的征税范围中，城市的土地包括市区和郊区的土地，县城的土地是指县人民政府所在地的城镇的土地，建制镇的土地是指镇人民政府所在地的土地。具体征税范围由省、自治区、直辖市人民政府确定。

建立在城市、县城、建制镇和工矿区以外的企业不需要缴纳城镇土地使用税。

二、税率、计税依据和应纳税额的计算

（一）税率

城镇土地使用税采用定额税率，即采用有幅度的差别税额，按大、中、小城市和县城、建制镇、工矿区分别规定每平方米城镇土地使用税年应纳税额。具体标准如下：

1. 大城市1.5~30元。
2. 中等城市1.2~24元。
3. 小城市0.9~18元。
4. 县城、建制镇、工矿区0.6~12元。

大、中、小城市以公安部门登记在册的非农业正式户口人数为依据，按照国务院颁布的《中华人民共和国城市规划法》中规定的标准划分。人口在50万人以上者为大城市；人口在20万~50万人者为中等城市；人口在20万人以下者为小城市。城镇土地使用税税率见表9-1。

表9-1　　　　　　　　　城镇土地使用税税率

级别	人口（人）	每平方米税额（元）
大城市	50万以上	1.5~30
中等城市	20万~50万	1.2~24
小城市	20万以下	0.9~18
县城、建制镇、工矿区		0.6~12

各省、自治区、直辖市人民政府可根据市政建设情况和经济繁荣程度等条件在规定

税额幅度内,确定所辖地区的适用税额幅度。经济落后地区,城镇土地使用税的适用税额标准可适当降低,但降低额不得超过上述规定最低税额的30%。经济发达地区的适用税额标准可以适当提高,但须报财政部批准。

城镇土地使用税规定幅度税额主要考虑到我国各地区存在着悬殊的土地级差收益,同一地区内不同地段的市政建设情况和经济繁荣程度也有较大的差别。把城镇土地使用税税额定为幅度税额,拉开档次,而且每个幅度税额的差距规定为20倍。这样,各地政府在划分本辖区不同地段的等级,确定适用税额时,有选择余地,便于具体操作。幅度税额还可以调节不同地区、不同地段之间的土地级差收益,尽可能地平衡税负。

(二) 计税依据

城镇土地使用税以纳税人实际占用的土地面积为计税依据,土地面积计量标准为平方米。税务机关根据纳税人实际占用的土地面积,按照规定的税额计算应纳税额,向纳税人征收城镇土地使用税。

纳税人实际占用的土地面积按下列办法确定:

1. 由省、自治区、直辖市人民政府确定的单位组织测定土地面积的,以测定的面积为准。

2. 尚未组织测定,但纳税人持有政府部门核发的土地使用证书的,以证书确认的土地面积为准。

3. 尚未核发土地使用证书的,应由纳税人据实申报土地面积,并据以纳税,待核发土地使用证书以后再作调整。

4. 对在城镇土地使用税征税范围内单独建造的地下建筑用地,按规定征收城镇土地使用税。其中,已取得地下土地使用权证的,按土地使用权证确认的土地面积计算应征税款;未取得地下土地使用权证或地下土地使用权证上未标明土地面积的,按地下建筑垂直投影面积计算应征税款。

对上述地下建筑用地暂按应征税款的50%征收城镇土地使用税。

(三) 应纳税额的计算方法

城镇土地使用税的应纳税额可以通过纳税人实际占用的土地面积乘以该土地所在地段的适用税额求得。其计算公式为:

全年应纳税额 = 实际占用应税土地面积(平方米) × 适用税额

▶【例9-1】设在某城市的一家企业使用土地面积为10 000平方米,经税务机关核定,该土地为应税土地,每平方米年税额为4元。请计算其全年应纳的城镇土地使用税税额。

全年应纳税额 = 10 000 × 4 = 40 000(元)

三、税收优惠

(一) 税法及有关文件规定的免征城镇土地使用税优惠

1. 国家机关、人民团体、军队自用的土地。

上述土地是指这些单位本身的办公用地和公务用地。如国家机关、人民团体的办公楼用地,军队的训练场用地等。

2. 由国家财政部门拨付事业经费的单位自用的土地。

上述土地是指这些单位本身的业务用地。如学校的教学楼、操场、食堂等占用的土地。

3. 宗教寺庙、公园、名胜古迹自用的土地。

宗教寺庙自用的土地，是指举行宗教仪式等的用地和寺庙内的宗教人员生活用地。

公园、名胜古迹自用的土地，是指供公共参观游览的用地及其管理单位的办公用地。

以上单位的生产、经营用地和其他用地，不属于免税范围，应按规定缴纳城镇土地使用税，如公园、名胜古迹中附设的营业单位如影剧院、饮食部、茶社、照相馆等使用的土地。

4. 市政街道、广场、绿化地带等公共用地。

5. 直接用于农、林、牧、渔业的生产用地。

上述土地是指直接从事于种植养殖、饲养的专业用地，不包括农副产品加工场地和生活办公用地。

6. 经批准开山填海整治的土地和改造的废弃土地，从使用的月份起免征城镇土地使用税 5~10 年。

具体免税期限由各省、自治区、直辖市税务局在《城镇土地使用税暂行条例》规定的期限内自行确定。

7. 对非营利性医疗机构、疾病控制机构和妇幼保健机构等卫生机构和非营利性科研机构自用的土地，免征城镇土地使用税。

8. 对国家拨付事业经费和企业办的各类学校，托儿所，幼儿园自用的土地，免征城镇土地使用税。

9. 免税单位无偿使用纳税单位的土地（如公安、海关等单位使用铁路、民航等单位的土地），免征城镇土地使用税。纳税单位无偿使用免税单位的土地，纳税单位应照章缴纳城镇土地使用税。纳税单位与免税单位共同使用、共有使用权土地上的多层建筑，对纳税单位可按其占用的建筑面积占建筑总面积的比例计征城镇土地使用税。

10. 对棚户区改造安置住房建设用地免征城镇土地使用税。在商品住房等开发项目中配套建造安置住房的，依据政府部门出具的相关材料、房屋征收（拆迁）补偿协议或棚户区改造合同（协议），按改造安置住房建筑面积占总建筑面积的比例免征城镇土地使用税。

11. 对保障性住房项目建设用地免征城镇土地使用税。在商品住房等开发项目中配套建造保障性住房的，依据政府部门出具的相关材料，可按保障性住房建筑面积占总建筑面积的比例免征城镇土地使用税。

12. 截至 2025 年 12 月 31 日前，对公租房建设期间用地及公租房建成后占地，免征城镇土地使用税。在其他住房项目中配套建设公租房，按公租房建筑面积占总建筑面积的比例免征建设、管理公租房涉及的城镇土地使用税。

享受上述税收优惠政策的公租房是指纳入省、自治区、直辖市、计划单列市人民政府及新疆生产建设兵团批准的公租房发展规划和年度计划，或者市、县人民政府批准建设（筹集），并按照《关于加快发展公共租赁住房的指导意见》（建保〔2010〕87 号）和市、县人民政府制定的具体管理办法进行管理的公租房。

13. 为了体现国家的产业政策，支持重点产业的发展，对石油、电力、煤炭等能源用地，民用港口、铁路等交通用地和水利设施用地，盐业、采石场、邮电等一些特殊用地划分了征免税界限和给予政策性减免税照顾。具体规定如下：

（1）对石油天然气生产建设中用于地质勘探、钻井、井下作业、油气田地面工程等施工临时用地，石油天然气生产企业厂区以外的铁路专用线、公路及输油（气、水）管道用地，油气长输管线用地，暂免征收城镇土地使用税。

（2）对企业的铁路专用线、公路等用地，在厂区以外、与社会公用地段未加隔离的，暂免征收城镇土地使用税。

（3）对企业厂区以外的公共绿化用地和向社会开放的公园用地，暂免征收城镇土地使用税；对企业厂区（包括生产、办公及生活区）以内的绿化用地，应照章征收城镇土地使用税。

（4）对盐场的盐滩、盐矿的矿井用地，暂免征收城镇土地使用税。

（5）对核电站的核岛、常规岛、辅助厂房和通讯设施用地（不包括地下线路用地），生活、办公用地按规定征收城镇土地使用税，其他用地免征城镇土地使用税。对核电站应税土地在基建期内减半征收城镇土地使用税。

14. 自 2023 年 1 月 1 日起至 2027 年 12 月 31 日止，对物流企业自有（包括自用和出租）或承租的大宗商品仓储设施用地，减按所属土地等级适用税额标准的 50% 计征城镇土地使用税。

所称物流企业，是指至少从事仓储或运输一种经营业务，为工农业生产、流通、进出口和居民生活提供仓储、配送等第三方物流服务，实行独立核算、独立承担民事责任，并在工商部门注册登记为物流、仓储或运输的专业物流企业。所称大宗商品仓储设施，是指同一仓储设施占地面积在 6 000 平方米及以上，且主要储存粮食、棉花、油料、糖料、蔬菜、水果、肉类、水产品、化肥、农药、种子、饲料等农产品和农业生产资料，煤炭、焦炭、矿砂、非金属矿产品、原油、成品油、化工原料、木材、橡胶、纸浆及纸制品、钢材、水泥、有色金属、建材、塑料、纺织原料等矿产品和工业原材料的仓储设施。所称仓储设施用地，包括仓库库区内的各类仓房（含配送中心）、油罐（池）、货场、晒场（堆场）、罩棚等储存设施和铁路专用线、码头、道路、装卸搬运区域等物流作业配套设施的用地。

物流企业的办公、生活区用地及其他非直接用于大宗商品仓储的土地，不属于本项规定的减税范围，应按规定征收城镇土地使用税。

15. 自 2024 年 1 月 1 日起至 2027 年 12 月 31 日止，对国家级、省级科技企业孵化器、大学科技园和国家备案众创空间自用以及无偿或通过出租等方式提供给在孵对象使用的土地，免征城镇土地使用税。在孵对象是指符合国家级、省级认定和管理办法规定的孵化企业、创业团队和个人。

16. 截至 2027 年 12 月 31 日前，对农产品批发市场、农贸市场（包括自有和承租，下同）专门用于经营农产品的土地，暂免征收城镇土地使用税。对同时经营其他产品的农产品批发市场和农贸市场使用的土地，按其他产品与农产品交易场地面积的比例确定征免城镇土地使用税。

农产品批发市场和农贸市场，是指经办理经营主体登记，供买卖双方进行农产品及其初加工品现货批发或零售交易的场所。农产品包括粮油、肉禽蛋、蔬菜、干鲜果品、水产品、调味品、棉麻、活畜、可食用的林产品以及由省、自治区、直辖市财税部门确定的其他可食用的农产品。

享受上述税收优惠的土地，是指农产品批发市场、农贸市场直接为农产品交易提供服务的土地。农产品批发市场、农贸市场的行政办公区、生活区，以及商业餐饮娱乐等非直接为农产品交易提供服务的土地，不属于规定的优惠范围，应按规定征收城镇土地使用税。

17. 截至2027年12月31日前，对城市公交站场、道路客运站场、城市轨道交通系统运营用地，免征城镇土地使用税。

城市公交站场、道路客运站场，是指经县级以上（含县级）人民政府交通运输主管部门等批准建设的，为公众及旅客、运输经营者提供站务服务的场所。城市公交站场运营用地，包括城市公交首末车站、停车场、保养场、站场办公用地、生产辅助用地。道路客运站场运营用地，包括站前广场、停车场、发车位、站务用地、站场办公用地、生产辅助用地。

城市轨道交通系统，是指依规定批准建设的，采用专用轨道导向运行的城市公共客运交通系统，包括地铁系统、轻轨系统、单轨系统、有轨电车、磁浮系统、自动导向轨道系统、市域快速轨道系统，不包括旅游景区等单位内部为特定人群服务的轨道系统。城市轨道交通系统运营用地，包括车站（含出入口、通道、公共配套及附属设施）、运营控制中心、车辆基地（含单独的综合维修中心、车辆段）以及线路用地，不包括购物中心、商铺等商业设施用地。

纳税人享受上述减、免税政策，应按规定进行减、免税申报，并将不动产权属证明、土地用途证明等资料留存备查。

（二）省、自治区、直辖市税务局确定的城镇土地使用税减免优惠

1. 个人所有的居住房屋及院落用地。
2. 房产管理部门在房租调整改革前经租的居民住房用地。
3. 免税单位职工家属的宿舍用地。
4. 集体和个人办的各类学校、医院、托儿所、幼儿园用地。
5. 安置残疾人就业单位的用地。

四、征收管理

（一）纳税期限

城镇土地使用税实行按年计算、分期缴纳的征收方法，具体纳税期限由省、自治区、直辖市人民政府确定。

（二）纳税义务发生时间

1. 纳税人购置新建商品房，自房屋交付使用之次月起，缴纳城镇土地使用税。
2. 纳税人购置存量房，自办理房屋权属转移、变更登记手续，房地产权属登记机关签发房屋权属证书之次月起，缴纳城镇土地使用税。
3. 纳税人出租、出借房产，自交付出租、出借房产之次月起，缴纳城镇土地使

用税。

4. 以出让或转让方式有偿取得土地使用权的，应由受让方从合同约定交付土地时间之次月起缴纳城镇土地使用税；合同未约定交付土地时间的，由受让方从合同签订之次月起缴纳城镇土地使用税。

5. 纳税人新征收的耕地，自批准征收之日起满1年时开始缴纳城镇土地使用税。

6. 纳税人新征收的非耕地，自批准征收次月起缴纳城镇土地使用税。

7. 自2009年1月1日起，纳税人因土地的权利发生变化而依法终止城镇土地使用税纳税义务的，其应纳税款的计算应截止到土地权利发生变化的当月末。

（三）纳税地点和征收机构

城镇土地使用税在土地所在地缴纳。

纳税人使用的土地不属于同一省、自治区、直辖市管辖的，由纳税人分别向土地所在地的税务机关缴纳城镇土地使用税；在同一省、自治区、直辖市管辖范围内，纳税人跨地区使用的土地，其纳税地点由各省、自治区、直辖市税务局确定。

城镇土地使用税由土地所在地的税务机关征收，其收入纳入地方财政预算管理。土地管理机关应当向土地所在地的税务机关提供土地使用权属资料。

（四）纳税申报

城镇土地使用税的纳税人应按照规定及时办理纳税申报，并如实填写《财产和行为税纳税申报表》（参见第六章中表6-1）及相应的税源明细表。

第二节 耕地占用税法

耕地占用税法，是指国家制定的调整耕地占用税征收与缴纳权利及义务关系的法律规范。现行耕地占用税法的基本规范，是2018年12月29日第十三届全国人民代表大会常务委员会第七次会议通过的《中华人民共和国耕地占用税法》（以下简称《耕地占用税法》）。

耕地占用税是对占用耕地建房或从事其他非农业建设的单位和个人，就其实际占用的耕地面积征收的一种税，它属于对特定土地资源占用课税。耕地是土地资源中最重要的组成部分，是农业生产最基本的生产资料。但我国人口众多，耕地资源相对较少，要用占世界总量7%的耕地，养活占世界总量22%的人口，人多地少的矛盾十分突出。为了遏制并逐步改变这种状况，政府决定开征耕地占用税，运用税收经济杠杆与法律、行政等手段相配合，以便有效地保护耕地。通过开征耕地占用税，使那些占用耕地建房及从事其他非农业建设的单位和个人承担必要的经济责任，有利于政府运用税收经济杠杆调节他们的经济利益，引导他们节约、合理地使用耕地资源。这对于保护国土资源，促进农业可持续发展，以及强化耕地管理，保护农民的切身利益等，都具有十分重要的意义。

一、纳税人与征税范围

(一) 纳税人

耕地占用税的纳税人是指在中华人民共和国境内占用耕地建设建筑物、构筑物或者从事非农业建设的单位和个人。

经批准占用耕地的,纳税人为农用地转用审批文件中标明的建设用地人;农用地转用审批文件中未标明建设用地人的,纳税人为用地申请人,其中用地申请人为各级人民政府的,由同级土地储备中心、自然资源主管部门或政府委托的其他部门、单位履行耕地占用税申报纳税义务。

未经批准占用耕地的,纳税人为实际用地人。

占用耕地建设农田水利设施的,不缴纳耕地占用税。

(二) 征税范围

耕地占用税的征税范围包括纳税人占用耕地建设建筑物、构筑物或者从事非农业建设的国家所有和集体所有的耕地。

所称耕地,是指用于种植农作物的土地。

1. 园地,包括果园、茶园、橡胶园、其他园地。

上述其他园地包括种植桑树、可可、咖啡、油棕、胡椒、药材等其他多年生作物的园地。

2. 林地,包括乔木林地、竹林地、红树林地、森林沼泽、灌木林地、灌丛沼泽、其他林地,不包括城镇村庄范围内的绿化林木用地,铁路、公路征地范围内的林木用地,以及河流、沟渠的护堤林用地。

上述其他林地包括疏林地、未成林地、迹地、苗圃等林地。

3. 草地,包括天然牧草地、沼泽草地、人工牧草地,以及用于农业生产并已由相关行政主管部门发放使用权证的草地。

4. 农田水利用地,包括农田排灌沟渠及相应附属设施用地。

5. 养殖水面,包括人工开挖或者天然形成的用于水产养殖的河流水面、湖泊水面、水库水面、坑塘水面及相应附属设施用地。

6. 渔业水域滩涂,包括专门用于种植或者养殖水生动植物的海水潮浸地带和滩地,以及用于种植芦苇并定期进行人工养护管理的苇田。

7. 建设直接为农业生产服务的生产设施占用上述农用地的,不征收耕地占用税。直接为农业生产服务的生产设施,是指直接为农业生产服务而建设的建筑物和构筑物。具体包括:储存农用机具和种子、苗木、木材等农业产品的仓储设施;培育、生产种子、种苗的设施;畜禽养殖设施;木材集材道、运材道;农业科研、试验、示范基地;野生动植物保护、护林、森林病虫害防治、森林防火、木材检疫的设施;专为农业生产服务的灌溉排水、供水、供电、供热、供气、通信基础设施;农业生产者从事农业生产必需的食宿和管理设施;其他直接为农业生产服务的生产设施。

8. 因挖损、采矿塌陷、压占、污染等损毁耕地属于税法所称的非农业建设。

二、税率、计税依据和应纳税额的计算

(一) 税率

考虑到我国不同地区之间耕地资源、经济发展水平的差别以及与此相关的税收调节力度和纳税人负担能力方面的差别，耕地占用税在税率设计上采用了地区差别定额税率。税率具体标准如下：

1. 人均耕地不超过1亩的地区（以县、自治县、不设区的市、市辖区为单位，下同），每平方米为10~50元。
2. 人均耕地超过1亩但不超过2亩的地区，每平方米为8~40元。
3. 人均耕地超过2亩但不超过3亩的地区，每平方米为6~30元。
4. 人均耕地超过3亩的地区，每平方米为5~25元。

各地区耕地占用税的适用税额，由省、自治区、直辖市人民政府根据人均耕地面积和经济发展等情况，在规定的税额幅度内提出，报同级人民代表大会常务委员会决定，并报全国人民代表大会常务委员会和国务院备案。各省、自治区、直辖市耕地占用税适用税额的平均水平，不得低于《各省、自治区、直辖市耕地占用税平均税额表》规定的平均税额（见表9-2）。

表9-2　　各省、自治区、直辖市耕地占用税平均税额表　　单位：元/平方米

省、自治区、直辖市	平均税额
上海	45
北京	40
天津	35
江苏、浙江、福建、广东	30
辽宁、湖北、湖南	25
河北、安徽、江西、山东、河南、重庆、四川	22.5
广西、海南、贵州、云南、陕西	20
山西、吉林、黑龙江	17.5
内蒙古、西藏、甘肃、青海、宁夏、新疆	12.5

在人均耕地低于0.5亩的地区，省、自治区、直辖市可以根据当地经济发展情况，适当提高耕地占用税的适用税额，但提高的部分不得超过确定的适用税额的50%。具体适用税额按照规定程序确定。

占用基本农田的，应当按照当地适用税额，加按150%征收。基本农田，是指依据《基本农田保护条例》划定的基本农田保护区范围内的耕地。

(二) 计税依据

耕地占用税以纳税人实际占用的属于耕地占用税征税范围的土地（以下简称应税土地）面积为计税依据，按应税土地当地适用税额计税，实行一次性征收。

实际占用的耕地面积,包括经批准占用的耕地面积和未经批准占用的耕地面积。

纳税人因建设项目施工或者地质勘查临时占用耕地,应当依照规定缴纳耕地占用税。临时占用耕地,是指经自然资源主管部门批准,在一般不超过2年内临时使用耕地并且没有修建永久性建筑物的行为。

(三) 应纳税额计算

耕地占用税以纳税人实际占用的耕地面积为计税依据,按照规定的适用税额一次性征收,应纳税额为纳税人实际占用的应税土地面积(平方米)乘以适用税额。其计算公式为:

应纳税额 = 应税土地面积 × 适用税额

加按150%征收耕地占用税的计算公式为:

应纳税额 = 应税土地面积 × 适用税额 × 150%

应税土地面积包括经批准占用面积和未经批准占用面积,以平方米为单位。适用税额是指省、自治区、直辖市人民代表大会常务委员会决定的应税土地所在地的现行适用税额。

▶【例9-2】假设某市一家企业新占用20 000平方米耕地用于工业建设,所占耕地适用的定额税率为20元/平方米。计算该企业应纳的耕地占用税。

应纳税额 = 20 000 × 20 = 400 000(元)

三、税收优惠和征收管理

耕地占用税对占用耕地实行一次性征收,对生产经营单位和个人不设立减免税,仅对公益性单位和需照顾群体设立减免税。

(一) 免征耕地占用税

1. 军事设施占用耕地。

免税的军事设施,具体范围为《中华人民共和国军事设施保护法》第二条所列建筑物、场地和设备。具体包括:指挥机关,地面和地下的指挥工程、作战工程;军用机场、港口、码头;营区、训练场、试验场;军用洞库、仓库;军用信息基础设施,军用侦察、导航、观测台站,军用测量、导航、助航标志;军用公路、铁路专用线,军用输电线路,军用输油、输水、输气管道;边防、海防管控设施;国务院和中央军事委员会规定的其他军事设施。

2. 学校、幼儿园、社会福利机构、医疗机构占用耕地。

免税的学校,具体范围包括县级以上人民政府教育行政部门批准成立的大学、中学、小学、学历性职业教育学校和特殊教育学校,以及经省级人民政府或其人力资源社会保障行政部门批准成立的技工院校。学校内经营性场所和教职工住房占用耕地的,按照当地适用税额缴纳耕地占用税。

免税的幼儿园,具体范围限于县级以上人民政府教育行政部门批准成立的幼儿园内专门用于幼儿保育、教育的场所。

免税的社会福利机构,具体范围限于依法登记的养老服务机构、残疾人服务机构、儿童福利机构、救助管理机构、未成年人救助保护机构内，专门为老年人、残疾人、未成年人及生活无着落的流浪乞讨人员提供养护、康复、托管等服务的场所。

免税的医疗机构，具体范围限于县级以上人民政府卫生健康行政部门批准设立的医疗机构内专门从事疾病诊断、治疗活动的场所及其配套设施。医疗机构内职工住房占用耕地的，按照当地适用税额缴纳耕地占用税。

3. 农村烈士遗属、因公牺牲军人遗属、残疾军人以及符合农村最低生活保障条件的农村居民，在规定用地标准以内新建自用住宅，免征耕地占用税。

(二) 减征耕地占用税

1. 铁路线路、公路线路、飞机场跑道、停机坪、港口、航道、水利工程占用耕地，减按每平方米 2 元的税额征收耕地占用税。

减税的铁路线路，具体范围限于铁路路基、桥梁、涵洞、隧道及其按照规定两侧留地、防火隔离带。专用铁路和铁路专用线占用耕地的，按照当地适用税额缴纳耕地占用税。

减税的公路线路，具体范围限于经批准建设的国道、省道、县道、乡道和属于农村公路的村道的主体工程以及两侧边沟或者截水沟。专用公路和城区内机动车道占用耕地的，按照当地适用税额缴纳耕地占用税。

减税的飞机场跑道、停机坪，具体范围限于经批准建设的民用机场专门用于民用航空器起降、滑行、停放的场所。

减税的港口，具体范围限于经批准建设的港口内供船舶进出、停靠以及旅客上下、货物装卸的场所。

减税的航道，具体范围限于在江、河、湖泊、港湾等水域内供船舶安全航行的通道。

减税的水利工程，具体范围限于经县级以上人民政府水利行政主管部门批准建设的防洪、排涝、灌溉、引（供）水、滩涂治理、水土保持、水资源保护等各类工程及其配套和附属工程的建筑物、构筑物占压地和经批准的管理范围用地。

2. 农村居民在规定用地标准以内占用耕地新建自用住宅，按照当地适用税额减半征收耕地占用税；其中农村居民经批准搬迁，新建自用住宅占用耕地不超过原宅基地面积的部分，免征耕地占用税。

纳税人改变原占地用途，不再属于免征或减征情形的，应自改变用途之日起 30 日内申报补缴税款，补缴税款按改变用途的实际占用耕地面积和改变用途时当地适用税额计算。

(三) 征收管理

1. 纳税义务发生时间。

耕地占用税由税务机关负责征收。耕地占用税的纳税义务发生时间为纳税人收到自然资源主管部门办理占用耕地手续的书面通知的当日。纳税人应当自纳税义务发生之日起 30 日内申报缴纳耕地占用税。

纳税人改变原占地用途，需要补缴耕地占用税的，其纳税义务发生时间为改变用途当日，具体为：经批准改变用途的，纳税义务发生时间为纳税人收到批准文件的当日；未经批准改变用途的，纳税义务发生时间为自然资源主管部门认定纳税人改变原占地用途的当日。

未经批准占用耕地的，耕地占用税纳税义务发生时间为自然资源主管部门认定的纳税人实际占用耕地的当日。

因挖损、采矿塌陷、压占、污染等损毁耕地的纳税义务发生时间为自然资源、农业农村等相关部门认定损毁耕地的当日。

纳税人占地类型、占地面积和占地时间等纳税申报数据材料以自然资源等相关部门提供的相关材料为准；未提供相关材料或者材料信息不完整的，经主管税务机关提出申请，由自然资源等相关部门自收到申请之日起30日内出具认定意见。

2. 纳税申报。

（1）纳税人占用耕地，应当在耕地所在地申报纳税。

（2）纳税人的纳税申报数据资料异常或者纳税人未按照规定期限申报纳税的，包括下列情形：

①纳税人改变原占地用途，不再属于免征或者减征耕地占用税情形，未按照规定进行申报的。

②纳税人已申请用地但尚未获得批准先行占地开工，未按照规定进行申报的。

③纳税人实际占用耕地面积大于批准占用耕地面积，未按照规定进行申报的。

④纳税人未履行报批程序擅自占用耕地，未按照规定进行申报的。

⑤其他应提请相关部门复核的情形。

（3）在农用地转用环节，用地申请人能证明建设用地人符合税法规定的免税情形的，免征用地申请人的耕地占用税；在供地环节，建设用地人使用耕地用途符合税法规定的免税情形的，由用地申请人和建设用地人共同申请，按退税管理的规定退还用地申请人已经缴纳的耕地占用税。

（4）纳税人因建设项目施工或者地质勘查临时占用耕地，在批准临时占用耕地期满之日起1年内依法复垦，恢复种植条件的，全额退还已经缴纳的耕地占用税。因挖损、采矿塌陷、压占、污染等损毁耕地，自自然资源、农业农村等相关部门认定损毁耕地之日起3年内依法复垦或修复，恢复种植条件的，可按规定办理退税。

依法复垦应由自然资源主管部门会同有关行业管理部门认定并出具验收合格确认书。

（5）县级以上地方人民政府自然资源、农业农村、水利、生态环境等相关部门向税务机关提供的农用地转用、临时占地等信息，包括农用地转用信息、城市和村庄集镇按批次建设用地转而未供信息、经批准临时占地信息、改变原占地用途信息、未批先占农用地查处信息、土地损毁信息、土壤污染信息、土地复垦信息、草场使用和渔业养殖权证发放信息等。

各省、自治区、直辖市人民政府应当建立健全本地区跨部门耕地占用税部门协作和信息交换工作机制。

（6）耕地占用税的征收管理，依照《耕地占用税法》和《税收征收管理法》的规定执行。

纳税人、税务机关及其工作人员违反规定的，依照《税收征收管理法》和有关法律法规的规定追究法律责任。

（7）纳税人应按照规定及时办理纳税申报，并如实填写《财产和行为税纳税申报表》（参见第六章中表6-1）及相应的税源明细表。

第十章　房产税法、契税法和土地增值税法

第一节　房产税法

房产税法，是指国家制定的调整房产税征收与缴纳之间权利及义务关系的法律规范。现行房产税法的基本规范，是1986年9月15日国务院颁布的《中华人民共和国房产税暂行条例》（以下简称《房产税暂行条例》）。2011年1月8日国务院令第588号《国务院关于废止和修改部分行政法规的规定》对部分条款进行修改。

征收房产税有利于地方政府筹集财政收入，也有利于加强房产管理。

一、纳税人与征税范围

（一）纳税人

房产税是以房屋为征税对象，按照房屋的计税余值或租金收入，向产权所有人征收的一种财产税。房产税以在征税范围内的房屋产权所有人为纳税人。其中：

1. 产权属国家所有的，由经营管理单位纳税；产权属集体和个人所有的，由集体单位和个人纳税。

所称单位，包括国有企业、集体企业、私营企业、股份制企业、外商投资企业、外国企业以及其他企业和事业单位、社会团体、国家机关、军队以及其他单位；所称个人，包括个体工商户以及其他个人。

2. 产权出典的，由承典人纳税。所谓产权出典，是指产权所有人将房屋、生产资料等的产权，在一定期限内典当给他人使用，而取得资金的一种融资业务。这种业务大多发生于出典人急需用款，但又想保留产权回赎权的情况。承典人向出典人交付一定的典价之后，在质典期内即获抵押物品的支配权，并可转典。产权的典价一般要低于卖价。出典人在规定期间内须归还典价的本金和利息，方可赎回出典房屋等的产权。由于在房屋出典期间，产权所有人已无权支配房屋，因此，税法规定由对房屋具有支配权的承典人为纳税人。

3. 产权所有人、承典人不在房屋所在地的，或者产权未确定及租典纠纷未解决的，由房产代管人或者使用人纳税。

所谓租典纠纷，是指产权所有人在房产出典和租赁关系上，与承典人、租赁人发生

各种争议,特别是权利和义务的争议悬而未决的。此外还有一些产权归属不清的问题,也都属于租典纠纷。对租典纠纷尚未解决的房产,规定由代管人或使用人为纳税人,主要目的在于加强征收管理,保证房产税及时入库。

4. 无租使用其他房产的问题。无租使用其他单位房产的应税单位和个人,依照房产余值代缴纳房产税。

(二) 征税范围

房产税以房产为征税对象。所谓房产,是指有屋面和围护结构(有墙或两边有柱),能够遮风避雨,可供人们在其中生产、学习、工作、娱乐、居住或储藏物资的场所。房地产开发企业建造的商品房,在出售前,不征收房产税;但对出售前房地产开发企业已使用或出租、出借的商品房应按规定征收房产税。

房产税的征税范围为城市、县城、建制镇和工矿区。具体规定如下:

1. 城市是指国务院批准设立的市。
2. 县城是指未设立建制镇的县人民政府所在地的地区。
3. 建制镇是指经省、自治区、直辖市人民政府批准设立的建制镇。
4. 工矿区是指工商业比较发达、人口比较集中、符合国务院规定的建制镇标准,但尚未设立建制镇的大中型工矿企业所在地。开征房产税的工矿区须经省、自治区、直辖市人民政府批准。

二、税率、计税依据和应纳税额的计算

(一) 税率

我国现行房产税采用的是比例税率。依其计税依据不同,房产税的税率分为两种:一种是依照房产原值一次减除10%~30%后的余值计算缴纳,税率为1.2%;另一种是依照房产出租的租金收入计算缴纳,税率为12%。自2008年3月1日起,对个人出租住房,不区分用途,均按4%的税率征收房产税。对企事业单位、社会团体以及其他组织向个人、专业化规模化住房租赁企业出租住房的,减按4%的税率征收房产税。

(二) 计税依据

房产税的计税依据是房产的计税余值或房产的租金收入。按照房产计税余值征税的,称为从价计征;按照房产租金收入计征的,称为从租计征。

1. 从价计征。

《房产税暂行条例》规定,从价计征房产税的计税余值,是指依照税法规定按房产原值一次减除10%~30%损耗价值以后的余值。具体减除幅度由当地省、自治区、直辖市人民政府确定。

(1) 房产原值,是指纳税人按照会计制度规定,在会计核算账簿"固定资产"科目中记载的房屋原价。因此,凡按会计制度规定在账簿中记载有房屋原价的,应以房屋原价按规定减除一定比例后作为房产余值计征房产税;没有记载房屋原价的,按照上述原则,并参照同类房屋确定房产原值,按规定计征房产税。

值得注意的是自 2009 年 1 月 1 日起，对依照房产原值计税的房产，不论是否记载在会计账簿固定资产科目中，均应按照房屋原价计算缴纳房产税。房屋原价应根据国家有关会计制度规定进行核算。对纳税人未按国家会计制度规定核算并记载的，应按规定予以调整或重新评估。

自 2010 年 12 月 21 日起，对按照房产原值计税的房产，无论会计上如何核算，房产原值均应包含地价，包括为取得土地使用权支付的价款、开发土地发生的成本费用等。宗地容积率低于 0.5 的，按房产建筑面积的 2 倍计算土地面积并据此确定计入房产原值的地价。

（2）房产原值应包括与房屋不可分割的各种附属设备或一般不单独计算价值的配套设施。主要有：暖气、卫生、通风、照明、煤气等设备；各种管线，如蒸汽、压缩空气、石油、给水排水等管道及电力、电信、电缆导线；电梯、升降机、过道、晒台等。属于房屋附属设备的水管、下水道、暖气管、煤气管等应从最近的探视井或三通管起，计算原值；电灯网、照明线从进线盒连接管起，计算原值。

自 2006 年 1 月 1 日起，为了维持和增加房屋的使用功能或使房屋满足设计要求，凡以房屋为载体，不可随意移动的附属设备和配套设施，如给排水、采暖、消防、中央空调、电气及智能化楼宇设备等，无论在会计核算中是否单独记账与核算，都应计入房产原值，计征房产税。对于更换房屋附属设备和配套设施的，在将其价值计入房产原值时，可扣减原来相应设备和设施的价值；对附属设备和配套设施中易损坏、需要经常更换的零配件，更新后不再计入房产原值。

（3）纳税人对原有房屋进行改建、扩建的，要相应增加房屋的原值。此外，关于房产税的从价计征和从租计征，还应注意以下几个问题：

①对投资联营的房产，在计征房产税时应予以区别对待。对于以房产投资联营、投资者参与投资利润分红、共担风险的，按房产余值作为计税依据计征房产税；对以房产投资收取固定收入、不承担联营风险的，实际是以联营名义取得房产租金，应根据《房产税暂行条例》的有关规定由出租方按租金收入计缴房产税。

②融资租赁的房产，由承租人自融资租赁合同约定开始日的次月起依照房产余值缴纳房产税。合同未约定开始日的，由承租人自合同签订的次月起依照房产余值缴纳房产税。

③居民住宅区内业主共有的经营性房产缴纳房产税。从 2007 年 1 月 1 日起，对居民住宅区内业主共有的经营性房产，由实际经营（包括自营和出租）的代管人或使用人缴纳房产税。其中自营的，依照房产原值减除 10%～30% 后的余值计征，没有房产原值或不能将业主共有房产与其他房产的原值准确划分开的，由房产所在地税务机关参照同类房产核定房产原值；出租的，依照租金收入计征。

（4）凡在房产税征收范围内的具备房屋功能的地下建筑，包括与地上房屋相连的地下建筑以及完全建在地面以下的建筑、地下人防设施等，均应当依照有关规定征收房产税。上述具备房屋功能的地下建筑是指有屋面和维护结构，能够遮风避雨，可供人们在其中生产、经营、工作、学习、娱乐、居住或储藏物资的场所。自用的地下建筑，按以下方式计税：

①工业用途房产，以房屋原价的50%~60%作为应税房产原值。

应纳房产税的税额＝应税房产原值×[1-(10%~30%)]×1.2%

②商业和其他用途房产，以房屋原价的70%~80%作为应税房产原值。

应纳房产税的税额＝应税房产原值×[1-(10%~30%)]×1.2%

房屋原价折算为应税房产原值的具体比例，由各省、自治区、直辖市和计划单列市财政和地方税务部门在上述幅度内自行确定。

③对于与地上房屋相连的地下建筑，如房屋的地下室、地下停车场、商场的地下部分等，应将地下部分与地上房屋视为一个整体，按照地上房屋建筑的有关规定计算征收房产税。

2. 从租计征。

房产出租的，以房产租金收入为房产税的计税依据。

所谓房产的租金收入，是房屋产权所有人出租房产使用权所得的报酬，包括货币收入和实物收入。

如果是以劳务或者其他形式为报酬抵付房租收入的，应根据当地同类房产的租金水平，确定一个标准租金额从租计征。

对出租房产，租赁双方签订的租赁合同约定有免收租金期限的，免收租金期间由产权所有人按照房产原值缴纳房产税。

出租的地下建筑，按照出租地上房屋建筑的有关规定计算征收房产税。

（三）应纳税额的计算

房产税的计税依据有两种，与之相适应的应纳税额计算也分为两种：一是从价计征的计算；二是从租计征的计算。

1. 从价计征的计算。

从价计征是按房产的原值减除一定比例后的余值计征，其计算公式为：

应纳税额＝应税房产原值×(1-原值减除比例)×1.2%

▶【例10-1】某企业的经营用房原值为5 000万元，按照当地规定允许减除30%后按余值计税，适用税率为1.2%。请计算其应纳房产税税额。

应纳税额＝5 000×(1-30%)×1.2%＝42（万元）

2. 从租计征的计算。

从租计征是按房产的租金收入计征，其计算公式为：

应纳税额＝租金收入×12%（或4%）

▶【例10-2】某公司出租房屋10间，年租金收入为300 000元，适用税率为12%。请计算其应纳房产税税额。

应纳税额＝300 000×12%＝36 000（元）

三、税收优惠

房产税的税收优惠是根据国家政策需要和纳税人的负担能力制定的。由于房产税属地方税，因此给予地方一定的减免权限，有利于地方因地制宜地处理问题。

目前，房产税的税收优惠政策主要有：

1. 国家机关、人民团体、军队自用的房产免征房产税。

上述人民团体，是指经国务院授权的政府部门批准设立或登记备案并由国家拨付行政事业费的各种社会团体。

上述自用的房产，是指这些单位本身的办公用房和公务用房。

需要注意的是，上述免税单位的出租房产以及非自身业务使用的生产、营业用房不属于免税范围。

2. 由国家财政部门拨付事业经费的单位，如学校、医疗卫生单位、托儿所、幼儿园、敬老院、文化、体育、艺术等实行全额或差额预算管理的事业单位所有的，本身业务范围内使用的房产免征房产税。

需要注意的是，由国家财政部门拨付事业经费的单位，其经费来源实行自收自支后，应征收房产税。

3. 宗教寺庙、公园、名胜古迹自用的房产免征房产税。

宗教寺庙自用的房产，是指举行宗教仪式等的房屋和宗教人员使用的生活用房。

公园、名胜古迹自用的房产，是指供公共参观游览的房屋及其管理单位的办公用房。

宗教寺庙公园、名胜古迹中附设的营业单位，如影剧院、饮食部、茶社、照相馆等所使用的房产及出租的房产，不属于免税范围，应照章纳税。

4. 个人所有非营业用的房产免征房产税。

个人所有的非营业用房，主要是指居民住房，不分面积多少，一律免征房产税。

对个人拥有的营业用房或者出租的房产，不属于免税房产，应照章纳税。

5. 对非营利性医疗机构、疾病控制机构和妇幼保健机构等卫生机构自用的房产，免征房产税。

6. 从2001年1月1日起，对按政府规定价格出租的公有住房和廉租住房，包括企业和自收自支事业单位向职工出租的单位自有住房，房管部门向居民出租的公有住房，落实私房政策中带户发还产权并以政府规定租金标准向居民出租的私有住房等，暂免征收房产税。

7. 为支持公共租赁住房（公租房）的建设和运营，对经营公租房的租金收入，免征房产税。公共租赁住房经营管理单位应单独核算公共租赁住房租金收入，未单独核算的，不得享受免征房产税优惠政策。

8. 企业办的各类学校、医院、托儿所、幼儿园自用的房产，免征房产税。

9. 经有关部门鉴定，对毁损不堪居住的房屋和危险房屋，在停止使用后，可免征房产税。

10. 纳税人因房屋大修导致连续停用半年以上的，在房屋大修期间免征房产税。

11. 凡是在基建工地为基建工地服务的各种工棚、材料棚、休息棚、办公室、食堂、茶炉房、汽车房等临时性房屋，无论是施工企业自行建造还是基建单位出资建造，交施工企业使用的，在施工期间，一律免征房产税。但是，如果在基建工程结束后，施工企

12. 纳税单位与免税单位共同使用的房屋，按各自使用的部分分别征收或免征房产税。

13. 为进一步支持转制文化企业发展，对由财政部门拨付事业经费的文化单位于2022年12月31日前转制为企业的，自转制注册之日起至2027年12月31日对其自用房产免征房产税。

14. 房地产开发企业建造的商品房，在出售前不征收房产税。但出售前房地产开发企业已使用或出租、出借的商品房，应按规定征收房产税。

15. 自2019年6月1日至2025年12月31日，为社区提供养老、托育、家政等服务的机构自用或其通过承租、无偿使用等方式取得并用于提供社区养老、托育、家政服务的房产免征房产税。

16. 自2018年1月1日至2027年12月31日，对纳税人及其全资子公司从事大型民用客机发动机、中大功率民用涡轴涡桨发动机、空载重量大于45吨的民用客机研制项目自用的科研、生产、办公房产，免征房产税。

17. 自2019年1月1日至2027年12月31日，对为高校学生提供住宿服务，按照国家规定的收费标准收取住宿费的学生公寓免征房产税。

18. 自2019年1月1日至2027年12月31日，对农产品批发市场、农贸市场（包括自有和承租）专门用于经营农产品的房产，暂免征收房产税。对同时经营其他产品的农产品批发市场和农贸市场使用的房产，按其他产品与农产品交易场地面积的比例确定征免房产税。

19. 为继续支持国家商品储备，自2019年1月1日至2027年12月31日，对商品储备管理公司及其直属库自用的承担商品储备业务的房产，免征房产税。

20. 为支持农村饮水安全工程建设、运营，自2019年1月1日至2027年12月31日，对饮水工程运营管理单位自用的生产、办公用房产，免征房产税。

对于既向城镇居民供水，又向农村居民供水的饮水工程运营管理单位，依据向农村居民供水量占总供水量的比例免征房产税。无法提供具体比例或所提供数据不实的，不得享受该优惠政策。

21. 自2024年1月1日至2027年12月31日，对国家级、省级科技企业孵化器、大学科技园和国家备案众创空间自用以及无偿或通过出租等方式提供给在孵对象使用的房产，免征房产税。

2018年12月31日以前认定的国家级科技企业孵化器、大学科技园，以及2019年1月1日至2023年12月31日认定的国家级、省级科技企业孵化器、大学科技园和国家备案众创空间，自2024年1月1日起继续享受本税收优惠政策。2024年1月1日以后认定的国家级、省级科技企业孵化器、大学科技园和国家备案众创空间，自认定之日次月起享受本税收优惠政策。被取消资格的，自取消资格之日次月起停止享受本税收优惠政策。

22. 自2023年1月1日至2027年12月31日，对增值税小规模纳税人、小型微利企业和个体工商户减半征收房产税。

增值税小规模纳税人、小型微利企业和个体工商户已依法享受房产税其他优惠政策的，可叠加享受本优惠政策。

四、征收管理

（一）纳税义务发生时间

1. 纳税人将原有房产用于生产经营，从生产经营之月起，缴纳房产税。
2. 纳税人自行新建房屋用于生产经营，从建成之次月起，缴纳房产税。
3. 纳税人委托施工企业建设的房屋，从办理验收手续之次月起，缴纳房产税。
4. 纳税人购置新建商品房，自房屋交付使用之次月起，缴纳房产税。
5. 纳税人购置存量房，自办理房屋权属转移、变更登记手续，房地产权属登记机关签发房屋权属证书之次月起，缴纳房产税。
6. 纳税人出租、出借房产，自交付出租、出借房产之次月起，缴纳房产税。
7. 房地产开发企业自用、出租、出借本企业建造的商品房，自房屋使用或交付之次月起，缴纳房产税。
8. 纳税人因房产的实物或权利状态发生变化而依法终止房产税纳税义务的，其应纳税款的计算应截止到房产的实物或权利状态发生变化的当月末。

（二）纳税期限

房产税实行按年征收、分期缴纳，具体纳税期限由省、自治区、直辖市人民政府确定。

（三）纳税地点

房产税在房产所在地缴纳。房产不在同一地方的纳税人，应按房产的坐落地点分别向房产所在地的税务机关申报纳税。

（四）纳税申报

房产税的纳税人应按照《房产税暂行条例》的有关规定，及时办理纳税申报，并如实填写《财产和行为税纳税申报表》（参见第六章中表6-1）及相应的税源明细表。

第二节 契　税　法

契税法，是指国家制定的用以调整契税征收与缴纳权利及义务关系的法律规范。现行契税法的基本规范，是2020年8月11日第十三届全国人民代表大会常务委员会第二十一次会议表决通过，并于2021年9月1日开始施行的《中华人民共和国契税法》（以下简称《契税法》）。

契税是以在中华人民共和国境内转移土地、房屋权属为征税对象，向承受权属的单位和个人征收的一种财产税。征收契税有利于增加地方财政收入，有利于保护合法产权，避免产权纠纷。

一、纳税人和征税范围

（一）纳税人

契税的纳税人是中华人民共和国境内转移土地、房屋权属，承受的单位和个人。土地、房屋权属是指土地使用权和房屋所有权。

单位是指企业单位、事业单位、国家机关、军事单位和社会团体以及其他组织。个人是指个体工商户及其他个人。

（二）征税范围

征收契税的土地、房屋权属，具体为土地使用权、房屋所有权。

转移土地、房屋权属，是指下列行为：（1）土地使用权出让。（2）土地使用权转让，包括出售、赠与、互换，不包括土地承包经营权和土地经营权的转移。（3）房屋买卖、赠与、互换。

具体征税范围包括以下内容：

1. 土地使用权出让。

土地使用权出让是指土地使用者向国家或集体交付土地使用权出让金，国家或集体将土地使用权在一定年限内让与土地使用者的行为。

2. 土地使用权的转让。

土地使用权的转让是指土地使用者以出售、赠与、互换方式将土地使用权转移给其他单位和个人的行为。土地使用权的转让不包括土地承包经营权和土地经营权的转移。

3. 房屋买卖。

房屋买卖，是指房屋所有者将其房屋出售，由承受者交付货币、实物、无形资产或者其他经济利益的行为。以下几种特殊情况，视同买卖房屋：

（1）以作价投资（入股）、偿还债务等应交付经济利益的方式转移土地、房屋权属的，参照土地使用权出让、出售或房屋买卖确定契税适用税率、计税依据等。

（2）以划转、奖励等没有价格的方式转移土地、房屋权属的，参照土地使用权或房屋赠与确定契税适用税率、计税依据等。

税务机关依法核定计税价格，应参照市场价格，采用房地产价格评估等方法合理确定。

以自有房产作股投入本人独资经营的企业，不征契税。因为以自有的房产投入本人独资经营的企业，产权所有人和使用权使用人未发生变化，不需要办理房产变更手续，也不需要办理契税手续。

4. 房屋赠与。

房屋赠与是指房屋所有者将房屋无偿转让给他人的行为。其中，将自己的房屋转交给他人的法人和自然人，称作房屋赠与人；接受他人房屋的法人和自然人，称为受赠人。房屋赠与的前提必须是产权无纠纷，赠与人和受赠人双方自愿。

由于房屋是不动产，价值较大，故法律要求赠与房屋应有书面合同（契约），并到房地产管理机关或农村基层政权机关办理登记过户手续，才能生效。如果房屋赠与行为涉及涉外关系，还需公证处证明和外事部门认证，才能有效。

以获奖方式取得房屋产权，实质上是接受赠与房产的行为，也应缴纳契税。

5. 房屋互换。

房屋互换是指房屋所有者之间互相交换房屋的行为。

6. 下列情形发生土地、房屋权属转移的，承受方应当依法缴纳契税：

（1）因共有不动产份额变化的。

（2）因共有人增加或者减少的。

（3）因人民法院、仲裁委员会的生效法律文书或者监察机关出具的监察文书等因素，发生土地、房屋权属转移的。

二、税率、计税依据和应纳税额的计算

（一）税率

契税实行3%～5%的幅度税率。具体适用税率，由各省、自治区、直辖市人民政府在3%～5%的幅度内提出，报同级人民代表大会常务委员会决定，并报全国人民代表大会常务委员会和国务院备案。

省、自治区、直辖市可以依照上述规定的程序对不同主体、不同地区、不同类型的住房的权属转移确定差别税率。

（二）计税依据

契税计税依据不包括增值税，具体情形为：

1. 土地使用权出售、房屋买卖，承受方计征契税的成交价格不含增值税；实际取得增值税发票的，成交价格以发票上注明的不含税价格确定。

2. 土地使用权互换、房屋互换，契税计税依据为不含增值税价格的差额。

3. 税务机关核定的契税计税价格为不含增值税价格。

由于土地、房屋权属转移方式不同，定价方法不同，因而具体计税依据视不同情况而决定。

1. 土地使用权出让、出售，房屋买卖，其计税依据为土地、房屋权属转移合同确定的成交价格，包括应交付的货币、实物、其他经济利益对应的价款。

2. 土地使用权赠与、房屋赠与以及其他没有价格的转移土地、房屋权属行为，其计税依据为税务机关参照土地使用权出售、房屋买卖的市场价格依法核定的价格。

3. 以划拨方式取得的土地使用权，经批准改为出让方式重新取得该土地使用权的，应由该土地使用权人以补缴的土地出让价款为计税依据缴纳契税。

4. 先以划拨方式取得土地使用权，后经批准转让房地产，划拨土地性质改为出让的，承受方应分别以补缴的土地出让价款和房地产权属转移合同确定的成交价格为计税依据缴纳契税。

5. 先以划拨方式取得土地使用权，后经批准转让房地产，划拨土地性质未发生改变的，承受方应以房地产权属转移合同确定的成交价格为计税依据缴纳契税。

6. 土地使用权及所附建筑物、构筑物等（包括在建的房屋、其他建筑物、构筑物和其他附着物）转让的，计税依据为承受方应交付的总价款。

7. 土地使用权出让的，计税依据包括土地出让金、土地补偿费、安置补助费、地上附着物和青苗补偿费、征收补偿费、城市基础设施配套费、实物配建房屋等应交付的货币以及实物、其他经济利益对应的价款。

8. 房屋附属设施（包括停车位、机动车库、非机动车库、顶层阁楼、储藏室及其他房屋附属设施）与房屋为同一不动产单元的，计税依据为承受方应交付的总价款，并适用与房屋相同的税率；房屋附属设施与房屋为不同不动产单元的，计税依据为转移合同确定的成交价格，并按当地确定的适用税率计税。

9. 承受已装修房屋的，应将包括装修费用在内的费用计入承受方应交付的总价款。

10. 土地使用权互换、房屋互换，互换价格相等的，互换双方计税依据为零；互换价格不相等的，以其差额为计税依据，由支付差额的一方缴纳契税。

纳税人申报的成交价格、互换价格差额明显偏低且无正当理由的，由税务机关依照《税收征收管理法》的规定核定。

（三）应纳税额的计算

契税应纳税额的计算公式为：

应纳税额 = 计税依据 × 税率

▶【例10-3】居民甲有两套住房，将一套出售给居民乙，成交价格为 1 200 000 元；将另一套两室住房与居民丙交换成两套一室住房，并支付给丙换房差价款 300 000 元。试计算甲、乙、丙相关行为应缴纳的契税（假定税率为 4%）。

(1) 甲应缴纳契税 = 300 000 × 4% = 12 000（元）

(2) 乙应缴纳契税 = 1 200 000 × 4% = 48 000（元）

(3) 丙无须缴纳契税。

三、税收优惠

1. 有下列情形之一的，免征契税：

(1) 国家机关、事业单位、社会团体、军事单位承受土地、房屋权属用于办公、教学、医疗、科研和军事设施。

(2) 非营利性的学校、医疗机构、社会福利机构承受土地、房屋权属用于办公、教学、医疗、科研、养老、救助。

享受契税免税优惠的非营利性的学校、医疗机构、社会福利机构，限于上述三类单位中依法登记为事业单位、社会团体、基金会、社会服务机构等的非营利法人和非营利组织。其中：

①学校的具体范围为经县级以上人民政府或者其教育行政部门批准成立的大学、中学、小学、幼儿园，实施学历教育的职业教育学校、特殊教育学校、专门学校，以及经省级人民政府或者其人力资源社会保障行政部门批准成立的技工院校。

②医疗机构的具体范围为经县级以上人民政府卫生健康行政部门批准或者备案设立的医疗机构。

③社会福利机构的具体范围为依法登记的养老服务机构、残疾人服务机构、儿童福

利机构、救助管理机构、未成年人救助保护机构。

（3）承受荒山、荒地、荒滩土地使用权用于农、林、牧、渔业生产。

（4）婚姻关系存续期间夫妻之间变更土地、房屋权属。

（5）夫妻因离婚分割共同财产发生土地、房屋权属变更。

（6）法定继承人通过继承承受土地、房屋权属。

（7）依照法律规定应当予以免税的外国驻华使馆、领事馆和国际组织驻华代表机构承受土地、房屋权属。

（8）城镇职工按规定第一次购买公有住房。

公有制单位为解决职工住房而采取集资建房方式建成的普通住房或由单位购买的普通商品住房，经县级以上地方人民政府房改部门批准、按照国家房改政策出售给本单位职工的，如属职工首次购买住房，比照公有住房免征契税。

已购公有住房经补缴土地出让价款成为完全产权住房。

（9）外国银行分行按照《中华人民共和国外资银行管理条例》等相关规定改制为外商独资银行（或其分行），改制后的外商独资银行（或其分行）承受原外国银行分行的房屋权属。

（10）军队离退休干部住房由国家投资建设，军队和地方共同承担建房任务，其中军队承建部分完工后应逐步移交地方政府管理，免征军建离退休干部住房及附属用房移交地方政府管理所涉及的契税。

（11）信达、华融、长城和东方资产管理公司接受相关国有银行的不良债权，借款方以土地使用权、房屋所有权抵充贷款本息。

（12）财政部从中国建设银行、中国工商银行、中国农业银行、中国银行无偿划转了部分资产（包括现金、投资、固定资产及随投资实体划转的贷款）给中国信达资产管理公司、中国华融资产管理公司、中国长城资产管理公司和中国东方资产管理公司，作为其组建时的资本金。上述金融资产管理公司按财政部核定的资本金数额，接收上述国有商业银行的资产，在办理过户手续时，免征契税。

（13）经中国人民银行依法决定撤销的金融机构及其分设于各地的分支机构，包括被依法撤销的商业银行、信托投资公司、财务公司、金融租赁公司、城市信用社和农村信用社，在清算过程中催收债权时，接收债务方土地使用权、房屋所有权所发生的权属转移免征契税。

除另有规定者外，被撤销的金融机构所属、附属企业，不享受本条规定的被撤销金融机构的税收优惠政策。

（14）经济适用住房经营管理单位回购经济适用住房继续作为经济适用住房房源。

（15）对保障性住房经营管理单位回购保障性住房继续作为保障性住房房源。

（16）金融租赁公司开展售后回租业务，承受承租人房屋、土地权属的，照章征税。对售后回租合同期满，承租人回购原房屋、土地权属的，免征契税。

（17）棚户区改造中，经营管理单位回购已分配的改造安置住房继续作为改造安置房源。

（18）进行股份合作制改革后的农村集体经济组织承受原集体经济组织的土地、房屋权属。

农村集体经济组织以及代行集体经济组织职能的村民委员会、村民小组进行清产核资收回集体资产而承受土地、房屋权属。

（19）易地扶贫搬迁贫困人口按规定取得的安置住房。

易地扶贫搬迁项目实施主体取得用于建设安置住房的土地。

易地扶贫搬迁项目实施主体购买商品住房或者回购保障性住房作为安置住房房源。

（20）2021年1月1日至2025年12月31日，公租房经营管理单位购买住房作为公租房。

（21）为支持农村饮水安全工程建设、运营，自2021年1月1日至2027年12月31日，饮水工程运营管理单位为建设饮水工程而承受土地使用权，免征契税。饮水工程，是指为农村居民提供生活用水而建设的供水工程设施。

对于既向城镇居民供水，又向农村居民供水的饮水工程运营管理单位，依据向农村居民供水量占总供水量的比例免征契税。

（22）2019年6月1日至2025年12月31日，为社区提供养老、托育、家政等服务的机构，承受房屋、土地用于提供社区养老、托育、家政服务。

根据国民经济和社会发展的需要，国务院对居民住房需求保障、企业改制重组、灾后重建等情形可以规定免征或者减征契税，报全国人民代表大会常务委员会备案。

2. 对个人购买家庭唯一住房（家庭成员范围包括购房人、配偶以及未成年子女，下同），面积为90平方米及以下的，减按1%的税率征收契税；面积为90平方米以上的，减按1.5%的税率征收契税。

自2024年12月1日起，对个人购买家庭唯一住房（家庭成员范围包括购房人、配偶以及未成年子女，下同），面积为140平方米及以下的，减按1%的税率征收契税；面积为140平方米以上的，减按1.5%的税率征收契税。

对个人购买家庭第二套住房，面积为90平方米及以下的，减按1%的税率征收契税；面积为90平方米以上的，减按2%的税率征收契税。

自2024年12月1日起，对个人购买家庭第二套住房，面积为140平方米及以下的，减按1%的税率征收契税；面积为140平方米以上的，减按2%的税率征收契税。

家庭第二套住房是指已拥有一套住房的家庭购买的第二套住房。

3. 自2024年1月1日起至2027年12月31日，为支持企业、事业单位改制重组，优化市场环境，契税优惠政策规定如下：

（1）企业改制。企业按照《中华人民共和国公司法》有关规定整体改制，包括非公司制企业改制为有限责任公司或股份有限公司，有限责任公司变更为股份有限公司，股份有限公司变更为有限责任公司，原企业投资主体存续并在改制（变更）后的公司中所持股权（股份）比例超过75%，且改制（变更）后公司承继原企业权利、义务的，对改制（变更）后公司承受原企业土地、房屋权属，免征契税。

（2）事业单位改制。事业单位按照国家有关规定改制为企业，原投资主体存续并在改制后企业中出资（股权、股份）比例超过50%的，对改制后企业承受原事业单位土地、房屋权属，免征契税。

（3）公司合并。两个或两个以上的公司，依照法律规定、合同约定，合并为一个公司，且原投资主体存续的，对合并后公司承受原合并各方土地、房屋权属，免征契税。

（4）公司分立。公司依照法律规定、合同约定分立为两个或两个以上与原公司投资主体相同的公司，对分立后公司承受原公司土地、房屋权属，免征契税。

（5）企业破产。企业依照有关法律法规规定实施破产，债权人（包括破产企业职工）承受破产企业抵偿债务的土地、房屋权属，免征契税；对非债权人承受破产企业土地、房屋权属，凡按照《中华人民共和国劳动法》等国家有关法律法规政策妥善安置原企业全部职工规定，与原企业全部职工签订服务年限不少于3年的劳动用工合同的，对其承受所购企业土地、房屋权属，免征契税；与原企业超过30%的职工签订服务年限不少于3年的劳动用工合同的，减半征收契税。

（6）资产划转。对承受县级以上人民政府或国有资产管理部门按规定进行行政性调整、划转国有土地、房屋权属的单位，免征契税。

同一投资主体内部所属企业之间土地、房屋权属的划转，包括母公司与其全资子公司之间，同一公司所属全资子公司之间，同一自然人与其设立的个人独资企业、一人有限公司之间土地、房屋权属的划转，免征契税。

母公司以土地、房屋权属向其全资子公司增资，视同划转，免征契税。

（7）债权转股权。经国务院批准实施债权转股权的企业，对债权转股权后新设立的公司承受原企业的土地、房屋权属，免征契税。

（8）划拨用地出让或作价出资。以出让方式或国家作价出资（入股）方式承受原改制重组企业、事业单位划拨用地的，不属上述规定的免税范围，对承受方应按规定征收契税。

（9）公司股权（股份）转让。在股权（股份）转让中，单位、个人承受公司股权（股份），公司土地、房屋权属不发生转移，不征收契税。

上述所称企业、公司，是指依照我国有关法律法规设立并在中国境内注册的企业、公司。所称投资主体存续，是指原改制重组企业、事业单位的出资人必须存在于改制重组后的企业，出资人的出资比例可以发生变动。所称投资主体相同，是指公司分立前后出资人不发生变动，出资人的出资比例可以发生变动。

4. 省、自治区、直辖市可以决定对下列情形免征或者减征契税：

（1）因土地、房屋被县级以上人民政府征收、征用，重新承受土地、房屋权属。

（2）因不可抗力灭失住房，重新承受住房权属。

免征或者减征契税的具体办法，由省、自治区、直辖市人民政府提出，报同级人民代表大会常务委员会决定，并报全国人民代表大会常务委员会和国务院备案。

5. 对个人购买经济适用住房，在法定税率基础上减半征收契税。

6. 对个人购买保障性住房，减按1%的税率征收契税。

7. 个人首次购买90平方米以下改造安置住房，按1%的税率计征契税；购买超过90平方米，但符合普通住房标准的改造安置住房，按法定税率减半计征契税。个人因房屋被征收而取得货币补偿并用于购买改造安置住房，或因房屋被征收而进行房屋产权调换并取得改造安置住房,按有关规定减免契税。

四、征收管理

(一) 纳税义务发生时间

契税申报以不动产单元为基本单位,契税的纳税义务发生时间是纳税人签订土地、房屋权属转移合同的当日,或者纳税人取得其他具有土地、房屋权属转移合同性质凭证的当日。

特殊情形下,契税纳税义务发生时间规定如下:

1. 因人民法院、仲裁委员会的生效法律文书或者监察机关出具的监察文书等发生土地、房屋权属转移的,纳税义务发生时间为法律文书等生效当日。

2. 因改变土地、房屋用途等情形应当缴纳已经减征、免征契税的,纳税义务发生时间为改变有关土地、房屋用途等情形的当日。

3. 因改变土地性质、容积率等土地使用条件需补缴土地出让价款,应当缴纳契税的,纳税义务发生时间为改变土地使用条件当日。

发生上述情形,按规定不再需要办理土地、房屋权属登记的,纳税人应自纳税义务发生之日起90日内申报缴纳契税。

(二) 纳税期限

纳税人应当在依法办理土地、房屋权属登记手续前申报缴纳契税。

(三) 纳税地点

契税在土地、房屋所在地的税务征收机关缴纳。

(四) 纳税申报资料

契税纳税人依法纳税申报时,应如实填写《财产和行为税纳税申报表》(参见第六章中表6-1)及《契税税源明细表》,并根据具体情形提交下列资料:

1. 纳税人身份证件。

2. 土地、房屋权属转移合同或其他具有土地、房屋权属转移合同性质的凭证。

3. 交付经济利益方式转移土地、房屋权属的,提交土地、房屋权属转移相关价款支付凭证,其中,土地使用权出让为财政票据,土地使用权出售、互换和房屋买卖、互换为增值税发票。

4. 因人民法院、仲裁委员会的生效法律文书或者监察机关出具的监察文书等因素发生土地、房屋权属转移的,提交生效法律文书或监察文书等。

符合减免税条件的,应按规定附送有关资料或将资料留存备查。

(五) 关于纳税凭证、纳税信息和退税

1. 具有土地、房屋权属转移合同性质的凭证包括契约、协议、合约、单据、确认书以及其他凭证。

2. 不动产登记机构在办理土地、房屋权属登记时,应当依法查验土地、房屋的契税完税、减免税、不征税等涉税凭证或者有关信息。

3. 税务机关应当与相关部门建立契税涉税信息共享和工作配合机制。具体转移土地、房屋权属有关的信息包括:自然资源部门的土地出让、转让、征收补偿、不动产权属登

记等信息,住房城乡建设部门的房屋交易等信息,民政部门的婚姻登记、社会组织登记等信息,公安部门的户籍人口基本信息。

4. 纳税人缴纳契税后发生下列情形,可依照有关法律法规申请退税:

(1) 因人民法院判决或者仲裁委员会裁决导致土地、房屋权属转移行为无效、被撤销或者被解除,且土地、房屋权属变更至原权利人的。

(2) 在出让土地使用权交付时,因容积率调整或实际交付面积小于合同约定面积需退还土地出让价款的。

(3) 在新建商品房交付时,因实际交付面积小于合同约定面积需返还房价款的。

5. 纳税人依照规定向税务机关申请退还已缴纳契税的,应提供纳税人身份证件、完税凭证复印件,并根据不同情形提交相关资料:

(1) 在依法办理土地、房屋权属登记前,权属转移合同或合同性质凭证不生效、无效、被撤销或者被解除的,提交合同或合同性质凭证不生效、无效、被撤销或者被解除的证明材料。

(2) 因人民法院判决或者仲裁委员会裁决导致土地、房屋权属转移行为无效、被撤销或者被解除,且土地、房屋权属变更至原权利人的,提交人民法院、仲裁委员会的生效法律文书。

(3) 在出让土地使用权交付时,因容积率调整或实际交付面积小于合同约定面积需退还土地出让价款的,提交补充合同(协议)和退款凭证。

(4) 在新建商品房交付时,因实际交付面积小于合同约定面积需返还房价款的,提交补充合同(协议)和退款凭证。

税务机关收取纳税人退税资料后,应向不动产登记机构核实有关土地、房屋权属登记情况。核实后符合条件的即时受理,不符合条件的一次性告知应补正资料或不予受理原因。

上文所称身份证件,单位纳税人为营业执照,或者统一社会信用代码证书或者其他有效登记证书;个人纳税人中,自然人为居民身份证,或者居民户口簿或者入境的身份证件,个体工商户为营业执照。

第三节 土地增值税法

土地增值税法,是指国家制定的用以调整土地增值税征收与缴纳之间权利及义务关系的法律规范。现行土地增值税的基本规范,是1993年12月13日国务院颁布的《中华人民共和国土地增值税暂行条例》(以下简称《土地增值税暂行条例》)。

为了贯彻落实税收法定原则,2019年7月,财政部会同国家税务总局发布了《中华人民共和国土地增值税法(征求意见稿)》,广泛凝聚社会共识,推进民主立法,向全社会公开征求意见。

土地增值税是对有偿转让国有土地使用权、地上建筑物和其他附着物产权,取得增值收入的单位和个人征收的一种税。征收土地增值税增强了政府对房地产开发和交易市场的调控，有利于抑制炒买炒卖土地获取暴利的行为，也增加了国家财政收入。

一、纳税人和征税范围

（一）纳税人

土地增值税的纳税人为转让国有土地使用权、地上的建筑及其附着物（以下简称转让房地产）并取得收入的单位和个人。单位包括各类企业、事业单位、国家机关和社会团体及其他组织；个人包括个体经营者和其他个人。

概括起来，《土地增值税暂行条例》对纳税人的规定主要有以下四个特点：

1. 不论法人与自然人。即不论是企业、事业单位、国家机关、社会团体及其他组织，还是个人，只要有偿转让房地产，都是土地增值税的纳税人。

2. 不论经济性质。即不论是全民所有制企业、集体企业、私营企业、个体经营者，还是联营企业、合资企业、合作企业、外商独资企业等，只要有偿转让房地产，都是土地增值税的纳税人。

3. 不论内资与外资企业、中国公民与外籍个人。根据1993年12月29日第八届全国人民代表大会第五次常务委员会通过的《全国人大常委会关于外商投资企业和外国企业适用增值税、消费税、营业税等税收暂行条例的决定》和《国务院关于外商投资企业和外国企业适用增值税、消费税、营业税等税收暂行条例的有关问题的通知》，以及《国家税务总局关于外商投资企业和外国企业及外籍个人适用税种问题的通知》等的规定，土地增值税适用于涉外企业和个人。因此，不论是内资企业还是外商投资企业、外国驻华机构，也不论是中国公民、港澳台同胞、海外华侨，还是外国公民，只要有偿转让房地产，都是土地增值税的纳税人。

4. 不论行业与部门。即不论是工业、农业、商业、学校、医院、机关等，只要有偿转让房地产，都是土地增值税的纳税人。

（二）征税范围

1. 基本征税范围。

土地增值税是对转让国有土地使用权、地上建筑物和附着物的行为征税，不包括国有土地使用权出让所取得的收入。

国有土地使用权出让，是指国家以土地所有者的身份将土地使用权在一定年限内让与土地使用者，并由土地使用者向国家支付土地使用权出让金的行为，属于土地买卖的一级市场。土地使用权出让的出让方是国家，国家凭借土地的所有权向土地使用者收取土地的租金。出让的目的是实行国有土地的有偿使用制度，合理开发、利用、经营土地，因此，土地使用权的出让不属于土地增值税的征税范围。

国有土地使用权的转让，是指土地使用者通过出让等形式取得土地使用权后，将土地使用权再转让的行为，包括出售、交换和赠与，它属于土地买卖的二级市场。土地使用权转让，其地上的建筑物、其他附着物的所有权随之转让。土地使用权的转让，属于土地增值税的征税范围。

土地增值税的征税范围不包括未转让土地使用权、房产产权的行为，是否发生转让行为主要以房地产权属（指土地使用权和房产产权）的变更为标准。凡土地使用权、房产产权未转让的（如房地产的出租），不征收土地增值税。

土地增值税的基本范围包括：

（1）转让国有土地使用权。国有土地，是指按国家法律规定属于国家所有的土地。出售国有土地使用权是指土地使用者通过出让方式，向政府缴纳了土地出让金，有偿受让土地使用权后，仅对土地进行通水、通电、通路和平整地面等土地开发，不进行房产开发，即所谓"将生地变熟地"，然后直接将空地出售出去。

（2）地上的建筑物及其附着物连同国有土地使用权一并转让。地上的建筑物，是指建于土地上的一切建筑物，包括地上地下的各种附属设施。附着物，是指附着于土地上的不能移动或一经移动即遭损坏的物品。纳税人取得国有土地使用权后进行房屋开发建造然后出售的，这种情况即是一般所说的房地产开发。虽然这种行为通常被称作卖房，但按照国家有关房地产法律和法规的规定，卖房的同时，土地使用权也随之发生转让。由于这种情况既发生了产权的转让又取得了收入，所以应纳入土地增值税的征税范围。

（3）存量房地产的买卖。存量房地产是指已经建成并已投入使用的房地产，其房屋所有人将房屋产权和土地使用权一并转让给其他单位和个人。这种行为按照国家有关的房地产法律和法规，应当到有关部门办理房产产权和土地使用权的转移变更手续；原土地使用权属于无偿划拨的，还应到土地管理部门补交土地出让金。

2. 特殊征税范围。

（1）房地产的继承，是指房产的原产权所有人、依照法律规定取得土地使用权的土地使用人死亡以后，由其继承人依法承受死者房产产权和土地使用权的民事法律行为。这种行为虽然发生了房地产的权属变更，但作为房产产权、土地使用权的原所有人（即被继承人）并没有因为权属变更而取得任何收入。因此，这种房地产的继承不属于土地增值税的征税范围。

（2）房地产的赠与，是指房产所有人、土地使用权所有人将自己所拥有的房地产无偿地交给其他人的民事法律行为。但这里的"赠与"仅指以下情况：

①房产所有人、土地使用权所有人将房屋产权、土地使用权赠与直系亲属或承担直接赡养义务人的。

②房产所有人、土地使用权所有人通过中国境内非营利的社会团体、国家机关将房屋产权、土地使用权赠与教育、民政和其他社会福利、公益事业的。社会团体是指中国青少年发展基金会、希望工程基金会、宋庆龄基金会、减灾委员会、中国红十字会、中国残疾人联合会、全国老年基金会、老区促进会以及经民政部门批准成立的其他非营利性的公益性组织。

房地产的赠与虽发生了房地产的权属变更，但作为房产所有人、土地使用权的所有人并没有因为权属的转让而取得任何收入。因此，房地产的赠与不属于土地增值税的征税范围。

（3）房地产的出租，是指房产的产权所有人、依照法律规定取得土地使用权的土地使用人，将房产、土地使用权租赁给承租人使用，由承租人向出租人支付租金的行为。房地产的出租，出租人虽取得了收入，但没有发生房产产权、土地使用权的转让。因此，不属于土地增值税的征税范围。

（4）房地产的抵押，是指房地产的产权所有人、依法取得土地使用权的土地使用人作为债务人或第三人向债权人提供不动产作为清偿债务的担保而不转移权属的法律行为。这种情况由于房产的产权、土地使用权在抵押期间并没有发生权属的变更，房产的产权所有人、土地使用权人仍能对房地产行使占有、使用、收益等权利，房产的产权所有人、土地使用权人虽然在抵押期间取得了一定的抵押贷款，但实际上这些贷款在抵押期满后是要连本带利偿还给债权人的。因此，对房地产的抵押，在抵押期间不征收土地增值税。待抵押期满后，视该房地产是否转移占有而确定是否征收土地增值税。对于以房地产抵债而发生房地产权属转让的，应列入土地增值税的征税范围。

（5）房地产的交换，是指一方以房地产与另一方的房地产进行交换的行为。由于这种行为既发生了房产产权、土地使用权的转移，交换双方又取得了实物形态的收入，按《土地增值税暂行条例》规定，它属于土地增值税的征税范围。但对个人之间互换自有居住用房地产的，经当地税务机关核实，可以免征土地增值税。

（6）合作建房。对于一方出地，一方出资金，双方合作建房，建成后按比例分房自用的，暂免征收土地增值税；建成后转让的，应征收土地增值税。

（7）房地产的代建行为，是指房地产开发公司代客户进行房地产的开发，开发完成后向客户收取代建收入的行为。对于房地产开发公司而言，虽然取得了收入，但没有发生房地产权属的转移，其收入属于劳务收入性质，故不属于土地增值税的征税范围。

（8）房地产的重新评估，主要是指国有企业在清产核资时对房地产进行重新评估而使其升值的情况。这种情况下，房地产虽然有增值，但其既没有发生房地产权属的转移，房产产权、土地使用权人也未取得收入，所以不属于土地增值税的征税范围。

二、税率

土地增值税实行四级超率累进税率：
1. 增值额未超过扣除项目金额50%的部分，税率为30%。
2. 增值额超过扣除项目金额50%、未超过扣除项目金额100%的部分，税率为40%。
3. 增值额超过扣除项目金额100%、未超过扣除项目金额200%的部分，税率为50%。
4. 增值额超过扣除项目金额200%的部分，税率为60%。

上述所列四级超率累进税率，每级"增值额未超过扣除项目金额"的比例，均包括本比例数。超率累进税率见表10-1。

表10-1　　　　　　　　土地增值税四级超率累进税率表

级数	增值额与扣除项目金额的比率	税率（%）	速算扣除系数
1	不超过50%的部分	30	0
2	超过50%~100%的部分	40	5%
3	超过100%~200%的部分	50	15%
4	超过200%的部分	60	35%

三、应税收入与扣除项目

（一）应税收入

根据《土地增值税暂行条例》及《中华人民共和国土地增值税暂行条例实施细则》（以下简称《实施细则》）的规定，纳税人转让房地产取得的应税收入（不含增值税），应包括转让房地产的全部价款及有关的经济收益。从收入的形式来看，包括货币收入、实物收入和其他收入。

1. 货币收入，是指纳税人转让房地产而取得的现金、银行存款、支票、银行本票、汇票等各种信用票据和国库券、金融债券、企业债券、股票等有价证券。这些类型收入的实质都是转让方因转让土地使用权、房屋产权而向取得方收取的价款。货币收入一般比较容易确定。

2. 实物收入，是指纳税人转让房地产而取得的各种实物形态的收入，如钢材、水泥等建材，房屋、土地等不动产等。实物收入的价值不太容易确定，一般要对这些实物形态的财产进行估价，按取得收入时的市场价格折算成货币收入。

3. 其他收入，是指纳税人转让房地产而取得的无形资产收入或具有财产价值的权利，如专利权、商标权、著作权、专有技术使用权、土地使用权、商誉权等。这种类型的收入比较少见，其价值需要进行专门的评估。

（二）扣除项目

依据税法规定，在计算土地增值税的增值额时，准予从房地产转让收入额中减除下列相关项目金额：

1. 取得土地使用权所支付的金额。

取得土地使用权所支付的金额包括两方面的内容：

（1）纳税人为取得土地使用权所支付的地价款。如果是以协议、招标、拍卖等出让方式取得土地使用权的，地价款为纳税人所支付的土地出让金；如果是以行政划拨方式取得土地使用权的，地价款为按照国家有关规定补交的土地出让金；如果是以转让方式取得土地使用权的，地价款为向原土地使用权人实际支付的地价款。

（2）纳税人在取得土地使用权时按国家统一规定缴纳的有关费用。它是指纳税人在取得土地使用权过程中为办理有关手续，按国家统一规定缴纳的有关登记、过户手续费。

2. 房地产开发成本。

房地产开发成本是指纳税人房地产开发项目实际发生的成本，包括土地的征用及拆迁补偿费、前期工程费、建筑安装工程费、基础设施费、公共配套设施费、开发间接费用等。

（1）土地征用及拆迁补偿费，包括土地征用费、耕地占用税、劳动力安置费及有关地上、地下附着物拆迁补偿的净支出、安置动迁用房支出等。

（2）前期工程费，包括规划、设计、项目可行性研究和水文、地质、勘察、测绘、"三通一平"等支出。

（3）建筑安装工程费，指以出包方式支付给承包单位的建筑安装工程费，以自营方式发生的建筑安装工程费。

（4）基础设施费，包括开发小区内道路、供水、供电、供气、排污、排洪、通信、照明、环卫、绿化等工程发生的支出。

（5）公共配套设施费，包括不能有偿转让的开发小区内公共配套设施发生的支出。

（6）开发间接费用，指直接组织、管理开发项目发生的费用，包括工资、职工福利费、折旧费、修理费、办公费、水电费、劳动保护费、周转房摊销等。

3. 房地产开发费用。

房地产开发费用，是指与房地产开发项目有关的销售费用、管理费用和财务费用。根据现行财务会计制度的规定，这三项费用作为期间费用，直接计入当期损益，不按成本核算对象进行分摊。故作为土地增值税扣除项目的房地产开发费用，不按纳税人房地产开发项目实际发生的费用进行扣除，而按《实施细则》的标准进行扣除。

《实施细则》规定，财务费用中的利息支出，凡能够按转让房地产项目计算分摊并提供金融机构证明的，允许据实扣除，但最高不能超过按商业银行同类同期贷款利率计算的金额。其他房地产开发费用，按《实施细则》第七条第（一）、（二）项规定（即取得土地使用权所支付的金额和房地产开发成本，下同）计算的金额之和的5%以内计算扣除。凡不能按转让房地产项目计算分摊利息支出或不能提供金融机构证明的，房地产开发费用按《实施细则》第七条第（一）、（二）项规定计算的金额之和的10%以内计算扣除。计算扣除的具体比例，由各省、自治区、直辖市人民政府规定。

上述规定的具体含义是：

（1）纳税人能够按转让房地产项目计算分摊利息支出，并能提供金融机构的贷款证明的，其允许扣除的房地产开发费用为：利息＋（取得土地使用权所支付的金额＋房地产开发成本）×5%以内（注：利息最高不能超过按商业银行同类同期贷款利率计算的金额）。

（2）纳税人不能按转让房地产项目计算分摊利息支出或不能提供金融机构贷款证明的，其允许扣除的房地产开发费用为：（取得土地使用权所支付的金额＋房地产开发成本）×10%以内。

全部使用自有资金，没有利息支出的，按照以上方法扣除。上述具体适用的比例按省级人民政府此前规定的比例执行。

（3）房地产开发企业既向金融机构借款，又有其他借款的，其房地产开发费用计算扣除时不能同时适用上述（1）、（2）项所述两种办法。

（4）土地增值税清算时，已经计入房地产开发成本的利息支出，应调整至财务费用中计算扣除。

此外，财政部、国家税务总局还对扣除项目金额中利息支出的计算问题作了两点专门规定：一是利息的上浮幅度按国家的有关规定执行，超过上浮幅度的部分不允许扣除；二是对于超过贷款期限的利息部分和加罚的利息不允许扣除。

4. 与转让房地产有关的税金。

与转让房地产有关的税金，是指在转让房地产时缴纳的城市维护建设税、印花税。

因转让房地产缴纳的教育费附加，也可视同税金予以扣除。

需要明确的是，房地产开发企业按照《施工、房地产开发企业财务制度》有关规定，其在转让时缴纳的印花税已列入管理费用中，故不允许再单独扣除。其他纳税人缴纳的印花税（按产权转移书据所载金额的0.5‰贴花），记在"税金及附加"科目核算，允许在此扣除。

"营改增"后，房地产开发企业实际缴纳的城市维护建设税、教育费附加，凡能够按清算项目准确计算的，允许据实扣除；凡不能按清算项目准确计算的，则按该清算项目预缴增值税时实际缴纳的城市维护建设税和教育费附加扣除。

5. 财政部确定的其他扣除项目。

对从事房地产开发的纳税人，允许按取得土地使用权所支付的金额和房地产开发成本之和，加计20%的扣除。需要特别指出的是，此条优惠只适用于从事房地产开发的纳税人，除此之外的其他纳税人不适用，其目的是抑制炒买炒卖房地产的投机行为，保护正常开发投资者的积极性。

6. 旧房及建筑物的评估价格。

纳税人转让旧房的，应按房屋及建筑物的评估价格、取得土地使用权所支付的地价款或出让金、按国家统一规定缴纳的有关费用和转让环节缴纳的税金作为扣除项目金额计征土地增值税。对取得土地使用权时未支付地价款或不能提供已支付的地价款凭据的，在计征土地增值税时不允许扣除。

旧房及建筑物的评估价格是指在转让已使用的房屋及建筑物时，由政府批准设立的房地产评估机构评定的重置成本价乘以成新度折扣率后的价格。评估价格须经当地税务机关确认。重置成本价的含义是：对旧房及建筑物，按转让时的建材价格及人工费用计算，建造同样面积、同样层次、同样结构、同样建设标准的新房及建筑物所需花费的成本费用。成新度折扣率的含义是：按旧房的新旧程度作一定比例的折扣。例如，一栋房屋已使用近10年，建造时的造价为1 000万元，按转让时的建材及人工费用计算，建同样的新房需花费5 000万元，假定该房有六成新，则该房的评估价格为：5 000×60% = 3 000（万元）。

纳税人转让旧房及建筑物，凡不能取得评估价格，但能提供购房发票的，经当地税务部门确认，根据《土地增值税暂行条例》第六条第（一）、（三）项规定的扣除项目的金额（即取得土地使用权所支付的金额、新建房及配套设施的成本、费用，或者旧房及建筑物的评估价格），可按发票所载金额并从购买年度起至转让年度止每年加计5%计算扣除。计算扣除项目时"每年"按购房发票所载日期起至售房发票开具之日止，每满12个月计1年；超过1年，未满12个月但超过6个月的，可以视同为1年。

对纳税人购房时缴纳的契税，凡能提供契税完税凭证的，准予作为"与转让房地产有关的税金"予以扣除，但不作为加计5%的基数。

对于转让旧房及建筑物，既没有评估价格，又不能提供购房发票的，地方税务机关可以根据《税收征收管理法》第三十五条的规定，实行核定征收。

四、应纳税额的计算

（一）增值额的确定

确定增值额是计算土地增值税的基础，增值额为纳税人转让房地产所取得的收入减除规定的扣除项目金额后的余额。准确核算增值额，需要有准确的房地产转让收入额和扣除项目的金额。在实际房地产交易活动中，有些纳税人由于不能准确提供房地产转让价格或扣除项目金额，致使增值额不准确，直接影响应纳税额的计算和缴纳。因此，《土地增值税暂行条例》第九条规定，纳税人有下列情形之一的，按照房地产评估价格计算征收。

1. 隐瞒、虚报房地产成交价格，是指纳税人不报或有意低报转让土地使用权、地上建筑物及其附着物价款的行为。隐瞒、虚报房地产成交价格的，应由评估机构参照同类房地产的市场交易价格进行评估。税务机关根据评估价格确定转让房地产的收入。

2. 提供扣除项目金额不实，是指纳税人在纳税申报时不据实提供扣除项目金额的行为。提供扣除项目金额不实的，应由评估机构按照房屋重置成本价乘以成新度折扣率计算的房屋成本价和取得土地使用权时的基准地价进行评估。税务机关根据评估价格确定扣除项目金额。

3. 转让房地产的成交价格低于房地产评估价格，又无正当理由，是指纳税人申报的转让房地产的实际成交价低于房地产评估机构评定的交易价，纳税人又不能提供凭据或无正当理由的行为。转让房地产的成交价格低于房地产评估价格，又无正当理由的，由税务机关参照房地产评估价格确定转让房地产的收入。

上述所说的房地产评估价格，是指由政府批准设立的房地产评估机构根据相同地段、同类房地产进行综合评定的价格。

（二）应纳税额的计算方法

土地增值税按照纳税人转让房地产所取得的增值额和规定的税率计算征收。土地增值税的计算公式为：

$$应纳税额 = \sum (每级距的土地增值额 \times 适用税率)$$

但在实际工作中，分步计算比较烦琐，一般可以采用速算扣除法计算。即计算土地增值税税额，可按增值额乘以适用的税率减去扣除项目金额乘以速算扣除系数的简便方法计算，具体方法如下：

应纳税额 = 土地增值额 × 适用税率 − 扣除项目金额 × 速算扣除系数

公式中，适用税率和速算扣除系数的确定取决于增值额与扣除项目金额的比率：

1. 增值额未超过扣除项目金额50%时，计算公式为：

土地增值税税额 = 增值额 × 30%

2. 增值额超过扣除项目金额50%，未超过100%时，计算公式为：

土地增值税税额 = 增值额 × 40% − 扣除项目金额 × 5%

3. 增值额超过扣除项目金额100%，未超过200%时，计算公式为：

土地增值税税额 = 增值额 × 50% − 扣除项目金额 × 15%

4. 增值额超过扣除项目金额200%时，计算公式为：

土地增值税税额 = 增值额×60% - 扣除项目金额×35%

上述公式中的5%、15%、35%分别为2、3、4级的速算扣除系数，见前述表10-1。

▶【例10-4】假定某房地产开发公司转让商品房一栋，取得收入总额为1 000万元，应扣除的购买土地的金额、开发成本的金额、开发费用的金额、相关税金的金额、其他扣除金额合计为400万元。请计算该房地产开发公司应缴纳的土地增值税。

（1）首先计算增值额：

增值额 = 1 000 - 400 = 600（万元）

（2）然后计算增值额与扣除项目金额的比率：

增值额与扣除项目金额的比率 = 600÷400×100% = 150%

根据上述计算方法，增值额超过扣除项目金额100%，未超过200%时，其适用的计算公式为：

土地增值税税额 = 增值额×50% - 扣除项目金额×15%

（3）最后计算该房地产开发公司应缴纳的土地增值税：

应缴纳土地增值税 = 600×50% - 400×15% = 240（万元）

五、房地产开发企业土地增值税清算

土地增值税清算是指纳税人在符合土地增值税清算条件后，依照税收法律、法规及土地增值税有关政策的规定，计算房地产开发项目应缴纳的土地增值税税额，并填写土地增值税清算申报表，向主管税务机关提供有关资料，办理土地增值税清算手续，结清该房地产项目应缴纳土地增值税税款的行为。

纳税人进行土地增值税清算时应当如实申报应缴纳的土地增值税税额，保证清算申报的真实性、准确性和完整性。税务机关应当为纳税人提供优质纳税服务，加强土地增值税政策宣传辅导。主管税务机关应及时对纳税人清算申报的收入、扣除项目金额、增值额、增值率以及税款计算等情况进行审核，依法征收土地增值税。

（一）土地增值税的清算单位

土地增值税以国家有关部门审批的房地产开发项目为单位进行清算，对于分期开发的项目，以分期项目为单位清算。

开发项目中同时包含普通住宅和非普通住宅的，应分别计算增值额。

（二）土地增值税的清算条件

1. 符合下列情形之一的，纳税人应进行土地增值税的清算：

（1）房地产开发项目全部竣工、完成销售的。

（2）整体转让未竣工决算房地产开发项目的。

（3）直接转让土地使用权的。

2. 符合下列情形之一的，主管税务机关可要求纳税人进行土地增值税清算：

（1）已竣工验收的房地产开发项目，已转让的房地产建筑面积占整个项目可售建筑面积的比例在85%以上，或该比例虽未超过85%，但剩余的可售建筑面积已经出租或自用的。

（2）取得销售（预售）许可证满3年仍未销售完毕的。
（3）纳税人申请注销税务登记但未办理土地增值税清算手续的。
（4）省税务机关规定的其他情况。

（三）土地增值税的清算时间

1. 凡符合应办理土地增值税清算条件的项目，纳税人应当在满足条件之日起90日内到主管税务机关办理清算手续。

2. 凡属税务机关要求纳税人进行土地增值税清算的项目，纳税人应当在接到主管税务机关下发的清算通知之日起90日内，到主管税务机关办理清算手续。

（四）土地增值税清算应税收入的确认

1. 一般情形下销售房地产应税收入的确认。

土地增值税清算时，已全额开具商品房销售发票的，按照发票所载金额确认收入；未开具发票或未全额开具发票的，以交易双方签订的销售合同所载的售房金额及其他收益确认收入。销售合同所载商品房面积与有关部门实际测量面积不一致，在清算前已发生补、退房款的，应在计算土地增值税时予以调整。

房地产开发项目的销售行为跨越"营改增"前后的，按以下方法确定土地增值税应税收入：

$$\text{土地增值税清算应税收入} = \text{"营改增"前转让房地产取得的收入} + \text{"营改增"后转让房地产取得的不含增值税收入}$$

2. 视同销售房地产应税收入的确认。

房地产开发企业将开发产品用于职工福利、奖励、对外投资、分配给股东或投资人、抵偿债务、换取其他单位和个人的非货币性资产等，发生所有权转移时应视同销售房地产，其收入按下列方法和顺序确认：

（1）按本企业在同一地区、同一年度销售的同类房地产的平均价格确定。

（2）由主管税务机关参照当地当年、同类房地产的市场价格或评估价值确定。

3. 房地产开发企业将开发的部分房地产转为企业自用或用于出租等商业用途时，如果产权未发生转移，不征收土地增值税，在税款清算时不列收入，不扣除相应的成本和费用。

（五）土地增值税清算的扣除项目

1. 房地产开发企业办理土地增值税清算时计算与清算项目有关的扣除项目金额，应根据《土地增值税暂行条例》第六条及《实施细则》第七条的规定执行。除另有规定外，扣除取得土地使用权所支付的金额、房地产开发成本、费用及与转让房地产有关税金，须提供合法有效凭证；不能提供合法有效凭证的，不予扣除。

2. 房地产开发企业办理土地增值税清算所附送的前期工程费、建筑安装工程费、基础设施费、开发间接费用的凭证或资料不符合清算要求或不实的，税务机关可参照当地建设工程造价管理部门公布的建安造价定额资料，结合房屋结构、用途、区位等因素，核定上述四项开发成本的单位面积金额标准，并据以计算扣除。具体核定方法由省税务机关确定。

3. 房地产开发企业开发建造的与清算项目配套的居委会和派出所用房、会所、停车场（库）、物业管理场所、变电站、热力站、水厂、文体场馆、学校、幼儿园、托儿所、医院、邮电通信等公共设施，按以下原则处理：

（1）建成后产权属于全体业主所有的，其成本、费用可以扣除。

（2）建成后无偿移交给政府、公用事业单位用于非营利性社会公共事业的，其成本、费用可以扣除。

（3）建成后有偿转让的，应计算收入，并准予扣除成本、费用。

4. 房地产开发企业销售已装修的房屋，其装修费用可以计入房地产开发成本。房地产开发企业的预提费用，除另有规定外，不得扣除。

5. 属于多个房地产项目共同的成本费用，应按清算项目可售建筑面积占多个项目可售总建筑面积的比例或其他合理的方法，计算确定清算项目的扣除金额。

6. 房地产开发企业在工程竣工验收后，根据合同约定，扣留建筑安装施工企业一定比例的工程款，作为开发项目的质量保证金，在计算土地增值税时，建筑安装施工企业就质量保证金对房地产开发企业开具发票的，按发票所载金额予以扣除；未开具发票的，扣留的质保金不得计算扣除。

7. 房地产开发企业逾期开发缴纳的土地闲置费不得扣除。

8. 房地产开发企业为取得土地使用权所支付的契税，应视同"按国家统一规定交纳的有关费用"，计入"取得土地使用权所支付的金额"中扣除。

9. 拆迁补偿费的扣除，按以下规定处理：

（1）房地产企业用建造的该项目房地产安置回迁户的，安置用房视同销售处理，按《国家税务总局关于房地产开发企业土地增值税清算管理有关问题的通知》（以下简称《通知》）（国税发〔2006〕187号）第三条第（一）款规定确认收入（即按本企业在同一地区、同一年度销售的同类房地产的平均价格确定；或由主管税务机关参照当地当年、同类房地产的市场价格或评估价值确定），同时将此确认为房地产开发项目的拆迁补偿费。房地产开发企业支付给回迁户的补差价款，计入拆迁补偿费；回迁户支付给房地产开发企业的补差价款，应抵减本项目拆迁补偿费。

（2）开发企业采取异地安置，异地安置的房屋属于自行开发建造的，房屋价值按《通知》的规定计算，计入本项目的拆迁补偿费；异地安置的房屋属于购入的，以实际支付的购房支出计入拆迁补偿费。

（3）货币安置拆迁的，房地产开发企业凭合法有效凭据计入拆迁补偿费。

（六）土地增值税清算应报送的资料

纳税人办理土地增值税清算应报送以下资料：

1. 土地增值税清算表及其附表。

2. 房地产开发项目清算说明，主要内容应包括房地产开发项目立项、用地、开发、销售、关联方交易、融资、税款缴纳等基本情况及主管税务机关需要了解的其他情况。

3. 项目竣工决算报表、取得土地使用权所支付的地价款凭证、国有土地使用权出让合同、银行贷款利息结算通知单、项目工程合同结算单、商品房购销合同统计表、销售明细表、预售许可证等与转让房地产的收入、成本和费用有关的证明资料。主管税务机关需要相应项目记账凭证的，纳税人还应提供记账凭证复印件。

纳税人委托税务中介机构审核鉴证的清算项目，还应报送中介机构出具的《土地增值税清算税款鉴证报告》。

（七）土地增值税清算项目的审核鉴证

主管税务机关受理纳税人清算资料后，应在一定期限内及时组织清算审核。具体期限由各省、自治区、直辖市、计划单列市税务机关确定。

税务中介机构受托对清算项目审核鉴证时，应按税务机关规定的格式对审核鉴证情况出具鉴证报告。对符合要求的鉴证报告，税务机关可以采信。

税务机关要对从事土地增值税清算鉴证工作的税务中介机构在准入条件、工作程序、鉴证内容、法律责任等方面提出明确要求，并做好必要的指导和管理工作。

（八）土地增值税的核定征收

房地产开发企业有下列情形之一的，税务机关可以参照与其开发规模和收入水平相近的当地企业的土地增值税税负情况，按不低于预征率的征收率核定征收土地增值税：

1. 依照法律、行政法规的规定应当设置但未设置账簿的。
2. 擅自销毁账簿或者拒不提供纳税资料的。
3. 虽设置账簿，但账目混乱或者成本资料、收入凭证、费用凭证残缺不全，难以确定转让收入或扣除项目金额的。
4. 符合土地增值税清算条件，未按照规定的期限办理清算手续，经税务机关责令限期清算，逾期仍不清算的。
5. 申报的计税依据明显偏低，又无正当理由的。

核定征收必须严格依照税收法律法规规定的条件进行，任何单位和个人不得擅自扩大核定征收范围，严禁在清算中出现"以核定为主、一核了之""求快图省"的做法。凡擅自将核定征收作为本地区土地增值税清算主要方式的，必须立即纠正。对确需核定征收的，要严格按照税收法律法规的要求，从严、从高确定核定征收率。为了规范核定工作，核定征收率原则上不得低于5%，各省级税务机关要结合本地实际，区分不同房地产类型制定核定征收率。

（九）清算后再转让房地产的处理

在土地增值税清算时未转让的房地产，清算后销售或有偿转让的，纳税人应按规定进行土地增值税的纳税申报，扣除项目金额按清算时的单位建筑面积成本费用乘以销售或转让面积计算。

单位建筑面积成本费用＝清算时的扣除项目总金额÷清算的总建筑面积

（十）土地增值税清算后应补缴的土地增值税加收滞纳金

纳税人按规定预缴土地增值税后，清算补缴的土地增值税，在主管税务机关规定的期限内补缴的，不加收滞纳金。

六、税收优惠

（一）建造普通标准住宅的税收优惠

纳税人建造普通标准住宅出售，增值额未超过扣除项目金额20%的，免征土地增值税。普通标准住宅，是指按所在地一般民用住宅标准建造的居住用住宅。高级公寓、别墅、度假村等不属于普通标准住宅。2005年6月1日起，普通标准住宅应同时满足：住宅小区建筑容积率在1.0以上；单套建筑面积在120平方米以下；实际成交价格低于同级别土地上住房平均交易价格1.2倍以下。各省、自治区、直辖市要根据实际情况，制定本地区享受优惠政策普通住房的具体标准。允许单套建筑面积和价格标准适当浮动，但向上浮动的比例不得超过上述标准的20%。纳税人建造普通标准住宅出售，增值额未超过扣除项目金额20%的，免征土地增值税；增值额超过扣除项目金额20%的，应就其全部增值额按规定计税。

对于纳税人既建造普通标准住宅，又建造其他房地产开发的，应分别核算增值额。不分别核算增值额或不能准确核算增值额的，其建造的普通标准住宅不能适用这一免税规定。

自2024年12月1日起，取消普通住宅和非普通住宅标准的城市，对纳税人建造销售增值额未超过扣除项目金额20%的普通标准住宅，继续实施免征土地增值税优惠政策。

根据《实施细则》第十一条，有关城市的具体执行标准由各省、自治区、直辖市人民政府规定。具体执行标准公布后，税务机关新受理清算申报的项目，以及在具体执行标准公布前已受理清算申报但未出具清算审核结论的项目，按新公布的标准执行。具体执行标准公布前出具清算审核结论的项目，仍按原标准执行。

对企事业单位、社会团体以及其他组织转让旧房作为公租房房源，且增值额未超过扣除项目金额20%的，免征土地增值税。

（二）国家征用、收回的房地产的税收优惠

因国家建设需要依法征用、收回的房地产，免征土地增值税。

因国家建设需要依法征用、收回的房地产，是指因城市实施规划、国家建设的需要而被政府批准征用的房产或收回的土地使用权。

（三）因城市规划、国家建设需要而搬迁由纳税人自行转让原房地产的税收优惠

因城市实施规划、国家建设的需要而搬迁，由纳税人自行转让原房地产的，免征土地增值税。

因城市实施规划而搬迁，是指因旧城改造或因企业污染、扰民（指产生过量废气、废水、废渣和噪声，使城市居民生活受到一定危害），而由政府或政府有关主管部门根据已审批通过的城市规划确定进行搬迁的情况。因国家建设的需要而搬迁，是指因实施国务院、省级人民政府、国务院有关部委批准的建设项目而进行搬迁的情况。

（四）对企事业单位、社会团体以及其他组织转让旧房作为改造安置住房、公共租赁住房或保障性住房房源的税收优惠

对企事业单位、社会团体以及其他组织转让旧房作为棚户区改造安置住房、公共租赁住房或保障性住房房源且增值额未超过扣除项目金额20%的，免征土地增值税。享受上述税收优惠政策的改造安置住房，是指相关部门和单位与棚户区被征收人签订的房屋征收（拆迁）补偿协议或棚户区改造合同（协议）中明确用于安置被征收人的住房或通过改建、扩建、翻建等方式实施改造的住房；公共租赁住房，是指纳入省、自治区、直辖市、计划单列市人民政府及新疆生产建设兵团批准的公共租赁住房发展规划和年度计划，或者市、县人民政府批准建设（筹集），并按照《关于加快发展公共租赁住房的指导意见》（建保〔2010〕87号）和市、县人民政府制定的具体管理办法进行管理的公共租赁住房；享受上述优惠政策的保障性住房项目，按照城市人民政府认定的范围确定，城市人民政府住房城乡建设部门将本地区保障性住房项目、保障性住房经营管理单位等信息及时提供给同级财政、税务部门。

（五）个人销售住房的税收优惠

自2008年11月1日，对个人销售住房暂免征收土地增值税。

（六）企业改制重组有关土地增值税政策

自2021年1月1日至2027年12月31日，企业改制重组有关土地增值税政策如下：

1. 企业按照《中华人民共和国公司法》有关规定整体改制，包括非公司制企业改制为有限责任公司或股份有限公司，有限责任公司变更为股份有限公司，股份有限公司变更为有限责任公司，对改制前的企业将国有土地使用权、地上的建筑物及其附着物（以下简称房地产）转移、变更到改制后的企业，暂不征收土地增值税。

整体改制是指不改变原企业的投资主体，并承继原企业权利、义务的行为。

2. 按照法律规定或者合同约定，两个或两个以上企业合并为一个企业，且原企业投资主体存续的，对原企业将房地产转移、变更到合并后的企业，暂不征收土地增值税。

3. 按照法律规定或者合同约定，企业分设为两个或两个以上与原企业投资主体相同的企业，对原企业将房地产转移、变更到分立后的企业，暂不征收土地增值税。

4. 单位、个人在改制重组时以房地产作价入股进行投资，对其将房地产转移、变更到被投资的企业，暂不征收土地增值税。

改制重组有关土地增值税政策不适用于房地产转移任意一方为房地产开发企业的情形。

不改变原企业投资主体、投资主体相同，是指企业改制重组前后出资人不发生变动，出资人的出资比例可以发生变动；投资主体存续，是指原企业出资人必须存在于改制重组后的企业，出资人的出资比例可以发生变动。

改制重组后再转让房地产并申报缴纳土地增值税时，对"取得土地使用权所支付的金额"，按照改制重组前取得该宗国有土地使用权所支付的地价款和按国家统一规定缴纳的有关费用确定；经批准以国有土地使用权作价出资入股的，为作价入股时县级及以上自然资源部门批准的评估价格。按购房发票确定扣除项目金额的，按照改制重组前购房发票所载金额并从购买年度起至本次转让年度止每年加计5%计算扣除项目金额，购买年度是指购房发票所载日期的当年。

（七）哈尔滨亚冬会的税收优惠

为支持筹办哈尔滨2025年第九届亚洲冬季运动会，自2024年1月1日起，对第九届亚洲冬季运动会组织委员会赛后出让资产取得的收入，免征增值税和土地增值税。

（八）推进农村集体产权制度改革的税收优惠

自2024年1月1日起，村民委员会、村民小组按照农村集体产权制度改革要求，将国有土地使用权、地上的建筑物及其附着物转移、变更到农村集体经济组织名下的，暂不征收土地增值税。

农村集体经济组织，应按规定在农业农村部门办理注册登记，被赋予以字母"N"开头的统一社会信用代码，并取得《农村集体经济组织登记证》。

七、征收管理

（一）预征管理

由于房地产开发与转让周期较长，造成土地增值税征管难度大，根据《实施细则》的规定，对纳税人在项目全部竣工结算前转让房地产取得的收入，可以预征土地增值税，具体办法由各省、自治区、直辖市税务局根据当地情况制定。为了发挥土地增值税在预征阶段的调节作用，对已经实行预征办法的地区，可根据不同类型房地产的实际情况，确定适当的预征率。除保障性住房外，东部地区省份预征率不得低于2%，中部和东北地区省份不得低于1.5%，西部地区省份不得低于1%。

为更好发挥土地增值税调节作用，根据《土地增值税暂行条例》及其实施细则等有关规定，自2024年12月1日起，将土地增值税预征率下限降低0.5个百分点。调整后，除保障性住房外，东部地区省份预征率下限为1.5%，中部和东北地区省份预征率下限为1%，西部地区省份预征率下限为0.5%（地区的划分按照国务院有关文件的规定执行）。

对于纳税人预售房地产所取得的收入，凡当地税务机关规定预征土地增值税的，纳税人应当到主管税务机关办理纳税申报，并按规定比例预交税款，待办理决算后，多退少补；凡当地税务机关规定不预征土地增值税的，也应在取得收入时先到税务机关登记或备案。

（二）纳税地点

土地增值税的纳税人应向房地产所在地主管税务机关办理纳税申报，并在税务机关核定的期限内缴纳土地增值税。房地产所在地，是指房地产的坐落地。纳税人转让的房地产坐落在两个或两个以上地区的，应按房地产所在地分别申报纳税。

在实际工作中，纳税地点的确定又可分为以下两种情况：

1. 纳税人是法人的。当转让的房地产坐落地与其机构所在地或经营所在地一致时，则在办理税务登记的原管辖税务机关申报纳税即可；如果转让的房地产坐落地与其机构所在地或经营所在地不一致时，则应在房地产坐落地所管辖的税务机关申报纳税。

2. 纳税人是自然人的。当转让的房地产坐落地与其居住所在地一致时，则在住所所在地税务机关申报纳税；当转让的房地产坐落地与其居住所在地不一致时，则在房地产坐落地的税务机关申报纳税。

（三）纳税申报

土地增值税的纳税人应在转让房地产合同签订后的 7 日内，到房地产所在地主管税务机关办理纳税申报，如实填写《财产和行为税纳税申报表》（参见第六章中表 6-1）及相应的税源明细表。

第十一章　车辆购置税法、车船税法和印花税法

第一节　车辆购置税法

车辆购置税法，是指国家制定的用以调整车辆购置税征收与缴纳权利及义务关系的法律规范。现行车辆购置税法的基本规范，是 2018 年 12 月 29 日第十三届全国人民代表大会常务委员会第七次会议通过，并于 2019 年 7 月 1 日起施行的《中华人民共和国车辆购置税法》(以下简称《车辆购置税法》)。

一、纳税人与征税范围

(一)纳税人

车辆购置税是以在中国境内购置规定车辆为课税对象、在特定的环节向车辆购置者征收的一种税。就其性质而言，属于直接税的范畴。

车辆购置税的纳税人是指在中华人民共和国境内购置汽车、有轨电车、汽车挂车、排气量超过 150 毫升的摩托车(以下统称应税车辆)的单位和个人。其中，购置是指以购买、进口、自产、受赠、获奖或者其他方式取得并自用应税车辆的行为。车辆购置税实行一次性征收。购置已征车辆购置税的车辆，不再征收车辆购置税。

(二)征税范围

车辆购置税征税范围包括汽车、有轨电车、汽车挂车、排气量超过 150 毫升的摩托车。

地铁、轻轨等城市轨道交通车辆，装载机、平地机、挖掘机、推土机等轮式专用机械车，以及起重机(吊车)、叉车、电动摩托车，不属于应税车辆。

纳税人进口自用应税车辆，是指纳税人直接从境外进口或者委托代理进口自用的应税车辆，不包括在境内购买的进口车辆。

二、税率与计税依据

(一)税率

车辆购置税实行统一比例税率，税率为 10%。

（二）计税依据

计税依据为应税车辆的计税价格，按照下列规定确定：

1. 纳税人购置应税车辆，以发票电子信息中的不含增值税价作为计税价格。纳税人依据相关规定提供其他有效价格凭证的情形除外。

应税车辆存在多条发票电子信息或者没有发票电子信息的，纳税人按照购置应税车辆实际支付给销售方的全部价款（不包括增值税税款）申报纳税。

2. 纳税人进口自用应税车辆的计税价格，为关税完税价格加上关税和消费税；纳税人进口自用应税车辆，是指纳税人直接从境外进口或者委托代理进口自用的应税车辆，不包括在境内购买的进口车辆。

3. 纳税人自产自用应税车辆的计税价格，按照纳税人生产的同类应税车辆（即车辆配置序列号相同的车辆）的销售价格确定，不包括增值税税款；没有同类应税车辆销售价格的，按照组成计税价格确定。组成计税价格计算公式为：

组成计税价格 = 成本 × (1 + 成本利润率)

属于应征消费税的应税车辆，其组成计税价格中应加计消费税税额。

上述公式中的成本利润率，由国家税务总局各省、自治区、直辖市和计划单列市税务局确定。

4. 纳税人以受赠、获奖或者其他方式取得自用应税车辆的计税价格，按照购置应税车辆时相关凭证载明的价格确定，不包括增值税税款。

这里所称的购置应税车辆时相关凭证，是指原车辆所有人购置或者以其他方式取得应税车辆时载明价格的凭证。无法提供相关凭证的，参照同类应税车辆市场平均交易价格确定其计税价格。原车辆所有人为车辆生产或者销售企业，未开具机动车销售统一发票的，按照车辆生产或者销售同类应税车辆的销售价格确定应税车辆的计税价格。无同类应税车辆销售价格的，按照组成计税价格确定应税车辆的计税价格。

纳税人以外汇结算应税车辆价款的，按照申报纳税之日的人民币汇率中间价折合成人民币计算缴纳税款。

5. 销售方销售"换电模式"新能源汽车时，不含动力电池的新能源汽车与动力电池分别核算销售额并分别开具发票的，依据购车人购置不含动力电池的新能源汽车取得的机动车销售统一发票载明的不含税价作为车辆购置税计税价格。

"换电模式"新能源汽车应当满足换电相关技术标准和要求，且新能源汽车生产企业能够自行或委托第三方为用户提供换电服务。

三、应纳税额的计算

车辆购置税实行从价定率的方法计算应纳税额，计算公式为：

应纳税额 = 计税依据 × 税率

（一）购买自用应税车辆应纳税额的计算

纳税人购买自用的应税车辆的计税价格，为纳税人实际支付给销售者的全部价款，不包括增值税税款。

▶【例 11-1】宋某 2024 年 5 月从某汽车有限公司购买一辆小汽车供自己使用,支付了含增值税税款在内的款项 232 780 元,所支付的款项由该汽车有限公司开具"机动车销售统一发票"。请计算宋某应纳车辆购置税。

(1) 计税依据 = 232 780 ÷ (1 + 13%) = 206 000 (元)

(2) 应纳税额 = 206 000 × 10% = 20 600 (元)

(二) 进口自用应税车辆应纳税额的计算

纳税人进口自用应税车辆的计税价格,为关税完税价格加上关税和消费税。纳税人进口自用的应税车辆应纳税额的计算公式为:

应纳税额 = (关税完税价格 + 关税 + 消费税) × 税率

▶【例 11-2】某外贸进出口公司 2024 年 6 月从国外进口 10 辆某公司生产的某型号小轿车。该公司报关进口这批小轿车时,经报关地海关对有关报关资料的审查,确定关税完税价格为每辆 185 000 元人民币,海关按关税政策规定每辆征收了关税 46 200 元,并按消费税、增值税有关规定分别代征了每辆小轿车的进口消费税 40 800 元和增值税 35 360 元。由于联系业务需要,该公司将一辆小轿车留在本单位使用。根据以上资料,计算应纳车辆购置税。

(1) 计税依据 = 185 000 + 46 200 + 40 800 = 272 000 (元)

(2) 应纳税额 = 272 000 × 10% = 27 200 (元)

(三) 其他自用应税车辆应纳税额的计算

纳税人自产自用应税车辆的计税价格,按照纳税人生产的同类应税车辆的销售价格确定,不包括增值税税款。

纳税人以受赠、获奖或者其他方式取得自用应税车辆的计税价格,按照购置应税车辆时相关凭证载明的价格确定,不包括增值税税款。

▶【例 11-3】某客车制造厂将自产的一辆某型号的客车,用于本厂后勤服务,该厂在办理车辆上牌落籍前,出具该车的发票,注明金额为 80 000 元。计算该车应纳车辆购置税。

应纳税额 = 80 000 × 10% = 8 000 (元)

(四) 已经办理免税、减税手续的车辆因转让、改变用途等原因不再属于免税、减税范围的,纳税人、纳税义务发生时间、应纳税额按以下规定执行

1. 发生转让行为的,受让人为车辆购置税纳税人;未发生转让行为的,车辆所有人为车辆购置税纳税人。

2. 纳税义务发生时间为车辆转让或者用途改变等情形发生之日。

3. 应纳税额计算公式为:

应纳税额 = 初次办理纳税申报时确定的计税价格 × (1 - 使用年限 × 10%) × 10% - 已纳税额

应纳税额不得为负数。

使用年限的计算方法是,自纳税人初次办理纳税申报之日起,至不再属于免税、减税范围的情形发生之日止。使用年限取整计算,不满一年的不计算在内。

四、税收优惠

依照法律规定应当予以免税的是：

1. 外国驻华使馆、领事馆和国际组织驻华机构及其外交人员自用车辆免税。
2. 中国人民解放军和中国人民武装警察部队列入装备订货计划的车辆免税。
3. 悬挂应急救援专用号牌的国家综合性消防救援车辆免税。
4. 设有固定装置的非运输专用作业车辆免税。设有固定装置的非运输专用作业车辆，是指采用焊接、铆接或者螺栓连接等方式固定安装专用设备或者器具，不以载运人员或者货物为主要目的，在设计和制造上用于专项作业的车辆。自2021年1月1日起，免征车辆购置税的设有固定装置的非运输专用作业车辆，通过发布《免征车辆购置税的设有固定装置的非运输专用作业车辆目录》（以下简称《目录》）实施管理。
5. 城市公交企业购置的公共汽电车辆免税。城市公交企业，是指由县级以上（含县级）人民政府交通运输主管部门认定的，依法取得城市公交经营资格，为公众提供公交出行服务，并纳入《城市公共交通管理部门与城市公交企业名录》的企业；公共汽电车辆，是指按规定的线路、站点票价营运，用于公共交通服务，为运输乘客设计和制造的车辆，包括公共汽车、无轨电车和有轨电车。
6. 回国服务的在外留学人员用现汇购买1辆个人自用国产小汽车和长期来华定居专家进口1辆自用小汽车免征车辆购置税。回国服务的在外留学人员购买自用国产小汽车办理免税手续，除了按相关规定提供申报资料外，还应当提供中华人民共和国驻留学人员学习所在国的大使馆或者领事馆（中央人民政府驻香港联络办公室、中央人民政府驻澳门联络办公室）出具的留学证明；公安部门出具的境内居住证明、本人护照；海关核发的《中华人民共和国海关回国人员购买国产汽车准购单》。所称小汽车，是指含驾驶员座位9座以内，在设计和技术特性上主要用于载运乘客及其随身行李或者临时物品的乘用车。
7. 防汛部门和森林消防部门用于指挥、检查、调度、报汛（警）、联络的由指定厂家生产的设有固定装置的指定型号的车辆免征车辆购置税。
8. 对购置日期在2024年1月1日至2025年12月31日期间的新能源汽车免征车辆购置税，其中，每辆新能源乘用车免税额不超过3万元；对购置日期在2026年1月1日至2027年12月31日期间的新能源汽车减半征收车辆购置税，其中，每辆新能源乘用车减税额不超过1.5万元。

购置日期按照机动车销售统一发票或海关关税专用缴款书等有效凭证的开具日期确定。

享受车辆购置税减免政策的新能源汽车，是指符合新能源汽车产品技术要求的纯电动汽车、插电式混合动力（含增程式）汽车、燃料电池汽车。新能源汽车产品技术要求由工业和信息化部会同财政部、税务总局根据新能源汽车技术进步、标准体系发展和车型变化情况制定。

新能源乘用车，是指在设计、制造和技术特性上主要用于载运乘客及其随身行李和

（或）临时物品，包括驾驶员座位在内最多不超过9个座位的新能源汽车。

9. 中国妇女发展基金会"母亲健康快车"项目的流动医疗车免征车辆购置税。

10. 原公安现役部队和原武警黄金、森林、水电部队改制后换发地方机动车牌证的车辆（公安消防、武警森林部队执行灭火救援任务的车辆除外），一次性免征车辆购置税。根据国民经济和社会发展的需要，国务院可以规定减征或者其他免征车辆购置税的情形，报全国人民代表大会常务委员会备案。

11. 至2027年12月31日，对购置挂车减半征收车辆购置税。购置日期按照《机动车销售统一发票》《海关关税专用缴款书》或者其他有效凭证的开具日期确定。

五、征收管理

车辆购置税由税务机关负责征收。车辆购置税的征收规定如下：

（一）纳税申报

纳税人应当在向公安机关交通管理部门办理车辆注册登记前，缴纳车辆购置税，具体征收管理规定如下：

1. 纳税人应到下列地点办理车辆购置税纳税申报：

（1）需要办理车辆登记注册手续的纳税人，向车辆登记地的主管税务机关申报纳税。

（2）不需要办理车辆登记注册手续的纳税人，单位纳税人向其机构所在地的主管税务机关申报纳税，个人纳税人向其户籍所在地或者经常居住地的主管税务机关申报纳税。

2. 车辆购置税实行一车一申报制度。

3. 车辆购置税的纳税义务发生时间为纳税人购置应税车辆的当日，以纳税人购置应税车辆所取得的车辆相关凭证上注明的时间为准。纳税人应当自纳税义务发生之日起60日内申报缴纳车辆购置税。

（1）购买自用应税车辆的为购买之日，即车辆相关价格凭证的开具日期。

（2）进口自用应税车辆的为进口之日，即《海关进口增值税专用缴款书》或者其他有效凭证的开具日期。

（3）自产、受赠、获奖或者以其他方式取得并自用应税车辆的为取得之日，即合同、法律文书或者其他有效凭证的生效或者开具日期。

4. 纳税人办理纳税申报时应当如实填报《车辆购置税纳税申报表》，同时提供车辆合格证明和车辆相关价格凭证。

所称车辆合格证明，是指整车出厂合格证或者《车辆电子信息单》；所称车辆相关价格凭证是指：境内购置车辆为机动车销售统一发票或者其他有效凭证；进口自用车辆为《海关进口关税专用缴款书》或者海关进出口货物征免税证明，属于应征消费税车辆的还包括《海关进口消费税专用缴款书》。

5. 自2020年6月1日起，纳税人办理车辆购置税纳税申报时，提供发票电子信息办理纳税申报。纳税人依据相关规定提供其他有效价格凭证的情形除外。

发票电子信息与纳税人提供的机动车销售统一发票的内容不一致、纳税人提供的机动车销售统一发票已经作废或者开具了红字发票的，纳税人应换取合规的发票后申报纳税。

6. 纳税人在办理车辆购置税免税、减税时，除按前述第 4 条规定提供资料外，还应当根据不同的免税、减税情形，分别提供相关资料的原件、复印件。

（1）外国驻华使馆、领事馆和国际组织驻华机构及其有关人员自用车辆，提供机构证明和外交部门出具的身份证明。

（2）城市公交企业购置的公共汽电车辆，提供所在地县级以上（含县级）交通运输主管部门出具的公共汽电车辆认定表。

（3）悬挂应急救援专用号牌的国家综合性消防救援车辆，提供中华人民共和国应急管理部批准的相关文件。

（4）回国服务的在外留学人员购买的自用国产小汽车，提供海关核发的《中华人民共和国海关回国人员购买国产汽车准购单》。

（5）长期来华定居专家进口自用小汽车，提供国家外国专家局或者其授权单位核发的专家证或者 A 类和 B 类《外国人工作许可证》。

7. 免税、减税车辆因转让、改变用途等原因不再属于免税、减税范围的，纳税人在办理纳税申报时，应当如实填报《车辆购置税纳税申报表》。发生二手车交易行为的，提供二手车销售统一发票；属于其他情形的，按照相关规定提供申报材料。

8. 已经缴纳车辆购置税的，纳税人向原征收机关申请退税时，应当如实填报《车辆购置税退税申请表》，提供纳税人身份证明，并区别不同情形提供相关资料。

（1）车辆退回生产企业或者销售企业的，提供生产企业或者销售企业开具的退车证明和退车发票。

（2）其他依据法律法规规定应当退税的，根据具体情形提供相关资料。

所称纳税人身份证明是指：单位纳税人为《统一社会信用代码证书》，或者营业执照或者其他有效机构证明；个人纳税人为居民身份证，或者居民户口簿或者入境的身份证件。

自 2020 年 6 月 1 日起，纳税人购置并已完税的应税车辆，纳税人申请车辆购置税退税时，税务机关核对纳税人提供的退车发票与发票电子信息无误后，按规定办理退税；核对不一致的，纳税人换取合规的发票后，依法办理退税申报；没有发票电子信息的，销售方向税务机关传输有效发票电子信息后，纳税人依法办理退税申报。

9. 纳税人应当如实申报应税车辆的计税价格，税务机关应当按照纳税人申报的计税价格征收税款。纳税人编造虚假计税依据的，税务机关应当依照《税收征收管理法》及其实施细则的相关规定处理。

10. 前述要求纳税人提供的资料，税务机关能够通过政府信息共享等手段获取相关资料信息的，纳税人不再提交；且前述要求纳税人提供资料的，纳税人应当提供原件和相应的复印件。复印件由主管税务机关留存。主管税务机关根据不同业务管理规定要求留存统一发票报税联、车辆电子信息单、彩色照片以及《车辆购置税完税证明》（以下简称完税证明）等原件的，不再留存复印件。其他原件经主管税务机关审核后退还纳税人。

11. 税务机关应当在税款足额入库或者办理免税手续后，将应税车辆完税或者免税电子信息，及时传送给公安机关交通管理部门。

税款足额入库包括以下情形：纳税人到银行缴纳车辆购置税税款（转账或者现金），由银行将税款缴入国库的，国库已传回《税收缴款书（银行经收专用）》联次；纳税人通过横向联网电子缴税系统等电子方式缴纳税款的，税款划缴已成功；纳税人在办税服务厅以现金方式缴纳税款的，主管税务机关已收取税款。

12. 纳税人名称、车辆厂牌型号、发动机号、车辆识别代号（车架号）、证件号码等应税车辆完税或者免税电子信息与原申报资料不一致的，纳税人可以到税务机关办理完税或者免税电子信息更正，但是不包括以下情形：

（1）车辆识别代号（车架号）和发动机号同时与原申报资料不一致。

（2）完税或者免税信息更正影响到车辆购置税税款。

（3）纳税人名称和证件号码同时与原申报资料不一致。

税务机关核实后，办理更正手续，重新生成应税车辆完税或者免税电子信息，并且及时传送给公安机关交通管理部门。

13. 自2021年1月1日起，纳税人在办理设有固定装置的非运输专用作业车辆免税（见本节税收优惠第4条）申报时，申请列入《目录》的车型应当符合《设有固定装置的非运输专用作业车辆技术要求》。

申请列入《目录》的车型，车辆生产企业、进口车辆经销商或个人需在纳税人办理车辆购置税申报前，通过工业和信息化部"免征车辆购置税的设有固定装置的非运输专用作业车辆管理系统"提交列入《目录》的下列申请材料：

（1）《设有固定装置的非运输专用作业车辆信息采集表》。

（2）车辆照片及固定装置布置简图。照片及简图应当符合《设有固定装置的非运输专用作业车辆照片及资料扫描图片要求》。

（3）证明进口车辆合法进口的材料，包括但不限于《车辆一致性证书》或《中华人民共和国海关货物进口证明书》或《中华人民共和国海关监管车辆进（出）境领（销）牌照通知书》或《没收走私汽车、摩托车证明书》。

（二）车辆购置税的退税制度

已征车辆购置税的车辆退回车辆生产或销售企业，纳税人申请退还车辆购置税的，应退税额计算公式为：

应退税额 = 已纳税额 × (1 − 使用年限 × 10%)

应退税额不得为负数。

使用年限的计算方法是，自纳税人缴纳税款之日起，至申请退税之日止。

（三）车辆购置税征管资料

1. 征税车辆：纳税人身份证明、车辆价格证明、车辆合格证明和《车辆购置税纳税申报表》。

2. 免税车辆：纳税人身份证明、车辆价格证明、车辆合格证明、纳税申报表、《车辆购置税免（减）税申报表》和车辆免（减）税证明资料。

3. 免税重新申报车辆：（1）发生二手车交易行为的：纳税人身份证明、《二手车销售统一发票》、纳税申报表和完税证明正本；（2）未发生二手车交易行为的：纳税人身份证明、纳税申报表、完税证明正本和其他相关材料。

4. 补税车辆：车主身份证明、车辆价格证明、纳税申报表和补税相关材料。

5. 完税证明补办车辆：（1）车辆登记注册前完税证明发生损毁丢失的：纳税人（车主）身份证明、车辆购置税完税凭证、车辆合格证明和《车辆购置税完税证明补办表》；（2）车辆登记注册后完税证明发生损毁丢失的：纳税人（车主）身份证明、《机动车行驶证》和补办表。同时，税务机关应当留存新完税证明副本。

6. 完税证明更正车辆：完税证明正、副本和完税证明更正相关材料。

（四）申报列入免税图册的车辆

申报列入免税图册的车辆，机动车生产企业或者纳税人按照规定填写《设有固定装置非运输车辆信息表》，并提供下列资料：

1. 车辆合格证明原件、复印件。

国产车辆，提供合格证和《中华人民共和国工业和信息化部车辆生产及产品公告》；进口车辆，提供《中华人民共和国海关货物进口证明书》。

2. 车辆内、外观彩色五寸照片1套。

3. 车辆内、外观彩色照片电子文档。

（五）应用车辆购置税电子完税信息办理车辆注册登记业务

1. 自2019年6月1日起，纳税人在全国范围内办理车辆购置税纳税业务时，税务机关不再打印和发放纸质车辆购置税完税证明。纳税人办理完成车辆购置税纳税业务后，在公安机关交通管理部门办理车辆注册登记时，不需向公安机关交通管理部门提交纸质车辆购置税完税证明。

纳税人办理完成车辆购置税纳税业务（免税业务除外）的具体情形如下：纳税人到银行办理车辆购置税税款缴纳（转账或者现金）、由银行将税款缴入国库的，国库已传回《税收缴款书（银行经收专用）》联次；纳税人通过横向联网电子缴税系统等电子方式缴纳税款的，税款划缴已成功；纳税人在办税服务厅以现金方式缴纳税款的，主管税务机关已收取税款。

2. 纳税人申请注册登记的车辆识别代号信息与完税或者免税电子信息不符的，公安机关交通管理部门不予办理车辆注册登记。

3. 自2019年7月1日起，纳税人在全国范围内办理车辆购置税补税、完税证明换证或者更正等业务时，税务机关不再出具纸质车辆购置税完税证明。

4. 纳税人如需纸质车辆购置税完税证明，可向主管税务机关提出，由主管税务机关打印《车辆购置税完税证明（电子版）》，亦可自行通过本省（自治区、直辖市和计划单列市）电子税务局等官方互联网平台查询和打印。

第二节 车船税法

车船税法,是指国家制定的用以调整车船税征收与缴纳权利及义务关系的法律规范。现行车船税法的基本规范,是 2011 年 2 月 25 日由中华人民共和国第十一届全国人民代表大会常务委员会第十九次会议通过的《中华人民共和国车船税法》(以下简称《车船税法》),自 2012 年 1 月 1 日起施行;后根据 2019 年 4 月 23 日第十三届全国人民代表大会常务委员会第十次会议通过的《关于修改〈中华人民共和国建筑法〉等八部法律的决定》修正。

车船税是以车船为征税对象,向车船的所有人或管理人征收的一种税。征收车船税有利于为地方政府筹集财政资金,有利于车船的管理和合理配置,也有利于调节财富差异。

一、纳税人与征税范围

(一)纳税人

车船税的纳税人,是指在中华人民共和国境内,车辆、船舶(以下简称车船)的所有人或者管理人,应当依照《车船税法》的规定缴纳车船税。

(二)征税范围

车船税的征税范围是指在中华人民共和国境内属于《车船税法》所附《车船税税目税额表》规定的车辆、船舶。车辆、船舶是指:

1. 依法应当在车船登记管理部门登记的机动车辆和船舶。
2. 依法不需要在车船登记管理部门登记、在单位内部场所行驶或者作业的机动车辆和船舶。

车船登记管理部门,是指公安、交通运输、农业、渔业、军队、武装警察部队等依法具有车船登记管理职能的部门。

3. 境内单位和个人租入外国籍船舶的,不征收车船税。境内单位和个人将船舶出租到境外的,应依法征收车船税。

临时入境的外国车船和香港特别行政区、澳门特别行政区、台湾地区的车船,不征收车船税。

二、税目与税率

车船税实行定额税率。定额税率,也称固定税额,是税率的一种特殊形式。车船税的适用税额,依照《车船税法》所附的《车船税税目税额表》执行。

车辆的具体适用税额由省、自治区、直辖市人民政府依照《车船税法》所附《车船税税目税额表》规定的税额幅度和国务院的规定确定。

船舶的具体适用税额由国务院在《车船税法》所附《车船税税目税额表》(见表 11-1)规定的税额幅度内确定。

表 11-1　　车船税税目税额表

税目		计税单位	年基准税额（元）	备注
乘用车〔按发动机气缸容量（排气量）分档〕	1.0 升（含）以下的	每辆	60~360	核定载客人数 9 人（含）以下
	1.0 升以上至 1.6 升（含）的		300~540	
	1.6 升以上至 2.0 升（含）的		360~660	
	2.0 升以上至 2.5 升（含）的		660~1 200	
	2.5 升以上至 3.0 升（含）的		1 200~2 400	
	3.0 升以上至 4.0 升（含）的		2 400~3 600	
	4.0 升以上的		3 600~5 400	
商用车	客车	每辆	480~1 440	核定载客人数 9 人（包括电车）以上
	货车	整备质量每吨	16~120	1. 包括半挂牵引车、挂车、客货两用汽车、三轮汽车和低速载货汽车等。2. 挂车按照货车税额的 50%计算
其他车辆	专用作业车	整备质量每吨	16~120	不包括拖拉机
	轮式专用机械车	整备质量每吨	16~120	
摩托车		每辆	36~180	
船舶	机动船舶	净吨位每吨	3~6	拖船、非机动驳船分别按照机动船舶税额的 50%计算；游艇的税额另行规定
	游艇	艇身长度每米	600~2 000	

注：《车船税税目税额表》中车辆、船舶的含义如下：
乘用车，是指在设计和技术特性上主要用于载运乘客及随身行李，核定载客人数包括驾驶员在内不超过 9 人的汽车。
商用车，是指除乘用车外，在设计和技术特性上用于载运乘客、货物的汽车，划分为客车和货车。
半挂牵引车，是指装备有特殊装置用于牵引半挂车的商用车。
三轮汽车，是指最高设计车速不超过每小时 50 千米，具有 3 个车轮的货车。
低速载货汽车，是指以柴油机为动力，最高设计车速不超过每小时 70 千米，具有 4 个车轮的货车。
挂车，是指就其设计和技术特性需由汽车或者拖拉机牵引，才能正常使用的一种无动力的道路车辆。
专用作业车，是指在其设计和技术特性上用于特殊工作的车辆。
轮式专用机械车，是指有特殊结构和专门功能，装有橡胶车轮可以自行行驶，最高设计车速大于每小时 20 千米的轮式工程机械车。
摩托车，是指无论采用何种驱动方式，最高设计车速大于每小时 50 千米，或者使用内燃机，其排量大于 50 毫升的两轮或者三轮车辆。
船舶，是指各类机动、非机动船舶以及其他水上移动装置，但是船舶上装备的救生艇筏和长度小于 5 米的艇筏除外。其中，机动船舶是指用机器推进的船舶；拖船是指专门用于拖（推）动运输船舶的专业作业船舶；非机动驳船，是指在船舶登记管理部门登记为驳船的非机动船舶；游艇是指具备内置机械推进动力装置，长度在 90 米以下，主要用于游览观光、休闲娱乐、水上体育运动等活动，并应当具有船舶检验证书和适航证书的船舶。

车船税采用定额税率，即对征税的车船规定单位固定税额。

1. 机动船舶，具体适用税额为：
（1）净吨位不超过 200 吨的，每吨 3 元。
（2）净吨位超过 200 吨但不超过 2 000 吨的，每吨 4 元。
（3）净吨位超过 2 000 吨但不超过 10 000 吨的，每吨 5 元。
（4）净吨位超过 10 000 吨的，每吨 6 元。
拖船按照发动机功率每 1 千瓦折合净吨位 0.67 吨计算征收车船税。

2. 游艇，具体适用税额为：

(1) 艇身长度不超过 10 米的游艇，每米 600 元。

(2) 艇身长度超过 10 米但不超过 18 米的游艇，每米 900 元。

(3) 艇身长度超过 18 米但不超过 30 米的游艇，每米 1 300 元。

(4) 艇身长度超过 30 米的游艇，每米 2 000 元。

(5) 辅助动力帆艇，每米 600 元。

游艇艇身长度是指游艇的总长。

3.《车船税法》及其实施条例所涉及的整备质量、净吨位、艇身长度等计税单位，有尾数的一律按照含尾数的计税单位据实计算车船税应纳税额。计算得出的应纳税额小数点后超过两位的可四舍五入保留两位小数。

4. 乘用车以车辆登记管理部门核发的机动车登记证书或者行驶证书所载的排气量毫升数确定税额区间。

5.《车船税法》及其实施条例所涉及的排气量、整备质量、核定载客人数、净吨位、功率（千瓦或马力）、艇身长度，以车船登记管理部门核发的车船登记证书或者行驶证相应项目所载数据为准。

依法不需要办理登记、依法应当登记而未办理登记或者不能提供车船登记证书、行驶证的，以车船出厂合格证明或者进口凭证相应项目标注的技术参数、所载数据为准；不能提供车船出厂合格证明或者进口凭证的，由主管税务机关参照国家相关标准核定，没有国家相关标准的参照同类车船核定。

三、应纳税额的计算

纳税人按照纳税地点所在的省、自治区、直辖市人民政府确定的具体适用税额缴纳车船税。车船税由税务机关负责征收。

1. 购置的新车船，购置当年的应纳税额自纳税义务发生的当月起按月计算。计算公式为：

应纳税额 =（年应纳税额÷12）× 应纳税月份数

应纳税月份数 = 12 − 纳税义务发生时间（取月份）+ 1

2. 在一个纳税年度内，已完税的车船被盗抢、报废、灭失的，纳税人可以凭有关管理机关出具的证明和完税证明，向纳税所在地的主管税务机关申请退还自被盗抢、报废、灭失月份起至该纳税年度终了期间的税款。

3. 已办理退税的被盗抢车船，失而复得的，纳税人应当从公安机关出具相关证明的当月起计算缴纳车船税。

4. 已缴纳车船税的车船在同一纳税年度内办理转让过户的，不另纳税，也不退税。

5. 已经缴纳车船税的车船，因质量原因，车船被退回生产企业或者经销商的，纳税人可以向纳税所在地的主管税务机关申请退还自退货月份起至该纳税年度终了期间的税款。退货月份以退货发票所载日期的当月为准。

▶【例 11 − 4】某运输公司拥有载货汽车 30 辆（货车整备质量全部为 10 吨）；乘人大客车 20 辆；小客车 10 辆。计算该公司应纳车船税。

（注：载货汽车每吨年税额 80 元，乘人大客车每辆年税额 800 元，小客车每辆年税额

700元)

(1) 载货汽车应纳税额 = 30×10×80 = 24 000（元）

(2) 乘人汽车应纳税额 = 20×800 + 10×700 = 23 000（元）

全年应纳车船税税额 = 24 000 + 23 000 = 47 000（元）

四、税收优惠

1. 捕捞、养殖渔船免征车船税。捕捞、养殖渔船是指在渔业船舶登记管理部门登记为捕捞船或者养殖船的船舶。

2. 军队、武装警察部队专用的车船免征车船税。军队、武装警察部队专用的车船是指按照规定在军队、武装警察部队车船登记管理部门登记，并领取军队、武警牌照的车船。

3. 警用车船免征车船税。警用车船是指公安机关、国家安全机关、监狱、劳动教养管理机关和人民法院、人民检察院领取警用牌照的车辆和执行警务的专用船舶。

4. 悬挂应急救援专用号牌的国家综合性消防救援车辆和国家综合性消防救援专用船舶免征车船税。

5. 依照法律规定应当予以免税的外国驻华使领馆、国际组织驻华代表机构及其有关人员的车船，免征车船税。

6. 对节能汽车，减半征收车船税。

（1）减半征收车船税的节能乘用车应同时符合以下标准：①获得许可在中国境内销售的排量为1.6升以下（含1.6升）的燃用汽油、柴油的乘用车（含非插电式混合动力、双燃料和两用燃料乘用车）；②综合工况燃料消耗量应符合相关标准。

（2）减半征收车船税的节能商用车应同时符合以下标准：①获得许可在中国境内销售的燃用天然气、汽油、柴油的轻型和重型商用车（含非插电式混合动力、双燃料和两用燃料轻型和重型商用车）；②燃用汽油、柴油的轻型和重型商用车综合工况燃料消耗量应符合相关标准。

7. 对新能源车船，免征车船税。

（1）免征车船税的新能源汽车是指纯电动商用车、插电式（含增程式）混合动力汽车、燃料电池商用车。纯电动乘用车和燃料电池乘用车不属于车船税征税范围，对其不征车船税。

（2）免征车船税的新能源汽车应同时符合以下标准：①获得许可在中国境内销售的纯电动商用车、插电式（含增程式）混合动力汽车、燃料电池商用车；②符合新能源汽车产品相关技术标准；③通过新能源汽车专项检测，符合新能源汽车相关标准；④新能源汽车生产企业或进口新能源汽车经销商在产品质量保证、产品一致性、售后服务、安全监测、动力电池回收利用等方面符合相关要求。

（3）免征车船税的新能源船舶应符合以下标准：船舶的主推进动力装置为纯天然气发动机。发动机采用微量柴油引燃方式且引燃油热值占全部燃料总热值的比例不超过5%的，视同纯天然气发动机。

8. 省、自治区、直辖市人民政府根据当地实际情况，可以对公共交通车船、农村居民拥有并主要在农村地区使用的摩托车、三轮汽车和低速载货汽车定期减征或者免征车船税。

五、征收管理

（一）纳税期限

车船税纳税义务发生时间为取得车船所有权或者管理权的当月。以购买车船的发票或其他证明文件所载日期的当月为准。

（二）纳税地点

车船税的纳税地点为车船的登记地或者车船税扣缴义务人所在地。

依法不需要办理登记的车船，其车船税的纳税地点为车船的所有人或者管理人所在地。

（三）纳税申报

车船税按年申报，分月计算，一次性缴纳，纳税人应如实填写《财产和行为税纳税申报表》（参见第六章中表 6-1）及相应的税源明细表。纳税年度为公历 1 月 1 日至 12 月 31 日。具体申报纳税期限由省、自治区、直辖市人民政府规定。

1. 税务机关可以在车船登记管理部门、车船检验机构的办公场所集中办理车船税征收事宜。

2. 公安机关交通管理部门在办理车辆相关登记和定期检验手续时，对未提交自上次检验后各年度依法纳税或者免税证明的，不予登记，不予发放检验合格标志。

3. 海事部门、船舶检验机构在办理船舶登记和定期检验手续时，对未提交依法纳税或者免税证明，且拒绝扣缴义务人代收代缴车船税的纳税人，不予登记，不予发放检验合格标志。

4. 对于依法不需要购买机动车交通事故责任强制保险的车辆，纳税人应当向主管税务机关自行申报缴纳车船税。

5. 纳税人在首次购买机动车交通事故责任强制保险时缴纳车船税或者自行申报缴纳车船税的，应当提供购车发票及反映排气量、整备质量、核定载客人数等与纳税相关的信息及其相应凭证。

6. 从事机动车第三者责任强制保险业务的保险机构为机动车车船税的扣缴义务人，应当在收取保险费时依法代收车船税，并出具代收税款凭证。

机动车车船税扣缴义务人在代收车船税时，应当在机动车交通事故责任强制保险的保险单以及保费发票上注明已收税款的信息，作为代收税款凭证。已完税或者依法减免税的车辆，纳税人应当向扣缴义务人提供登记地的主管税务机关出具的完税凭证或者减免税证明。纳税人没有按照规定期限缴纳车船税的，扣缴义务人在代收代缴税款时，可以一并代收代缴欠缴税款的滞纳金。车船税扣缴义务人代收代缴欠缴税款的滞纳金，从各省、自治区、直辖市人民政府规定的申报纳税期限截止日期的次日起计算。扣缴义务人已代收代缴车船税的，纳税人不再向车辆登记地的主管税务机关申报缴纳车船税（即纳税人在购买"交强险"时，由扣缴义务人代收代缴车船税的，凭注明已收税款信息的"交强险"保险单，车辆登记地的主管税务机关不再征收该纳税年度的车船税。再次征收的，车辆登记地主管税务机关应予退还）。没有扣缴义务人的，纳税人应当向主管税务机关自行申报缴纳车船税。

第三节 印花税法

印花税法，是指国家制定的用以调整印花税征收与缴纳权利及义务关系的法律规范。现行印花税法的基本规范是2021年6月10日第十三届全国人民代表大会常务委员会第二十九次会议通过，并于2022年7月1日起施行的《中华人民共和国印花税法》（以下简称《印花税法》）。

印花税是以经济活动和经济交往中，书立、领受应税凭证的行为为征税对象征收的一种税。印花税因其采用在应税凭证上粘贴印花税票的方法缴纳税款而得名。

一、纳税人

在中华人民共和国境内书立应税凭证、进行证券交易的单位和个人，为印花税的纳税人，应当依照本法规定缴纳印花税。在中华人民共和国境外书立在境内使用的应税凭证的单位和个人，应当依照《印花税法》规定缴纳印花税。

书立应税凭证的纳税人，为对应税凭证有直接权利义务关系的单位和个人。

采用委托贷款方式书立的借款合同纳税人，为受托人和借款人，不包括委托人。

按买卖合同或者产权转移书据税目缴纳印花税的拍卖成交确认书纳税人，为拍卖标的的产权人和买受人，不包括拍卖人。

证券交易印花税对证券交易的出让方征收，不对受让方征收。

二、征税范围

（一）印花税征税范围包括应税凭证和证券交易

应税凭证，是指《印花税法》所附《印花税税目税率表》列明的合同、产权转移书据和营业账簿。证券交易，是指转让在依法设立的证券交易所、国务院批准的其他全国性证券交易场所交易的股票和以股票为基础的存托凭证。

（二）应税凭证的具体情形

1. 在中华人民共和国境外书立在境内使用的应税凭证，应当按规定缴纳印花税。包括以下几种情形：

（1）应税凭证的标的为不动产的，该不动产在境内；

（2）应税凭证的标的为股权的，该股权为中国居民企业的股权；

2. 应税凭证的标的为动产或者商标专用权、著作权、专利权、专有技术使用权的，其销售方或者购买方在境内，但不包括境外单位或者个人向境内单位或者个人销售完全在境外使用的动产或者商标专用权、著作权、专利权、专有技术使用权；

3. 应税凭证的标的为服务的，其提供方或者接受方在境内，但不包括境外单位或者个人向境内单位或者个人提供完全在境外发生的服务。

4. 下列情形的凭证，不属于印花税征收范围

（1）人民法院的生效法律文书，仲裁机构的仲裁文书，监察机关的监察文书。

（2）县级以上人民政府及其所属部门按照行政管理权限征收、收回或者补偿安置房地产书立的合同、协议或者行政类文书。

（3）总公司与分公司、分公司与分公司之间书立的作为执行计划使用的凭证。

三、税目与税率

（一）税目

印花税的税目，包括应税合同、应税产权转移书据、应税营业账簿和证券交易四个类别。其中，应税合同包括借款合同、融资租赁合同、买卖合同、承揽合同、建筑工程合同、运输合同、技术合同、租赁合同、保管合同、仓储合同、财产保险合同等11类合同；应税产权转移书据包括土地使用权出让合同、建筑物（构筑物）所有权转让书据、股权转让书据以及商标专用权、著作权、专利权、专用技术使用权转让书据等4类。

1. 企业之间书立的确定买卖关系、明确买卖双方权利义务的订单、要货单等单据，且未另外书立买卖合同的，应当按规定缴纳印花税。

2. 发电厂与电网之间、电网与电网之间书立的购售电合同，应当按"买卖合同"税目缴纳印花税。

3. 由受托方提供原材料的加工、定作合同，凡在合同中分别记载加工费金额与原材料金额的，应分别按"承揽合同""买卖合同"计税，两项税额相加数，即为合同应贴印花；合同中不划分加工费金额与原材料金额的应按全部金额，依照"承揽合同"计税贴花。

4. 各类出版单位与发行单位之间订立的图书、报纸、期刊以及音像制品的征订凭证（包括订购单、订数单等），应由持证双方按"买卖合同"缴纳印花税。

5. 对开展融资租赁业务签订的融资租赁合同（含融资性售后回租），统一按照其所载明的租金总额依照"借款合同"缴纳印花税。

（二）税率

印花税的税率设计，遵循税负从轻、共同负担的原则。所以，税率比较低；凭证的当事人，即对凭证有直接权利与义务关系的单位和个人均应就其所持凭证依法纳税。《印花税税目税率表》见表11-2。

表11-2　　　　　　　　　　印花税税目税率表

	税目	税率	备注
合同（指书面合同）	借款合同	借款金额的万分之零点五	银行业金融机构、经国务院银行业监督管理机构批准设立的其他金融机构与借款人（不包括同业拆借）的借款合同
	融资租赁合同	租金的万分之零点五	
	买卖合同	价款的万分之三	指动产买卖合同（不包含个人书立的动产买卖合同）
	承揽合同	报酬的万分之三	
	建设工程合同	价款的万分之三	

续表

税目		税率	备注
合同（指书面合同）	运输合同	运输费用的万分之三	指货运合同和多式联运合同（不包括管道运输合同）
	技术合同	价款、报酬或者使用费的万分之三	不包括专利权、专有技术使用权转让书据
	租赁合同	租金的千分之一	
	保管合同	保管费的千分之一	
	仓储合同	仓储费的千分之一	
	财产保险合同	保险费的千分之一	不包括再保险合同
产权转移书据	土地使用权出让合同	价款的万分之五	
	土地使用权、房屋等建筑物和构筑物所有权转让书据（不包括土地承包经营权和土地经营权转移）	价款的万分之五	转让包括买卖（出售）、继承、赠与、互换、分割
	股权转让书据（不包括应缴纳证券交易印花税的）	价款的万分之五	
	商标专用权、著作权、专利权、专有技术使用权转让书据	价款的万分之三	
营业账簿		实收资本（股本）、资本公积合计金额的万分之二点五	
证券交易		成交金额的千分之一	对证券交易的出让方征收，不对受让方征收

四、应纳税额的计算

（一）应纳税额的计算方法

印花税的应纳税额按照计税依据乘以适用税率计算。

应纳税额 = 计税依据 × 适用税率

▶【例11-5】某企业某年12月开业，当年发生以下有关业务事项：与其他企业订立专有技术使用权转让书据1份，所载不含增值税金额100万元；订立产品购销合同1份，所载不含增值税金额200万元；与银行订立借款合同1份，所载不含增值税金额400万元。计算该企业上述内容应缴纳的印花税税额。

（1）企业订立产权转移书据应纳税额：

应纳税额 = 1 000 000 × 0.3‰ = 300（元）

（2）企业订立购销合同应纳税额：

应纳税额 = 2 000 000 × 0.3‰ = 600（元）

（3）企业订立借款合同应纳税额：

应纳税额 = 4 000 000 × 0.05‰ = 200（元）

（4）当年企业应纳印花税税额：

应纳印花税税额 = 300 + 600 + 200 = 1 100（元）

同一应税凭证载有两个以上税目事项并分别列明金额的，按照各自适用的税目税率分别计算应纳税额；未分别列明金额的，从高适用税率。

同一应税凭证由两方以上当事人书立的，按照各自涉及的金额分别计算应纳税额。

已缴纳印花税的营业账簿，以后年度记载的实收资本（股本）、资本公积合计金额比已缴纳印花税的实收资本（股本）、资本公积合计金额增加的，按照增加部分计算应纳税额。

（二）计税依据的具体规定

印花税的计税依据为各种应税凭证上所记载的计税金额。具体规定为：

1. 应税合同的计税依据，为合同所列的金额，不包括列明的增值税税款。

2. 应税产权转移书据的计税依据，为产权转移书据所列的金额，不包括列明的增值税税款。

3. 应税营业账簿的计税依据，为账簿记载的实收资本（股本）、资本公积合计金额。

4. 证券交易的计税依据，为成交金额。

（三）计税依据的特殊规定

1. 应税合同、产权转移书据未列明金额的，印花税的计税依据按照实际结算的金额确定。

计税依据按照前款规定仍不能确定的，按照书立合同、产权转移书据时的市场价格确定；依法应当执行政府定价或者政府指导价的，按照国家有关规定确定。

2. 证券交易无转让价格的，按照办理过户登记手续时该证券前一个交易日收盘价计算确定计税依据；无收盘价的，按照证券面值计算确定计税依据。

3. 同一应税合同、应税产权转移书据中涉及两方以上纳税人，且未列明纳税人各自涉及金额的，以纳税人平均分摊的应税凭证所列金额（不包括列明的增值税税款）确定计税依据。

4. 应税合同、应税产权转移书据所列的金额与实际结算金额不一致，不变更应税凭证所列金额的，以所列金额为计税依据；变更应税凭证所列金额的，以变更后的所列金额为计税依据。已缴纳印花税的应税凭证，变更后所列金额增加的，纳税人应当就增加部分的金额补缴印花税；变更后所列金额减少的，纳税人可以就减少部分的金额向税务机关申请退还或者抵缴印花税。

5. 纳税人因应税凭证列明的增值税税款计算错误导致应税凭证的计税依据减少或者增加的，纳税人应当按规定调整应税凭证列明的增值税税款，重新确定应税凭证计税依据。已缴纳印花税的应税凭证，调整后计税依据增加的，纳税人应当就增加部分的金额补缴印花税；调整后计税依据减少的，纳税人可以就减少部分的金额向税务机关申请退还或者抵缴印花税。

6. 纳税人转让股权的印花税计税依据，按照产权转移书据所列的金额（不包括列明的认缴后尚未实际出资权益部分）确定。

7. 应税凭证金额为人民币以外的货币的，应当按照凭证书立当日的人民币汇率中间价折合人民币确定计税依据。

8. 境内的货物多式联运，采用在起运地统一结算全程运费的，以全程运费作为运输合同的计税依据，由起运地运费结算双方缴纳印花税；采用分程结算运费的，以分程的运费作为计税依据，分别由办理运费结算的各方缴纳印花税。

9. 未履行的应税合同、产权转移书据，已缴纳的印花税不予退还及抵缴税款。

10. 纳税人多贴的印花税票，不予退税及抵缴税款。

五、税收优惠

（一）基本规定

根据《印花税法》，下列凭证免征印花税：

1. 应税凭证的副本或者抄本。
2. 依照法律规定应当予以免税的外国驻华使馆、领事馆和国际组织驻华代表机构为获得馆舍书立的应税凭证。
3. 中国人民解放军、中国人民武装警察部队书立的应税凭证。
4. 农民、家庭农场、农民专业合作社、农村集体经济组织、村民委员会购买农业生产资料或者销售农产品书立的买卖合同和农业保险合同；享受印花税免税优惠的家庭农场，具体范围为以家庭为基本经营单元，以农场生产经营为主业，以农场经营收入为家庭主要收入来源，从事农业规模化、标准化、集约化生产经营，纳入全国家庭农场名录系统的家庭农场。
5. 无息或者贴息借款合同、国际金融组织向中国提供优惠贷款书立的借款合同。
6. 财产所有权人将财产赠与政府、学校、社会福利机构、慈善组织书立的产权转移书据；享受印花税免税优惠的学校，具体范围为经县级以上人民政府或者其教育行政部门批准成立的大学、中学、小学、幼儿园，实施学历教育的职业教育学校、特殊教育学校、专门学校，以及经省级人民政府或者其人力资源社会保障行政部门批准成立的技工院校。享受印花税免税优惠的社会福利机构，具体范围为依法登记的养老服务机构、残疾人服务机构、儿童福利机构、救助管理机构、未成年人救助保护机构。享受印花税免税优惠的慈善组织，具体范围为依法设立、符合《中华人民共和国慈善法》规定，以面向社会开展慈善活动为宗旨的非营利性组织。
7. 非营利性医疗卫生机构采购药品或者卫生材料书立的买卖合同；享受印花税免税优惠的非营利性医疗卫生机构，具体范围为经县级以上人民政府卫生健康行政部门批准或者备案设立的非营利性医疗卫生机构。
8. 个人与电子商务经营者订立的电子订单，享受印花税免税优惠的电子商务经营者，具体范围按《中华人民共和国电子商务法》有关规定执行。

对应税凭证适用印花税减免优惠的，书立该应税凭证的纳税人均可享受印花税减免政策，明确特定纳税人适用印花税减免优惠的除外。

（二）免税的具体情形

1. 对铁路、公路、航运、水路承运快件行李、包裹开具的托运单据，暂免贴印花。
2. 各类发行单位之间，以及发行单位与订阅单位或个人之间书立的征订凭证，暂免征印花税。
3. 军事物资运输。凡附有军事运输命令或使用专用的军事物资运费结算凭证，免纳印花税。
4. 抢险救灾物资运输。凡附有县级以上（含县级）人民政府抢险救灾物资运输证明文件的运费结算凭证，免纳印花税。
5. 资产公司收购、承接、处置不良资产可享受以下税收优惠政策：对资产公司收购、承接和处置不良资产，免征购销合同和产权转移书据应缴纳的印花税。

6. 股权分置改革过程中因非流通股股东向流通股股东支付对价而发生的股权转让，暂免征收印花税。

7. 对经济适用住房经营管理单位与经济适用住房相关的印花税以及经济适用住房购买人涉及的印花税予以免征。

8. 对个人出租、承租住房签订的租赁合同，免征印花税。对个人销售或购买住房暂免征收印花税。

9. 对改造安置住房经营管理单位、开发商与改造安置住房相关的印花税以及购买安置住房的个人涉及的印花税予以免征。

10. 对与高校学生签订的高校学生公寓租赁合同，免征印花税。高校学生公寓，是指为高校学生提供住宿服务，按照国家规定的收费标准收取住宿费的学生公寓。

11. 公租房经营管理单位免征建设、管理公租房涉及的印花税。在其他住房项目中配套建设公租房，按公租房建筑面积占总建筑面积的比例免征建设、管理公租房涉及的印花税。

对公租房经营管理单位购买住房作为公租房，免征契税、印花税；对公租房租赁双方免征签订租赁协议涉及的印花税。

（三）特殊优惠规定

1. 企业改制重组及事业单位改制过程中有关印花税优惠政策。

（1）适用时间：自2024年10月1日起至2027年12月31日。

（2）适用范围。

①所称企业改制，具体包括非公司制企业改制为有限责任公司或者股份有限公司，有限责任公司变更为股份有限公司，股份有限公司变更为有限责任公司。同时，原企业投资主体存续并在改制（变更）后的公司中所持股权（股份）比例超过75%，且改制（变更）后公司承继原企业权利、义务。

②所称企业重组，包括合并、分立、其他资产或股权出资和划转、债务重组等。合并，是指两个或两个以上的公司，依照法律规定、合同约定，合并为一个公司，且原投资主体存续；包括母公司与其全资子公司相互吸收合并。分立，是指公司依照法律规定、合同约定分立为两个或两个以上与原公司投资主体相同的公司。

③所称投资主体存续，是指原改制、重组企业出资人必须存在于改制、重组后的企业，出资人的出资比例可以发生变动。

所称投资主体相同，是指公司分立前后出资人不发生变动，出资人的出资比例可以发生变动。

④所称事业单位改制，是指事业单位按照国家有关规定改制为企业，原出资人（包括履行国有资产出资人职责的单位）存续并在改制后的企业中出资（股权、股份）比例超过50%。

⑤所称同一投资主体内部，包括母公司与其全资子公司之间，同一公司所属全资子公司之间，同一自然人与其设立的个人独资企业、一人有限公司、个体工商户

之间。

⑥所称企业、公司，是指依照我国有关法律法规设立并在中国境内注册的企业、公司。

（3）关于营业账簿的印花税。

①企业改制重组以及事业单位改制过程中成立的新企业，其新启用营业账簿记载的实收资本（股本）、资本公积合计金额，原已缴纳印花税的部分不再缴纳印花税，未缴纳印花税的部分和以后新增加的部分应当按规定缴纳印花税。

②企业债权转股权新增加的实收资本（股本）、资本公积合计金额，应当按规定缴纳印花税。对经国务院批准实施的重组项目中发生的债权转股权，债务人因债务转为资本而增加的实收资本（股本）、资本公积合计金额，免征印花税。

③企业改制重组以及事业单位改制过程中，经评估增加的实收资本（股本）、资本公积合计金额，应当按规定缴纳印花税。

④企业其他会计科目记载的资金转为实收资本（股本）或者资本公积的，应当按规定缴纳印花税。

（4）关于各类应税合同的印花税。

企业改制重组以及事业单位改制前书立但尚未履行完毕的各类应税合同，由改制重组后的主体承继原合同权利和义务且未变更原合同计税依据的，改制重组前已缴纳印花税的，不再缴纳印花税。

（5）关于产权转移书据的印花税。

①对企业改制、合并、分立、破产清算以及事业单位改制书立的产权转移书据，免征印花税。

②对县级以上人民政府或者其所属具有国有资产管理职责的部门按规定对土地使用权、房屋等建筑物和构筑物所有权、股权进行行政性调整书立的产权转移书据，免征印花税。

③对同一投资主体内部划转土地使用权、房屋等建筑物和构筑物所有权、股权书立的产权转移书据，免征印花税。

2. 对经国务院和省级人民政府决定或批准进行的国有（含国有控股）企业改组改制而发生的上市公司国有股权无偿转让行为，暂不征收证券（股票）交易印花税。对不属于上述情况的上市公司国有股权无偿转让行为，仍应征收证券（股票）交易印花税。

3. 对发电厂与电网之间、电网与电网之间（国家电网公司系统、南方电网公司系统内部各级电网互供电量除外）签订的购售电合同按购销合同征收印花税。电网与用户之间签订的供用电合同不属于印花税列举征税的凭证，不征收印花税。

4. 在融资性售后回租业务中，对承租人、出租人因出售租赁资产及购回租赁资产所签订的合同，不征收印花税。

5. 为活跃资本市场、提振投资者信心，自2023年8月28日起，证券交易印花税实施减半征收。

6. 自2023年1月1日至2027年12月31日，对增值税小规模纳税人、小型微利企业和个体工商户减半征收资源税（不含水资源税）、城市维护建设税、房产税、城镇土地使用税、印花税（不含证券交易印花税）、耕地占用税和教育费附加、地方教育附加。

六、征收管理

（一）申报地点

1. 纳税人为单位的，应当向其机构所在地的主管税务机关申报缴纳印花税；纳税人为个人的，应当向应税凭证书立地或者纳税人居住地的主管税务机关申报缴纳印花税。

不动产产权发生转移的，纳税人应当向不动产所在地的主管税务机关申报缴纳印花税。

2. 纳税人为境外单位或者个人，在境内有代理人的，以其境内代理人为扣缴义务人，向境内代理人机构所在地（居住地）主管税务机关申报解缴税款。在境内没有代理人的，由纳税人自行申报缴纳印花税，境外单位或者个人可以向资产交付地、境内服务提供方或者接受方所在地（居住地）、书立应税凭证境内书立人所在地（居住地）主管税务机关申报缴纳；涉及不动产产权转移的，应当向不动产所在地主管税务机关申报缴纳。

证券登记结算机构为证券交易印花税的扣缴义务人，应当向其机构所在地的主管税务机关申报解缴税款以及银行结算的利息。

（二）纳税义务发生时间和纳税申报

1. 印花税的纳税义务发生时间为纳税人书立应税凭证或者完成证券交易的当日。

证券交易印花税扣缴义务发生时间为证券交易完成的当日。

2. 应税合同、产权转移书据未列明金额，在后续实际结算时确定金额的，纳税人应当于书立应税合同、产权转移书据的首个纳税申报期申报应税合同、产权转移书据书立情况，在实际结算后下一个纳税申报期，以实际结算金额计算申报缴纳印花税。

3. 印花税按季、按年或者按次计征。实行按季、按年计征的，纳税人应当自季度、年度终了之日起15日内申报缴纳税款；实行按次计征的，纳税人应当自纳税义务发生之日起15日内申报缴纳税款。应税合同、产权转移书据印花税可以按季或者按次申报缴纳，应税营业账簿印花税可以按年或者按次申报缴纳，具体纳税期限由各省、自治区、直辖市、计划单列市税务局结合征管实际确定。

境外单位或者个人的应税凭证印花税可以按季、按年或者按次申报缴纳，具体纳税期限由各省、自治区、直辖市、计划单列市税务局结合征管实际确定。

证券交易印花税按周解缴。证券交易印花税扣缴义务人应当自每周终了之日起5日内申报解缴税款以及银行结算的利息。

（三）纳税申报

1. 纳税人应当根据书立印花税应税合同、产权转移书据和营业账簿情况，如实填写《财产和行为税纳税申报表》（参见第六章中表6-1）及相应的税源明细表进行申报。

2. 印花税可以采用粘贴印花税票或者由税务机关依法开具其他完税凭证的方式缴纳。

印花税票粘贴在应税凭证上的,由纳税人在每枚税票的骑缝处盖戳注销或者画销。

印花税票由国务院税务主管部门监制。

3. 纳税人享受印花税优惠政策,实行"自行判别、申报享受、有关资料留存备查"的办理方式。纳税人对留存备查资料的真实性、完整性和合法性承担法律责任。

第十二章 国际税收税务管理实务

国际税收是跨国税收分配关系的表现，反映了国与国之间的税收利益分配。第一章税法总论第七节国际税收关系，简述了国际税收的基本知识，本章重点介绍国际税收实务。

第一节 国际税收协定

一、国际税收协定及其范本

国际税收协定也称为国际税收条约，是指两个或者两个以上的主权国家或者地区为了协调相互间在处理跨国纳税人征纳事务和其他有关方面的税收关系，本着对等原则，经由政府谈判所签订的一种书面协议或者条约。世界上最早的国际税收协定是比利时和法国于1843年签订的。此后，随着跨国投资日益增多以及所得和财产的国际重复征税问题日趋普遍，参与缔结国际税收协定的国家开始增多。尤其是第二次世界大战结束以后，国际投资活动在世界范围内得到迅速发展，国际税收协定也开始快速发展，众多发达国家在第二次世界大战结束后的二三十年内经历了缔结国际税收协定的高峰期。

早期的国际税收协定并无一定的范本可循，缔约双方一般要根据本国的税制和可接受的征税原则进行相互协商，然后根据双方达成一致的内容签订协定。因此，从具体内容上看，早期的国际税收协定相互之间存在的差异较大。为了规范国际税收协定的内容，简化国际税收协定的签订过程，一些国家和国际性组织很早就开始研究和制定国际税收协定范本。20世纪60年代《经济合作与发展组织关于避免所得和财产双重征税的协定范本》（或称《OECD范本》，以下简称《经合组织范本》）和《联合国关于发达国家与发展中国家间避免双重征税的协定范本》（或称《UN范本》，以下简称《联合国范本》）这两个国际性税收协定范本的产生，进一步推动了国际税收活动的发展，并对国际经济的发展起到了积极作用。经过多年不断修订和完善，这两个范本已成为自国际税收协定产生以来，在国际上影响最大的国际税收协定范本，对指导国际税收协定的签订发挥了重要作用，绝大多数国家对外谈签税收协定都以这两个范本为依据。

《联合国范本》虽在总体结构上与《经合组织范本》基本一致，但它们之间存在着重要的差异，主要表现在：前者较为注重扩大收入来源国的税收管辖权，主要在于促进发达国家和发展中国家之间国际税收协定的签订，同时也促进发展中国家之间国际税收协定的签订；而《经合组织范本》虽然在某些特殊方面承认收入来源国的优先征税权，但其主导思想所强调的是居民税收管辖权，主要是为了促进经合组织成员国之间国际税收协定的签订。就收入来源国征税的权利而言，《联合国范本》强调，收入来源国对国际资本收入的征税应当考虑以下三点：（1）考虑为取得这些收入所应分担的费用，以保证对这种收入按其净值征税。（2）税率不宜过高，以免挫伤投资积极性。（3）考虑同提供资金的国家适当地分享税收收入，尤其是对在来源国产生的即将汇出境的股息、利息和特许权使用费所征收的预提所得税，以及对国际运输的船运利润所征收的税款，应体现税收分享原则。《联合国范本》在注重收入来源国税收管辖权的同时兼顾了缔约国双方的利益，比较容易被发展中国家所接受。所以，发展中国家在谈判和缔结国际税收协定时，较多地参照了《联合国范本》。

二、我国缔结税收协定（安排）的情况

我国为促进对外经济技术合作交流，一向重视对外缔结税收协定。早在20世纪60年代中期，我国曾与巴基斯坦缔结了关于互免海运企业运输收入税收的协定。20世纪70年代，我国先后又与南斯拉夫社会主义联邦共和国、日本和英国分别缔结了关于互免空运企业运输收入税收的协定。1980年和1981年，我国连续颁布了《中华人民共和国中外合资经营企业所得税法》《中华人民共和国个人所得税法》《中华人民共和国外国企业所得税法》，这一系列涉外税收法规的颁布，基本确立了我国涉外税收的法律体系。1983年，我国同日本签订了避免双重征税的协定，这是我国对外签订的第一个全面性的避免双重征税的协定。

我国实行改革开放40多年来，对外签订避免双重征税协定的工作取得了很大进展。截至2024年12月底，我国已对外正式签署111个避免双重征税协定，其中109个协定已生效，和香港、澳门两个特别行政区签署了税收安排，与台湾地区签署了税收协议。这些税收协定（安排、协议）的签署在加强我国与缔约国家（地区）间的经贸往来，尤其在吸引外资和促进我国企业实施"一带一路"倡议等方面发挥了重要作用。

三、国际税收协定典型条款介绍

国际税收协定的内容主要包括协定适用范围、基本用语的定义、对所得和财产的课税、避免双重征税的办法、特别规定以及协定生效或终止的时间等。按有关文件规定，我国对外所签协定中有关条款规定与《中华人民共和国政府和新加坡共和国政府关于对所得避免双重征税和防止偷漏税的协定》（以下简称《中新协定》）中条款规定内容一致的，《中新协定》中的条文解释规定同样适用于其他协定中相同条款的解释及执行。《中新协定》中的条款包括税收协定的适用范围、税收居民、常设机构、营业利润、国际运输、财产所得、投资所得、劳务所得、其他种类所得、特别规定等条款。以下将基于《中新协定》及议定书条文解释，选取"税收居民""常设机构""劳务所得"三个条款对国际税收协定的典型条款进行简要介绍。

（一）税收居民

1. 《中新协定》中，"缔约国一方居民"一语，是指按照该缔约国法律，由于住所、居所、管理机构所在地、总机构所在地、注册地或任何其他类似标准，在该缔约国负有纳税义务的人，也包括该缔约国、地方当局或法定机构。

居民应是在一国负有全面纳税义务的人，这是判定居民身份的必要条件。这里所指的"纳税义务"并不等同于事实上的征税。例如，符合一定条件的基金会、慈善组织可能被一国免予征税，但它们如果属于该国税法规定的纳税义务范围，受该国税法的规范，则仍被认为负有纳税义务，可视为协定意义上的居民。但是，在一国负有纳税义务的人未必都是该国居民。例如，某新加坡公民因工作需要，来中国境内工作产生了中国个人所得税纳税义务，但不应仅因其负有纳税义务而判定该个人为中国居民，而应根据协定中关于个人居民的判定标准进一步确定其居民身份。

另外，这一规定特别说明，缔约国一方居民也包括"该缔约国、地方当局或法定机构"。其中"法定机构"一语是按新加坡方面的要求根据新加坡国内法的规定列入的，指依照新加坡议会法案设立，并执行政府职能的机构，如"新加坡经济发展局"和"新加坡旅游局"等机构。

2. 双重居民身份下最终居民身份的判定。

根据上述第1项的判断标准，同一人有可能同时为中国和新加坡居民。为了解决这种情况下个人最终居民身份的归属，协定进一步规定了以下确定标准。需特别注意的是，这些标准的使用是有先后顺序的，只有当使用前一标准无法解决问题时，才使用后一标准。

（1）永久性住所。永久性住所包括任何形式的住所，例如由个人租用的住宅或公寓、租用的房间等，但该住所必须具有永久性，即个人已安排长期居住，而不是为了某些原因（如旅游、商务考察等）临时逗留。

（2）重要利益中心。重要利益中心要参考个人家庭和社会关系、职业、政治、文化和其他活动、营业地点、管理财产所在地等因素综合评判。其中特别注重参考的是个人的行为，即个人一直居住、工作并且拥有家庭和财产的国家通常为其重要利益中心之所在。

（3）习惯性居处。在出现以下两种情况之一时，应采用习惯性居处的标准来判定个人居民身份的归属：一是个人在缔约国双方均有永久性住所且无法确定重要经济利益中心所在国；二是个人的永久性住所不在缔约国任何一方，例如该个人不断地穿梭于缔约国一方和另一方旅馆之间。

第一种情况下对习惯性居处的判定，要注意其在双方永久性住所的停留时间，同时还应考虑其在同一个国家不同地点停留的时间；第二种情况下对习惯性居处的判定，要将此人在一个国家所有的停留时间加总考虑，而不问其停留的原因。

（4）国籍。如果该个人在缔约国双方都有或都没有习惯性居处，应以该个人的国籍作为判定居民身份的标准。

当采用上述标准依次判断仍然无法确定其身份时，可由缔约国双方主管当局按照协定规定的相互协商程序协商解决。

3. 除个人以外（即公司和其他团体），同时为缔约国双方居民的人，应认定其是"实际管理机构"所在国的居民。如果缔约国双方因判定实际管理机构的标准不同而不能达成一致意见的，应由缔约国双方主管当局按照协定规定的相互协商程序，通过相互协商解决。

（二）常设机构

常设机构的概念主要用于确定缔约国一方对缔约国另一方企业利润的征税权。即按此确定在什么情况下中国税务机关可以对新加坡的企业征税。根据协定中对营业利润的规定，中国不得对新加坡企业的利润征税，除非该企业通过其设在中国的常设机构进行营业。

处理此条与其他相关条款关系时，通常应遵循常设机构条款优先的原则。例如，若据以支付股息、利息或特许权使用费的股权、债权、权利或财产等与常设机构有实际联系的，有关所得应该归属于常设机构的利润征税。

以下将基于《中新协定》，介绍常设机构如何判定。

1. 《中新协定》中，常设机构是指企业进行全部或部分营业的固定营业场所。通常情况下，具备以下特点：

（1）该营业场所是实质存在的。但这类场所没有规模或范围上的限制，如机器、仓库、摊位等；且不论是企业自有的，还是租用的；也不管房屋、场地、设施或设备是否有一部分被用于其他活动。一个场所可能仅占用市场一角，或是长期租用的仓库的一部分（用于存放应税商品），或设在另一企业内部等。只要有一定可支配的空间，即可视为具有营业场所。

（2）该营业场所是相对固定的，并且在时间上具有一定的持久性。该特征应从以下几个方面理解：

①固定的营业场所包括缔约国一方企业在缔约国另一方从事经营活动经登记注册设立的办事处、分支机构等固定场所，也包括为缔约国一方企业提供服务而使用的办公室或其他类似的设施，如在某酒店长期租用的房间。

"缔约国一方企业"和"缔约国另一方企业"的用语，分别指缔约国一方居民经营的企业和缔约国另一方居民经营的企业。

②对某些经常在相邻的地点之间移动的营业活动，虽然营业场所看似不固定，但如果这种在一定区域内的移动是该营业活动的固有性质，一般可认定为存在单一固定场所。例如，某办事处根据需要在一个宾馆内租用不同的房间，或租用不同的楼层，该宾馆可被视为一个营业场所；又如，某商人在同一个商场或集市内的不同地点设立摊位，该商场或集市也可构成该商人的营业场所。

③该营业场所应在时间上具有一定程度的持久性，而不是临时的。同时，营业活动暂时的间断或者停顿并不影响场所时间上的持久性。

④如果某一营业场所是基于短期使用目的而设立，但实际存在时间却超出了临时性的范围，则可构成固定场所并可追溯性地构成常设机构。反之，一个以持久性为目的的营业场所如果发生特殊情况，例如投资失败提前清算，即使实际只存在了一段很短的时间，同样可以判定自其设立起就构成常设机构。

（3）全部或部分的营业活动是通过该营业场所进行的。即一方企业通过在另一方设立常设机构进行营业活动，将其全部或部分活动延伸到另一方，不包括其在常设机构之外的地方直接从事的活动。如果一方企业通过在另一方的常设机构在另一方不同地点进行营业活动，则应判定其只有单一常设机构存在，且应将不同地点的营业活动产生的利润归属于该常设机构。如果一方企业在另一方不同地点直接从事营业活动，则该一方企业有可能在另一方不同地点构成多个常设机构。

"营业"一语的实际含义不仅仅包括生产经营活动，还包括非营利机构从事的业务活动，为该机构进行准备性或辅助性的活动除外。但此等非营利机构在中国的常设机构是否获得"营业利润"，则需要根据《中新协定》第七条营业利润的规定再作判断。

"通过"该营业场所进行活动应作广义理解，包括企业在其可支配的地点从事活动的任何情形。例如，某道路修筑企业应被认为"通过"修筑行为发生地从事营业活动。当新加坡企业与中国不同城市的客户直接订立合同，如果合同是由新方企业设在中方的营业场所履行的，应认为该新方企业"通过"该场所从事营业活动。另外，如果该场所为新方企业与中方企业形成客户关系作出实质贡献，即使合同是两个企业间直接订立的，也应认为该新方企业"通过"该场所从事营业活动。

2. 常设机构通常包括：

（1）管理场所。管理场所是指代表企业负有部分管理职责的办事处或事务所等场所，不同于总机构，也不同于作为判定居民公司标准的"实际管理机构"。

（2）分支机构。

（3）办事处。

（4）工厂。

（5）作业场所。

（6）矿场、油井或气井、采石场或者其他开采自然资源的场所。这一项是指经过投资，拥有开采经营权或与之相关的合同权益，并从事生产经营的场所。至于为勘探或开发上述矿藏资源的承包工程作业，则应按照规定根据作业持续的时间是否超过6个月来判断其是否构成常设机构。

3. 承包工程和提供劳务两种情况下常设机构的判定标准。

（1）建筑工地，建筑、装配或安装工程，或者与其有关的监督管理活动，但仅以该工地、工程或活动连续6个月以上为限。

即对于缔约国一方企业在缔约对方的建筑工地，建筑、装配或安装工程，或者与其有关的监督管理活动，仅在此类工地、工程或活动持续时间为6个月以上的，构成常设机构。未达到该规定时间的则不构成常设机构，即使这些活动按照上述第1点或第2点规定可能构成常设机构。应注意的是：

①从事上述工程活动，仅以此处规定的时间标准判定是否构成常设机构；

②确定上述活动的起止日期，可以按其所签订的合同从实施合同（包括一切准备活动）开始之日起，至作业（包括试运行作业）全部结束交付使用之日止进行计算。凡上述活动时间持续6个月以上的（不含6个月，跨年度的应连续计算），应视该企业在活动所在国构成常设机构。

③"与其有关的监督管理活动",是指伴随建筑工地、建筑、装配或安装工程发生的监督管理活动,既包括在项目分包的情况下,由分承包商进行作业,总承包商负责指挥监督的活动;也包括独立监理企业从事的监督管理活动。对由总承包商负责的监督管理活动,其时间的计算与整个工地、工程的持续时间一致;对由独立监理企业承包的监督管理活动,应视其为独立项目,并根据其负责监理的工地、工程或项目的持续时间进行活动时间的判定。

④如果新加坡企业在中国一个工地或同一工程连续承包两个及两个以上作业项目,应从第一个项目作业开始至最后完成的作业项目止计算其在中国进行工程作业的连续日期,不以每个工程作业项目分别计算。所谓为一个工地或同一工程连续承包两个及两个以上作业项目,是指在商务关系和地理上是同一整体的几个合同项目,不包括该企业承包的或者是以前承包的与本工地或工程没有关联的其他作业项目。例如,一个建筑工地从商务关系和地理位置上形成不可分割的整体时,即使分别签订几个合同,该建筑工地仍为单一的整体。再如一些修建公路、挖掘运河、安装水管、铺设管道等活动,其工程作业地点是随工程进展不断改变或迁移的,虽然在某一特定地点工作时间连续未达到规定时间,但要视整体工程看是否达到构成常设机构的时间。一般来说,同一企业在同一工地上承包的项目可认为是商务关系相关联的项目。

⑤对工地、工程或者与其有关的监督管理活动开始计算其连续日期以后,因故(如设备、材料未运到或季节气候等原因)中途停顿作业,但工程作业项目并未终止或结束,人员和设备物资等也未全部撤出,应持续计算其连续日期,不得扣除中间停顿作业的日期。

⑥如果企业将承包工程作业的一部分转包给其他企业,分包商在建筑工地施工的时间应算作总包商在建筑工程上的施工时间。如果分包商实施合同的日期在前,可自分包商开始实施合同之日起计算该企业承包工程作业的连续日期。同时,不影响分包商就其所承担的工程作业单独判定其是否构成常设机构。

(2)企业通过雇员或雇佣的其他人员在缔约国一方提供的劳务活动,包括咨询劳务活动,但仅以该性质的活动(为同一项目或相关联的项目)在任何12个月中连续或累计超过183天以上为限。

即缔约国一方企业派其雇员或其雇佣的其他人员到缔约对方提供劳务,仅以任何12个月内这些人员为从事劳务活动在对方停留连续或累计超过183天的,构成常设机构。

这一规定针对的是缔约国一方企业派其雇员到缔约国另一方从事劳务活动的行为。该行为按照上述第1点和第2点的规定不构成常设机构,但按本项规定,如活动持续时间达到规定标准,仍构成常设机构。本项规定应从以下几个方面理解:

①"雇员或雇佣的其他人员"是指本企业的员工,或者该企业聘用的在其控制下按照其指示向缔约对方提供劳务的个人。

②此处所称的劳务活动,是指从事工程、技术、管理、设计、培训、咨询等专业服务活动。例如,对工程作业项目的实施提供技术指导、协助、咨询等服务(不负责具体的施工和作业);对生产技术的使用和改革、经营管理的改进、项目可行性分析以及设计方案的选择等提供的服务;在企业经营、管理等方面提供的专业服务等。

③同一企业从事的有商业相关性或连贯性的若干个项目应视为"同一项目或相关联的项目"。这里所说的"商业相关性或连贯性",需视具体情况而定,在判断若干个项目是否为关联项目时,应考虑下列因素:

一是这些项目是否被包含在同一个总合同里。

二是如果这些项目分属于不同的合同,这些合同是否与同一人或相关联的人所签订;前一项目的实施是否是后一项目实施的必要条件。

三是这些项目的性质是否相同。

四是这些项目是否由相同的人员实施等。

④对劳务活动在任何12个月中连续或累计超过183天的规定,应从以下几个方面掌握:

一是若某新加坡企业为中国境内某项目提供劳务(包括咨询劳务),以该企业派其雇员为实施服务项目第一次抵达中国之日期起至完成并交付服务项目的日期止作为计算期间,计算相关人员在中国境内的停留天数。

二是在具体计算时,应按所有雇员为同一个项目提供劳务活动不同时期在中国境内连续或累计停留的时间来掌握,对同一时间段内的同一批人员的工作不分别计算。例如,新加坡企业派遣10名员工为某项目在中国境内工作3天,这些员工在中国境内的工作时间为3天,而不是按每人3天共30天来计算。

三是如果同一个项目历经数年,新加坡企业只在某一个"12个月"期间派雇员来中国境内提供劳务超过183天,而在其他期间内派人到中国境内提供劳务未超过183天,仍应判定该企业在中国构成常设机构。常设机构是针对该企业在中国境内为整个项目提供的所有劳务而言,而不是针对某一个"12个月"期间内提供的劳务。所以,在整个项目进行中,如果新加坡企业于其中一个"12个月"期间在中国境内提供劳务超过183天,则应认为该企业在中国构成常设机构。

⑤如果新加坡企业在向中国客户转让专有技术使用权的同时,也委派人员到中国境内为该项技术的使用提供有关支持、指导等服务并收取服务费,无论其服务费是单独收取还是包括在技术价款中,该服务费均应视为特许权使用费,适用《中新协定》第十二条"特许权使用费"条款的规定。但如果上述人员提供的服务是通过该新加坡企业设在中国的某固定场所进行的或通过其他场所进行,但服务时间达到《中新协定》规定构成常设机构的时间标准的,则构成常设机构,对归属于常设机构部分的服务所得应执行"营业利润"的规定。

4. 缔约国一方企业在缔约国另一方仅由于仓储、展览、采购及信息收集等活动的目的设立的具有准备性或辅助性的固定场所,不应被认定为常设机构。

从事"准备性或辅助性"活动的场所通常具备以下特点:一是该场所不独立从事经营活动,并且其活动也不构成企业整体活动基本的或重要的组成部分;二是该场所进行相关活动时,仅为本企业服务,不为其他企业服务;三是其职责限于事务性服务,且不起直接营利作用。

在协定中,常设机构不包括:

(1)专为储存、陈列或者交付本企业货物或者商品的目的而使用的设施。

（2）专为储存、陈列或者交付的目的而保存本企业货物或者商品的库存。
（3）专为另一企业加工的目的而保存本企业货物或者商品的库存。
（4）专为本企业采购货物或者商品，或者搜集情报的目的所设的固定营业场所。
（5）专为本企业进行其他准备性或辅助性活动的目的所设的固定营业场所。
（6）专为上述（1）～（5）项活动的结合所设的固定营业场所，如果由于这种结合使该固定营业场所的全部活动属于准备性质或辅助性质。

有些情况下，一些机构场所形式上符合上述规定，但从其业务实质看仍应认定为常设机构。例如：

（1）某新加坡企业的主营业务是为客户提供采购服务并收取服务费，该企业在中国设立办事处，为其在中国进行采购活动。这种情况下，该中国办事处的采购活动看似属于"专为本企业采购货物或商品"的范围，但由于该办事处业务性质与新加坡企业总部的业务性质完全相同，所以该办事处的活动不是准备性或辅助性的。

（2）某新加坡企业在中国境内设立固定场所，维修、保养该企业销售给中国客户的机器设备，或专为中国客户提供零配件。这种情况下，因其从事的活动是企业总部为客户服务的基本及重要组成部分，所以该固定场所的活动不是准备性或辅助性的。

（3）某新加坡企业在中国设立从事宣传活动的办事处，该办事处不仅为本企业进行业务宣传，同时也为其他企业进行业务宣传。这种情况下，该办事处的活动不是准备性或辅助性的。

此外，如果某固定场所既从事协定规定的不构成常设机构的活动，也从事构成常设机构的活动，则应视其构成常设机构，并对这两项营业活动的所得合并征税。例如，企业用于交付货物的仓库同时也兼营商品销售，应判定为常设机构并征税。

5. 当一个人（除适用规定的独立代理人以外）在缔约国一方代表缔约国另一方的企业进行活动，有权并经常行使这种权力以该企业的名义签订合同，这个人为该企业进行的任何活动，应认为该企业在缔约国一方设有常设机构。除非这个人通过固定营业场所进行的活动限于上述第4点的规定，按照该款规定，不应认为该固定营业场所是常设机构。

执行时这一规定应从如下几个方面理解：

（1）其活动使一方企业在另一方构成常设机构的代理人，通常被称为"非独立代理人"。非独立代理人可以是个人，也可以是办事处、公司或其他任何形式的组织，不一定被企业正式授予代表权，也不一定是企业的雇员或部门。此外，非独立代理人不一定是代理活动所在国家的居民，也不一定在该国拥有营业场所。

（2）对"以该企业的名义签订合同"应作广义理解，包括不是以企业名义签订合同，但其所签合同仍对企业具有约束力的情形。"签订"不仅指合同的签署行为本身，也包括代理人有权代表被代理企业参与合同谈判，商定合同条文等。

（3）此处所称"合同"是指与被代理企业经营活动本身相关的业务合同。如果代理人有权签订的是仅涉及企业内部事务的合同，例如，以企业名义聘用员工以协助代理人为企业工作等，则不能仅凭此认定其构成企业的常设机构。

（4）对于"经常"一语并无精确统一的标准，要结合合同性质、企业的业务性质以及代理人相关活动的频率等综合判断。在某些情况下，企业的业务性质决定了其交易数量不大，但合同签订的相关工作却要花费大量时间，如飞机、巨型轮船或其他高价值商品的销售。如果代理人为这类企业在一国境内寻找购买商、参与销售谈判等，即使该人仅代表企业签订了一单销售合同，也应认为该代理人满足"经常"标准，构成企业的非独立代理人。

（5）所谓"行使"权力应以实质重于形式的原则来理解。如果代理人在该缔约国另一方进行合同细节谈判等各项与合同签订相关的活动，且对企业有约束力，即使该合同最终由其他人在企业所在国或其他国家签订，也应认为该代理人可以在该缔约国另一方行使合同签署权力。

（6）如果代理人在缔约国另一方的活动仅限于上述第4点中的准备性或辅助性范围，则不构成企业的非独立代理人（或常设机构）。

（7）判断一方企业是否通过非独立代理人在另一方构成常设机构时，不受上述第3点关于时间要求的限制。

6. 并不是所有代理人进行上述第5点规定的活动都将使其构成代理企业的常设机构。缔约国一方企业通过代理人在缔约国另一方进行营业时，如果该代理人是专门从事代理业务的，则不应因此视其代理的企业在缔约国另一方构成常设机构。这类专门从事代理业务的代理人一般称作独立代理人，其不仅为某一个企业代理业务，也为其他企业提供代理服务。经纪人、中间商等一般佣金代理人等属于独立代理人。

虽有此规定，为防止独立代理人条款被滥用（例如，某些企业自身的代理人自称为独立代理人以避免构成常设机构），协定执行中要对代理人身份或代理人地位是否独立进行判定。如果代理人的活动全部或几乎全部代表被代理企业，并且该代理人和企业之间在商业和财务上有密切及依附关系，则不应认定该代理人为本款所指的独立代理人。

代理人的活动同时符合下列两个条件的，才属于独立代理人，不构成被代理企业的常设机构。

（1）该代理人在法律上和经济上独立于被代理企业。在判定独立性时，可考虑如下几个因素：

①代理人商务活动的自由度。如果代理人在被代理企业的具体指导和全面控制下为企业进行商务活动，而不是自行决定工作方式，那么该代理人一般不具有独立地位。

②代理人商务活动的风险由谁承担。如果由被代理企业承担而非由代理人承担，则该代理人一般不能被认为具有独立地位。

③代理人代表的企业的数量。如果在相当长一段经营期或时间内，代理人全部或几乎全部仅为一家企业进行活动，该代理人很可能不是独立代理人。

④被代理企业对代理人专业知识的依赖程度。一般来说，独立代理人具备独立从事商务活动的专门知识或技术，不需要依赖企业的帮助。相反，被代理企业通常借助代理人的专门知识或技术扩展自己的业务或推销自己的产品等。

（2）独立代理人在代表企业进行活动时，一般按照常规进行自身业务活动，不从事其他经济上归属于被代理企业的活动。例如，某销售代理人以自己的名义出售某企业的货物或商品，这一行为是销售代理人的常规经营业务。如果该销售代理人在从事上述活动的同时，还经常作为企业的有权签约的代理人进行活动，那么因为这些活动已在自身贸易或营业常规之外，代理人将被视为被代理企业的非独立代理人而构成企业的常设机构。

7. 缔约国一方居民公司，控制或被控制于缔约国另一方居民公司或者在该缔约国另一方进行营业的公司（不论是否通过常设机构），此项事实不能据以使任何一方公司构成另一方公司的常设机构。

母公司通过投资设立子公司，拥有子公司的股权等形成的控制或被控制关系，不会使子公司构成母公司的常设机构。从税收角度看，子公司本身是一个独立的法人实体，即使它在业务上受母公司管理，也不应仅凭此而被视为母公司的常设机构。

但是，由于母子公司之间的特殊关系，现实经济活动中，母子公司之间常存在较为复杂的跨境人员及业务往来。这种情况下，母公司在子公司的活动是否导致母公司在子公司所在国构成常设机构，应从以下几个方面掌握：

（1）应子公司要求，由母公司派人员到子公司为子公司工作，这些人员受雇于子公司，子公司对其工作有指挥权，工作责任及风险与母公司无关，由子公司承担，那么，这些人员的活动不导致母公司在子公司所在国构成常设机构。此种情况下，子公司向此类人员支付的费用，不论是直接支付还是通过母公司转支付，都应视为子公司内部人员收入分配，对支付的人员费用予以列支，其所支付的人员费用应作为个人所得，按子公司所在国有关个人所得税法相关规定，以及《中新协定》第十五条"非独立个人劳务"条款的有关规定征收个人所得税。

（2）母公司派人员到子公司为母公司工作时，应按上述第1点或第3点的规定判断母公司是否在子公司所在国构成常设机构。符合下列标准之一时，可判断这些人员为母公司工作：

①母公司对上述人员的工作拥有指挥权，并承担风险和责任。
②被派往子公司工作的人员的数量和标准由母公司决定。
③上述人员的工资由母公司负担。
④母公司因派人员到子公司从事活动而从子公司获取利润。

此种情况下，母公司向子公司收取有关服务费时，应按独立企业公平交易原则，确认母子公司上述费用的合理性后，再对子公司上述费用予以列支。如果上述活动使母公司在子公司所在国构成常设机构，则该子公司所在国可按《中新协定》第七条"营业利润"条款的规定，对母公司向子公司收取的费用征收企业所得税。

（3）子公司有权并经常以母公司名义签订合同，符合上述第5点关于"非独立代理人"有关条件的，子公司构成母公司的常设机构。

（三）劳务所得

1. 独立个人劳务。

（1）缔约国一方居民个人由于专业性劳务或者其他独立性活动取得的所得，应仅在该缔约国征税，即一般情况下仅在该个人为其居民的国家征税，但符合下列条件之一的，来源国有征税权：

①该居民个人在缔约国另一方为从事上述活动的目的设有经常使用的固定基地。在

这种情况下，该缔约国另一方可以仅对该居民个人属于该固定基地的所得征税。固定基地的判断标准与常设机构类似，具体可参照常设机构的规定。但固定基地与常设机构也有不同，即独立个人劳务不要求通过固定基地进行，而企业的经营活动则要求部分或全部通过常设机构进行。

②该居民个人在任何12个月中在缔约国另一方停留连续或累计达到或超过183天。在这种情况下，该缔约国另一方可以仅对该居民个人在该缔约国进行活动取得的所得征税。例如，某新加坡居民个人2018年4月1日来华从事独立个人劳务，到2019年3月31日的12个月期间在华累计停留150天，2018年8月1日至2019年7月31日的12个月期间在华累计停留210天。据此，该人员2018年和2019年两个纳税年度内在华从事独立个人劳务均构成在华的纳税义务。但需明确的是，在中国作为收入来源国对新加坡居民个人在中国提供独立个人劳务取得的所得有征税权的情况下，中国应仅就属于上述固定基地的所得征税或仅对新加坡居民个人在华提供独立个人劳务期间取得的所得征税。

这一规定仅为判定中国对独立个人劳务所得是否有权征税提供依据，不影响与国内法相关的具体征税规定。

（2）"专业性劳务"特别包括独立的科学、文学、艺术、教育或教学活动，以及医师、律师、工程师、建筑师、牙医师和会计师的独立活动。

这一规定通过一些具有典型意义的例子对"专业性劳务"的含义加以阐述。所列举的实例并非穷尽性列举。对一些特殊情况可能产生的解释上的困难，可以通过缔约国双方主管当局协商解决。

个人要求执行税收协定中独立个人劳务条款规定的，应根据下列条件判断其是否具有独立身份：

①职业证明，包括登记注册证件和能证明其身份的证件，或者由其为居民的缔约国税务当局在出具的居民身份证明中就其现时从事职业的说明。

②与有关公司签订的劳务合同表明其与该公司的关系是劳务服务关系，不是雇主与雇员关系，具体包括：

一是医疗保险、社会保险、假期工资、海外津贴等方面不享受公司雇员待遇。

二是其从事劳务服务所取得的报酬，是按相对的小时、周、月或一次性计算支付。

三是其劳务服务的范围是固定的或有限的，并对其完成的工作负有质量责任。

四是其为提供合同规定的劳务所相应发生的各项费用，由其个人负担。

2. 非独立个人劳务。

（1）除适用《中新协定》"董事费""退休金"以及"政府服务"条款的规定以外，缔约国一方居民因受雇取得的工资、薪金和其他类似报酬，除在缔约国另一方从事受雇的活动以外，应仅在该缔约国一方征税。在该缔约国另一方从事受雇的活动取得的报酬，可以在该缔约国另一方征税。

这一规定明确了个人以受雇身份（雇员）从事劳务活动取得所得的征税原则，即一般情况下缔约国一方居民因雇佣关系取得的工资、薪金报酬应在居民国征税，也就是说，新加坡居民在新加坡受雇取得的报酬应仅在新加坡纳税，但个人在中国从事受雇活动取得的报酬，中国可以征税。

（2）缔约国一方居民因在缔约国另一方从事受雇的活动取得的报酬，同时具备以下三个条件的，应仅在该缔约国一方征税：

一是收款人在任何12个月中在该缔约国另一方停留连续或累计不超过183天。

二是该项报酬由并非该缔约国另一方居民的雇主支付或代表该雇主支付。

三是该项报酬不是由雇主设在该缔约国另一方的常设机构或固定基地所负担。

在同时满足以上三个条件的情况下，受雇个人不构成在劳务发生国的纳税义务。反之，只要有一个条件未符合，就构成在劳务发生国的纳税义务。例如，新加坡居民以雇员的身份在中国从事活动，只要有下列情况之一的，中国就可以对其获得的报酬征税：

①在任何12个月中在中国停留连续或累计超过183天（不含）。在计算天数时，该人员中途离境（包括在签证有效期内离境又入境），应准予扣除离境的天数。计算实际停留天数应包括在中国境内的所有天数，包括抵、离日当日等不足一天的任何天数及周末、节假日，以及从事该项受雇活动之前、期间及以后在中国度过的假期等。应注意的是，如果计算达到183天的这12个月跨两个年度，则中国可就该人员在这两个年度中在中国的实际停留日的所得征税。

②该项报酬由中国雇主支付或代表中国雇主支付。"雇主"应理解为对雇员的工作结果拥有权利并承担相关责任和风险的人。执行中应注意以下问题：

一是凡中国企业采用"国际劳务雇佣"方式，通过境外中介机构聘用人员来华为其从事有关劳务活动，虽然形式上这些聘用人员可能是中介机构的雇员，但如果聘用其工作的中国企业承担上述受聘人员工作所产生的责任和风险，应认为中国企业为上述受聘人员的实际雇主，该人员在中国从事受雇活动取得的报酬应在中国纳税。对真实雇主的判定可参考下列因素：中国企业对上述人员的工作拥有指挥权；上述人员在中国的工作地点由中国企业控制或负责；中国企业支付给中介机构的报酬是以上述人员工作时间计算，或者支付的该项报酬与上述人员的工资存在一定联系，例如，支付给中介机构的报酬按人员工资总额的一定比例确定；上述人员工作使用的工具和材料主要由中国企业提供；中国企业所需聘用人员的数量和标准并非中介机构确定，而由中国企业确定。

二是新加坡企业派其员工到中国居民企业工作应考虑上述因素，以实质重于形式的原则，判定其真实雇主身份。如果上述员工名义上为中国企业职员，实质上履行其派出企业职责，则同样参考上述有关标准，在判定新加坡企业为其真实雇主身份的前提下，按《中新协定》中常设机构的相关规定判断上述新加坡企业是否在中国构成常设机构。如果上述员工在中国工作期间确实受雇于中国居民企业，但同时也为其派出企业工作，应根据此类员工为其派出企业工作的实际情况按照《中新协定》中常设机构的规定判断上述新加坡企业是否在华构成常设机构。

③该项报酬由雇主设在中国的常设机构或固定基地所负担。如果新加坡个人被派驻到新加坡企业设在中国的常设机构工作，或新加坡企业派其雇员及其雇佣的其他人员在中国已构成常设机构的承包工程或服务项目中工作，这些人员不论其在中国工作时间长短，也不论其工资、薪金在何处支付，都应认为其在中国的常设机构工作期间的所得是由常设机构负担。但本规定不适用于被总部临时派往常设机构视察、检查或临时提供协助的人员及活动。

(3) 在缔约国一方企业经营国际运输的船舶或飞机上从事受雇活动取得的报酬,应仅在该缔约国征税。

这一规定适用于在经营国际运输的船舶或飞机上从事受雇活动取得报酬的人员,对其征税的原则在一定程度上遵循了《中新协定》对国际运输确立的原则,即在从事该项运输的企业为其居民的国家征税。

四、国际税收协定管理

(一) 受益所有人

在申请享受我国对外签署的税收协定中对股息、利息和特许权使用费等条款的税收待遇时,缔约国居民需要向税务机关提供资料,进行"受益所有人"的认定。国家税务总局对"受益所有人"的有关规定如下:

1. "受益所有人",是指对所得或所得据以产生的权利或财产具有所有权和支配权的人。

2. 判定需要享受税收协定待遇的缔约对方居民(以下简称申请人)"受益所有人"身份时,应根据本条所列因素,结合具体案例的实际情况进行综合分析。一般来说,下列因素不利于对申请人"受益所有人"身份的判定:

(1) 申请人有义务在收到所得的 12 个月内将所得的 50% 以上支付给第三国(地区)居民,"有义务"包括约定义务和虽未约定义务但已形成支付事实的情形。

(2) 申请人从事的经营活动不构成实质性经营活动。实质性经营活动包括具有实质性的制造、经销、管理等活动。申请人从事的经营活动是否具有实质性,应根据其实际履行的功能及承担的风险进行判定。申请人从事的具有实质性的投资控股管理活动,可以构成实质性经营活动;申请人从事不构成实质性经营活动的投资控股管理活动,同时从事其他经营活动的,如果其他经营活动不够显著,则不构成实质性经营活动。

(3) 缔约对方国家(地区)对有关所得不征税或免税,或虽征税但实际税率极低。

(4) 在利息据以产生和支付的贷款合同之外,存在债权人与第三人之间在数额、利率和签订时间等方面相近的其他贷款或存款合同。

(5) 在特许权使用费据以产生和支付的版权、专利、技术等使用权转让合同之外,存在申请人与第三人之间在有关版权、专利、技术等的使用权或所有权方面的转让合同。

3. 申请人从中国取得的所得为股息时,申请人虽不符合"受益所有人"条件,但直接或间接持有申请人 100% 股份的人符合"受益所有人"条件,并且属于以下两种情形之一的,应认为申请人具有"受益所有人"身份:

(1) 上述符合"受益所有人"条件的人为申请人所属居民国(地区)居民。

(2) 上述符合"受益所有人"条件的人虽不为申请人所属居民国(地区)居民,但该人和间接持有股份情形下的中间层均为符合条件的人。

"符合'受益所有人'条件"是指根据有关规定,综合分析后可以判定具有"受益所有人"身份。

"符合条件的人"是指该人从中国取得的所得为股息时,根据中国与其所属居民国(地区)签署的税收协定可享受的税收协定待遇和申请人可享受的税收协定待遇相同或更为优惠。

4. 下列申请人从中国取得的所得为股息时，可不根据上述第 2 项规定的因素进行综合分析，直接判定申请人具有"受益所有人"身份：

（1）缔约对方政府。

（2）缔约对方居民且在缔约对方上市的公司。

（3）缔约对方居民个人。

（4）申请人被第（1）~（3）项中的一人或多人直接或间接持有 100% 股份，且间接持有股份情形下的中间层为中国居民或缔约对方居民。

5. 上述第 3 项、第 4 项要求的持股比例应当在取得股息前连续 12 个月以内任何时候均达到规定比例。

6. 代理人或指定收款人等（以下统称代理人）不属于"受益所有人"。申请人通过代理人代为收取所得的，无论代理人是否为缔约对方居民，都不应据此影响对申请人"受益所有人"身份的判定。

股东基于持有股份取得股息，债权人基于持有债权取得利息，特许权授予人基于授予特许权取得特许权使用费，不属于本项所称的"代为收取所得"。

7. 根据上述第 2 项规定的各项因素判定"受益所有人"身份时，可区分不同所得类型通过公司章程、公司财务报表、资金流向记录、董事会会议记录、董事会决议、人力和物力配备情况、相关费用支出、职能和风险承担情况、贷款合同、特许权使用合同或转让合同、专利注册证书、版权所属证明等资料进行综合分析；判断是否符合上述第 6 项规定的"代理人代为收取所得"情形时，应根据代理合同或指定收款合同等资料进行分析。

8. 申请人虽具有"受益所有人"身份，但主管税务机关发现需要适用税收协定主要目的测试条款或国内税收法律规定的一般反避税规则的，适用一般反避税的相关规定。

（二）合伙企业适用税收协定问题

有关合伙企业及其他类似实体（以下简称合伙企业）适用税收协定的问题，应按以下原则执行：

1. 依照中国法律在中国境内成立的合伙企业，其合伙人为税收协定缔约对方居民的，该合伙人在中国负有纳税义务的所得被缔约对方视为其居民的所得的部分，可以在中国享受协定待遇。

2. 依照外国（地区）法律成立的合伙企业，其实际管理机构不在中国境内，但在中国境内设立机构、场所的，或者在中国境内未设立机构、场所，但有来源于中国境内所得的，是中国企业所得税的非居民企业纳税人。除税收协定另有规定以外，只有当该合伙企业是缔约对方居民的情况下，其在中国负有纳税义务的所得才能享受协定待遇。该合伙企业根据《非居民纳税人享受税收协定待遇管理办法》报送的由缔约对方税务主管当局开具的税收居民身份证明，应能证明其根据缔约对方国内法，因住所、居所、成立地、管理机构所在地或其他类似标准，在缔约对方负有纳税义务。

税收协定另有规定的情况是指，税收协定规定，当根据缔约对方国内法，合伙企业取得的所得被视为合伙人取得的所得，则缔约对方居民合伙人应就其从合伙企业取得所得中分得的相应份额享受协定待遇。

（三）非居民纳税人享受税收协定待遇的税务管理

非居民纳税人享受协定待遇，采取"自行判断、申报享受、相关资料留存备查"的方式办理。非居民纳税人自行判断符合享受协定待遇条件的，可在纳税申报时，或通过扣缴义务人在扣缴申报时，自行享受协定待遇，同时按规定归集和留存相关资料备查，并接受税务机关后续管理。

（四）居民享受税收协定待遇的税务管理

1. 企业或者个人（以下统称申请人）为享受中国政府对外签署的税收协定（含与香港、澳门特别行政区和台湾地区签署的税收安排或者协议）、航空协定税收条款、海运协定税收条款、汽车运输协定税收条款、互免国际运输收入税收协议或者换函（以下统称税收协定）待遇，可以向税务机关申请开具《中国税收居民身份证明》（以下简称《税收居民证明》）。

2. 申请人应向主管其所得税的县税务局（以下统称主管税务机关）申请开具《税收居民证明》。中国居民企业的境内、境外分支机构应由其中国总机构向总机构主管税务机关申请。合伙企业应当以其中国居民合伙人作为申请人，向中国居民合伙人主管税务机关申请。

3. 申请人可以就其构成中国税收居民的任一公历年度申请开具《税收居民证明》。

4. 申请人申请开具《税收居民证明》应当提交以下申请表和资料：

（1）《税收居民证明》申请表。

（2）与拟享受税收协定待遇的收入有关的合同、协议、董事会或者股东会决议、支付凭证等证明资料。

（3）申请人为个人且在中国境内有住所的，提供因户籍、家庭、经济利益关系而在中国境内习惯性居住的证明材料，包括申请人身份信息、住所情况说明等资料。

（4）申请人为个人且在中国境内无住所，而一个纳税年度内在中国境内居住累计满183天的，提供在中国境内实际居住时间的证明材料，包括出入境信息等资料。

（5）境内、外分支机构通过其总机构提出申请时，还需提供总分机构的登记注册情况。

（6）以合伙企业的中国居民合伙人提出申请时，还需提供合伙企业登记注册情况。

上述填报或报送的资料应提交中文文本，相关资料原件为外文文本的，应当同时提供中文译本。申请人向主管税务机关提交上述资料的复印件时，应在复印件上加盖申请人印章或签字，主管税务机关核验原件后留存复印件。

5. 申请人提交资料齐全的，主管税务机关应当按规定当场受理；资料不齐全的，主管税务机关不予受理，并一次性告知申请人应补正的内容。

6. 主管税务机关根据《中华人民共和国企业所得税法》（以下简称《企业所得税法》）及《中华人民共和国企业所得税法实施条例》（以下简称《企业所得税法实施条例》）、《中华人民共和国个人所得税法》及《中华人民共和国个人所得税法实施条例》等规定，结合纳税人登记注册、在中国境内住所及居住时间等情况对居民身份进行判定。

7. 主管税务机关在受理申请之日起10个工作日内，由负责人签发《税收居民证明》

并加盖公章或者将不予开具的理由书面告知申请人。主管税务机关无法准确判断居民身份的,应当及时报告上级税务机关。需要报告上级税务机关的,主管税务机关应当在受理申请之日起 20 个工作日内办结。

8. 主管税务机关或者上级税务机关根据申请人提交资料无法作出判断的,可以要求申请人补充提供相关资料,需要补充的内容应当一次性书面告知申请人。申请人补充资料的时间不计入上述工作时限。

第二节　非居民企业税收管理

根据我国现行税法的规定,非居民企业是指依照外国(地区)法律成立且实际管理机构不在中国境内,但在中国境内设立机构、场所的,或者在中国境内未设立机构、场所,但有来源于中国境内所得的企业。为了规范和强化对非居民企业的税收征收管理,财政部和国家税务总局制定和发布了一系列专门的税收法规,从登记备案、税款计算、核定征收、源泉扣缴以及对外支付外汇资金等多方面不断完善我国非居民企业税收管理制度。

一、外国企业常驻代表机构

为了规范外国企业常驻代表机构税收管理,国家税务总局制定并印发了《外国企业常驻代表机构税收管理暂行办法》,对外国企业常驻代表机构的税务登记管理、账簿凭证管理、企业所得税和增值税的计算和申报等涉税事项进行了明确规范。

外国企业常驻代表机构,是指按照国务院有关规定,在工商行政管理部门登记或经有关部门批准,设立在中国境内的外国企业(包括港、澳、台企业)及其他组织的常驻代表机构(以下简称代表机构)。

(一)税务登记管理

1. 代表机构应当自领取工商登记证件(或有关部门批准)之日起 30 日内,持以下资料,向其所在地主管税务机关申报办理税务登记:

(1) 工商营业执照副本或主管部门批准文件的原件及复印件。

(2) 组织机构代码证书副本原件及复印件。

(3) 注册地址及经营地址证明(产权证、租赁协议)原件及其复印件;如为自有房产,应提供产权证或买卖契约等合法的产权证明原件及其复印件;如为租赁的场所,应提供租赁协议原件及其复印件,出租人为自然人的还应提供产权证明的原件及复印件。

(4) 首席代表(负责人)护照或其他合法身份证件的原件及复印件。

(5) 外国企业设立代表机构的相关决议文件及在中国境内设立的其他代表机构名单(包括名称、地址、联系方式、首席代表姓名等)。

(6) 税务机关要求提供的其他资料。

2. 代表机构税务登记内容发生变化或者驻在期届满、提前终止业务活动的,应当按照《中华人民共和国税收征收管理法》（以下简称《税收征收管理法》）及相关规定，向主管税务机关申报办理变更登记或者注销登记；代表机构应当在办理注销登记前，就其清算所得向主管税务机关申报并依法缴纳企业所得税。

（二）账簿凭证管理

代表机构应当按照有关法律、行政法规和国务院财政、税务主管部门的规定设置账簿，根据合法、有效凭证记账，进行核算。

（三）企业所得税

代表机构应当就其归属所得依法申报缴纳企业所得税。代表机构应按照实际履行的功能和承担的风险相配比的原则，准确计算其应税收入和应纳税所得额，并在季度终了之日起15日内向主管税务机关据实申报缴纳企业所得税。非居民企业应纳税额的计算见第四章第七节"四、非居民企业应纳税额的计算"。

（四）其他税种

代表机构发生增值税应税行为，应就其应税收入按照增值税的相关法规计算缴纳应纳税款。

根据我国现行税法的相关规定，城市维护建设税、教育费附加和地方教育附加以实际缴纳的增值税、消费税为计征依据，并分别与增值税、消费税同时缴纳。因此，代表机构在计算缴纳增值税的同时还需要计算应缴纳的城市维护建设税、教育费附加和地方教育附加。

（五）税务申报要求

代表机构的纳税地点是机构、场所所在地。采取据实申报方式的代表机构应在季度终了之日起15日内向主管税务机关申报缴纳企业所得税。

发生增值税应税行为的代表机构应按照《中华人民共和国增值税暂行条例》及《中华人民共和国增值税暂行条例实施细则》和"营改增"税收政策规定的纳税期限，向主管税务机关据实申报缴纳增值税。

二、承包工程作业和提供劳务

为了规范对非居民（包括非居民企业和非居民个人）在中国境内承包工程作业和提供劳务的税收征收管理，国家税务总局发布了《非居民承包工程作业和提供劳务税收管理暂行办法》。

非居民企业是指依照外国（地区）法律成立且实际管理机构不在中国境内，但在中国境内设立机构、场所的，或者在中国境内未设立机构、场所，但有来源于中国境内所得的企业。非居民个人是指在中国境内无住所又不居住或者无住所而在境内居住不满183天的个人。本节仅涉及非居民企业在境内承包工程作业和提供劳务的纳税事项管理。

所称承包工程作业是指在中国境内承包建筑、安装、装配、修缮、装饰、勘探及其他工程作业；提供劳务是指在中国境内从事加工、修理修配、交通运输、仓储租赁、咨询经纪、设计、文化体育、技术服务、教育培训、旅游、娱乐及其他劳务活动。

（一）账簿凭证管理

非居民企业应当按照《税收征收管理法》及有关法律法规设置账簿，根据合法、有效凭证记账，进行核算。

（二）企业所得税

应纳税所得额的确定具体见第四章第七节"四、非居民企业应纳税额的计算"。

（三）其他税种

按照现行增值税的相关规定，境外单位在境内承包工程作业和提供劳务属于增值税应税劳务或应税服务范围，且在境内设有经营机构的，应当按照规定适用一般计税方法或者简易计税方法计算并自行申报缴纳增值税。如果境外单位在境内未设有经营机构，则以购买方为增值税扣缴义务人，扣缴义务人应当按照下列公式计算应扣缴税额：

$$应扣缴税额 = \frac{购买方支付的价款}{1+税率} \times 税率$$

增值税扣缴义务发生时间为纳税人增值税纳税义务发生的当天。

三、股息、利息、租金、特许权使用费和财产转让所得

我国现行税法规定，非居民企业在中国境内未设立机构、场所的，或者虽设立机构、场所但取得的所得与其所设机构、场所没有实际联系的，应当就其来源于中国境内的所得缴纳企业所得税。对非居民企业取得的此类所得应缴纳的所得税，实行源泉扣缴，以支付人为扣缴义务人。税款由扣缴义务人在每次支付或者到期应支付时，从支付或者到期应支付的款项中扣缴。扣缴义务人未依法扣缴或者无法履行扣缴义务的，由纳税人在所得发生地缴纳。纳税人未依法缴纳的，税务机关可以从该纳税人在中国境内其他收入项目的支付人应付的款项中，追缴该纳税人的应纳税款。扣缴义务人每次代扣的税款，应当自代扣之日起7日内缴入国库，并向所在地的税务机关报送《中华人民共和国扣缴企业所得税报告表》。

（一）应纳税额计算

具体内容见第四章第七节"四、非居民企业应纳税额的计算"。

（二）扣缴税款要求

1. 支付人自行委托代理人或指定其他第三方代为支付相关款项，或者因担保合同或法律规定等原因由第三方保证人或担保人支付相关款项的，仍由委托人、指定人或被保证人、被担保人承担扣缴义务。

2. 扣缴义务人应当自扣缴义务发生之日起7日内向扣缴义务人所在地主管税务机关申报和解缴代扣税款。扣缴义务人发生到期应支付而未支付情形，应按照《国家税务总局关于非居民企业所得税管理若干问题的公告》（国家税务总局公告2011年第24号）第一条规定进行税务处理。

中国境内企业（以下简称企业）和非居民企业签订与利息、租金、特许权使用费等所得有关的合同或协议，如果未按照合同或协议约定的日期支付上述所得款项，或者变更或修改合同或协议延期支付，但已计入企业当期成本、费用，并在企业所得税年度纳税申报中作税前扣除的，应在企业所得税年度纳税申报时按照《企业所得税法》有关规定代扣代缴企业所得税。

如果企业上述到期未支付的所得款项，不是一次性计入当期成本、费用，而是计入

相应资产原价或企业筹办费,在该类资产投入使用或开始生产经营后分期摊入成本、费用,分年度在企业所得税前扣除的,应在企业计入相关资产的年度纳税申报时就上述所得全额代扣代缴企业所得税。

如果企业在合同或协议约定的支付日期之前支付上述所得款项的,应在实际支付时按照《企业所得税法》的有关规定代扣代缴企业所得税。

非居民企业取得应源泉扣缴的所得为股息、红利等权益性投资收益的,相关应纳税款扣缴义务发生之日为股息、红利等权益性投资收益的实际支付之日。

非居民企业采取分期收款方式取得应源泉扣缴所得税的同一项转让财产所得的,其分期收取的款项可先视为收回以前投资财产的成本,待成本全部收回后,再计算并扣缴应扣税款。

3. 扣缴义务人在申报和解缴应扣税款时,应填报《中华人民共和国扣缴企业所得税报告表》。

扣缴义务人可以在申报和解缴应扣税款前报送有关申报资料;已经报送的,在申报时不再重复报送。

4. 按照《企业所得税法》第三十七条规定应当扣缴的所得税,扣缴义务人未依法扣缴或者无法履行扣缴义务的,取得所得的非居民企业应当按照《企业所得税法》第三十九条规定,向所得发生地主管税务机关申报缴纳未扣缴税款,并填报《中华人民共和国扣缴企业所得税报告表》。

非居民企业未按照《企业所得税法》第三十九条规定申报缴纳税款的,税务机关可以责令限期缴纳,非居民企业应当按照税务机关确定的期限申报缴纳税款;非居民企业在税务机关责令限期缴纳前自行申报缴纳税款的,视为已按期缴纳税款。

5. 非居民企业取得的同一项所得在境内存在多个所得发生地,涉及多个主管税务机关的,在按照《企业所得税法》第三十九条规定自行申报缴纳未扣缴税款时,可以选择一地办理上述第4项规定的申报缴税事宜。受理申报地主管税务机关应在受理申报后5个工作日内,向扣缴义务人所在地和同一项所得其他发生地主管税务机关发送《非居民企业税务事项联络函》,告知非居民企业涉税事项。

6. 主管税务机关可以要求纳税人、扣缴义务人和其他知晓情况的相关方提供与应扣缴税款有关的合同和其他相关资料。扣缴义务人应当设立代扣代缴税款账簿和合同资料档案,准确记录非居民企业所得税扣缴情况。

7. 按照《企业所得税法》第三十七条规定应当扣缴的税款,扣缴义务人应扣未扣的,由扣缴义务人所在地主管税务机关依照《中华人民共和国行政处罚法》第二十三条规定责令扣缴义务人补扣税款,并依法追究扣缴义务人责任;需要向纳税人追缴税款的,由所得发生地主管税务机关依法执行。扣缴义务人所在地与所得发生地不一致的,负责追缴税款的所得发生地主管税务机关应通过扣缴义务人所在地主管税务机关核实有关情况;扣缴义务人所在地主管税务机关应当自确定应纳税款未依法扣缴之日起5个工作日内,向所得发生地主管税务机关发送《非居民企业税务事项联络函》,告知非居民企业涉税事项。

8. 主管税务机关在按照有关规定追缴非居民企业应纳税款时,可以采取以下措施:

（1）责令该非居民企业限期申报缴纳应纳税款。

（2）收集、查实该非居民企业在中国境内其他收入项目及其支付人的相关信息，并向该其他项目支付人发出《税务事项通知书》，从该非居民企业其他收入项目款项中依照法定程序追缴欠缴税款及应缴的滞纳金。

其他项目支付人所在地与未扣税所得发生地不一致的，其他项目支付人所在地主管税务机关应给予配合和协助。

9. 按照规定应当源泉扣缴税款的款项已经由扣缴义务人实际支付，但未在规定的期限内解缴，并具有以下情形之一的，应作为税款已扣但未解缴情形，按照有关法律、行政法规规定处理：

（1）扣缴义务人已明确告知收款人已代扣税款的。

（2）已在财务会计处理中单独列示应扣税款的。

（3）已在其纳税申报中单独扣除或开始单独摊销扣除应扣税款的。

（4）其他证据证明已代扣税款的。

除上述规定情形外，按规定应该源泉扣缴的税款未在规定的期限内解缴入库的，均作为应扣未扣税款情形，按照有关法律、行政法规规定处理。

10. 扣缴义务人所在地主管税务机关为扣缴义务人所得税主管税务机关。

对《企业所得税法实施条例》规定的不同所得，所得发生地主管税务机关按以下原则确定：

（1）不动产转让所得，为不动产所在地税务机关。

（2）权益性投资资产转让所得，为被投资企业的所得税主管税务机关。

（3）股息、红利等权益性投资所得，为分配所得企业的所得税主管税务机关。

（4）利息所得、租金所得、特许权使用费所得，为负担、支付所得的单位或个人的所得税主管税务机关。

（三）其他相关规定

2017年1月1日起，对境外投资者从中国境内居民企业分配的利润，直接投资于鼓励类投资项目，凡符合规定条件的，实行递延纳税政策，暂不征收预提所得税。2018年1月1日起，其适用范围由外商投资鼓励类项目扩大至所有非禁止外商投资的项目和领域。

1. 境外投资者暂不征收预提所得税须同时满足以下条件：

（1）境外投资者以分得利润进行的直接投资，包括境外投资者以分得利润进行的增资、新建、股权收购等权益性投资行为，但不包括新增、转增、收购上市公司股份（符合条件的战略投资除外）。具体是指：

①新增或转增中国境内居民企业实收资本或者资本公积。

境外投资者以分得的利润用于补缴其在境内居民企业已经认缴的注册资本，增加实收资本或资本公积的，属于符合"新增或转增中国境内居民企业实收资本或者资本公积"情形。

②在中国境内投资新建居民企业。

③从非关联方收购中国境内居民企业股权。

④财政部、国家税务总局规定的其他方式。

（2）境外投资者分得的利润属于中国境内居民企业向投资者实际分配已经实现的留存收益而形成的股息、红利等权益性投资收益。

（3）境外投资者用于直接投资的利润以现金形式支付的，相关款项从利润分配企业的账户直接转入被投资企业或股权转让方账户，在直接投资前不得在境内外其他账户周转；境外投资者用于直接投资的利润以实物、有价证券等非现金形式支付的，相关资产所有权直接从利润分配企业转入被投资企业或股权转让方，在直接投资前不得由其他企业、个人代为持有或临时持有。

境外投资者按照金融主管部门的规定，通过人民币再投资专用存款账户划转再投资资金，并在相关款项从利润分配企业账户转入境外投资者人民币再投资专用存款账户的当日，再由境外投资者人民币再投资专用存款账户转入被投资企业或股权转让方账户的，视为符合"境外投资者用于直接投资的利润以现金形式支付的，相关款项从利润分配企业的账户直接转入被投资企业或股权转让方账户，在直接投资前不得在境内外其他账户周转"的规定。

2. 境外投资者符合规定条件的，应按照税收管理要求进行申报并如实向利润分配企业提供其符合政策条件的资料。利润分配企业经适当审核后认为境外投资者符合税法规定的，可暂不扣缴预提所得税，并向其主管税务机关履行备案手续。

3. 税务部门依法加强后续管理。境外投资者已享受暂不征收预提所得税政策，经税务部门后续管理核实不符合规定条件的，除属于利润分配企业责任外，视为境外投资者未按照规定申报缴纳企业所得税，依法追究延迟纳税责任，税款延迟缴纳期限自相关利润支付之日起计算。补缴税款的，境外投资者可按照有关规定享受税收协定待遇，但是仅可适用相关利润支付时有效的税收协定。后续税收协定另有规定的，按后续税收协定执行。

4. 境外投资者按照本通知规定可以享受暂不征收预提所得税政策但未实际享受的，可在实际缴纳相关税款之日起3年内申请追补享受该政策，退还已缴纳的税款。

5. 境外投资者通过股权转让、回购、清算等方式实际收回享受暂不征收预提所得税政策待遇的直接投资，在实际收取相应款项后7日内，按规定程序向税务部门申报补缴递延的税款。

补缴税款的，境外投资者可按照有关规定享受税收协定待遇，但是仅可适用相关利润支付时有效的税收协定。后续税收协定另有规定的，按后续税收协定执行。

6. 境外投资者享受税法规定的暂不征收预提所得税政策待遇后，被投资企业发生重组符合特殊性重组条件，并实际按照特殊性重组进行税务处理的，可继续享受暂不征收预提所得税政策待遇，不补缴递延的税款。

四、中国境内机构和个人对外付汇的税收管理

（一）对外付汇需要进行税务备案的情形

境内机构和个人向境外单笔支付等值5万美元以上（不含等值5万美元，下同）的下列外汇资金，除无须进行税务备案的情形外，均应向所在地主管税务机关进行税务备案：

1. 境外机构或个人从境内获得的包括运输、旅游、通信、建筑安装及劳务承包、保险服务、金融服务、计算机和信息服务、专有权利使用和特许、体育文化和娱乐服务、其他商业服务、政府服务等服务贸易收入。

2. 境外个人在境内的工作报酬，境外机构或个人从境内获得的股息、红利、利润、直接债务利息、担保费以及非资本转移的捐赠、赔偿、税收、偶然性所得等收益和经常转移收入。

3. 境外机构或个人从境内获得的融资租赁租金、不动产的转让收入、股权转让所得以及外国投资者其他合法所得。

境内机构和个人（以下称备案人）对同一笔合同需要多次对外支付的，仅需在首次付汇前办理税务备案。

（二）对外付汇无须进行税务备案的情形

境内机构和个人对外支付下列外汇资金，无须办理和提交《服务贸易等项目对外支付税务备案表》：

1. 境内机构在境外发生的差旅、会议、商品展销等各项费用。
2. 境内机构在境外代表机构的办公经费，以及境内机构在境外承包工程的工程款。
3. 境内机构发生在境外的进出口贸易佣金、保险费、赔偿款。
4. 进口贸易项下境外机构获得的国际运输费用。
5. 保险项下保费、保险金等相关费用。
6. 从事运输或远洋渔业的境内机构在境外发生的修理、油料、港杂等各项费用。
7. 境内旅行社从事出境旅游业务的团费以及代订、代办的住宿、交通等相关费用。
8. 亚洲开发银行和世界银行集团下属的国际金融公司从我国取得的所得或收入，包括投资合营企业分得的利润和转让股份所得、在华财产（含房产）出租或转让收入以及贷款给我国境内机构取得的利息。
9. 外国政府和国际金融组织向我国提供的外国政府（转）贷款 [含外国政府混合（转）贷款] 和国际金融组织贷款项下的利息。本项所称国际金融组织是指国际货币基金组织、世界银行集团、国际开发协会、国际农业发展基金组织、欧洲投资银行等。
10. 外汇指定银行或财务公司自身对外融资，如境外借款、境外同业拆借、海外代付以及其他债务等项下的利息。
11. 我国省级以上国家机关对外无偿捐赠援助资金。
12. 境内证券公司或登记结算公司向境外机构或境外个人支付其依法获得的股息、红利、利息收入及有价证券卖出所得收益。
13. 境内个人境外留学、旅游、探亲等因私用汇。
14. 境内机构和个人办理服务贸易、收益和经常转移项下退汇。
15. 外国投资者以境内直接投资合法所得在境内再投资。
16. 财政预算内机关、事业单位、社会团体非贸易非经营性付汇业务。
17. 国家规定的其他情形。

第三节 境外所得税收管理

居民企业以及非居民企业在中国境内设立的机构、场所，取得的下列所得已在境外缴纳的所得税税额，可以从其当期应纳税额中抵免，抵免限额为该项所得依照《企业所得税法》及其《实施条例》计算的应纳税额；超过抵免限额的部分，可以在以后5个年度内，用每年度抵免限额抵免当年应抵税额后的余额进行抵补：

（1）居民企业来源于中国境外的应税所得。

（2）非居民企业在中国境内设立机构、场所，取得发生在中国境外但与该机构、场所有实际联系的应税所得。

居民企业从其直接或者间接控制的外国企业分得的来源于中国境外的股息、红利等权益性投资收益，外国企业在境外实际缴纳的所得税税额中属于该项所得负担的部分，可以作为该居民企业的可抵免境外所得税税额，在抵免限额内抵免。

依照《企业所得税法》的规定，居民企业以及非居民企业在中国境内设立的机构、场所，应在其应纳税额中抵免在境外缴纳的所得税额的，具体抵免操作如下。

一、适用范围

（一）纳税人境外所得的范围

具体而言，可以适用境外（包括港、澳、台地区，下同）所得税收抵免的纳税人包括两类：

1. 居民企业（包括按境外法律设立但实际管理机构在中国，被判定为中国税收居民的企业）可以就其取得的境外所得直接缴纳和间接负担的境外企业所得税性质的税额进行抵免。

2. 非居民企业（外国企业）在中国境内设立的机构（场所）可以就其取得的发生在境外，但与该机构（场所）有实际联系的所得直接缴纳的境外企业所得税性质的税额进行抵免。

为缓解由于国家间对所得来源地判定标准的重叠而产生的国际重复征税，我国税法对非居民企业在中国境内分支机构取得的发生于境外的所得所缴纳的境外税额，给予了与居民企业类似的税额抵免待遇。对此类非居民给予的境外税额抵免仅涉及直接抵免。

实际联系是指据以取得所得的权利、财产或服务活动由非居民企业在中国境内的分支机构拥有、控制或实施，如外国银行在中国境内分行以其可支配的资金向中国境外贷款，境外借款人就该笔贷款向其支付的利息，即属于发生在境外与该分行有实际联系的所得。

（二）抵免办法

境外税额抵免分为直接抵免和间接抵免。

1. 直接抵免。直接抵免是指企业直接作为纳税人就其境外所得在境外缴纳的所得税额在我国应纳税额中抵免。直接抵免主要适用于企业就来源于境外的营业利润所得在境外所缴纳的企业所得税，以及就来源于或发生于境外的股息、红利等权益性投资所得、利息、租金、特许权使用费、财产转让等所得在境外被源泉扣缴的预提所得税。

2. 间接抵免。间接抵免是指境外企业就分配股息前的利润缴纳的外国所得税额中由我国居民企业就该项分得的股息性质的所得间接负担的部分，在我国的应纳税额中抵免。例如，我国居民企业（母公司）的境外子公司在所在国（地区）缴纳企业所得税后，将税后利润的一部分作为股息、红利分配给该母公司，子公司在境外就其应税所得实际缴纳的企业所得税税额中按母公司所得股息占全部税后利润之比的部分，即属于该母公司间接负担的境外企业所得税税额。间接抵免的适用范围为居民企业从其符合本节第五项、第六项规定的境外子公司取得的股息、红利等权益性投资收益所得。

二、境外所得税额抵免计算的基本项目

企业应按照税法的有关规定准确计算下列当期与抵免境外所得税有关的项目后，确定当期实际可抵免分国（地区）别的境外所得税税额和抵免限额：

1. 境内所得的应纳税所得额（以下简称境内应纳税所得额）和分国（地区）别的境外所得的应纳税所得额（以下简称境外应纳税所得额）。
2. 分国（地区）别的可抵免境外所得税税额。
3. 分国（地区）别的境外所得税的抵免限额。

企业不能准确计算上述项目实际可抵免分国（地区）别的境外所得税税额的，在相应国家（地区）缴纳的税收均不得在该企业当期应纳税额中抵免，也不得结转以后年度抵免。

企业取得境外所得，其在中国境外已经实际直接缴纳和间接负担的企业所得税性质的税额，进行境外税额抵免计算的基本项目包括：境内、境外所得分国（地区）别的应纳税所得额、可抵免税额、抵免限额和实际抵免税额。不能按照有关税收法律法规准确计算实际可抵免的境外分国（地区）别的所得税税额的，不应给予税收抵免。

自 2017 年 1 月 1 日起，企业可以选择按国（地区）别分别计算［即"分国（地区）不分项"］，或者不按国（地区）别汇总计算［即"不分国（地区）不分项"］其来源于境外的应纳税所得额，并按照有关规定分别计算其可抵免境外所得税税额和抵免限额。上述方式一经选择，5 年内不得改变。

企业选择采用不同于以前年度的方式（以下简称新方式）计算可抵免境外所得税税额和抵免限额时，对该企业以前年度按照有关规定没有抵免完的余额，可在税法规定结转的剩余年限内，按新方式计算的抵免限额中继续结转抵免。

三、境外应纳税所得额的计算

企业应按照税法的有关规定，确定中国境外所得并按以下规定计算境外应纳税所得额。

根据税法规定确定的境外所得，在计算适用境外税额直接抵免的应纳税所得额时，应为将该项境外所得直接缴纳的境外所得税额还原计算后的境外税前所得；上述直接缴纳税额还原后的所得中属于股息、红利所得的，在计算适用境外税额间接抵免的境外所得时，应再将该项境外所得间接负担的税额还原计算，即该境外股息、红利所得应为境外股息、红利税后净所得与就该项所得直接缴纳和间接负担的税额之和。

对上述税额还原后的境外税前所得，应再就计算企业应纳税所得总额时已按税法规定扣除的有关成本费用中与境外所得有关的部分进行对应调整扣除后，计算为境外应纳税所得额。

1. 居民企业在境外投资设立不具有独立纳税地位的分支机构，其来源于境外的所得，以境外收入总额扣除与取得境外收入有关的各项合理支出后的余额为应纳税所得额。各项收入、支出按税法的有关规定确定。

居民企业在境外设立不具有独立纳税地位的分支机构取得的各项境外所得，无论是否汇回中国境内，均应计入该企业所属纳税年度的境外应纳税所得额。

（1）由于分支机构不具有分配利润职能，因此居民企业在境外设立不具有独立纳税地位的分支机构取得的各项境外所得，无论是否汇回中国境内，均应计入该企业所属纳税年度的境外应纳税所得额。

（2）确定与取得境外收入有关的合理的支出，应主要考察发生支出的确认和分摊方法是否符合一般经营常规和我国税收法律规定的基本原则。企业已在计算应纳税所得总额时扣除的，但属于应由各分支机构合理分摊的总部管理费等有关成本费用应作出合理的对应调整分摊。

境外分支机构的合理支出范围通常包括境外分支机构发生的人员工资、资产折旧、利息、相关税费和应分摊的总机构用于管理分支机构的管理费用等。

2. 居民企业应就其来源于境外的股息、红利等权益性投资收益，以及利息、租金、特许权使用费、转让财产等收入，扣除按照《企业所得税法》及其《实施条例》等规定计算的与取得该项收入有关的各项合理支出后的余额为应纳税所得额。来源于境外的股息、红利等权益性投资收益，应按被投资方作出利润分配决定的日期确认收入实现；来源于境外的利息、租金、特许权使用费、转让财产等收入，应按有关合同约定应付交易对价款的日期确认收入实现。

从境外收到的股息、红利、利息等境外投资性所得一般表现为毛所得，应对在计算企业总所得额时已作统一扣除的成本费用中与境外所得有关的部分，在该境外所得中对应调整扣除后，才能作为计算境外税额抵免限额的境外应纳税所得额。

（1）在就境外所得计算应对应调整扣除的有关成本费用时，应对如下成本费用予以特别注意：

①股息、红利，应对应调整扣除与境外投资业务有关的项目研究、融资成本和管理费用。

②利息，应对应调整扣除为取得该项利息而发生的相应的融资成本和相关费用。

③租金，属于融资租赁业务的，应对应调整扣除其融资成本；属于经营租赁业务的，应对应调整扣除租赁物相应的折旧或折耗。

④特许权使用费，应对应调整扣除提供特许使用的资产的研发、摊销等费用。

⑤财产转让，应对应调整扣除被转让财产的成本净值和相关费用。

涉及上述所得应纳税所得额中应包含的已间接负担税额的具体还原计算将在本节的第五项中进行说明。

（2）企业应当根据税法的有关规定确认境外所得的实现年度及其税额抵免年度。

①企业来源于境外的股息、红利等权益性投资收益所得，若实际收到所得的日期与境外被投资方作出利润分配决定的日期不在同一纳税年度的，应按被投资方作出利润分配日所在的纳税年度确认境外所得。

企业来源于境外的利息、租金、特许权使用费、转让财产等收入，若未能在合同约定的付款日期当年收到上述所得，仍应按合同约定付款日期所属的纳税年度确认境外所得。

②企业收到某一纳税年度的境外所得已纳税凭证时，凡是迟于次年5月31日汇算清缴终止日的，可以对该所得境外税额抵免追溯计算。

3. 非居民企业在境内设立机构、场所的，应就其发生在境外但与境内所设机构、场所有实际联系的各项应税所得，比照上述第2项的规定计算相应的应纳税所得额。

4. 在计算境外应纳税所得额时，企业为取得境内、境外所得而在境内、境外发生的共同支出，与取得境外应税所得有关的、合理的部分，应在境内、境外［分国别（地区），下同］应税所得之间，按照合理比例进行分摊后扣除。

共同支出，是指与取得境外所得有关但未直接计入境外所得应纳税所得额的成本费用支出，通常包括未直接计入境外所得的营业费用、管理费用和财务费用等支出。

企业应对在计算总所得额时已统一归集并扣除的共同费用，按境外每一国别（地区）数额占企业全部数额的下列一种比例或几种比例的综合比例，在每一国别的境外所得中对应调整扣除，计算来自每一国别的应纳税所得额。

（1）资产比例。

（2）收入比例。

（3）员工工资支出比例。

（4）其他合理比例。

上述分摊比例确定后应报送主管税务机关备案，无合理原因不得改变。

5. 在汇总计算境外应纳税所得额时，企业在境外同一国家（地区）设立不具有独立纳税地位的分支机构，按照《企业所得税法》及其《实施条例》的有关规定计算的亏损，不得抵减其境内或他国（地区）的应纳税所得额，但可以用同一国家（地区）其他项目或以后年度的所得按规定弥补。

这一规定基于"分国（地区）不分项"计算抵免的原则及其要求，对在不同国家（地区）的分支机构发生的亏损不得相互弥补作出了规定，以避免出现同一笔亏损重复弥补或须进行复杂的还原弥补、还原抵免的现象。

企业在同一纳税年度的境内外所得加总为正数的，其境外分支机构发生的亏损，由于上述结转弥补的限制而发生的未予弥补的部分（以下简称非实际亏损额），今后在该分支机构的结转弥补期限不受5年期限制。即：

（1）如果企业当期境内外所得盈利额与亏损额加总后和为零或正数，则其当年度境外分支机构的非实际亏损额可无限期向后结转弥补。

（2）如果企业当期境内外所得盈利额与亏损额加总后和为负数，则以境外分支机构的亏损额超过企业盈利额部分的实际亏损额,按《企业所得税法》第十八条规定的期限进行亏损弥补,未超过企业盈利额部分的非实际亏损额仍可无限期向后结转弥补。

企业应对境外分支机构的实际亏损额与非实际亏损额不同的结转弥补情况做好记录。

四、可予抵免境外所得税税额的确认

可抵免境外所得税税额,是指企业来源于中国境外的所得依照中国境外税收法律以及相关规定应当缴纳并已实际缴纳的企业所得税性质的税款。

1. 不应作为可抵免境外所得税税额的情形如下:

(1) 按照境外所得税法律及相关规定属于错缴或错征的境外所得税税款。具体是指,属于境外所得税法律及相关规定适用错误而且企业不应缴纳而错缴的税额,企业应向境外税务机关申请予以退还,而不应作为境外已缴税额向中国申请抵免企业所得税。

(2) 按照税收协定规定不应征收的境外所得税税款。具体是指,根据中国政府与其他国家(地区)政府签订的税收协定(或安排)的规定不属于对方国家的应税项目,却被对方国家(地区)就其征收的企业所得税,对此,企业应向征税国家申请退还不应征收的税额;该项税额还应包括,企业就境外所得在来源国纳税时适用税率高于税收协定限定税率所多缴纳的所得税税额。

(3) 因少缴或迟缴境外所得税而追加的利息、滞纳金或罚款。

(4) 境外所得税纳税人或者其利害关系人从境外征税主体得到实际返还或补偿的境外所得税税款。具体是指,如果有关国家为了实现特定目标而规定不同形式和程度的税收优惠,并采取征收后由政府予以返还或补偿方式退还的已缴税额,对此,企业应从其境外所得可抵免税额中剔除该相应部分。

(5) 按照我国《企业所得税法》及其《实施条例》规定,已经免征我国企业所得税的境外所得负担的境外所得税税款。具体是指,如果我国税收法律法规作出对某项境外所得给予免税优惠规定,企业取得免征我国企业所得税的境外所得的,该项所得的应纳税所得额及其缴纳的境外所得税额均应从计算境外所得税额抵免的境外应纳税所得额和境外已纳税额中减除。

(6) 按照国务院财政、税务主管部门有关规定已经从企业境外应纳税所得额中扣除的境外所得税税款。如果我国税法规定就一项境外所得的已纳所得税额仅作为费用从该项境外所得额中扣除的,就该项所得及其缴纳的境外所得税额不应再纳入境外税额抵免计算。

2. 可抵免的境外所得税税额的基本条件如下:

(1) 企业来源于中国境外的所得依照中国境外税收法律以及相关规定计算而缴纳的税额。

(2) 缴纳的属于企业所得税性质的税额,而不拘泥于名称。在不同的国家,对于企业所得税的称呼有着不同的表述,如法人所得税、公司所得税等。判定是否属于企业所得税性质的税额,主要看其是否是针对企业净所得征收的税额。

(3) 限于企业应当缴纳且已实际缴纳的税额。税收抵免旨在解决重复征税问题,仅限于企业应当缴纳且已实际缴纳的税额(除另有饶让抵免或其他规定外)。

(4) 可抵免的企业所得税税额，若是税收协定非适用所得税项目，或是来自非协定国家的所得，无法判定是否属于对企业征收的所得税税额的，应层报国家税务总局裁定。

3. 可抵免境外所得税税额的换算。

若企业取得的境外所得已直接缴纳和间接负担的税额为人民币以外货币的，在以人民币计算可予抵免的境外税额时，凡企业记账本位币为人民币的，应按企业就该项境外所得记入账内时使用的人民币汇率进行换算；凡企业以人民币以外其他货币作为记账本位币的，应统一按实现该项境外所得对应的我国纳税年度最后一日的人民币汇率中间价进行换算。

五、境外所得间接负担税额的计算

居民企业在用上述境外所得间接负担的税额进行税收抵免时，其取得的境外投资收益实际间接负担的税额，是指根据直接或者间接持股方式合计持股20%以上（含20%，下同）的规定层级的外国企业股份，由此应分得的股息、红利等权益性投资收益中，从最低一层外国企业起逐层计算的属于由上一层企业负担的税额，其计算公式为：

$$\text{本层企业所纳税额属于由一家上一层企业负担的税额} = \frac{(\text{本层企业就利润和投资收益所实际缴纳的税额} + \text{符合本节规定的由本层企业间接负担的税额}) \times \text{本层企业向一家上一层企业分配的股息（红利）}}{\text{本层企业所得税后利润额}}$$

1. 公式中各个因素的分析如下：

(1) 本层企业是指实际分配股息（红利）的境外被投资企业。

(2) 本层企业就利润和投资收益所实际缴纳的税额是指，本层企业按所在国税法就利润缴纳的企业所得税和在被投资方所在国就分得的股息等权益性投资收益被源泉扣缴的预提所得税。

(3) 符合本节规定的由本层企业间接负担的税额是指该层企业由于从下一层企业分回股息（红利）而间接负担的由下一层企业就其利润缴纳的企业所得税税额。

(4) 本层企业向一家上一层企业分配的股息（红利）是指该层企业向上一层企业实际分配的扣缴预提所得税前的股息（红利）数额。

(5) 本层企业所得税后利润额是指该层企业实现的利润总额减去就其利润实际缴纳的企业所得税后的余额。

2. 每一层企业从其持股的下一层企业在一个年度中分得的股息（红利），若是由该下一层企业不同年度的税后未分配利润组成，则应按该股息（红利）对应的每一年度未分配利润，分别计算就该项分配利润所间接负担的税额；按各年度计算的间接负担税额之和，即为取得股息（红利）的企业该一个年度中分得的股息（红利）所得所间接负担的所得税税额。

3. 境外第二层及以下层级企业归属不同国家的，在计算居民企业负担境外税额时，均以境外第一层企业所在国（地区）为国别划分进行归集计算，而不论该第一层企业的下层企业归属何国（地区）。

六、适用间接抵免的外国企业持股比例的计算

除另有规定外,由居民企业直接或者间接持有20%以上股份的外国企业,限于符合以下持股方式的三层外国企业:

第一层:单一居民企业直接持有20%以上股份的外国企业。

第二层:单一第一层外国企业直接持有20%以上股份,且由单一居民企业直接持有或通过一个或多个符合本项规定持股条件的外国企业间接持有总和达到20%以上股份的外国企业。

第三层:单一第二层外国企业直接持有20%以上股份,且由单一居民企业直接持有或通过一个或多个符合本项规定持股条件的外国企业间接持有总和达到20%以上股份的外国企业。

上述符合规定的"持股条件",是指各层企业直接持股、间接持股以及为计算居民企业间接持股总和比例的每一个单一持股,均应达到20%的持股比例。

自2017年1月1日起,企业在境外取得的股息所得,在按规定计算该企业境外股息所得的可抵免所得税额和抵免限额时,由该企业直接或者间接持有20%以上股份的外国企业,限于按照规定持股方式确定的五层外国企业,即:

第一层:企业直接持有20%以上股份的外国企业。

第二层至第五层:单一上一层外国企业直接持有20%以上股份,且由该企业直接持有或通过一个或多个符合规定持股方式的外国企业间接持有总和达到20%以上股份的外国企业。

七、税收饶让抵免的应纳税额的确定

居民企业从与我国政府订立税收协定(或安排)的国家(地区)取得的所得,按照该国(地区)税收法律享受了免税或减税待遇,且该免税或减税的数额按照税收协定规定应视同已缴税额在中国的应纳税额中抵免的,该免税或减税数额可作为企业实际缴纳的境外所得税额用于办理税收抵免。

1. 《企业所得税法》目前尚未单方面规定税收饶让抵免,但我国与有关国家签订的税收协定规定有税收饶让抵免安排。居民企业从与我国订立税收协定(或安排)的对方国家取得所得,并按该国税收法律享受了免税或减税待遇,且该所得已享受的免税或减税数额按照税收协定(或安排)规定应视同已缴税额在我国应纳税额中抵免的,可在其申报境外所得税额时视为已缴税额。

2. 税收饶让抵免应区别下列情况进行计算:

(1)税收协定规定定率饶让抵免的,饶让抵免税额为按该定率计算的应纳境外所得税额超过实际缴纳的境外所得税额的数额。

(2)税收协定规定列举一国税收优惠额给予饶让抵免的,饶让抵免税额为按协定国家(地区)税收法律规定税率计算的应纳所得税额超过实际缴纳税额的数额,即实际税收优惠额。

3. 境外所得采用本节第十项规定的简易办法计算抵免额的,不适用饶让抵免。

4. 企业取得的境外所得根据来源国税收法律法规不判定为所在国应税所得，而按中国税收法律法规规定属于应税所得的，不属于税收饶让抵免范畴，应全额按中国税收法律法规规定缴纳企业所得税。

八、抵免限额的计算

企业应按照《企业所得税法》及其《实施条例》和本节的有关规定分国（地区）别计算境外税额的抵免限额。

某国（地区）所得税抵免限额 =《企业所得税法》及其《实施条例》的规定计算的中国境内、境外所得依照应纳税总额 × 来源于某国（地区）的应纳税所得额 ÷ 中国境内、境外应纳税所得总额

1. 适用税率。

中国境内、境外所得依照《企业所得税法》及其《实施条例》的规定计算的应纳税总额的税率是25%，即使企业境内所得按税收法规规定享受企业所得税优惠的，在进行境外所得税额抵免限额计算中的中国境内、境外所得应纳税总额所适用的税率也应为25%。今后若另有规定境外所得与境内所得享受相同企业所得税优惠政策的，应按有关优惠政策的适用税率或税收负担率计算其应纳税总额和抵免限额。

以与境内、境外全部生产经营活动有关的研究开发费用总额、总收入、销售收入总额、高新技术产品（服务）收入等指标申请并经认定的高新技术企业，其来源于境外的所得可以享受高新技术企业所得税优惠政策，即对其来源于境外所得可以按照15%的优惠税率缴纳企业所得税，在计算境外抵免限额时，可按照15%的优惠税率计算境内外应纳税总额。

2. 境内、境外所得之间的亏损弥补。

企业按照税法的有关规定计算的当期境内、境外应纳税所得总额小于零的，应以零计算当期境内、境外应纳税所得总额，其当期境外所得税的抵免限额也为零。

若企业境内所得为亏损，境外所得为盈利，且企业已使用同期境外盈利全部或部分弥补了境内亏损，则境内已用境外盈利弥补的亏损不得再用以后年度境内盈利重复弥补。由此，在计算境外所得抵免限额时，形成当期境内、境外应纳税所得总额小于零的，应以零计算当期境内、境外应纳税所得总额，其当期境外所得税的抵免限额也为零。上述境外盈利在境外已纳的可予抵免但未能抵免的税额可以在以后5个纳税年度内进行结转抵免。

3. 如果企业境内所得为亏损，境外盈利分别来自多个国家，则弥补境内亏损时，企业可以自行选择弥补境内亏损的境外所得来源国家（地区）的顺序。

九、实际抵免境外税额的计算

在计算实际应抵免的境外已缴纳和间接负担的所得税税额时，企业在境外一国（地区）当年缴纳和间接负担的符合规定的所得税税额低于所计算的该国（地区）抵免限额的，应以该项税额作为境外所得税抵免额从企业应纳税总额中据实抵免；超过抵免限额的，当年应以抵免限额作为境外所得税抵免额进行抵免，超过抵免限额的余额允许从次年起在连续5个纳税年度内，用每年度抵免限额抵免当年应抵税额后的余额进行抵补。

企业在境外一国（地区）当年缴纳和间接负担的符合规定的企业所得税税额的具体抵免方法，即企业每年应分国（地区）别在抵免限额内据实抵免境外所得税额，超过抵免限额的部分可在以后连续 5 个纳税年度延续抵免；企业当年境外一国（地区）可抵免税额中既有属于当年已直接缴纳或间接负担的境外所得税额，又有以前年度结转的未逾期可抵免税额时，应首先抵免当年已直接缴纳或间接负担的境外所得税额，抵免限额有余额的，可再抵免以前年度结转的未逾期可抵免税额，仍抵免不足的，继续向以后年度结转。

十、简易办法计算抵免

采用简易办法须遵循"分国不分项"原则。适用简易办法计算抵免的有如下两种情况：

1. 企业从境外取得营业利润所得以及符合境外税额间接抵免条件的股息所得，虽有所得来源国（地区）政府机关核发的具有纳税性质的凭证或证明，但因客观原因无法真实、准确地确认应当缴纳并已经实际缴纳的境外所得税税额的，除就该所得直接缴纳及间接负担的税额在所得来源国（地区）的实际有效税率低于 12.5% 的外，可按境外应纳税所得额的 12.5% 作为抵免限额，企业按该国（地区）税务机关或政府机关核发的具有纳税性质凭证或证明的金额，其不超过抵免限额的部分，准予抵免；超过的部分不得抵免。

"从所得来源国（地区）政府机关取得具有纳税性质的凭证或证明"是指向境外所在国家政府实际缴纳了具有综合税额（含企业所得税）性质的款项的有效凭证。

2. 企业从境外取得营业利润所得以及符合境外税额间接抵免条件的股息所得，凡就该所得缴纳及间接负担的税额在所得来源国（地区）的法定税率且其实际有效税率明显高于我国的，可直接以按本规定计算的境外应纳税所得额和《企业所得税法》规定的税率计算的抵免限额作为可抵免的已在境外实际缴纳的企业所得税税额。"实际有效税率"是指实际缴纳或负担的企业所得税税额与应纳税所得额的比率。

法定税率明显高于我国的境外所得来源国（地区）有：美国、阿根廷、布隆迪、喀麦隆、古巴、法国、日本、摩洛哥、巴基斯坦、赞比亚、科威特、孟加拉国、叙利亚、约旦、老挝。

属于上述规定以外的股息、利息、租金、特许权使用费、转让财产等投资性所得，即居民企业从境外未达到直接持股 20% 条件的境外子公司取得的股息所得，以及取得利息、租金、特许权使用费、转让财产等所得，向所得来源国直接缴纳的预提所得税额，均应按本节有关直接抵免的规定正常计算抵免。

十一、境外分支机构与我国对应纳税年度的确定

1. 企业在境外投资设立不具有独立纳税地位的分支机构，其计算生产、经营所得的纳税年度与我国规定的纳税年度不一致的，与我国纳税年度当年度相对应的境外纳税年度，应为在我国有关纳税年度中任何一日结束的境外纳税年度。

企业就其在境外设立的不具有独立纳税地位的分支机构每一纳税年度的营业利润，计入企业当年度应纳税所得总额时，如果分支机构所在国纳税年度的规定与我国规定的纳税年度不一致的，在确定该分支机构境外某一年度的税额如何对应我国纳税年度进行抵免时，境外分支机构按所在国规定计算生产经营所得的纳税年度与其境内总机构纳税年度相对应的纳税年度，应为该境外分支机构所在国纳税年度结束日所在的我国纳税年度。

2. 企业取得除第 1 项规定以外的境外所得实际缴纳或间接负担的境外所得税，应在该项境外所得实现日所在的我国对应纳税年度的应纳税额中计算抵免。

企业取得境外股息所得实现日为被投资方作出利润分配决定的日期，不论该利润分配是否包括以前年度未分配利润，均应作为该股息所得实现日所在的我国纳税年度所得计算抵免。

十二、境外所得税抵免时应纳所得税额的计算

企业抵免境外所得税额后实际应纳所得税额的计算公式为：

$$\text{企业实际应纳所得税额} = \text{企业境内外所得应纳税总额} - \text{企业所得税减免、抵免优惠税额} - \text{境外所得税抵免额}$$

公式中抵免优惠税额是指企业购置用于环境保护、节能节水、安全生产等专用设备的投资额，可以按一定比例实行税额抵免。

公式中境外所得税抵免额是指按照本节规定计算的境外所得税额在抵免限额内实际可以抵免的税额。

第四节 国际反避税

一、税基侵蚀和利润转移项目

税基侵蚀和利润转移项目是由二十国集团（以下简称 G20）领导人背书，并委托经济合作与发展组织（以下简称 OECD）推进的国际税改项目，是 G20 框架下各国携手打击国际逃避税，共同建立有利于全球经济增长的国际税收规则体系和行政合作机制的重要举措。

2013 年 6 月，OECD 发布《税基侵蚀和利润转移行动计划》（以下简称 BEPS 行动计划），并于当年 9 月在俄罗斯 G20 圣彼得堡峰会上得到各国领导人背书。2015 年 10 月，OECD 发布了 BEPS 行动计划全部 15 项产出成果，包括 13 份最终报告和 1 份解释性声明。15 项行动计划成果的顺利完成，标志着 BEPS 行动计划步入成果转化、具体实施的新阶段。

（一）税基侵蚀和利润转移行动计划

BEPS 行动计划包括 5 大类共 15 项行动，分别于 2014 年 9 月、2015 年 9 月和 2015 年年底前分阶段完成，并提交当年的 G20 财长和央行行长会议审议，然后，由当年的 G20 领导人峰会背书。

1. BEPS 15 项行动计划的分类。

BEPS 行动计划分类表见表 12-1。

表12-1　　　　　　　　　　　BEPS行动计划分类表

类别	行动计划
应对数字经济带来的挑战	数字经济
协调各国企业所得税税制	混合错配、受控外国公司规则、利息扣除、有害税收实践
重塑现行税收协定和转让定价国际规则	税收协定滥用、常设机构、无形资产、风险和资本、其他高风险交易
提高税收透明度和确定性	数据统计分析、强制披露原则、转让定价同期资料、争端解决
开发多边工具促进行动计划实施	多边工具

2. BEPS 15项行动计划的核心内容。

(1) 第一项行动计划：数字经济。

这项行动计划根据数字经济下的商业模式特点，重新审视现行税制（含增值税）、税收协定和转让定价规则存在的问题，并就国内立法和国际税收规则的调整提出建议。

(2) 第二项行动计划：混合错配。

这项行动计划针对利用两国或多国间税制差异（通常是对同一实体或所得性质认定不同、对同一笔所得或交易税收处理不同）获取双重或多重不征税结果的税收筹划模式，就国内立法和国际税收规则的调整提出建议。

(3) 第三项行动计划：受控外国公司规则。

这项行动计划就如何强化受控外国公司规则、防止利润滞留或转移境外提出政策建议。

(4) 第四项行动计划：利息扣除。

这项行动计划针对利用利息支出和金融工具交易避税的问题，就国内立法和国际税收规则的调整提出建议。此项工作将与混合错配和受控外国公司规则两项行动计划相协调。

(5) 第五项行动计划：有害税收实践。

这项行动计划审议OECD成员国和非成员国的优惠税制，推动各国改变或废除"有害"所得税优惠制度，并提出解决有害税收竞争问题的建议。

(6) 第六项行动计划：税收协定滥用。

这项行动计划针对各种滥用协定待遇的现象，对税收协定进行修补和明确，同时辅以必要的国内法修订，防止税收协定滥用。

(7) 第七项行动计划：常设机构。

这项行动计划修订税收协定的常设机构定义，应对规避常设机构构成的行为。

(8) 第八、九、十项行动计划：无形资产、风险和资本、其他高风险交易。

这几项行动计划通过制定规则，应对集团内部和关联企业间通过无形资产、风险和资本的人为分配将利润转移至低税地区的避税行为。

(9) 第十一项行动计划：数据统计分析。

这项行动计划构建针对BEPS行为的数据收集体系和分析指标体系，包括监控及预警指标，开展分析研究以估算BEPS行为的规模和经济影响。

(10) 第十二项行动计划：强制披露规则。

这项行动计划帮助各国设计税收筹划方案披露机制（包括纳税人应披露的交易内容、

披露方式、相关惩罚措施和信息使用等），加强税务机关对税收风险的监管和防控。

（11）第十三项行动计划：转让定价同期资料。

这项行动计划在考虑企业遵从成本的基础上，制定转让定价同期资料通用模板，提高税收透明度并减轻纳税人负担。

（12）第十四项行动计划：争端解决。

目前大部分双边税收协定还不包括仲裁条款，还有部分国家对纳税人申请相互协商程序有限制性规定，针对这种情况，该行动计划旨在建立更为有效的争端解决机制，切实为跨境投资者避免双重征税提供便利。

（13）第十五项行动计划：多边工具。

这项行动计划为快速落实行动计划成果，研究制定多边"硬法"（例如签署多边协议），对现行协定条款进行修改和完善。

3. BEPS 15 项行动计划的实质。

BEPS 15 项行动计划的内容与技术虽然均十分庞杂，但其仍然遵循 2014 年 2 月 G20 财长与央行行长悉尼会议达成的原则，即税收要与实质经济活动和价值创造相匹配。

目前的所得税国际规则是 1923 年在第一次世界大战结束后建立起来的，已经运行近百年，其内容主要是在所得的来源国与居民国之间进行税收权益的分配。分配的原则是：限制来源国征税权，促进跨境投资。该规则运行的结果是：跨国企业受趋利引导，既规避来源国税收也规避居民国税收，居民国与来源国的税基均被侵蚀，利润均被转移，转移的目的地是低税地和避税地。当然，居民国与来源国之间也有税率高低之分，企业利润自然也会向税率低的一方转移。当前，全球利润至少 50% 以上涉及国际交易，特别是企业集团跨境关联交易数额巨大。所有这些交易都可以在现有规则体系下进行避税筹划。筹划的结果是税收权益与实质经济活动的错配，经济活动发生地没有留下应有的利润，也没有获得应有的税收。生产要素的跨境配置受到扭曲，税收公平面临挑战，国际税收秩序受到严重威胁。因此，国际社会必须携手改革现有国际税收规则体系，以适应快速发展的经济全球化趋势。

（二）税基侵蚀和利润转移项目成果

2014 年 6 月 26 日，OECD 通过了 15 项行动计划中的 7 项产出成果和一份针对这些成果的解释性声明，并于 2014 年 9 月 16 日对外发布。2015 年 10 月 5 日，OECD 在整合 2014 年 9 月发布的 BEPS 项目首批 7 项产出成果的基础上，发布了 BEPS 项目全部 15 项产出成果。这些成果对重塑现有国际税收规则体系，完善各国税制意义重大。对促进我国税制改革，建立与我国对外开放和税收现代化相适应的国际税收制度与征管体系同样意义重大。

1. 第一项成果：《关于数字经济面临的税收挑战的报告》。

该报告指出，作为信息和通信技术创新的产物，数字经济带来了商业模式的演变和跨国公司全球价值链的整合，也对基于传统经济构建的税收规则体系形成了巨大冲击。其中一个突出的问题就是跨国公司可能利用网络交易方式，避免在任何地方设立有形的经营场所，从而在全球范围内规避税收义务。

报告的结论是，数字经济因其对各经济行业的广泛渗透性、对无形资产的高度依赖性，以及对加速整合企业全球价值链的影响，成为 BEPS 的重灾区。但很难单独针对其制定政策，需要通过转让定价、防止协定滥用、受控外国公司制度等其他行动计划，以及相互协调的跨境交易增值税政策等措施，解决数字经济的 BEPS 问题。

2. 第二项成果：《消除混合错配安排的影响》。

混合错配是指由于交易所涉及国家间在所得性质认定、实体性质认定、交易性质认定、税前扣除制度等方面的税制差异，对同一实体、所得、交易或金融工具进行不同的税务处理，从而产生的国际重复征税或重复免税的问题。这一问题的提出和引起的重视，与金融危机后各国银行业向其他国家大量转移亏损导致的税基侵蚀有关。

报告分两部分，分别对国内法和税收协定范本提出修订建议，着力于消除跨境交易中混合错配安排导致的税基侵蚀影响。

3. 第三项成果：《制定有效受控外国公司规则》。

拥有外国子公司控制权的纳税人可以将其居民国或在特定情况下其他国家的税基转移至一家受控外国公司（以下简称 CFC），CFC 规则是为了应对受控外国公司为利润转移及长期纳税递延提供便利的风险。本报告分六个构成要素，为制定有效的 CFC 规则提供建议。

（1）CFC 规则的定义。CFC 规则一般适用于受控于母管辖区股东的外国企业。报告建议 CFC 规则的适用对象除了公司实体外，还包括一些透明的实体和常设机构。CFC 规则至少应同时采用法律控制和经济控制两个标准，满足两者之一就会形成控制。CFC 规则既适用于直接控制，也适用于间接控制。

（2）CFC 规则的豁免及门槛要求。在现行的 CFC 规则下，外国企业具有排除了税率豁免、反避税及最低门槛等条款的适用性后方才适用 CFC 规则。报告建议仅在外国企业的有效税率显著低于母管辖区的有效税率时才可应用 CFC 规则。

（3）CFC 收入的定义。报告建议 CFC 规则应包含对 CFC 收入的定义，且就 CFC 规则可以用来定义 CFC 收入的方法或方法组合列出了一张非穷尽的清单。

（4）收入的计算。本报告建议 CFC 规则采用母管辖区的规定计算应归属于股东的 CFC 收入；CFC 的亏损应仅能与其自身或位于统一管辖区的其他 CFC 的收入相互抵销。

（5）收入的归属。报告建议在可能的情况下，应将归属的门槛与控制门槛联系在一起，并将应归属的收入按所有权或影响比例进行计算。

（6）防止和消除双重征税。本报告强调了防止和消除双重征税的重要性并提出 CFC 已缴税款如何抵扣的建议。

4. 第四项成果：《对利用利息扣除和其他款项支付实现的税基侵蚀予以限制》。

跨国集团可能通过调整企业内部债务数额减少税负，如将更多第三方债务转移到高税率国家、通过内部贷款产生超出实际第三方利息费用的利息扣除、利用第三方或集团内部融资为免税收入的产生进行融资等。

报告建议根据固定比率规则来防止跨国集团通过利息费用的扣除实现税基侵蚀，同时考虑各国的国情，全球集团比率规则可作为补充手段。各国制定的其他文件也允许作为固定比率规则和集团比率规则的补充，以降低这些规则对实体或 BEPS 风险较低情况下的影响。此外，报告还建议制定有针对性的规则来支持上述方法，以防被人为规避，并建议制定针对银行和保险业 BEPS 风险的特定规则等。

5. 第五项成果：《考虑透明度和实质性因素有效打击有害税收实践》。

有害税收实践是指各国通过降低税率、增加税收优惠等方式减轻纳税人负担，从而吸引具有高度流动性的生产要素和经济活动，以促进本国的经济发展。

有害税收实践侵蚀他国税基，扭曲资本的流向，造成部分税负向劳动力、不动产和消费等流动性差的税基转移，并给跨国公司留下双重不征税的可乘之机。为此，报告要求在 2015 年底前分三阶段完成对 OECD 成员国优惠税制的审议，制定对非成员国优惠税制的审议办法并完善现有税制审议工作框架。

报告突出强调 BEPS 框架下对无形资产优惠税制是否有害的判定，要以是否与实质经济活动相匹配，是否与他国交换信息为标准。BEPS 行动计划合作伙伴方（含中国）于 2014 年 11 月在自我审查的基础上接受了有害税收实践论坛对本国优惠税制的审议。

6. 第六项成果：《防止税收协定优惠的不当授予》。

协定滥用，泛指纳税人通过人为安排，不恰当地适用税收协定，获取本不应该获得的税收协定待遇。反协定滥用报告体现了四个方面的成果。

（1）完善税收协定范本条款。
（2）国内法的修改建议。
（3）明确税收协定的本意并非用以产生双重不征税。
（4）列举签订税收协定时通常应考虑的税收政策因素。

7. 第七项成果：《防止人为规避构成常设机构》。

税收协定中常设机构的定义对于确定非居民企业在某国是否应缴纳所得税非常重要。为了防范企业规避成为现有定义的常设机构采用避税策略，防止企业滥用协定中关于常设机构豁免的规定，行动计划要求修改常设机构的定义。

报告对 OECD 协议文本，如对涉及通过佣金代理人或类似安排人为规避构成常设机构、通过特定活动常设机构豁免条款人为规避构成常设机构、人为规避构成常设机构的其他安排等问题的相关条款或注释提出了相应的修改建议，这将使得许多原本根据税收协议规定不征税或适用很低的税率征税的跨境所得被正当征税。

8. 第八至第十项成果：《确保转让定价结果与价值创造相匹配》。

转让定价规则的国际现行准则如被不当使用，会导致利润分配与产生利润的经济活动不相匹配。第八项至第十项的行动计划就是旨在通过建立一个全新的分析框架，以确保转让定价结果与价值创造相匹配。第八项行动计划解决跨国公司通过在集团内转移无形资产来侵蚀税基和转移利润的问题。第九项行动计划解决集团成员之间转移风险或者过度分配资本来侵蚀税基和转移利润的问题。第十项行动计划防止跨国公司通过与第三方之间不会或很少发生的交易方式来侵蚀税基和转移利润的问题。

报告所遵循的原则是从全球价值链分析和价值贡献的角度，来确保转让定价规则的运用能将利润分配给产生利润的相应经济活动，解决税收与实际经济活动相分离的问题。我国提出的一些重要观点在报告中得到了考虑和合理体现，为我国今后的反避税工作，提供了国际税收法理的支持。

9. 第十一项成果:《衡量和监控 BEPS》。

BEPS 除了造成巨额的税收流失外,还引发了其他负面的经济影响,造成不公平的竞争环境、误导外商直接投资以及减少了对所需公共基础设施的资金支持等。本计划旨在通过获取有效的数据和强化对数据的分析,来衡量和监控 BEPS。

报告建议 OECD 与各国政府通力合作,共同对更多的企业所得税统计数据进行披露和分析,并采取国际通用的形式发布该数据。

10. 第十二项成果:《强制披露规则》。

报告的主要目的是通过向税务机关提供有关潜在的恶意或滥用的税收筹划方案的早期信息,从而提升税收透明度并识别方案筹划方及方案使用者。此计划旨在通过设计相关制度,增强税务机关和税收政策制定者获取信息的能力,使其有效管理税务风险,应对恶意税收筹划而导致的税基侵蚀和利润转移问题。

为了平衡信息披露的质量、时效以及纳税人的遵从负担之间的关系,报告建议为此提供必要的灵活性。报告还为国际税收筹划安排,以及如何在税务机关之间更有效地推动和实施信息交换与合作提供了建议。

11. 第十三项成果:《转让定价文档与国别报告》。

此项行动旨在为税务机关开展转让定价的分析评估和调查提供充足资料,提升信息透明度,以有效应对跨国公司的税基侵蚀和利润转移问题。

根据此成果报告,同期报送的资料将包括:分国别报告、主文档和本地文档,分别提供跨国企业分布在各国的企业的收入分配、纳税情况以及其他与经济活动相关的指标,全球经营信息,以及一国税务机关所管辖的企业与集团内其他国家企业之间的主要交易信息,并与主文档共同作为进行转让定价评估的主要依据。

12. 第十四项成果:《使争议解决机制更有效》。

在根据 BEPS 行动计划引入有关措施应对税基侵蚀和利润转移的同时,不应给合规纳税人带来不确定性或者双重征税,因此要创建更加有效的争议解决机制。

OECD 范本中的相互协商程序(mutual agreement procedure,MAP)有助于缔约国主管机关在相互协商的基础上解决有关协定解释与适用的分歧和困难。该项行动计划旨在加强 MAP 的效力和效率。

报告提出了各国解决争议的最低标准:确保 MAP 相关的协定义务被全面而善意地履行,且 MAP 案件得到及时解决;确保行政程序的执行可以促进避免和解决与税收协定有关的争议;确保纳税人在符合条件时可申请启动 MAP。

13. 第十五项成果:《开发用于修订双边税收协定的多边工具》。

应对 BEPS 问题涉及大量国内法和协定条款的制定或修订,为尽快实施各项措施,BEPS 项目参与国还在研究开发一个多边法律工具,以起到具有同时重新谈判数以千计的双边税收协定的效果。

BEPS 15 项行动计划成果的完成,为国际税收领域通过多边合作应对共同挑战提供了良好范例。世界主要经济体在共同政治意愿的推动下,通过密集的多边谈判与协调,在转让定价、防止协定滥用、弥合国内法律漏洞、应对数字经济挑战等一系列基本税收规则和管理制度方面达成了重要共识。国际税收规则的重构,多边税收合作的开展,有利于避免因各国采取单边行动造成对跨国公司的双重征税、双重不征税以及对国际经济的伤害。OECD第九十次财政事务委员会会议的讨论结果是，各方一致同意尽快构建后BEPS时代包容性工作架构，吸纳更多发展中国家参与并为其提供能力建设帮助，扩大BEPS成果落实的范围并使其发挥更大作用。

(三) 税基侵蚀和利润转移项目的影响

税基侵蚀与利润转移项目不仅是通过政策调整，使征税行为与经济活动和价值创造保持一致，从而增加税收收入，更是为了在国际共识的基础上，创建应对BEPS问题的一整套国际税收规则，为纳税人增加确定性和可预见性，并达到保护税基的目的。此项工作的重点是消除双重不征税。然而，在此过程中所创立的新规则不应导致双重征税，加重遵从负担或阻滞合法的跨境交易。

BEPS行动计划的最终成果在G20峰会上由各国领导人背书，虽然在法律层面并不形成硬性约束，但政治层面的承诺以及其他国家在行动计划框架下开展的税制改革，都将不可避免地对我国税收制度和税收管理产生影响。不论行动计划的最终结果如何，我国都将面临接受新规则和履行义务的压力。

二、应对经济数字化税收挑战"双支柱"方案

2021年10月8日，G20/OECD包容性框架召开第十三次全体成员大会，136个辖区就国际税收制度重大改革达成共识，并于会后发布了《关于应对经济数字化税收挑战双支柱方案的声明》。"双支柱"方案中，支柱一突破现行国际税收规则中关于物理存在的限制条件，向市场国重新分配大型跨国企业的利润和征税权，以确保相关跨国企业在数字经济背景下更加公平地承担全球纳税义务。支柱二通过建立全球最低税制度，打击跨国企业逃避税，并为企业所得税税率竞争划定底线。

(一) 支柱一

1. 适用范围。需适用金额A规则的跨国企业是全球营业收入200亿欧元以上且利润率（税前利润/收入）10%以上的跨国企业，相关门槛按平均值机制计算。如果金额A规则（包括金额A税收确定性程序）实施顺利，营业收入门槛将下调至100亿欧元。协议生效7年后将对金额A是否实施顺利进行审议，并在1年内完成。采掘和受监管的金融服务相关收入和利润不适用金额A规则。

2. 联结度。根据新的特殊联结度规则，当适用范围内的跨国企业从某个税收管辖区取得的收入不低于100万欧元时，允许相关市场辖区参与金额A的分配。对于国内生产总值（GDP）低于400亿欧元的小型辖区，该联结度门槛为25万欧元。特殊联结度规则仅用于确定某辖区是否可参与金额A的分配。遵从成本（包括追踪小额销售的收入来源地）将限于最低水平。

3. 金额。将超过收入10%的利润定义为"剩余利润"。对于适用范围内的跨国企业，25%的剩余利润将被分配至构成联结度的市场辖区，并以收入为分配因子。

4. 收入来源地。收入来源于产品或者服务被使用或者消费的最终市场辖区。为实现该原则，将针对不同交易类型制定具体的收入来源地规则。跨国企业应基于自身具体事实和情况，使用可靠的方法执行收入来源地规则。

5. 税基的确定。适用范围内跨国企业的利润或者亏损金额应基于经少量调整的财务会计所得确定。亏损可向以后年度结转。

6. 分部核算。只有在特殊情况下才需要进行分部核算，即根据跨国企业公开披露财务报表中的分部核算情况，某分部本身已达到金额A适用范围门槛时。

7. 营销及分销利润安全港。如果适用范围内跨国企业的剩余利润已在某市场辖区征税，则营销及分销利润安全港将会限制通过金额A向该市场辖区分配的剩余利润额。

8. 消除双重征税。将通过免税或抵免等方法消除与分配至市场辖区利润相关的双重征税。承担金额A纳税义务的单个或者多个实体，将从赚取剩余利润的实体中确定。

9. 税收确定性。适用范围内的跨国企业将受益于争议预防与解决机制，避免金额A的双重征税。该强制性有约束力的争议预防与解决机制适用范围包括所有与金额A有关的事项（例如：转让定价和营业利润争议）。对于判断某事项是否构成与金额A有关的争议，也将通过强制性有约束力的方式进行确认，但确认争议属性不应延迟实质性的争议预防与解决机制。具有推迟BEPS第十四项行动计划同行审议资格且相互协商程序（MAP）争议案件数量为零或者较少的发展中国家，可选择适用有约束力争议解决机制，但仅限于与金额A有关事项的争议。相关辖区选择适用机制的资格，将被定期审议；相关辖区一旦被审议认定为丧失资格，在后续年度将无法恢复。

10. 金额B。为特别关注低征管能力国家的需求，将通过金额B对在某一辖区内从事基本营销和分销活动适用独立交易原则进行简化和优化。

11. 征管。将优化税务遵从流程（包括申报义务），并允许适用范围内跨国企业以单一实体管理整个流程。

12. 单边措施。多边公约（MLC）要求所有缔约方撤销对所有企业的所有数字服务税以及其他相关类似单边措施，并承诺未来不再引入类似措施。

（二）支柱二

支柱二包括两个方面内容，一个方面是两项紧密联系的国内法规则（共同构成全球反税基侵蚀规则）：第一项是收入纳入规则，指由母公司就跨国企业成员实体低税所得补缴税款至15%全球最低税水平。第二项是低税支付规则，指对于跨国企业成员实体未适用收入纳入规则的低税所得，由其他成员实体通过限制扣除或做等额调整补缴税款至全球最低税水平。另一个方面是一项基于税收协定的规则（应税规则）：允许来源国对适用税率低于9%最低税率的某些特定关联支付有限征税。适用应税规则缴纳的税款可以计为在全球反税基侵蚀规则下的有效税额。

1. 规则效力。全球反税基侵蚀规则定位为共同方法。这意味着包容性框架成员并不一定要实施全球反税基侵蚀规则，但是一旦选择实施，就需要采取与支柱二结果相一致的方式实施和管理相关规则，包括遵从包容性框架通过的规则范本、范本注释。另外，需要接受其他包容性框架成员实施全球反税基侵蚀规则，包括认可规则适用顺序以及所有达成一致的安全港规则。

2. 适用范围。全球反税基侵蚀规则将适用于根据BEPS第十三项行动计划（国别报告）确定达到7.5亿欧元门槛的跨国企业。各辖区对总部位于本辖区的跨国企业适用收入纳入规则时，不受该门槛限制。作为跨国企业集团最终控股实体的政府机构、国际组织、非营利组织、养老基金或投资基金以及这些实体所持有的投资工具等，不适用全球反税基侵蚀规则。

3. 规则设计。收入纳入规则将采用自上而下的方法分配补足税，但在控股比例未达80%的情况下，需适用分散控股规则。低税支付规则将对包括最终控股实体所在辖区实体在内的低税实体的补足税进行分配。处于国际化活动初始阶段的跨国企业豁免适用低税支付规则。处于国际化活动初始阶段的跨国企业是指参考辖区以外的辖区中，所有有形资产不超过5 000万欧元，且在参考辖区以外，不超过5个辖区运营的跨国企业。该豁免规定只在跨国企业首次成为全球反税基侵蚀规则适用范围内企业后的5年内适用。对于全球反税基侵蚀规则生效时已在适用范围内的跨国企业，5年时限从低税支付规则生效时起算。参考辖区是指跨国企业集团落入适用范围的第一个财年里有形资产总值最高的辖区。

4. 有效税率计算。全球反税基侵蚀规则将通过分辖区有效税率测试征收补足税。有效税率计算采用符合共同定义的有效税额和按照财务会计利润确定的税基（经符合支柱二政策目标且具共识的有限调整，并对时间性差异进行处理）。对于现行分配利润税制度，如果利润在4年内分配，且以不低于最低税率标准的税率纳税，则无须对相关利润补充征税。

5. 最低有效税率。对于收入纳入规则和低税支付规则，最低有效税率为15%。对于应税规则，最低税率为名义税率9%。

6. 排除。全球反税基侵蚀规则设置公式化经济实质排除，其将排除等同于5%的有形资产账面价值和人员工资的所得。在自2003年开始的10年过渡期内，有形资产账面价值和人员工资的排除比例分别为8%和10%，排除比例在前五年每年下降0.2个百分点；后五年有形资产排除比例每年下降0.4个百分点，人员工资排除比例每年下降0.8个百分点。全球反税基侵蚀规则还针对跨国企业收入低于1 000万欧元且利润低于100万欧元的辖区提供微利排除。

7. 其他豁免。全球反税基侵蚀规则还将符合OECD税收协定范本相关定义的国际海运所得排除在适用范围外。

8. 简化措施。为确保全球反税基侵蚀规则的征管更具针对性，避免产生与政策目标不匹配的遵从及征管成本，实施框架包括安全港和/或其他机制。

9. 与全球无形资产低税所得制度（GILTI）并存。支柱二分辖区适用最低有效税率。在此背景下，将考虑美国全球无形资产低税所得税制与全球反税基侵蚀规则并存的条件，以确保竞争环境公平。

10. 应税规则。包容性框架成员认识到，应税规则是发展中国家就支柱二达成共识不可或缺的组成部分。如果包容性框架成员对利息、特许权使用费和其他明确定义的一系列费用，适用的企业所得税名义税率低于应税规则最低税率，当发展中国家成员要求该辖区在双边税收协定中纳入应税规则时，该辖区应予满足。应税规则赋予缔约方的征税权限于最低税率与相关费用适用税率之间的差额。应税规则最低税率为9%。

三、一般反避税

按照《企业所得税法》的规定，税务机关有权对企业实施其他不具有合理商业目的的安排而减少其应纳税收入或所得额进行审核评估和调查调整。

（一）一般反避税

为规范一般反避税管理，根据《企业所得税法》及其《实施条例》、《税收征收管理法》及《中华人民共和国税收征收管理法实施细则》（以下简称《税收征收管理法实施细则》）的有关规定，国家税务总局制定了《一般反避税管理办法（试行）》（以下简称《办法》）。

1. 一般反避税概述。

（1）《企业所得税法》规定，企业实施其他不具有合理商业目的的安排而减少其应纳税收入或者所得额的，税务机关有权按照合理方法调整。所称不具有合理商业目的，是指以减少、免除或者推迟缴纳税款为主要目的。

《办法》适用于税务机关按照上述规定，对企业实施的不具有合理商业目的而获取税收利益的避税安排实施的特别纳税调整。其中，税收利益是指减少、免除或者推迟缴纳企业所得税应纳税额。避税安排具有以下特征：以获取税收利益为唯一目的或者主要目的；以形式符合税法规定，但与其经济实质不符的方式获取税收利益。下列情况不适用《办法》：

①与跨境交易或者支付无关的安排。

②涉嫌逃避缴纳税款、逃避追缴欠税、骗税、抗税以及虚开发票等税收违法行为。

（2）税务机关应当以具有合理商业目的和经济实质的类似安排为基准，按照实质重于形式的原则实施特别纳税调整。调整方法包括：

①对安排的全部或者部分交易重新定性。

②在税收上否定交易方的存在，或者将该交易方与其他交易方视为同一实体。

③对相关所得、扣除、税收优惠、境外税收抵免等重新定性或者在交易各方间重新分配。

④其他合理方法。

（3）企业的安排属于转让定价、成本分摊、受控外国企业、资本弱化等其他特别纳税调整范围的，应当首先适用其他特别纳税调整的相关规定。企业的安排属于受益所有人、利益限制等税收协定执行范围的，应当首先适用税收协定执行的相关规定。

2. 一般反避税调查。

（1）主管税务机关实施一般反避税调查时，应当向被调查企业送达《税务检查通知书》。

（2）被调查企业认为其安排不属于《办法》所称避税安排的，应当自收到《税务检查通知书》之日起60日内提供下列资料：

①安排的背景资料。

②安排的商业目的等说明文件。

③安排的内部决策和管理资料，如董事会决议、备忘录、电子邮件等。

④安排涉及的详细交易资料，如合同、补充协议、收付款凭证等。

⑤与其他交易方的沟通信息。

⑥可以证明其安排不属于避税安排的其他资料。

⑦税务机关认为有必要提供的其他资料。

企业因特殊情况不能按期提供的,可以向主管税务机关提交书面延期申请,经批准可以延期提供,但是最长不得超过 30 日。主管税务机关应当自收到企业延期申请之日起 15 日内书面回复。逾期未回复的,视同税务机关同意企业的延期申请。

(3) 企业拒绝提供资料的,主管税务机关可以按照《税收征收管理法》的有关规定进行核定。

(4) 一般反避税调查涉及向筹划方、关联方以及与关联业务调查有关的其他企业调查取证的,主管税务机关应当送达《税务事项通知书》。

3. 一般反避税争议处理。

(1) 被调查企业对主管税务机关作出的一般反避税调整决定不服的,可以按照有关法律法规的规定申请法律救济。

(2) 被调查企业认为我国税务机关作出的一般反避税调整,导致国际双重征税或者不符合税收协定规定征税的,可以按照税收协定及其相关规定申请启动相互协商程序。

(二) 间接转让财产

为进一步规范和加强非居民企业间接转让中国居民企业股权等财产的企业所得税管理,国家税务总局出台了《关于非居民企业间接转让财产企业所得税若干问题的公告》(以下简称《公告》),《公告》的制定和出台是一般反避税规则在间接转让中国应税财产交易方面的具体应用,也是维护国家税收主权和权益的重要工具,其主要内容如下:

1. 非居民企业通过实施不具有合理商业目的的安排,间接转让中国居民企业股权等财产,规避企业所得税纳税义务的,应按照《企业所得税法》的有关规定,重新定性该间接转让交易,确认为直接转让中国居民企业股权等财产。

所称中国居民企业股权等财产,是指非居民企业直接持有,且转让取得的所得按照中国税法规定,应在中国缴纳企业所得税的中国境内机构、场所财产,中国境内不动产,在中国居民企业的权益性投资资产等(以下简称中国应税财产)。

间接转让中国应税财产,是指非居民企业通过转让直接或间接持有中国应税财产的境外企业(不含境外注册中国居民企业,以下简称境外企业)股权及其他类似权益(以下简称股权),产生与直接转让中国应税财产相同或相近实质结果的交易,包括非居民企业重组引起境外企业股东发生变化的情形。间接转让中国应税财产的非居民企业称为股权转让方。

2. 适用第 1 项规定的股权转让方取得的转让境外企业股权所得归属于中国应税财产的数额(以下简称间接转让中国应税财产所得),应按以下顺序进行税务处理:

(1) 对归属于境外企业及直接或间接持有中国应税财产的下属企业在中国境内所设机构、场所财产的数额(以下简称间接转让机构、场所财产所得),应作为与所设机构、场所有实际联系的所得,按照《企业所得税法》的有关规定征税,即非居民企业在中国境内设立机构、场所的,应当就其所设机构、场所取得的来源于中国境内的所得,以及发生在中国境外但与其所设机构、场所有实际联系的所得,缴纳企业所得税。

(2) 除适用本项第 (1) 条规定情形外,对归属于中国境内不动产的数额(以下简称间接转让不动产所得),应作为来源于中国境内的不动产转让所得,按照《企业所得税法》的有关规定征税,即非居民企业在中国境内未设立机构、场所的,或者虽设立机构、场所但取得的所得与其所设机构、场所没有实际联系的,应当就其来源于中国境内的所得缴纳企业所得税。

（3）除适用本项第（1）条或第（2）条规定情形外，对归属于在中国居民企业的权益性投资资产的数额（以下简称间接转让股权所得），应作为来源于中国境内的权益性投资资产转让所得，按照《企业所得税法》有关规定征税，即非居民企业在中国境内未设立机构、场所的，或者虽设立机构、场所但取得的所得与其所设机构、场所没有实际联系的，应当就其来源于中国境内的所得缴纳企业所得税。

3. 判断合理商业目的，应整体考虑与间接转让中国应税财产交易相关的所有安排，结合实际情况综合分析以下相关因素：

（1）境外企业股权的主要价值是否直接或间接来自中国应税财产。

（2）境外企业资产是否主要由直接或间接在中国境内的投资构成，或其取得的收入是否主要直接或间接来源于中国境内。

（3）境外企业及直接或间接持有中国应税财产的下属企业实际履行的功能和承担的风险是否能够证实企业架构具有经济实质。

（4）境外企业股东、业务模式及相关组织架构的存续时间。

（5）间接转让中国应税财产交易在境外应缴纳所得税的情况。

（6）股权转让方间接投资、间接转让中国应税财产交易与直接投资、直接转让中国应税财产交易的可替代性。

（7）间接转让中国应税财产所得在中国可适用的税收协定或安排的情况。

（8）其他相关因素。

4. 除下文第5项和第6项规定情形外，与间接转让中国应税财产相关的整体安排同时符合以下情形的，无须按上述第3项进行分析和判断，应直接认定为不具有合理商业目的：

（1）境外企业股权75%以上的价值直接或间接来自中国应税财产。

（2）间接转让中国应税财产交易发生前一年内任一时点，境外企业资产总额（不含现金）的90%以上直接或间接由在中国境内的投资构成，或间接转让中国应税财产交易发生前一年内，境外企业取得收入的90%以上直接或间接来源于中国境内。

（3）境外企业及直接或间接持有中国应税财产的下属企业虽在所在国家（地区）登记注册，以满足法律所要求的组织形式，但实际履行的功能及承担的风险有限，不足以证实其具有经济实质。

（4）间接转让中国应税财产交易在境外应缴所得税税负低于直接转让中国应税财产交易在中国的可能税负。

5. 与间接转让中国应税财产相关的整体安排符合以下情形之一的，不适用上述第1项的规定：

（1）非居民企业在公开市场买入并卖出同一上市境外企业股权取得间接转让中国应税财产所得。

（2）在非居民企业直接持有并转让中国应税财产的情况下，按照可适用的税收协定或安排的规定，该项财产转让所得在中国可以免予缴纳企业所得税。

6. 间接转让中国应税财产同时符合以下条件的，应认定为具有合理商业目的：

（1）交易双方的股权关系具有下列情形之一：

①股权转让方直接或间接拥有股权受让方80%以上的股权。

②股权受让方直接或间接拥有股权转让方80%以上的股权。

③股权转让方和股权受让方被同一方直接或间接拥有80%以上的股权。

境外企业股权50%以上（不含50%）价值直接或间接来自中国境内不动产的，上述第①、②、③项的持股比例应为100%。

上述间接拥有的股权按照持股链中各企业的持股比例乘积计算。

（2）本次间接转让交易后可能再次发生的间接转让交易相比在未发生本次间接转让交易情况下的相同或类似间接转让交易，其中国所得税负担不会减少。

（3）股权受让方全部以本企业或与其具有控股关系的企业的股权（不含上市企业股权）支付股权交易对价。

7. 间接转让机构、场所财产所得按照《公告》规定应缴纳企业所得税的，应计入纳税义务发生之日所属纳税年度该机构、场所的所得，按照有关规定申报缴纳企业所得税。

所称纳税义务发生之日，是指股权转让合同或协议生效，且境外企业完成股权变更之日（下同）。

8. 间接转让不动产所得或间接转让股权所得按照《公告》规定应缴纳企业所得税的，依照有关法律规定或者合同约定以对股权转让方直接负有支付相关款项义务的单位或者个人为扣缴义务人。

扣缴义务人未扣缴，且股权转让方未缴纳应纳税款的，主管税务机关可以按照《税收征收管理法》及其《实施细则》的相关规定追究扣缴义务人责任；但扣缴义务人已在签订股权转让合同或协议之日起30日内按下述第9项规定提交资料的，可以减轻或免除责任。

所称主管税务机关，是指在中国应税财产被非居民企业直接持有并转让的情况下，财产转让所得应纳企业所得税税款的主管税务机关，应分别按照上述第2项规定的三种情形确定（下同）。

9. 间接转让中国应税财产的交易双方及被间接转让股权的中国居民企业可以向主管税务机关报告股权转让事项，并提交以下资料：

（1）股权转让合同或协议（为外文文本的需同时附送中文译本，下同）。

（2）股权转让前后的企业股权架构图。

（3）境外企业及直接或间接持有中国应税财产的下属企业上两个年度财务、会计报表。

（4）间接转让中国应税财产交易不适用第1项的理由。

10. 间接转让中国应税财产的交易双方和筹划方，以及被间接转让股权的中国居民企业，应按照主管税务机关要求提供以下资料：

（1）上述第9项规定的资料（已提交的除外）。

（2）有关间接转让中国应税财产交易整体安排的决策或执行过程信息。

（3）境外企业及直接或间接持有中国应税财产的下属企业在生产经营、人员、账务、财产等方面的信息，以及内外部审计情况。

(4) 用以确定境外股权转让价款的资产评估报告及其他作价依据。
(5) 间接转让中国应税财产交易在境外应缴纳所得税情况。
(6) 与适用上述第5项和第6项规定有关的证据信息。
(7) 其他相关资料。

11. 股权转让方通过直接转让同一境外企业股权导致间接转让两项以上中国应税财产的，按照规定应予征税，涉及两个以上主管税务机关的，股权转让方应分别到各所涉主管税务机关申报缴纳企业所得税。

12.《公告》适用于在中国境内未设立机构、场所的非居民企业取得的间接转让中国应税财产所得，以及非居民企业虽设立机构、场所但取得与其所设机构、场所没有实际联系的间接转让中国应税财产所得。

股权转让方转让境外企业股权取得的所得（含间接转让中国应税财产所得）与其所设境内机构、场所有实际联系的，无须适用《公告》规定，应直接按照《企业所得税法》的有关规定征税，即非居民企业在中国境内设立机构、场所的，应当就其所设机构、场所取得的来源于中国境内的所得，以及发生在中国境外但与其所设机构、场所有实际联系的所得，缴纳企业所得税。

13.《公告》规定与税收协定不一致的，按照税收协定办理。

四、特别纳税调整

（一）转让定价

转让定价也称划拨定价，即交易各方之间确定的交易价格，它通常是指关联企业之间内部转让交易所确定的价格，这种内部交易价格通常不同于一般市场价格。转让定价是现代企业特别是跨国公司进行国际避税所借用的重要工具，主要是利用各国税制差别来实现的。国际关联企业的转让定价往往受跨国企业集团利益的支配，不易受市场一般供求关系的约束，对商品和劳务内部交易往来采取与独立企业之间的正常交易价格不同的计价标准。它们往往通过从高税国向低税国或避税地以较低的内部转让定价销售商品和分配费用，或者从低税国或避税地向高税国以较高的内部转让定价销售商品和分配费用，使国际关联企业的整体税收负担减轻。

按照《企业所得税法》和《税收征收管理法》的有关规定，税务机关有权对企业与其关联方之间的业务往来是否符合独立交易原则进行审核评估和调查调整。国家税务总局对此进行了具体规定，见本章第五节"转让定价税务管理"。

（二）成本分摊协议

企业与其关联方签署成本分摊协议，共同开发、受让无形资产，或者共同提供、接受劳务，应符合法律规定。

1. 成本分摊协议的参与方对开发、受让的无形资产或参与的劳务活动享有受益权，并承担相应的活动成本。关联方承担的成本应与非关联方在可比条件下为获得上述受益权而支付的成本相一致。

参与方使用成本分摊协议所开发或受让的无形资产不需要另支付特许权使用费。

2. 企业对成本分摊协议所涉及无形资产或劳务的受益权应有合理的、可计量的预期收益，且以合理商业假设和营业常规为基础。

3. 涉及劳务的成本分摊协议一般适用于集团采购和集团营销策划。

4. 成本分摊协议主要包括以下内容：

（1）参与方的名称、所在国家（地区）、关联关系、在协议中的权利和义务。

（2）成本分摊协议所涉及的无形资产或劳务的内容、范围，协议涉及研发或劳务活动的具体承担者及其职责、任务。

（3）协议期限。

（4）参与方预期收益的计算方法和假设。

（5）参与方初始投入和后续成本支付的金额、形式、价值确认的方法以及符合独立交易原则的说明。

（6）参与方会计方法的运用及变更说明。

（7）参与方加入或退出协议的程序及处理规定。

（8）参与方之间补偿支付的条件及处理规定。

（9）协议变更或终止的条件及处理规定。

（10）非参与方使用协议成果的规定。

5. 企业应自与关联方签订（变更）成本分摊协议之日起30日内，向主管税务机关报送成本分摊协议副本，并在年度企业所得税纳税申报时，附送《中华人民共和国企业年度关联业务往来报告表》。

税务机关应当加强成本分摊协议的后续管理，对不符合独立交易原则和成本与收益相匹配原则的成本分摊协议，实施特别纳税调查调整。

6. 已经执行并形成一定资产的成本分摊协议，参与方发生变更或协议终止执行，应根据独立交易原则作如下处理：

（1）加入支付，即新参与方为获得已有协议成果的受益权应作出合理的支付。

（2）退出补偿，即原参与方退出协议安排，将已有协议成果的受益权转让给其他参与方应获得合理的补偿。

（3）参与方变更后，应对各方受益和成本分摊情况作出相应调整。

（4）协议终止时，各参与方应对已有协议成果作出合理分配。

企业不按独立交易原则对上述情况作出处理而减少其应纳税所得额的，税务机关有权作出调整。

7. 企业执行成本分摊协议期间，参与方实际分享的收益与分摊的成本不配比的，应当根据实际情况作出补偿调整。参与方未作出补偿调整的，税务机关应当实施特别纳税调查调整。

8. 对于符合独立交易原则的成本分摊协议，有关税务处理如下：

（1）企业按照协议分摊的成本，应在协议规定的各年度税前扣除。

（2）涉及补偿调整的，应在补偿调整的年度计入应纳税所得额。

（3）涉及无形资产的成本分摊协议，加入支付、退出补偿或终止协议时对协议成果分配的，应按资产购置或处置的有关规定处理。

9. 企业可根据预约定价安排管理的规定（见本章第五节"转让定价税务管理"中的"五、预约定价安排"）采取预约定价安排的方式达成成本分摊协议。

10. 企业签订或者执行成本分摊协议的，应当准备包括以下内容的成本分摊协议特殊事项文档：

（1）成本分摊协议副本。

（2）各参与方之间达成的为实施成本分摊协议的其他协议。

（3）非参与方使用协议成果的情况、支付的金额和形式，以及支付金额在参与方之间的分配方式。

（4）本年度成本分摊协议的参与方加入或者退出的情况，包括加入或者退出的参与方名称、所在国家和关联关系，加入支付或者退出补偿的金额及形式。

（5）成本分摊协议的变更或者终止情况，包括变更或者终止的原因、对已形成协议成果的处理或者分配。

（6）本年度按照成本分摊协议发生的成本总额及构成情况。

（7）本年度各参与方成本分摊的情况，包括成本支付的金额、形式和对象，作出或者接受补偿支付的金额、形式和对象。

（8）本年度协议预期收益与实际收益的比较以及由此作出的调整。

（9）预期收益的计算，包括计量参数的选取、计算方法和改变理由。

成本分摊协议特殊事项文档应当在关联交易发生年度次年6月30日之前准备完毕，应当自税务机关要求之日起30日内提供。

11. 企业与其关联方签署成本分摊协议，有下列情形之一的，其自行分摊的成本不得税前扣除：

（1）不具有合理商业目的和经济实质。

（2）不符合独立交易原则。

（3）没有遵循成本与收益配比原则。

（4）未按规定备案或准备、保存和提供有关成本分摊协议的同期资料。

（5）自签署成本分摊协议之日起经营期限少于20年。

（三）受控外国企业

1. 受控外国企业是指由居民企业，或者由居民企业和居民个人（以下统称中国居民股东，包括中国居民企业股东和中国居民个人股东）控制的设立在实际税负低于25%的企业所得税税率水平50%的国家（地区），并非出于合理经营需要对利润不作分配或减少分配的外国企业。对于受控外国企业的上述利润中应归属于该居民企业股东的部分，应当视同分配计入该居民企业的当期收入。

所称控制，是指在股份、资金、经营、购销等方面构成实质控制。其中，股份控制是指由中国居民股东在纳税年度任何一天单层直接或多层间接单一持有外国企业10%以上有表决权股份，且共同持有该外国企业50%以上股份。中国居民股东多层间接持有股份按各层持股比例相乘计算，中间层持有股份超过50%的，按100%计算。

2. 中国居民企业股东应在年度企业所得税纳税申报时提供对外投资信息，附送《对外投资情况表》。

3. 计入中国居民企业股东当期的视同受控外国企业股息分配的所得，应按以下公式计算：

$$\text{中国居民企业股东当期所得} = \text{视同股息分配额} \times \text{实际持股天数} \div \text{受控外国企业纳税年度天数} \times \text{股东持股比例}$$

中国居民股东多层间接持有股份的，股东持股比例按各层持股比例相乘计算。

4. 受控外国企业与中国居民企业股东纳税年度存在差异的，应将视同股息分配所得计入受控外国企业纳税年度终止日所属的中国居民企业股东的纳税年度。

5. 计入中国居民企业股东当期所得已在境外缴纳的企业所得税税款，可按照《企业所得税法》或税收协定的有关规定抵免。

6. 受控外国企业实际分配的利润在此前已根据《企业所得税法》的规定视同分配并征税的，不再计入中国居民企业股东的当期所得。

7. 中国居民企业股东能够提供资料证明其控制的外国企业满足以下条件之一的，可免将外国企业不作分配或减少分配的利润视同股息分配额，计入中国居民企业股东的当期所得：

（1）设立在国家税务总局指定的非低税率国家（地区）。
（2）主要取得积极经营活动所得。
（3）年度利润总额低于 500 万元人民币。

（四）资本弱化

1. 企业从其关联方接受的债权性投资与权益性投资的比例超过规定标准而发生的利息支出，不得在计算应纳税所得额时扣除。

所称债权性投资，是指企业直接或者间接从关联方获得的，需要偿还本金和支付利息或者需要以其他具有支付利息性质的方式予以补偿的融资。企业间接从关联方获得的债权性投资，包括：

（1）关联方通过无关联第三方提供的债权性投资。
（2）无关联第三方提供的、由关联方担保且负有连带责任的债权性投资。
（3）其他间接从关联方获得的具有负债实质的债权性投资。

所称权益性投资，是指企业接受的不需要偿还本金和支付利息，投资人对企业净资产拥有所有权的投资。

所称利息支出，包括直接或间接关联债权投资实际支付的利息、担保费、抵押费和其他具有利息性质的费用。

2. 不得在计算应纳税所得额时扣除的利息支出应按以下公式计算：

$$\text{不得扣除的利息支出} = \text{年度实际支付的全部关联方利息} \times \left(1 - \frac{\text{标准比例}}{\text{关联债资比例}}\right)$$

其中，关联债资比例是指企业从其全部关联方接受的债权性投资（以下简称关联债权投资）占企业接受的权益性投资（以下简称权益投资）的比例，关联债权投资包括关联方以各种形式提供担保的债权性投资。

标准比例，是指《财政部 国家税务总局关于企业关联方利息支出税前扣除标准有关

税收政策问题的通知》(财税〔2008〕121号)规定的比例,具体规定如下:

(1) 在计算应纳税所得额时,企业实际支付给关联方的利息支出,不超过以下规定比例和《企业所得税法》及其《实施条例》有关规定计算的部分,准予扣除,超过的部分不得在发生当期和以后年度扣除。

企业实际支付给关联方的利息支出,除符合下述第(2)项规定外,其接受关联方债权性投资与权益性投资比例为:

①金融企业,为5:1。
②其他企业,为2:1。

(2) 企业如果能够按照《企业所得税法》及其《实施条例》的有关规定提供相关资料,并证明相关交易活动符合独立交易原则的;或者该企业的实际税负不高于境内关联方的,其实际支付给境内关联方的利息支出,在计算应纳税所得额时准予扣除。

(3) 企业同时从事金融业务和非金融业务,其实际支付给关联方的利息支出,应按照合理方法分开计算;没有按照合理方法分开计算的,一律按上述第(1)项有关其他企业的比例计算准予税前扣除的利息支出。

(4) 企业自关联方取得的不符合规定的利息收入应按照有关规定缴纳企业所得税。

3. 关联债资比例的具体计算方法如下:

关联债资比例 = 年度各月平均关联债权投资之和 ÷ 年度各月平均权益投资之和

其中:

$$各月平均关联债权投资 = \frac{关联债权投资月初账面余额 + 月末账面余额}{2}$$

$$各月平均权益投资 = \frac{权益投资月初账面余额 + 月末账面余额}{2}$$

权益投资为企业资产负债表所列示的所有者权益金额。如果所有者权益小于实收资本(股本)与资本公积之和,则权益投资为实收资本(股本)与资本公积之和;如果实收资本(股本)与资本公积之和小于实收资本(股本)金额,则权益投资为实收资本(股本)金额。

4. 不得在计算应纳税所得额时扣除的利息支出,不得结转到以后纳税年度,应按照实际支付给各关联方利息占关联方利息总额的比例,在各关联方之间进行分配。其中,分配给实际税负高于企业的境内关联方的利息准予扣除;直接或间接实际支付给境外关联方的利息应视同分配的股息,按照股息和利息分别适用的所得税税率差补征企业所得税,如已扣缴的所得税税款多于按股息计算应征所得税税款,多出的部分不予退税。

5. 企业关联债资比例超过标准比例需要说明符合独立交易原则的,应当准备资本弱化特殊事项文档。资本弱化特殊事项文档包括以下内容:

(1) 企业偿债能力和举债能力分析。
(2) 企业集团举债能力及融资结构情况分析。
(3) 企业注册资本等权益投资的变动情况说明。
(4) 关联债权投资的性质、目的及取得时的市场状况。

（5）关联债权投资的货币种类、金额、利率、期限及融资条件。
（6）非关联方是否能够并且愿意接受上述融资条件、融资金额及利率。
（7）企业为取得债权性投资而提供的抵押品情况及条件。
（8）担保人状况及担保条件。
（9）同类同期贷款的利率情况及融资条件。
（10）可转换公司债券的转换条件。
（11）其他能够证明符合独立交易原则的资料。

资本弱化特殊事项文档应当在关联交易发生年度次年 6 月 30 日之前准备完毕，应当自税务机关要求之日起 30 日内提供。

6. 企业未按规定准备、保存和提供资本弱化特殊事项文档等同期资料证明关联债权投资金额、利率、期限、融资条件以及债资比例等符合独立交易原则的，其超过标准比例的关联方利息支出，不得在计算应纳税所得额时扣除。

7. 此处所称实际支付利息是指企业按照权责发生制原则计入相关成本、费用的利息。

（五）特别纳税调整程序

税务机关以风险管理为导向，构建和完善关联交易利润水平监控管理指标体系，加强对企业利润水平的监控，通过特别纳税调整监控管理和特别纳税调查调整，促进企业遵从税法。

1. 税务机关通过关联申报审核、同期资料管理和利润水平监控等手段，对企业实施特别纳税调整监控管理，发现企业存在特别纳税调整风险的，可以向企业送达《税务事项通知书》，提示其存在的税收风险。企业收到特别纳税调整风险提示或者发现自身存在特别纳税调整风险的，可以自行调整补税。企业自行调整补税的，应当填报《特别纳税调整自行缴纳税款表》。企业自行调整补税的，税务机关仍可按照有关规定实施特别纳税调查调整。企业要求税务机关确认关联交易定价原则和方法等特别纳税调整事项的，税务机关应当启动特别纳税调查程序。

2. 税务机关实施特别纳税调查，应当重点关注具有以下风险特征的企业：
（1）关联交易金额较大或者类型较多。
（2）存在长期亏损、微利或者跳跃性盈利。
（3）低于同行业利润水平。
（4）利润水平与其所承担的功能风险不相匹配，或者分享的收益与分摊的成本不相配比。
（5）与低税国家（地区）关联方发生关联交易。
（6）未按照规定进行关联申报或者准备同期资料。
（7）从其关联方接受的债权性投资与权益性投资的比例超过规定标准。
（8）由居民企业，或者由居民企业和中国居民控制的设立在实际税负低于 12.5% 的国家（地区）的企业，并非由于合理的经营需要而对利润不作分配或者减少分配。
（9）实施其他不具有合理商业目的的税收筹划或者安排。

3. 税务机关应当向已确定立案调查的企业送达《税务检查通知书（一）》。被立案调查企业为非居民企业的，税务机关可以委托境内关联方或者与调查有关的境内企业送达

《税务检查通知书（一）》。经预备会谈与税务机关达成一致意见，已向税务机关提交《预约定价安排谈签意向书》，并申请预约定价安排追溯适用以前年度的企业，或者已向税务机关提交《预约定价安排续签申请书》的企业，可以暂不作为特别纳税调整的调查对象。预约定价安排未涉及的年度和关联交易除外。

4. 税务机关实施特别纳税调查时，可以要求被调查企业及其关联方，或者与调查有关的其他企业提供以下相关资料：

（1）要求被调查企业及其关联方，或者与调查有关的其他企业提供相关资料的，应当向该企业送达《税务事项通知书》。该企业在境外的，税务机关可以委托境内关联方或者与调查有关的境内企业向该企业送达《税务事项通知书》。

（2）需要到被调查企业的关联方或者与调查有关的其他企业调查取证的，应当向该企业送达《税务检查通知书（二）》。

5. 被调查企业及其关联方以及与调查有关的其他企业应当按照税务机关要求提供真实、完整的相关资料：

（1）提供由自身保管的书证原件。原本、正本和副本均属于书证的原件。提供原件确有困难的，可以提供与原件核对无误的复印件、照片、节录本等复制件。提供方应当在复制件上注明"与原件核对无误，原件存于我处"，并由提供方签章。

（2）提供由有关方保管的书证原件复制件、影印件或者抄录件的，提供方应当在复制件、影印件或者抄录件上注明"与原件核对无误"，并注明出处，由该有关方及提供方签章。

（3）提供外文书证或者外文视听资料的，应当附送中文译本。提供方应当对中文译本的准确性和完整性负责。

（4）提供境外相关资料的，应当说明来源。税务机关对境外资料真实性和完整性有疑义的，可以要求企业提供公证机构的证明。

6. 税务机关实施特别纳税调查时，应当按照法定权限和程序进行，可以采用实地调查、检查纸质或者电子数据资料、调取账簿、询问、查询存款账户或者储蓄存款、发函协查、国际税收信息交换、异地协查等方式，收集能够证明案件事实的证据材料。在收集证据材料的过程中，可以记录、录音、录像、照相和复制，录音、录像、照相前应当告知被取证方。记录内容应当由两名以上调查人员签字，并经被取证方核实签章确认。被取证方拒绝签章的，税务机关调查人员（两名以上）应当注明。

7. 以电子数据证明案件事实的，税务机关可以采取以下方式进行取证：

（1）要求提供方将电子数据打印成纸质资料，在纸质资料上注明数据出处、打印场所，并注明"与电子数据核对无误"，由提供方签章。

（2）采用有形载体形式固定电子数据，由调查人员与提供方指定人员一起将电子数据复制到只读存储介质上并封存。在封存包装物上注明电子数据名称、数据来源、制作方法、制作时间、制作人、文件格式及大小等，并注明"与原始载体记载的电子数据核对无误"，由提供方签章。

8. 税务机关需要将以前年度的账簿、会计凭证、财务会计报告和其他有关资料调回检查的，应当按照《税收征收管理法》及其实施细则的有关规定，向被调查企业送达

《调取账簿资料通知书》，填写《调取账簿资料清单》交其核对后签章确认。调回资料应当妥善保管，并在法定时限内完整退还。

9. 税务机关需要采用询问方式收集证据材料的，应当由两名以上调查人员实施询问，并制作《询问（调查）笔录》。

10. 需要被调查当事人、证人陈述或者提供证言的，应当事先告知其不如实陈述或者提供虚假证言应当承担的法律责任。被调查当事人、证人可以采取书面或者口头方式陈述或者提供证言，以口头方式陈述或者提供证言的，调查人员可以笔录、录音、录像。笔录应当使用能够长期保持字迹的书写工具书写，也可使用计算机记录并打印；陈述或者证言应当由被调查当事人、证人逐页签章。陈述或者证言中应当写明被调查当事人、证人的姓名、工作单位、联系方式等基本信息，注明出具日期，并附居民身份证复印件等身份证明材料。被调查当事人、证人口头提出变更陈述或者证言的，调查人员应当就变更部分重新制作笔录，注明原因，由被调查当事人、证人逐页签章。被调查当事人、证人变更书面陈述或者证言的，不退回原件。

11. 税务机关应当结合被调查企业年度关联业务往来报告表和相关资料，对其与关联方的关联关系以及关联交易金额进行确认，填制《关联关系认定表》和《关联交易认定表》，并由被调查企业确认签章。被调查企业拒绝确认的，税务机关调查人员（两名以上）应当注明。

12. 被调查企业不提供特别纳税调查相关资料，或者提供虚假、不完整资料的，由税务机关责令限期改正，逾期仍未改正的，税务机关按照《税收征收管理法》及其实施细则的有关规定进行处理，并依法核定其应纳税所得额。

13. 经调查，税务机关未发现企业存在特别纳税调整问题的，应当作出特别纳税调查结论，并向企业送达《特别纳税调查结论通知书》。

14. 经调查，税务机关发现企业存在特别纳税调整问题的，应当按照以下程序实施调整：

（1）在测算、论证、可比性分析的基础上，拟定特别纳税调查调整方案。

（2）根据拟定调整方案与企业协商谈判，双方均应当指定主谈人，调查人员应当做好《协商内容记录》，并由双方主谈人签字确认。企业拒签的，税务机关调查人员（两名以上）应当注明。企业拒绝协商谈判的，税务机关向企业送达《特别纳税调查初步调整通知书》。

（3）协商谈判过程中，企业对拟定调整方案有异议的，应当在税务机关规定的期限内进一步提供相关资料。税务机关收到资料后，应当认真审议，并作出审议结论。根据审议结论，需要进行特别纳税调整的，税务机关应当形成初步调整方案，向企业送达《特别纳税调查初步调整通知书》。

（4）企业收到《特别纳税调查初步调整通知书》后有异议的，应当自收到通知书之日起7日内书面提出。税务机关收到企业意见后，应当再次协商、审议。根据审议结论，需要进行特别纳税调整，并形成最终调整方案的，税务机关应当向企业送达《特别纳税调查调整通知书》。

（5）企业收到《特别纳税调查初步调整通知书》后，在规定期限内未提出异议的，或提出异议后又拒绝协商的,或虽提出异议但经税务机关审议后不予采纳的,税务机关应当以初步调整方案作为最终调整方案,向企业送达《特别纳税调查调整通知书》。

15. 企业收到《特别纳税调查调整通知书》后有异议的,可以在依照《特别纳税调查调整通知书》缴纳或者解缴税款、利息、滞纳金或者提供相应的担保后,依法申请行政复议。对行政复议决定不服的,可以依法向人民法院提起行政诉讼。

16. 税务机关对企业实施特别纳税调整,涉及企业向境外关联方支付利息、租金、特许权使用费的,除另有规定外,不调整已扣缴的税款。

17. 企业可以在《特别纳税调查调整通知书》送达前自行缴纳税款。企业自行缴纳税款的,应当填报《特别纳税调整自行缴纳税款表》。

18. 税务机关对企业实施特别纳税调整的,应当根据《企业所得税法》及其《实施条例》的有关规定对2008年1月1日以后发生交易补征的企业所得税按日加收利息。特别纳税调查调整补缴的税款,应当按照应补缴税款所属年度的先后顺序确定补缴税款的所属年度,以入库日为截止日,分别计算应加收的利息额:

(1) 企业在《特别纳税调查调整通知书》送达前缴纳或者送达后补缴税款的,应当自税款所属纳税年度的次年6月1日起至缴纳或者补缴税款之日止计算加收利息。企业超过《特别纳税调查调整通知书》补缴税款期限仍未缴纳税款的,应当自补缴税款期限届满次日起按照《税收征收管理法》及其《实施细则》的有关规定加收滞纳金,在加收滞纳金期间不再加收利息。

(2) 利息率按照税款所属纳税年度12月31日公布的与补税期间同期的中国人民银行人民币贷款基准利率(以下简称基准利率)加5个百分点计算,并按照一年365天折算日利息率。

(3) 企业按照有关规定提供同期资料及有关资料的,或者按照有关规定不需要准备同期资料但根据税务机关要求提供其他相关资料的,可以只按照基准利率加收利息。

经税务机关调查,企业实际关联交易额达到准备同期资料标准,但未按照规定向税务机关提供同期资料的,税务机关补征税款加收利息,适用"利息率按照税款所属纳税年度12月31日公布的与补税期间同期的中国人民银行人民币贷款基准利率加5个百分点计算,并按照一年365天折算日利息率"的规定。

19. 企业自行调整补税且主动提供同期资料等有关资料,或者按照有关规定不需要准备同期资料但根据税务机关要求提供其他相关资料的,其2008年1月1日以后发生交易的自行调整补税按照基准利率加收利息。

20. 被调查企业在税务机关实施特别纳税调查调整期间申请变更经营地址或者注销税务登记的,税务机关在调查结案前原则上不予办理税务变更、注销手续。

第五节 转让定价税务管理

按照我国税法的有关规定,税务机关可以对企业与其关联方之间的业务往来是否符合独立交易原则进行审核、评估和调查。对于不符合独立交易原则而减少应纳税收入或者所得额的关联交易，税务机关有权选择合理方法实施转让定价纳税调整。

一、关联申报

实行查账征收的居民企业和在中国境内设立机构、场所并据实申报缴纳企业所得税的非居民企业向税务机关报送年度企业所得税纳税申报表时，应当就其与关联方之间的业务往来进行关联申报。

（一）关联方

1. 根据《企业所得税法》及其《实施条例》的规定，关联方是指与企业有下列关联关系之一的企业、其他组织或者个人：

（1）在资金、经营、购销等方面存在直接或者间接的控制关系。

（2）直接或者间接地同为第三者控制。

（3）在利益上具有相关联的其他关系。

2. 企业与其他企业、组织或者个人具有下列关系之一的，构成关联关系：

（1）一方直接或者间接持有另一方的股份总和达到25%以上；双方直接或者间接同为第三方所持有的股份达到25%以上。如果一方通过中间方对另一方间接持有股份，只要其对中间方持股比例达到25%以上，则其对另一方的持股比例按照中间方对另一方的持股比例计算。两个以上具有夫妻、直系血亲、兄弟姐妹以及其他抚养、赡养关系的自然人共同持股同一企业，在判定关联关系时，其持股比例合并计算。

（2）双方存在持股关系或者同为第三方持股，虽持股比例未达到第（1）项规定，但双方之间借贷资金总额占任一方实收资本比例达到50%以上，或者一方全部借贷资金总额的10%以上由另一方担保（与独立金融机构之间的借贷或者担保除外）。

借贷资金总额占实收资本比例 = 年度加权平均借贷资金 ÷ 年度加权平均实收资本

其中：

$$\text{年度加权平均借贷资金} = \text{i 笔借入或者贷出资金账面金额} \times \text{i 笔借入或者贷出资金年度实际占用天数} \div 365$$

$$\text{年度加权平均实收资本} = \text{i 笔实收资本账面金额} \times \text{i 笔实收资本年度实际占用天数} \div 365$$

（3）双方存在持股关系或者同为第三方持股，虽持股比例未达到第（1）项规定，但一方的生产经营活动必须由另一方提供专利权、非专利技术、商标权、著作权等特许权才能正常进行。

（4）双方存在持股关系或者同为第三方持股，虽持股比例未达到第（1）项规定，但一方的购买、销售、接受劳务、提供劳务等经营活动由另一方控制。所称控制，是指一方有权决定另一方的财务和经营政策，并能据以从另一方的经营活动中获取利益。

（5）一方半数以上董事或者半数以上高级管理人员（包括上市公司董事会秘书、经理、副经理、财务负责人和公司章程规定的其他人员）由另一方任命或者委派，或者同时担任另一方的董事或者高级管理人员；或者双方各自半数以上董事或者半数以上高级管理人员同为第三方任命或者委派。

(6) 具有夫妻、直系血亲、兄弟姐妹以及其他抚养、赡养关系的两个自然人分别与双方具有第（1）~（5）项关系之一。

(7) 双方在实质上具有其他共同利益。

除第（2）项规定外，上述关联关系年度内发生变化的，关联关系按照实际存续期间认定。

3. 仅因国家持股或者由国有资产管理部门委派董事、高级管理人员而存在第2条第（1）~（5）项关系的，不构成此处所称的关联关系。

（二）关联交易类型

关联交易主要包括以下几种类型：

1. 有形资产使用权或者所有权的转让。有形资产包括商品、产品、房屋建筑物、交通工具、机器设备、工具器具等。

2. 金融资产的转让。金融资产包括应收账款、应收票据、其他应收款项、股权投资、债权投资和衍生金融工具形成的资产等。

3. 无形资产使用权或者所有权的转让。无形资产包括专利权、非专利技术、商业秘密、商标权、品牌、客户名单、销售渠道、特许经营权、政府许可、著作权等。

4. 资金融通。资金包括各类长短期借贷资金（含集团资金池）、担保费、各类应计息预付款和延期收付款等。

5. 劳务交易。劳务包括市场调查、营销策划、代理、设计、咨询、行政管理、技术服务、合约研发、维修、法律服务、财务管理、审计、招聘、培训、集中采购等。

（三）国别报告

1. 国别报告主要披露最终控股企业所属跨国企业集团所有成员实体的全球所得、税收和业务活动的国别分布情况。

其中，最终控股企业是指能够合并其所属跨国企业集团所有成员实体财务报表的，且不能被其他企业纳入合并财务报表的企业。成员实体应当包括：

（1）实际已被纳入跨国企业集团合并财务报表的任一实体。

（2）跨国企业集团持有该实体股权且按公开证券市场交易要求应被纳入但实际未被纳入跨国企业集团合并财务报表的任一实体。

（3）仅由于业务规模或者重要性程度而未被纳入跨国企业集团合并财务报表的任一实体。

（4）独立核算并编制财务报表的常设机构。

2. 存在下列情形之一的居民企业，应当在报送《年度关联业务往来报告表》时，填报国别报告：

（1）该居民企业为跨国企业集团的最终控股企业，且其上一会计年度合并财务报表中的各类收入金额合计超过55亿元。

（2）该居民企业被跨国企业集团指定为国别报告的报送企业。

3. 最终控股企业为中国居民企业的跨国企业集团，其信息涉及国家安全的，可以按照国家有关规定，豁免填报部分或者全部国别报告。

4. 税务机关可以按照我国对外签订的协定、协议或者安排实施国别报告的信息交换。

5. 企业虽不属于第2项规定填报国别报告的范围，但其所属跨国企业集团按照其他国家有关规定应当准备国别报告，且符合下列条件之一的，税务机关可以在实施特别纳税调查时要求企业提供国别报告：

（1）跨国企业集团未向任何国家提供国别报告。

（2）虽然跨国企业集团已向其他国家提供国别报告，但我国与该国尚未建立国别报告信息交换机制。

（3）虽然跨国企业集团已向其他国家提供国别报告，且我国与该国已建立国别报告信息交换机制，但国别报告实际未成功交换至我国。

二、同期资料管理

企业应当依据《企业所得税法实施条例》的规定，按纳税年度准备并按税务机关要求提供其关联交易的同期资料。同期资料包括主体文档、本地文档和特殊事项文档。

（一）主体文档

1. 符合下列条件之一的企业，应当准备主体文档：

（1）年度发生跨境关联交易，且合并该企业财务报表的最终控股企业所属企业集团已准备主体文档。

（2）年度关联交易总额超过 10 亿元。

2. 主体文档主要披露最终控股企业所属企业集团的全球业务整体情况，包括以下内容：

（1）组织架构。

一般以图表形式说明企业集团的全球组织架构、股权结构和所有成员实体的地理分布。成员实体是指企业集团内任一营运实体，包括公司制企业、合伙企业和常设机构等。

（2）企业集团业务。

①企业集团业务描述，包括利润的重要价值贡献因素。

②企业集团营业收入前 5 位以及占营业收入超过 5% 的产品或者劳务的供应链及其主要市场地域分布情况。供应链情况可以采用图表形式进行说明。

③企业集团除研发外的重要关联劳务及简要说明，说明内容包括主要劳务提供方提供劳务的胜任能力、分配劳务成本以及确定关联劳务价格的转让定价政策。

④企业集团内各成员实体主要价值贡献分析，包括执行的关键功能、承担的重大风险，以及使用的重要资产。

⑤企业集团会计年度内发生的业务重组，产业结构调整，集团内企业功能、风险或者资产的转移。

⑥企业集团会计年度内发生的企业法律形式改变、债务重组、股权收购、资产收购、合并、分立等。

（3）无形资产。

①企业集团开发、应用无形资产及确定无形资产所有权归属的整体战略，包括主要研发机构所在地和研发管理活动发生地及其主要功能、风险、资产和人员情况。

②企业集团对转让定价安排有显著影响的无形资产或者无形资产组合，以及对应的无形资产所有权人。

③企业集团内各成员实体与其关联方的无形资产重要协议清单，重要协议包括成本

分摊协议、主要研发服务协议和许可协议等。

④企业集团内与研发活动及无形资产相关的转让定价政策。

⑤企业集团会计年度内重要无形资产所有权和使用权关联转让情况,包括转让涉及的企业、国家以及转让价格等。

(4) 融资活动。

①企业集团内部各关联方之间的融资安排以及与非关联方的主要融资安排。

②企业集团内提供集中融资功能的成员实体情况,包括其注册地和实际管理机构所在地。

③企业集团内部各关联方之间融资安排的总体转让定价政策。

(5) 财务与税务状况。

①企业集团最近一个会计年度的合并财务报表。

②企业集团内各成员实体签订的单边预约定价安排、双边预约定价安排以及涉及国家之间所得分配的其他税收裁定的清单及简要说明。

③报送国别报告的企业名称及其所在地。

3. 准备主体文档的企业,还需注意的是:

(1) 依照规定需要准备主体文档的企业集团,如果集团内企业分属两个以上税务机关管辖,可以选择向任一企业的主管税务机关主动提供主体文档。集团内其他企业被主管税务机关要求提供主体文档时,在向主管税务机关书面报告集团主动提供主体文档的情况后,可免于提供。

所称主动提供,是指在税务机关实施特别纳税调查前企业提供主体文档的情形。如果集团内一家企业被税务机关实施特别纳税调查并已按主管税务机关要求提供主体文档,集团内其他企业不能免于提供主体文档,但集团仍然可以选择其他任一企业适用前款规定。

(2) 收到企业主动提供主体文档的主管税务机关应区分以下情况进行处理:

①企业集团内各企业均属一个省、自治区、直辖市、计划单列市税务机关管辖的,收到主体文档的主管税务机关需层报至省税务机关,由省税务机关负责主体文档管理,统一组织协调,按需求提供给集团内各企业主管税务机关使用。

②企业集团内各企业分属两个或者两个以上省、自治区、直辖市、计划单列市税务机关管辖的,收到主体文档的主管税务机关需层报至国家税务总局,由国家税务总局负责主体文档管理,统一组织协调,按需求提供给集团内各企业主管税务机关使用。

(二) 本地文档

1. 年度关联交易金额符合下列条件之一的企业,应当准备本地文档:

(1) 有形资产所有权转让金额(来料加工业务按照年度进出口报关价格计算)超过2亿元。

(2) 金融资产转让金额超过1亿元。

(3) 无形资产所有权转让金额超过1亿元。

(4) 其他关联交易金额合计超过4 000万元。

需要注意的是,企业执行预约定价安排的,预约定价安排涉及的关联交易金额不计入上述第(1)~(4)项规定的关联交易金额范围。

2. 本地文档主要披露企业关联交易的详细信息,包括以下内容:

(1) 企业概况。

①组织结构,包括企业各职能部门的设置、职责范围和雇员数量等。

②管理架构,包括企业各级管理层的汇报对象以及汇报对象主要办公所在地等。

③业务描述,包括企业所属行业的发展概况、产业政策、行业限制等影响企业和行业的主要经济和法律问题,主要竞争者等。

④经营策略,包括企业各部门、各环节的业务流程,运营模式,价值贡献因素等。

⑤财务数据,包括企业不同类型业务及产品的收入、成本、费用及利润。

⑥涉及本企业或者对本企业产生影响的重组或者无形资产转让情况,以及对本企业的影响分析。

(2) 关联关系。

①关联方信息,包括直接或者间接拥有企业股权的关联方,以及与企业发生交易的关联方,内容涵盖关联方名称、法定代表人、高级管理人员的构成情况、注册地址、实际经营地址,以及关联个人的姓名、国籍、居住地等情况。

②上述关联方适用的具有所得税性质的税种、税率及相应可享受的税收优惠。

③本会计年度内,企业关联关系的变化情况。

(3) 关联交易。

①关联交易概况。一是关联交易描述和明细,包括关联交易相关合同或者协议副本及其执行情况的说明,交易标的的特性,关联交易的类型、参与方、时间、金额、结算货币、交易条件、贸易形式,以及关联交易与非关联交易业务的异同等;二是关联交易流程,包括关联交易的信息流、物流和资金流,与非关联交易业务流程的异同;三是功能风险描述,包括企业及其关联方在各类关联交易中执行的功能、承担的风险和使用的资产;四是交易定价影响要素,包括关联交易涉及的无形资产及其影响,成本节约、市场溢价等地域特殊因素,地域特殊因素应从劳动力成本、环境成本、市场规模、市场竞争程度、消费者购买力、商品或者劳务的可替代性、政府管制等方面进行分析;五是关联交易数据,包括各关联方、各类关联交易涉及的交易金额,分别披露关联交易和非关联交易的收入、成本、费用和利润,不能直接归集的,按照合理比例划分,并说明该划分比例的依据。

②价值链分析。一是企业集团内业务流、物流和资金流,包括商品、劳务或者其他交易标的从设计、开发、生产制造、营销、销售、交货、结算、消费、售后服务、循环利用等各环节及其参与方;二是各环节参与方最近会计年度的财务报表;三是地域特殊因素对企业创造价值贡献的计量及其归属;四是企业集团利润在全球价值链条中的分配原则和分配结果。

③对外投资。一是对外投资基本信息,包括对外投资项目的投资地区、金额、主营业务及战略规划;二是对外投资项目概况,包括对外投资项目的股权架构、组织结构,高级管理人员的雇佣方式,项目决策权限的归属;三是对外投资项目数据,包括对外投资项目的营运数据。

④关联股权转让。一是股权转让概况,包括转让背景、参与方、时间、价格、支付

方式，以及影响股权转让的其他因素；二是股权转让标的的相关信息，包括股权转让标的所在地，出让方获取该股权的时间、方式和成本，股权转让收益等信息；三是尽职调查报告或者资产评估报告等与股权转让相关的其他信息。

⑤关联劳务。一是关联劳务概况，包括劳务提供方和接受方，劳务的具体内容、特性、开展方式、定价原则、支付形式，以及劳务发生后各方受益情况等；二是劳务成本费用的归集方法、项目、金额、分配标准、计算过程及结果等；三是企业及其所属企业集团与非关联方存在相同或者类似劳务交易的，还应当详细说明关联劳务与非关联劳务在定价原则和交易结果上的异同。

⑥与企业关联交易直接相关的，中国以外其他国家税务主管当局签订的预约定价安排和作出的其他税收裁定。

（4）可比性分析。

①可比性分析考虑的因素，包括交易资产或者劳务特性、交易各方功能、风险和资产，合同条款，经济环境，经营策略等。

②可比企业执行的功能、承担的风险以及使用的资产等相关信息。

③可比对象搜索方法、信息来源、选择条件及理由。

④所选取的内部或者外部可比非受控交易信息和可比企业的财务信息。

⑤可比数据的差异调整及理由。

（5）转让定价方法的选择和使用。

①被测试方的选择及理由。

②转让定价方法的选择及理由。无论选择何种转让定价方法，均需说明企业对集团整体利润或者剩余利润所作的贡献。

③确定可比非关联交易价格或者利润的过程中所作的假设和判断。

④运用合理的转让定价方法和可比性分析结果，确定可比非关联交易价格或者利润。

⑤其他支持所选用转让定价方法的资料。

⑥关联交易定价是否符合独立交易原则的分析及结论。

（三）特殊事项文档

特殊事项文档包括成本分摊协议特殊事项文档和资本弱化特殊事项文档。

1. 企业签订或者执行成本分摊协议的，应当准备成本分摊协议特殊事项文档。

2. 企业关联债资比例超过标准比例需要说明符合独立交易原则的，应当准备资本弱化特殊事项文档。

关于特殊事项文档的详细内容，见本章第四节国际反避税中的"四、特别纳税调整"的相关内容。

（四）豁免情形

1. 企业仅与境内关联方发生关联交易的，可以不准备主体文档、本地文档和特殊事项文档。

2. 企业执行预约定价安排的，可以不准备预约定价安排涉及关联交易的本地文档和特殊事项文档。

（五）时限及其他要求

1. 主体文档应当在企业集团最终控股企业会计年度终了之日起 12 个月内准备完毕，本地文档和特殊事项文档应当在关联交易发生年度次年 6 月 30 日之前准备完毕。同期资料应当自税务机关要求之日起 30 日内提供。企业因不可抗力无法按期提供同期资料的，应当在不可抗力消除后 30 日内提供同期资料。

2. 同期资料应当使用中文，并标明引用信息资料的出处来源。

3. 同期资料应当加盖企业印章，并由法定代表人或者法定代表人授权的代表签章。

4. 同期资料应当自税务机关要求的准备完毕之日起保存 10 年。企业合并、分立的，应当由合并、分立后的企业保存同期资料。

5. 企业依照有关规定进行关联申报、提供同期资料及有关资料的，税务机关实施特别纳税调查补征税款时，可以依据《企业所得税法实施条例》的规定，按照税款所属纳税年度中国人民银行公布的与补税期间同期的人民币贷款基准利率加收利息。

三、转让定价调整方法

税务机关实施转让定价调查时，应当进行可比性分析，可比性分析一般包括以下五个方面。税务机关可以根据案件情况选择具体分析内容：

一是交易资产或者劳务特性，包括有形资产的物理特性、质量、数量等，无形资产的类型、交易形式、保护程度、期限、预期收益等，劳务的性质和内容，金融资产的特性、内容、风险管理等。

二是交易各方执行的功能、承担的风险和使用的资产。功能包括研发、设计、采购、加工、装配、制造、维修、分销、营销、广告、存货管理、物流、仓储、融资、管理、财务、会计、法律及人力资源管理等，风险包括投资风险、研发风险、采购风险、生产风险、市场风险、管理风险及财务风险等，资产包括有形资产、无形资产、金融资产等。

三是合同条款，包括交易标的、交易数量、交易价格、收付款方式和条件、交货条件、售后服务范围和条件、提供附加劳务的约定、变更或者修改合同内容的权利、合同有效期、终止或者续签合同的权利等。合同条款分析应当关注企业执行合同的能力与行为，以及关联方之间签署合同条款的可信度等。

四是经济环境，包括行业概况、地理区域、市场规模、市场层级、市场占有率、市场竞争程度、消费者购买力、商品或者劳务可替代性、生产要素价格、运输成本、政府管制，以及成本节约、市场溢价等地域特殊因素。

五是经营策略，包括创新和开发、多元化经营、协同效应、风险规避及市场占有策略等。

税务机关应当在可比性分析的基础上，选择合理的转让定价方法，对企业关联交易进行分析评估。转让定价方法包括可比非受控价格法、再销售价格法、成本加成法、交易净利润法、利润分割法及其他符合独立交易原则的方法。

（一）可比非受控价格法

可比非受控价格法以非关联方之间进行的与关联交易相同或者类似业务活动所收

取的价格作为关联交易的公平成交价格。可比非受控价格法可以适用于所有类型的关联交易。可比非受控价格法的可比性分析，应当按照不同交易类型，特别考察关联交易与非关联交易中交易资产或者劳务的特性、合同条款、经济环境和经营策略上的差异：

1. 有形资产使用权或者所有权的转让，包括：

（1）转让过程，包括交易时间与地点、交货条件、交货手续、支付条件、交易数量、售后服务等。

（2）转让环节，包括出厂环节、批发环节、零售环节、出口环节等。

（3）转让环境，包括民族风俗、消费者偏好、政局稳定程度以及财政、税收、外汇政策等。

（4）有形资产的性能、规格、型号、结构、类型、折旧方法等。

（5）提供使用权的时间、期限、地点、费用收取标准等。

（6）资产所有者对资产的投资支出、维修费用等。

2. 金融资产的转让，包括金融资产的实际持有期限、流动性、安全性、收益性。其中，股权转让交易的分析内容包括公司性质、业务结构、资产构成、所属行业、行业周期、经营模式、企业规模、资产配置和使用情况、企业所处经营阶段、成长性、经营风险、财务风险、交易时间、地理区域、股权关系、历史与未来经营情况、商誉、税收利益、流动性、经济趋势、宏观政策、企业收入和成本结构及其他因素。

3. 无形资产使用权或者所有权的转让，包括：

（1）无形资产的类别、用途、适用行业、预期收益。

（2）无形资产的开发投资、转让条件、独占程度、可替代性、受有关国家法律保护的程度及期限、地理位置、使用年限、研发阶段、维护改良及更新的权利、受让成本和费用、功能风险情况、摊销方法以及其他影响其价值发生实质变动的特殊因素等。

4. 资金融通，包括融资的金额、币种、期限、担保、融资人的资信、还款方式、计息方法等。

5. 劳务交易，包括劳务性质、技术要求、专业水准、承担责任、付款条件和方式、直接和间接成本等。

关联交易与非关联交易在以上方面存在重大差异的，应当就该差异对价格的影响进行合理调整，无法合理调整的，应当选择其他合理的转让定价方法。

（二）再销售价格法

再销售价格法以关联方购进商品再销售给非关联方的价格减去可比非关联交易毛利后的金额作为关联方购进商品的公平成交价格。其计算公式为：

公平成交价格＝再销售给非关联方的价格×（1－可比非关联交易毛利率）

可比非关联交易毛利率＝可比非关联交易毛利÷可比非关联交易收入净额×100%

再销售价格法一般适用于再销售者未对商品进行改变外形、性能、结构或者更换商标等实质性增值加工的简单加工或者单纯购销业务。

再销售价格法的可比性分析，应当特别考察关联交易与非关联交易中企业执行的功能、承担的风险、使用的资产和合同条款上的差异，以及影响毛利率的其他因素，具体包括营销、分销、产品保障及服务功能，存货风险，机器、设备的价值及使用年限，无形资产的使用及价值，有价值的营销型无形资产，批发或者零售环节，商业经验，会计处理及管理效率等。

关联交易与非关联交易在以上方面存在重大差异的，应当就该差异对毛利率的影响进行合理调整，无法合理调整的，应当选择其他合理的转让定价方法。

（三）成本加成法

成本加成法以关联交易发生的合理成本加上可比非关联交易毛利后的金额作为关联交易的公平成交价格。其计算公式为：

公平成交价格 = 关联交易发生的合理成本 × (1 + 可比非关联交易成本加成率)

可比非关联交易成本加成率 = 可比非关联交易毛利 ÷ 可比非关联交易成本 × 100%

成本加成法一般适用于有形资产使用权或者所有权的转让、资金融通、劳务交易等关联交易。

成本加成法的可比性分析，应当特别考察关联交易与非关联交易中企业执行的功能、承担的风险、使用的资产和合同条款上的差异，以及影响成本加成率的其他因素，具体包括制造、加工、安装及测试功能，市场及汇兑风险，机器、设备的价值及使用年限，无形资产的使用及价值，商业经验，会计处理，生产及管理效率等。

关联交易与非关联交易在以上方面存在重大差异的，应当就该差异对成本加成率的影响进行合理调整，无法合理调整的，应当选择其他合理的转让定价方法。

（四）交易净利润法

交易净利润法以可比非关联交易的利润指标确定关联交易的利润。利润指标包括息税前利润率、完全成本加成率、资产收益率、贝里比率等。具体计算公式为：

息税前利润率 = 息税前利润 ÷ 营业收入 × 100%

完全成本加成率 = 息税前利润 ÷ 完全成本 × 100%

资产收益率 = 息税前利润 ÷ [(年初资产总额 + 年末资产总额) ÷ 2] × 100%

贝里比率 = 毛利 ÷ (营业费用 + 管理费用) × 100%

利润指标的选取应当反映交易各方执行的功能、承担的风险和使用的资产。利润指标的计算以企业会计处理为基础，必要时可以对指标口径进行合理调整。

交易净利润法一般适用于不拥有重大价值无形资产企业的有形资产使用权或者所有权的转让和受让、无形资产使用权受让以及劳务交易等关联交易。

交易净利润法的可比性分析，应当特别考察关联交易与非关联交易中企业执行的功能、承担的风险和使用的资产，经济环境上的差异，以及影响利润的其他因素，具体包括行业和市场情况，经营规模，经济周期和产品生命周期，收入、成本、费用和资产在各交易间的分配，会计处理及经营管理效率等。

关联交易与非关联交易在以上方面存在重大差异的，应当就该差异对利润的影响进行合理调整，无法合理调整的，应当选择其他合理的转让定价方法。

（五）利润分割法

利润分割法根据企业与其关联方对关联交易合并利润（实际或者预计）的贡献计算各自应当分配的利润额。利润分割法主要包括一般利润分割法和剩余利润分割法。

一般利润分割法通常根据关联交易各方所执行的功能、承担的风险和使用的资产，采用符合独立交易原则的利润分割方式，确定各方应当取得的合理利润；当难以获取可比交易信息但能合理确定合并利润时，可以结合实际情况考虑与价值贡献相关的收入、成本、费用、资产、雇员人数等因素，分析关联交易各方对价值作出的贡献，将利润在各方之间进行分配。

剩余利润分割法将关联交易各方的合并利润减去分配给各方的常规利润后的余额作为剩余利润，再根据各方对剩余利润的贡献程度进行分配。

利润分割法一般适用于企业及其关联方均对利润创造具有独特贡献，业务高度整合且难以单独评估各方交易结果的关联交易。利润分割法的适用应当体现利润应在经济活动发生地和价值创造地征税的基本原则。

利润分割法的可比性分析，应当特别考察关联交易各方执行的功能、承担的风险和使用的资产，收入、成本、费用和资产在各方之间的分配，成本节约、市场溢价等地域特殊因素，以及其他价值贡献因素，确定各方对剩余利润贡献所使用的信息和假设条件的可靠性等。

（六）其他方法

其他符合独立交易原则的方法包括成本法、市场法和收益法等资产评估方法，以及其他能够反映利润与经济活动发生地和价值创造地相匹配原则的方法。

成本法是以替代或者重置原则为基础，通过在当前市场价格下创造一项相似资产所发生的支出确定评估标的价值的评估方法。成本法适用于能够被替代的资产价值评估。

市场法是利用市场上相同或者相似资产的近期交易价格，经过直接比较或者类比分析以确定评估标的价值的评估方法。市场法适用于在市场上能找到与评估标的相同或者相似的非关联可比交易信息时的资产价值评估。

收益法是通过评估标的未来预期收益现值来确定其价值的评估方法。收益法适用于企业整体资产和可预期未来收益的单项资产评估。

四、转让定价调查及调整

税务机关分析评估被调查企业关联交易时，应当在分析评估交易各方功能风险的基础上，选择功能相对简单的一方作为被测试对象。税务机关在进行可比性分析时，优先使用公开信息，也可以使用非公开信息。

税务机关分析评估被调查企业关联交易是否符合独立交易原则时，可以根据实际情况选择算术平均法、加权平均法或者四分位法等统计方法，逐年分别或者多年度平均计算可比企业利润或者价格的平均值或者四分位区间。税务机关应当按照可比利润水平或者可比价格对被调查企业各年度关联交易进行逐年测试调整。税务机关采用四分位法分析评估企业利润水平时，企业实际利润水平低于可比企业利润率区间中位值的，原则上应当按照不低于中位值进行调整。

税务机关分析评估被调查企业为其关联方提供的来料加工业务，在可比企业不是相同业务模式，且业务模式的差异会对利润水平产生影响的情况下，应当对业务模式的差异进行调整，还原其不作价的来料和设备价值。企业提供真实完整的来料加工产品整体价值链的相关资料，能够反映各关联方总体利润水平的，税务机关可以就被调查企业与可比企业因件还原产生的资金占用差异进行可比性调整，利润水平调整幅度超过10%的，应当重新选择可比企业。除此之外，对因营运资本占用不同产生的利润差异不作调整。

税务机关分析评估被调查企业关联交易是否符合独立交易原则时，选取的可比企业与被调查企业处于不同经济环境的，应当分析成本节约、市场溢价等地域特殊因素，并选择合理的转让定价方法确定地域特殊因素对利润的贡献。

企业为境外关联方从事来料加工或者进料加工等单一生产业务，或者从事分销、合约研发业务，原则上应当保持合理的利润水平。上述企业如出现亏损，无论是否达到《国家税务总局关于完善关联申报和同期资料管理有关事项的公告》（国家税务总局公告2016年第42号）中的同期资料准备标准，均应当就亏损年度准备同期资料本地文档。税务机关应当重点审核上述企业的本地文档，加强监控管理。上述企业承担由于决策失误、开工不足、产品滞销、研发失败等原因造成的应当由关联方承担的风险和损失的，税务机关可以实施特别纳税调整。

税务机关对关联交易进行调查分析时，应当确定企业所获得的收益与其执行的功能或者承担的风险是否匹配。企业与其关联方之间隐匿关联交易直接或者间接导致国家总体税收收入减少的，税务机关可以通过还原隐匿交易实施特别纳税调整。企业与其关联方之间抵销关联交易直接或者间接导致国家总体税收收入减少的，税务机关可以通过还原抵销交易实施特别纳税调整。

判定企业及其关联方对无形资产价值的贡献程度及相应的收益分配时，应当全面分析企业所属企业集团的全球营运流程，充分考虑各方在无形资产开发、价值提升、维护、保护、应用和推广中的价值贡献，无形资产价值的实现方式，无形资产与集团内其他业务的功能、风险和资产的相互作用。企业仅拥有无形资产所有权而未对无形资产价值作出贡献的，不应当参与无形资产收益分配。企业在无形资产形成和使用过程中，仅提供资金而未实际执行相关功能和承担相应风险的，应当仅获得合理的资金成本回报。

1. 企业与其关联方转让或者受让无形资产使用权而收取或者支付的特许权使用费，应当根据下列情形适时调整，未适时调整的，税务机关可以实施特别纳税调整：

（1）无形资产价值发生根本性变化。

（2）按照营业常规，非关联方之间的可比交易应当存在特许权使用费调整机制。

（3）无形资产使用过程中，企业及其关联方执行的功能、承担的风险或者使用的资产发生变化。

（4）企业及其关联方对无形资产进行后续开发、价值提升、维护、保护、应用和推广作出贡献而未得到合理补偿。

企业与其关联方因转让或者受让无形资产使用权而收取或者支付的特许权使用费，应当与无形资产为企业或者其关联方带来的经济利益相匹配。与经济利益不匹配而减少企业或者其关联方应纳税收入或者应纳税所得额的，税务机关可以实施特别纳税调整。未带来经济利益，且不符合独立交易原则的，税务机关可以按照已税前扣除的金额全额实施特别纳税调整。企业向仅拥有无形资产所有权而未对其价值创造作出贡献的关联方支付特许权使用费，不符合独立交易原则的，税务机关可以按照已税前扣除的金额全额实施特别纳税调整。

企业以融资上市为主要目的在境外成立控股公司或者融资公司，仅因融资上市活动所产生的附带利益向境外关联方支付特许权使用费，不符合独立交易原则的，税务机关可以按照已税前扣除的金额全额实施特别纳税调整。

企业与其关联方发生劳务交易支付或者收取价款不符合独立交易原则而减少企业或者其关联方应纳税收入或者应纳税所得额的，税务机关可以实施特别纳税调整。符合独立交易原则的关联劳务交易应当是受益性劳务交易，并且按照非关联方在相同或者类似情形下的营业常规和公平成交价格进行定价。受益性劳务是指能够为劳务接受方带来直接或者间接经济利益，且非关联方在相同或者类似情形下，愿意购买或者愿意自行实施的劳务活动。

2. 企业向其关联方支付非受益性劳务的价款，税务机关可以按照已税前扣除的金额全额实施特别纳税调整。非受益性劳务主要包括以下情形：

（1）劳务接受方从其关联方接受的，已经购买或者自行实施的劳务活动。

（2）劳务接受方从其关联方接受的，为保障劳务接受方的直接或者间接投资方的投资利益而实施的控制、管理和监督等劳务活动。该劳务活动主要包括：

①董事会活动、股东会活动、监事会活动和发行股票等服务于股东的活动。

②与劳务接受方的直接或者间接投资方、集团总部和区域总部的经营报告或者财务报告编制及分析有关的活动。

③与劳务接受方的直接或者间接投资方、集团总部和区域总部的经营及资本运作有关的筹资活动。

④为集团决策、监管、控制、遵从需要所实施的财务、税务、人事、法务等活动。

⑤其他类似情形。

（3）劳务接受方从其关联方接受的，并非针对其具体实施的，只是因附属于企业集团而获得额外收益的劳务活动。该劳务活动主要包括：

①为劳务接受方带来资源整合效应和规模效应的法律形式改变、债务重组、股权收购、资产收购、合并、分立等集团重组活动。

②由于企业集团信用评级提高，为劳务接受方带来融资成本下降等利益的相关活动。

③其他类似情形。

（4）劳务接受方从其关联方接受的，已经在其他关联交易中给予补偿的劳务活动。该劳务活动主要包括：

①从特许权使用费支付中给予补偿的与专利权或者非专利技术相关的服务。

②从贷款利息支付中给予补偿的与贷款相关的服务。

③其他类似情形。

（5）与劳务接受方执行的功能和承担的风险无关，或者不符合劳务接受方经营需要的关联劳务活动。

（6）其他不能为劳务接受方带来直接或者间接经济利益，或者非关联方不愿意购买或者不愿意自行实施的关联劳务活动。

3. 企业接受或者提供的受益性劳务应当充分考虑劳务的具体内容和特性、劳务提供方的功能、风险、成本和费用，劳务接受方的受益情况、市场环境、交易双方的财务状况，以及可比交易的定价情况等因素，按照本规定选择合理的转让定价方法，并遵循以下原则：

（1）关联劳务能够分别按照各劳务接受方、劳务项目为核算单位归集相关劳务成本费用的，应当以劳务接受方、劳务项目合理的成本费用为基础，确定交易价格。

（2）关联劳务不能分别按照各劳务接受方、劳务项目为核算单位归集相关劳务成本费用的，应当采用合理标准和比例向各劳务接受方分配，并以分配的成本费用为基础，确定交易价格。分配标准应当根据劳务性质合理确定，可以根据实际情况采用营业收入、营运资产、人员数量、人员工资、设备使用量、数据流量、工作时间以及其他合理指标，分配结果应当与劳务接受方的受益程度相匹配。非受益性劳务的相关成本费用支出不得计入分配基数。

4. 企业向未执行功能、承担风险、无实质性经营活动的境外关联方支付费用，不符合独立交易原则的，税务机关可以按照已税前扣除的金额全额实施特别纳税调整。

5. 实际税负相同的境内关联方之间的交易，只要该交易没有直接或者间接导致国家总体税收收入的减少，原则上不作特别纳税调整。

五、预约定价安排

预约定价安排是指企业就其未来年度关联交易的定价原则和计算方法，向税务机关提出申请，与税务机关按照独立交易原则协商、确认后达成的协议。按照参与的国家税务主管当局的数量，预约定价安排可以分为单边、双边和多边三种类型。

企业与一国税务机关签署的预约定价安排为单边预约定价安排。单边预约定价安排只能为企业提供一国内关联交易定价原则和方法的确定性，而不能有效规避企业境外关联方被其所在国家的税务机关进行转让定价调查调整的风险，因此，单边预约定价安排无法避免国际重复征税。企业与两个或两个以上国家税务主管当局签署的预约定价安排为双边或多边预约定价安排，双边或多边预约定价安排需要税务主管当局之间就企业跨境关联交易的定价原则和方法达成一致，可以有效避免国际重复征税，为企业转让定价问题提供确定性。

根据《企业所得税法》的有关规定，企业可以与税务机关就企业未来年度关联交易的定价原则和计算方法达成预约定价安排。预约定价安排的谈签与执行经过预备会谈、谈签意向、分析评估、正式申请、协商签署和监控执行六个阶段。

（一）预约定价安排的适用范围

1. 预约定价安排适用于主管税务机关向企业送达接收其谈签意向的《税务事项通知书》之日所属纳税年度起3~5个年度的关联交易。所称主管税务机关，是指负责特别纳税调整事项的税务机关（下同）。

2. 企业以前年度的关联交易与预约定价安排适用年度相同或者类似的，经企业申请，税务机关可以将预约定价安排确定的定价原则和计算方法追溯适用于以前年度该关联交易的评估和调整，追溯期最长为10年。

3. 预约定价安排的谈签不影响税务机关对企业不适用预约定价安排的年度及关联交易的特别纳税调查调整和监控管理。

4. 预约定价安排一般适用于主管税务机关向企业送达接收其谈签意向的《税务事项通知书》之日所属纳税年度前3个年度每年度发生的关联交易金额4 000万元人民币以上的企业。

（二）预约定价安排的预备会谈

企业有谈签预约定价安排意向的，应当向税务机关书面提出预备会谈申请。税务机关可以与企业开展预备会谈。

1. 企业申请单边预约定价安排的，应当向主管税务机关书面提出预备会谈申请，提交《预约定价安排预备会谈申请书》。主管税务机关组织与企业开展预备会谈。

2. 企业申请双边或者多边预约定价安排的，应当同时向国家税务总局和主管税务机关书面提出预备会谈申请，提交《预约定价安排预备会谈申请书》。国家税务总局统一组织与企业开展预备会谈。

3. 预备会谈期间，企业应当就以下内容作出简要说明：

（1）预约定价安排的适用年度。

（2）预约定价安排涉及的关联方及关联交易。

（3）企业及其所属企业集团的组织结构和管理架构。

（4）企业最近3~5个年度的生产经营情况、同期资料等。

（5）预约定价安排涉及各关联方功能和风险的说明，包括功能和风险划分所依据的机构、人员、费用、资产等。

（6）市场情况的说明，包括行业发展趋势和竞争环境等。

（7）是否存在成本节约、市场溢价等地域特殊优势。

（8）预约定价安排是否追溯适用以前年度。

（9）其他需要说明的情况。

4. 企业申请双边或者多边预约定价安排的，除就第3项规定的内容作出简要说明外，还应当说明以下内容：

（1）向税收协定缔约对方税务主管当局提出预约定价安排申请的情况。

（2）预约定价安排涉及的关联方最近3~5个年度生产经营情况及关联交易情况。

（3）是否涉及国际重复征税及其说明。

5. 预备会谈期间，企业应当按照税务机关的要求补充资料。

（三）预约定价安排的谈签意向

税务机关和企业在预备会谈期间达成一致意见的，主管税务机关向企业送达同意其提交谈签意向的《税务事项通知书》。企业收到《税务事项通知书》后向税务机关提出谈签意向。

1. 企业申请单边预约定价安排的，应当向主管税务机关提交《预约定价安排谈签意向书》，并附送单边预约定价安排申请草案。

2. 企业申请双边或者多边预约定价安排的，应当同时向国家税务总局和主管税务机关提交《预约定价安排谈签意向书》，并附送双边或者多边预约定价安排申请草案。

3. 单边预约定价安排申请草案应当包括以下内容：

（1）预约定价安排的适用年度。

（2）预约定价安排涉及的关联方及关联交易。

（3）企业及其所属企业集团的组织结构和管理架构。

（4）企业最近3~5个年度的生产经营情况、财务会计报告、审计报告、同期资料等。

（5）预约定价安排涉及各关联方功能和风险的说明，包括功能和风险划分所依据的机构、人员、费用、资产等。

（6）预约定价安排使用的定价原则和计算方法，以及支持这一定价原则和计算方法的功能风险分析、可比性分析和假设条件等。

（7）价值链或者供应链分析，以及对成本节约、市场溢价等地域特殊优势的考虑。

（8）市场情况的说明，包括行业发展趋势和竞争环境等。

（9）预约定价安排适用期间的年度经营规模、经营效益预测以及经营规划等。

（10）预约定价安排是否追溯适用以前年度。

（11）对预约定价安排有影响的境内外行业相关法律、法规。

（12）企业关于不存在下述第5项所列举情形的说明。

（13）其他需要说明的情况。

4. 双边或者多边预约定价安排申请草案除包括第3项规定的内容外，还应当包括：

（1）向税收协定缔约对方税务主管当局提出预约定价安排申请的情况。

（2）预约定价安排涉及的关联方最近3~5个年度的生产经营情况及关联交易情况。

（3）是否涉及国际重复征税及其说明。

5. 有下列情形之一的，税务机关可以拒绝企业提交谈签意向：

（1）税务机关已经对企业实施特别纳税调整立案调查或者其他涉税案件调查，且尚未结案。

（2）未按照有关规定填报年度关联业务往来报告表。

（3）未按照有关规定准备、保存和提供同期资料。

（4）预备会谈阶段税务机关和企业无法达成一致意见。

（四）预约定价安排的分析评估

企业提交谈签意向后，税务机关应当分析预约定价安排申请草案内容，评估其是否符合独立交易原则。根据分析评估的具体情况可以要求企业补充提供有关资料。税务机关可以从以下方面进行分析评估：

1. 功能和风险状况，是指分析评估企业与其关联方之间在供货、生产、运输、销售等各环节以及在研究、开发无形资产等方面各自作出的贡献、执行的功能以及在存货、信贷、外汇、市场等方面承担的风险。

2. 可比交易信息，是指分析评估企业提供的可比交易信息，对存在的实质性差异进行调整。

3. 关联交易数据，是指分析评估预约定价安排涉及的关联交易的收入、成本、费用和利润是否单独核算或者按照合理比例划分。

4. 定价原则和计算方法，是指分析评估企业在预约定价安排中采用的定价原则和计算方法。如申请追溯适用以前年度的，应当作出说明。

5. 价值链分析和贡献分析，是指评估企业对价值链或者供应链的分析是否完整、清晰，是否充分考虑成本节约、市场溢价等地域特殊优势，是否充分考虑本地企业对价值创造的贡献等。

6. 交易价格或者利润水平，是指根据上述分析评估结果，确定符合独立交易原则的价格或者利润水平。

7. 假设条件，是指分析评估影响行业利润水平和企业生产经营的因素及程度，合理确定预约定价安排适用的假设条件。

在分析评估阶段，税务机关可以与企业就预约定价安排申请草案进行讨论。税务机关可以进行功能和风险实地访谈。税务机关认为预约定价安排申请草案不符合独立交易原则的，企业应当与税务机关协商，并进行调整。

（五）预约定价安排的正式申请

经过分析评估，税务机关认为预约定价安排申请草案符合独立交易原则的，主管税务机关向企业送达同意其提交正式申请的《税务事项通知书》，企业收到通知后，可以向税务机关提交《预约定价安排正式申请书》，并附送预约定价安排正式申请报告。

1. 企业申请单边预约定价安排的，应当向主管税务机关提交上述资料。

2. 企业申请双边或者多边预约定价安排的，应当同时向国家税务总局和主管税务机关提交上述资料，并按照有关规定提交启动特别纳税调整相互协商程序的申请。

3. 有下列情形之一的，税务机关可以拒绝企业提交正式申请：

（1）预约定价安排申请草案拟采用的定价原则和计算方法不合理，且企业拒绝协商调整。

（2）企业拒不提供有关资料或者提供的资料不符合税务机关要求，且不按时补正或者更正。

（3）企业拒不配合税务机关进行功能和风险实地访谈。

（4）其他不适合谈签预约定价安排的情况。

（六）预约定价安排的协商签署

税务机关应当在分析评估的基础上形成协商方案，并据此开展协商工作。

1. 主管税务机关与企业开展单边预约定价安排协商，协商达成一致的，拟定单边预约定价安排文本。

2. 国家税务总局与税收协定缔约对方税务主管当局开展双边或者多边预约定价安排协商，协商达成一致的，拟定双边或者多边预约定价安排文本。

3. 预约定价安排文本可以包括以下内容：

（1）企业及其关联方名称、地址等基本信息。

（2）预约定价安排涉及的关联交易及适用年度。

（3）预约定价安排选用的定价原则和计算方法，以及可比价格或者可比利润水平等。

（4）与转让定价方法运用和计算基础相关的术语定义。

（5）假设条件及假设条件变动通知义务。

(6) 企业年度报告义务。
(7) 预约定价安排的效力。
(8) 预约定价安排的续签。
(9) 预约定价安排的生效、修订和终止。
(10) 争议的解决。
(11) 文件资料等信息的保密义务。
(12) 单边预约定价安排的信息交换。
(13) 附则。

4. 主管税务机关与企业就单边预约定价安排文本达成一致后，双方的法定代表人或者法定代表人授权的代表签署单边预约定价安排。

5. 国家税务总局与税收协定缔约对方税务主管当局就双边或者多边预约定价安排文本达成一致后，双方或者多方税务主管当局授权的代表签署双边或者多边预约定价安排。国家税务总局应当将预约定价安排转发主管税务机关。主管税务机关应当向企业送达《税务事项通知书》，附送预约定价安排，并做好执行工作。

6. 预约定价安排涉及适用年度或者追溯年度补（退）税款的，税务机关应当按照纳税年度计算应补征或者退还的税款，并向企业送达《预约定价安排补（退）税款通知书》。

（七）预约定价安排的监控执行

税务机关应当监控预约定价安排的执行情况。

1. 预约定价安排执行期间，企业应当完整保存与预约定价安排有关的文件和资料，包括账簿和有关记录等，不得丢失、销毁和转移。

2. 企业应当在纳税年度终了后 6 个月内，向主管税务机关报送执行预约定价安排情况的纸质版和电子版年度报告，主管税务机关将电子版年度报告报送国家税务总局；涉及双边或者多边预约定价安排的，企业应当向主管税务机关报送执行预约定价安排情况的纸质版和电子版年度报告，同时将电子版年度报告报送国家税务总局。

年度报告应当说明报告期内企业经营情况以及执行预约定价安排的情况。需要修订、终止预约定价安排，或者有未决问题，或者预计将要发生问题的，应当作出说明。

3. 预约定价安排执行期间，主管税务机关应当每年监控企业执行预约定价安排的情况。监控内容主要包括：企业是否遵守预约定价安排条款及要求，年度报告是否反映企业的实际经营情况，预约定价安排所描述的假设条件是否仍然有效等。

4. 预约定价安排执行期间，企业发生影响预约定价安排的实质性变化，应当在发生变化之日起 30 日内书面报告主管税务机关，详细说明该变化对执行预约定价安排的影响，并附送相关资料。由于非主观原因而无法按期报告的，可以延期报告，但延长期限不得超过 30 日。

税务机关应当在收到企业书面报告后，分析企业实质性变化情况，根据实质性变化对预约定价安排的影响程度，修订或者终止预约定价安排。签署的预约定价安排终止执行的，税务机关可以和企业按照规定的程序和要求，重新谈签预约定价安排。

5. 预约定价安排执行期满后自动失效。企业申请续签的，应当在预约定价安排执行期满之日前 90 日内向税务机关提出续签申请，报送《预约定价安排续签申请书》，并提供执行现行预约定价安排情况的报告、现行预约定价安排所述事实和经营环境是否发生实质性变化的说明材料以及续签预约定价安排年度的预测情况等相关资料。

6. 预约定价安排采用四分位法确定价格或者利润水平，在预约定价安排执行期间，如果企业当年实际经营结果在四分位区间之外，税务机关可以将实际经营结果调整到四分位区间中位值。预约定价安排执行期满，企业各年度经营结果的加权平均值低于区间中位值，且未调整至中位值的，税务机关不再受理续签申请。

双边或者多边预约定价安排执行期间存在上述问题的，主管税务机关应当及时将有关情况层报国家税务总局。

7. 预约定价安排执行期间，主管税务机关与企业发生分歧的，双方应当进行协商。协商不能解决的，可以报上一级税务机关协调；涉及双边或者多边预约定价安排的，必须层报国家税务总局协调。对上一级税务机关或者国家税务总局的决定，下一级税务机关应当予以执行。企业仍不能接受的，可以终止预约定价安排的执行。

（八）预约定价安排的优先受理

有下列情形之一的，税务机关可以优先受理企业提交的正式申请：

1. 企业关联申报和同期资料完备合理，披露充分。
2. 企业纳税信用级别为 A 级。
3. 税务机关曾经对企业实施特别纳税调查调整，并已经结案。
4. 签署的预约定价安排执行期满，企业申请续签，且预约定价安排所述事实和经营环境没有发生实质性变化。
5. 企业提交的申请材料齐备，对价值链或者供应链的分析完整、清晰，充分考虑成本节约、市场溢价等地域特殊因素，拟采用的定价原则和计算方法合理。
6. 企业积极配合税务机关开展预约定价安排谈签工作。
7. 申请双边或者多边预约定价安排的，所涉及的税收协定缔约对方税务主管当局有较强的谈签意愿，对预约定价安排的重视程度较高。
8. 其他有利于预约定价安排谈签的因素。

（九）预约定价简易程序

1. 企业在主管税务机关向其送达受理申请的《税务事项通知书》之日所属纳税年度前 3 个年度，每年度发生的关联交易金额 4 000 万元人民币以上，并符合下列条件之一的，可以申请适用简易程序。简易程序包括申请评估、协商签署和监控执行三个阶段。

（1）已向主管税务机关提供拟提交申请所属年度前 3 个纳税年度的、符合《国家税务总局关于完善关联申报和同期资料管理有关事项的公告》（2016 年第 42 号）规定的同期资料；

（2）自企业提交申请之日所属纳税年度前 10 个年度内，曾执行预约定价安排，且执行结果符合安排要求的；

（3）自企业提交申请之日所属纳税年度前 10 个年度内，曾受到税务机关特别纳税调查调整且结案的。

2. 企业应当向主管税务机关提出适用简易程序的申请，主管税务机关分析评估后，决定是否受理。

（1）企业有申请意向的，应当向主管税务机关提交《单边预约定价安排简易程序申请书》，并附送申请报告。申请报告包括以下内容：

①单边预约定价安排涉及的关联方及关联交易。

②单边预约定价安排的适用年度。

③单边预约定价安排是否追溯适用以前年度。

④企业及其所属企业集团的组织结构和管理架构。

⑤企业最近3~5个纳税年度生产经营情况、财务会计报告、审计报告、同期资料等。

⑥单边预约定价安排涉及各关联方功能和风险的说明，包括功能和风险划分所依据的机构、人员、费用、资产等。

⑦单边预约定价安排使用的定价原则和计算方法，以及支持这一定价原则和计算方法的功能风险分析、可比性分析和假设条件等。

⑧价值链或者供应链分析，以及对成本节约、市场溢价等地域特殊优势的考虑。

⑨市场情况的说明，包括行业发展趋势和竞争环境等。

⑩单边预约定价安排适用期间的年度经营规模、经营效益预测以及经营规划等。

⑪对单边预约定价安排有影响的境内外行业相关法律、法规。

⑫符合申请适用简易程序的有关情况。

⑬其他需要说明的情况。

（2）有下列情形之一的，主管税务机关不予受理企业提交的申请：

①税务机关已经对企业实施特别纳税调整立案调查或者其他涉税案件调查，且尚未结案。

②未按照有关规定填报年度关联业务往来报告表，且不按时更正。

③未按照有关规定准备、保存和提供同期资料。

④未按照要求提供相关资料或者提供的资料不符合税务机关要求，且不按时补正或者更正。

⑤拒不配合税务机关进行功能和风险实地访谈。

（3）主管税务机关收到企业申请后，应当开展分析评估，进行功能和风险实地访谈，并于收到企业申请之日起90日内向企业送达《税务事项通知书》，告知其是否受理；不予受理的，说明理由。

3. 主管税务机关受理企业申请后，应当与企业就其关联交易是否符合独立交易原则进行协商，并于向企业送达受理申请的《税务事项通知书》之日起6个月内协商完毕。协商期间，主管税务机关可以要求企业补充提交相关资料，企业补充提交资料时间不计入上述6个月内。

（1）主管税务机关与企业协商一致的，应当拟定单边预约定价安排文本。双方的法定代表人或法定代表人授权的代表签署单边预约定价安排。

（2）主管税务机关不能与企业协商一致的，应当向企业送达终止简易程序的《税务事项通知书》。企业可以按照规定，重新申请单边预约定价安排。已经提交过的资料，无须重复提交。

4. 同时涉及两个或者两个以上省、自治区、直辖市和计划单列市税务机关的单边预约定价安排，暂不适用简易程序。

（十）预约定价安排的其他事项

1. 在预约定价安排签署前，税务机关和企业均可暂停、终止预约定价安排程序。税务机关发现企业或者其关联方故意不提供与谈签预约定价安排有关的必要资料，或提供虚假、不完整资料，或存在其他不配合的情形，使预约定价安排难以达成一致的，可以暂停、终止预约定价安排程序。涉及双边或者多边预约定价安排的，经税收协定缔约各方税务主管当局协商，可以暂停、终止预约定价安排程序。税务机关暂停、终止预约定价安排程序的，应当向企业送达《税务事项通知书》，并说明原因；企业暂停、终止预约定价安排程序的，应当向税务机关提交书面说明。

2. 没有按照规定的权限和程序签署预约定价安排，或者税务机关发现企业隐瞒事实的，应当认定预约定价安排自始无效，并向企业送达《税务事项通知书》，说明原因。发现企业拒不执行预约定价安排或者存在违反预约定价安排的其他情况，可以视情况进行处理，直至终止预约定价安排。

3. 预约定价安排同时涉及两个或者两个以上省、自治区、直辖市和计划单列市税务机关的，由国家税务总局统一组织协调。

企业申请上述单边预约定价安排的，应当同时向国家税务总局及其指定的税务机关提出谈签预约定价安排的相关申请。国家税务总局可以与企业统一签署单边预约定价安排，或者指定税务机关与企业统一签署单边预约定价安排，也可以由各主管税务机关与企业分别签署单边预约定价安排。

4. 单边预约定价安排涉及一个省、自治区、直辖市和计划单列市内两个或者两个以上主管税务机关，由省、自治区、直辖市和计划单列市相应税务机关统一组织协调。

5. 税务机关与企业在预约定价安排谈签过程中取得的所有信息资料，双方均负有保密义务。除依法应当向有关部门提供信息的情况外，未经纳税人同意，税务机关不得以任何方式泄露预约定价安排相关信息。

6. 税务机关与企业不能达成预约定价安排的，税务机关在协商过程中所取得的有关企业的提议、推理、观念和判断等非事实性信息，不得用于对该预约定价安排涉及关联交易的特别纳税调查调整。

7. 除涉及国家安全的信息以外，国家税务总局可以按照对外缔结的国际公约、协定、协议等有关规定，与其他国家（地区）税务主管当局就2016年4月1日以后签署的单边预约定价安排文本实施信息交换。企业应当在签署单边预约定价安排时提供其最终控股公司、上一级直接控股公司及单边预约定价安排涉及的境外关联方所在国家（地区）的名单。

第六节 国际税收征管合作

近年来,我国在国际税收征管合作方面取得快速进展。2013年8月27日,我国签署了《多边税收征管互助公约》(以下简称《公约》),成为该《公约》的第56个签约方,G20成员至此已全部加入这一《公约》。2015年7月1日,第十二届全国人民代表大会常务委员会第十五次会议表决通过了国务院关于提请审议批准《多边税收征管互助公约》的议案。为应对日趋严重的跨境逃避税问题,国际社会高度重视国际税收征管协作,《公约》的影响快速上升,正日益成为开展国际税收征管协作的新标准。签署和执行《公约》将进一步推动我国利用国际税收征管协作提高对跨境纳税人的税收服务和征管水平,有助于营造公平透明的税收环境。

一、情报交换

税收情报交换是我国作为税收公约缔约国承担的一项国际义务,也是我国与其他国家(地区)税务主管当局之间进行国际税收征管合作以及保护我国合法税收权益的重要方式。为了加强国际税务合作,规范国际税收情报交换(以下简称情报交换)工作,国家税务总局制定了《国际税收情报交换工作规程》(以下简称《规程》)。

(一)情报交换概述

情报交换,是指我国与相关税收协定缔约国家(以下简称缔约国)的主管当局为了正确执行税收协定及其所涉及税种的国内法而相互交换所需信息的行为。

情报交换应在税收协定生效并执行以后进行,税收情报涉及的事项可以溯及税收协定生效并执行之前。

情报交换在税收协定规定的权利和义务范围内进行。我国享有从缔约国取得税收情报的权利,也负有向缔约国提供税收情报的义务。

情报交换通过税收协定确定的主管当局或其授权代表进行。我国主管当局为国家税务总局(以下简称总局)。

(二)情报交换的种类与范围

1. 情报交换的种类。

情报交换的类型包括专项情报交换、自动情报交换、自发情报交换以及同期税务检查、授权代表访问和行业范围情报交换等。

(1)专项情报交换,是指缔约国一方主管当局就国内某一税务案件提出具体问题,并依据税收协定请求缔约国另一方主管当局提供相关情报,协助查证的行为。包括:获取、查证或核实公司或个人居民身份、收取或支付价款、费用、转让财产或提供财产的使用等与纳税有关的情况、资料、凭证等。

(2)自动情报交换,是指缔约国双方主管当局之间根据约定,以批量形式自动提供有关纳税人取得专项收入的税收情报的行为。专项收入主要包括:利息、股息、特许权使用费收入；工资、薪金，各类津贴、奖金，退休金收入；佣金、劳务报酬收入；财产收益和经营收入等。

（3）自发情报交换，是指缔约国一方主管当局将在税收执法过程中获取的其认为有助于缔约国另一方主管当局执行税收协定及其所涉及税种的国内法的信息，主动提供给缔约国另一方主管当局的行为。包括公司或个人收取或支付价款、费用，转让财产或提供财产使用等与纳税有关的情况、资料等。

（4）同期税务检查，是指缔约国主管当局之间根据同期检查协议，独立地在各自有效行使税收管辖权的区域内，对有共同或相关利益的纳税人的涉税事项同时进行检查，并互相交流或交换检查所获取的税收情报的行为。

（5）授权代表访问，是指缔约国双方主管当局根据授权代表的访问协议，经双方主管当局同意，相互间到对方有效行使税收管辖权的区域进行实地访问，以获取、查证税收情报的行为。

（6）行业范围情报交换，是指缔约国双方主管当局共同对某一行业的运营方式、资金运作模式、价格决定方式及偷税方法等进行调查、研究和分析，并相互交换有关税收情报的行为。

2. 情报交换的范围。

除缔约国双方另有规定外，情报交换的范围一般为：

（1）国家范围应仅限于与我国正式签订含有情报交换条款的税收协定并生效执行的国家。

（2）税种范围应仅限于税收协定规定的税种，主要为具有所得（和财产）性质的税种。

（3）人员的范围应仅限于税收协定缔约国一方或双方的居民。

（4）地域范围应仅限于缔约国双方有效行使税收管辖权的区域。

3. 我国从缔约国主管当局获取的税收情报可以作为税收执法行为的依据，并可以在诉讼程序中出示。

（三）税收情报的保密

1. 税收情报应作密件处理。

制作、收发、传递、使用、保存或销毁税收情报，应按照《中华人民共和国保守国家秘密法》《中共中央保密委员会办公室 国家保密局关于国家秘密载体保密管理的规定》《经济工作中国家秘密及其密级具体范围的规定》以及有关法律法规的规定执行。

2. 确定税收情报密级的原则如下：

（1）税收情报一般应确定为秘密级。

（2）属以下情形的，应确定为机密级：

①税收情报事项涉及偷税、骗税或其他严重违反税收法律法规的行为。

②缔约国主管当局对税收情报有特殊保密要求的。

（3）税收情报事项涉及最重要的国家秘密，泄露会使国家的安全和利益遭受特别严重的损害，应确定为绝密级。

（4）税收情报的内容涉及其他部门或行业的秘密事项，应按有关主管部门的保密范围确定密级。

对于难以确定密级的情报,主管税务机关应逐级上报总局决定。

3. 在确定密级时,应该同时确定保密期限。

绝密级情报保密期限一般为 30 年,机密级情报保密期限一般为 20 年,秘密级情报保密期限一般为 10 年。

对保密期限有特殊要求或者需要变更密级或保密期限的,主管税务机关应报送上一级税务机关批准,并在税收情报密件中标明。

4. 税务机关在调查、收集、制作税收情报时,遇有纳税人、扣缴义务人或其他当事人申明被调查的事项涉及国家秘密并拒绝提供有关资料的,税务机关应要求其提供由国家保密主管部门出具的国家秘密鉴定证明。

税务机关在上报税收情报时,应对上述情况作出说明。

5. 税务机关可以将收集情报的目的、情报的来源和内容告知相关纳税人、扣缴义务人或其他当事人,以及与执行税收协定所含税种相应的国内法有关的部门或人员,并同时告知其保密义务。

但是,有下列情形之一的,未经总局批准,税务机关不得告知:

(1) 纳税人、扣缴义务人或其他当事人有重大税收违法犯罪嫌疑,告知后会影响案件调查的。

(2) 缔约国一方声明不得将情报的来源和内容告知纳税人、扣缴义务人或其他当事人的。

6. 税收情报在诉讼程序中作为证据使用时,税务机关应根据《中华人民共和国行政诉讼法》等法律的规定,向法庭申请不在开庭时公开质证。

(四) 情报交换的其他规定

《规程》同时适用于《内地和香港特别行政区关于对所得避免双重征税的安排》《内地和澳门特别行政区关于对所得避免双重征税的安排》。

二、金融账户涉税信息自动交换标准

(一) 金融账户涉税信息自动交换标准的产生和发展

随着经济全球化进程的不断加快,纳税人通过境外金融机构持有和管理资产,并将收益隐匿在境外金融账户以逃避居民国纳税义务的现象日趋严重,各国对进一步加强国际税收信息交换、维护本国税收权益的意愿愈显迫切。

受 G20 委托,OECD 于 2014 年 7 月发布了《金融账户涉税信息自动交换标准》(standard for automatic exchange of financial information in tax matters,以下简称 AEOI 标准),获得了当年 G20 布里斯班峰会的核准,为各国加强国际税收合作、打击跨境逃避税提供了强有力的工具。

(二) 金融账户涉税信息自动交换标准的内容及机制

AEOI 标准由《主管当局协议范本》(model competent authority agreement,MCAA) 和《统一报告标准》(common reporting standard,CRS) 两部分内容组成。

MCAA 是规范各国(地区)税务主管当局之间如何开展金融账户涉税信息自动交换的操作性文件,它以互惠型模式为基础,分为双边和多边两个版本。CRS 规定了金融机构收集和报送外国税收居民个人和企业账户信息的相关要求和程序。

根据 AEOI 标准开展金融账户涉税信息自动交换,首先由一国(地区)金融机构通过尽职调查程序识别另一国（地区）税收居民个人和企业在该机构开立的账户，按年向金融机构所在国（地区）主管部门报送上述账户的名称、纳税人识别号、地址、账号、余额、利息、股息以及出售金融资产的收入等信息，再由该国（地区）税务主管当局与账户持有人的居民国税务主管当局开展信息交换，最终实现各国（地区）对跨境税源的有效监管。具体过程见图12-1。

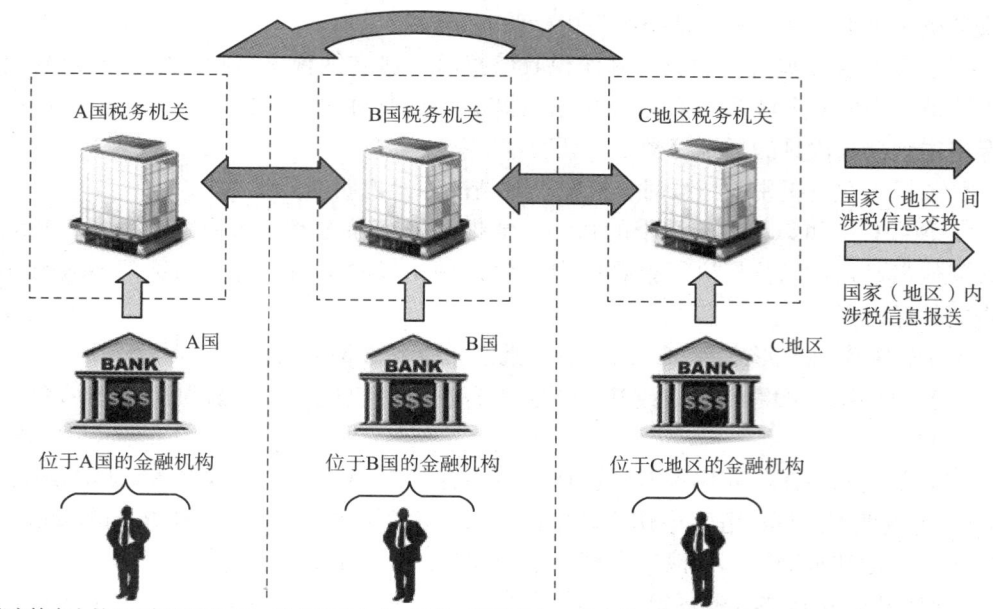

图 12-1 金融账户涉税信息跨国（地区）自动交换示意图

（三）金融账户涉税信息自动交换标准在中国的实施

经国务院批准，2014年9月，我国在G20财长和央行行长会议上承诺将实施AEOI标准，旨在通过加强全球税收合作提高税收透明度，打击利用海外账户逃避税行为。

2015年7月，《多边税收征管互助公约》由第十二届全国人大常委会第十五次会议批准，已于2016年2月在我国生效，为实施AEOI标准奠定了多边法律基础。2015年12月，经国务院批准，国家税务总局签署了《金融账户涉税信息自动交换多边主管当局间协议》，为我国与其他国家（地区）间相互交换金融账户涉税信息提供了操作层面的多边法律工具。

金融机构应当登录国家税务总局网站办理注册登记，金融机构应当汇总报送境内分支机构的下列非居民账户信息，并注明报送信息的金融机构名称、地址以及纳税人识别号，并且于每年5月31日前按要求报送。

1. 个人账户持有人的姓名、现居地址、税收居民国（地区）、居民国（地区）纳税人识别号、出生地、出生日期；机构账户持有人的名称、地址、税收居民国（地区）、居民国（地区）纳税人识别号；机构账户持有人是有非居民控制人的消极非金融机构的，还应当报送非居民控制人的姓名、现居地址、税收居民国（地区）、居民国（地区）纳税人识别号、出生地、出生日期。

2. 账号或者类似信息。

3. 公历年度末单个非居民账户的余额或者净值（包括具有现金价值的保险合同或者

年金合同的现金价值或者退保价值)。账户在本年度内注销的,余额为零,同时应当注明账户已注销。

4. 存款账户,报送公历年度内收到或者计入该账户的利息总额。

5. 托管账户,报送公历年度内收到或者计入该账户的利息总额、股息总额以及其他因被托管资产而收到或者计入该账户的收入总额。报送信息的金融机构为代理人、中间人或者名义持有人的,报送因销售或者赎回金融资产而收到或者计入该托管账户的收入总额。

6. 其他账户,报送公历年度内收到或者计入该账户的收入总额,包括赎回款项的总额。

7. 国家税务总局要求报送的其他信息。

上述信息中涉及金额的,应当按原币种报送并且标注原币种名称。

三、《区域全面经济伙伴关系协定》(RCEP)

《区域全面经济伙伴关系协定》(Regional Comprehensive Economic Partnership,RCEP)是2012年由东盟发起,历时八年,由包括中国、日本、韩国、澳大利亚、新西兰和东盟十国共15方成员制定的协定。

(一)协定基本情况

2020年11月15日,第四次区域全面经济伙伴关系协定领导人会议以视频方式举行,会后东盟十国和中国、日本、韩国、澳大利亚、新西兰共15个亚太国家正式签署了《区域全面经济伙伴关系协定》。《区域全面经济伙伴关系协定》的签署,标志着当前世界上人口最多、经贸规模最大、最具发展潜力的自由贸易区正式启航。

2021年4月15日,中国向东盟秘书长正式交存《区域全面经济伙伴关系协定》核准书。这标志着中国正式完成RCEP核准程序。2022年1月1日,《区域全面经济伙伴关系协定》正式生效。

(二)内容概览

协定共分为二十章,主要内容如下:

1. 第一章,初始条款和一般定义。

本章主要阐明RCEP缔约方的目标是共同建立一个现代、全面、高质量以及互惠共赢的经济伙伴关系合作框架,以促进区域贸易和投资增长,并为全球经济发展作出贡献。该章节还对协定中的通用术语进行定义。

2. 第二章,货物贸易。

本章旨在推动实现区域内高水平的贸易自由化,并对与货物贸易相关的承诺作出规定。规定包括:承诺根据《关税与贸易总协定》第三条给予其他缔约方的货物国民待遇;通过逐步实施关税自由化给予优惠的市场准入;特定货物的临时免税入境;取消农业出口补贴;以及全面取消数量限制、进口许可程序管理,以及与进出口相关的费用和手续等非关税措施方面的约束。

3. 第三章,原产地规则。

本章确定了RCEP项下有资格享受优惠关税待遇的原产货物的认定规则。在确保适用实质性改变原则的同时,突出了技术可行性、贸易便利性和商业友好性,以使企业,尤其是中小企业易于理解和使用RCEP协定。在本章第一节中,第二条(原产货物)和第三条（完全获得或者完全生产的货物）以及附件一《产品特定原产地规则》（PSR）列明了授予货物"原产地位"的标准。协定还允许在确定货物是否适用 RCEP 关税优惠时，将来自 RCEP 任何缔约方的价值成分都考虑在内，实行原产成分累积规则。在第二节中，规定了相关操作认证程序，包括申请 RCEP 原产地证明、申请优惠关税待遇以及核实货物"原产地位"的详细程序。本章节有两个附件：（1）产品特定原产地规则，涵盖约 5 205 条 6 位税目产品；（2）最低信息要求，列明了原产地证书或原产地声明所要求的信息。

4. 第四章，海关程序与贸易便利化。

本章通过确保海关法律和法规具有可预测性、一致性和透明性的条款，以及促进海关程序的有效管理和货物快速通关的条款，目标创造一个促进区域供应链的环境。本章包含高于 WTO《贸易便利化协定》水平的增强条款，包括：对税则归类、原产地以及海关估价的预裁定；为符合特定条件的经营者（授权经营者）提供与进出口、过境手续和程序有关的便利措施；用于海关监管和通关后审核的风险管理方法等。

5. 第五章，卫生与植物卫生措施。

本章制定了为保护人类、动物或植物的生命或健康而制定、采取和实施卫生与植物卫生措施的基本框架，同时确保上述措施尽可能不对贸易造成限制，以及在相似条件下缔约方实施的卫生与植物卫生措施不存在不合理的歧视。虽然缔约方已在 WTO《卫生与植物卫生措施协定》中声明了其权利和义务，但是协定加强了在病虫害非疫区和低度流行区、风险分析、审核、认证、进口检查以及紧急措施等执行的条款。

6. 第六章，标准、技术法规和合格评定程序。

本章加强了缔约方对 WTO《技术性贸易壁垒协定》的履行，并认可缔约方就标准、技术法规和合格评定程序达成的谅解。同时，推动缔约方在承认标准、技术法规和合格评定程序中减少不必要的技术性贸易壁垒，确保标准、技术法规以及合格评定程序符合 WTO《技术性贸易壁垒协定》规定等方面的信息交流与合作。

7. 第七章，贸易救济。

本章包括"保障措施"和"反倾销和反补贴税"两部分内容。关于保障措施，协定重申缔约方在 WTO《保障措施协定》下的权利义务，并设立过渡性保障措施制度，对各方因履行协议降税而遭受损害的情况提供救济。关于反倾销和反补贴税，协定重申缔约方在 WTO 相关协定中的权利和义务，并制订了"与反倾销和反补贴调查相关的做法"附件，规范了书面信息、磋商机会、裁定公告和说明等实践做法，促进提升贸易救济调查的透明度和正当程序。

8. 第八章，服务贸易。

本章消减了各成员影响跨境服务贸易的限制性、歧视性措施，为缔约方间进一步扩大服务贸易创造了条件。包括市场准入承诺表、国民待遇、最惠国待遇、当地存在、国内法规等规则。部分缔约方采用负面清单方式进行市场准入承诺，要求采用正面清单的缔约方在协定生效后 6 年内转化为负面清单模式对其服务承诺作出安排。

第八章附件一：金融服务附件。金融服务附件就金融服务制定了具体规则，同时为防范金融系统不稳定性提供了充分的政策和监管空间。除了第八章（服务贸易）规定的义务外，本附件还包括一个稳健的审慎例外条款，以确保金融监管机构保留制定支持金融体系完整性和稳定性措施的能力。本附件还包括金融监管透明度义务，缔约方承诺不得阻止开展业务所必需的信息转移或信息处理，以及提供新的金融服务。本附件还规定缔约方可通过磋商等方式讨论解决国际收支危机或可能升级为国际收支危机的情况。

第八章附件二：电信服务附件。本附件制定了一套与电信服务贸易相关的规则框架。在所有现有的"东盟'10+1'自由贸易协定"电信服务附件基础上，附件还包括了监管方法、国际海底电缆系统、网络元素非捆绑、电杆、管线和管网的接入、国际移动漫游、技术选择的灵活性等条款。

第八章附件三：专业服务附件。本附件为缔约方提供途径，以便利本区域内专业服务的提供。包括：加强有关承认专业资格机构之间的对话，鼓励RCEP缔约方或相关机构就共同关心的专业服务部门的专业资质、许可或注册进行磋商。此外，还鼓励缔约方或相关机构在教育、考试、经验、行为和道德规范、专业发展及再认证、执业范围、消费者保护等领域制定互相接受的专业标准和准则。

9. 第九章，自然人移动。

本章列明了缔约方为促进从事货物贸易、提供服务或进行投资的自然人临时入境和临时停留所做的承诺，制定了缔约方批准此类临时入境和临时停留许可的规则，提高人员流动政策透明度。所附承诺表列明了涵盖商务访问者、公司内部流动人员等类别的承诺以及承诺所要求的条件和限制。

10. 第十章，投资。

本章涵盖了投资保护、自由化、促进和便利化四个方面，是对原"东盟'10+1'自由贸易协定"投资规则的整合和升级，包括承诺最惠国待遇、禁止业绩要求、采用负面清单模式作出非服务业领域市场准入承诺并适用棘轮机制（即未来自由化水平不可倒退）。投资便利化部分还包括争端预防和外商投诉的协调解决。本章附有各方投资及不符措施承诺表。

11. 第十一章，知识产权。

本章为本区域知识产权的保护和促进提供了平衡、包容的方案。内容涵盖著作权、商标、地理标志、专利、外观设计、遗传资源、传统知识和民间文艺、反不正当竞争、知识产权执法、合作、透明度、技术援助等广泛领域，其整体保护水平较《与贸易有关的知识产权协定》有所加强。

12. 第十二章，电子商务。

本章旨在促进缔约方之间电子商务的使用与合作，列出了鼓励缔约方通过电子方式改善贸易管理与程序的条款；要求缔约方为电子商务创造有利环境，保护电子商务用户的个人信息，为在线消费者提供保护，并针对非应邀商业电子信息加强监管和合作；对计算机设施位置、通过电子方式跨境传输信息提出相关措施方向，并设立了监管政策空间。缔约方还同意根据WTO部长级会议的决定，维持当前不对电子商务征收关税的做法。

13. 第十三章，竞争。

本章为缔约方制定了在竞争政策和法律方面进行合作的框架，以提高经济效率、增进消费者福利。规定缔约方有义务建立或维持法律或机构，以禁止限制竞争的活动，同时承认缔约方拥有制定和执行本国竞争法的主权权利，并允许基于公共政策或公共利益的排除或豁免。本章还涉及消费者权益保护，缔约方有义务采取或维持国内法律和法规，以制止误导行为、或在贸易中作虚假或误导性描述；促进对消费者救济机制的理解和使用；就有关保障消费者的共同利益进行合作。

14. 第十四章，中小企业。

缔约方同意在协定上提供中小企业会谈平台，以开展旨在提高中小企业利用协定、并在该协定所创造的机会中受益的经济合作项目和活动，将中小企业纳入区域供应链的主流之中。协定强调充分共享 RCEP 中涉及中小企业的信息包括协定内容、与中小企业相关的贸易和投资领域的法律法规，以及其他与中小企业参与协定并从中受益的其他商务相关信息。

15. 第十五章，经济与技术合作。

本章为实现 RCEP 各国的共同发展提供了框架，为各方从协定的实施和利用中充分受益、缩小缔约方发展差距方面作出贡献。根据本章，缔约方将实施技术援助和能力建设项目，促进包容、有效与高效地实施和利用协定所有领域，包括货物贸易、服务贸易、投资、知识产权、竞争、中小企业和电子商务等。同时将优先考虑最不发达国家的需求。

16. 第十六章，政府采购。

协定认识到政府采购在推进区域经济一体化以促进经济发展中的作用，将着力提高法律、法规和程序的透明度，促进缔约方在政府采购方面的合作。本章包含审议条款，旨在未来对本章节进行完善，以促进政府采购。

17. 第十七章，一般条款与例外。

本章规定了适用于整个 RCEP 协定的总则，包括缔约方法律、法规、程序和普遍适用的行政裁定的透明度、就每一缔约方行政程序建立适当的审查与上诉机制、保护保密信息、协定的地理适用范围等。同时，本章将 GATT1994 第二十条和 GATS 第十四条所列一般例外作必要修改后纳入本协定。缔约方可以采取其认为保护其基本安全利益所必需的行动或措施。本章还允许缔约方在面临严重的收支平衡失衡，外部财政困难或受到威胁的情况下采取某些措施。

18. 第十八章，机构条款。

本章节规定了 RCEP 的机构安排以及部长会议、联合委员会和其他委员会或分委员会的结构。联合委员会将监督和指导协定的实施，包括根据协定监督和协调新设或未来设立的附属机构的工作。

19. 第十九章，争端解决。

本章旨在为解决协定项下产生的争端提供有效、高效和透明的程序。在争端解决有关场所的选择、争端双方的磋商、关于斡旋、调解或调停、设立专家组、第三方权利等方面作了明确规定。本章节还详细规定了专家组职能、专家组程序、专家组最终报告的执行、执行审查程序、赔偿以及中止减让或其他义务等。

20. 第二十章，最终条款。

本章节主要包括关于附件、附录和脚注的处理；协定与其他国际协定之间的关系；一般性审查机制；协定的生效、保管、修订、加入及退出条款等。指定东盟秘书长作为协定的保管方，负责向所有缔约方接收和分发文件，包括所有通知、加入请求、批准书、接受书或核准书。条约的生效条款规定，协定至少需要 6 个东盟成员国和 3 个东盟自由贸易协定伙伴交存批准书、接受书或核准书后正式生效。

(三) 协定意义

《区域全面经济伙伴关系协定》是一个全面、现代、高质量、互利互惠的自贸协定，将进一步促进本地区产业和价值链的融合，为区域经济一体化注入强劲动力。这一协定的生效实施，标志着全球人口最多、经贸规模最大、最具发展潜力的自由贸易区正式落地，充分体现了各方共同维护多边主义和自由贸易、促进区域经济一体化的信心和决心，将为区域乃至全球贸易投资增长、经济复苏和繁荣发展作出重要贡献。

第十三章 税收征收管理法

税收征收管理法是有关税收征收管理法律规范的总称，包括税收征收管理法及税收征收管理的有关法律、法规和规章。

《中华人民共和国税收征收管理法》（以下简称《税收征收管理法》）于 1992 年 9 月 4 日第七届全国人民代表大会常务委员会第二十七次会议通过，并于 1993 年 1 月 1 日起施行。1995 年 2 月 28 日第八届全国人民代表大会常务委员会第十二次会议通过了对《税收征收管理法》的第一次修正；2001 年 4 月 28 日，第九届全国人民代表大会常务委员会第二十一次会议通过了第二次修订后的《税收征收管理法》，并于 2001 年 5 月 1 日起施行。2013 年和 2015 年全国人民代表大会常务委员会对《税收征收管理法》又进行过两次修订。

第一节 概　　述

一、《税收征收管理法》的立法目的

《税收征收管理法》第一条规定："为了加强税收征收管理，规范税收征收和缴纳行为，保障国家税收收入，保护纳税人的合法权益，促进经济和社会发展，制定本法。"此条规定对《税收征收管理法》的立法目的作了高度概括。

（一）加强税收征收管理

税收征收管理是国家征税机关依据国家税收法律、行政法规的规定，按照统一的标准，通过一定的程序，对纳税人应纳税额组织入库的一种行政活动，是国家将税收政策贯彻实施到每个纳税人，有效地组织税收收入及时、足额入库的一系列活动的总称。税收征管工作的好坏，直接关系到税收职能作用能否很好地发挥。理所当然，加强税收征收管理，成为《税收征收管理法》立法的首要目的。

（二）规范税收征收和缴纳行为

《税收征收管理法》既要为税务机关、税务人员依法行政提供标准和规范，税务机关、税务人员必须依照该法的规定进行税收征收，其一切行为都要依法进行，违者要承

担法律责任；同时也要为纳税人缴纳税款提供标准和规范，纳税人只有按照法律规定的程序和办法缴纳税款，才能更好地保障自身的权益。因此，在该法中加入"规范税收征收和缴纳行为"的目的，是对依法治国、依法治税思想的深刻理解和运用，为《税收征收管理法》其他条款的修订指明了方向。

（三）保障国家税收收入

税收收入是国家财政的主要来源，组织税收收入是税收的基本职能之一。《税收征收管理法》是税收征收管理的标准和规范，其根本目的是保证税收收入的及时、足额入库，这也是任何一部《税收征收管理法》都具有的目的。

（四）保护纳税人的合法权益

税收征收管理作为国家的行政行为，一方面要维护国家的利益，另一方面要保护纳税人的合法权益不受侵犯。纳税人按照国家税收法律、行政法规的规定缴纳税款之外的任何其他款项，都是对纳税人合法权益的侵害。保护纳税人的合法权益一直是《税收征收管理法》的立法目的。

（五）促进经济发展和社会进步

税收是国家宏观调控的重要杠杆，《税收征收管理法》是市场经济的重要法律规范，这就要求税收征收管理的措施，如税务登记、纳税申报、税款征收、税务检查以及税收政策等以促进经济发展和社会进步为目标，方便纳税人，保护纳税人。因此，在该法中加入"促进经济和社会发展"的目的，表明了税收征收管理的历史使命和前进方向。

二、《税收征收管理法》的适用范围

《税收征收管理法》第二条规定："凡依法由税务机关征收的各种税收的征收管理，均适用本法。"这就明确界定了《税收征收管理法》的适用范围。

我国税收的征收机关有税务部门和海关部门，税务机关征收各种工商税收，海关征收关税和船舶吨税。《税收征收管理法》只适用于由税务机关征收的各种税收的征收管理。海关征收的关税和船舶吨税及代征的增值税、消费税，适用其他法律、法规的规定。

值得注意的是，目前还有一部分政府收费由税务机关征收，如教育费附加。这些收费不适用《税收征收管理法》，不能采取《税收征收管理法》规定的措施，其具体管理办法由收费的条例和规章决定。

三、《税收征收管理法》的遵守主体

（一）税务行政主体——税务机关

《税收征收管理法》第五条规定："国务院税务主管部门主管全国税收征收管理工作。各地税务局应当按照国务院规定的税收征收管理范围分别进行征收管理。"《税收征收管理法》和《中华人民共和国税收征收管理法实施细则》（以下简称《实施细则》）规定："税务机关是指各级税务局、税务分局、税务所和省以下税务局的稽查局。稽查局专司逃避追缴欠税、骗税、抗税案件的查处。国家税务总局应明确划分税务局和稽查局的职责，避免职责交叉。"上述规定既明确了税收征收管理的行政主体（执法主体），也明确了《税收征收管理法》的遵守主体。

（二）税务行政管理相对人——纳税人、扣缴义务人和其他有关单位

《税收征收管理法》第四条规定："法律、行政法规规定负有纳税义务的单位和个人为纳税人。法律、行政法规规定负有代扣代缴、代收代缴税款义务的单位和个人为扣缴义务人。纳税人、扣缴义务人必须依照法律、行政法规的规定缴纳税款、代扣代缴、代收代缴税款。"《税收征收管理法》第六条第二款规定："纳税人、扣缴义务人和其他有关单位应当按照国家有关规定如实向税务机关提供与纳税和代扣代缴、代收代缴税款有关的信息。"根据上述规定，纳税人、扣缴义务人和其他有关单位是税务行政管理的相对人，是《税收征收管理法》的遵守主体，必须按照《税收征收管理法》的有关规定接受税务管理，享受合法权益。

（三）有关单位和部门

《税收征收管理法》第五条规定："地方各级人民政府应当依法加强对本行政区域内税收管理工作的领导或者协调，支持税务机关依法执行职务，依照法定税率计算税额，依法征收税款。各有关部门和单位应当支持、协助税务机关依法执行职务。"这说明包括地方各级人民政府在内的有关单位和部门同样是《税收征收管理法》的遵守主体，必须遵守《税收征收管理法》的有关规定。

第二节 税务管理

一、税务登记管理

税务登记是税务机关对纳税人的生产、经营活动进行登记并据此对纳税人实施税务管理的一种法定制度。税务登记又称纳税登记，它是税务机关对纳税人实施税收管理的首要环节和基础工作，是征纳双方法律关系成立的依据和证明，也是纳税人必须依法履行的义务。

企业，企业在外地设立的分支机构和从事生产、经营的场所，个体工商户和从事生产、经营的事业单位，均应办理税务登记。此外，除国家机关、个人和无固定生产、经营场所的流动性农村小商贩外的其他纳税人，也应办理税务登记。根据税收法律、行政法规的规定负有扣缴税款义务的扣缴义务人（国家机关除外），均应当按照规定办理扣缴税款登记。

县以上（含本级，下同）税务局（分局）是税务登记的主管税务机关，负责税务登记的设立登记、变更登记、注销登记和税务登记证验证、换证以及非正常户处理、报验登记等有关事项。

税务登记证件包括税务登记证及其副本、临时税务登记证及其副本。扣缴税款登记证件包括扣缴税款登记证及其副本。

国家税务局（分局）按照国务院规定的税收征收管理范围，实施属地管理。有条件的城市，国家税务局（分局）可以按照"各区分散受理、全市集中处理"的原则办理税

务登记。

国家税务局（分局）执行统一纳税人识别号。纳税人识别号由省、自治区、直辖市和计划单列市税务局按照纳税人识别号代码行业标准联合编制，统一下发各地执行。已领取组织机构代码的纳税人，其纳税人识别号共15位，由"纳税人登记所在地6位行政区划码"+"9位组织机构代码"组成。以业主身份证件为有效身份证明的组织，即未取得组织机构代码证书的个体工商户以及持回乡证、通行证、护照办理税务登记的纳税人，其纳税人识别号由"身份证件号码"+"2位顺序码"组成。纳税人识别号具有唯一性。

纳税人办理下列事项时，必须提供税务登记证件：（1）开立银行账户；（2）领购发票。

纳税人办理其他税务事项时，应当出示税务登记证件，经税务机关核准相关信息后办理手续。

根据《税收征收管理法》和国家税务总局印发的《税务登记管理办法》，我国税务登记制度大体包括以下内容：

（一）设立税务登记

1. 企业，企业在外地设立的分支机构和从事生产、经营的场所，个体工商户和从事生产、经营的事业单位（以下统称从事生产、经营的纳税人），向生产、经营所在地税务机关申报办理税务登记：

（1）从事生产、经营的纳税人领取工商营业执照的，应当自领取工商营业执照之日起30日内申报办理税务登记，税务机关发放税务登记证及副本。

（2）从事生产、经营的纳税人未办理工商营业执照但经有关部门批准设立的，应当自有关部门批准设立之日起30日内申报办理税务登记，税务机关发放税务登记证及副本。

（3）从事生产、经营的纳税人未办理工商营业执照也未经有关部门批准设立的，应当自纳税义务发生之日起30日内申报办理税务登记，税务机关发放临时税务登记证及副本。

（4）有独立的生产经营权、在财务上独立核算并定期向发包人或者出租人上交承包费或租金的承包承租人，应当自承包承租合同签订之日起30日内，向其承包承租业务发生地税务机关申报办理税务登记，税务机关发放临时税务登记证及副本。

（5）境外企业在中国境内承包建筑、安装、装配、勘探工程和提供劳务的，应当自项目合同或协议签订之日起30日内，向项目所在地税务机关申报办理税务登记，税务机关发放临时税务登记证及副本。

（6）规定以外的其他纳税人，除国家机关、个人和无固定生产、经营场所的流动性农村小商贩外，均应当自纳税义务发生之日起30日内，向纳税义务发生地税务机关申报办理税务登记，税务机关发放税务登记证及副本。

2. 税务机关对纳税人税务登记地点发生争议的，由其共同的上级税务机关指定管辖。

3. 纳税人在申报办理税务登记时，应当根据不同情况向税务机关如实提供以下证件和资料：

（1）工商营业执照或其他核准执业证件。

（2）有关合同、章程、协议书。
（3）组织机构统一代码证书。
（4）法定代表人或负责人或业主的居民身份证、护照或者其他合法证件。
其他需要提供的有关证件、资料，由省、自治区、直辖市税务机关确定。

4. 纳税人在申报办理税务登记时，应当如实填写《税务登记表》。《税务登记表》的主要内容包括：

（1）单位名称、法定代表人或者业主姓名及其居民身份证、护照或者其他合法证件的号码。
（2）住所、经营地点。
（3）登记类型。
（4）核算方式。
（5）生产经营方式。
（6）生产经营范围。
（7）注册资金（资本）、投资总额。
（8）生产经营期限。
（9）财务负责人、联系电话。
（10）国家税务总局确定的其他有关事项。

5. 纳税人提交的证件和资料齐全且《税务登记表》的填写内容符合规定的，税务机关应当日办理并发放税务登记证件。纳税人提交的证件和资料不齐全或《税务登记表》的填写内容不符合规定的，税务机关应当场通知其补正或重新填报。

6. 税务登记证件的主要内容包括：纳税人名称、税务登记代码、法定代表人或负责人、生产经营地址、登记类型、核算方式、生产经营范围（主营、兼营）、发证日期、证件有效期等。

7. 已办理税务登记的扣缴义务人应当自扣缴义务发生之日起30日内，向税务登记地税务机关申报办理扣缴税款登记。税务机关在其税务登记证件上登记扣缴税款事项，税务机关不再发放扣缴税款登记证件。

根据税收法律、行政法规的规定可不办理税务登记的扣缴义务人，应当自扣缴义务发生之日起30日内，向机构所在地税务机关申报办理扣缴税款登记。税务机关发放扣缴税款登记证件。

8. 设立税务登记程序。

（1）税务登记的申请。办理税务登记是为了建立正常的征纳秩序，是纳税人履行纳税义务的第一步。为此，纳税人必须严格按照规定的期限，向当地主管税务机关及时申报办理税务登记手续，实事求是地填报登记项目。

（2）纳税人办理税务登记时应提供的资料包括：
①工商营业执照或其他核准执业证件。
②有关合同、章程、协议书。
③组织机构统一代码证书。
④法定代表人或负责人或业主居民身份证、护照或者其他合法证件。

其他需要提供的有关证件、资料由省、自治区、直辖市税务机关确定。

根据2014年国家税务总局《关于创新税收服务和管理的意见》，纳税人申请办理税务登记时，税务机关应根据申请人情况，不再统一要求纳税人提供注册地址及生产、经营地址等场地的证明材料和验资报告，可不进行实地核查。

（3）税务登记证的核发。纳税人提交的证件和资料齐全且《税务登记表》的填写内容符合规定的，税务机关应当日办理并发放税务登记证件。纳税人提交的证件和资料不齐全或《税务登记表》的填写内容不符合规定的，税务机关应当场通知其补正或重新填报。

税务登记证件的主要内容包括：纳税人名称、税务登记代码、法定代表人或负责人、生产经营地址、登记类型、核算方式、生产经营范围（主营、兼营）、发证日期、证件有效期等。

根据2014年国家税务总局《关于推进工商营业执照、组织机构代码证和税务登记证"三证合一"改革的若干意见》，税务登记证和工商营业执照、组织机构代码证实行"三证合一"，由"三证联办"和"一证三码"逐渐发展为"一证一码"。"三证联办"是指工商、质监、税务部门实现工商营业执照、组织机构代码证和税务登记证"三证"联办同发。"一证三码"是工商、质监、税务部门的工商营业执照、组织机构代码证和税务登记证共同赋码，向市场主体发放包含"三证"功能三个代码的证照，简称"一证三码"。

根据2015年国家税务总局《关于落实"三证合一"登记制度改革的通知》，自2015年10月1日起，新设立企业、农民专业合作社领取由工商行政管理部门核发加载法人和其他组织社会统一社会信用代码的营业执照后，无须再次进行税务登记，不再领取税务登记证。企业办理涉税事宜时，在完成补充信息采集后，凭加载统一代码的营业执照可代替税务登记证使用。工商登记"一个窗口"统一受理申请后，申请材料和登记信息在部门间共享，各部门数据互换、档案互认。

根据国家税务总局2016年《关于明确社会组织等纳税人使用统一社会信用代码及办理税务登记有关问题的通知》，对于2016年1月1日以后在机构编制、民政部门登记设立并取得统一社会信用代码的纳税人，以18位统一社会信用代码为其纳税人识别号，按照现行规定办理税务登记，发放税务登记证件。

（二）变更、注销税务登记

变更税务登记，是纳税人税务登记内容发生变化时向税务机关申报办理的税务登记手续；注销税务登记，则是指纳税人税务登记内容发生了根本性变化，依法需终止履行纳税义务时向税务机关申报办理的税务登记手续。

1. 纳税人已在工商行政管理机关办理变更登记的，应当自工商行政管理机关变更登记之日起30日内，向原税务登记机关如实提供下列证件、资料，申报办理变更税务登记：

（1）工商登记变更表。
（2）纳税人变更登记内容的有关证明文件。
（3）税务机关发放的原税务登记证件（登记证正、副本和《税务登记表》等）。
（4）其他有关资料。

2. 纳税人按照规定不需要在工商行政管理机关办理变更登记，或者其变更登记的内容与工商登记内容无关的，应当自税务登记内容实际发生变化之日起 30 日内，或者自有关机关批准或者宣布变更之日起 30 日内，持下列证件到原税务登记机关申报办理变更税务登记：

（1）纳税人变更登记内容的有关证明文件。

（2）税务机关发放的原税务登记证件（登记证正、副本和《税务登记表》等）。

（3）其他有关资料。

3. 纳税人提交的有关变更登记的证件、资料齐全的，应如实填写《税务登记变更表》，符合规定的，税务机关应当日办理；不符合规定的，税务机关应通知其补正。

4. 税务机关应当于受理当日办理变更税务登记。纳税人《税务登记表》和《税务登记证》中的内容都发生变更的，税务机关按变更后的内容重新发放税务登记证件；纳税人《税务登记表》的内容发生变更而《税务登记证》中的内容未发生变更的，税务机关不重新发放税务登记证件。

5. 注销税务登记的适用范围及时间要求。

（1）纳税人发生解散、破产、撤销以及其他情形，依法终止纳税义务的，应当在向工商行政管理机关或者其他机关办理注销登记前，持有关证件和资料向原税务登记机关申报办理注销税务登记；按规定不需要在工商行政管理机关或者其他机关办理注册登记的，应当自有关机关批准或者宣告终止之日起 15 日内，持有关证件和资料向原税务登记机关申报办理注销税务登记。

（2）纳税人被工商行政管理机关吊销营业执照或者被其他机关予以撤销登记的，应当自营业执照被吊销或者被撤销登记之日起 15 日内，向原税务登记机关申报办理注销税务登记。

（3）纳税人因住所、经营地点变动，涉及变更税务登记机关的，应当在向工商行政管理机关或者其他机关申请办理变更、注销登记前，或者住所、经营地点变动前，持有关证件和资料，向原税务登记机关申报办理注销税务登记，并自注销税务登记之日起 30 日内向迁达地税务机关申报办理税务登记。

（4）境外企业在中国境内承包建筑、安装、装配、勘探工程和提供劳务的，应当在项目完工、离开中国境内前 15 日内，持有关证件和资料，向原税务登记机关申报办理注销税务登记。

6. 纳税人办理注销税务登记前，应当向税务机关提交相关证明文件和资料，结清应纳税款、多退（免）税款、滞纳金和罚款，缴销发票、税务登记证件和其他税务证件，经税务机关核准后，办理注销税务登记手续。

7. 根据 2015 年国家税务总局《关于落实"三证合一"登记制度改革的通知》，已实行"三证合一，一照一码"登记模式的企业、农民专业合作社办理注销登记，须先向主管税务机关申报清税，填写《清税申报表》。清税完毕后由受理税务机关根据清税结果向纳税人统一出具《清税证明》。

8. 进一步优化办理企业税务注销程序。

（1）对向市场监管部门申请简易注销的纳税人，符合下列情形之一的，可免予到税务机关办理清税证明，直接向市场监管部门申请办理注销登记。

①未办理过涉税事宜的纳税人，主动到税务机关办理清税的，税务机关可根据纳税人提供的营业执照即时出具清税文书。

②办理过涉税事宜但未领用发票、无欠税（滞纳金）及罚款的纳税人，主动到税务机关办理清税，资料齐全的，税务机关即时出具清税文书；资料不齐的，可采取"承诺制"容缺办理，在其作出承诺后，即时出具清税文书。

③经人民法院裁定宣告破产的纳税人，持人民法院终结破产程序裁定书向税务机关申请税务注销的，税务机关即时出具清税文书，按照有关规定核销"死欠"。

（2）对向市场监管部门申请一般注销的纳税人，税务机关在为其办理税务注销时，进一步落实限时办结规定。对未处于税务检查状态、无欠税（滞纳金）及罚款、已缴销增值税专用发票及税控专用设备，且符合下列情形之一的纳税人，优化即时办结服务，采取"承诺制"容缺办理，即纳税人在办理税务注销时，若资料不齐，可在其作出承诺后，税务机关即时出具清税文书。

①纳税信用级别为A级和B级的纳税人。

②控股母公司纳税信用级别为A级的M级纳税人。

③省级人民政府引进人才或经省级以上行业协会等机构认定的行业领军人才等创办的企业。

④未纳入纳税信用级别评价的定期定额个体工商户。

⑤未达到增值税纳税起征点的纳税人。

纳税人应按承诺的时限补齐资料并办结相关事项。若未履行承诺的，税务机关将对其法定代表人、财务负责人纳入纳税信用D级管理。

（3）处于非正常状态的纳税人在办理税务注销前，需先解除非正常状态，补办纳税申报手续。符合以下情形的，税务机关可打印相应税种和相关附加的《批量零申报确认表》，经纳税人确认后，进行批量处理：

①非正常状态期间增值税、消费税和相关附加需补办的申报均为零申报的。

②非正常状态期间企业所得税月（季）度预缴需补办的申报均为零申报，且不存在弥补前期亏损情况的。

（4）纳税人办理税务注销前，无须向税务机关提出终止"委托扣款协议书"申请。税务机关办结税务注销后，委托扣款协议自动终止。

（5）对已实行实名办税的纳税人，免予提供以下证件、资料：

①《税务登记证》正（副）本、《临时税务登记证》正（副）本和《发票领购簿》。

②市场监督管理部门吊销营业执照决定原件（复印件）。

③上级主管部门批复文件或董事会决议原件（复印件）。

④项目完工证明、验收证明等相关文件原件（复印件）。

▶【例13-1】下列向市场监管部门申请一般注销的纳税人，均未处于税务检查状态，无欠税（滞纳金）及罚款，且已缴纳增值税专用发票及税控专用设备。税务机关可以对其采用"承诺制"容缺办理税务注销的有（　　）。

A. 未达到增值税起征点的纳税人

B. 市级人民政府引进人才创办的企业
C. 控股母公司纳税信用等级为 A 级的 M 级纳税人
D. 未纳入纳税信用级别评价的定期定额个体工商户

【答案】ACD

（三）停业、复业登记

1. 实行定期定额征收方式的个体工商户需要停业的，应当在停业前向税务机关申报办理停业登记。纳税人的停业期限不得超过 1 年。

2. 纳税人在申报办理停业登记时，应如实填写《停业复业报告书》，说明停业理由、停业期限、停业前的纳税情况和发票的领、用、存情况，并结清应纳税款、滞纳金、罚款。税务机关应收存其《税务登记证》正（副）本、《发票领购簿》、未使用完的发票和其他税务证件。

3. 纳税人在停业期间发生纳税义务的，应当按照税收法律、行政法规的规定申报缴纳税款。

4. 纳税人应当于恢复生产经营之前，向税务机关申报办理复业登记，如实填写《停业复业报告书》，领回并启用《税务登记证》《发票领购簿》及其停业前领购的发票。

5. 纳税人停业期满不能及时恢复生产经营的，应当在停业期满前到税务机关办理延长停业登记，并如实填写《停业复业报告书》。

（四）非正常户处理

1. 已办理税务登记的纳税人未按照规定的期限进行纳税申报，税务机关依法责令其限期改正。纳税人逾期不改正的，税务机关可以按照《税收征收管理法》第七十二条"从事生产、经营的纳税人、扣缴义务人有本法规定的税收违法行为，拒不接受税务机关处理的，税务机关可以收缴其发票或者停止向其发售发票"的规定处理。

纳税人负有纳税申报义务，但连续 3 个月所有税种均未进行纳税申报的，税收征管系统自动将其认定为非正常户，并停止其《发票领购簿》和发票的使用。

2. 对欠税的非正常户，税务机关依照《税收征收管理法》及其《实施细则》的规定追征税款及滞纳金。

3. 已认定为非正常户的纳税人，就其逾期未申报行为接受处罚、缴纳罚款，并补办纳税申报的，税收征管系统自动解除非正常状态，无须纳税人专门申请解除。

二、账簿、凭证管理

账簿是纳税人、扣缴义务人连续地记录其各种经济业务的账册或簿籍。凭证是纳税人用来记录经济业务，明确经济责任，并据以登记账簿的书面证明。账簿、凭证管理是继税务登记之后税收征管的又一重要环节，在税收征管中占有十分重要的地位。

（一）账簿、凭证管理

1. 对账簿、凭证设置的管理。

（1）设置账簿的范围。根据《税收征收管理法》第十九条和《实施细则》第二十二条的有关规定，所有的纳税人和扣缴义务人都必须按照有关法律、行政法规和国务院财政、税务主管部门的规定设置账簿。

账簿是指总账、明细账、日记账以及其他辅助性账簿。总账、日记账应当采用订本式。

从事生产、经营的纳税人应当自领取营业执照或者发生纳税义务之日起 15 日内设置账簿。

扣缴义务人应当自税收法律、行政法规规定的扣缴义务发生之日起 10 日内，按照所代扣、代收的税种，分别设置代扣代缴、代收代缴税款账簿。

生产、经营规模小又确无建账能力的纳税人，可以聘请经批准从事会计代理记账业务的专业机构或者财会人员代为建账和办理账务；聘请上述机构或者人员有实际困难的，经县以上税务机关批准，可以按照税务机关的规定，建立收支凭证粘贴簿、进货销货登记簿或者使用税控装置。

(2) 对会计核算的要求。根据《税收征收管理法》第十九条的有关规定，所有纳税人和扣缴义务人都必须根据合法、有效的凭证进行账务处理。

纳税人建立的会计电算化系统应当符合国家有关规定，并能正确、完整核算其收入或者所得。

纳税人使用计算机记账的，应当在使用前将会计电算化系统的会计核算软件、使用说明书及有关资料报送主管税务机关备案。

纳税人、扣缴义务人会计制度健全，能够通过计算机正确、完整计算其收入和所得或者代扣代缴、代收代缴税款情况的，其计算机输出的完整的书面会计记录，可视同会计账簿。

纳税人、扣缴义务人会计制度不健全，不能通过计算机正确、完整计算其收入和所得或者代扣代缴、代收代缴税款情况的，应当建立总账及与纳税或者代扣代缴、代收代缴税款有关的其他账簿。

账簿、会计凭证和报表应当使用中文。民族自治地方可以同时使用当地通用的一种民族文字。外商投资企业和外国企业可以同时使用一种外国文字。如外商投资企业、外国企业的会计记录不使用中文的，应按照《税收征收管理法》第六十条第二款"未按照规定设置、保管账簿或者保管记账凭证和有关资料"的规定处理。

2. 对财务会计制度的管理。

(1) 备案制度。根据《税收征收管理法》第二十条和《实施细则》第二十四条的有关规定，凡从事生产、经营的纳税人必须将所采用的财务、会计制度和具体的财务、会计处理办法，按税务机关的规定，自领取税务登记证件之日起 15 日内，及时报送主管税务机关备案。

(2) 财会制度、办法与税收规定相抵触的处理办法。根据《税收征收管理法》第二十条的有关规定，当从事生产、经营的纳税人、扣缴义务人所使用的财务会计制度和具体的财务、会计处理办法与国务院、财政部和国家税务总局有关税收的规定相抵触时，纳税人、扣缴义务人必须按照国务院制定的税收法规的规定或者财政部、国家税务总局制定的有关税收的规定计缴税款。

3. 关于账簿、凭证的保管。根据《税收征收管理法》第二十四条的有关规定："从事生产经营的纳税人、扣缴义务人必须按照国务院财政、税务主管部门规定的保管期限保管账簿、记账凭证、完税凭证及其他有关资料。账簿、记账凭证、报表、完税凭证及其他有关资料不得伪造、变造或者擅自损毁。"

除另有规定外,根据《实施细则》第二十九条,账簿、记账凭证、报表、完税凭证、发票、出口凭证以及其他有关涉税资料应当保存10年。

(二) 发票管理

1. 发票的含义与管理体制。

发票,是指在购销商品、提供或者接受服务以及从事其他经营活动中,开具、收取的收付款凭证。其包括纸质发票和电子发票。

电子发票是指在购销商品、提供或者接受服务以及从事其他经营活动中,按照税务机关发票管理规定以数据电文形式开具、收取的收付款凭证。电子发票与纸质发票具有同等法律效力,任何单位和个人不得拒收。

国务院税务主管部门统一负责全国的发票管理工作。在全国范围内统一式样的发票,由国家税务总局确定。省、自治区、直辖市税务机关依据职责做好本行政区域内的发票管理工作。在省、自治区、直辖市范围内统一式样的发票,由省、自治区、直辖市税务局(以下简称省税务局)确定。

纸质发票的基本联次包括存根联、发票联、记账联。存根联由收款方或开票方留存备查;发票联由付款方或受票方作为付款原始凭证;记账联由收款方或开票方作为记账原始凭证。

省以上税务机关可根据纸质发票管理情况以及纳税人经营业务需要,增减除发票联以外的其他联次,并确定其用途。

发票的基本内容包括:发票的名称、发票代码和号码、联次及用途、客户名称、开户银行及账号、商品名称或经营项目、计量单位、数量、单价、大小写金额、税率(征收率)、税额、开票人、开票日期、开票单位(个人)名称(章)等。

省以上税务机关可根据经济活动以及发票管理需要,确定发票的具体内容。

对违反发票管理法规的行为,任何单位和个人可以举报。税务机关应当为检举人保密,并酌情给予奖励。

2. 发票的印制。

(1) 增值税专用发票由国务院税务主管部门确定的企业印制;其他发票按照国务院税务主管部门的规定,由省、自治区、直辖市税务机关确定的企业印制。禁止私自印制、伪造、变造发票。税务机关根据政府采购合同和发票防伪用品管理要求对印制发票企业实施监督管理。

(2) 印制发票的企业应当具备下列条件:

①取得印刷经营许可证和营业执照。

②设备、技术水平能够满足印制发票的需要。

③有健全的财务制度和严格的质量监督、安全管理、保密制度。

税务机关应当按照政府采购有关规定确定印制发票的企业。

(3) 印制发票应当使用国务院税务主管部门确定的全国统一的发票防伪专用品。禁止非法制造发票防伪专用品。

全国统一的纸质发票防伪措施由国家税务总局确定,省税务局可以根据需要增加本地区的纸质发票防伪措施,并向国家税务总局备案。

纸质发票防伪专用品应当按照规定专库保管,不得丢失。次品、废品应当在税务机关监督下集中销毁。

(4) 发票应当套印全国统一发票监制章。全国统一发票监制章的式样和发票版面印刷的要求,由国务院税务主管部门规定。发票监制章由省、自治区、直辖市税务机关制作。禁止伪造发票监制章。全国统一发票监制章是税务机关管理发票的法定标志,其形状、规格、内容、印色由国家税务总局规定。

发票实行不定期换版制度。全国范围内发票换版由国家税务总局确定;省、自治区、直辖市范围内发票换版由省税务局确定。发票换版时,应当进行公告。

(5) 印制发票的企业按照税务机关的统一规定,建立发票印制管理制度和保管措施。发票监制章和发票防伪专用品的使用和管理实行专人负责制度。

(6) 印制发票的企业必须按照税务机关确定的式样和数量印制发票。监制发票的税务机关根据需要下达发票印制通知书,印制企业必须按照要求印制。

发票印制通知书应当载明印制发票企业名称、用票单位名称、发票名称、发票代码、种类、联次、规格、印色、印制数量、起止号码、交货时间、地点等内容。

(7) 发票应当使用中文印制。民族自治地方的发票,可以加印当地一种通用的民族文字。有实际需要的,也可以同时使用中外两种文字印制。

(8) 各省、自治区、直辖市内的单位和个人使用的发票,除增值税专用发票外,应当在本省、自治区、直辖市内印制;确有必要到外省、自治区、直辖市印制的,应当由省、自治区、直辖市税务机关商印制地省、自治区、直辖市税务机关同意后确定印制发票的企业。

禁止在境外印制发票。印制发票企业印制完毕的成品应当按照规定验收后专库保管,不得丢失。废品应当及时销毁。

3. 发票的领用。

(1) 需要领用发票的单位和个人,应当持设立登记证件或者税务登记证件,以及经办人身份证明(居民身份证、护照或者其他能证明经办人身份的证件),向主管税务机关办理发票领用手续。领用纸质发票的,还应当提供按照国务院税务主管部门规定式样制作的发票专用章的印模(税务机关留存备查)。主管税务机关:①根据领用单位和个人的经营范围、规模和风险等级,在5个工作日内确认领用发票的种类、数量以及领用方式(包括批量供应、交旧领新、验旧领新、额度确定等方式)。②根据单位和个人的税收风险程度、纳税信用级别、实际经营情况确定或调整其领用发票的种类、数量、额度以及领用方式。

所称发票专用章是指领用发票单位和个人在其开具纸质发票时加盖的有其名称、统一社会信用代码或者纳税人识别号、发票专用章字样的印章。发票专用章式样由国家税务总局确定。单位和个人领用发票时,应当按照税务机关的规定报告发票使用情况(即发票领用存情况及相关开票数据),税务机关应当按照规定进行查验。

(2) 需要临时使用发票的单位和个人,可以凭购销商品、提供或者接受服务以及从事其他经营活动的书面证明（包括有关业务合同、协议或者税务机关认可的其他资料）、经办人身份证明，直接向经营地税务机关申请代开发票。依照税收法律、行政法规规定应当缴纳税款的，税务机关应当先征收税款，再开具发票。税务机关根据发票管理的需要，可以按照国务院税务主管部门的规定委托其他单位代开发票。税务机关应当与受托代开发票的单位签订协议，明确代开发票的种类、对象、内容和相关责任等内容。

禁止非法代开发票。

（3）临时到本省、自治区、直辖市以外从事经营活动的单位或者个人，应当凭所在地税务机关的证明，向经营地税务机关领用经营地的发票。

临时在本省、自治区、直辖市以内跨市、县从事经营活动领用发票的办法，由省、自治区、直辖市税务机关规定。

4. 发票的开具和保管。

（1）销售商品、提供服务以及从事其他经营活动的单位和个人，对外发生经营业务收取款项，收款方应当向付款方开具发票；特殊情况下，由付款方向收款方开具发票。

所称特殊情况下，由付款方向收款方开具发票，是指下列情况：

①收购单位和扣缴义务人支付个人款项时；

②国家税务总局认为其他需要由付款方向收款方开具发票的。

向消费者个人零售小额商品或者提供零星服务的，是否可免予逐笔开具发票，由省税务局确定。

填开发票的单位和个人必须在发生经营业务确认营业收入时开具发票。未发生经营业务一律不准开具发票。

（2）所有单位和从事生产、经营活动的个人在购买商品、接受服务以及从事其他经营活动支付款项，应当向收款方取得发票。取得发票时，不得要求变更品名和金额（包括不得变更涉及金额计算的单价和数量）。

①开具纸质发票后，如发生销售退回、开票有误、应税服务中止等情形，需要作废发票的，应当收回原发票全部联次并注明"作废"字样后作废发票。

开具纸质发票后，如发生销售退回、开票有误、应税服务中止、销售折让等情形，需要开具红字发票的，应当收回原发票全部联次并注明"红冲"字样后开具红字发票。无法收回原发票全部联次的，应当取得对方有效证明后开具红字发票。

②开具电子发票后，如发生销售退回、开票有误、应税服务中止、销售折让等情形的，应当按照规定开具红字发票。

③单位和个人在开具发票时，应当填写项目齐全，内容真实。

开具纸质发票应当按照发票号码顺序填开，字迹清楚，全部联次一次打印，内容完全一致，并在发票联和抵扣联加盖发票专用章。

（3）不符合规定的发票，不得作为财务报销凭证，任何单位和个人有权拒收。

（4）开具发票应当按照规定的时限、顺序、栏目，全部联次一次性如实开具，开具纸质发票应当加盖发票专用章。

任何单位和个人不得有下列虚开发票行为：

①为他人、为自己开具与实际经营业务情况不符的发票；

②让他人为自己开具与实际经营业务情况不符的发票。
③介绍他人开具与实际经营业务情况不符的发票。
所称与实际经营业务情况不符是指具有下列行为之一的：
　　a. 未购销商品、未提供或者接受服务、未从事其他经营活动，而开具或取得发票；
　　b. 有购销商品、提供或者接受服务、从事其他经营活动，但开具或取得的发票载明的购买方、销售方、商品名称或经营项目、金额等与实际情况不符。

（5）安装税控装置的单位和个人，应当按照规定使用税控装置开具发票，并按期向主管税务机关报送开具发票的数据。

使用非税控电子器具开具发票的，应当将非税控电子器具使用的软件程序说明资料报主管税务机关备案，并按照规定保存、报送开具发票的数据。单位和个人开发电子发票信息系统自用或者为他人提供电子发票服务的，应当遵守国务院税务主管部门的规定。

开具发票应当使用中文。民族自治地区可以同时使用当地通用的一种民族文字。

单位和个人向委托人提供发票领用、开具等服务，应当接受税务机关监管，所存储发票数据的最大数量应当符合税务机关的规定。

开发电子发票信息系统为他人提供发票数据查询、下载、存储、使用等涉税服务的，应当符合税务机关的数据标准和管理规定，并与委托人签订协议，不得超越授权范围使用发票数据。

（6）任何单位和个人应当按照发票管理规定使用发票，不得有下列行为：
①转借、转让、介绍他人转让发票、发票监制章和发票防伪专用品；
②知道或者应当知道是私自印制、伪造、变造、非法取得或者废止的发票而受让、开具、存放、携带、邮寄、运输；
③拆本使用发票；
④扩大发票使用范围；
⑤以其他凭证代替发票使用；
⑥窃取、截留、篡改、出售、泄露发票数据。
税务机关应当提供查询发票真伪的便捷渠道。

（7）除国务院税务主管部门规定的特殊情形外，纸质发票限于领用单位和个人在本省、自治区、直辖市内开具。

省、自治区、直辖市税务机关可以规定跨市、县开具纸质发票的办法。

（8）除国务院税务主管部门规定的特殊情形外，任何单位和个人不得跨规定的使用区域携带、邮寄、运输空白发票。所称规定的使用区域是指国家税务总局和省税务局规定的区域。

禁止携带、邮寄或者运输空白发票出入境。

（9）开具发票的单位和个人应当建立发票使用登记制度，配合税务机关进行身份验证，并定期向主管税务机关报告发票使用情况。所称身份验证是指单位和个人在领用、开具、代开发票时，其经办人应当实名办税。

（10）开具发票的单位和个人应当在办理变更或者注销税务登记的同时，办理发票的变更、缴销手续。

（11）开具发票的单位和个人应当按照国家有关规定存放和保管发票，不得擅自损毁。已经开具的发票存根联，应当保存5年。

使用纸质发票的单位和个人应当妥善保管发票。发生发票丢失情形时，应当于发现丢失当日书面报告税务机关。

5. 发票的检查。

（1）税务机关在发票管理中有权进行下列检查：

①检查印制、领购、开具、取得、保管和缴销发票的情况。

②调出发票查验。

③查阅、复制与发票有关的凭证、资料。

④向当事各方询问与发票有关的问题和情况。

⑤在查处发票案件时，对与案件有关的情况和资料，可以记录、录音、录像、照相和复制。

税务机关在发票检查中，可以对发票数据进行提取、调出、查阅、复制。

（2）印制、使用发票的单位和个人，必须接受税务机关依法检查，如实反映情况，提供有关资料，不得拒绝、隐瞒。

税务人员进行检查时，应当出示税务检查证。

（3）税务机关需要将已开具的发票调出查验时，应当向被查验的单位和个人开具发票换票证。发票换票证与所调出查验的发票具有同等的效力。被调出查验发票的单位和个人不得拒绝接受。

税务机关需要将空白发票调出查验时，应当开具收据；经查无问题的，应当及时返还。

所称发票换票证仅限于在本县（市）范围内使用。需要调出外县（市）的发票查验时，应当提请该县（市）税务机关调取发票。

（4）单位和个人从中国境外取得的与纳税有关的发票或者凭证，税务机关在纳税审查时有疑义的，可以要求其提供境外公证机构或者注册会计师的确认证明，经税务机关审核认可后，方可作为记账核算的凭证。

用票单位和个人有权申请税务机关对发票的真伪进行鉴别。收到申请的税务机关应当受理并负责鉴别发票的真伪；鉴别有困难的，可以提请发票监制税务机关协助鉴别。

在伪造、变造现场以及买卖地、存放地查获的发票，由当地税务机关鉴别。

6. 罚则。

税务机关对违反发票管理法规的行为依法进行处罚的，由县以上税务机关决定；罚款额在2 000元以下的，可由税务所决定。

（1）违反上述发票管理相关规定，有下列情形之一的，由税务机关责令改正，可以处1万元以下的罚款；有违法所得的予以没收：

①应当开具而未开具发票，或者未按照规定的时限、顺序、栏目，全部联次一次性开具发票，或者未加盖发票专用章的。

②使用税控装置开具发票，未按期向主管税务机关报送开具发票的数据的。

③使用非税控电子器具开具发票，未将非税控电子器具使用的软件程序说明资料报

主管税务机关备案，或者未按照规定保存、报送开具发票的数据的。

④拆本使用发票的。

⑤扩大发票使用范围的。

⑥以其他凭证代替发票使用的，具体包括：a. 应当开具发票而未开具发票，以其他凭证代替发票使用；b. 应当取得发票而未取得发票，以发票外的其他凭证或者自制凭证用于抵扣税款、出口退税、税前扣除和财务报销；c. 取得不符合规定的发票，用于抵扣税款、出口退税、税前扣除和财务报销。

⑦跨规定区域开具发票的。

⑧未按照规定缴销发票的。

⑨未按照规定存放和保管发票的。

（2）跨规定的使用区域携带、邮寄、运输空白发票，以及携带、邮寄或者运输空白发票出入境的，由税务机关责令改正，可以处 1 万元以下的罚款；情节严重的，处 1 万元以上 3 万元以下的罚款；有违法所得的予以没收。

丢失发票或者擅自损毁发票的，依照前款规定处罚。

（3）违反规定虚开发票的，由税务机关没收违法所得；虚开金额在 1 万元以下的，可以并处 5 万元以下的罚款；虚开金额超过 1 万元的，并处 5 万元以上 50 万元以下的罚款；构成犯罪的，依法追究刑事责任。

非法代开发票的，依照前款规定处罚。

（4）私自印制、伪造、变造发票，非法制造发票防伪专用品，伪造发票监制章，窃取、截留、篡改、出售、泄露发票数据的，由税务机关没收违法所得，没收、销毁作案工具和非法物品，并处 1 万元以上 5 万元以下的罚款；情节严重的，并处 5 万元以上 50 万元以下的罚款；构成犯罪的，依法追究刑事责任。

前款规定的处罚，《税收征收管理法》有规定的，依照其规定执行。

（5）有下列情形之一的，由税务机关处 1 万元以上 5 万元以下的罚款；情节严重的，处 5 万元以上 50 万元以下的罚款；有违法所得的予以没收：

①转借、转让、介绍他人转让发票、发票监制章和发票防伪专用品的。

②知道或者应当知道是私自印制、伪造、变造、非法取得或者废止的发票而受让、开具、存放、携带、邮寄、运输的。

（6）对违反发票管理规定 2 次以上或者情节严重的单位和个人，税务机关可以向社会公告。

所称的公告是指，税务机关应当在办税场所或者广播、电视、报纸、期刊、网络等新闻媒体上公告纳税人发票违法的情况。公告内容包括：纳税人名称、统一社会信用代码或者纳税人识别号、经营地点、违反发票管理法规的具体情况。

（7）违反发票管理法规，导致其他单位或者个人未缴、少缴或者骗取税款的，由税务机关没收违法所得，可以并处未缴、少缴或者骗取的税款 1 倍以下的罚款。对违反发票管理法规情节严重构成犯罪的，税务机关应当依法移送司法机关处理。

（8）当事人对税务机关的处罚决定不服的，可以依法申请行政复议或者向人民法院提起行政诉讼。

(9) 税务人员利用职权之便，故意刁难印制、使用发票的单位和个人，或者有违反发票管理法规行为的，依照国家有关规定给予处分；构成犯罪的，依法追究刑事责任。

（三）税控管理

税控管理是税收征收管理的一个重要组成部分，也是近期提出来的一个崭新的概念。它是税务机关利用税控装置对纳税人的生产经营情况进行监督和管理，以保障国家税收收入，防止税款流失，提高税收征管工作效率，降低征收成本的各项活动的总称。

《税收征收管理法》第二十三条规定："国家根据税收征收管理的需要，积极推广使用税控装置。纳税人应当按照规定安装、使用税控装置，不得损毁或者擅自改变税控装置。"同时《税收征收管理法》第六十条中规定："未按照规定安装、使用税控装置，损毁或者擅自改动税控装置的，由税务机关责令限期改正，可以处以2 000元以下的罚款；情节严重的，处2 000元以上1万元以下的罚款。"这不仅使推广使用税控装置有法可依，而且可以打击在推广使用税控装置中的各种违法犯罪活动。

三、纳税申报管理

纳税申报是纳税人按照税法规定的期限和内容，向税务机关提交有关纳税事项书面报告的法律行为，既是纳税人履行纳税义务、税务机关界定纳税人法律责任的主要依据，也是税务机关税收管理信息的主要来源和税务管理的重要制度。

（一）纳税申报的对象

根据《税收征收管理法》第二十五条的规定，纳税申报的对象为纳税人和扣缴义务人。纳税人在纳税期内没有应纳税款的，也应当按照规定办理纳税申报。纳税人享受减税、免税待遇的，在减税、免税期间应当按照规定办理纳税申报。

（二）纳税申报的内容

纳税申报的内容，主要在各税种的纳税申报表和代扣代缴、代收代缴税款报告表中体现，还可以在随纳税申报表附报的财务报表和有关纳税资料中体现。纳税人和扣缴义务人的纳税申报和代扣代缴、代收代缴税款报告的主要内容包括：税种、税目，应纳税项目或者应代扣代缴、代收代缴税款项目，计税依据，扣除项目及标准，适用税率或者单位税额，应退税项目及税额、应减免税项目及税额，应纳税额或者应代扣代缴、代收代缴税额，以及税款所属期限、延期缴纳税款、欠税、滞纳金等。

（三）纳税申报的期限

《税收征收管理法》规定纳税人和扣缴义务人都必须按照法定的期限办理纳税申报。申报期限有两种：一种是法律、行政法规明确规定的；另一种是税务机关按照法律、行政法规的原则规定，结合纳税人生产经营的实际情况及其所应缴纳的税种等相关问题予以确定的。两种期限具有同等的法律效力。

（四）纳税申报的要求

纳税人办理纳税申报时，应当如实填写纳税申报表，并根据不同的情况相应报送下列有关证件、资料：

1. 财务会计报表及其说明材料。
2. 与纳税有关的合同、协议书及凭证。

3. 税控装置的电子报税资料。
4. 外出经营活动税收管理证明和异地完税凭证。
5. 境内或者境外公证机构出具的有关证明文件。
6. 税务机关规定应当报送的其他有关证件、资料。
7. 扣缴义务人办理代扣代缴、代收代缴税款报告时，应当如实填写代扣代缴、代收代缴税款报告表，并报送代扣代缴、代收代缴税款的合法凭证以及税务机关规定的其他有关证件、资料。

（五）纳税申报的方式

《税收征收管理法》第二十六条规定："纳税人、扣缴义务人可以直接到税务机关办理纳税申报，或者报送代扣代缴、代收代缴税款报告表，也可以按照规定采取邮寄、数据电文或者其他方式办理上述申报、报送事项。"目前，纳税申报的形式主要有以下三种：

1. 直接申报，是指纳税人自行到税务机关办理纳税申报。这是一种传统申报方式。
2. 邮寄申报，是指经税务机关批准的纳税人使用统一规定的纳税申报特快专递专用信封，通过邮政部门办理交寄手续，并向邮政部门索取收据作为申报凭据的方式。

纳税人采取邮寄方式办理纳税申报的，应当使用统一的纳税申报专用信封，并以邮政部门收据作为申报凭据。邮寄申报以寄出的邮戳日期为实际申报日期。

3. 数据电文，是指经税务机关确定的电话语音、电子数据交换和网络传输等电子方式。例如，目前纳税人的网上申报，就是数据电文申报方式的一种形式。

纳税人采取电子方式办理纳税申报的，应当按照税务机关规定的期限和要求保存有关资料，并定期书面报送主管税务机关。纳税人、扣缴义务人采取数据电文方式办理纳税申报的，其申报日期以税务机关计算机网络系统收到该数据电文的时间为准。

除上述方式外，实行定期定额缴纳税款的纳税人，可以实行简易申报、简并征期等申报纳税方式。"简易申报"是指实行定期定额缴纳税款的纳税人在法律、行政法规规定的期限内或税务机关依据法律、行政法规的规定确定的期限内缴纳税款的，税务机关可以视同申报；"简并征期"是指实行定期定额缴纳税款的纳税人，经税务机关批准，可以采取将纳税期限合并为按季、半年、年的方式缴纳税款。

（六）延期申报管理

延期申报是指纳税人、扣缴义务人不能按照税法规定的期限办理纳税申报或扣缴税款报告。

根据《税收征收管理法》第二十七条和《实施细则》第三十七条及有关法规的规定，纳税人因有特殊情况，不能按期进行纳税申报，经县以上税务机关核准，可以延期申报。但应当在规定的期限内向税务机关提出书面延期申请，经税务机关核准，在核准的期限内办理。如纳税人、扣缴义务人因不可抗力，不能按期办理纳税申报或者报送代扣代缴、代收代缴税款报告表的，可以延期办理，但应当在不可抗力情形消除后立即向税务机关报告。

经核准延期办理纳税申报的，应当在纳税期内按照上期实际缴纳的税额或者税务机关核定的税额预缴税款，并在核准的延期内办理纳税结算。

第三节 税款征收

税款征收是税收征收管理工作中的中心环节，是全部税收征管工作的目的和归宿，在整个税收工作中占据着极其重要的地位。

一、税款征收的原则

（一）税务机关是征税的唯一行政主体

《税收征收管理法》第二十九条规定："除税务机关、税务人员以及经税务机关依照法律、行政法规委托的单位和个人外，任何单位和个人不得进行税款征收活动。"《税收征收管理法》第四十一条同时规定："采取税收保全措施、强制执行措施的权力，不得由法定的税务机关以外的单位和个人行使。"

（二）税务机关只能依照法律、行政法规的规定征收税款

根据《税收征收管理法》第二十八条的规定：税务机关只能依照法律、行政法规的规定征收税款。未经法定机关和法定程序调整，征纳双方均不得随意变动。税务机关代表国家向纳税人征收税款，不能任意征收，只能依法征收。

（三）税务机关不得违反法律、行政法规的规定开征、停征、多征、少征、提前征收或者延缓征收税款或者摊派税款

《税收征收管理法》第二十八条规定："税务机关依照法律、行政法规的规定征收税款，不得违反法律、行政法规的规定开征、停征、多征、少征、提前征收、延缓征收或者摊派税款。"税务机关是执行税法的专职机构，既不得在税法生效之前先行向纳税人征收税款，也不得在税法尚未失效时停止征收税款，更不得擅立章法，新开征一种税。

在税款征收过程中，税务机关应当按照税收法律、行政法规预先规定的征收标准进行征税。不得擅自增减改变税目、调高或降低税率、加征或减免税款、提前征收或延缓征收税款以及摊派税款。

（四）税务机关征收税款必须遵守法定权限和法定程序

税务机关执法必须遵守法定权限和法定程序，这也是税款征收的一项基本原则。例如，采取税收保全措施或强制执行措施时，办理减税、免税、退税时，核定应纳税额时，进行纳税调整时，针对纳税人的欠税进行清理、采取各种措施时，税务机关都必须按照法律或者行政法规规定的审批权限和程序进行操作，否则就是违法。

（五）税务机关征收税款或扣押、查封商品、货物或其他财产时，必须向纳税人开具完税凭证或开付扣押、查封的收据或清单

《税收征收管理法》第三十四条规定："税务机关征收税款时，必须给纳税人开具完税凭证。"《税收征收管理法》第四十七条规定："税务机关扣押商品、货物或者其他财产时，必须开付收据；查封商品、货物或者其他财产时，必须开付清单。"这是税款征收的又一基本原则。

（六）税款、滞纳金、罚款统一由税务机关上缴国库

《税收征收管理法》第五十三条规定："税务机关应当按照国家规定的税收征管范围和税款入库预算级次，将征收的税款缴入国库。"这也是税款征收的一个基本原则。

（七）税款优先

《税收征收管理法》第四十五条的规定，第一次在税收法律上确定了税款优先的地位，确定了税款征收在纳税人支付各种款项和偿还债务时的顺序。税款优先的原则不仅增强了税法的刚性，而且增强了税法在执行中的可操作性。

1. 税收优先于无担保债权。这里所说的税收优先于无担保债权是有条件的，也就是说，税收并不是优先于所有的无担保债权，对于法律上另有规定的无担保债权，不能行使税收优先权。

2. 纳税人发生欠税在前的，税收优先于抵押权、质权和留置权的执行。这里有两个前提条件：其一，纳税人有欠税；其二，欠税发生在前，即纳税人的欠税发生在以其财产设定抵押、质押或被留置之前。纳税人在有欠税的情况下设置抵押权、质权、留置权时，纳税人应当向抵押权人、质权人说明其欠税情况。

欠缴的税款是指纳税人发生纳税义务，但未按照法律、行政法规规定的期限或者未按照税务机关依照法律、行政法规的规定中确定的期限向税务机关申报缴纳的税款或者少缴的税款。纳税人应缴纳税款的期限届满之次日是纳税人欠缴税款的发生时间。

3. 税收优先于罚款、没收非法所得。

（1）纳税人欠缴税款，同时又被税务机关决定处以罚款、没收非法所得的，税收优先于罚款、没收非法所得。

（2）纳税人欠缴税款，同时又被税务机关以外的其他行政部门处以罚款、没收非法所得的，税款优先于罚款、没收非法所得。

二、税款征收的方式

税款征收方式是指税务机关根据各税种的不同特点、征纳双方的具体条件而确定的计算征收税款的方法和形式。税款征收的方式主要有：

（一）查账征收

查账征收是指税务机关按照纳税人提供的账表所反映的经营情况，依照适用税率计算缴纳税款的方式。这种方式一般适用于财务会计制度较为健全，能够认真履行纳税义务的纳税单位。

（二）查定征收

查定征收是指税务机关根据纳税人的从业人员、生产设备、采用原材料等因素，对其生产的应税产品查实核定产量、销售额并据以征收税款的方式。这种方式一般适用于账册不够健全，但是能够控制原材料或进销货的纳税单位。

（三）查验征收

查验征收是指税务机关通过查验数量，对纳税人应税商品按市场一般销售单价计算其销售收入并据以征税的方式。这种方式一般适用于经营品种比较单一，经营地点、时间和商品来源不固定的纳税单位。

（四）定期定额征收

定期定额征收是指税务机关通过典型调查，逐户确定营业额和所得额并据以征税的方式。这种方式一般适用于无完整考核依据的小型纳税单位。

（五）委托代征税款

委托代征税款是指税务机关委托代征人以税务机关的名义征收税款，并将税款缴入国库的方式。这种方式一般适用于小额、零散税源的征收。

（六）邮寄纳税

邮寄纳税是一种新的纳税方式。这种方式主要适用于那些有能力按期纳税，但采用其他方式纳税又不方便的纳税人。

（七）其他方式

如利用网络申报、用IC卡纳税等方式。

三、税款征收制度

（一）代扣代缴、代收代缴税款制度

1. 对法律、行政法规没有规定负有代扣、代收税款义务的单位和个人，税务机关不得要求其履行代扣、代收税款义务。

2. 税法规定的扣缴义务人必须依法履行代扣、代收税款义务。如果扣缴义务人不履行义务，就要承担法律责任。除按《税收征收管理法》及其《实施细则》的规定给予处罚外，应当责成扣缴义务人限期将应扣未扣、应收未收的税款补扣或补收。

3. 扣缴义务人依法履行代扣、代收税款义务时，纳税人不得拒绝。纳税人拒绝的，扣缴义务人应当及时报告税务机关处理。税务机关按照规定付给扣缴义务人代扣、代收手续费。扣缴义务人应扣未扣、应收而不收税款的，由税务机关向纳税人追缴税款，对扣缴义务人处应扣未扣、应收未收税款50%以上3倍以下的罚款。

4. 扣缴义务人代扣、代收税款，只限于法律、行政法规规定的范围，并依照法律、行政法规规定的征收标准执行。对法律、法规没有规定代扣、代收的，扣缴义务人不能超越范围代扣、代收税款，扣缴义务人也不得提高或降低标准代扣、代收税款。

5. 税务机关按照规定付给扣缴义务人代扣、代收手续费。代扣、代收税款手续费只能由县（市）以上税务机关统一办理退库手续，不得在征收税款过程中坐支。

（二）延期缴纳税款制度

纳税人和扣缴义务人必须在税法规定的期限内缴纳、解缴税款。但考虑到纳税人在履行纳税义务的过程中，可能会遇到特殊困难的客观情况，为了保护纳税人的合法权益，《税收征收管理法》第三十一条第二款规定："纳税人因有特殊困难，不能按期缴纳税款的，经省、自治区、直辖市税务局批准，可以延期缴纳税款，但最长不得超过3个月。"

特殊困难的主要内容包括：一是因不可抗力，导致纳税人发生较大损失，正常生产经营活动受到较大影响的；二是当期货币资金在扣除应付职工工资、社会保险费后，不

足以缴纳税款的。所称当期货币资金，是指纳税人申请延期缴纳税款之日的资金余额，其中不含国家法律和行政法规明确规定企业不可动用的资金；所称应付职工工资是指当期计提数。

纳税人在申请延期缴纳税款时应当注意以下几个问题：

1. 在规定期限内提出书面申请。纳税人需要延期缴纳税款的，应当在缴纳税款期限届满前提出申请，并报送下列材料：申请延期缴纳税款报告、当期货币资金余额情况及所有银行存款账户的对账单、资产负债表、应付职工工资和社会保险费等税务机关要求提供的支出预算。

税务机关应当自收到申请延期缴纳税款报告之日起20日内作出批准或者不予批准的决定；不予批准的，从缴纳税款期限届满之次日起加收滞纳金。

2. 税款的延期缴纳，必须经省、自治区、直辖市税务局批准，方为有效。

3. 延期期限最长不得超过3个月，同一笔税款不得滚动审批。

4. 批准延期内免予加收滞纳金。

（三）税收滞纳金征收制度

《税收征收管理法》第三十二条规定："纳税人未按照规定期限缴纳税款的，扣缴义务人未按照规定期限解缴税款的，税务机关除责令限期缴纳外，从滞纳税款之日起，按日加收滞纳税款万分之五的滞纳金。"

对纳税人、扣缴义务人、纳税担保人应缴纳的欠税及滞纳金不再要求同时缴纳，可以先行缴纳欠税，再依法缴纳滞纳金。所称欠税，是指依照《欠税公告办法（试行）》（国家税务总局令第9号公布，第44号修改）第三条、第十三条规定认定的，纳税人、扣缴义务人、纳税担保人超过税收法律、行政法规规定的期限或者超过税务机关依照税收法律、行政法规规定确定的纳税期限未缴纳的税款。

加收滞纳金的具体操作应按下列程序进行：

1. 先由税务机关发出催缴税款通知书，责令限期缴纳或解缴税款，告知纳税人如不按期履行纳税义务，将依法按日加收滞纳税款万分之五的滞纳金。

2. 从滞纳之日起加收滞纳金（加收滞纳金的起止时间为法律、行政法规规定或者税务机关依照法律、行政法规的规定确定的税款缴纳期限届满次日起至纳税人、扣缴义务人实际缴纳或者解缴税款之日止）。

3. 拒绝缴纳滞纳金的，可以按不履行纳税义务实行强制执行措施，强行划拨或者强制征收。

（四）减免税收制度

根据《税收征收管理法》第三十三条及《实施细则》第四十三条的有关规定，纳税人办理减税、免税应注意下列事项：

1. 纳税人应依照法律、行政法规的规定办理减税、免税。

2. 地方各级人民政府、各级人民政府主管部门、单位和个人违反法律、行政法规规定，擅自作出的减税、免税决定无效，税务机关不得执行，并向上级税务机关报告。

3. 享受减税、免税优惠的纳税人，减税、免税期满，应当自期满次日起恢复纳税；减税、免税条件发生变化的，应当在纳税申报时向税务机关报告；不再符合减税、免税条件的，应当依法履行纳税义务；未依法纳税的，税务机关应当予以追缴。

（五）税额核定和税收调整制度

1. 税额核定制度。

（1）根据《税收征收管理法》第三十五条的规定，纳税人（包括单位纳税人和个人纳税人）有下列情形之一的，税务机关有权核定其应纳税额：

①依照法律、行政法规的规定可以不设置账簿的。

②依照法律、行政法规的规定应当设置但未设置账簿的。

③擅自销毁账簿或者拒不提供纳税资料的。

④虽设置账簿，但账目混乱或者成本资料、收入凭证、费用凭证残缺不全，难以查账的。

⑤发生纳税义务，未按照规定的期限办理纳税申报，经税务机关责令限期申报，逾期仍不申报的。

⑥纳税人申报的计税依据明显偏低，又无正当理由的。

▶【例13-2】企业具有的以下情形的，税务机关有权核定其应纳税额的有（　　）。

A. 擅自销毁账簿的

B. 拒不提供纳税资料的

C. 账目混乱，难以查账的

D. 申报的计税依据明显偏低，但有正当理由的

【答案】ABC

（2）目前税务机关核定税额的方法主要有以下四种：

①参照当地同类行业或者类似行业中，经营规模和收入水平相近的纳税人的税负水平核定。

②按照营业收入或成本加合理的费用和利润的方法核定。

③按照耗用的原材料、燃料、动力等推算或者测算核定。

④按照其他合理的方法核定。

采用以上一种方法不足以正确核定应纳税额时，可以同时采用两种以上的方法核定。

纳税人对税务机关采取规定的方法核定的应纳税额有异议的，应当提供相关证据，经税务机关认定后，调整应纳税额。

2. 税收调整制度。

这里所说的税收调整制度，主要指的是关联企业的税收调整制度。

《税收征收管理法》第三十六条规定："企业或者外国企业在中国境内设立的从事生产、经营的机构、场所与其关联企业之间的业务往来，应当按照独立企业之间的业务往来收取或者支付价款、费用；不按照独立企业之间的业务往来收取或者支付价款、费用，而减少其应纳税的收入或者所得额的，税务机关有权进行合理调整。"

（1）所称关联企业，是指有下列关系之一的公司、企业和其他经济组织：

①在资金、经营、购销等方面，存在直接或者间接的拥有或者控制关系。

②直接或者间接地同为第三者所拥有或者控制。

③在利益上具有相关联的其他关系。

（2）纳税人与其关联企业之间的业务往来有下列情形之一的，税务机关可以调整其应纳税额：

①购销业务未按照独立企业之间的业务往来作价。

②融通资金所支付或者收取的利息超过或者低于没有关联关系的企业之间所能同意的数额，或者利率超过或者低于同类业务的正常利率。

③提供劳务，未按照独立企业之间的业务往来收取或者支付劳务费用。

④转让财产、提供财产使用权等业务往来，未按照独立企业之间的业务往来作价或者收取、支付费用。

⑤未按照独立企业之间业务往来作价的其他情形。

（3）纳税人有上述所列情形之一的，税务机关可以按照下列方法调整计税收入额或者所得额：

①按照独立企业之间进行的相同或者类似业务活动的价格。

②按照再销售给无关联关系的第三者的价格所应取得的收入和利润水平。

③按照成本加合理的费用和利润。

④按照其他合理的方法。

（4）调整期限。纳税人与其关联企业未按照独立企业之间的业务往来支付价款、费用的，税务机关自该业务往来发生的纳税年度起3年内进行调整；有特殊情况的，可以自该业务往来发生的纳税年度起10年内进行调整。

上述所称特殊情况是指纳税人有下列情形之一：

①纳税人在以前年度与其关联企业间的业务往来累计达到或超过10万元人民币的。

②经税务机关案头审计分析，纳税人在以前年度与其关联企业的业务往来，预计需调增其应纳税收入或所得额达50万元人民币的。

③纳税人在以前年度与设在避税地的关联企业有业务往来的。

④纳税人在以前年度未按规定进行关联企业间业务往来的年度申报，或申报内容不实，或不提供有关价格、费用标准的。

（六）未办理税务登记的从事生产、经营的纳税人，以及临时从事经营纳税人的税款征收制度

《税收征收管理法》第三十七条规定："对未按照规定办理税务登记的从事生产、经营的纳税人以及临时从事生产、经营的纳税人，由税务机关核定其应纳税额，责令缴纳；不缴纳应纳税款的，税务机关可以扣押其价值相当于应纳税款的商品、货物。扣押后缴纳应纳税款的，税务机关必须立即解除扣押，并归还所扣押的商品、货物；扣押后仍不缴纳应纳税款的，经县以上税务局（分局）局长批准，依法拍卖或者变卖所扣押的商品、货物，以拍卖或者变卖所得抵缴税款。"

根据上述规定，应特别注意该规定的适用对象及执行程序。

1. 适用对象。

该规定适用于未办理税务登记的从事生产、经营的纳税人及临时从事经营的纳税人。

2. 执行程序。

（1）核定应纳税额。税务机关要按一定的标准，尽可能合理地确定其应纳税额。

（2）责令缴纳。税务机关核定应纳税额后，应责令纳税人按核定的税款缴纳税款。

（3）扣押商品、货物。对经税务机关责令缴纳而不缴纳税款的纳税人，税务机关可以扣押其价值相当于应纳税款的商品、货物。纳税人应当自扣押之日起15日内缴纳税款。

对扣押的鲜活、易腐烂变质或者易失效的商品、货物，税务机关根据被扣押物品的保质期，可以缩短前款规定的扣押期限。

（4）解除扣押或者拍卖、变卖所扣押的商品、货物。纳税人在扣押后缴纳应纳税款的，税务机关必须立即解除扣押，并归还所扣押的商品、货物。

（5）抵缴税款。税务机关拍卖或者变卖所扣押的商品、货物后，以拍卖或者变卖所得抵缴税款。

（七）税收保全措施

税收保全措施是指税务机关对可能由于纳税人的行为或者某种客观原因，致使以后税款的征收不能保证或难以保证的案件，采取限制纳税人处理或转移商品、货物或其他财产的措施。

根据《税收征收管理法》第三十八条的规定，税务机关有根据认为从事生产、经营的纳税人有逃避纳税义务行为的，可以在规定的纳税期之前，责令限期缴纳税款；在限期内发现纳税人有明显的转移、隐匿其应纳税的商品、货物以及其他财产或者应纳税收入迹象的，税务机关可以责成纳税人提供纳税担保。如果纳税人不能提供纳税担保，经县以上税务局（分局）局长批准，税务机关可以采取下列税收保全措施：

1. 书面通知纳税人开户银行或者其他金融机构冻结纳税人的金额相当于应纳税款的存款。

2. 扣押、查封纳税人的价值相当于应纳税款的商品、货物或者其他财产。其他财产包括纳税人的房地产、现金、有价证券等不动产和动产。

纳税人在上述规定的限期内缴纳税款的，税务机关必须立即解除税收保全措施；限期期满仍未缴纳税款的，经县以上税务局（分局）局长批准，税务机关可以书面通知纳税人开户银行或者其他金融机构，从其冻结的存款中扣缴税款，或者依法拍卖或者变卖所扣押、查封的商品、货物或者其他财产，以拍卖或者变卖所得抵缴税款。

采取税收保全措施不当，或者纳税人在期限内已缴纳税款，税务机关未立即解除税收保全措施，使纳税人的合法利益遭受损失的，税务机关应当承担赔偿责任。

个人及其所扶养家属维持生活必需的住房和用品，不在税收保全措施的范围之内。个人所扶养家属，是指与纳税人共同居住生活的配偶、直系亲属以及无生活来源并由纳税人扶养的其他亲属。生活必需的住房和用品不包括机动车辆、金银饰品、古玩字画、豪华住宅或者一处以外的住房。税务机关对单价5 000元以下的其他生活用品，不采取税收保全措施和强制执行措施。

采取税收保全措施应注意以下几个方面：

1. 采取税收保全措施的前提和条件。

税务机关采取税收保全措施的前提是，从事生产、经营的纳税人有逃避纳税义务行为。也就是说，税务机关采取税收保全措施的前提是对逃税的纳税人采取的。采取时，应当符合下列两个条件：

（1）纳税人有逃避纳税义务的行为。纳税人没有逃避纳税义务行为的，不能对其采取税收保全措施。逃避纳税义务行为的最终目的是不缴或少缴税款，其采取的方法主要是转移、隐匿可以用来缴纳税款的资金或实物。

（2）必须是在规定的纳税期之前和责令限期缴纳应纳税款的限期内。如果纳税期和责令缴纳应纳税款的限期届满，纳税人又没有缴纳应纳税款的，税务机关可以按规定采取强制执行措施，就没有所谓税收保全。

2. 采取税收保全措施的法定程序。

（1）责令纳税人提前缴纳税款。税务机关有根据认为从事生产、经营的纳税人有逃避纳税义务行为的，可以在规定的纳税期之前，责令限期缴纳应纳税款。执行税收保全措施时应注意以下问题：

①所称有根据认为是指税务机关依据一定线索作出的符合逻辑的判断，根据不等于证据。证据是能够表明真相的事实和材料，证据须依法定程序收集和取得。税收保全措施是税务机关针对纳税人即将转移、隐匿应税的商品、货物或其他财产的紧急情况所采取的一种紧急处理措施，不可能等到事实全部查清、取得充分的证据以后再采取行动。否则，纳税人早已将其收入和财产转移或隐匿完毕，到时再想采取税收保全措施就晚了。当然，这并不是说税务机关采取税收保全措施想什么时候采取就什么时候采取。

②可以采取税收保全措施的纳税人仅限于从事生产、经营的纳税人，不包括非从事生产、经营的纳税人，也不包括扣缴义务人和纳税担保人。

（2）责成纳税人提供纳税担保。在限期内，纳税人有明显转移、隐匿应纳税的商品、货物以及其他财产或者应纳税的收入迹象的，税务机关可以责成纳税人提供纳税担保。

①纳税担保的具体内容。纳税担保是指经税务机关同意或确认，纳税人或其他自然人、法人、经济组织以保证、抵押、质押的方式，为纳税人应当缴纳的税款及滞纳金提供担保的行为。纳税担保人包括以保证方式为纳税人提供纳税担保的纳税保证人和其他以未设置或者未全部设置担保物权的财产为纳税人提供纳税担保的第三人。法律、行政法规规定的没有担保资格的单位和个人，不得作为纳税担保人。

②纳税担保的提供。纳税担保人同意为纳税人提供纳税担保的，应填写纳税担保书，写明担保对象、担保范围、担保期限和担保责任以及其他有关事项。担保书须经纳税人、纳税担保人签字盖章并经税务机关同意，方为有效。纳税人或者第三人以其财产提供纳税担保的，应当填写财产清单，并写明财产价值以及其他有关事项。纳税担保财产清单须经纳税人、第三人签字盖章并经税务机关确认，方为有效。

（3）冻结纳税人的存款。纳税人不能提供纳税担保的，经县以上税务局（分局）局长批准，书面通知纳税人开户银行或者其他金融机构冻结纳税人的金额相当于应纳税款的存款。

税务机关在采取此项措施时，应当注意下列问题：

①应经县以上税务局（分局）局长批准。

②冻结的存款数额要以相当于纳税人应纳税款的数额为限，而不是全部存款。

③注意解除保全措施的时间。如果纳税人在税务机关采取税收保全措施后按照税务机关规定的期限缴纳了税款，税务机关应当自收到税款或银行转回的完税凭证之日起1日

内解除税收保全。

（4）查封、扣押纳税人的商品、货物或其他财产。纳税人在开户银行或其他金融机构中没有存款，或者税务机关无法掌握其存款情况的，税务机关可以扣押、查封纳税人的价值相当于应纳税款的商品、货物或其他财产。

查封、扣押应注意以下几个问题：

①税务机关执行扣押、查封商品、货物或者其他财产时，必须由两名以上税务人员执行，并通知被执行人。被执行人是公民的，应当通知被执行人本人或成年家属到场；被执行人是法人或者其他组织的，应当通知其法定代表人或者主要负责人到场；拒不到场的，不影响执行。

②税务机关按照前述方法确定的应扣押、查封的商品、货物或者其他财产的价值，还应当包括滞纳金和扣押、查封、保管、拍卖、变卖所发生的费用。

③扣押、查封价值相当于应纳税款的商品、货物或者其他财产时，参照同类商品的市场价、出厂价或者评估价估算。

④税务机关扣押商品、货物或者其他财产时，必须开付收据；查封商品、货物或者其他财产时，必须开付清单。

⑤税务人员私分所扣押、查封的商品、货物或者其他财产的，必须责令退回并给予行政处分；情节严重、构成犯罪的，移送司法机关依法追究刑事责任。

3. 税收保全措施的终止。

税收保全的终止有两种情况：一是纳税人在规定的期限内缴纳了应纳税款的，税务机关必须立即解除税收保全措施；二是纳税人超过规定的期限仍不缴纳税款的，经税务局（分局）局长批准，终止保全措施，转入强制执行措施，即书面通知纳税人开户银行或者其他金融机构从其冻结的存款中扣缴税款，或者拍卖、变卖所扣押、查封的商品、货物或其他财产，以拍卖或者变卖所得抵缴税款。

（八）税收强制执行措施

税收强制执行措施是指当事人不履行法律、行政法规规定的义务，有关国家机关采用法定的强制手段，强迫当事人履行义务的行为。

1. 根据《税收征收管理法》第四十条的规定，从事生产、经营的纳税人、扣缴义务人未按照规定的期限缴纳或者解缴税款，纳税担保人未按照规定的期限缴纳所担保的税款，由税务机关责令限期缴纳，逾期仍未缴纳的，经县以上税务局（分局）局长批准，税务机关可以采取下列强制执行措施：

（1）书面通知其开户银行或者其他金融机构从其存款中扣缴税款。

（2）扣押、查封、依法拍卖或者变卖其价值相当于应纳税款的商品、货物或者其他财产，以拍卖或者变卖所得抵缴税款。

税务机关采取强制执行措施时，对上述规定中所列纳税人、扣缴义务人、纳税担保人未缴纳的滞纳金同时强制执行。

个人及其所扶养家属维持生活必需的住房和用品，不在强制执行措施的范围之内。

2. 根据上述规定，采取税收强制执行措施应注意以下五个方面：

（1）税收强制执行的适用范围。强制执行措施的适用范围仅限于未按照规定的期限缴纳或者解缴税款，经责令限期缴纳，逾期仍未缴纳的从事生产、经营的纳税人。需要强调的是，采取税收强制执行措施适用于扣缴义务人、纳税担保人，采取税收保全措施时则不适用。

（2）税收强制执行应坚持的原则。税务机关在采取税收强制执行措施时，必须坚持告诫在先的原则，即纳税人、扣缴义务人、纳税担保人未按照规定的期限缴纳或者解缴税款的，应当先行告诫，责令限期缴纳。逾期仍未缴纳的，再采取税收强制执行措施。税务机关如果没有责令限期缴纳就采取强制执行措施，也就违背了告诫在先的原则，所采取的措施和程序是违法的。

（3）采取税收强制执行措施的程序。

①税款的强制征收（扣缴税款）。纳税人、扣缴义务人、纳税担保人在规定的期限内未缴纳或者解缴税款或者提供担保的，经主管税务机关责令限期缴纳，逾期仍未缴纳的，经县以上税务局（分局）局长批准，书面通知其开户银行或者其他金融机构，从其存款中扣缴税款。

在扣缴税款的同时，主管税务机关应按照《税收征收管理法》第六十八条的规定，可以对上述人员处以不缴或者少缴税款50%以上5倍以下的罚款。

②扣押、查封、拍卖或者变卖，以拍卖或者变卖所得抵缴税款。按照《税收征收管理法》第四十条的规定，扣押、查封、拍卖或者变卖等行为具有连续性，即扣押、查封后，不再给纳税人自动履行纳税义务的期间，税务机关可以直接拍卖或者变卖其价值相当于应纳税款的商品、货物或者其他财产，以拍卖或者变卖所得抵缴税款。

（4）滞纳金的强行划拨。采取税收强制执行措施时，对纳税人、扣缴义务人、纳税担保人未缴纳的滞纳金必须同时强制执行。对纳税人已缴纳税款，但拒不缴纳滞纳金的，税务机关可以单独对纳税人应缴未缴的滞纳金采取强制执行措施。

（5）其他注意事项。

①实施扣押、查封、拍卖或者变卖等强制执行措施时，应当通知被执行人或其成年家属到场，否则不能直接采取扣押和查封措施。但被执行人或其成年家属接到通知后拒不到场的，不影响执行。同时，应当通知有关单位和基层组织，他们是扣押、查封财产的见证人，也是税务机关执行工作的协助人。

②扣押、查封、拍卖或者变卖被执行人的商品、货物或者其他财产，应当以应纳税额和滞纳金等为限。对于被执行人必要的生产工具，被执行人本人及其所供养家属的生活必需品应当予以保留，不得对其进行扣押、查封、拍卖或者变卖。

③对价值超过应纳税额且不可分割的商品、货物或者其他财产，税务机关在纳税人、扣缴义务人或者纳税担保人无其他可供强制执行财产的情况下，可以整体扣押、查封、拍卖，以拍卖所得抵缴税款、滞纳金、罚款以及扣押、查封、保管、拍卖等费用。

④实施扣押、查封时，对有产权证件的动产或者不动产，税务机关可以责令当事人将产权证件移交税务机关保管，同时可以向有关机关发出协助执行通知书，有关机关在扣押、查封期间不再办理该动产或者不动产的过户手续。

⑤对查封的商品、货物或者其他财产，税务机关可以指定被执行人负责保管，保管责任由被执行人承担。

继续使用被查封的财产不会减少其价值的，税务机关可以允许被执行人继续使用；因被执行人保管或者使用的过错造成的损失，由被执行人承担。

⑥税务机关将扣押、查封的商品、货物或者其他财产变价抵缴税款时，应当交由依法成立的拍卖机构拍卖；无法委托拍卖或者不适于拍卖的，可以交由当地商业企业代为销售，也可以责令纳税人限期处理；无法委托商业企业销售，纳税人也无法处理的，可以由税务机关变价处理，具体办法由国家税务总局规定。国家禁止自由买卖的商品，应当交由有关单位按照国家规定的价格收购。

拍卖或者变卖所得抵缴税款、滞纳金、罚款以及扣押、查封、保管、拍卖、变卖等费用后，剩余部分应当在3日内退还被执行人。

（九）欠税清缴制度

欠税是指纳税人未按照规定期限缴纳税款，扣缴义务人未按照规定期限解缴税款的行为。《税收征收管理法》在欠税清缴方面主要规定了以下措施：

1. 严格控制欠缴税款的审批权限。

根据《税收征收管理法》第三十一条的规定，缓缴税款的审批权限集中在省、自治区、直辖市税务局。这样规定，一方面能帮助纳税人渡过暂时的难关，另一方面也体现了严格控制欠税的精神，保证国家税收免遭损失。

2. 规定限期缴税的时限。

从事生产、经营的纳税人、扣缴义务人未按照规定的期限缴纳或者解缴税款的，纳税担保人未按照规定的期限缴纳所担保的税款的，由税务机关发出限期缴纳税款通知书，责令缴纳或者解缴税款的最长期限不得超过15日。

3. 建立欠税清缴制度。

（1）扩大了阻止出境对象的范围。《税收征收管理法》第四十四条规定："欠缴税款的纳税人或者他的法定代表人需要出境的，应当在出境前向税务机关结清应纳税款、滞纳金或者提供担保。未结清税款、滞纳金，又不提供担保的，税务机关可以通知出境管理机关阻止其出境。"

执行离境清税制度应注意下列问题：

①离境清税制度适用于依照我国税法规定，负有纳税义务且欠缴税款的所有自然人、法人的法定代表人和其他经济组织的负责人，包括外国人、无国籍人和中国公民。

②纳税人以其所拥有的未作抵押的财产作纳税担保的，应当就作为纳税担保的财产的监管和处分等事项在中国境内委托代理人，并将作为纳税担保的财产清单和委托代理证书（副本）交税务机关。担保使用的所有文书和手续如前所述。

③需要阻止出境的，税务机关应当书面通知出入境管理机关执行。阻止出境是出入境管理机关依法对因违反我国法律或者有未了结民事案件，以及其他法律规定不能离境的外国人、中国公民告之不准离境、听候处理的一项法律制度，是国家实施主权管理的重要方面。

（2）建立改制纳税人欠税的清缴制度。《税收征收管理法》第四十八条规定："纳税人有合并、分立情形的，应当向税务机关报告，并依法缴清税款。纳税人合并时未缴清税款的，应当由合并后的纳税人继续履行未履行的纳税义务；纳税人分立时未缴清税款的,分立后的纳税人对未履行的纳税义务应当承担连带责任。"

(3) 大额欠税处分财产报告制度。根据《税收征收管理法》第四十九条和《实施细则》第七十七条的规定,欠缴税款数额在5万元以上的纳税人,在处分其不动产或者大额资产之前,应当向税务机关报告。这一规定有利于税务机关及时掌握欠税企业处置不动产和大额资产的动向。税务机关可以根据其是否侵害了国家税收,是否有转移资产、逃避纳税义务的情形,决定是否行使税收优先权,是否采取税收保全措施或者强制执行措施。

(4) 税务机关可以对欠缴税款的纳税人行使代位权、撤销权,即对纳税人的到期债权等财产权利,税务机关可以依法向第三者追索以抵缴税款。《税收征收管理法》第五十条规定了在哪些情况下税务机关可以依据《中华人民共和国合同法》行使代位权、撤销权。税务机关代表国家,拥有对欠税的债权,纳税人所欠缴的税款是其应该偿还国家的债务。

如果欠税的纳税人,怠于行使其到期的债权,怠于收回其到期的资产、款项等,税务机关可以向人民法院请求以自己的名义代为行使债权。

(5) 建立欠税公告制度。根据《税收征收管理法》第四十五条和《实施细则》第七十六条的规定,税务机关应当对纳税人欠缴税款的情况,在办税场所或者广播、电视、报纸、期刊、网络等新闻媒体上定期予以公告。定期公告是指税务机关定期向社会公告纳税人的欠税情况。同时税务机关还可以根据实际情况和实际需要,制定纳税人的纳税信用等级评价制度。

(十) 税款的退还和追征制度

1. 税款的退还。《税收征收管理法》第五十一条规定:"纳税人超过应纳税额缴纳的税款,税务机关发现后应当立即退还;纳税人自结算缴纳税款之日起3年内发现的,可以向税务机关要求退还多缴的税款并加算银行同期存款利息,税务机关及时查实后应当立即退还;涉及从国库中退库的,依照法律、行政法规中有关国库管理的规定退还。"

根据上述规定,税务机关在办理税款退还时应注意以下几个问题:

(1) 税款退还的前提是纳税人已经缴纳了超过应纳税额的税款。

(2) 税款退还的范围包括:

①技术差错和结算性质的退税。

②为加强对收入的管理,规定纳税人先按应纳税额如数缴纳入库,经核实后再从中退还应退的部分。

(3) 退还的方式包括:

①税务机关发现后立即退还。

②纳税人发现后申请退还。

(4) 退还的时限有:

①纳税人发现的,可以自结算缴纳税款之日起3年内要求退还。

②税务机关发现的多缴税款,《税收征收管理法》没有规定期限的,推定为无限期。即税务机关发现的多缴税款,无论多长时间,都应当退还给纳税人。

③对纳税人超过应纳税额缴纳的税款,无论是税务机关发现的,还是纳税人发现后

提出退还申请的，税务机关经核实后都应当立即办理退还手续，不应当拖延。《实施细则》第七十八条规定："税务机关发现纳税人多缴税款的，应当自发现之日起10日内办理退还手续；纳税人发现多缴税款，要求退还的，税务机关应当自接到纳税人退还申请之日起30日内查实并办理退还手续。"

2. 税款的追征。《税收征收管理法》第五十二条和《实施细则》第八十二条、第八十三条规定：因税务机关责任，致使纳税人、扣缴义务人未缴或者少缴税款的，税务机关在3年内可要求纳税人、扣缴义务人补缴税款，但是不得加收滞纳金。因纳税人、扣缴义务人计算失误，未缴或者少缴税款的，税务机关在3年内可以追征税款、滞纳金；有特殊情况的，追征期可以延长到5年。所称特殊情况，是指纳税人或者扣缴义务人因计算错误等失误，未缴或者少缴、未扣或者少扣、未收或者少收税款，累计数额在10万元以上的。对逃避缴纳税款、抗税、骗税的，税务机关追征其未缴或者少缴的税款、滞纳金或者所骗取的税款，不受前款规定期限的限制。

根据上述规定，税务机关在追征税款时应注意以下几个方面：

（1）对于纳税人、扣缴义务人和其他当事人逃避缴纳税款、抗税和骗取税款的，应无限期追征。

（2）纳税人、扣缴义务人未缴或者少缴税款的，其补缴和追征税款的期限，应自纳税人、扣缴义务人应缴未缴或少缴税款之日起计算。

（3）应注意明确划分征纳双方的责任。

（十一）企业破产清算程序中的税收征管

自2020年3月1日起，关于企业破产清算程序中的税收征管有下列规定：

1. 税务机关在人民法院公告的债权申报期限内，向管理人申报企业所欠税款（含教育费附加、地方教育附加，下同）、滞纳金及罚款。因特别纳税调整产生的利息，也应一并申报。

企业所欠税款、滞纳金、罚款，以及因特别纳税调整产生的利息，以人民法院裁定受理破产申请之日为截止日计算确定。

2. 在人民法院裁定受理破产申请之日至企业注销之日期间，企业应当接受税务机关的税务管理，履行税法规定的相关义务。破产程序中如发生应税情形，应按规定申报纳税。

从人民法院指定管理人之日起，管理人可以按照《中华人民共和国企业破产法》（以下简称《企业破产法》）第二十五条的规定，以企业名义办理纳税申报等涉税事宜。

企业因继续履行合同、生产经营或处置财产需要开具发票的，管理人可以以企业名义按规定申领开具发票或者代开发票。

3. 企业所欠税款、滞纳金、因特别纳税调整产生的利息，税务机关按照《企业破产法》的相关规定进行申报，其中，企业所欠的滞纳金、因特别纳税调整产生的利息按照普通破产债权申报。

（十二）《无欠税证明》开具服务

自2020年3月1日起，为深入贯彻党的十九届四中全会精神，持续推进税收领域"放管服"改革，积极回应市场主体需求，切实服务和便利纳税人，国家税务总局决定向纳税人提供《无欠税证明》开具服务。

1. 《无欠税证明》是指税务机关依纳税人申请，根据税收征管信息系统所记载的信息，为纳税人开具的表明其不存在欠税情形的证明。

2. 所称不存在欠税情形，是指纳税人在税收征管信息系统中，不存在应申报未申报记录且无下列应缴未缴的税款：

（1）办理纳税申报后，纳税人未在税款缴纳期限内缴纳的税款。

（2）经批准延期缴纳的税款期限已满，纳税人未在税款缴纳期限内缴纳的税款。

（3）税务机关检查已查定纳税人的应补税额，纳税人未缴纳的税款。

（4）税务机关根据《税收征收管理法》第二十七条、第三十五条核定纳税人的应纳税额，纳税人未在税款缴纳期限内缴纳的税款。

（5）纳税人的其他未在税款缴纳期限内缴纳的税款。

3. 纳税人因境外投标、企业上市等需要，确需开具《无欠税证明》的，可以向主管税务机关申请办理。

4. 已实行实名办税的纳税人到主管税务机关申请开具《无欠税证明》的，办税人员持有效身份证件直接申请开具，无须提供登记证照副本或税务登记证副本。

未办理实名办税的纳税人到主管税务机关申请开具《无欠税证明》的，区分以下情况提供相关有效证件：

（1）单位纳税人和个体工商户，提供市场监管部门或其他登记机关发放的登记证照副本或税务登记证副本，以及经办人有效身份证件。

（2）自然人纳税人，提供本人有效身份证件；委托他人代为申请开具的，还需一并提供委托书、委托人及受托人有效身份证件。

5. 对申请开具《无欠税证明》的纳税人，证件齐全的，主管税务机关应当受理其申请。经查询税收征管信息系统，符合开具条件的，主管税务机关应当及时开具《无欠税证明》；不符合开具条件的，不予开具并向纳税人告知未办结涉税事宜。

6. 纳税人办结相关涉税事宜后，符合开具条件的，主管税务机关应当及时开具《无欠税证明》。

第四节 税务检查

一、税务检查的形式和方法

（一）税务检查的形式

1. 重点检查指对公民举报、上级机关交办或有关部门转来的有逃避缴纳税款行为或嫌疑的，纳税申报与实际生产经营情况有明显不符的纳税人及有普遍逃税行为的行业的检查。

2. 分类计划检查指根据纳税人历来纳税情况、纳税人的纳税规模及税务检查间隔时间的长短等综合因素，按事先确定的纳税人分类、计划检查时间及检查频率而进行的检查。

3. 集中性检查指税务机关在一定时间、一定范围内，统一安排、统一组织的税务检查，这种检查一般规模比较大，如以前年度的全国范围内的税收、财务大检查就属于这类检查。

4. 临时性检查指由各级税务机关根据不同的经济形势、偷逃税趋势、税收任务完成情况等综合因素，在正常的检查计划之外安排的检查。如行业性解剖、典型调查性的检查等。

5. 专项检查指税务机关根据税收工作实际，对某一税种或税收征收管理某一环节进行的检查。比如增值税一般纳税专项检查、漏征漏管户专项检查等。

（二）税务检查的方法

1. 全查法是对被查纳税人一定时期内所有会计凭证、账簿、报表及各种存货进行全面、系统检查的一种方法。

2. 抽查法是对被查纳税人一定时期内的会计凭证、账簿、报表及各种存货，抽取一部分进行检查的一种方法。

3. 顺查法是对被查纳税人按照其会计核算的顺序，依次检查会计凭证、账簿、报表，并将其相互核对的一种检查方法，它与逆查法对称。

4. 逆查法指逆会计核算的顺序，依次检查会计报表、账簿及凭证，并将其相互核对的一种稽查方法，它与顺查法对称。

5. 现场检查法指税务机关派人员到被查纳税人的机构办公地点对其账务资料进行检查的一种方法，它与调账检查法对称。

6. 调账检查法指将被查纳税人的账务资料调到税务机关进行检查的一种方法，它与现场检查法对称。

7. 比较分析法是将被查纳税人检查期有关财务指标的实际完成数进行纵向或横向比较，分析其异常变化情况，从中发现纳税问题线索的一种方法。

8. 控制计算法也称逻辑推算法，指根据被查纳税人财务数据的相互关系，用可靠或科学测定的数据，验证其检查期账面记录或申报的资料是否正确的一种检查方法。

9. 审阅法指对被查纳税人的会计账簿、凭证等账务资料，通过直观地审查阅览，发现在纳税方面存在的问题的一种检查方法。

10. 核对法指通过对被查纳税人的各种相关联的会计凭证、账簿、报表及实物进行相互核对，验证其在纳税方面存在问题的一种检查方法。

11. 观察法指通过实地观察被查纳税人的生产经营场所、仓库、工地等现场的生产经营及存货等情况，以发现纳税问题或验证账中可疑问题的一种检查方法。

12. 外调法指对被查纳税人有怀疑或已掌握一定线索的经济事项，通过向与其有经济联系的单位或个人进行调查，予以查证核实的一种方法。

13. 盘存法指通过对被查纳税人的货币资金、存货及固定资产等实物进行盘点清查，核实其账实是否相符，进而发现纳税问题的一种检查方法。

14. 交叉稽核法指国家为加强增值税专用发票管理，应用计算机将开出的增值税专用发票抵扣联与存根联进行交叉稽核，以查出虚开及假开发票行为，避免国家税款流失的一种方法。目前这种方法通过"金税工程"体现，对利用增值税专用发票偷逃税款的行为起到了极大的遏制作用。

二、税务检查的职责

1. 税务机关有权进行下列税务检查：

（1）检查纳税人的账簿、记账凭证、报表和有关资料，检查扣缴义务人代扣代缴、代收代缴税款账簿、记账凭证和有关资料。

因检查需要时，经县以上税务局（分局）局长批准，可以将纳税人、扣缴义务人以前会计年度的账簿、记账凭证、报表和其他有关资料调回税务机关检查，但是税务机关必须向纳税人、扣缴义务人开付清单，并在3个月内完整退还；有特殊情况的，经设区的市、自治州以上税务局局长批准，税务机关可以将纳税人、扣缴义务人当年的账簿、记账凭证、报表和其他有关资料调回检查，但是税务机关必须在30日内退还。

（2）到纳税人的生产、经营场所和货物存放地检查纳税人应纳税的商品、货物或者其他财产，检查扣缴义务人与代扣代缴、代收代缴税款有关的经营情况。

（3）责成纳税人、扣缴义务人提供与纳税或者代扣代缴、代收代缴税款有关的文件、证明材料和有关资料。

（4）询问纳税人、扣缴义务人与纳税或者代扣代缴、代收代缴税款有关的问题和情况。

（5）到车站、码头、机场、邮政企业及其分支机构检查纳税人托运、邮寄应纳税商品、货物或者其他财产的有关单据、凭证和有关资料。

（6）经县以上税务局（分局）局长批准，凭全国统一格式的检查存款账户许可证明，查询从事生产、经营的纳税人、扣缴义务人在银行或者其他金融机构的存款账户。税务机关在调查税收违法案件时，经设区的市、自治州以上税务局（分局）局长批准，可以查询案件涉嫌人员的储蓄存款。税务机关查询所获得的资料，不得用于税收以外的用途。

上述所称的经设区的市、自治州以上税务局局长包括地（市）一级（含直辖市下设区）的税务局局长。

税务机关查询的内容，包括纳税人存款账户余额和资金往来情况。税务机关查询时应当指定专人负责，凭全国统一格式的检查存款账户许可证明进行，并有责任为被检查人保守秘密。

2. 税务机关对纳税人以前纳税期的纳税情况依法进行税务检查时，发现纳税人有逃避纳税义务的行为，并有明显的转移、隐匿其应纳税的商品、货物、其他财产或者应纳税收入的迹象的，可以按照批准权限采取税收保全措施或者强制执行措施。这里的批准权限是指县级以上税务局（分局）局长批准。

税务机关采取税收保全措施的期限一般不得超过6个月；重大案件需要延长的，应当报国家税务总局批准。

3. 纳税人、扣缴义务人必须接受税务机关依法进行的税务检查，如实反映情况，提供有关资料，不得拒绝、隐瞒。

4. 税务机关依法进行税务检查时，有权向有关单位和个人调查纳税人、扣缴义务人和其他当事人与纳税或者代扣代缴、代收代缴税款有关的情况，有关单位和个人有义务向税务机关如实提供有关资料及证明材料。

5. 税务机关调查税务违法案件时，对与案件有关的情况和资料，可以记录、录音、录像、照相和复制。

6. 税务人员进行税务检查时，应当出示税务检查证和税务检查通知书；无税务检查证和税务检查通知书的，纳税人、扣缴义务人及其他当事人有权拒绝检查。税务机关对集贸市场及集中经营业户进行检查时，可以使用统一的税务检查通知书。

税务机关对纳税人、扣缴义务人及其他当事人处以罚款或者没收违法所得时，应当开付罚没凭证；未开付罚没凭证的，纳税人、扣缴义务人以及其他当事人有权拒绝给付。

对采用电算化会计系统的纳税人，税务机关有权对其会计电算化系统进行检查，并可复制与纳税有关的电子数据作为证据。

税务机关进入纳税人电算化系统进行检查时，有责任保证纳税人会计电算化系统的安全性，并保守纳税人的商业秘密。

第五节　法律责任

一、违反税务管理基本规定行为的处罚

1. 根据《税收征收管理法》第六十条和《实施细则》第九十条规定，纳税人有下列行为之一的，由税务机关责令限期改正，可以处 2 000 元以下的罚款；情节严重的，处 2 000 元以上 1 万元以下的罚款。

（1）未按照规定的期限申报办理税务登记、变更或者注销登记的。

（2）未按照规定设置、保管账簿或者保管记账凭证和有关资料的。

（3）未按照规定将财务、会计制度或者财务、会计处理办法和会计核算软件报送税务机关备查的。

（4）未按照规定将其全部银行账号向税务机关报告的。

（5）未按照规定安装、使用税控装置，或者损毁、擅自改动税控装置的。

（6）纳税人未按照规定办理税务登记证件验证或者换证手续的。

2. 纳税人不办理税务登记的，由税务机关责令限期改正；逾期不改正的，由工商行政管理机关吊销其营业执照。

3. 纳税人通过提供虚假的证明资料等手段，骗取税务登记证的，处 2 000 元以下的罚款；情节严重的，处 2 000 元以上 1 万元以下的罚款。纳税人涉嫌其他违法行为的，按有关法律、行政法规的规定处理。

4. 扣缴义务人未按照规定办理扣缴税款登记的，税务机关应当自发现之日起 3 日内

责令其限期改正，并可处以1 000元以下的罚款。

5. 纳税人未按照规定使用税务登记证件，或者转借、涂改、损毁、买卖、伪造税务登记证件的，处2 000元以上1万元以下的罚款；情节严重的，处1万元以上5万元以下的罚款。

二、扣缴义务人违反账簿、凭证管理的处罚

《税收征收管理法》第六十一条规定："扣缴义务人未按照规定设置、保管代扣代缴、代收代缴税款账簿或者保管代扣代缴、代收代缴税款记账凭证及有关资料的，由税务机关责令限期改正，可以处2 000元以下的罚款；情节严重的，处2 000元以上5 000元以下的罚款。"

三、纳税人、扣缴义务人未按规定进行纳税申报的法律责任

《税收征收管理法》第六十二条规定："纳税人未按照规定的期限办理纳税申报和报送纳税资料的，或者扣缴义务人未按照规定的期限向税务机关报送代扣代缴、代收代缴税款报告表和有关资料的，由税务机关责令限期改正，可以处2 000元以下的罚款；情节严重的，可以处2 000元以上1万元以下的罚款。"

四、对逃避缴纳税款的认定及其法律责任

1. 《税收征收管理法》第六十三条规定："纳税人伪造、变造、隐匿、擅自销毁账簿、记账凭证，或者在账簿上多列支出或者不列、少列收入，或者经税务机关通知申报而拒不申报或者进行虚假的纳税申报，不缴或者少缴应纳税款的，是逃避缴纳税款。对纳税人逃避缴纳税款的，由税务机关追缴其不缴或者少缴的税款、滞纳金，并处不缴或者少缴的税款50%以上5倍以下的罚款；构成犯罪的，依法追究刑事责任。扣缴义务人采取前述所列手段，不缴或者少缴已扣、已收税款，由税务机关追缴其不缴或者少缴的税款、滞纳金，并处不缴或者少缴的税款50%以上5倍以下的罚款；构成犯罪的，依法追究刑事责任。"

2. 《中华人民共和国刑法》（以下简称《刑法》）第二百零一条有以下规定：

（1）纳税人采取欺骗、隐瞒手段进行虚假纳税申报或者不申报，逃避缴纳税款数额较大并且占应纳税额10%以上的，处3年以下有期徒刑或者拘役，并处罚金；数额巨大并且占应纳税额30%以上的，处3年以上7年以下有期徒刑，并处罚金。

①纳税人进行虚假纳税申报，具有下列情形之一的，应当认定为上述规定的"欺骗、隐瞒手段"：

a. 伪造、变造、转移、隐匿、擅自销毁账簿、记账凭证或者其他涉税资料的；

b. 以签订"阴阳合同"等形式隐匿或者以他人名义分解收入、财产的；

c. 虚列支出、虚抵进项税额或者虚报专项附加扣除的；

d. 提供虚假材料，骗取税收优惠的；

e. 编造虚假计税依据的；

f. 为不缴、少缴税款而采取的其他欺骗、隐瞒手段。

②具有下列情形之一的，应当认定为上述规定的"不申报"：

a. 依法在登记机关办理设立登记的纳税人，发生应税行为而不申报纳税的；

b. 依法不需要在登记机关办理设立登记或者未依法办理设立登记的纳税人，发生应税行为，经税务机关依法通知其申报而不申报纳税的；

c. 其他明知应当依法申报纳税而不申报纳税的。

③纳税人逃避缴纳税款（扣缴义务人不缴或者少缴已扣、已收税款）10万元以上、50万元以上的，应当分别认定为上述规定的"数额较大""数额巨大"。

④上述规定的"逃避缴纳税款数额"，是指在确定的纳税期间，不缴或者少缴税务机关负责征收的各税种税款的总额。

⑤上述规定的"应纳税额"，是指应税行为发生年度内依照税收法律、行政法规规定应当缴纳的税额，不包括海关代征的增值税、关税等及纳税人依法预缴的税额。

⑥上述规定的"逃避缴纳税款数额占应纳税额的百分比"，是指行为人在一个纳税年度中的各税种逃税总额与该纳税年度应纳税总额的比例；不按纳税年度确定纳税期的，按照最后一次逃税行为发生之日前一年中各税种逃税总额与该年应纳税总额的比例确定。纳税义务存续期间不足一个纳税年度的，按照各税种逃税总额与实际发生纳税义务期间应纳税总额的比例确定。

⑦逃税行为跨越若干个纳税年度，只要其中一个纳税年度的逃税数额及百分比达到上述规定的标准，即构成逃税罪。各纳税年度的逃税数额应当累计计算，逃税额占应纳税额百分比应当按照各逃税年度百分比的最高值确定。

（2）扣缴义务人采取上述第（1）项中所列手段，不缴或者少缴已扣、已收税款，数额较大的，依照上述规定处罚。扣缴义务人承诺为纳税人代付税款，在其向纳税人支付税后所得时，应当认定扣缴义务人"已扣、已收税款"。

（3）对多次实施上述第（1）~（2）项行为，未经处理的，按照累计数额计算。"未经处理"包括未经行政处理和刑事处理。

（4）有第（1）项行为，经税务机关依法下达追缴通知后，补缴应纳税款、缴纳滞纳金，已受行政处罚的，不予追究刑事责任；但是，5年内因逃避缴纳税款受过刑事处罚或者被税务机关给予两次以上行政处罚的除外。即：纳税人有第（1）项规定的逃避缴纳税款行为，在公安机关立案前，经税务机关依法下达追缴通知后，在规定的期限或者批准延缓、分期缴纳的期限内足额补缴应纳税款，缴纳滞纳金，并全部履行税务机关作出的行政处罚决定的，不予追究刑事责任。但是，5年内因逃避缴纳税款受过刑事处罚或者被税务机关给予2次以上行政处罚的除外。

纳税人有逃避缴纳税款行为，税务机关没有依法下达追缴通知的，依法不予追究刑事责任。

五、进行虚假申报或不进行申报行为的法律责任

1.《税收征收管理法》第六十四条规定："纳税人、扣缴义务人编造虚假计税依据的，由税务机关责令限期改正，并处5万元以下的罚款。纳税人不进行纳税申报，不缴或者少缴应纳税款的，由税务机关追缴其不缴或者少缴的税款、滞纳金，并处不缴或者少

缴税款50%以上5倍以下的罚款。"

2.《刑法》第二百零二条规定："以暴力、威胁方法拒不缴纳税款的，处3年以下有期徒刑或者拘役，并处拒缴税款1倍以上5倍以下罚金；情节严重的，处3年以上7年以下有期徒刑，并处拒缴税款1倍以上5倍以下罚金。"

（1）以暴力、威胁方法拒不缴纳税款，具有下列情形之一的，应当认定为上述规定的"情节严重"：

①聚众抗税的首要分子；

②故意伤害致人轻伤的；

③其他情节严重的情形。

（2）实施抗税行为致人重伤、死亡，符合《刑法》第二百三十四条或者第二百三十二条规定的，以故意伤害罪或者故意杀人罪定罪处罚。

六、逃避追缴欠税的法律责任

1.《税收征收管理法》第六十五条规定："纳税人欠缴应纳税款，采取转移或者隐匿财产的手段，妨碍税务机关追缴欠缴的税款的，由税务机关追缴欠缴的税款、滞纳金，并处欠缴税款50%以上5倍以下的罚款；构成犯罪的，依法追究刑事责任。"

2.《刑法》第二百零三条规定："纳税人欠缴应纳税款，采取转移或者隐匿财产的手段，致使税务机关无法追缴欠缴的税款，数额在1万元以上不满10万元的，处3年以下有期徒刑或者拘役，并处或者单处欠缴税款1倍以上5倍以下罚金；数额在10万元以上的，处3年以上7年以下有期徒刑，并处欠缴税款1倍以上5倍以下罚金。"

纳税人欠缴应纳税款，为逃避税务机关追缴，具有下列情形之一的，应当认定为《刑法》上述规定的"采取转移或者隐匿财产的手段"：

（1）放弃到期债权的；

（2）无偿转让财产的；

（3）以明显不合理的价格进行交易的；

（4）隐匿财产的；

（5）不履行税收义务并脱离税务机关监管的；

（6）以其他手段转移或者隐匿财产的。

七、骗取出口退税的法律责任

1.《税收征收管理法》第六十六条规定："以假报出口或者其他欺骗手段，骗取国家出口退税款的，由税务机关追缴其骗取的退税款，并处骗取税款1倍以上5倍以下的罚款；构成犯罪的，依法追究刑事责任。"

对骗取国家出口退税款的，税务机关可以在规定期间内停止为其办理出口退税。

2.《刑法》第二百零四条规定：

（1）以假报出口或者其他欺骗手段，骗取国家出口退税款，数额较大的，处5年以下有期徒刑或者拘役，并处骗取税款1倍以上5倍以下罚金；数额巨大或者有其他严重情节的，处5年以上10年以下有期徒刑，并处骗取税款1倍以上5倍以下罚金；数额特别巨大或者有其他特别严重情节的，处10年以上有期徒刑或者无期徒刑，并处骗取税款1倍以上5倍以下罚金或者没收财产。

①具有下列情形之一的，应当认定为《刑法》上述规定的"假报出口或者其他欺骗手段"：

a. 使用虚开、非法购买或者以其他非法手段取得的增值税专用发票或者其他可以用于出口退税的发票申报出口退税的；

b. 将未负税或者免税的出口业务申报为已税的出口业务的；

c. 冒用他人出口业务申报出口退税的；

d. 虽有出口，但虚构应退税出口业务的品名、数量、单价等要素，以虚增出口退税额申报出口退税的；

e. 伪造、签订虚假的销售合同，或者以伪造、变造等非法手段取得出口报关单、运输单据等出口业务相关单据、凭证，虚构出口事实申报出口退税的；

f. 在货物出口后，又转入境内或者将境外同种货物转入境内循环进出口并申报出口退税的；

g. 虚报出口产品的功能、用途等，将不享受退税政策的产品申报为退税产品的；

h. 以其他欺骗手段骗取出口退税款的。

②骗取国家出口退税款数额10万元以上、50万元以上、500万元以上的，应当分别认定为《刑法》上述规定的"数额较大""数额巨大""数额特别巨大"。

③具有下列情形之一的，应当认定为《刑法》上述规定的"其他严重情节"：

a. 2年内实施虚假申报出口退税行为3次以上，且骗取国家税款30万元以上的；

b. 5年内因骗取国家出口退税受过刑事处罚或者2次以上行政处罚，又实施骗取国家出口退税行为，数额在30万元以上的；

c. 致使国家税款被骗取30万元以上并且在提起公诉前无法追回的；

d. 其他情节严重的情形。

④具有下列情形之一的，应当认定为《刑法》上述规定的"其他特别严重情节"：

a. 2年内实施虚假申报出口退税行为5次以上，或者以骗取出口退税为主要业务，且骗取国家税款300万元以上的；

b. 5年内因骗取国家出口退税受过刑事处罚或者2次以上行政处罚，又实施骗取国家出口退税行为，数额在300万元以上的；

c. 致使国家税款被骗取300万元以上并且在提起公诉前无法追回的；

d. 其他情节特别严重的情形。

（2）纳税人缴纳税款后，采取前款［即第（1）项］规定的欺骗方法，骗取所缴纳的税款的，依照《刑法》第二百零一条的规定定罪处罚；骗取税款超过所缴纳的税款部分，依照前款［即第（1）项］的规定处罚。

（3）实施骗取国家出口退税行为，没有实际取得出口退税款的，可以比照既遂犯从轻或者减轻处罚。

从事货物运输代理、报关、会计、税务、外贸综合服务等中介组织及其人员违反国家有关进出口经营规定，为他人提供虚假证明文件，致使他人骗取国家出口退税款，情节严重的，依照《刑法》第二百二十九条的规定追究刑事责任。

八、虚开发票的法律责任

1. 《刑法》第二百零五条规定：

（1）虚开增值税专用发票或者虚开用于骗取出口退税、抵扣税款的其他发票的，处3年以下有期徒刑或者拘役，并处2万元以上20万元以下罚金；虚开的税款数额较大或者有其他严重情节的，处3年以上10年以下有期徒刑，并处5万元以上50万元以下罚金；虚开的税款数额巨大或者有其他特别严重情节的，处10年以上有期徒刑或者无期徒刑，并处5万元以上50万元以下罚金或者没收财产。

单位犯本条规定之罪的，对单位判处罚金，并对其直接负责的主管人员和其他直接责任人员，处3年以下有期徒刑或者拘役；虚开的税款数额较大或者有其他严重情节的，处3年以上10年以下有期徒刑；虚开的税款数额巨大或者有其他特别严重情节的，处10年以上有期徒刑或者无期徒刑。

虚开增值税专用发票或者虚开用于骗取出口退税、抵扣税款的其他发票，是指有为他人虚开、为自己虚开、让他人为自己虚开、介绍他人虚开行为之一的。

①具有下列情形之一的，应当认定为《刑法》第二百零五条第一款［即前述第（1）项］规定的"虚开增值税专用发票或者虚开用于骗取出口退税、抵扣税款的其他发票"：

a. 没有实际业务，开具增值税专用发票、用于骗取出口退税、抵扣税款的其他发票的；

b. 有实际应抵扣业务，但开具超过实际应抵扣业务对应税款的增值税专用发票、用于骗取出口退税、抵扣税款的其他发票的；

c. 对依法不能抵扣税款的业务，通过虚构交易主体开具增值税专用发票、用于骗取出口退税、抵扣税款的其他发票的；

d. 非法篡改增值税专用发票或者用于骗取出口退税、抵扣税款的其他发票相关电子信息的；

e. 违反规定以其他手段虚开的。

为虚增业绩、融资、贷款等不以骗抵税款为目的，没有因抵扣造成税款被骗损失的，不以本罪论处，构成其他犯罪的，依法以其他犯罪追究刑事责任。

②虚开增值税专用发票、用于骗取出口退税、抵扣税款的其他发票，税款数额在10万元以上的，应当依照《刑法》第二百零五条的规定定罪处罚；虚开税款数额在50万元以上、500万元以上的，应当分别认定为《刑法》第二百零五条第一款［即前述第（1）项］规定的"数额较大""数额巨大"。

③具有下列情形之一的，应当认定为《刑法》第二百零五条第一款［即前述第（1）项］规定的"其他严重情节"：

a. 在提起公诉前，无法追回的税款数额达到30万元以上的；

b. 5年内因虚开发票受过刑事处罚或者2次以上行政处罚，又虚开增值税专用发票或者虚开用于骗取出口退税、抵扣税款的其他发票，虚开税款数额在30万元以上的；

c. 其他情节严重的情形。

④具有下列情形之一的,应当认定为《刑法》第二百零五条第一款[即前述第(1)项]规定的"其他特别严重情节":

a. 在提起公诉前,无法追回的税款数额达到300万元以上的;

b. 5年内因虚开发票受过刑事处罚或者2次以上行政处罚,又虚开增值税专用发票或者虚开用于骗取出口退税、抵扣税款的其他发票,虚开税款数额在300万元以上的;

c. 其他情节特别严重的情形。

以同一购销业务名义,既虚开进项增值税专用发票、用于骗取出口退税、抵扣税款的其他发票,又虚开销项的,以其中较大的数额计算。

以伪造的增值税专用发票进行虚开,达到本条规定标准的,应当以虚开增值税专用发票罪追究刑事责任。

(2)虚开《刑法》第二百零五条规定以外的其他发票,情节严重的,处2年以下有期徒刑、拘役或者管制,并处罚金;情节特别严重的,处2年以上7年以下有期徒刑,并处罚金。

单位犯前款罪的,对单位判处罚金,并对其直接负责的主管人员和其他直接责任人员,依照前款的规定处罚。

①具有下列情形之一的,应当认定为《刑法》第二百零五条之一第一款[即前述第(1)项]规定的"虚开《刑法》第二百零五条规定以外的其他发票":

a. 没有实际业务而为他人、为自己、让他人为自己、介绍他人开具发票的;

b. 有实际业务,但为他人、为自己、让他人为自己、介绍他人开具与实际业务的货物品名、服务名称、货物数量、金额等不符的发票的;

c. 非法篡改发票相关电子信息的;

d. 违反规定以其他手段虚开的。

②具有下列情形之一的,应当认定为《刑法》第二百零五条之一第一款[即前述第(1)项]规定的"情节严重":

a. 虚开发票票面金额50万元以上的;

b. 虚开发票100份以上且票面金额30万元以上的;

c. 5年内因虚开发票受过刑事处罚或者2次以上行政处罚,又虚开发票,票面金额达到第a. 项和第b. 项规定的标准60%以上的。

③具有下列情形之一的,应当认定为《刑法》第二百零五条之一第一款[即前述第(1)项]规定的"情节特别严重":

a. 虚开发票票面金额250万元以上的;

b. 虚开发票500份以上且票面金额150万元以上的;

c. 5年内因虚开发票受过刑事处罚或者2次以上行政处罚,又虚开发票,票面金额达到第a. 项和第b. 项规定的标准60%以上的。

以伪造的发票进行虚开,达到本条第a. 项规定的标准的,应当以虚开发票罪追究刑事责任。

九、抗税的法律责任

1. 《税收征收管理法》第六十七条规定:"以暴力、威胁方法拒不缴纳税款的,是抗税，除由税务机关追缴其拒缴的税款、滞纳金外，依法追究刑事责任。情节轻微，未构成犯罪的，由税务机关追缴其拒缴的税款、滞纳金，并处拒缴税款1倍以上5倍以下的罚款。"

2.《刑法》第二百零二条规定："以暴力、威胁方法拒不缴纳税款的，处3年以下有期徒刑或者拘役，并处拒缴税款1倍以上5倍以下罚金；情节严重的，处3年以上7年以下有期徒刑，并处拒缴税款1倍以上5倍以下罚金。"

十、在规定期限内不缴或者少缴税款的法律责任

《税收征收管理法》第六十八条规定："纳税人、扣缴义务人在规定期限内不缴或者少缴应纳或者应解缴的税款，经税务机关责令限期缴纳，逾期仍未缴纳的，税务机关除依照本法第四十条规定采取强制执行措施追缴其不缴或者少缴的税款外，可以处不缴或者少缴税款50%以上5倍以下的罚款。"

十一、扣缴义务人不履行扣缴义务的法律责任

《税收征收管理法》第六十九条规定："扣缴义务人应扣未扣、应收而不收税款的，由税务机关向纳税人追缴税款，对扣缴义务人处应扣未扣、应收未收税款50%以上3倍以下的罚款。"

十二、不配合税务机关依法检查的法律责任

1.《税收征收管理法》第七十条规定："纳税人、扣缴义务人逃避、拒绝或者以其他方式阻挠税务机关检查的，由税务机关责令改正，可以处1万元以下的罚款；情节严重的，处1万元以上5万元以下的罚款。"

逃避、拒绝或者以其他方式阻挠税务机关检查包括以下情形：
（1）提供虚假资料，不如实反映情况，或者拒绝提供有关资料的。
（2）拒绝或者阻止税务机关记录、录音、录像、照相和复制与案件有关的情况和资料的。
（3）在检查期间，纳税人、扣缴义务人转移、隐匿、销毁有关资料的。
（4）有不依法接受税务检查的其他情形的。

2.税务机关依照《税收征收管理法》第五十四条第（五）项的规定，到车站、码头、机场、邮政企业及其分支机构检查纳税人有关情况时，有关单位拒绝的，由税务机关责令改正，可以处1万元以下的罚款；情节严重的，处1万元以上5万元以下的罚款。

十三、非法印制、买卖发票的法律责任

1.《税收征收管理法》第七十一条规定："违反本法第二十二条规定，非法印制发票的，由税务机关销毁非法印制的发票，没收违法所得和作案工具，并处1万元以上5万元以下的罚款；构成犯罪的，依法追究刑事责任。"

2.《刑法》第二百零六条规定：
（1）伪造或者出售伪造的增值税专用发票的，处3年以下有期徒刑、拘役或者管制，

并处 2 万元以上 20 万元以下罚金；数量较大或者有其他严重情节的，处 3 年以上 10 年以下有期徒刑，并处 5 万元以上 50 万元以下罚金；数量巨大或者有其他特别严重情节的，处 10 年以上有期徒刑或者无期徒刑，并处 5 万元以上 50 万元以下罚金或者没收财产。

（2）单位犯本条规定之罪的，对单位判处罚金，并对其直接负责的主管人员和其他直接责任人员，处 3 年以下有期徒刑、拘役或者管制；数量较大或者有其他严重情节的，处 3 年以上 10 年以下有期徒刑；数量巨大或者有其他特别严重情节的，处 10 年以上有期徒刑或者无期徒刑。

（3）伪造或者出售伪造的增值税专用发票，具有下列情形之一的，应当依照《刑法》第二百零六条［即前述第（1）、（2）项］的规定定罪处罚：

①票面税额 10 万元以上的；

②伪造或者出售伪造的增值税专用发票 10 份以上且票面税额 6 万元以上的；

③违法所得 1 万元以上的。

（4）伪造或者出售伪造的增值税专用发票票面税额 50 万元以上的，或者 50 份以上且票面税额 30 万元以上的，应当认定为《刑法》第二百零六条第一款［即前述第（1）项］规定的"数量较大"。

（5）5 年内因伪造或者出售伪造的增值税专用发票受过刑事处罚或者 2 次以上行政处罚，又实施伪造或者出售伪造的增值税专用发票行为，票面税额达到前述第（4）项规定的标准 60% 以上的，或者违法所得 5 万元以上的，应当认定为《刑法》第二百零六条第一款［即前述第（1）项］规定的"其他严重情节"。

（6）伪造或者出售伪造的增值税专用发票票面税额 500 万元以上的，或者 500 份以上且票面税额 300 万元以上的，应当认定为《刑法》第二百零六条第一款［即前述第（1）项］规定的"数量巨大"。

（7）5 年内因伪造或者出售伪造的增值税专用发票受过刑事处罚或者 2 次以上行政处罚，又实施伪造或者出售伪造的增值税专用发票行为，票面税额达到前述第（6）项规定的标准 60% 以上的，或者违法所得 50 万元以上的，应当认定为《刑法》第二百零六条第一款［即前述第（1）项］规定的"其他特别严重情节"。

（8）伪造并出售同一增值税专用发票的，以伪造、出售伪造的增值税专用发票罪论处，数量不重复计算。

（9）变造增值税专用发票的，按照伪造增值税专用发票论处。

（10）非法出售增值税专用发票的，依照上述定罪量刑标准定罪处罚。

3.《刑法》第二百零七条规定："非法出售增值税专用发票的，处 3 年以下有期徒刑、拘役或者管制，并处 2 万元以上 20 万元以下罚金；数量较大的，处 3 年以上 10 年以下有期徒刑，并处 5 万元以上 50 万元以下罚金；数量巨大的，处 10 年以上有期徒刑或者无期徒刑，并处 5 万元以上 50 万元以下罚金或者没收财产。"

4.《刑法》第二百零八条规定：

（1）非法购买增值税专用发票或者购买伪造的增值税专用发票的，处 5 年以下有期徒刑或者拘役，并处或者单处 2 万元以上 20 万元以下罚金。

非法购买增值税专用发票或者购买伪造的增值税专用发票票面税额 20 万元以上的，

或者 20 份以上且票面税额 10 万元以上的，应当依照本条规定定罪处罚。

非法购买真、伪两种增值税专用发票的，数额累计计算，不实行数罪并罚。

（2）非法购买增值税专用发票或者购买伪造的增值税专用发票又虚开或者出售的，分别依照《刑法》第二百零五条、第二百零六条、第二百零七条的规定定罪处罚。

（3）购买伪造的增值税专用发票又出售的，以出售伪造的增值税专用发票罪定罪处罚；非法购买增值税专用发票用于骗取抵扣税款或者骗取出口退税款，同时构成非法购买增值税专用发票罪与虚开增值税专用发票罪、骗取出口退税罪的，依照处罚较重的规定定罪处罚。

5.《刑法》第二百零九条规定：

（1）伪造、擅自制造或者出售伪造、擅自制造的可以用于骗取出口退税、抵扣税款的其他发票的，处 3 年以下有期徒刑、拘役或者管制，并处 2 万元以上 20 万元以下罚金；数量巨大的，处 3 年以上 7 年以下有期徒刑，并处 5 万元以上 50 万元以下罚金；数量特别巨大的，处 7 年以上有期徒刑，并处 5 万元以上 50 万元以下罚金或者没收财产。

①非法出售可以用于骗取出口退税、抵扣税款的其他发票的，依照本条规定处罚。

②伪造、擅自制造或者出售伪造、擅自制造的用于骗取出口退税、抵扣税款的其他发票，具有下列情形之一的，应当依照本条规定定罪处罚：

a. 票面可以退税、抵扣税额 10 万元以上的；

b. 伪造、擅自制造或者出售伪造、擅自制造的发票 10 份以上且票面可以退税、抵扣税额 6 万元以上的；

c. 违法所得 1 万元以上的。

③伪造、擅自制造或者出售伪造、擅自制造的可以用于骗取出口退税、抵扣税款的其他发票票面可以退税、抵扣税额 50 万元以上的，或者 50 份以上且票面可以退税、抵扣税额 30 万元以上的，应当认定为《刑法》第二百零九条第一款［即前述第（1）项］规定的"数量巨大"；伪造、擅自制造或者出售伪造、擅自制造的可以用于骗取出口退税、抵扣税款的其他发票票面可以退税、抵扣税额 500 万元以上的，或者 500 份以上且票面可以退税、抵扣税额 300 万元以上的，应当认定为《刑法》第二百零九条第一款［即前述第（1）项］规定的"数量特别巨大"。

（2）伪造、擅自制造或者出售伪造、擅自制造的前款规定以外的其他发票的，处 2 年以下有期徒刑、拘役或者管制，并处或者单处 1 万元以上 5 万元以下罚金；情节严重的，处 2 年以上 7 年以下有期徒刑，并处 5 万元以上 50 万元以下罚金。

①非法出售前款规定以外的其他发票的，依照本条规定处罚。

②伪造、擅自制造或者出售伪造、擅自制造《刑法》第二百零九条第二款［即前述第（2）项］规定的发票，具有下列情形之一的，应当依照本条规定定罪处罚：

a. 票面金额 50 万元以上的；

b. 伪造、擅自制造或者出售伪造、擅自制造发票 100 份以上且票面金额 30 万元以上的；

c. 违法所得 1 万元以上的。

③伪造、擅自制造或者出售伪造、擅自制造《刑法》第二百零九条第二款［即前述

第（2）项］规定的发票，具有下列情形之一的，应当认定为"情节严重"：

a. 票面金额250万元以上的；

b. 伪造、擅自制造或者出售伪造、擅自制造发票500份以上且票面金额150万元以上的；

c. 违法所得5万元以上的。

（3）非法出售用于骗取出口退税、抵扣税款的其他发票的，定罪量刑标准依照本条第一款［即第（1）②项］、第二款［即第（1）③项］的规定执行。

（4）非法出售增值税专用发票、用于骗取出口退税、抵扣税款的其他发票以外的发票的，定罪量刑标准依照本条第三款［即第（2）②项］、第四款［即第（2）③项］的规定执行。

6. 非法印制、转借、倒卖、变造或者伪造完税凭证的，由税务机关责令改正，处2 000元以上1万元以下的罚款；情节严重的，处1万元以上5万元以下的罚款；构成犯罪的，依法追究刑事责任。

7. 《刑法》第二百一十条规定：

（1）盗窃增值税专用发票或者可以用于骗取出口退税、抵扣税款的其他发票的，依照《刑法》第二百六十四条的规定定罪处罚。

即：盗窃公私财物，数额较大的，或者多次盗窃、入户盗窃、携带凶器盗窃、扒窃的，处3年以下有期徒刑、拘役或者管制，并处或者单处罚金；数额巨大或者有其他严重情节的，处3年以上10年以下有期徒刑，并处罚金；数额特别巨大或者有其他特别严重情节的，处10年以上有期徒刑或者无期徒刑，并处罚金或者没收财产。

①具有下列情形之一的，应当认定为上述规定的"数量较大"：

a. 持有伪造的增值税专用发票或者可以用于骗取出口退税、抵扣税款的其他发票票面税额50万元以上的；或者50份以上且票面税额25万元以上的；

b. 持有伪造的前项规定以外的其他发票票面金额100万元以上的，或者100份以上且票面金额50万元以上的。

②持有的伪造发票数量、票面税额或者票面金额达到前款规定的标准5倍以上的，应当认定为上述规定的"数量巨大"。

（2）使用欺骗手段骗取增值税专用发票或者可以用于骗取出口退税、抵扣税款的其他发票的，依照《刑法》第二百六十六条的规定定罪处罚。

即：诈骗公私财物，数额较大的，处3年以下有期徒刑、拘役或者管制，并处或者单处罚金；数额巨大或者有其他严重情节的，处3年以上10年以下有期徒刑，并处罚金；数额特别巨大或者有其他特别严重情节的，处10年以上有期徒刑或者无期徒刑，并处罚金或者没收财产。《刑法》另有规定的，依照规定。

十四、有税收违法行为而拒不接受税务机关处理的法律责任

《税收征收管理法》第七十二条规定："从事生产、经营的纳税人、扣缴义务人有本法规定的税收违法行为，拒不接受税务机关处理的，税务机关可以收缴其发票或者停止向其发售发票。"

十五、银行及其他金融机构拒绝配合税务机关依法执行职务的法律责任

1. 银行和其他金融机构未依照《税收征收管理法》的规定在从事生产、经营的纳税人的账户中登录税务登记证件号码，或者未按规定在税务登记证件中登录从事生产、经营的纳税人的账户账号的，由税务机关责令其限期改正，处 2 000 元以上 2 万元以下的罚款；情节严重的，处 2 万元以上 5 万元以下的罚款。

2. 为纳税人、扣缴义务人非法提供银行账户、发票、证明或者其他方便，导致未缴、少缴税款或者骗取国家出口退税款的，税务机关除没收其违法所得外，可以处未缴、少缴或者骗取的税款 1 倍以下的罚款。

3. 《税收征收管理法》第七十三条规定："纳税人、扣缴义务人的开户银行或者其他金融机构拒绝接受税务机关依法检查纳税人、扣缴义务人存款账户，或者拒绝执行税务机关作出的冻结存款或者扣缴税款的决定，或者在接到税务机关的书面通知后帮助纳税人、扣缴义务人转移存款，造成税款流失的，由税务机关处 10 万元以上 50 万元以下的罚款，对直接负责的主管人员和其他直接责任人员处 1 000 元以上 1 万元以下的罚款。"

十六、擅自改变税收征收管理范围的法律责任

《税收征收管理法》第七十六条规定："税务机关违反规定擅自改变税收征收管理范围和税款入库预算级次的，责令限期改正，对直接负责的主管人员和其他直接责任人员依法给予降级或者撤职的行政处分。"

十七、不移送的法律责任

《税收征收管理法》第七十七条规定："纳税人、扣缴义务人有本法规定的第六十三条、第六十五条、第六十六条、第六十七条、第七十一条规定的行为涉嫌犯罪的，税务机关应当依法移送司法机关追究刑事责任。税务人员徇私舞弊，对依法应当移送司法机关追究刑事责任的不移送，情节严重的，依法追究刑事责任。"

十八、税务人员不依法行政的法律责任

《税收征收管理法》第八十条规定："税务人员与纳税人、扣缴义务人勾结，唆使或者协助纳税人、扣缴义务人有本法第六十三条、第六十五条、第六十六条规定的行为，构成犯罪的，依法追究刑事责任；尚不构成犯罪的，依法给予行政处分。税务人员私分扣押、查封的商品、货物或者其他财产，情节严重，构成犯罪的，依法追究刑事责任；尚不构成犯罪的，依法给予行政处分。"

十九、渎职行为的法律责任

1. 《税收征收管理法》第八十一条规定："税务人员利用职务上的便利，收受或者索取纳税人、扣缴义务人财物或者谋取其他不正当利益，构成犯罪的，依法追究刑事责任；尚不构成犯罪的，依法给予行政处分。"

2. 《税收征收管理法》第八十二条规定:"税务人员徇私舞弊或者玩忽职守,不征收或者少征应征税款,致使国家税收遭受重大损失,构成犯罪的,依法追究刑事责任;尚不构成犯罪的,依法给予行政处分。税务人员滥用职权,故意刁难纳税人、扣缴义务人的,调离税收工作岗位,并依法给予行政处分。税务人员对控告、检举税收违法违纪行为的纳税人、扣缴义务人以及其他检举人进行打击报复,依法给予行政处分;构成犯罪的,依法追究刑事责任。"

3. 《刑法》第四百零四条规定:"税务机关的工作人员徇私舞弊,不征或者少征应征税款,致使国家税收遭受重大损失的,处5年以下有期徒刑或者拘役;造成特别重大损失的,处5年以上有期徒刑。"

4. 《刑法》第四百零五条规定:"税务机关的工作人员违反法律、行政法规的规定,在办理发售发票、抵扣税款、出口退税工作中,徇私舞弊,致使国家利益遭受重大损失的,处5年以下有期徒刑或者拘役;致使国家利益遭受特别重大损失的,处5年以上有期徒刑。"

二十、不按规定征收税款的法律责任

《税收征收管理法》第八十三条规定:"违反法律、行政法规的规定提前征收、延缓征收或者摊派税款的,由其上级机关或者行政监察机关责令改正,对直接负责的主管人员和其他直接责任人员依法给予行政处分。"

《税收征收管理法》第八十四条规定:"违反法律、行政法规的规定,擅自作出税收的开征、停征或者减税、免税、退税、补税以及其他同税收法律、行政法规相抵触的决定的,除依照本法规定撤销其擅自作出的决定外,补征应征未征税款,退还不应征收而征收的税款,并由上级机关追究直接负责的主管人员和其他直接责任人员的行政责任;构成犯罪的,依法追究刑事责任。"

此外对行政处罚的权限,《税收征收管理法》第七十四条还规定:"罚款额在2 000元以下的,可以由税务所决定。"

二十一、违反税务代理的法律责任

税务代理人违反税收法律、行政法规,造成纳税人未缴或者少缴税款的,除由纳税人缴纳或者补缴应纳税款、滞纳金外,对税务代理人处纳税人未缴或者少缴税款50%以上3倍以下的罚款。

二十二、补充规定

1. 明知他人实施危害税收征管犯罪而仍为其提供账号、资信证明或者其他帮助的,以相应犯罪的共犯论处。

2. 单位实施危害税收征管犯罪的定罪量刑标准,依照前述相关规定的标准执行。

3. 实施危害税收征管犯罪,造成国家税款损失,行为人补缴税款、挽回税收损失,有效合规整改的,可以从宽处罚;犯罪情节轻微不需要判处刑罚的,可以不起诉或者免予刑事处罚;情节显著轻微危害不大的,不作为犯罪处理。

4. 对于实施上述规定的相关行为被不起诉或者免予刑事处罚,需要给予行政处罚、

政务处分或者其他处分的，依法移送有关主管机关处理。有关主管机关应当将处理结果及时通知人民检察院、人民法院。

第六节　纳税担保和抵押

一、纳税担保

纳税担保，是指经税务机关同意或确认，纳税人或其他自然人、法人、经济组织以保证、抵押、质押的方式，为纳税人应当缴纳的税款及滞纳金提供担保的行为。

（一）纳税担保人

纳税担保人包括以保证方式为纳税人提供纳税担保的纳税保证人和其他以未设置或者未全部设置担保物权的财产为纳税人提供纳税担保的第三人。

（二）纳税担保的范围

纳税担保的范围包括税款、滞纳金和实现税款、滞纳金的费用。其中，费用包括抵押、质押登记费用、质押保管费用，以及保管、拍卖、变卖担保财产等相关费用支出。用于纳税担保的财产、权利的价值不得低于应当缴纳的税款、滞纳金，并考虑相关的费用。纳税担保的财产价值不足以抵缴税款、滞纳金的，税务机关应当向提供担保的纳税人或纳税担保人继续追缴。用于纳税担保的财产、权利的价格估算，除法律、行政法规另有规定外，由税务机关按照《实施细则》第六十四条规定的方式，参照同类商品的市场价、出厂价或者评估价估算。

纳税担保人按照法律规定需要提供纳税担保的，应当按照《纳税担保试行办法》规定的抵押、质押方式，以其财产提供纳税担保；纳税担保人已经以其财产为纳税人向税务机关提供担保的，不再需要提供新的担保。

纳税人有下列情况之一的，适用纳税担保：

1. 税务机关有根据认为从事生产、经营的纳税人有逃避纳税义务行为，在规定的纳税期之前经责令其限期缴纳应纳税款，在限期内发现纳税人有明显的转移、隐匿其应纳税的商品、货物以及其他财产或者应纳税收入的迹象，责成纳税人提供纳税担保的。

2. 欠缴税款、滞纳金的纳税人或者其法定代表人需要出境的。

3. 纳税人同税务机关在纳税上发生争议而未缴清税款，需要申请行政复议的。

4. 税收法律、行政法规规定可以提供纳税担保的其他情形。

二、纳税保证

纳税保证，是指纳税保证人向税务机关保证当纳税人未按照税收法律、行政法规规定或者税务机关确定的期限缴清税款、滞纳金时，由纳税保证人按照约定履行缴纳税款及滞纳金的行为。税务机关认可的，保证成立；税务机关不认可的，保证不成立。

(一) 纳税保证人

纳税保证人,是指在中国境内具有纳税担保能力的自然人、法人或者其他经济组织。法人或其他经济组织财务报表资产净值超过需要担保的税额及滞纳金2倍以上的,自然人、法人或其他经济组织所拥有或者依法可以处分的未设置担保的财产的价值超过需要担保的税额及滞纳金的,为具有纳税担保能力。

国家机关、学校、幼儿园、医院等事业单位、社会团体不得作为纳税保证人。

企业法人的职能部门不得作为纳税保证人。企业法人的分支机构有法人书面授权的,可以在授权范围内提供纳税担保。

有以下情形之一的,不得作为纳税保证人:

1. 有逃避缴纳税款、抗税、骗税、逃避追缴欠税行为被税务机关、司法机关追究过法律责任未满2年的。

2. 因有税收违法行为正在被税务机关立案处理或涉嫌刑事犯罪被司法机关立案侦查的。

3. 纳税信誉等级被评为C级以下的。

4. 在主管税务机关所在地的市(地、州)没有住所的自然人或税务登记不在本市(地、州)的企业。

5. 无民事行为能力或限制民事行为能力的自然人。

6. 与纳税人存在担保关联关系的。

7. 有欠税行为的。

(二) 纳税保证责任

纳税保证为连带责任保证,纳税人和纳税保证人对所担保的税款及滞纳金承担连带责任。当纳税人在税收法律、行政法规或税务机关确定的期限届满未缴清税款及滞纳金的,税务机关即可要求纳税保证人在其担保范围内承担保证责任,缴纳担保的税款及滞纳金。

(三) 纳税担保书的填列内容

纳税保证人同意为纳税人提供纳税担保的,应当填写纳税担保书。纳税担保书应当包括以下内容:

1. 纳税人应缴纳的税款及滞纳金数额、所属期间、税种、税目名称。

2. 纳税人应当履行缴纳税款及滞纳金的期限。

3. 保证担保范围及担保责任。

4. 保证期间和履行保证责任的期限。

5. 保证人的存款账号或者开户银行及其账号。

6. 税务机关认为需要说明的其他事项。

(四) 纳税保证时限

1. 纳税担保书须经纳税人、纳税保证人签字盖章并经税务机关签字盖章同意方为有效。纳税担保从税务机关在纳税担保书上签字盖章之日起生效。

2. 保证期间为纳税人应缴纳税款期限届满之日起60日内,即税务机关自纳税人应缴纳税款的期限届满之日起60日内有权要求纳税保证人承担保证责任,缴纳税款、滞纳金。

履行保证责任的期限为15日,即纳税保证人应当自收到税务机关的纳税通知书之日起15日内履行保证责任，缴纳税款及滞纳金。

纳税保证期间内税务机关未通知纳税保证人缴纳税款及滞纳金以承担担保责任的，纳税保证人免除担保责任。

3. 纳税人在规定的期限届满未缴清税款及滞纳金的，税务机关在保证期限内书面通知纳税保证人的，纳税保证人应按照纳税担保及约定的范围，自收到纳税通知书之日起15日内缴纳税款及滞纳金，履行担保责任。

纳税保证人未按照规定的履行保证责任的期限缴纳税款及滞纳金的，由税务机关发出责令限期缴纳通知书，责令纳税保证人在限期15日内缴纳；逾期仍未缴纳的，经县以上税务局（分局）局长批准，对纳税保证人采取强制执行措施，通知其开户银行或其他金融机构从其存款中扣缴所担保的纳税人应缴纳的税款、滞纳金，或扣押、查封、拍卖、变卖其价值相当于所担保的纳税人应缴纳的税款、滞纳金的商品、货物或者其他财产，以拍卖、变卖所得抵缴担保的税款、滞纳金。

三、纳税抵押

纳税抵押是指纳税人或纳税担保人不转移下列可抵押财产的占有，将该财产作为税款及滞纳金的担保。纳税人逾期未缴清税款及滞纳金的，税务机关有权依法处置该财产以抵缴税款及滞纳金。

前款规定的纳税人或者纳税担保人为抵押人，税务机关为抵押权人，提供担保的财产为抵押物。

（一）可以抵押的财产

1. 抵押人所有的房屋和其他地上定着物。
2. 抵押人所有的机器、交通运输工具和其他财产。
3. 抵押人依法有权处分的国有房屋和其他地上定着物。
4. 抵押人依法有权处分的国有的机器、交通运输工具和其他财产。
5. 经设区的市、自治州以上税务机关确认的其他可以抵押的合法财产。

以依法取得的国有土地上的房屋抵押的，该房屋占用范围内的国有土地使用权同时抵押。以乡（镇）、村企业的厂房等建筑物抵押的，其占用范围内的土地使用权同时抵押。

（二）下列财产不得抵押

1. 土地所有权。
2. 土地使用权，上述抵押范围规定的除外。
3. 学校、幼儿园、医院等以公益为目的的事业单位、社会团体、民办非企业单位的教育设施、医疗卫生设施和其他社会公益设施。学校、幼儿园、医院等以公益为目的的事业单位、社会团体，可以以其教育设施、医疗卫生设施和其他社会公益设施以外的财产为其应缴纳的税款及滞纳金提供抵押。
4. 所有权、使用权不明或者有争议的财产。
5. 依法被查封、扣押、监管的财产。
6. 依法定程序确认为违法、违章的建筑物。
7. 法律、行政法规规定禁止流通的财产或者不可转让的财产。

8. 经设区的市、自治州以上税务机关确认的其他不予抵押的财产。

▶【例13-3】下列财产中，可以作为纳税抵押品的是（ ）。
A. 土地使用权
B. 抵押人自有的房屋
C. 抵押人依法被冻结的银行存款
D. 所有权、使用权有争议的机器设备

【答案】B

（三）抵押办理程序

1. 填写抵押担保书和纳税担保财产清单。

纳税担保书应当包括以下内容：

（1）担保的纳税人应缴纳的税款及滞纳金数额、所属期间、税种名称、税目。
（2）纳税人履行应缴纳税款及滞纳金的期限。
（3）抵押物的名称、数量、质量、状况、所在地、所有权权属或者使用权权属。
（4）抵押担保的范围及担保责任。
（5）税务机关认为需要说明的其他事项。

纳税担保财产清单应当写明财产价值以及相关事项。纳税担保书和纳税担保财产清单须经纳税人签字盖章并经税务机关确认。

2. 提供抵押登记的证明及其复印件。纳税抵押财产应当办理抵押物登记。纳税抵押自抵押物登记之日起生效。纳税人应向税务机关提供由以下部门出具的抵押登记的证明及其复印件（以下简称证明材料）：

（1）以城市房地产或者乡（镇）、村企业的厂房等建筑物抵押的，提供县级以上地方人民政府规定部门出具的证明材料。
（2）以船舶、车辆抵押的，提供运输工具的登记部门出具的证明材料。
（3）以企业的设备和其他动产抵押的，提供财产所在地的工商行政管理部门出具的证明材料或者纳税人所在地的公证部门出具的证明材料。

抵押期间，经税务机关同意，纳税人可以转让已办理登记的抵押物，并告知受让人转让物已经抵押的情况。纳税人转让抵押物所得的价款，应当向税务机关提前缴纳所担保的税款、滞纳金。超过部分，归纳税人所有，不足部分由纳税人缴纳或提供相应的担保。

3. 抵押财产的处理。

（1）在抵押物灭失、毁损或者被征用的情况下，税务机关应该就该抵押物的保险金、赔偿金或者补偿金要求优先受偿，抵缴税款、滞纳金。

在抵押物灭失、毁损或者被征用的情况下，抵押权所担保的纳税义务履行期未满的，税务机关可以要求将保险金、赔偿金或补偿金等作为担保财产。

（2）纳税人在规定的期限内未缴清税款、滞纳金的，税务机关应当依法拍卖、变卖抵押物，变价抵缴税款、滞纳金。

（3）纳税担保人以其财产为纳税人提供纳税抵押担保的，按照纳税人提供抵押担保的规定执行；纳税担保书和纳税担保财产清单须经纳税人、纳税担保人签字盖章并经税务机关确认。

（4）纳税人在规定的期限届满未缴清税款、滞纳金的，税务机关应当在期限届满之日起 15 日内书面通知纳税担保人自收到纳税通知书之日起 15 日内缴纳担保的税款、滞纳金。

纳税担保人未按照前款规定的期限缴纳所担保的税款、滞纳金的，由税务机关责令限期在 15 日内缴纳；逾期仍未缴纳的，经县以上税务局（分局）局长批准，税务机关依法拍卖、变卖抵押物，抵缴税款、滞纳金。

四、纳税质押

纳税质押是指经税务机关同意，纳税人或纳税担保人将其动产或权利凭证移交税务机关占有，将该动产或权利凭证作为税款及滞纳金的担保。纳税人逾期未缴清税款及滞纳金的，税务机关有权依法处置该动产或权利凭证以抵缴税款及滞纳金。纳税质押分为动产质押和权利质押。

动产质押包括现金以及其他除不动产以外的财产提供的质押。权利质押包括汇票、支票、本票、债券、存款单等权利凭证提供的质押。

对于实际价值波动很大的动产或权利凭证，经设区的市、自治州以上税务机关确认，税务机关可以不接受其作为纳税质押。

（一）动产质押

纳税人提供质押担保的，应当填写纳税担保书和纳税担保财产清单并签字盖章。纳税担保书应当包括以下内容：

1. 担保的税款及滞纳金数额、所属期间、税种名称、税目。
2. 纳税人履行应缴纳税款、滞纳金的期限。
3. 质押物的名称、数量、质量、价值、状况、移交前所在地、所有权权属或者使用权权属。
4. 质押担保的范围及担保责任。
5. 纳税担保财产价值。
6. 税务机关认为需要说明的其他事项。

纳税质押自纳税担保书和纳税担保财产清单经税务机关确认和质押物移交之日起生效。

（二）权利质押

1. 纳税人以汇票、支票、本票、公司债券出质的，税务机关应当于纳税人背书清单上记载"质押"字样。以存款单出质的，应由签发的金融机构核押。
2. 以载明兑现或者提货日期的汇票、支票、本票、债券、存款单出质的，汇票、支票、本票、债券、存款单兑现日期先于纳税义务履行期或者担保期的，税务机关与纳税人约定将兑现的价款用于缴纳或者抵缴所担保的税款及滞纳金。

（三）质押的处理

1. 纳税担保人以其动产或财产权利为纳税人提供纳税质押担保的，按照纳税人提供质押担保的规定执行；纳税担保书和纳税担保财产清单须经纳税人、纳税担保人签字盖章并经税务机关确认。

2. 纳税人在规定的期限内未缴清税款、滞纳金的,税务机关应当在期限届满之日起 15 日内书面通知纳税担保人自收到纳税通知书之日起 15 日内缴纳担保的税款、滞纳金。

3. 纳税担保人未按照前款规定的期限缴纳所担保的税款、滞纳金,由税务机关责令限期在 15 日内缴纳;缴清税款、滞纳金的,税务机关自纳税担保人缴清税款及滞纳金之日起 3 个工作日内返还质押物、解除质押关系;逾期仍未缴纳的,经县以上税务局（分局）局长批准,税务机关依法拍卖、变卖质押物,抵缴税款、滞纳金。

五、相关法律责任

1. 纳税人、纳税担保人采取欺骗、隐瞒等手段提供担保的,由税务机关处以 1 000 元以下的罚款;属于经营行为的,处以 1 万元以下的罚款。

2. 非法为纳税人、纳税担保人实施虚假纳税担保提供方便的,由税务机关处以 1 000 元以下的罚款。

3. 纳税人采取欺骗、隐瞒等手段提供担保,造成应缴税款损失的,由税务机关按照《税收征收管理法》第六十八条规定处以未缴、少缴税款 50% 以上 5 倍以下的罚款。

4. 税务机关负有妥善保管质押物的义务。因保管不善致使质押物灭失或者毁损,或未经纳税人同意擅自使用、出租、处分质押物而给纳税人造成损失的,税务机关应当对直接损失承担赔偿责任。

纳税义务期限届满或担保期间,纳税人或者纳税担保人请求税务机关及时行使权利,而税务机关怠于行使权力致使质押物价格下跌造成损失的,税务机关应当对直接损失承担赔偿责任。

5. 税务机关工作人员有下列情形之一的,根据情节轻重给予行政处分:

（1）违反《纳税担保试行办法》规定,对符合担保条件的纳税担保,不予同意或故意刁难的。

（2）违反《纳税担保试行办法》规定,对不符合担保条件的纳税担保,予以批准,致使国家税款及滞纳金遭受损失的。

（3）私分、挪用、占用、擅自处分担保财物的。

（4）其他违法情形。

第七节 纳税信用管理和重大税收违法失信主体信息公布管理

一、纳税信用管理

纳税信用管理,是指税务机关对纳税人的纳税信用信息开展的采集、评估、确定、发布和应用等活动。

（一）适用范围

除已办理税务登记,从事生产、经营并适用查账征收的企业纳税人外,纳税信用管理试行办法还适用于以下企业纳税人：

1. 从首次在税务机关办理涉税事宜之日起时间不满一个评价年度的企业（以下简称新设立企业）。评价年度是指公历年度，即1月1日至12月31日。

2. 评价年度内无生产经营业务收入的企业。

3. 适用企业所得税核定征收办法的企业。

非独立核算分支机构可自愿参与纳税信用评价。所称非独立核算分支机构是指由企业纳税人设立，已在税务机关完成登记信息确认且核算方式为非独立核算的分支机构。非独立核算分支机构参评后，2019年度之前的纳税信用级别不再评价，在机构存续期间适用国家税务总局纳税信用管理相关规定。

（二）纳税信用信息的采集

纳税信用信息采集工作由国家税务总局和省税务机关组织实施，按月采集。

1. 纳税信用信息的分类。

（1）纳税人信用历史信息。

纳税人信用历史信息包括基本信息和评价年度之前的纳税信用记录，以及相关部门评定的优良信用记录和不良信用记录。

（2）税务内部信息。

税务内部信息包括经常性指标信息和非经常性指标信息。经常性指标信息是指涉税申报信息、税（费）款缴纳信息、发票与税控器具信息、登记与账簿信息等纳税人在评价年度内经常产生的指标信息；非经常性指标信息是指税务检查信息等纳税人在评价年度内不经常产生的指标信息。

（3）外部信息。

外部信息包括外部参考信息和外部评价信息。外部参考信息包括评价年度相关部门评定的优良信用记录和不良信用记录；外部评价信息是指从相关部门取得的影响纳税人纳税信用评价的指标信息。

2. 纳税人信用信息的采集。

（1）纳税人信用历史信息中的基本信息由税务机关从税务管理系统中采集，税务管理系统中暂缺的信息由税务机关通过纳税人申报采集；评价年度之前的纳税信用记录，以及相关部门评定的优良信用记录和不良信用记录，从税收管理记录、国家统一信用信息平台等渠道中采集。

（2）税务内部信息从税务管理系统中采集。

（3）外部信息主要通过税务管理系统、国家统一信用信息平台、相关部门官方网站、新闻媒体或者媒介等渠道采集。通过新闻媒体或者媒介采集的信息应核实后使用。

（三）纳税信用评估

1. 纳税信用评估方法。

纳税信用评价采取年度评价指标得分和直接判级两种方式。

（1）年度评价指标得分采用扣分方式。近三个评价年度内存在非经常性指标信息的，从100分起评；近三个评价年度内没有非经常性指标信息的，从90分起评。

（2）直接判级适用于有严重失信行为的纳税人。

2. 纳税信用评价指标体系。

纳税信用评价指标包括税务内部信息和外部信息。

（1）税务内部信息包括经常性指标信息和非经常性指标信息两大类。经常性指标信息有涉税申报信息、税（费）款缴纳信息、发票与税控器具信息和登记与账簿信息。非经常性指标信息有纳税评估、税务审计、反避税调查信息和税务稽查信息。

（2）外部信息包括外部参考信息和外部评价信息。外部参考信息是指外部门对纳税人在评价年度的信用记录，仅记录不扣分。外部评价信息是指税务机关从银行、工商、海关等税务系统以外的部门获取的纳税人未如实向税务机关报告的如银行账户设置数量、股权转让变更登记或其他涉税变更登记、进口货物报关数量等影响纳税人纳税信用评价的指标信息。

3. 纳税信用评价周期。

纳税信用评价周期为一个纳税年度，有下列情形之一的纳税人，不参加本期的评价：

（1）纳入纳税信用管理时间不满一个评价年度的。

（2）因涉嫌税收违法被立案查处尚未结案的。

（3）被审计、财政部门依法查出税收违法行为，税务机关正在依法处理，尚未办结的。

（4）已申请税务行政复议、提起行政诉讼尚未结案的。

（5）其他不应参加本期评价的情形。

4. 纳税信用级别。

纳税信用级别设 A、B、M、C、D 五级：

（1）A 级纳税信用为年度评价指标得分 90 分以上的。

有下列情形之一的纳税人，本评价年度不能评为 A 级：

①实际生产经营期不满 3 年的。

②上一评价年度纳税信用评价结果为 D 级的。

③非正常原因一个评价年度内增值税连续 3 个月或者累计 6 个月零申报、负申报的。

④不能按照国家统一的会计制度规定设置账簿，并根据合法、有效凭证核算，向税务机关提供准确税务资料的。

（2）B 级纳税信用为年度评价指标得分 70 分以上不满 90 分的。

（3）未发生后述第（5）项所列失信行为的下列企业适用 M 级纳税信用：

①新设立企业。

②评价年度内无生产经营业务收入且年度评价指标得分 70 分以上的企业。

（4）C 级纳税信用为年度评价指标得分 40 分以上不满 70 分的。

（5）D 级纳税信用为年度评价指标得分不满 40 分或者直接判级确定的。

有下列情形之一的纳税人，本评价年度直接判为 D 级：

①存在逃避缴纳税款、逃避追缴欠税、骗取出口退税、虚开增值税专用发票等行为，经判决构成涉税犯罪的。

②存在第①项所列行为，未构成犯罪，但逃避缴纳税款金额 10 万元以上且占各税种应纳税总额 10% 以上，或者存在逃避追缴欠税、骗取出口退税、虚开增值税专用发票等税收违法行为，已缴纳税款、滞纳金、罚款的。

③在规定期限内未按税务机关处理结论缴纳或者足额缴纳税款、滞纳金和罚款的。

④以暴力、威胁方法拒不缴纳税款或者拒绝、阻挠税务机关依法实施税务稽查执法行为的。

⑤存在违反增值税发票管理规定或者违反其他发票管理规定的行为，导致其他单位或者个人未缴、少缴或者骗取税款的。

⑥提供虚假申报材料享受税收优惠政策的。

⑦骗取国家出口退税款，被停止出口退（免）税资格未到期的。

⑧有非正常户记录或者由非正常户直接责任人员注册登记或者负责经营的。

⑨由D级纳税人的直接责任人员注册登记或者负责经营的。

⑩存在税务机关依法认定的其他严重失信情形的。

（6）纳税人有下列情形的，不影响其纳税信用评价：

①由于税务机关原因或者不可抗力，造成纳税人未能及时履行纳税义务的。

②非主观故意的计算公式运用错误以及明显的笔误造成未缴或者少缴税款的。

③国家税务总局认定的其他不影响纳税信用评价的情形。

（四）纳税信用评估结果的确定和发布

1. 纳税信用评估结果发布的时间和复核。

（1）税务机关每年4月确定上一年度纳税信用评价结果，并为纳税人提供自我查询服务。新设立企业在2018年4月1日以前已办理涉税事宜的，税务机关应在2018年4月30日前对其纳税信用进行评价；从2018年4月1日起，对首次在税务机关办理涉税事宜的新设立企业，税务机关应及时进行纳税信用评价。

（2）纳税人对纳税信用评价结果有异议的，可以书面向作出评价的税务机关申请复评。作出评价的税务机关应按前述纳税信用评估规定进行复核。

（3）纳税信用年度评价结果发布前，主管税务机关发现纳税人在评价年度存在动态调整情形的，应调整后再发布评价结果。

2. 纳税人纳税信用级别的调整。

税务机关对纳税人的纳税信用级别实行动态调整。

（1）因税务检查等发现纳税人以前评价年度需扣减信用评价指标得分或者直接判级的，税务机关应按前述纳税信用评估规定调整其以前年度纳税信用评价结果和记录。

（2）纳税人因下列情形解除而向税务机关申请补充纳税信用评价或对当期未予评价有异议的，可填写《纳税信用补评申请表》申请补评，主管税务机关应自受理申请之日15个工作日内按前述纳税信用评估规定处理，并向纳税人反馈纳税信用评价信息或提供评价结果的自我查询服务。

①因涉嫌税收违法被立案查处尚未结案的。

②被审计、财政部门依法查出税收违法行为，税务机关正在依法处理，尚未办结的。

③已申请税务行政复议、提起行政诉讼尚未结案的。

（3）纳税人信用评价状态变化时，税务机关可采取适当方式通知、提醒纳税人。企业（包括新设立企业）发生本章本节"（三）纳税信用评估"中第4项第（5）条所列失信行为的，税务机关应及时对其纳税信用级别进行调整，并以适当的方式告知。

（4）因税务检查等发现纳税人以前评价年度存在直接判为 D 级情形的，主管税务机关应调整其相应评价年度纳税信用级别为 D 级，并记录动态调整信息，该 D 级评价不保留至下一年度。对税务检查等发现纳税人以前评价年度存在需扣减纳税信用评价指标得分情形的，主管税务机关暂不调整其相应年度纳税信用评价结果和记录。

（5）主管税务机关按月开展纳税信用级别动态调整工作，并为纳税人提供动态调整信息的自我查询服务。

（6）纳税人对纳税信用评价结果有异议的，可在纳税信用评价结果确定的当年内，填写《纳税信用复评申请表》，向主管税务机关申请复评。主管税务机关受理申请之日起 15 个工作日内完成复评工作，并向纳税人反馈纳税信用复评信息或提供复评结果的自我查询服务。

（五）纳税信用评估结果的应用

税务机关按照守信激励、失信惩戒的原则，对不同信用级别的纳税人实施分类服务和管理。

1. 对纳税信用评价为 A 级的纳税人，税务机关予以下列激励措施：

（1）主动向社会公告年度 A 级纳税人名单。

（2）一般纳税人可单次领取 3 个月的增值税发票用量，需要调整增值税发票用量时即时办理。

（3）普通发票按需领用。

（4）连续 3 年被评为 A 级信用级别（简称 3 连 A）的纳税人，除享受以上措施外，还可以由税务机关提供绿色通道或专门人员帮助办理涉税事项。

2. 对纳税信用评价为 B 级的纳税人，税务机关实施正常管理，适时进行税收政策和管理规定的辅导，并视信用评价状态变化趋势选择性地提供纳税信用 A 级纳税人适用的激励措施。

3. 对纳税信用评价为 M 级的企业税务机关适时进行税收政策和管理规定的辅导。

4. 对纳税信用评价为 C 级的纳税人，税务机关应依法从严管理，并视信用评价状态变化趋势选择性地采取纳税信用 D 级纳税人适用的管理措施。

5. 对纳税信用评价为 D 级的纳税人，税务机关应采取以下措施：

（1）公开 D 级纳税人及其直接责任人员名单，对直接责任人员注册登记或者负责经营的其他纳税人纳税信用直接判为 D 级。

（2）增值税专用发票领用按辅导期一般纳税人政策办理，普通发票的领用实行交（验）旧供新、严格限量供应。

（3）加强出口退税审核。

（4）加强纳税评估，严格审核其报送的各种资料。

（5）对列入重点监控的对象，应提高对其监督检查的频次，发现有税收违法违规行为的，不得适用规定处罚幅度内的最低标准。

（6）将纳税信用评价结果通报相关部门，建议在经营、投融资、取得政府供应土地、进出口、出入境、注册新公司、工程招投标、政府采购、获得荣誉、安全许可、生产许可、从业任职资格、资质审核等方面予以限制或禁止。

（7）对于因评价指标得分评为 D 级的纳税人，次年评价时加扣 11 分；对于因直接判级评为 D 级的纳税人，D 级评价保留两年、第三年纳税信用不得评价为 A 级。

（8）税务机关与相关部门实施的联合惩戒措施，以及结合实际情况依法采取的其他严格管理措施。

（六）纳税信用修复

1. 纳入纳税信用管理的企业纳税人，符合下列条件之一的，可在规定期限内向主管税务机关申请纳税信用修复。

（1）纳税人发生未按法定期限办理纳税申报、税款缴纳、资料备案等事项且已补办的。

（2）未按税务机关处理结论缴纳或者足额缴纳税款、滞纳金和罚款，未构成犯罪，纳税信用级别被直接判为 D 级的纳税人，在税务机关处理结论明确的期限届满后 60 日内足额缴纳、补缴的。

（3）纳税人履行相应法律义务并由税务机关依法解除非正常户状态的。

（4）破产企业或其管理人在重整或和解程序中，已依法缴纳税款、滞纳金、罚款，并纠正相关纳税信用失信行为的。

申请破产重整企业纳税信用修复的，应同步提供人民法院批准的重整计划或认可的和解协议，其破产重整前发生的相关失信行为，可按照《纳税信用修复范围及标准》中破产重整企业适用的修复标准开展修复。

（5）因确定为重大税收违法失信主体，纳税信用直接判为 D 级的纳税人，失信主体信息已按照国家税务总局相关规定不予公布或停止公布，申请前连续 12 个月没有新增纳税信用失信行为记录的。

（6）由纳税信用 D 级纳税人的直接责任人员注册登记或者负责经营，纳税信用关联评价为 D 级的纳税人，申请前连续 6 个月没有新增纳税信用失信行为记录的。

（7）因其他失信行为纳税信用直接判为 D 级的纳税人，已纠正纳税信用失信行为、履行税收法律责任，申请前连续 12 个月没有新增纳税信用失信行为记录的。

（8）因上一年度纳税信用直接判为 D 级，本年度纳税信用保留为 D 级的纳税人，已纠正纳税信用失信行为、履行税收法律责任或失信主体信息已按照国家税务总局相关规定不予公布或停止公布，申请前连续 12 个月没有新增纳税信用失信行为记录的。

2. 符合前述第 1 项第（1）条所列条件且失信行为已纳入纳税信用评价的，纳税人可在失信行为被税务机关列入失信记录的次年年底前向主管税务机关提出信用修复申请，税务机关按照《纳税信用修复范围及标准》调整该项纳税信用评价指标分值，重新评价纳税人的纳税信用级别；符合前述第 1 项第（1）条所列条件但失信行为尚未纳入纳税信用评价的，纳税人无须提出申请，税务机关按照《纳税信用修复范围及标准》调整纳税人该项纳税信用评价指标分值并进行纳税信用评价。

符合前述第 1 项第（2）、第（3）条所列条件的，纳税人可在纳税信用被直接判为 D 级的次年年底前向主管税务机关提出申请，税务机关根据纳税人失信行为纠正情况调整该项纳税信用评价指标的状态，重新评价纳税人的纳税信用级别，但不得评价为 A 级。

非正常户失信行为纳税信用修复一个纳税年度内只能申请一次。纳税年度自公历 1 月 1 日起至 12 月 31 日止。

纳税信用修复后纳税信用级别不再为 D 级的纳税人，其直接责任人注册登记或者负责经营的其他纳税人之前被关联为 D 级的，可向主管税务机关申请解除纳税信用 D 级关联。

3. 需向主管税务机关提出纳税信用修复申请的纳税人应填报《纳税信用修复申请表》，并对纠正失信行为的真实性作出承诺。

税务机关发现纳税人虚假承诺的，撤销相应的纳税信用修复，并按照《纳税信用评价指标和评价方式（试行）调整表》予以扣分。

4. 主管税务机关自受理纳税信用修复申请之日起 15 个工作日内完成审核，并向纳税人反馈信用修复结果。

5. 纳税信用修复完成后，纳税人按照修复后的纳税信用级别适用相应的税收政策和管理服务措施，之前已适用的税收政策和管理服务措施不作追溯调整。

6. 自 2021 年度纳税信用评价起，税务机关按照"首违不罚"相关规定对纳税人不予行政处罚的，相关记录不纳入纳税信用评价。

二、重大税收违法失信主体信息公布管理

为了贯彻落实中共中央办公厅、国务院办公厅印发的《关于进一步深化税收征管改革的意见》，维护正常税收征收管理秩序，惩戒重大税收违法失信行为，保障税务行政相对人合法权益，促进依法诚信纳税，推进社会信用体系建设，根据《中华人民共和国税收征收管理法》《优化营商环境条例》等相关法律法规，制定《重大税收违法失信主体信息公布管理办法》。

税务机关应依照规定，确定重大税收违法失信主体，向社会公布失信信息，并将信息通报相关部门实施监管和联合惩戒。

重大税收违法失信主体信息公布管理应当遵循依法行政、公平公正、统一规范、审慎适当的原则。

各级税务机关应当依法保护税务行政相对人合法权益，对重大税收违法失信主体信息公布管理工作中知悉的国家秘密、商业秘密或者个人隐私、个人信息，应当依法予以保密。

税务机关工作人员在重大税收违法失信主体信息公布管理工作中，滥用职权、玩忽职守、徇私舞弊的，依照有关规定严肃处理；涉嫌犯罪的，依法移送司法机关。

（一）失信主体的确定

1. 所称"重大税收违法失信主体"（以下简称失信主体）是指有下列情形之一的纳税人、扣缴义务人或者其他涉税当事人（以下简称当事人）：

（1）伪造、变造、隐匿、擅自销毁账簿、记账凭证，或者在账簿上多列支出或者不列、少列收入，或者经税务机关通知申报而拒不申报或者进行虚假的纳税申报，不缴或者少缴应纳税款 100 万元以上，且任一年度不缴或者少缴应纳税款占当年各税种应纳税总额 10% 以上的，或者采取前述手段，不缴或者少缴已扣、已收税款，数额在 100 万元以上的。

（2）欠缴应纳税款，采取转移或者隐匿财产的手段，妨碍税务机关追缴欠缴的税款，欠缴税款金额 100 万元以上的。

（3）骗取国家出口退税款的。

（4）以暴力、威胁方法拒不缴纳税款的。

（5）虚开增值税专用发票或者虚开用于骗取出口退税、抵扣税款的其他发票的。

（6）虚开增值税普通发票 100 份以上或者金额 400 万元以上的。

（7）私自印制、伪造、变造发票，非法制造发票防伪专用品，伪造发票监制章的。

（8）具有偷税、逃避追缴欠税、骗取出口退税、抗税、虚开发票等行为，在稽查案件执行完毕前，不履行税收义务并脱离税务机关监管，经税务机关检查确认走逃（失联）的。

（9）为纳税人、扣缴义务人非法提供银行账户、发票、证明或者其他方便，导致未缴、少缴税款 100 万元以上或者骗取国家出口退税款的。

（10）税务代理人违反税收法律、行政法规造成纳税人未缴或者少缴税款 100 万元以上的。

（11）其他性质恶劣、情节严重、社会危害性较大的税收违法行为。

2. 税务机关对当事人依法作出《税务行政处罚决定书》，当事人在法定期限内未申请行政复议、未提起行政诉讼，或者申请行政复议，行政复议机关作出行政复议决定后，在法定期限内未提起行政诉讼，或者人民法院对税务行政处罚决定或行政复议决定作出生效判决、裁定后，有上述 11 项情形之一的，税务机关确定其为失信主体。

对移送公安机关的当事人，税务机关在移送时已依法作出《税务处理决定书》，未作出《税务行政处罚决定书》的，当事人在法定期限内未申请行政复议、未提起行政诉讼，或者申请行政复议，行政复议机关作出行政复议决定后，在法定期限内未提起行政诉讼，或者人民法院对税务处理决定或行政复议决定作出生效判决、裁定后，有上述 11 项情形之一的，税务机关确定其为失信主体。

3. 税务机关应当在作出确定失信主体决定前向当事人送达告知文书，告知其依法享有陈述、申辩的权利。告知文书应当包括以下内容：

（1）当事人姓名或者名称、有效身份证件号码或者统一社会信用代码、地址。没有统一社会信用代码的，以税务机关赋予的纳税人识别号代替。

（2）拟确定为失信主体的事由、依据。

（3）拟向社会公布的失信信息。

（4）拟通知相关部门采取失信惩戒措施提示。

（5）当事人依法享有的相关权利。

（6）其他相关事项。

对纳入纳税信用评价范围的当事人，还应当告知其拟适用 D 级纳税人管理措施。

4. 当事人在税务机关告知后 5 日内，可以书面或者口头提出陈述、申辩意见。当事人口头提出陈述、申辩意见的，税务机关应当制作陈述申辩笔录，并由当事人签章。

税务机关应当充分听取当事人陈述、申辩意见，对当事人提出的事实、理由和证据进行复核。当事人提出的事实、理由或者证据成立的，应当采纳。

5. 经设区的市、自治州以上税务局局长或者其授权的税务局领导批准，税务机关在前述第 2 项规定的申请行政复议或提起行政诉讼期限届满，或者行政复议决定、人民法院判决或裁定生效后，于 30 日内制作失信主体确定文书，并依法送达当事人。失信主体确定文书应当包括以下内容：

（1）当事人姓名或者名称、有效身份证件号码或者统一社会信用代码、地址。没有统一社会信用代码的，以税务机关赋予的纳税人识别号代替。

（2）确定为失信主体的事由、依据。

（3）向社会公布的失信信息提示。

（4）相关部门采取失信惩戒措施提示。

（5）当事人依法享有的相关权利。

（6）其他相关事项。

对纳入纳税信用评价范围的当事人，还应当包括适用 D 级纳税人管理措施提示。

上述规定的时限不包括因其他方式无法送达，公告送达告知文书和确定文书的时间。

（二）信息公布

1. 税务机关应当在失信主体确定文书送达后的次月 15 日内，向社会公布下列信息：

（1）失信主体基本情况。

（2）失信主体的主要税收违法事实。

（3）税务处理、税务行政处罚决定及法律依据。

（4）确定失信主体的税务机关。

（5）法律、行政法规规定应当公布的其他信息。

对依法确定为国家秘密的信息，法律、行政法规禁止公开的信息，以及公开后可能危及国家安全、公共安全、经济安全、社会稳定的信息，税务机关不予公开。

2. 税务机关按照规定向社会公布失信主体基本情况。失信主体为法人或者其他组织的，公布其名称、统一社会信用代码（纳税人识别号）、注册地址以及违法行为发生时的法定代表人、负责人或经人民法院生效裁判确定的实际责任人的姓名、性别及身份证件号码（隐去出生年、月、日号码段）；失信主体为自然人的，公布其姓名、性别、身份证件号码（隐去出生年、月、日号码段）。

经人民法院生效裁判确定的实际责任人，与违法行为发生时的法定代表人或者负责人不一致的，除有证据证明法定代表人或者负责人有涉案行为外，税务机关只向社会公布实际责任人信息。

3. 税务机关应当通过国家税务总局各省、自治区、直辖市、计划单列市税务局网站向社会公布失信主体信息，根据本地区实际情况，也可以通过税务机关公告栏、报纸、广播、电视、网络媒体等途径以及新闻发布会等形式向社会公布。

国家税务总局归集各地税务机关确定的失信主体信息，并提供至"信用中国"网站进行公开。

4. 属于前述（一）中第 1 项第（1）、第（2）条规定情形的失信主体，在失信信息公布前按照《税务处理决定书》《税务行政处罚决定书》缴清税款、滞纳金和罚款的，经税务机关确认，不向社会公布其相关信息。

属于前述（一）中第 1 项第（8）条规定情形的失信主体，具有偷税、逃避追缴欠税行为的，按照前款规定处理。

5. 税务机关对按本办法规定确定的失信主体，纳入纳税信用评价范围的，按照纳税信用管理规定，将其纳税信用级别判为D级，适用相应的D级纳税人管理措施。

6. 对按前述第1项规定向社会公布信息的失信主体，税务机关将失信信息提供给相关部门，由相关部门依法依规采取失信惩戒措施。

7. 失信主体信息自公布之日起满3年的，税务机关在5日内停止信息公布。

（三）提前停止公布

1. 失信信息公布期间，符合下列条件之一的，失信主体或者其破产管理人可以向作出确定失信主体决定的税务机关申请提前停止公布失信信息：

（1）按照《税务处理决定书》《税务行政处罚决定书》缴清（退）税款、滞纳金、罚款，且失信主体失信信息公布满6个月的。

（2）失信主体破产，人民法院出具批准重整计划或认可和解协议的裁定书，税务机关依法受偿的。

（3）在发生重大自然灾害、公共卫生、社会安全等突发事件期间，因参与应急抢险救灾、疫情防控、重大项目建设或者履行社会责任作出突出贡献的。

2. 按前述第（1）项规定申请提前停止公布的，申请人应当提交停止公布失信信息申请表、诚信纳税承诺书。

按前述第（2）项规定申请提前停止公布的，申请人应当提交停止公布失信信息申请表、人民法院出具的批准重整计划或认可和解协议的裁定书。

按前述第（3）项规定申请提前停止公布的，申请人应当提交停止公布失信信息申请表、诚信纳税承诺书以及省、自治区、直辖市、计划单列市人民政府出具的有关材料。

3. 税务机关应当自收到申请之日起2日内作出是否受理的决定。申请材料齐全、符合法定形式的，应当予以受理，并告知申请人。不予受理的，应当告知申请人，并说明理由。

4. 受理申请后，税务机关应当及时审核。符合前述第（1）项规定条件的，经设区的市、自治州以上税务局局长或者其授权的税务局领导批准，准予提前停止公布；符合前述第（2）、第（3）项规定条件的，经省、自治区、直辖市、计划单列市税务局局长或者其授权的税务局领导批准，准予提前停止公布。

税务机关应当自受理之日起15日内作出是否予以提前停止公布的决定，并告知申请人。对不予提前停止公布的，应当说明理由。

5. 失信主体有下列情形之一的，不予提前停止公布：

（1）被确定为失信主体后，因发生偷税、逃避追缴欠税、骗取出口退税、抗税、虚开发票等税收违法行为受到税务处理或者行政处罚的。

（2）5年内被确定为失信主体2次以上的。

申请人按前述第（2）项规定申请提前停止公布的，不受前款规定限制。

6. 税务机关作出准予提前停止公布决定的，应当在5日内停止信息公布。

7. 税务机关可以组织申请提前停止公布的失信主体法定代表人、财务负责人等参加信用培训，开展依法诚信纳税教育。信用培训不得收取任何费用。

(四) 补充规定

前述所规定的期间以日计算的，是指工作日，不含法定休假日；期间以年、月计算的，到期月的对应日为期间的最后一日；没有对应日的，月末日为期间的最后一日。期间开始的当日不计算在期间内。

前述所称"以上、日内"，包含本数（级）。

第八节 税收违法行为检举管理办法

制定《税收违法行为检举管理办法》（以下简称本办法），是为了保障单位、个人依法检举纳税人、扣缴义务人违反税收法律、行政法规行为的权利，规范检举秩序。

所称检举，是指单位、个人采用书信、电话、传真、网络、来访等形式，向税务机关提供纳税人、扣缴义务人税收违法行为线索的行为。

检举税收违法行为的单位、个人称检举人，被检举的纳税人、扣缴义务人称被检举人。检举人可以实名检举，也可以匿名检举。

所称税收违法行为，是指涉嫌逃避缴纳税款，逃避追缴欠税，骗税，虚开、伪造、变造发票，以及其他与逃避缴纳税款相关的税收违法行为。

市（地、州、盟）以上税务局稽查局设立税收违法案件举报中心。国家税务总局稽查局税收违法案件举报中心负责接收税收违法行为检举，督促、指导、协调处理重要检举事项；省、自治区、直辖市、计划单列市和市（地、州、盟）税务局稽查局税收违法案件举报中心负责税收违法行为检举的接收、受理、处理和管理；各级跨区域稽查局和县税务局应当指定行使税收违法案件举报中心职能的部门，负责税收违法行为检举的接收，并按规定职责处理。税务机关应当向社会公布举报中心的电话（传真）号码、通讯地址、邮政编码、网络检举途径，设立检举接待场所和检举箱。税务机关同时通过12366纳税服务热线接收税收违法行为检举。

检举税收违法行为是检举人的自愿行为，检举人因检举而产生的支出应当由其自行承担。检举人在检举过程中应当遵守法律、行政法规等规定；应当对其所提供检举材料的真实性负责，不得捏造、歪曲事实，不得诬告、陷害他人；不得损害国家、社会、集体的利益和其他公民的合法权益。

一、检举事项的接收与受理

1. 检举人检举税收违法行为应当提供被检举人的名称（姓名）、地址（住所）和税收违法行为线索；尽可能提供被检举人统一社会信用代码（身份证件号码），法定代表人、实际控制人信息和其他相关证明资料。鼓励检举人提供书面检举材料。

2. 举报中心接收实名检举，应当准确登记实名检举人信息。检举人以个人名义实名检举应当由其本人提出；以单位名义实名检举应当委托本单位工作人员提出。多人联名进行实名检举的，应当确定第一联系人；未确定的，以检举材料的第一署名人为第一联系人。

3. 12366纳税服务热线接收电话检举后,应当按照以下分类转交相关部门:

(1) 符合本办法规定的检举事项,应当及时转交举报中心。

(2) 对应开具而未开具发票、未申报办理税务登记及其他轻微税收违法行为的检举事项,按照有关规定直接转交被检举人主管税务机关相关业务部门处理。

(3) 其他检举事项转交有处理权的单位或者部门。

税务机关的其他单位或者部门接到符合本办法规定的检举材料后,应当及时转交举报中心。

4. 以来访形式实名检举的,检举人应当提供营业执照、居民身份证等有效身份证件的原件和复印件。以来信、网络、传真形式实名检举的,检举人应当提供营业执照、居民身份证等有效身份证件的复印件。以电话形式要求实名检举的,税务机关应当告知检举人采取前述第1、第2项的形式进行检举。检举人未采取前述第1、第2项的形式进行检举的,视同匿名检举。举报中心可以应来访的实名检举人要求出具接收回执;对多人联名进行实名来访检举的,向其确定的第一联系人或者第一署名人出具接收回执。

5. 来访检举应当到税务机关设立的检举接待场所;多人来访提出相同检举事项的,应当推选代表,代表人数应当在3人以内。

6. 接收来访口头检举,应当准确记录检举事项,交检举人阅读或者向检举人宣读确认。实名检举的,由检举人签名或者盖章;匿名检举的,应当记录在案。接收电话检举,应当细心接听、询问清楚、准确记录。接收电话、来访检举,经告知检举人后可以录音、录像。接收书信、传真等书面形式检举,应当保持检举材料的完整,及时登记处理。

7. 税务机关应当合理设置检举接待场所。检举接待场所应当与办公区域适当分开,配备使用必要的录音、录像等监控设施,保证监控设施对接待场所全覆盖并正常运行。

8. 举报中心对接收的检举事项,应当及时审查,有下列情形之一的,不予受理:

(1) 无法确定被检举对象,或者不能提供税收违法行为线索的。

(2) 检举事项已经或者依法应当通过诉讼、仲裁、行政复议以及其他法定途径解决的。

(3) 对已经查结的同一检举事项再次检举,没有提供新的有效线索的。

除前款规定外,举报中心自接收检举事项之日起即为受理。

举报中心可以应实名检举人要求,视情况采取口头或者书面方式解释不予受理的原因。

国家税务总局稽查局举报中心对本级收到的检举事项应当进行甄别。对本办法规定以外的检举事项,转送有处理权的单位或者部门;对本办法规定范围内的检举事项,按属地管理原则转送相关举报中心,由该举报中心审查并决定是否受理。国家税务总局稽查局举报中心应当定期向相关举报中心了解所转送检举事项的受理情况,对应受理未受理的应予以督办。

9. 未设立稽查局的县税务局受理的检举事项,符合本办法第三条规定的,提交上一级税务局稽查局举报中心统一处理。各级跨区域稽查局受理的检举事项,符合本办法第三条规定的,提交同级税务局稽查局备案后处理。

10. 检举事项管辖有争议的,由争议各方本着有利于案件查处的原则协商解决;不能协商一致的,报请共同的上一级税务机关协调或者决定。

二、检举事项的处理

1. 检举事项受理后,应当分级分类,按照以下方式处理:

(1) 检举内容详细、税收违法行为线索清楚、证明资料充分的,由稽查局立案检查。

(2) 检举内容与线索较明确但缺少必要证明资料,有可能存在税收违法行为的,由稽查局调查核实。发现存在税收违法行为的,立案检查;未发现的,作查结处理。

(3) 检举对象明确,但其他检举事项不完整或者内容不清、线索不明的,可以暂存待查,待检举人将情况补充完整以后,再进行处理。

(4) 已经受理尚未查结的检举事项,再次检举的,可以合并处理。

(5) 涉嫌逃避缴纳税款,逃避追缴欠税,骗税,虚开、伪造、变造发票,以及其他与逃避缴纳税款相关的税收违法行为规定以外的检举事项,转交有处理权的单位或者部门。

2. 举报中心可以以税务机关或者以自己的名义向下级税务机关督办、交办检举事项。

3. 举报中心应当在检举事项受理之日起 15 个工作日内完成分级分类处理,特殊情况除外。查处部门应当在收到举报中心转来的检举材料之日起 3 个月内办理完毕;案情复杂无法在期限内办理完毕的,可以延期。

4. 税务局稽查局对督办案件的处理结果应当认真审查。对于事实不清、处理不当的,应当通知承办机关补充调查或者重新调查,依法处理。

▶【例 13-4】对税收违法案件检举事项的下列处理方式中,符合税法规定的是(   )。

A. 举报人不能提供税收违法行为线索的,暂存待查

B. 再次检举已经受理且尚未查结的检举事项的,可合并处理

C. 检举事项已经通过诉讼途径解决的,由税务局所属稽查局立案

D. 对已查结的同一检举事项再次检举且未提供新的有效线索的,由举报中心调查核实

【答案】B

三、检举事项的管理

1. 举报中心应当严格管理检举材料,逐件登记已受理检举事项的主要内容、办理情况和检举人、被检举人的基本情况。

2. 已接收的检举材料原则上不予退还。不予受理的检举材料,登记检举事项的基本信息和不予受理原因后,经本级稽查局负责人批准可以销毁。

3. 暂存待查的检举材料,若在受理之日起 2 年内未收到有价值的补充材料,可以销毁。

4. 督办案件的检举材料应当专门管理,并按照规定办理督办案件材料的转送、报告等具体事项。

5. 检举材料的保管和整理,应当按照档案管理的有关规定办理。

6. 举报中心每年度对检举案件和有关事项的数量、类别及办理情况等进行汇总分析,形成年度分析报告,并按规定报送。

四、检举人的答复和奖励

1. 实名检举人可以要求答复检举事项的处理情况与查处结果。实名检举人要求答复处理情况时，应当配合核对身份；要求答复查处结果时，应当出示检举时所提供的有效身份证件。举报中心可以视具体情况采取口头或者书面方式答复实名检举人。

2. 实名检举事项的处理情况，由作出处理行为的税务机关的举报中心答复。将检举事项督办、交办、提交或者转交的，应当告知去向；暂存待查的，应当建议检举人补充资料。

3. 实名检举事项的查处结果，由负责查处的税务机关的举报中心答复。实名检举人要求答复检举事项查处结果的，检举事项查结以后，举报中心可以将与检举线索有关的查处结果简要告知检举人，但不得告知其检举线索以外的税收违法行为的查处情况，不得提供执法文书及有关案情资料。

4. 12366 纳税服务热线接收检举事项并转交举报中心或者相关业务部门后，可以应检举人要求将举报中心或者相关业务部门反馈的受理情况告知检举人。

5. 检举事项经查证属实，为国家挽回或者减少损失的，按照财政部和国家税务总局的有关规定对实名检举人给予相应奖励。

五、权利保护

1. 检举人不愿提供个人信息或者不愿公开检举行为的，税务机关应当予以尊重和保密。
2. 税务机关应当在职责范围内依法保护检举人、被检举人的合法权益。
3. 税务机关工作人员与检举事项或者检举人、被检举人有直接利害关系的，应当回避。

检举人有正当理由并且有证据证明税务机关工作人员应当回避的，经本级税务机关负责人或者稽查局负责人批准以后，予以回避。

4. 税务机关工作人员必须严格遵守以下保密规定：

（1）检举事项的受理、登记、处理及查处，应当依照国家有关法律、行政法规等规定严格保密，并建立健全工作责任制，不得私自摘抄、复制、扣压、销毁检举材料。

（2）严禁泄露检举人的姓名、身份、单位、地址、联系方式等情况，严禁将检举情况透露给被检举人及与案件查处无关的人员。

（3）调查核实情况和立案检查时不得出示检举信原件或者复印件，不得暴露检举人的有关信息，对匿名的检举书信及材料，除特殊情况以外，不得鉴定笔迹。

（4）宣传报道和奖励检举有功人员，未经检举人书面同意，不得公开检举人的姓名、身份、单位、地址、联系方式等情况。

六、法律责任

1. 税务机关工作人员违反本办法规定，将检举人的检举材料或者有关情况提供给被检举人或者与案件查处无关人员的，依法给予行政处分。

2. 税务机关工作人员打击报复检举人的，视情节和后果，依法给予行政处分；涉嫌犯罪的，移送司法机关依法处理。

3. 税务机关工作人员不履行职责、玩忽职守、徇私舞弊，给检举工作造成损失的，应当给予批评教育；情节严重的，依法给予行政处分并调离工作岗位；涉嫌犯罪的，移送司法机关依法处理。

4. 税收违法检举案件中涉及税务机关或者税务人员违纪违法问题的，应当按照规定移送有关部门依纪依法处理。

5. 检举人违反本办法规定的，税务机关工作人员应当对检举人进行劝阻、批评和教育；经劝阻、批评和教育无效的，可以联系有关部门依法处理。

七、其他事项

1. 前述所称的检举事项查结，是指检举案件的结论性文书生效，或者检举事项经调查核实后未发现税收违法行为。

2. 国家税务总局各省、自治区、直辖市和计划单列市税务局可以根据本办法制定具体的实施办法。

3. 本办法自 2020 年 1 月 1 日起施行。

第九节　涉税专业服务监管办法与基本准则

一、涉税专业服务监管办法（试行）

（一）出台背景与目的

为贯彻落实国务院简政放权、放管结合、优化服务工作要求，维护国家税收利益，保护纳税人合法权益，规范涉税专业服务，依据《中华人民共和国税收征收管理法》及其实施细则和国务院有关决定，制定本办法。本办法自 2017 年 9 月 1 日起施行。

税务机关对涉税专业服务机构在中华人民共和国境内从事涉税专业服务进行监管。

（二）相关定义

涉税专业服务是指涉税专业服务机构接受委托，利用专业知识和技能，就涉税事项向委托人提供的税务代理等服务。

涉税专业服务机构是指税务师事务所和从事涉税专业服务的会计师事务所、律师事务所、代理记账机构、税务代理公司、财税类咨询公司等机构。

（三）具体办法详细内容

1. 涉税专业服务机构可以从事下列涉税业务：

（1）纳税申报代理。对纳税人、扣缴义务人提供的资料进行归集和专业判断，代理纳税人、扣缴义务人进行纳税申报准备和签署纳税申报表、扣缴税款报告表以及相关文件。

（2）一般税务咨询。对纳税人、扣缴义务人的日常办税事项提供税务咨询服务。

（3）专业税务顾问。对纳税人、扣缴义务人的涉税事项提供长期的专业税务顾问服务。

（4）税收策划。对纳税人、扣缴义务人的经营和投资活动提供符合税收法律法规及相关规定的纳税计划、纳税方案。

（5）涉税鉴证。按照法律、法规以及依据法律、法规制定的相关规定要求，对涉税事项真实性和合法性出具鉴定和证明。

（6）纳税情况审查。接受行政机关、司法机关委托，依法对企业纳税情况进行审查，作出专业结论。

（7）其他税务事项代理。接受纳税人、扣缴义务人的委托，代理建账记账、发票领用、减免退税申请等税务事项。

（8）其他涉税服务。

上述第（3）项至第（6）项涉税业务，应当由具有税务师事务所、会计师事务所、律师事务所资质的涉税专业服务机构从事，相关文书应由税务师、注册会计师、律师签字，并承担相应的责任。

2. 涉税专业服务机构从事涉税业务，应当遵守税收法律、法规及相关税收规定，遵循涉税专业服务业务规范。

涉税专业服务机构为委托人出具的各类涉税报告和文书，由双方留存备查，其中，税收法律、法规及国家税务总局规定报送的，应当向税务机关报送。

3. 税务机关应当对税务师事务所实施行政登记管理。未经行政登记不得使用"税务师事务所"名称，不能享有税务师事务所的合法权益。

税务师事务所合伙人或者股东由税务师、注册会计师、律师担任，税务师占比应高于50%，国家税务总局另有规定的除外。

税务师事务所办理商事登记后，应当向省税务机关办理行政登记。省税务机关准予行政登记的，颁发《税务师事务所行政登记证书》，并将相关资料报送国家税务总局，抄送省税务师行业协会。不予行政登记的，书面通知申请人，说明不予行政登记的理由。

税务师事务所行政登记流程（规范）另行制定。

从事涉税专业服务的会计师事务所和律师事务所，依法取得会计师事务所执业证书或律师事务所执业许可证，视同行政登记。

4. 税务机关对涉税专业服务机构及其从事涉税服务人员进行实名制管理。

税务机关依托金税三期应用系统，建立涉税专业服务管理信息库。综合运用从金税三期核心征管系统采集的涉税专业服务机构的基本信息、涉税专业服务机构报送的人员信息和经纳税人（扣缴义务人）确认的实名办税（自有办税人员和涉税专业服务机构代理办税人员）信息，建立对涉税专业服务机构及其从事涉税服务人员的分类管理，确立涉税专业服务机构及其从事涉税服务人员与纳税人（扣缴义务人）的代理关系，区分纳税人自有办税人员和涉税专业服务机构代理办税人员，实现对涉税专业服务机构及其从事涉税服务人员和纳税人（扣缴义务人）的全面动态实名信息管理。

涉税专业服务机构应当向税务机关提供机构和从事涉税服务人员的姓名、身份证号、专业资格证书编号、业务委托协议等实名信息。

5. 税务机关应当建立业务信息采集制度，利用现有的信息化平台分类采集业务信息，加强内部信息共享，提高分析利用水平。

涉税专业服务机构应当以年度报告形式,向税务机关报送从事涉税专业服务的总体情况。

税务师事务所、会计师事务所、律师事务所从事专业税务顾问、税收策划、涉税鉴证、纳税情况审查业务,应当向税务机关单独报送相关业务信息。

6. 税务机关对涉税专业服务机构从事涉税专业服务的执业情况进行检查,根据举报、投诉情况进行调查。

7. 税务机关应当建立信用评价管理制度,对涉税专业服务机构从事涉税专业服务情况进行信用评价,对其从事涉税服务人员进行信用记录。

税务机关应以涉税专业服务机构的纳税信用为基础,结合委托人纳税信用、纳税人评价、税务机关评价、实名办税、业务规模、服务质量、执业质量检查、业务信息质量等情况,建立科学合理的信用评价指标体系,进行信用等级评价或信用记录,具体办法见后续"二、涉税专业服务信用评价管理办法"。

8. 税务机关应当加强对税务师行业协会的监督指导,与其他相关行业协会建立工作联系制度。

税务机关可以委托行业协会对涉税专业服务机构从事涉税专业服务的执业质量进行评价。

全国税务师行业协会负责拟制涉税专业服务业务规范(准则、规则),报国家税务总局批准后施行。

9. 税务机关应当在门户网站、电子税务局和办税服务场所公告纳入监管的涉税专业服务机构名单及其信用情况,同时公告未经行政登记的税务师事务所名单。

10. 涉税专业服务机构及其涉税服务人员有下列情形之一的,由税务机关责令限期改正或予以约谈;逾期不改正的,由税务机关降低信用等级或纳入信用记录,暂停受理所代理的涉税业务(暂停时间不超过6个月);情节严重的,由税务机关纳入涉税服务失信名录,予以公告并向社会信用平台推送,其所代理的涉税业务,税务机关不予受理:

(1) 使用税务师事务所名称未办理行政登记的。
(2) 未按照办税实名制要求提供涉税专业服务机构和从事涉税服务人员实名信息的。
(3) 未按照业务信息采集要求报送从事涉税专业服务有关情况的。
(4) 报送信息与实际不符的。
(5) 拒不配合税务机关检查、调查的。
(6) 其他违反税务机关监管规定的行为。

税务师事务所有上述第(1)项情形且逾期不改正的,省税务机关应当提请市场监管部门吊销其营业执照。

11. 涉税专业服务机构及其涉税服务人员有下列情形之一的,由税务机关列为重点监管对象,降低信用等级或纳入信用记录,暂停受理所代理的涉税业务(暂停时间不超过六个月);情节较重的,由税务机关纳入涉税服务失信名录,予以公告并向社会信用平台推送,其所代理的涉税业务,税务机关不予受理;情节严重的,其中,税务师事务所由省税务机关宣布《税务师事务所行政登记证书》无效,提请市场监管部门吊销其营业执照,提请全国税务师行业协会取消税务师职业资格证书登记、收回其职业资格证书并向社会公告，其他涉税服务机构及其从事涉税服务人员由税务机关提请其他行业主管部门及行业协会予以相应处理：

（1）违反税收法律、行政法规，造成委托人未缴或者少缴税款，按照《中华人民共和国税收征收管理法》及其实施细则相关规定被处罚的。

（2）未按涉税专业服务相关业务规范执业，出具虚假意见的。

（3）采取隐瞒、欺诈、贿赂、串通、回扣等不正当竞争手段承揽业务，损害委托人或他人利益的。

（4）利用服务之便，谋取不正当利益的。

（5）以税务机关和税务人员的名义敲诈纳税人、扣缴义务人的。

（6）向税务机关工作人员行贿或者指使、诱导委托人行贿的。

（7）其他违反税收法律法规的行为。

12. 税务机关应当为涉税专业服务机构提供便捷的服务，依托信息化平台为信用等级高的涉税专业服务机构开展批量纳税申报、信息报送等业务提供便利化服务。

13. 税务机关所需的涉税专业服务，应当通过政府采购方式购买。

税务机关和税务人员不得参与或违规干预涉税专业服务机构经营活动。

14. 税务师行业协会应当加强税务师行业自律管理，提高服务能力、强化培训服务，促进转型升级和行业健康发展。

税务师事务所自愿加入税务师行业协会。从事涉税专业服务的会计师事务所、律师事务所、代理记账机构除加入各自行业协会接受行业自律管理外，可自愿加入税务师行业协会税务代理人分会；鼓励其他没有加入任何行业协会的涉税专业服务机构自愿加入税务师行业协会税务代理人分会。

15. 各省税务机关依据本办法，结合本地实际，制定涉税专业服务机构从事涉税专业服务的具体实施办法。

二、涉税专业服务信用评价管理办法（试行）

（一）出台背景与目的

为加强涉税专业服务信用管理，促进涉税专业服务机构及其从事涉税服务人员依法诚信执业，提高税法遵从度，依据《涉税专业服务监管办法（试行）》，制定本办法。本办法自2018年1月1日起施行。

（二）相关定义

涉税专业服务信用管理，是指税务机关对涉税专业服务机构从事涉税专业服务情况进行信用评价，对从事涉税服务人员的执业行为进行信用记录。

涉税专业服务机构信用评价实行信用积分和信用等级相结合方式。从事涉税服务人员信用记录实行信用积分和执业负面记录相结合方式。

（三）具体办法详细内容

1. 国家税务总局主管全国涉税专业服务信用管理工作。省以下税务机关负责所辖地区涉税专业服务信用管理工作的组织和实施。

2. 税务机关根据社会信用体系建设需要，建立与财政、司法等行业主管部门和注册会计师协会、律师协会、代理记账协会等行业协会的工作联系制度和信息交换制度，完善涉税专业服务的信用评价机制，推送相关信用信息，推进部门信息共享、部门联合守信激励和失信惩戒。

3. 税务机关依托涉税专业服务管理信息库采集信用指标信息，由全国涉税专业服务信用信息平台按照《涉税专业服务机构信用积分指标体系及积分规则》和《从事涉税服务人员个人信用积分指标体系及积分记录规则》对采集的信用信息进行计算处理，自动生成涉税专业服务机构信用积分和从事涉税服务人员信用积分。

全国涉税专业服务信用信息平台由国家税务总局建设和部署。

《从事涉税服务人员个人信用积分指标体系及积分记录规则》另行发布。

4. 涉税专业服务信用信息分为涉税专业服务机构信用信息和从事涉税服务人员信用信息。

涉税专业服务机构信用信息包括：纳税信用、委托人纳税信用、纳税人评价、税务机关评价、实名办税、业务规模、服务质量、业务信息质量、行业自律、人员信用等。

从事涉税服务人员信用信息包括：基本信息、执业记录、不良记录、纳税记录等。

5. 涉税专业服务管理信息库依托金税三期应用系统，从以下渠道采集信用信息：

（1）涉税专业服务机构和从事涉税服务人员报送的信息。

（2）税务机关税收征管过程中产生的信息和涉税专业服务监管过程中产生的信息。

（3）其他行业主管部门和行业协会公开的信息。

涉税专业服务机构跨区域从事涉税专业服务的相关信用信息，归集到机构所在地。

6. 涉税专业服务机构信用积分为评价周期内的累计积分，按月公告，下一个评价周期重新积分。评价周期为每年1月1日至12月31日。

第一个评价周期信用积分的基础分为涉税专业服务机构当前纳税信用得分，以后每个评价周期的基础分为该机构上一评价周期信用积分的百分制得分。涉税专业服务机构未参加纳税信用级别评价的，第一个评价周期信用积分的基础分按照70分计算。

7. 省、自治区、直辖市和计划单列市税务机关（以下简称省税务机关）根据信用积分和信用等级标准对管辖的涉税专业服务机构进行信用等级评价。在一个评价周期内新设立的涉税专业服务机构，不纳入信用等级评价范围。每年4月30日前完成上一个评价周期信用等级评价工作。信用等级评价结果自产生之日起，有效期为一年。

8. 涉税专业服务机构信用（Tax Service Credit，TSC）按照从高到低顺序分为五级，分别是TSC5级、TSC4级、TSC3级、TSC2级和TSC1级。涉税专业服务机构信用积分满分为500分，涉税专业服务机构信用等级标准如下：

（1）TSC5级为信用积分400分以上的。

（2）TSC4级为信用积分300分以上不满400分的。

（3）TSC3级为信用积分200分以上不满300分的。

（4）TSC2级为信用积分100分以上不满200分的。

（5）TSC1级为信用积分不满100分的。

9. 税务机关对涉税专业服务机构违反《涉税专业服务监管办法（试行）》第10项、第11项规定进行处理的，根据处理结果和《涉税专业服务机构信用积分指标体系及积分规则》，进行积分扣减和降低信用等级。

对从事涉税服务人员违反《涉税专业服务监管办法（试行）》第10项、第11项规定进行处理的，根据处理结果和《从事涉税服务人员个人信用积分指标体系及积分记录规则》，进行积分扣减和执业负面记录。

10. 税务机关对涉税专业服务机构和从事涉税服务人员违反《涉税专业服务监管办法（试行）》第10项、第11项规定的情形进行分类处理。属于严重违法违规情形的，纳入涉税服务失信名录，期限为2年，到期自动解除。

税务机关在将涉税专业服务机构和从事涉税服务人员列入涉税服务失信名录前，应当依法对其行为是否确属严重违法违规的情形进行核实，确认无误后向当事人送达告知书，告知当事人将其列入涉税服务失信名录的事实、理由和依据。当事人无异议的，列入涉税服务失信名录；当事人有异议且提出申辩理由、证据的，税务机关应当进行复核后予以确定。

11. 税务机关应当在门户网站、电子税务局和办税服务场所公告下列信息：

（1）涉税专业服务机构信用积分。

（2）涉税服务失信名录。

12. 税务机关应当通过门户网站、电子税务局等渠道提供涉税专业服务信用信息查询服务。

纳税人可以查询涉税专业服务机构的涉税专业服务信用等级和从事涉税服务人员的信用积分；涉税专业服务机构可以查询本机构的涉税专业服务信用等级及积分明细和所属从事涉税服务人员的信用积分；从事涉税服务人员可以查询本人的信用积分明细。

13. 省税务机关应当建立涉税专业服务信用积分、信用等级和执业负面记录的复核工作制度，明确工作程序，保障申请人正当权益。

14. 税务机关建立涉税专业服务信用管理与纳税服务、税收风险管理联动机制，根据涉税专业服务机构和从事涉税服务人员信用状况，实施分类服务和监管。

涉税专业服务机构的涉税专业服务信用影响其自身的纳税信用。

15. 对达到TSC5级的涉税专业服务机构，税务机关采取下列激励措施：

（1）开通纳税服务绿色通道，对其所代理的纳税人发票可以按照更高的纳税信用级别管理。

（2）依托信息化平台为涉税专业服务机构开展批量纳税申报、信息报送等业务提供便利化服务。

（3）在税务机关购买涉税专业服务时，同等条件下优先考虑。

16. 对达到TSC4级、TSC3级的涉税专业服务机构，税务机关实施正常管理，适时进行税收政策辅导，并视信用积分变化，选择性地提供激励措施。

17. 对涉税专业服务信用等级为TSC2级、TSC1级的涉税专业服务机构，税务机关采取以下措施：

（1）实行分类管理，对其代理的纳税人税务事项予以重点关注。

（2）列为重点监管对象。

（3）向其委托方纳税人主管税务机关推送风险提示。

(4) 涉税专业服务协议信息采集，必须由委托人、受托人双方到税务机关现场办理。

18. 对纳入涉税服务失信名录的涉税专业服务机构和从事涉税服务人员，税务机关采取以下措施：

(1) 予以公告并向社会信用平台推送。

(2) 向其委托方纳税人、委托方纳税人主管税务机关进行风险提示。

(3) 不予受理其所代理的涉税业务。

19. 各省税务机关可以依据本办法制定具体实施办法。

三、涉税专业服务基本准则（试行）

（一）出台背景与目的

为了规范涉税专业服务行为，保障服务质量，维护国家税收利益和涉税专业服务当事人合法权益，根据《税收征收管理法》及其实施细则和《涉税专业服务监管办法（试行）》，制定本准则。本准则自2023年10月1日起施行。

涉税专业服务机构及其涉税服务人员在中华人民共和国境内从事涉税专业服务应当遵守本准则。

（二）相关定义

1. 所称涉税专业服务机构是指税务师事务所和从事涉税专业服务的会计师事务所、律师事务所、代理记账机构、税务代理公司、财税类咨询公司等机构。

所称涉税服务人员是指在涉税专业服务机构中从事涉税专业服务的人员。

所称涉税专业服务是指涉税专业服务机构接受委托，利用专业知识和技能，就涉税事项向委托人提供的税务代理等服务。

2. 涉税专业服务包括纳税申报代理、一般税务咨询、专业税务顾问、税收策划、涉税鉴证、纳税情况审查、其他税务事项代理、发票服务和其他涉税服务等。

（三）具体办法详细内容

1. 涉税专业服务机构及其涉税服务人员应当拥护中国共产党领导，坚持正确政治方向。

2. 涉税专业服务机构及其涉税服务人员应当按照法律、行政法规、部门规章及规范性文件（以下简称法律法规）从事涉税专业服务，接受税务机关行政监管和相关行业协会自律监管。

3. 涉税专业服务机构应当按照规定向税务机关报送机构基本信息及其涉税服务人员的身份信息和执业资质信息。

4. 涉税专业服务机构及其涉税服务人员应当以真实身份开展涉税专业服务。

5. 涉税专业服务机构及其涉税服务人员应当诚实守信、正直自律、勤勉尽责，遵守职业道德，维护行业形象。

6. 从事涉税专业服务应当遵循独立、客观、公正、规范原则。

7. 涉税专业服务机构应当建立质量管理制度和风险控制机制，保障执业质量，降低执业风险。

8. 涉税专业服务机构承接业务，一般包括业务环境评估、承接条件判断、服务协议签订、业务人员确定等程序。

9. 涉税专业服务机构在承接业务前，应当根据委托事项了解委托人的基本情况，如主体登记、运行情况、诚信状况和内部控制等。

委托事项涉及第三方的，应当延伸了解第三方的基本情况。

10. 涉税专业服务机构应当通过以下判断确定是否承接业务：

（1）委托方的委托目的是否合法合理。

（2）委托事项所属的业务类别。

（3）承接专业税务顾问、税收策划、涉税鉴证、纳税情况审查业务的，是否具备相应的资质。

（4）承接涉税鉴证和纳税情况审查业务是否符合独立性原则。

（5）是否具备承接该业务的专业胜任能力。

11. 承接业务应当与委托方签订服务协议。服务协议一般应当明确服务内容、服务方式、服务期限、服务费用、成果形式及用途、权利义务、违约责任、争议解决以及其他需要载明的事项。

12. 涉税专业服务机构应当根据承接业务内容委派具备专业胜任能力的人员执行业务，根据业务需要可以聘请外部专家。

委派的人员和聘请的外部专家应当符合执业要求和回避制度。

13. 业务实施主要包括业务计划编制、资料收集评估、法律法规适用、业务成果形成、业务成果复核、业务成果交付、业务记录形成、业务档案归集等程序。

14. 开展业务应当根据服务协议约定编制业务计划，主要内容包括业务事项、执行程序、时间安排、人员分工、业务成果交付、风险管理及其他相关事项。

业务计划可以根据业务执行情况适时调整。

15. 开展业务应当根据执业需要充分、适当地取得并归集与业务内容相关的资料（包括单证、报表、文件和相关数据等），评估业务资料的关联性、合法性、真实性、完整性，并根据需要进行补充或调整。

16. 开展业务应当依据业务事实进行专业判断，确定适用的法律法规。

17. 开展业务应当根据服务协议约定以及质量管理要求，执行必要的业务程序，形成业务成果。

业务成果应当根据具体业务类型选择恰当的形式，一般包括业务报告、专业意见、办税表单以及留存备查资料等形式。

业务成果应当事实清楚、证据充分、依据正确、程序合法、内容恰当、结论正确。

18. 涉税专业服务机构应当根据质量管理要求建立业务成果复核制度。

专业税务顾问、税收策划、涉税鉴证、纳税情况审查专项业务应当实施两级以上复核。

19. 涉税专业服务机构应当按照协议约定交付业务成果。

出具书面业务报告或专业意见的，应当加盖机构印章后交付委托人。

专业税务顾问、税收策划、涉税鉴证和纳税情况审查四类业务成果,应当由承办业务的税务师、注册会计师或者律师签章。

出具办税表单、留存备查资料等其他形式的,应当按照约定方式交付委托人。

20. 涉税专业服务机构应当建立业务记录制度,记录执业过程并形成工作底稿。

工作底稿应当内容完整、重点突出、逻辑清晰、结论明确。

21. 涉税专业服务完成后,应当整理业务协议、业务成果、工作底稿等相关资料,于业务完成后60日内形成电子或纸质的业务档案,并保证档案的真实、完整。

22. 涉税专业服务机构应当建立档案管理制度,保障电子或纸质档案安全,按照法律法规规定合理确定档案保管期限,最低不少于10年。

23. 未经委托人同意,涉税专业服务机构不得向任何第三方提供业务档案,但下列情况除外:

(1) 税务机关实施涉税专业服务行政监管需要查阅的。

(2) 税务机关依法开展税务检查需要查阅的。

(3) 法律、行政法规另有规定的。

24. 涉税专业服务机构及其涉税服务人员向委托人提供社会保险费和由税务机关征收的非税收入服务的,可以参照本准则执行。

四、涉税专业服务职业道德守则(试行)

(一)出台背景与目的

为了规范涉税专业服务机构及其涉税服务人员执业行为,提高涉税专业服务行业职业道德水准,维护职业形象,根据《涉税专业服务基本准则(试行)》制定本守则。

本守则自2023年10月1日起施行。

(二)具体办法详细内容

1. 涉税专业服务机构及其涉税服务人员在中华人民共和国境内从事涉税专业服务应当遵守本守则。

2. 从事涉税专业服务应当诚实守信、正直自律、勤勉尽责。

3. 从事涉税专业服务应当遵守法律、行政法规、部门规章及规范性文件(以下简称法律法规)的要求,履行服务协议的约定。

不得采取隐瞒、欺诈、贿赂、串通、回扣、不当承诺、恶意低价和虚假宣传等不正当手段承揽业务;不得歪曲解读税收政策;不得诱导、帮助委托人实施涉税违法违规活动。

4. 从事涉税专业服务应当自觉维护职业形象,廉洁从业。

5. 从事涉税专业服务应当遵循客观公正原则,基于业务事实,遵守法律法规。

6. 从事涉税专业服务应当秉持专业精神和职业操守。

从事涉税鉴证、纳税情况审查服务,不得与被鉴证人、被审查人存在影响独立性的利益关系。

7. 对委托事项存在涉及税收违法违规风险的，应当提醒委托人排除，并审慎评估对业务开展的影响。

8. 涉税服务人员应当通过继续教育、业务培训等途径持续掌握和更新法律法规、办税实务和信息技术等方面的专业知识和技能，保持专业胜任能力。

9. 从事涉税专业服务应当依照法律法规规定和协议约定，对涉税专业服务过程中知悉的国家安全信息、个人隐私和个人信息、商业秘密予以保密。

10. 从事涉税专业服务应当有效保护和合法合规使用涉税专业服务过程中知悉的涉税数据，不得利用涉税数据谋取不正当利益。

第十节 税务文书电子送达规定

一、出台背景与目的

制定《税务文书电子送达规定》（以下简称本规定），是为了进一步便利纳税人办税，保护纳税人合法权益，提高税收征管效率，减轻征纳双方负担。本规定自2020年4月1日起施行。

二、相关定义

所称电子送达，是指税务机关通过电子税务局等特定系统（以下简称特定系统）向纳税人、扣缴义务人（以下简称受送达人）送达电子版式税务文书。

三、具体办法详细内容

1. 经受送达人同意，税务机关可以采用电子送达方式送达税务文书。

电子送达与其他送达方式具有同等法律效力。受送达人可以据此办理涉税事宜，行使权利、履行义务。

2. 受送达人同意采用电子送达的，签订《税务文书电子送达确认书》。《税务文书电子送达确认书》包括电子送达的文书范围、效力、渠道和其他需要明确的事项。

受送达人可以登录特定系统直接签订电子版《税务文书电子送达确认书》，也可以到税务机关办税服务厅签订纸质版《税务文书电子送达确认书》，由税务机关及时录入相关系统。

3. 税务机关采用电子送达方式送达税务文书的，以电子版式税务文书到达特定系统受送达人端的日期为送达日期，特定系统自动记录送达情况。

4. 税务机关向受送达人送达电子版式税务文书后，通过电话、短信等方式发送提醒信息。提醒服务不影响电子文书送达的效力。

受送达人及时登录特定系统查阅电子版式税务文书。

5. 受送达人需要纸质税务文书的,可以通过特定系统自行打印,也可以到税务机关办税服务厅打印。

6. 税务处理决定书、税务行政处罚决定书(不含简易程序处罚)、税收保全措施决定书、税收强制执行决定书、阻止出境决定书以及税务稽查、税务行政复议过程中使用的税务文书等暂不适用本规定。

第十四章 税务行政法制

税务行政法制是规范税务执法机关和工作人员执法行为的基本规范，是保护纳税人合法权益的司法保障。税务行政法制的基本内容包括税务行政处罚、税务行政复议和税务行政诉讼三个部分。

第一节 税务行政处罚

为了保障和监督行政机关有效实施行政管理，保护公民、法人和其他组织的合法权益，1996年3月17日第八届全国人民代表大会第四次会议通过了《中华人民共和国行政处罚法》（以下简称《行政处罚法》），于1996年10月1日实施。《行政处罚法》的颁布实施，进一步完善了我国的社会主义民主法制制度。《行政处罚法》多年来经过了三次修订，目前适用的基本规范是2021年1月22日，由第十三届全国人民代表大会常务委员会第二十五次会议修订通过，于2021年7月15日起施行的《行政处罚法》。

税务行政处罚是行政处罚的重要组成部分。为了贯彻实施《行政处罚法》，规范税务行政处罚的实施，保护纳税人和其他税务当事人的合法权益，1996年9月28日国家税务总局发布了《税务行政处罚听证程序实施办法（试行）》，并于1996年10月1日施行。伴随着《行政处罚法》的修订，该办法也进行了相应的调整和完善。

税务行政处罚是指公民、法人或者其他组织有违反税收征收管理秩序的违法行为，尚未构成犯罪，依法应当承担行政责任的，由税务机关给予行政处罚。它包括以下几方面内容。

一、税务行政处罚的原则

（一）法定原则

法定原则包括"依据、设定权、主体和程序"法定四个方面的内容：
1. 对公民和组织实施税务行政处罚必须有法定依据，无明文规定不得处罚。
2. 税务行政处罚必须由法定的国家机关在其职权范围内设定。
3. 税务行政处罚必须由法定的税务机关在其职权范围内实施。
4. 税务行政处罚必须由税务机关按照法定程序实施。

（二）公正、公开原则

公正就是要防止偏听偏信，要使当事人了解其违法行为的性质，并给其申辩的机会。公开，一是指税务行政处罚的规定要公开，凡是需要公开的法律规范都要事先公布；二是指处罚程序要公开，如依法举行听证会等。

（三）以事实为依据原则

任何法律规范的适用必然基于一定的法律行为和事件，法律事实不清或者脱离了法律事实，法律的适用就不可能准确，法律对各种社会关系的调整功能就不可能有效发挥。因此，税务行政处罚必须以事实为依据，以法律为准绳。

（四）过罚相当原则

过罚相当是指在税务行政处罚的设定和实施方面，都要根据税务违法行为的性质、情节、社会危害性的大小而定，防止畸轻畸重或者"一刀切"的行政处罚现象。

（五）处罚与教育相结合原则

税务行政处罚的目的是纠正违法行为，教育公民自觉守法，处罚只是手段。因此，税务机关在实施行政处罚时，要责令当事人改正或者限期改正违法行为，对情节轻微的违法行为也不一定都实施处罚。

（六）监督、制约原则

对税务机关实施行政处罚实行两方面的监督制约。一是内部的监督，如对违法行为的调查与处罚决定的分开，决定罚款的机关与收缴的机构分离，当场作出的处罚决定向所属行政机关备案等。二是外部的监督，包括税务系统上下级之间的监督制约和司法监督，具体体现主要是税务行政复议和行政诉讼。

二、税务行政处罚的设定和种类

（一）税务行政处罚的设定

税务行政处罚的设定是指由特定的国家机关通过一定形式首次独立规定公民、法人或者其他组织的行为规范，并规定违反该行为规范的行政制裁措施。我国现行税收法制的原则是税权集中、税法统一，税收的立法权主要集中在中央。

1. 全国人民代表大会及其常务委员会可以通过法律的形式设定各种税务行政处罚。
2. 国务院可以通过行政法规的形式设定除限制人身自由以外的税务行政处罚。
3. 尚未制定法律、行政法规的，国家税务总局可通过规章的形式设定警告、通报批评或一定数额的行政处罚。罚款的限额由国务院规定。尚未制订法律、行政法规，因行政管理迫切需要依法先以部门规章设定罚款的，设定的罚款数额最高不得超过10万元，且不得超过法律、行政法规对相似违法行为的罚款数额；涉及公民生命健康安全、金融安全且有危害后果的，设定的罚款数额最高不得超过20万元；超过上述限额的，要报国务院批准。

税务局及其以下各级税务机关制定的税收法律、法规、规章以外的规范性文件，在税收法律、法规、规章规定给予行政处罚的行为、种类和幅度的范围内作出具体规定，是一种执行税收法律、法规、规章的行为，不是对税务行政处罚的设定。因此，这类规范性文件与行政处罚法规定的处罚设定原则并不矛盾，是有效的，是可以执行的。

（二）税务行政处罚的种类

根据税务行政处罚的设定原则，税务行政处罚的种类是可变的，它将随着税收法律、法规、规章设定的变化而变化或者增减。根据税法的规定，现行税务行政处罚主要有：1. 罚款；2. 没收财物和违法所得；3. 停止出口退税权；4. 法律、法规和规章规定的其他行政处罚。

三、税务行政处罚的主体与管辖

（一）主体

税务行政处罚的实施主体主要是县以上的税务机关。税务机关是指能够独立行使税收征收管理职权，具有法人资格的行政机关。我国税务机关的组织构成包括国家税务总局；省、自治区、直辖市税务局；地（市、州、盟）税务局；县（市、旗）税务局四级。这些税务机关都具有税务行政处罚主体资格。

各级税务机关的内设机构、派出机构不具处罚主体资格，不能以自己的名义实施税务行政处罚。但是税务所可以实施罚款额在 2 000 元以下（含 2 000 元）的税务行政处罚。这是《税收征收管理法》对税务所的特别授权。

（二）管辖

根据《行政处罚法》和《税收征收管理法》的规定，税务行政处罚由当事人税收违法行为发生地的县（市、旗）以上税务机关管辖。这一管辖原则有以下几层含义：

1. 从税务行政处罚的地域管辖来看，税务行政处罚实行行为发生地原则。只有当事人违法行为发生地的税务机关才有权对当事人实施处罚，其他地方的税务机关则无权实施。

2. 从税务行政处罚的级别管辖来看，必须是县（市、旗）以上的税务机关。法律特别授权的税务所除外。

3. 从税务行政处罚的管辖主体的要求来看，必须有税务行政处罚权。

四、税务行政处罚的简易程序

税务行政处罚的简易程序（又称当场处罚程序），是指税务机关及其执法人员对于公民、法人或者其他组织违反税收征收管理秩序的行为，当场作出税务行政处罚决定的程序。简易程序是由税务行政执法人员当场作出行政处罚决定，简便易行，体现了繁简分流、方便群众、提高效率的精神。

简易程序的适用条件：一是案情简单、违法事实确凿、违法后果比较轻微且有法定依据应当给予处罚的违法行为；二是给予较低数额罚款或警告，较低数额罚款仅适用于对公民处以 200 元以下（含 200 元）、对法人或者其他组织处以 3 000 元以下（含 3 000 元）罚款的违法案件。

符合上述条件，税务行政执法人员当场作出税务行政处罚决定应当按照下列程序进行：

1. 向当事人出示税务行政执法身份证件。
2. 告知当事人受到税务行政处罚的违法事实、依据和陈述申辩权。
3. 听取当事人陈述申辩意见。
4. 填写具有预定格式、编有号码的税务行政处罚决定书，并当场交付当事人。

5. 当事人拒绝签收的,应当在税务行政处罚决定书上注明。
6. 税务行政执法人员当场制作的税务行政处罚决定书,应当报所属税务机关备案。

自2017年11月1日起,税务机关依法对公民、法人或者其他组织当场作出行政处罚决定的,使用修订后的《税务行政处罚决定书(简易)》,不再另行填写《陈述申辩笔录》和《税务文书送达回证》。随着《行政处罚法》的修订,国家税务总局于2021年将《税务行政处罚决定书(简易)》中的简易处罚标准调整为,对公民处以200元以下(含200元)、对法人或者其他组织处以3 000元以下(含3 000元)的处罚标准。2024年,为与新修订的《中华人民共和国行政复议法》(以下简称《行政复议法》)相衔接,国家税务总局又修订了《税务行政处罚决定书(简易)》的式样及相关内容。

税务行政处罚决定书应当包括下列事项:
(1) 税务机关名称。
(2) 编码。
(3) 当事人姓名(名称)、住址等。
(4) 税务违法行为事实、依据。
(5) 税务行政处罚种类、罚款数额。
(6) 作出税务行政处罚决定的时间、地点。
(7) 罚款代收机构名称、地址。
(8) 缴纳罚款期限。
(9) 当事人逾期缴纳罚款是否加处罚款。
(10) 当事人不服税务行政处罚的复议权。
(11) 税务行政执法人员签字或者盖章。

五、税务行政处罚的听证

为了规范税务行政处罚听证程序的实施,保护公民、法人和其他组织的合法权益,根据《行政处罚法》,国家税务总局制定了税务行政处罚听证程序实施办法。税务行政处罚的听证,遵循合法、公正、公开、及时和便民的原则。

1. 税务机关对公民作出2 000元以上(含本数)罚款或者对法人或者其他组织作出1万元以上(含本数)罚款的行政处罚之前,应当向当事人送达《税务行政处罚事项告知书》,告知当事人已经查明的违法事实、证据、行政处罚的法律依据和拟将给予的行政处罚,并告知有要求举行听证的权利。

2. 要求听证的当事人,应当在《税务行政处罚事项告知书》送达后5日内向税务机关书面提出听证;逾期不提出的、视为放弃听证权利。当事人要求听证的,税务机关应当组织听证。

3. 税务机关应当在收到当事人听证要求后15日内举行听证,并在举行听证的7日前将《税务行政处罚听证通知书》送达当事人,通知当事人举行听证的时间、地点、听证主持人的姓名及有关事项。

当事人由于不可抗力或者其他特殊情况而耽误提出听证期限的,在障碍消除后5日以内,可以申请延长期限。申请是否准许,由组织听证的税务机关决定。

4. 当事人提出听证后，税务机关发现自己拟作的行政处罚决定对事实认定有错误或者偏差，应当予以改变，并及时向当事人说明。

5. 税务行政处罚的听证，由税务机关负责人指定的非本案调查机构的人员主持，当事人、本案调查人员及其他有关人员参加。

听证主持人应当依法行使职权，不受任何组织和个人的干涉。

6. 当事人可以亲自参加听证，也可以委托一至二人代理。当事人委托代理人参加听证的，应当向其代理人出具代理委托书。代理委托书应当注明有关事项，并经税务机关或者听证主持人审核确认。

7. 当事人认为听证主持人与本案有直接利害关系的，有权申请回避。回避申请，应当在举行听证的3日前向税务机关提出，并说明理由。

听证主持人是本案当事人的近亲属，或者认为自己与本案有直接利害关系或其他关系可能影响公正听证的，应当自行提出回避。

8. 听证主持人的回避，由组织听证的税务机关负责人决定。

对驳回申请回避的决定，当事人可以申请复核一次。

9. 税务行政处罚听证应当公开进行。但是涉及国家秘密、商业秘密或者个人隐私的，听证不公开进行。

对公开听证的案件，应当先期公告当事人和本案调查人员的姓名、案由和听证的时间、地点。

公开进行的听证，应当允许群众旁听。经听证主持人许可，旁听群众可以发表意见。

对不公开听证的案件，应当宣布不公开听证的理由。

10. 当事人或者其代理人应当按照税务机关的通知参加听证，无正当理由不参加的，视为放弃听证权利。听证应当予以终止。

本案调查人员有前款规定情形的，不影响听证的进行。

11. 听证开始时，听证主持人应当首先声明并出示税务机关负责人授权主持听证的决定，然后查明当事人或者其代理人、本案调查人员、证人及其他有关人员是否到场，宣布案由；宣布听证会的组成人员名单；告知当事人有关的权利义务。记录员宣读听证会场纪律。

12. 听证过程中，由本案调查人员就当事人的违法行为予以指控，并出示事实证据材料，提出行政处罚建议。当事人或者其代理人可以就所指控的事实及相关问题进行申辩和质证。

听证主持人可以对本案所及事实进行询问，保障控辩双方充分陈述事实，发表意见，并就各自出示的证据的合法性、真实性进行辩论。辩论先由本案调查人员发言，再由当事人或者其代理人答辩，然后双方相互辩论。

辩论终结，听证主持人可以再就本案的事实、证据及有关问题向当事人或者其代理人、本案调查人员征求意见。当事人或者其代理人有最后陈述的权利。

13. 听证主持人认为证据有疑问无法听证辨明，可能影响税务行政处罚的准确公正的，可以宣布中止听证，由本案调查人员对证据进行调查核实后再行听证。

当事人或者其代理人可以申请对有关证据进行重新核实，或者提出延期听证；是否准许,由听证主持人或者税务机关作出决定。

14. 听证过程中,当事人或者其代理人放弃申辩和质证权利,声明退出听证会;或者不经听证主持人许可擅自退出听证会的,听证主持人可以宣布听证终止。

15. 听证过程中,当事人或者其代理人、本案调查人员、证人及其他人员违反听证秩序,听证主持人应当警告制止;对不听制止的,可以责令其退出听证会场。

当事人或者其代理人有前款规定严重行为致使听证无法进行的,听证主持人或者税务机关可以终止听证。

16. 听证的全部活动,应当由记录员写成笔录,经听证主持人审阅并由听证主持人和记录员签名后,封卷上交税务机关负责人审阅。

听证笔录应交当事人或者其代理人、本案调查人员、证人及其他有关人员阅读或者向他们宣读,他们认为有遗漏或者有差错的,可以请求补充或者改正。他们在承认没有错误后,应当签字或者盖章。拒绝签名或者盖章的,记明情况附卷。

17. 听证结束后,听证主持人应当将听证情况和处理意见报告税务机关负责人。

18. 对应当进行听证的案件,税务机关不组织听证,行政处罚决定不能成立;当事人放弃听证权利或者被正当取消听证权利的除外。

19. 听证费用由组织听证的税务机关支付,不得由要求听证的当事人承担或者变相承担。

六、税务行政处罚的执行

税务机关作出行政处罚决定后,应当依法送达当事人执行。

税务行政处罚的执行,是指履行税务机关依法作出的行政处罚决定的活动。税务机关依法作出行政处罚决定后,当事人应当在行政处罚决定规定的期限内,予以履行。当事人在法定期限内不申请复议又不起诉,并且在规定期限内又不履行的,税务机关可以依法强制执行或者申请法院强制执行。

税务机关对当事人作出罚款行政处罚决定的,当事人应当在收到行政处罚决定书之日起15日内缴纳罚款,到期不缴纳的,税务机关可以对当事人每日按罚款数额的3%加处罚款。

(一)税务机关行政执法人员当场收缴罚款

1. 税务机关对当事人当场作出行政处罚决定并收缴罚款的情形:
(1)依法给予100元以下罚款的;
(2)不当场收缴罚款事后难以执行的;
(3)在边远、水上、交通不便地区,税务机关及其执法人员依法作出罚款决定后,当事人到指定的银行或者通过电子支付系统缴纳罚款确有困难,经当事人提出当场收缴罚款要求的。

2. 税务机关行政执法人员当场收缴罚款的,必须向当事人出具国务院财政部门或者省、自治区、直辖市人民政府财政部门统一制发的专用票据;不出具财政部门统一制发的专用票据的,当事人有权拒绝缴纳罚款。

3. 税务行政执法人员应当自收缴罚款之日起2日内将罚款交至税务机关。税务机关应当在 2 日内将罚款交付指定的银行或者其他金融机构。

（二）税务行政罚款决定与罚款收缴分离

除了依法可以当场收缴罚款的情形以外，税务机关作出罚款的行政处罚决定的执行，自 1998 年 1 月 1 日起，应当按照国务院制定的《罚款决定与罚款收缴分离实施办法》的规定，实行作出罚款决定的税务机关与收缴罚款的机构分离。

当事人应当自收到税务行政处罚决定书之日起 15 日内，到指定的银行或者通过电子支付系统缴纳罚款。银行应当收受罚款，并将罚款直接上缴国库。

七、税务行政处罚裁量权行使规则

为了规范税务行政处罚裁量权行使，保护纳税人、扣缴义务人及其他涉税当事人（以下简称当事人）合法权益，根据《行政处罚法》《税收征收管理法》及其实施细则等法律法规，以及《法治政府建设实施纲要（2015—2020 年）》《国家税务总局关于规范税务行政裁量权工作的指导意见》要求，国家税务总局制定了税务行政处罚裁量权行使规则。

税务行政处罚裁量权，是指税务机关根据法律、法规和规章的规定，综合考虑税收违法行为的事实、性质、情节及社会危害程度，选择处罚种类和幅度并作出处罚决定的权力。

（一）行使税务行政处罚裁量权应当遵循的原则

1. 合法原则。在法律、法规、规章规定的种类和幅度内，依照法定权限，遵守法定程序，保障当事人合法权益。

2. 合理原则。符合立法目的，考虑相关事实因素和法律因素，作出的行政处罚决定与违法行为的事实、性质、情节、社会危害程度相当，与本地的经济社会发展水平相适应。

3. 公平公正原则。对事实、性质、情节及社会危害程度等因素基本相同的税收违法行为，所适用的行政处罚种类和幅度应当基本相同。

4. 公开原则。按规定公开行政处罚依据和行政处罚信息。

5. 程序正当原则。依法保障当事人的知情权、参与权和救济权等各项法定权利。

6. 信赖保护原则。非因法定事由并经法定程序，不得随意改变已经生效的行政行为。

7. 处罚与教育相结合原则。预防和纠正涉税违法行为，引导当事人自觉守法。

（二）行政处罚裁量基准制定

税务行政处罚裁量基准，是税务机关为规范行使行政处罚裁量权而制定的细化量化标准。税务行政处罚裁量基准，应当包括违法行为、处罚依据、裁量阶次、适用条件和具体标准等内容。

1. 税务行政处罚裁量基准应当在法定范围内制定，并符合以下要求：

（1）法律、法规、规章规定可予以行政处罚的，应当明确是否予以行政处罚的适用条件和具体标准。

（2）法律、法规、规章规定可以选择行政处罚种类的，应当明确不同种类行政处罚的适用条件和具体标准。

（3）法律、法规、规章规定行政处罚幅度的，应当根据违法事实、性质、情节、社会危害程度等因素确定适用条件和具体标准。

（4）法律、法规、规章规定可以单处也可以并处行政处罚的，应当明确单处或者并处行政处罚的适用条件和具体标准。

2. 制定税务行政处罚裁量基准，参照下列程序进行：

（1）确认行政处罚裁量依据。

（2）整理、分析行政处罚典型案例，为细化量化税务行政处罚裁量权提供参考。

（3）细化量化税务行政处罚裁量权，拟订税务行政处罚裁量基准。

税务行政处罚裁量基准应当以规范性文件形式发布，并结合税收行政执法实际及时修订。

（三）行政处罚裁量规则适用

1. 法律、法规、规章规定可以给予行政处罚，当事人首次违反且情节轻微，并在税务机关发现前主动改正的或者在税务机关责令限期改正的期限内改正的，不予行政处罚。

2. 税务机关应当责令当事人改正或者限期改正违法行为的，除法律、法规、规章另有规定外，责令限期改正的期限一般不超过30日。

3. 对当事人的同一个税收违法行为不得给予两次以上罚款的行政处罚。当事人同一个税收违法行为违反多个法律规范应当给予罚款处罚的，按照罚款数额高的规定处罚。

4. 当事人有下列情形之一的，不予行政处罚：

（1）违法行为轻微并及时纠正，没有造成危害后果的。

（2）不满14周岁的人有违法行为的。

（3）精神病人在不能辨认或者不能控制自己行为时有违法行为的。

（4）其他法律规定不予行政处罚的。

5. 当事人有下列情形之一的，应当依法从轻或者减轻行政处罚：

（1）主动消除或者减轻违法行为危害后果的。

（2）受他人胁迫有违法行为的。

（3）配合税务机关查处违法行为有立功表现的。

（4）其他依法应当从轻或者减轻行政处罚的。

6. 违反税收法律、行政法规应当给予行政处罚的行为在5年内未被发现的，不再给予行政处罚。

7. 行使税务行政处罚裁量权应当依法履行告知义务。在作出行政处罚决定前，应当告知当事人作出行政处罚决定的事实、理由、依据及拟处理结果，并告知当事人依法享有的权利。

8. 税务机关行使税务行政处罚裁量权涉及法定回避情形的，应当依法告知当事人享有申请回避的权利。税务人员存在法定回避情形的，应当自行回避或者由税务机关决定回避。

9. 当事人有权进行陈述和申辩。税务机关应当充分听取当事人的意见，对其提出的事实、理由或者证据进行复核，陈述申辩事由成立，税务机关应当采纳；不采纳的，应予说明理由。税务机关不得因当事人的申辩而加重处罚。

10. 税务机关对公民作出2 000元以上（含本数）罚款或者对法人或者其他组织作出1万元以上（含本数）罚款的行政处罚决定之前，应当告知当事人有要求举行听证的权利；当事人要求听证的，税务机关应当组织听证。

11. 对情节复杂、争议较大、处罚较重、影响较广或者拟减轻处罚等税务行政处罚案件，应当经过集体审议决定。

12. 税务机关按照一般程序实施行政处罚，应当在执法文书中对事实认定、法律适用、基准适用等说明理由。省税务机关应当积极探索建立案例指导制度，通过案例指导规范税务行政处罚裁量权。

八、税务行政处罚"首违不罚"事项清单

为贯彻落实中共中央办公厅、国务院办公厅《关于进一步深化税收征管改革的意见》，推进税务领域的"放管服"改革，更好地服务市场主体，国家税务总局先后制定了《税务行政处罚"首违不罚"事项清单》《第二批税务行政处罚"首违不罚"事项清单》（以下简称《清单》）。

《清单》所列事项必须同时满足以下三个条件：一是纳税人、扣缴义务人首次发生清单中所列事项；二是危害后果轻微；三是在税务机关发现前主动改正或者在税务机关责令限期改正的期限内改正。税务违法行为造成不可挽回的税费损失或者较大社会影响的，不能认定为"危害后果轻微"。目前两批《清单》所列事项共计14项。

1. 纳税人未按照税收征收管理法及实施细则等有关规定将其全部银行账号向税务机关报送；

2. 纳税人未按照税收征收管理法及实施细则等有关规定设置、保管账簿或者保管记账凭证和有关资料；

3. 纳税人未按照税收征收管理法及实施细则等有关规定的期限办理纳税申报和报送纳税资料；

4. 纳税人使用税控装置开具发票，未按照税收征收管理法及实施细则、发票管理办法等有关规定的期限向主管税务机关报送开具发票的数据且没有违法所得；

5. 纳税人未按照税收征收管理法及实施细则、发票管理办法等有关规定取得发票，以其他凭证代替发票使用且没有违法所得；

6. 纳税人未按照税收征收管理法及实施细则、发票管理办法等有关规定缴销发票且没有违法所得；

7. 扣缴义务人未按照税收征收管理法及实施细则等有关规定设置、保管代扣代缴、代收代缴税款账簿或者保管代扣代缴、代收代缴税款记账凭证及有关资料；

8. 扣缴义务人未按照税收征收管理法及实施细则等有关规定的期限报送代扣代缴、代收代缴税款有关资料；

9. 扣缴义务人未按照《税收票证管理办法》的规定开具税收票证；

10. 境内机构或个人向非居民发包工程作业或劳务项目，未按照《非居民承包工程作业和提供劳务税收管理暂行办法》的规定向主管税务机关报告有关事项；

11. 纳税人使用非税控电子器具开具发票，未按照税收征收管理法及实施细则、发票管理办法等有关规定将非税控电子器具使用的软件程序说明资料报主管税务机关备案且没有违法所得；

12. 纳税人未按照税收征收管理法及实施细则、税务登记管理办法等有关规定办理税务登记证件验证或者换证手续；

13. 纳税人未按照税收征收管理法及实施细则、发票管理办法等有关规定加盖发票专用章且没有违法所得；

14. 纳税人未按照税收征收管理法及实施细则等有关规定将财务、会计制度或者财务、会计处理办法和会计核算软件报送税务机关备查。

▶【例14-1】（案例分析题）某公司设立于2023年6月，为增值税一般纳税人，设立当年已按规定将会计核算软件报送主管税务机关备查。2024年1月1日该公司更换会计核算软件，但未向主管税务机关报送备查，2月17日被发现后，在主管税务机关责令限期改正的期限内加以改正；3月份因虚开电子发票，主管税务机关对其罚款5万元，并于3月25日将《税务行政处罚事项告知书》送达至该公司。

要求：根据上述资料回答下列问题。

（1）该公司未按规定向主管税务机关报送新会计核算软件备查是否应被处以罚款？并说明理由。

（2）税务机关对该公司虚开电子发票的罚款能否适用行政处罚简易程序；该公司是否可针对上述罚款要求听证？

（3）如该公司符合听证条件，应在何时提出听证申请？

【答案】

（1）该公司未按规定向主管税务机关报送新会计核算软件备查可不被处以罚款。

理由：该公司首次发生属于税务行政处罚"首违不罚"清单中的事项，其危害后果轻微，且在主管税务机关责令限期改正的期限内改正，因此可以不被处以罚款。

（2）按照《行政处罚法》的相关规定，对法人处以3 000元（含3 000元）以下的罚款可以适用简易程序。因此，税务机关因该公司虚开电子发票对其罚款5万元不能适用简易程序。当事人被处以1万元以上（含本数）罚款的可以按照相关程序要求听证。

（3）由于该公司符合听证条件，应在2024年3月25日《税务行政处罚事项告知书》送达后的5日内向主管税务机关提出听证申请。

第二节　税务行政复议

为了防止和纠正税务机关违法或者不当的具体行政行为，保护纳税人及其他当事人的合法权益，保障和监督税务机关依法行使职权，根据《中华人民共和国行政复议法》（以下简称《行政复议法》）、《税收征收管理法》和其他有关规定，国家税务总局制定了《税务行政复议规则》已于2009年12月15日由国家税务总局第2次局务会议审议通过并予公布，自2010年4月1日起施行。2015年12月28日和2018年6月15日国家税务总局对该规则进行了修正。2024年1月1日起，新修订的《行政复议法》正式施行，其总则第一条明确提出要"发挥行政复议化解行政争议的主渠道作用，推动法治政府建设"，这对税务行政复议工作具有重大影响。

税务行政复议是指当事人（纳税人、扣缴义务人、纳税担保人及其他税务当事人）不服税务机关及其工作人员作出的税务具体行政行为，依法向上一级税务机关（复议机关）提出申请，复议机关经审理对原税务机关具体行政行为依法作出维持、变更、撤销等决定的活动。

税务行政复议是我国行政复议制度的一个重要组成部分。我国税务行政复议具有以下特点：

1. 税务行政复议以当事人不服税务机关及其工作人员作出的税务具体行政行为为前提。这是由行政复议对当事人进行行政救济的目的所决定的。如果当事人认为税务机关的处理合法、适当，或税务机关还没有作出处理，当事人的合法权益没有受到侵害，就不存在税务行政复议。

2. 税务行政复议因当事人的申请而产生。当事人提出申请是引起税务行政复议的重要条件之一。当事人不申请，就不可能通过行政复议这种形式获得救济。

3. 税务行政复议案件的审理一般由原处理税务机关的上一级税务机关进行。

4. 税务行政复议与行政诉讼相衔接。根据《中华人民共和国行政诉讼法》（以下简称《行政诉讼法》）和《行政复议法》的规定，对于大多数行政案件来说，当事人都可以选择行政复议或者行政诉讼程序解决，当事人对行政复议决定不服的，还可以向法院提起行政诉讼。有些情形下，当事人应当先向行政复议机关申请行政复议，对行政复议决定不服的，可以再依法向人民法院提起行政诉讼，即行政复议前置。根据新修订的《行政复议法》第二十三条的规定，税务行政复议前置的情形主要包括：对当场作出的税务行政处罚决定不服；认为税务机关未履行法定职责；申请政府信息公开、税务机关不予公开等情形。

在此基础上，两个程序的衔接方面，税务行政案件的适用还有其特殊性。根据《税收征收管理法》第八十八条的规定，对于因征税问题引起的争议，税务行政复议是税务行政诉讼的必经前置程序，未经复议不能向法院起诉，经复议仍不服的，才能起诉；对于因处罚、保全措施及强制执行引起的争议，当事人可以选择适用复议或诉讼程序，如选择复议程序，对复议决定仍不服的，可以向法院起诉。

一、税务行政复议机构和人员

1. 各级行政复议机关负责法制工作的机构（以下简称行政复议机构）依法办理行政复议事项，履行下列职责：

（1）受理行政复议申请。

（2）向有关组织和人员调查取证，查阅文件和资料。

（3）审查申请行政复议的具体行政行为是否合法和适当，起草行政复议决定。

（4）处理或者转送对后续"二、税务行政复议范围"中第2项所列有关规定的审查申请。

（5）对被申请人违反《行政复议法》及其实施条例和国家税务总局《税务行政复议规则》规定的行为，依照规定的权限和程序向相关部门提出处理建议。

（6）研究行政复议工作中发现的问题，及时向有关机关或者部门提出改进建议，重大问题及时向行政复议机关报告。

(7) 指导和监督下级税务机关的行政复议工作。

(8) 办理或者组织办理行政诉讼案件应诉事项。

(9) 办理行政复议案件的赔偿事项。

(10) 办理行政复议、诉讼、赔偿等案件的统计、报告、归档工作和重大行政复议决定备案事项。

(11) 其他与行政复议工作有关的事项。

2. 各级行政复议机关可以成立行政复议委员会，研究重大、疑难案件，提出处理建议。行政复议委员会可以邀请本机关以外的具有相关专业知识的人员参加。

3. 行政复议工作人员应当具备与履行行政复议职责相适应的品行、专业知识和业务能力。税务机关中初次从事行政复议的人员，应当通过国家统一法律职业资格考试取得法律职业资格。

二、税务行政复议范围

1. 行政复议机关受理申请人对税务机关下列具体行政行为不服提出的行政复议申请。

(1) 征税行为，包括确认纳税主体、征税对象、征税范围、减税、免税、退税、抵扣税款、适用税率、计税依据、纳税环节、纳税期限、纳税地点和税款征收方式等具体行政行为，征收税款、加收滞纳金，扣缴义务人、受税务机关委托的单位和个人作出的代扣代缴、代收代缴、代征行为等。

(2) 行政许可、行政审批行为。

(3) 发票管理行为，包括发售、收缴、代开发票等。

(4) 税收保全措施、强制执行措施。

(5) 行政处罚行为：①罚款；②没收财物和违法所得；③停止出口退税权。

(6) 不依法履行下列职责的行为：①颁发税务登记；②开具、出具完税凭证、外出经营活动税收管理证明；③行政赔偿；④行政奖励；⑤其他不依法履行职责的行为。

(7) 资格认定行为。

(8) 不依法确认纳税担保行为。

(9) 政府信息公开工作中的具体行政行为。

(10) 纳税信用等级评定行为。

(11) 通知出入境管理机关阻止出境行为。

(12) 其他具体行政行为。

2. 申请人认为税务机关的具体行政行为所依据的下列规定不合法，对具体行政行为申请行政复议时，可以一并向行政复议机关提出对有关规定的审查申请；申请人对具体行政行为提出行政复议申请时不知道该具体行政行为所依据的规定的，可以在行政复议机关作出行政复议决定以前提出对该规定的审查申请。

(1) 国家税务总局和国务院其他部门的规定。

(2) 其他各级税务机关的规定。

(3) 地方各级人民政府的规定。

（4）地方人民政府工作部门的规定。

上述规定不包括规章。

三、税务行政复议管辖

1. 对各级税务局的具体行政行为不服的，向其上一级税务局申请行政复议。对计划单列市税务局的具体行政行为不服的，向国家税务总局申请行政复议。

2. 对税务所（分局）、各级税务局的稽查局的具体行政行为不服的，向其所属税务局申请行政复议。

3. 对国家税务总局的具体行政行为不服的，向国家税务总局申请行政复议。对行政复议决定不服的，申请人可以向人民法院提起行政诉讼，也可以向国务院申请裁决。国务院的裁决为最终裁决。

4. 对下列税务机关的具体行政行为不服的，按照下列规定申请行政复议：

（1）对两个以上税务机关以共同的名义作出的具体行政行为不服的，向共同上一级税务机关申请行政复议；对税务机关与其他行政机关以共同的名义作出的具体行政行为不服的，向其共同上一级行政机关申请行政复议。

（2）对被撤销的税务机关在撤销以前所作出的具体行政行为不服的，向继续行使其职权的税务机关的上一级税务机关申请行政复议。

（3）对税务机关作出逾期不缴纳罚款加处罚款的决定不服的，向作出行政处罚决定的税务机关申请行政复议。但是对已处罚款和加处罚款都不服的，一并向作出行政处罚决定的税务机关的上一级税务机关申请行政复议。

5. 申请人向具体行政行为发生地的县级地方人民政府提交行政复议申请的，由接受申请的县级地方人民政府依照下列规则予以转送：

（1）对县级以上地方人民政府依法设立的派出机关的具体行政行为不服的，向设立该派出机关的人民政府申请行政复议。

（2）对政府工作部门依法设立的派出机构依照法律、法规或者规章规定，以自己的名义作出的具体行政行为不服的，向设立该派出机构的部门或者该部门的本级地方人民政府申请行政复议。

（3）对法律、法规授权的组织的具体行政行为不服的，分别向直接管理该组织的地方人民政府、地方人民政府工作部门或者国务院部门申请行政复议。

（4）对两个或者两个以上行政机关以共同的名义作出的具体行政行为不服的，向其共同上一级行政机关申请行政复议。

（5）对被撤销的行政机关在撤销前所作出的具体行政行为不服的，向继续行使其职权的行政机关的上一级行政机关申请行政复议。

有上述第（1）~（5）项所列情形之一的，申请人也可以向具体行政行为发生地的县级地方人民政府提出行政复议申请，接受行政复议申请的县级地方人民政府，对依照上述第（1）项的规定属于其他行政复议机关受理的行政复议申请，应当自接到该行政复议申请之日起7日内，转送有关行政复议机关，并告知申请人。接受转送的行政复议机关收到行政复议申请后，应当在5日内进行审查，对不符合规定的行政复议申请，决定不予受理，并书面告知申请人；对符合规定，但是不属于本机关受理的行政复议申请，应当告知申请人向有关行政复议机关提出。

四、税务行政复议申请人和被申请人

1. 合伙企业申请行政复议的，应当以核准登记的企业为申请人，由执行合伙事务的合伙人代表该企业参加行政复议；其他合伙组织申请行政复议的，由合伙人共同申请行政复议。

前款规定以外的不具备法人资格的其他组织申请行政复议的，由该组织的主要负责人代表该组织参加行政复议；没有主要负责人的，由共同推选的其他成员代表该组织参加行政复议。

2. 股份制企业的股东大会、股东代表大会、董事会认为税务具体行政行为侵犯企业合法权益的，可以以<u>企业</u>的名义申请行政复议。

3. 有权申请行政复议的公民死亡的，其近亲属可以申请行政复议；有权申请行政复议的公民为无行为能力人或者限制行为能力人，其法定代理人可以代理申请行政复议。

有权申请行政复议的法人或者其他组织发生合并、分立或终止的，承受其权利义务的法人或者其他组织可以申请行政复议。

4. 行政复议期间，行政复议机关认为申请人以外的公民、法人或者其他组织与被审查的具体行政行为有利害关系的，可以通知其作为第三人参加行政复议。

行政复议期间，申请人以外的公民、法人或者其他组织与被审查的税务具体行政行为有利害关系的，可以向行政复议机关申请作为第三人参加行政复议。

第三人不参加行政复议，不影响行政复议案件的审理。

5. 非具体行政行为的行政管理相对人，但其权利直接被该具体行政行为所剥夺、限制或者被赋予义务的公民、法人或其他组织，在行政管理相对人没有申请行政复议时，可以单独申请行政复议。

6. 同一行政复议案件申请人超过5人的，应当推选1~5名代表参加行政复议。

7. 申请人对具体行政行为不服申请行政复议的，作出该具体行政行为的税务机关为被申请人。

8. 申请人对扣缴义务人的扣缴税款行为不服的，主管该扣缴义务人的税务机关为被申请人；对税务机关委托的单位和个人的代征行为不服的，委托税务机关为被申请人。

9. 税务机关与法律、法规授权的组织以共同的名义作出具体行政行为的，税务机关和法律、法规授权的组织为共同被申请人。

税务机关与其他组织以共同名义作出具体行政行为的，税务机关为被申请人。

10. 税务机关依照法律、法规和规章规定，经上级税务机关批准作出具体行政行为的，批准机关为被申请人。

申请人对经重大税务案件审理程序作出的决定不服的，审理委员会所在税务机关为被申请人。

11. 税务机关设立的派出机构、内设机构或者其他组织，未经法律、法规授权，以自己名义对外作出具体行政行为的，税务机关为被申请人。

12. 申请人、第三人可以委托1~2名代理人参加行政复议。申请人、第三人委托代理人的，应当向行政复议机构提交授权委托书。授权委托书应当载明委托事项、权限和期限。公民在特殊情况下无法书面委托的，可以口头委托。口头委托的，行政复议机构应当核实并记录在卷。申请人、第三人解除或者变更委托的，应当书面告知行政复议机构。

被申请人不得委托本机关以外人员参加行政复议。

五、税务行政复议申请

1. 申请人可以在知道税务机关作出具体行政行为之日起60日内提出行政复议申请。

因不可抗力或者被申请人设置障碍等原因耽误法定申请期限的，申请期限的计算应当扣除被耽误时间。

2. 税务行政复议前置的情形。有下列情形之一的，申请人应当先向行政复议机关申请行政复议，对行政复议决定不服的，可以依法向人民法院提起行政诉讼。（1）对复议范围中的征税行为不服的；（2）对当场作出的税务行政处罚决定不服的；（3）认为税务机关未履行法定职责；（4）申请政府信息公开、税务机关不予公开的。

申请人按照前款规定申请行政复议的，必须依照税务机关根据法律、法规确定的税额、期限，先行缴纳或者解缴税款和滞纳金，或者提供相应的担保，才可以在缴清税款和滞纳金以后，或者所提供的担保得到作出具体行政行为的税务机关确认之日起60日内提出行政复议申请。

申请人提供担保的方式包括保证、抵押和质押。作出具体行政行为的税务机关应当对保证人的资格、资信进行审查，对不具备法律规定资格或者没有能力保证的，有权拒绝。作出具体行政行为的税务机关应当对抵押人、出质人提供的抵押担保、质押担保进行审查，对不符合法律规定的抵押担保、质押担保，不予确认。

3. 申请人对上述税务行政复议前置情形以外的其他具体行政行为不服的，可以申请行政复议，也可以直接向人民法院提起行政诉讼。

申请人对税务机关作出逾期不缴纳罚款加处罚款的决定不服的，应当先缴纳罚款和加处罚款，再申请行政复议。

4. 申请人可以在知道税务机关作出具体行政行为之日起60日内提出行政复议申请。申请期限的计算，依照下列规定办理：

（1）当场作出具体行政行为的，自具体行政行为作出之日起计算。

（2）载明具体行政行为的法律文书直接送达的，自受送达人签收之日起计算。

（3）载明具体行政行为的法律文书邮寄送达的，自受送达人在邮件签收单上签收之日起计算；没有邮件签收单的，自受送达人在送达回执上签名之日起计算。

（4）具体行政行为依法通过公告形式告知受送达人的，自公告规定的期限届满之日起计算。

（5）税务机关作出具体行政行为时未告知申请人，事后补充告知的，自该申请人收到税务机关补充告知的通知之日起计算。

（6）被申请人能够证明申请人知道具体行政行为的，自证据材料证明其知道具体行政行为之日起计算。

税务机关作出具体行政行为，依法应当向申请人送达法律文书而未送达的，视为该申请人不知道该具体行政行为。

5. 申请人依照《行政复议法》第六条第（八）项、第（九）项、第（十）项的规定申请税务机关履行法定职责，税务机关未履行的，行政复议申请期限依照下列规定计算：

（1）有履行期限规定的，自履行期限届满之日起计算。

（2）没有履行期限规定的，自税务机关收到申请满 60 日起计算。

6. 税务机关作出的具体行政行为对申请人的权利、义务可能产生不利影响的，应当告知其申请行政复议的权利、行政复议机关和行政复议申请期限。

7. 申请人书面申请行政复议的，可以采取当面递交、邮寄或者传真等方式提出行政复议申请。

有条件的行政复议机关可以接受以电子邮件形式提出的行政复议申请。

对以传真、电子邮件形式提出行政复议申请的，行政复议机关应当审核确认申请人的身份、复议事项。

8. 申请人书面申请行政复议的，应当在行政复议申请书中载明下列事项：

（1）申请人的基本情况，包括公民的姓名、性别、出生年月、身份证件号码、工作单位、住所、邮政编码、联系电话；法人或者其他组织的名称、住所、邮政编码、联系电话和法定代表人或者主要负责人的姓名、职务。

（2）被申请人的名称。

（3）行政复议请求、申请行政复议的主要事实和理由。

（4）申请人的签名或者盖章。

（5）申请行政复议的日期。

9. 申请人口头申请行政复议的，行政复议机构应当依照上述第 8 项规定的事项，当场制作行政复议申请笔录，交申请人核对或者向申请人宣读，并由申请人确认。

10. 有下列情形之一的，申请人应当提供证明材料：

（1）认为被申请人不履行法定职责的，提供要求被申请人履行法定职责而被申请人未履行的证明材料。

（2）申请行政复议时一并提出行政赔偿请求的，提供受具体行政行为侵害而造成损害的证明材料。

（3）法律、法规规定需要申请人提供证据材料的其他情形。

11. 申请人提出行政复议申请时错列被申请人的，行政复议机关应当告知申请人变更被申请人。申请人不变更被申请人的，行政复议机关不予受理，或者驳回行政复议申请。

12. 申请人向行政复议机关申请行政复议，行政复议机关已经受理的，在法定行政复议期限内申请人不得向人民法院提起行政诉讼；申请人向人民法院提起行政诉讼，人民法院已经依法受理的，不得申请行政复议。

六、税务行政复议受理

1. 行政复议申请符合下列规定的，行政复议机关应当受理：

（1）属于国家税务总局《税务行政复议规则》规定的行政复议范围。

（2）在法定申请期限内提出。

（3）有明确的申请人和符合规定的被申请人。

（4）申请人与具体行政行为有利害关系。

（5）有具体的行政复议请求和理由。

（6）符合前述"五、税务行政复议申请"中第 2 项和第 3 项规定的条件。

（7）属于收到行政复议申请的行政复议机关的职责范围。

（8）其他行政复议机关尚未受理同一行政复议申请，人民法院尚未受理同一主体就同一事实提起的行政诉讼。

2. 行政复议机关收到行政复议申请以后，应当在 5 日内审查，决定是否受理。对不符合国家税务总局《税务行政复议规则》规定的行政复议申请，决定不予受理，并书面告知申请人。

对不属于本机关受理的行政复议申请，应当告知申请人向有关行政复议机关提出。

行政复议机关收到行政复议申请以后未按照前款规定期限审查并作出不予受理决定的，视为受理。

3. 对符合规定的行政复议申请，自行政复议机构收到之日起即为受理；受理行政复议申请，应当书面告知申请人。

4. 行政复议申请材料不齐全、表述不清楚的，行政复议机构可以自收到该行政复议申请之日起 5 日内书面通知申请人补正。补正通知应当载明需要补正的事项和合理的补正期限。无正当理由逾期不补正的，视为申请人放弃行政复议申请。

补正申请材料所用时间不计入行政复议审理期限。

5. 上级税务机关认为行政复议机关不予受理行政复议申请的理由不成立的，可以督促其受理；经督促仍不受理的，责令其限期受理。

上级税务机关认为行政复议申请不符合法定受理条件的，应当告知申请人。

6. 上级税务机关认为有必要的，可以直接受理或者提审由下级税务机关管辖的行政复议案件。

7. 对应当先向行政复议机关申请行政复议，对行政复议决定不服再向人民法院提起行政诉讼的具体行政行为，行政复议机关决定不予受理或者受理以后超过行政复议期限不作答复的，申请人可以自收到不予受理决定书之日起或者行政复议期满之日起 15 日内，依法向人民法院提起行政诉讼。

依照"八、税务行政复议审查和决定"中第 23 项的规定，延长行政复议期限的，以延长以后的时间为行政复议期满时间。

8. 行政复议期间具体行政行为不停止执行；但是有下列情形之一的，可以停止执行：

（1）被申请人认为需要停止执行的。

（2）行政复议机关认为需要停止执行的。

（3）申请人申请停止执行，行政复议机关认为其要求合理，决定停止执行的。

（4）法律规定停止执行的。

七、税务行政复议证据

1. 行政复议证据包括以下类别：
（1）书证。
（2）物证。
（3）视听资料。
（4）电子数据。
（5）证人证言。
（6）当事人陈述。
（7）鉴定意见。
（8）勘验笔录、现场笔录。

2. 在行政复议中，被申请人对其作出的具体行政行为负有举证责任。

3. 行政复议机关应当依法全面审查相关证据。行政复议机关审查行政复议案件，应当以证据证明的案件事实为依据。定案证据应当具有合法性、真实性和关联性。

4. 行政复议机关应当根据案件的具体情况，从以下方面审查证据的合法性：
（1）证据是否符合法定形式。
（2）证据的取得是否符合法律、法规、规章和司法解释的规定。
（3）是否有影响证据效力的其他违法情形。

5. 行政复议机关应当根据案件的具体情况，从以下方面审查证据的真实性：
（1）证据形成的原因。
（2）发现证据时的环境。
（3）证据是否为原件、原物，复制件、复制品与原件、原物是否相符。
（4）提供证据的人或者证人与行政复议参加人是否具有利害关系。
（5）影响证据真实性的其他因素。

6. 行政复议机关应当根据案件的具体情况，从以下方面审查证据的关联性：
（1）证据与待证事实是否具有证明关系。
（2）证据与待证事实的关联程度。
（3）影响证据关联性的其他因素。

7. 下列证据材料不得作为定案依据：
（1）违反法定程序收集的证据材料。
（2）以偷拍、偷录和窃听等手段获取侵害他人合法权益的证据材料。
（3）以利诱、欺诈、胁迫和暴力等不正当手段获取的证据材料。
（4）无正当事由超出举证期限提供的证据材料。
（5）无正当理由拒不提供原件、原物，又无其他证据印证，且对方不予认可的证据的复制件、复制品。
（6）无法辨明真伪的证据材料。
（7）不能正确表达意志的证人提供的证言。
（8）不具备合法性、真实性的其他证据材料。

行政复议机构依据"一、税务行政复议机构和人员"中第1项第（2）条规定的职责所取得的有关材料（即向有关组织和人员调查取证，查阅文件和资料），不得作为支持被申请人具体行政行为的证据。

8. 在行政复议过程中，被申请人不得自行向申请人和其他有关组织或者个人搜集证据。

9. 行政复议机构认为必要时，可以调查取证。

行政复议工作人员向有关组织和人员调查取证时，可以查阅、复制和调取有关文件和资料，向有关人员询问。调查取证时，行政复议工作人员不得少于2人，并应当向当事人和有关人员出示证件。被调查单位和人员应当配合行政复议工作人员的工作，不得拒绝、阻挠。

需要现场勘验的，现场勘验所用时间不计入行政复议审理期限。

10. 申请人和第三人可以查阅被申请人提出的书面答复、作出具体行政行为的证据、依据和其他有关材料，除涉及国家秘密、商业秘密或者个人隐私外，行政复议机关不得拒绝。

八、税务行政复议审查和决定

1. 行政复议机构应当自受理行政复议申请之日起7日内，将行政复议申请书副本或者行政复议申请笔录复印件发送被申请人。被申请人应当自收到申请书副本或者申请笔录复印件之日起10日内提出书面答复，并提交当初作出具体行政行为的证据、依据和其他有关材料。

对国家税务总局的具体行政行为不服申请行政复议的案件，由原承办具体行政行为的相关机构向行政复议机构提出书面答复，并提交当初作出具体行政行为的证据、依据和其他有关材料。

2. 行政复议机构审理行政复议案件，应当由2名以上行政复议工作人员参加。

3. 行政复议原则上采用书面审查的办法，但是申请人提出要求或者行政复议机构认为有必要时，应当听取申请人、被申请人和第三人的意见，并可以向有关组织和人员调查了解情况。

4. 对重大、复杂的案件，申请人提出要求或者行政复议机构认为必要时，可以采取听证的方式审理。

5. 行政复议机构决定举行听证的，应当将举行听证的时间、地点和具体要求等事项通知申请人、被申请人和第三人。

第三人不参加听证的，不影响听证的举行。

6. 听证应当公开举行，但是涉及国家秘密、商业秘密或者个人隐私的除外。

7. 行政复议听证人员不得少于2人，听证主持人由行政复议机构指定。

8. 听证应当制作笔录。申请人、被申请人和第三人应当确认听证笔录内容。

行政复议听证笔录应当附卷，作为行政复议机构审理案件的依据之一。

9. 行政复议机关应当全面审查被申请人的具体行政行为所依据的事实证据、法律程序、法律依据和设定的权利义务内容的合法性、适当性。

10. 申请人在行政复议决定作出以前撤回行政复议申请的，经行政复议机构同意，可以撤回。

申请人撤回行政复议申请的，不得再以同一事实和理由提出行政复议申请。但是，申请人能够证明撤回行政复议申请违背其真实意思表示的除外。

11. 行政复议期间被申请人改变原具体行政行为的，不影响行政复议案件的审理。但是，申请人依法撤回行政复议申请的除外。

12. 申请人在申请行政复议时，依据"二、税务行政复议范围"中第2项规定一并提出对有关规定的审查申请的，行政复议机关对该规定有权处理的，应当在30日内依法处理；无权处理的，应当在7日内按照法定程序逐级转送有权处理的行政机关依法处理，有权处理的行政机关应当在60日内依法处理。处理期间，中止对具体行政行为的审查。

13. 行政复议机关审查被申请人的具体行政行为时，认为其依据不合法，本机关有权处理的，应当在30日内依法处理；无权处理的，应当在7日内按照法定程序逐级转送有权处理的国家机关依法处理。处理期间，中止对具体行政行为的审查。

14. 行政复议机构应当对被申请人的具体行政行为提出审查意见，经行政复议机关负责人批准，按照下列规定作出行政复议决定：

（1）具体行政行为认定事实清楚，证据确凿，适用依据正确，程序合法，内容适当的，决定维持。

（2）被申请人不履行法定职责的，决定其在一定期限内履行。

（3）具体行政行为有下列情形之一的：决定撤销、变更或者确认该具体行政行为违法；决定撤销或者确认该具体行政行为违法的，可以责令被申请人在一定期限内重新作出具体行政行为：①主要事实不清、证据不足的；②适用依据错误的；③违反法定程序的；④超越职权或者滥用职权的；⑤具体行政行为明显不当的。

（4）被申请人自收到行政复议机构申请书副本或者申请笔录复印件之日起10日内，不能提出书面答复，提交当初作出具体行政行为的证据、依据和其他有关材料的，视为该具体行政行为没有证据、依据，决定撤销该具体行政行为。

15. 行政复议机关责令被申请人重新作出具体行政行为的，被申请人不得以同一事实和理由作出与原具体行政行为相同或者基本相同的具体行政行为；但是行政复议机关以原具体行政行为违反法定程序决定撤销的，被申请人重新作出具体行政行为的除外。

16. 行政复议机关责令被申请人重新作出具体行政行为的，被申请人不得作出对申请人更为不利的决定；但是行政复议机关以原具体行政行为主要事实不清、证据不足或适用依据错误决定撤销的，被申请人重新作出具体行政行为的除外。

17. 有下列情形之一的，行政复议机关可以决定变更：

（1）认定事实清楚，证据确凿，程序合法，但是明显不当或者适用依据错误的。

（2）认定事实不清，证据不足，但是经行政复议机关审理查明事实清楚，证据确凿的。

18. 有下列情形之一的，行政复议机关应当决定驳回行政复议申请：

（1）申请人认为税务机关不履行法定职责申请行政复议，行政复议机关受理以后发现该税务机关没有相应法定职责或者在受理以前已经履行法定职责的。

（2）受理行政复议申请后，发现该行政复议申请不符合《行政复议法》及其实施条例和国家税务总局《税务行政复议规则》规定的受理条件的。

上级税务机关认为行政复议机关驳回行政复议申请的理由不成立的，应当责令限期恢复受理。行政复议机关审理行政复议申请期限的计算应当扣除因驳回耽误的时间。

19. 行政复议期间，有下列情形之一的，行政复议中止：

（1）作为申请人的公民死亡，其近亲属尚未确定是否参加行政复议的。

（2）作为申请人的公民丧失参加行政复议的能力，尚未确定法定代理人参加行政复议的。

（3）作为申请人的法人或者其他组织终止，尚未确定权利义务承受人的。

（4）作为申请人的公民下落不明或者被宣告失踪的。

（5）申请人、被申请人因不可抗力，不能参加行政复议的。

（6）行政复议机关因不可抗力原因暂时不能履行工作职责的。

（7）案件涉及法律适用问题，需要有权机关作出解释或者确认的。

（8）案件审理需要以其他案件的审理结果为依据，而其他案件尚未审结的。

（9）其他需要中止行政复议的情形。

行政复议中止的原因消除以后，应当及时恢复行政复议案件的审理。

行政复议机构中止、恢复行政复议案件的审理，应当告知申请人、被申请人、第三人。

20. 行政复议期间，有下列情形之一的，行政复议终止：

（1）申请人要求撤回行政复议申请，行政复议机构准予撤回的。

（2）作为申请人的公民死亡，没有近亲属，或者其近亲属放弃行政复议权利的。

（3）作为申请人的法人或者其他组织终止，其权利义务的承受人放弃行政复议权利的。

（4）申请人与被申请人依照"九、税务行政复议和解与调解"中第 2 项的规定，经行政复议机构准许达成和解的。

（5）行政复议申请受理以后，发现其他行政复议机关已经先于本机关受理，或者人民法院已经受理的。

依照上述第 19 项第（1）、第（2）、第（3）条规定中止行政复议，满 60 日行政复议中止的原因未消除的，行政复议终止。

21. 行政复议机关责令被申请人重新作出具体行政行为的，被申请人应当在 60 日内重新作出具体行政行为；情况复杂，不能在规定期限内重新作出具体行政行为的，经行政复议机关批准，可以适当延期，但是延期不得超过 30 日。

公民、法人或者其他组织对被申请人重新作出的具体行政行为不服，可以依法申请行政复议，或者提起行政诉讼。

22. 申请人在申请行政复议时可以一并提出行政赔偿请求，行政复议机关对符合国家赔偿法的规定应当赔偿的，在决定撤销、变更具体行政行为或者确认具体行政行为违法时，应当同时决定被申请人依法赔偿。

申请人在申请行政复议时没有提出行政赔偿请求的，行政复议机关在依法决定撤销、变更原具体行政行为确定的税款、滞纳金、罚款和对财产的扣押、查封等强制措施时，应当同时责令被申请人退还税款、滞纳金和罚款，解除对财产的扣押、查封等强制措施，或者赔偿相应的价款。

23. 行政复议机关应当自受理申请之日起 60 日内作出行政复议决定。情况复杂，不能在规定期限内作出行政复议决定的，经行政复议机关负责人批准，可以适当延期，并告知申请人和被申请人；但是延期不得超过 30 日。

行政复议机关作出行政复议决定，应当制作行政复议决定书，并加盖行政复议机关印章。

行政复议决定书一经送达，即发生法律效力。

24. 被申请人应当履行行政复议决定。

被申请人不履行、无正当理由拖延履行行政复议决定的，行政复议机关或者有关上级税务机关应当责令其限期履行。

25. 申请人、第三人逾期不起诉又不履行行政复议决定的，或者不履行最终裁决的行政复议决定的，按照下列规定分别处理：

（1）维持具体行政行为的行政复议决定，由作出具体行政行为的税务机关依法强制执行，或者申请人民法院强制执行。

（2）变更具体行政行为的行政复议决定，由行政复议机关依法强制执行，或者申请人民法院强制执行。

九、税务行政复议和解与调解

1. 对下列行政复议事项，按照自愿、合法的原则，申请人和被申请人在行政复议机关作出行政复议决定以前可以达成和解，行政复议机关也可以调解：

（1）行使自由裁量权作出的具体行政行为，如行政处罚、核定税额、确定应税所得率等。

（2）行政赔偿。

（3）行政奖励。

（4）存在其他合理性问题的具体行政行为。

行政复议审理期限在和解、调解期间中止计算。

2. 申请人和被申请人达成和解的，应当向行政复议机构提交书面和解协议。和解内容不损害社会公共利益和他人合法权益的，行政复议机构应当准许。

3. 经行政复议机构准许和解终止行政复议的，申请人不得以同一事实和理由再次申请行政复议。

4. 调解应当符合下列要求：

（1）尊重申请人和被申请人的意愿。

（2）在查明案件事实的基础上进行。

（3）遵循客观、公正和合理原则。

（4）不得损害社会公共利益和他人合法权益。

5. 行政复议机关按照下列程序调解：

（1）征得申请人和被申请人同意。

（2）听取申请人和被申请人的意见。

（3）提出调解方案。

（4）达成调解协议。

（5）制作行政复议调解书。

6. 行政复议调解书应当载明行政复议请求、事实、理由和调解结果，并加盖行政复议机关印章。行政复议调解书经双方当事人签字，即具有法律效力。

调解未达成协议，或者行政复议调解书不生效的，行政复议机关应当及时作出行政复议决定。

7. 申请人不履行行政复议调解书的，由被申请人依法强制执行，或者申请人民法院强制执行。

十、税务行政复议指导和监督

1. 各级税务复议机关应当加强对履行行政复议职责的监督。行政复议机构负责对行政复议工作进行系统督促、指导。

2. 各级税务机关应当建立健全行政复议工作责任制，将行政复议工作纳入本单位目标责任制。

3. 各级税务机关应当按照职责权限，通过定期组织检查、抽查等方式，检查下级税务机关的行政复议工作，并及时向有关方面反馈检查结果。

4. 行政复议期间行政复议机关发现被申请人和其他下级税务机关的相关行政行为违法或者需要做好善后工作的，可以制作行政复议意见书。有关机关应当自收到行政复议意见书之日起60日内将纠正相关行政违法行为或者做好善后工作的情况报告行政复议机关。

行政复议期间行政复议机构发现法律、法规和规章实施中带有普遍性的问题，可以制作行政复议建议书，向有关机关提出完善制度和改进行政执法的建议。

5. 省以下各级税务机关应当定期向上一级税务机关提交行政复议、应诉、赔偿统计表和分析报告，及时将重大行政复议决定报上一级行政复议机关备案。

6. 行政复议机构应当按照规定将行政复议案件资料立卷归档。

行政复议案卷应当按照行政复议申请分别装订立卷，一案一卷，统一编号，做到目录清晰、资料齐全、分类规范、装订整齐。

7. 行政复议机构应当定期组织行政复议工作人员进行业务培训和工作交流，提高行政复议工作人员的专业素质。

8. 行政复议机关应当定期总结行政复议工作。对行政复议工作中作出显著成绩的单位和个人，依照有关规定表彰和奖励。

十一、补充规定

1. 行政复议机关、行政复议机关工作人员和被申请人在税务行政复议活动中，违反《行政复议法》及其实施条例和税务行政复议规则规定的，应当依法处理。

2. 外国人、无国籍人、外国组织在中华人民共和国境内向税务机关申请行政复议，适用税务行政复议规则。

3. 行政复议机关在行政复议工作中可以使用行政复议专用章。行政复议专用章与行政复议机关印章在行政复议中具有同等效力。

4. 行政复议期间的计算和行政复议文书的送达，依照《民事诉讼法》关于期间、送达的规定执行。行政复议期间有关"5日""7日"的规定指工作日，不包括法定节假日。

▶【例14-2】（案例分析题）位于甲市的A公司为增值税一般纳税人，2022年至2023年期间，取得乙市B公司开具的增值税专用发票5份并已抵扣进项税额。2024年2月，乙公司被法院认定为虚开增值税专用发票。案发后，甲市税务局第一稽查局以A公司取得虚开的增值税发票为由认定其偷税，要求A公司补缴企业所得税、滞纳金及增值税进项转出并处罚款等。2024年6月3日第一稽查局将《税务处理决定书》和《税务行政处罚决定书》送达A公司并由其财务负责人签收。A公司对其被认定为偷税有异议，拟进行税收法律救济。

要求：根据上述资料回答下列问题。

（1）A公司针对税务机关让其补缴企业所得税、滞纳金的处理决定能否直接进行行政诉讼？

（2）A公司针对（1）所述事项应向谁提出行政复议申请？

（3）A公司针对（1）所述事项应在何时提出行政复议申请？

【答案】

（1）A公司不能直接进行行政诉讼。按照法律规定，对征税行为不服的，A公司应当先向行政复议机关申请行政复议，对行政复议决定不服的，可以依法向人民法院提起行政诉讼。

（2）A公司应向甲市税务局提出行政复议申请。

（3）A公司应依照甲市税务局第一稽查局根据法律、法规确定的税额、期限，先行缴纳税款和滞纳金，或提供相应担保，才可以在缴清税款和滞纳金以后，或者所提供的担保得到甲市税务局第一稽查局确认之日起60日内提出行政复议申请。

第三节 税务行政诉讼

行政诉讼是人民法院处理行政纠纷、解决行政争议的法律制度，与刑事诉讼、民事诉讼一起，共同构筑起现代国家的诉讼制度。具体来讲，行政诉讼是指公民、法人和其他组织认为行政机关及其工作人员的具体行政行为侵犯其合法权益，依照《行政诉讼法》向人民法院提起诉讼，由人民法院进行审理并作出裁决的诉讼制度和诉讼活动。《行政诉讼法》颁布实施后，人民法院审理行政案件以及公民、法人和其他组织与行政机关进行行政诉讼进入了一个有法可依的新阶段。税务行政诉讼作为行政诉讼的一个重要组成部分，也必须遵循《行政诉讼法》所确立的基本原则和普遍程序；同时，税务行政诉讼又不可避免地具有本部门的特点。

一、税务行政诉讼的概念

税务行政诉讼，是指公民、法人和其他组织认为税务机关及其工作人员的具体税务行政行为违法或者不当，侵犯了其合法权益，依法向人民法院提起行政诉讼，由人民法院对具体税务行政行为的合法性和适当性进行审理并作出裁决的司法活动。其目的是保证人民法院正确、及时审理税务行政案件，保护纳税人、扣缴义务人等当事人的合法权益，维护和监督税务机关依法行使行政职权。

从税务行政诉讼与税务行政复议及其他行政诉讼活动的比较中可以看出，税务行政诉讼具有以下特殊性：

1. 税务行政诉讼是由人民法院进行审理并作出裁决的一种诉讼活动。这是税务行政诉讼与税务行政复议的根本区别。税务行政复议和税务行政诉讼是解决税务行政争议的两条重要途径。由于税务行政争议范围广、数量多、专业性强，大量税务行政争议由税务机关以税务复议方式解决，只有由人民法院对税务案件进行审理并作出裁决的活动，才是税务行政诉讼。

2. 税务行政诉讼以解决税务行政争议为前提，这是税务行政诉讼与其他行政诉讼活动的根本区别，具体体现在：

（1）被告必须是税务机关，或经法律、法规授权的行使税务行政管理权的组织，而不是其他行政机关或组织。

（2）税务行政诉讼解决的争议发生在税务行政管理过程中。

（3）因税款征纳问题发生的争议，当事人在向人民法院提起行政诉讼前，必须先经过税务行政复议程序，即复议前置。

二、税务行政诉讼的原则

除共有原则外（如人民法院独立行使审判权，实行合议、回避、公开、辩论、两审、终审等），税务行政诉讼还必须和其他行政诉讼一样，遵循以下几个特有原则：

1. 人民法院特定主管原则。即人民法院对税务行政案件只有部分管辖权。根据《行政诉讼法》第十一条的规定，人民法院只能受理因具体行政行为引起的税务行政争议案。

2. 合法性审查原则。除审查税务机关是否滥用权力、税务行政处罚是否显失公正外，人民法院只对具体税务行为是否合法予以审查。与此相适应，人民法院原则上不直接判决变更。

3. 不适用调解原则。税收行政管理权是国家权力的重要组成部分，税务机关无权依自己的意愿进行处置，因此，人民法院也不能对税务行政诉讼法律关系的双方当事人进行调解。

4. 起诉不停止执行原则。即当事人不能以起诉为理由而停止执行税务机关所作出的具体行政行为，如税收保全措施和税收强制执行措施。

5. 税务机关负举证责任原则。由于税务行政行为是税务机关单方依一定事实和法律作出的，只有税务机关最了解作出该行为的证据。如果税务机关不提供或不能提供证据，就可能败诉。

6. 由税务机关负责赔偿的原则。依据《中华人民共和国国家赔偿法》（以下简称《国家赔偿法》）的有关规定，税务机关及其工作人员因执行职务不当，给当事人造成人身及财产损害，应负担赔偿责任。

三、税务行政诉讼的管辖

税务行政诉讼管辖，是指人民法院受理第一审税务案件的职权分工。《行政诉讼法》第十四条至第二十四条具体地规定了行政诉讼管辖的种类和内容。这对税务行政诉讼当然也是适用的。

具体来讲，税务行政诉讼的管辖分为级别管辖、地域管辖和裁定管辖。

（一）级别管辖

级别管辖是上下级人民法院之间受理第一审税务案件的分工和权限。根据《行政诉讼法》的规定，基层人民法院管辖除上级法院管辖的第一审税务行政案件以外的所有第一审税务行政案件，即一般的税务行政案件；中级人民法院管辖：（1）对国务院部门或者县级以上地方人民政府所作的行政行为提起诉讼的案件；（2）海关处理的案件；（3）本辖区内重大、复杂的案件；（4）其他法律规定由中级人民法院管辖的案件。高级人民法院管辖本辖区内重大、复杂的第一审税务行政案件。最高人民法院管辖全国范围内重大、复杂的第一审税务行政案件。

（二）地域管辖

地域管辖是同级人民法院之间受理第一审行政案件的分工和权限，分一般地域管辖和特殊地域管辖两种。

1. 一般地域管辖，是指按照最初作出具体行政行为的行政机关所在地来确定管辖法院。凡是未经复议直接向人民法院提起诉讼的，或者经过复议，复议裁决维持原具体行政行为，当事人不服向人民法院提起诉讼的，根据《行政诉讼法》第十八条的规定，均由最初作出具体行政行为的税务机关所在地人民法院管辖。

2. 特殊地域管辖，是指根据特殊行政法律关系或特殊行政法律关系所指的对象来确定管辖法院。税务行政案件的特殊地域管辖主要是指：经过复议的案件，复议机关改变原具体行政行为的，由原告选择最初作出具体行政行为的税务机关所在地的人民法院，或者复议机关所在地人民法院管辖。原告可以向任何一个有管辖权的人民法院起诉，最先收到起诉状的人民法院为第一审法院。

经复议的案件，也可以由复议机关所在地人民法院管辖。经最高人民法院批准，高级人民法院可以根据审判工作的实际情况，确定若干人民法院跨行政区域管辖行政案件。

（三）裁定管辖

裁定管辖，是指人民法院依法自行裁定的管辖，包括移送管辖、指定管辖及管辖权的转移三种情况。

1. 移送管辖，是指人民法院将已经受理的案件，移送给有管辖权的人民法院审理。受移送的人民法院应当受理。受移送的人民法院认为受移送的案件按照规定不属于本院管辖的，应当报请上级人民法院指定管辖，不得再自行移送。

根据《行政诉讼法》第二十二条的规定，移送管辖必须具备三个条件：一是移送人民法院已经受理了该案件；二是移送人民法院发现自己对该案件没有管辖权；三是接受移送的人民法院必须对该案件确有管辖权。

2. 指定管辖，是指上级人民法院以裁定的方式，指定某下一级人民法院管辖某一案件。根据《行政诉讼法》第二十三条的规定，有管辖权的人民法院因特殊原因不能行使对行政诉讼的管辖权的，由其上级人民法院指定管辖；人民法院对管辖权发生争议且协商不成的，由它们共同的上级人民法院指定管辖。

3. 管辖权的转移。根据《行政诉讼法》第二十四条的规定，上级人民法院有权审理下级人民法院管辖的第一审税务行政案件，也可以将自己管辖的第一审行政案件移交下级人民法院审判。下级人民法院对其管辖的第一审税务行政案件，认为需要由上级人民法院审判的，可以报请上级人民法院决定。

四、税务行政诉讼的受案范围

税务行政诉讼的受案范围，是指人民法院对税务机关的哪些行为拥有司法审查权。换言之，公民、法人或者其他组织对税务机关的哪些行为不服可以向人民法院提起税务行政诉讼。在实际生活中，税务行政争议种类多、涉及面广，不可能也没有必要都诉诸人民法院通过诉讼程序解决。界定税务行政诉讼的受案范围，便于明确人民法院、税务机关及其他国家机关间在解决税务行政争议方面的分工和权限。

税务行政诉讼案件的受案范围除受《行政诉讼法》有关规定的限制外，也受《税收征收管理法》及其他相关法律、法规的调整和制约。具体地说，税务行政诉讼的受案范围与税务行政复议的受案范围基本一致，包括：

1. 税务机关作出的征税行为：一是征收税款、加收滞纳金；二是扣缴义务人、受税务机关委托的单位作出代扣代缴、代收代缴行为及代征行为。

2. 税务机关作出的责令纳税人提交纳税保证金或者纳税担保行为。

3. 税务机关作出的行政处罚行为：一是罚款；二是没收违法所得；三是停止出口退税权；四是收缴发票和暂停供应发票。

4. 税务机关作出的通知出境管理机关阻止出境行为。

5. 税务机关作出的税收保全措施：一是书面通知银行或者其他金融机构冻结存款；二是扣押、查封商品、货物或者其他财产。

6. 税务机关作出的税收强制执行措施：一是书面通知银行或者其他金融机构扣缴税款；二是拍卖所扣押、查封的商品、货物或者其他财产抵缴税款。

7. 认为符合法定条件申请税务机关颁发税务登记证和发售发票，税务机关拒绝颁发、发售或者不予答复的行为。

8. 税务机关的复议行为：一是复议机关改变了原具体行政行为；二是期限届满，税务机关不予答复。

五、税务行政诉讼的起诉和受理

（一）税务行政诉讼的起诉

税务行政诉讼的起诉，是指公民、法人或者其他组织认为自己的合法权益受到税务机关行政行为的侵害，而向人民法院提出诉讼请求，要求人民法院行使审判权，依法予以保护的诉讼行为。起诉，是法律赋予税务行政管理相对人及其他与行政行为有利害关系的公民、法人或者其他组织用以保护其合法权益的权利和手段。在税务行政诉讼等行政诉讼中，起诉权是单向性的权利，税务机关不享有起诉权，只有应诉权，即税务机关只能作为被告；与民事诉讼不同，作为被告的税务机关不能反诉。

纳税人、扣缴义务人等税务管理相对人在提起税务行政诉讼时，必须符合下列条件：

1. 原告是认为具体行政行为侵犯其合法权益的公民、法人或者其他组织。

2. 有明确的被告。

3. 有具体的诉讼请求和事实、法律根据。

4. 属于人民法院的受案范围和受诉人民法院管辖。

此外，提起税务行政诉讼，还必须符合法定的期限和必经的程序。根据《税收征收管理法》第八十八条及其他相关规定，对税务机关的征税行为提起诉讼，必须先经过复议；对复议决定不服的，可以在接到复议决定书之日起15日内向人民法院起诉。对其他具体行政行为不服的，当事人可以在接到通知或者知道之日起15日内直接向人民法院起诉。

税务机关作出具体行政行为时，未告知公民、法人或者其他组织起诉期限的，起诉期限从公民、法人或者其他组织知道或者应该知道起诉期限之日起计算,但从知道或者应当知道行政行为内容之日起最长不得超过1年。

(二) 税务行政诉讼的受理

原告起诉,经人民法院审查,认为符合起诉条件并立案审理的行为,称为受理。对当事人的起诉,人民法院一般从以下几个方面进行审查并作出是否受理的决定:一是审查是否属于法定的诉讼受案范围;二是审查是否具备法定的起诉条件;三是审查是否已经受理或者正在受理;四是审查是否有管辖权;五是审查是否符合法定的期限;六是审查是否经过必经复议程序。

根据《行政诉讼法》第五十一条和第五十二条的规定,人民法院在接到起诉状时对符合规定的起诉条件的,应当登记立案。

对当场不能判定是否符合规定的起诉条件的,应当接收起诉状,出具注明收到日期的书面凭证,并在7日内决定是否立案。不符合起诉条件的,作出不予立案的裁定。裁定书应当载明不予立案的理由。原告对裁定不服的,可以提起上诉。

起诉状内容欠缺或者有其他错误的,应当给予指导和释明,并一次性告知当事人需要补正的内容。不得未经指导和释明即以起诉不符合条件为由不接收起诉状。

对于不接收起诉状、接收起诉状后不出具书面凭证,以及不一次性告知当事人需要补正的起诉状内容的,当事人可以向上级人民法院投诉,上级人民法院应当责令改正,并对直接负责的主管人员和其他直接责任人员依法给予处分。

人民法院既不立案,又不作出不予立案裁定的,当事人可以向上一级人民法院起诉。上一级人民法院认为符合起诉条件的,应当立案、审理,也可以指定其他下级人民法院立案、审理。

六、税务行政诉讼的审理和判决

(一) 税务行政诉讼的审理

人民法院审理行政案件实行合议、回避、公开审判和两审终审的审判制度。审理的核心是审查被诉具体行政行为是否合法,即作出该行为的税务机关是否依法享有该税务行政管理权;该行为是否依据一定的事实和法律作出;税务机关作出该行为是否遵照必备的程序等。

根据《行政诉讼法》第六十三条的规定,人民法院审查具体行政行为是否合法,依据法律、行政法规和地方性法规(民族自治地方的自治条例和单行条例),参照部门规章和地方性规章。

2014年国家税务总局发布《重大税务案件审理办法》(以下简称《办法》),已于2015年2月1日起施行。2021年6月7日,国家税务总局对该办法进行了修改,并于2021年8月1日起施行。《办法》的推出是为贯彻落实中共中央办公厅、国务院办公厅印发的《关于进一步深化税收征管改革的意见》,推进税务机关科学民主决策、强化内部权力制约、严格规范执法行为,推进科学精确执法,保护纳税人、缴费人等税务行政相对人合法权益。

重大税务案件的审理范围是:

1. 重大税务行政处罚案件。

2. 根据《重大税收违法案件督办管理暂行办法》督办的案件。
3. 应监察、司法机关要求出具认定意见的案件。
4. 拟移送公安机关处理的案件。
5. 审理委员会成员单位认为案情重大、复杂、需要审理的案件。
6. 其他需要审理委员会审理的案件。

有下列情形之一的案件，不属于重大税务案件审理范围：
1. 公安机关已就税收违法行为立案的。
2. 公安机关尚未就税收违法行为立案，但被查对象为走逃（失联）企业，并且涉嫌犯罪的。
3. 国家税务总局规定的其他情形。

（二）税务行政诉讼的判决

人民法院对受理的税务行政案件，经过调查、收集证据、开庭审理之后，分别作出如下判决：

1. 维持判决。适用于具体行政行为证据确凿，适用法律、法规正确，符合法定程序的案件。
2. 撤销判决。行政行为有下列情形之一的，人民法院判决撤销或者部分撤销，并可以判决被告重新作出行政行为：（1）主要证据不足的；（2）适用法律、法规错误的；（3）违反法定程序的；（4）超越职权的；（5）滥用职权的；（6）明显不当的。
3. 履行判决。人民法院经过审理，查明被告不履行法定职责的，判决被告在一定期限内履行。
4. 判决。税务行政处罚明显不当或显失公正的，可以判决变更。

对一审人民法院的判决不服，当事人可以上诉。对发生法律效力的判决，当事人必须执行，否则人民法院有权依对方当事人的申请予以强制执行。